《周易》古经通解

（下卷）

周克文◎著

团结出版社

图书在版编目（CIP）数据

《周易》古经通解 / 周克文著. -- 北京 ： 团结出版社，
2023.12
ISBN 978-7-5234-0620-5

Ⅰ．①周… Ⅱ．①周… Ⅲ．①《周易》—注释 ②《周
易》—译文 Ⅳ．①B221

中国国家版本馆CIP数据核字(2023)第219690号

出　版：团结出版社
　　　　（北京市东城区东皇城根南街84号　邮编：100006）
电　话：（010）65228880　　65244790（出版社）
网　址：http://www.tjpress.com
E-mail：zb65244790@vip.163.com
经　销：全国新华书店
印　装：济南普林达印务有限公司

开　本：787mm×1092mm　16开
印　张：35
字　数：568千字
版　次：2023年12月　第1版
印　次：2023年12月　第1次印刷

书　号：ISBN 978-7-5234-0620-5
定　价：168.00 元（上下卷）

下经

卷八

咸卦第三十一：以民为先，因感而动

咸卦 下艮上兑，泽山咸

上六：咸其辅颊舌。
《象》曰："咸其辅颊舌"，滕口说也。

九五：咸其脢，无悔。
《象》曰："咸其脢"，志末也。

九四：贞吉，悔亡。憧憧往来，朋从尔思。
《象》曰："贞吉，悔亡"，未感害也。"憧憧往来"，未光大也。

九三：咸其股，执其随，往吝。
《象》曰："咸其股"，亦不处也；志在随人，所执下也。

六二：咸其腓，凶，居吉。
《象》曰：虽"凶，居吉"，顺不害也。

初六：咸其拇。
《象》曰："咸其拇"，志在外也。

卦辞

咸，亨，利贞。取女吉。

31.1 卦名卦序

《序卦》曰：有天地然后有万物，有万物然后有男女，有男女然后有夫妇，有夫妇然后有父子，有父子然后有君臣，有君臣然后有上下，有上下然后礼义有所错。

【解读】

◎ 咸：始见于商代金文，其造字本义推测为"全民皆兵"，后有"全部"之意。"咸"在本卦中被认为是通"感"，来源于《彖》辞："咸，感也"。从卦象卦辞和爻辞来看，这种理解应是准确的。"感"，从心从咸，其本义为：心完全被触动，因感应而行动。

《咸》卦为卦下艮上兑，艮为山为少男，兑为泽为少女。

从人伦而言：下艮为少男，上兑为少女，自古少男少女之间的情感是最真挚、最热烈的。少女的情感像泽水滋润山体一样触动少男的心；少男受感而动，爱慕而追求少女。于礼本是男在上女在下，卦象却是少男在下，少女在上。其意可理解为：少男少女之间产生真挚情感之时，应是少男放低自己追求少女，以少女为尊，珍重情感。

从下面各爻的解读可知：《咸》卦☳全卦像一个站立的人形：初六、六二像人的双脚；九三像人的股；九四、九五像人的腹和胸部；上六像人的头部。各爻正是以人的各部位为喻，说明受感而动、协调行动的道理。

从后面《大象》辞和爻辞的解读可知：下艮代表国家统治阶级，上兑代表广大民众，这与上经各卦的通例正好是相反的，其寓意是：国家统治阶级要以人民为上，把人民放在更高的位置。

本卦寓意：下经之始，周文王为后世君王上的第一课是在国家治理中，君王要以人民为上，把统治者摆在人民的下面，要真诚地感应人民的意愿而行动。

《咸》为下经的第一卦，卦序明显不是顺应上一卦《离》卦而立的，而是另起篇章。如果上经主要是从君王的角度，自上至下，从宏观方面说明国家创建、治理、发展的道理的话，那么下经则是立足人民、社会，自下而上，较为具体地体现国家治理是围绕人民而展开的，说明国家应以人民为重，人民自然顺从管理的道理。

31.2 卦辞：咸，亨，利贞。取女吉。

【白话】

卦辞：有感而动，顺利通达。利于守正，娶了女孩而吉祥。

【解读】

◎ 咸，亨，利贞。取女吉

"咸"为感，"取"通"娶"。从"取女吉"可知，卦辞显然是以男女之情的卦象引申说明道理。

人与人之间有各种各样的关系，如君臣、父子、兄弟、朋友、上下等正当情感，还有臭味相投、狼狈为奸非正道的感应，凡是正道感应无不通达，而非正道的感应则必然有不好的结果，所以"咸，亨"。

以正而感，以正受感，只有正道的感应才能彼此和悦，才能维持长久，故"利贞"。

取女吉：娶了女孩吉祥。结合卦象卦辞来看，我认为这句辞体现了圣人主张男女婚姻应建立在感情的基础之上，并且提倡少男要珍惜感情、尊重少女的超前的思想。西周时期，男尊女卑，男女婚姻遵从"父母之命，媒妁之言"。如：《诗经》曰："娶妻如之何，必告知父母""娶妻如之何，匪媒不得"。《礼记》中也有记载："男女无媒不交"。可见男女结婚前基本没有机会见面，也很难先产生感情。但本卦却以男女感情为喻，且少男在下，少女在上，卦象卦辞不仅表明少男少女结婚应建立在互相产生感情的基础之上，并且少男还应该珍惜情感，自以为卑，尊重少女，认为这样的男女婚配才会幸福吉祥，故称"取女吉"。我认为这是圣人以男女情感和婚配引申到国家治理和君民之间的关系：要想治理好国家，以君王为代表的统治者要放下那高贵的地位，以民为重，真诚地去感受人民的思想、愿望和情感，全心全意为人民服务，这样才会形成良好的君民关系，国家统治自然就会长治久安。这与男女建立在真挚情感的基础之上的结合才会更加幸福同理。

我这种大胆创新解读在后面的《大象》辞和爻象爻辞中能够得到很好印证，并为圣人这种超越时代的伟大思想感到惊叹！

31.3 《彖》曰：咸，感也。柔上而刚下，二气感应以相与；止而说，男下女，是以亨利贞，取女吉也。天地感而万物化生，圣人感人心而天下和平，观其所感，而天地万物之情可见矣。

【白话】

《彖》说：咸，感应的意思。柔爻往而居于上，刚爻来而处于下，阴阳两气相互感应而相和合；止于喜悦，少男处于少女之下，所以说"通达，利于守正，娶了这个女的吉利"。天与地相互交感使得万物变化生长，圣人以仁爱感化人心使天下得以和平。观察相互感应的道理，天地万物相互之间的情状就得以彰显。

【解读】

◎《彖传》作者认为咸是由天地否卦变化而来的。《否》卦下坤上乾，坤之六三柔爻往上居于上六，乾之上九来到下卦变为九三，阴阳两爻相互感应交往形成了《咸》卦。下艮为止为少男，上兑为悦少女，所以为"止而说，男下女"。下卦中正之六二与上卦中正之九五正应，因而"亨，利贞"。

作者从男女之间的感应又引申天地万物的道理和圣人的功德作用：万物之所以化生是因为天地之间的感应；天下百姓之所以和平是因为受到圣人至诚仁爱的感应，所以观察咸卦的道理就可以知道天地万物的情状了。

我理解与此不同。

31.4 《象》曰：山上有泽，咸。君子以虚受人。

【白话】

《象》说：山上有泽，这是咸卦的卦象。君王得以领悟：（统治者）要像大山一样承托和保护人民。

【解读】

◎ 君子以虚受人

君子：指以君王为代表的统治阶层。虚，《说文》："大丘也，崐仑丘谓之崐仑虚。""虚"本义指大山丘。受：本义指授予、托付之意，在此应理解为维护、保护。人：本义指"劳动者"，引申为广大人民。

下艮为山，上兑为泽，所以说"山上有泽"。山上有泽，泽性润下，土性受润，高大的山体以其宽大、厚实容纳、托护着柔弱的泽水，并得到泽水的润泽。君王观察山泽通气之象，从中受到启发：统治者应努力使国家像大山一样稳固地承托、保护人民，使人民能够安居乐业、自由发展；人民则会像泽水一样滋养山中万物，从而生机勃勃、繁荣昌盛。

《象》辞显然是以大山比喻君王治理的国家，以泽水比喻人民。泽水在大山之上，引申为国家以人民为上，并承托和保护人民平安，山体才能长期得到泽水滋养，从而生机勃勃。

31.5 初六：咸其拇。

《象》曰："咸其拇"，志在外也。

【白话】

初六：感应行动就像是脚拇指。

《象》说："感应行动就像是脚拇指"，是说对外来的感情有了触动。

【解读】

◎ 咸其拇

拇：指脚拇指。其与趾的区别是"拇"是脚上最强有力、最灵活的趾，而脚是行动的主体，故"拇"引申为行动。初爻代表行动的开始。

从全卦卦形来看：卦体☱☶像一个站立的人，初六、六二像人的两条腿；九三则像人的股；九四、九五像人的上身，上六像是人的头部。故上卦兑可看作人的头、心等上半身，下卦艮可看作是人的下肢。从上面对《大象》辞的解读可知：下卦代表统治者，上卦代表百姓。人的行动总是上身指挥下身，下肢感受大脑和心脏的指令后开始行动，只有两者协调一致人才能正常行走。所以爻辞又是以人的身体各部分为喻说明国家只有遵循人民的意愿才能正常地运转、健康地行动，或者说：统治者应以人民的意愿为行动的指引。

咸其拇：从爻象看，初六正是人的脚趾，初六与九四正应，是接收到了九四发出的感应而有所动。从九四爻辞"朋从尔思"的"思"可知，九四代表人的心脏，引申为意愿、愿望。所以"咸其拇"的意思是国家一开始就要遵循人民的愿望而行动，就像人脚的行动要遵从心脏的指挥一样。

初六之感是感知人民的意愿，是协调通畅之感，爻辞虽未言吉凶，但结果必亨通无咎。

31.6 六二：咸其腓，凶。居吉。

《象》曰：虽"凶""居吉"，顺不害也。

【白话】

六二：感应行动就像是腿肚子，妄自行动必定不协调而失败。居正守中才会如意。

《象》说："虽然可能失败"，但"居正守中可成功"，是说顺应感应的结果不会有害。

【解读】

◎ 咸其腓，凶。居吉

腓：腿肚子，指小腿部位，从卦形看六二正是人的下肢小腿部位。

从人的下肢结构来说，脚是通过小腿肌肉牵引而动的，但小腿又必须听从心的指挥（古代人们一直以为心脏才是人体思考和指挥行动的部位，如"思想""意愿""念"等词都是以"心"为偏旁），如果脱离心的指挥，那腓部一定无法正常行动。六二正应九五，但九五并不是人的心脏部位，所以六二感应不到人民的意愿和思想，他的行动必定是脱离人民的意愿的，就像小腿想动而脚却不动，结果必定摔跤，故称"咸其腓，凶"。引申为统治者脱离人民的愿望则行动必定失败。

居吉：居守中正、不妄自行动才能成功。"腓"只有安守本分，在脚部先感受到心脏的正当行动指令后，小腿再配合脚行动才能协调，才可成功，故称"居吉"。

31.7 九三：咸其股，执其随，往吝。

《象》曰："咸其股"，亦不处也；志在随人，所执下也。

【白话】

九三：感应行动就像是股部，只能配合下肢行动而不可自主，这样下去自感羞愧。

《象》说："感应行动就像是股部"，是说不能自主安处；被感情控制而跟随别人，是所执守的德行卑下。

【解读】

◎ 咸其股，执其随，往吝

股：大腿，从卦象看应指大腿和臀部，是上身和下肢的连接部位。从卦形来看，九三正是人的股部。另，九三为下互巽之中爻，巽为股，也有股象。

随：篆文＝（辵，行进）＋（隋，"堕"的省略，坠谷），造字本义：追寻坠崖者，追踪。故"随"字本义为追随在下者而动。

"股"的特点是连接身体的上下，虽看上去强壮，但不能自主行动，只能配合小腿并跟随脚部而行动。

执：本义指人戴着枷锁。执其随：像被戴着木枷一样跟随，有被动、不能自主之意。"股"虽强壮，但也只能被动地跟随着腓一起行动。九三下亲比六二，六二为下互巽之主，巽为进退为动，九三也在下互巽中，巽为木为系为股，故有九三跟随着六二行动之象（执其随）。

"往"指长此以往、按目前现状发展下去之意。往吝：九三阳爻代表位置高、地位尊，但因处在当前位置和分工的原因不能自主行动，只能被动地跟随着下层管理者六二行动。长此以往，他们一定会与百姓的距离越来越远，制定的政策和采取的行动也必定偏离百姓需求，这样当然应感羞愧。

九三正而不中，他作为高层统治者，不能亲身接触人民，不能亲自感受人民意愿，只能跟随基层管理者的行动而动，应该要感到羞愧。这是圣人鼓励国家高层管理者应多亲近百姓，亲自感知百姓的需求和愿望，不能总是高高在上，自我隔绝，只听从下面的反馈而动。

31.8 九四：贞吉，悔亡。憧憧往来，朋从尔思。

《象》曰："贞吉，悔亡"，未感害也。"憧憧往来"，未光大也。

【白话】

九四：坚持守正，吉利，隐患消失。（广大人民）为了生存心怀不安、奔走操劳，执政者最终满足了你的愿望。

《象》说："坚持守正，吉利，隐患消失"，是说没有感受到伤害；"（广大人民）为了生存心怀不安、奔走操劳"，是说统治者为民施政之德还未光大。

【解读】

◎ 贞吉，悔亡

从卦象解读可知，上卦代表受到大山保护的人民。九四进入上卦，且位于人体的心脏部位，代表人民的思想和愿望。人民的思想纯洁、愿望正当，这样才会得到统治者的重视和满足，故称"贞吉"。

悔亡：百姓本是弱势群体，有很多的担心，如：安全、温饱、健康等，如果坚守正道，他们的愿望就能够逐步得到实现，担心自然就会消失。

◎ 憧憧往来，朋从尔思

这一句可理解为是进一步说明"悔亡"的：开始心怀不安，奔走操劳，后来感受到统治者真诚的关心，满足了自己的愿望。憧憧：心神不定、内心担忧；往来：为了生存而来来往往，指广大民众为了生存而辛劳奔走。

朋：同门、同道为朋，指初六，引申为真心为民服务的统治者；思：思想、愿望。朋从尔思：真心为民服务的统治者满足了你的愿望。"尔"指九四，引申为受到照顾的广大民众。九四正应初六，从初六的解读可知，初六感受到九四的内心愿望并以此为指引而行动。

商周时期，广大的人民总是生活在困难之中，特别是商朝末年，纣王无道，百姓对统治者失去信任，所以总是心怀不安，为了生存而四处奔走。是故圣人要求统治者都要关心人民的疾苦，顺从人民的思想和愿望，真诚地为人民服务。

31.9 九五：咸其脢，无悔。

《象》曰："咸其脢"，志末也。

【白话】

九五：发出感应就像是人的后背（背离自私和贪婪），没有悔憾。

《象》说："发出感应就像是人的后背"，是说心愿没有得到实现。

【解读】

◎ 咸其脢，无悔

脢（méi）：背脊肉，指背部，背离心脏。

心脏代表思想和忧愁，也代表欲望和贪婪。从统治者角度而言，他们应该认真感受百姓的思想和愿望，并努力满足；从人民的角度而言，他们应该安守本分，远离自私和贪婪，那么这样自然不会给自己带来隐忧和悔憾。"咸其脢"意为思想背离自私和贪婪。

九五既中且正，代表百姓正直而行为适宜。五爻为尊，在他卦九五常代表君王，代表尊贵的地位，本处则表示百姓背离自私和贪婪的意愿和思想是最可贵的，是应该被尊重和重视的。这样他们当然会得到统治者的重视和帮助而不会有悔憾。

31.10 上六：咸其辅颊舌。

《象》曰："咸其辅颊舌"，滕口说也。

【白话】

上六：相互感应到最后辅之以言语表达。

《象》说："咸其辅颊舌"，是说因喜悦而表现在言辞上。

【解读】

◎ 咸其辅颊舌

辅，本义指古代马车座位旁边的护栏，今义为"辅助"，与古义变化不大。

颊舌：面颊与舌头。人说话时看上去是面颊与舌头在动，故引申为说话、言语。

咸其辅颊舌：意为情感和愿望得到满足后内心的喜悦情不自禁用言语进行表达。在《咸》之终，人民在得到统治者的真正重视和真心爱护之后，内心的情感会用语言表达出来，如：奔走相告赞扬统治者、用欢声笑语表达幸福和满足，等等。

上六居咸之终，又为兑之主，兑为悦为说，从卦形看也是人的头部，故以口舌为喻，引申为言语表达和喜悦情感的表现。

【总结与启示】

下经着重是从人民、社会的角度，说明君王的国家管理之道。《咸》卦为下经第一卦，其卦象为下艮上兑，艮为山为少男，兑为泽为少女。卦辞则是从男女的婚姻说明少男少女结合应以感情为基础，并且少男应该珍惜感情、尊重少女，这样才有美好的结果。结合全卦来看，圣人之所以有这种远超时代的伟大思想，是因为这是以少男比喻国家统治阶级，以少女比喻人民大众，君与民的感应要像是少男与少女发生情感一样，要想国家长治久安，则统治者应以民为大，尊重人民的愿望并努力实现。《大象》则从《咸》卦的自然属象上强调以君王为代表的统治者要以人民为重，要像大山一样庇护人民，人民就会像泽水一样长久滋养山体。

从各爻来看：全卦卦形像一个站立的人，故爻辞从下往上以人的身体各部位为喻，下肢代表国家统治者，上身代表广大人民。人的下肢是跟从思想指挥而行动的，引申为统治者的行动应遵从人民的思想和意愿。

《易》之通例是下卦代表诸侯邦国和人民，为下；上卦代表以君王为代表的中央统治阶层，为上。作为下经之首的《咸》卦却相反，其深意为：国家治理首先考虑的是要以人民为上，一切行动要以人民的意愿为指引。

初六：初六为脚的大拇指，是行动的主导者，其与九四正应，说明统治者一开始就要以人民的思想为指引而行动；六二：虽既正且中，但却像人的腓部而无主动行动之力，不能直接感受人民的思想，如果贸然行动则必定失败，只有居中守正配合脚部行动才能成功；九三：以股为喻，股虽强壮，但不能直接感受心脏的指令，不能自主行动，只能依附、跟随腿和脚而动，这样下去应该感到羞愧；九四：以心脏代表人民的思想和愿望。人民总是心怀不安而奔走操劳，在真正得到统治者的重视和保护之后才能消除这种担忧；九五：以人的背部为喻，说明人民在得到统治者的真心爱护的同时应做到远离自私和贪婪，这样才会没有忧患；上六：咸之终，人民在国家真诚的关怀和尊重下真正感到幸福，会情不自禁地用言语赞扬、传颂统治者功德，表达内心的喜悦。

恒卦第三十二：向正而行，持之以恒

恒卦 下巽上震，雷风恒

上六：振恒，凶。
《象》曰："振恒"在上，大无功也。

六五：恒其德，贞妇人吉、夫子凶。
《象》曰："妇人"贞吉，从一而终也。夫子制义，从妇凶也。

九四：田无禽。
《象》曰：久非其位，安得禽也。

九三：不恒其德，或承之羞，贞吝。
《象》曰："不恒其德"，无所容也。

九二：悔亡。
《象》曰：九二"悔亡"，能久中也。

初六：浚恒，贞凶，无攸利。
《象》曰："浚恒"之凶，始求深也。

卦辞

恒，亨，无咎，利贞。利有攸往。

32.1 卦名卦序

《序卦》曰：夫妇之道不可以不久，故受之以恒。恒者，久也。

【解读】

◎《序卦传》从夫妇之道不可以不恒久来解释"恒"。"夫妇之道"则来源于卦象：上震为长男为丈夫，下巽为长女为妻子，丈夫在上为尊，妻子在下为卑，这就是古时夫妇的恒常之道。《序卦》对卦序的解释与国家治理无关，也不一定是卦的本义，下面我从文字训诂上分析卦义。

"恒"为卦名，帛书本、楚简本同。"亙"是"恒"的本字。亙，甲骨文为 $\mathbb{C}$，金文为：$\overline{v\overline{\mathbb{D}}}$，其甲骨文 =（二，代表天地两极）+（夕，即"月"，借代天体星辰），表示天地宇宙，日月星辰，千古如斯，永续恒久。当"亙"的"永恒"本义消失后，金文加"心"另造"恒"代替，表示心志的稳定。造字本义：心志永久不变。（摘自"甲骨文研究网"）

我认为："亙"是一个会意字，字的上下两横代表天与地，中间的"夕"字形则不一定是指"月"，也可能是以会意的形式表示天地交流、循环往复的自然现象。金文再在"亘"的右边加一个"心"就演化成今天的"恒"字，这是从天地自然的恒久引申到人心的坚定、坚持。再看本卦卦象：下为巽为风，上为震为雷，雷与风是天地之间非常常见的自然现象，也可看作是天地之间信息传递的方式。"雷"常在天空之上，故可看作是"天"的信息使者；"风"常在地表，故可看作是"地"的信息使者，两者交流，引发万物兴衰，恒久不变。"雷"每年总在春夏等季节作与息，"风"与之呼应，万物随之兴与衰，年复一年、亘古不变。"雷"与"风"代表着天地之间的能量、运行、信息，即为"亘"，故卦象为"恒"。另：下卦为巽为长女，上卦为震为长男，长男在上为尊，长女在下为卑，这是古代恒常的夫妇相处之道。

从自然而言：雷和风应是遵照季节规律运动，促进万物繁荣才是可恒的；如果雷是伤害万物的暴雷，风是引起自然灾害的狂风，则大地长期遭受雷风的破坏必将使万物消亡，这是不可恒的；从国家而言：统治者以人民为重、真诚地关心人民是必要的，但坚持礼制、遵守规则才是可恒的治理之道。所以《恒》卦本义说的是哪些行为可恒，哪些不可恒，可恒则应恒，不可恒则应变。

上一卦《咸》卦卦象是少男在下、少女在上，圣人以此说明统治者在听取人民心声、感受人民愿望的时刻要像少男与少女发生感情时那样尊重、真诚才能打动人民，得到人民支持；而本卦则是以长女在下、长男在上，代表为国家、社会所认可的、可以恒守的礼制正道，就像少男少女不可能永远处于热恋的状态，两者结合以后更长久的是和睦相处、和谐相爱的生活状态。在当时，遵守男主女次、男尊女卑的礼制规则才能恒久幸福。从社会与国家而言：统治者首先要树立以民为重、为民服务的思想和原则，这是国家治理的基础，君与民互相信任以后则要建立礼制与规范，大家各行其道，这才是恒久的治国之道。所以《咸》卦之后是《恒》卦。

32.2 卦辞：恒，亨，无咎，利贞。利有攸往。

【白话】

卦辞：恒守常道，过程必定顺利通达，不会产生危害，应守正坚持。适宜（按照守正原则）努力作为。

【解读】

◎ 恒，亨，无咎，利贞

恒，亨，无咎，利贞：国家的管理秩序与社会规范建立以后，就明确了人的行动哪些是正当的、合法的、有益的，哪些是不正当的、违法的、有害的，显然，正当、合法、有益的行动才能够得到国家和社会的支持而顺利、通达，才是可以坚持、恒守的，这样才会社会稳定、百姓幸福、国家发展顺利。这样当然没有危害而应该坚守，故"恒，亨，无咎，利贞"。

"亨"指的是百姓安居乐业，国家发展顺利、通达；"无咎"则是对这种行为的肯定。利贞：利于、适宜坚持，可恒之意。

◎ 利有攸往

统治者知道自己的治理行为是否是可恒后，如果是有益的就要努力坚持，全心投入；如果是有害的，不利于国家发展的就要及时改正，不断完善。这都不是简简单单就能做到的，需要统治者忠于职守，努力进取，既要有恒心，还要有信心、决心，故圣人诫之要"利有攸往"。

32.3 《彖》曰：恒，久也。刚上而柔下，雷风相与，巽而动，刚柔皆应，恒。"恒，亨，无咎，利贞"，久于其道也，天地之道，恒久而不已也；"利有攸往"，终则有始也。日月得天而能久照，四时变化而能久成，圣人久于其道而天下化成。观其所恒，而天地万物之情可见矣。

【白话】

《彖》说：恒，长久的意思。刚健居上而柔顺处下，雷与风相互配合，巽顺而行动，刚爻与柔爻互相都能相正应，这就是"恒"的卦象。"恒，亨，无咎，利贞"，是说能长久地保持这种原则，天与地运行的规律，恒久而永不停歇。"利有攸往"，是说万物都是终而复始。日和月因为遵循天道法则而能够恒久照耀，四季变化能够恒久维持，圣人长久保持恒常的美德，而使天下百姓得到教化和成就。观察万物恒久的状态，天地万物的情状就能清楚和明白。

【解读】

◎ 《彖》作者认为：卦名"恒"体现在"刚上而柔下、雷风相与、巽而动、刚柔皆应"等方面。

刚上而柔下：《泰》卦的初九往上变为九四，六四来到初位变为初六而变成《恒》卦。另：《震》卦为阳卦在上，《巽》卦为阴卦在下，所以说"刚上而柔下"。刚本应在上，柔本应在下，所以能恒。

雷风相与：上为震为雷，下为巽为风，是以"雷风相与"。打雷时总是起风，雷与风相伴，这也是恒常的自然规律。

巽而动：下为巽，上为震为动，所以说"巽而动"。巽顺者无果决之德，必顺于刚者，这是人性的恒常之态。

刚柔皆应：卦中每个刚爻与柔爻都能相正应，阴阳和合，这也是恒常的表现。

天地万物无不在运动中守恒，在守恒中运行，圣人通晓天地恒久的道理，所以能教化百姓，治理国家。

32.4 《象》曰：雷风，恒。君子以立不易方。

【白话】

《象》说：雷在上，风在下，这是《恒》卦的卦象。君子得以领悟：坚守恒久正义之道，不轻易改变自己的立场原则。

【解读】

◎ 君子以立不易方

立：坚持、坚守。易：改变。方：方所，引申为原则、立场。君子：指以君王为代表的统治者。

雷与风是天地力量和能量的代表，雷在上，风在下，雷风相薄，桡万物，恒久不变，这是《恒》卦卦象。从上一卦《咸》卦可知：君子之所立者，以民为上、为民服务也。君子从《恒》卦得到启发：深入了解、感受人民的思想，以人民的愿望为行动的指引，制定社会规范和行为准则，推行正确的管理政策并持之以恒。这不是每一位统治者随随便便可以做到的，必须要下定决心、坚定信念，不可朝令夕改、反复无常，故"君子立不易方"。

32.5 初六：浚恒，贞凶，无攸利。

《象》曰："浚恒"之凶，始求深也。

【白话】

初六：以不正之动而深求恒守，坚持下去很凶险，其行动于人于己都不利。

《象》说："以不正之动而深求恒守"有凶险，是说一开始就错误地陷得太深。

【解读】

◎ 浚恒，贞凶，无攸利

浚（jùn）：从水，原意是从水中舀起水，后引申为水深。

浚恒：以浚为恒，即深入地寻求恒守。下互乾有大水泛滥之象，初六在乾之下，故取"浚"象。

无攸利：意为于人、于己、于国、于民都不利，对任何一方都没有好处，强调的是不正的行为造成的严重后果。

"无攸利"在《周易》爻辞中出现了八次，分别是：

《蒙》之六三：勿用取女，见金夫，不有躬。无攸利。

《临》之六三：甘临，无攸利。既忧之，无咎。

《无妄》之上九：无妄行有眚，无攸利。

《颐》之六三：拂颐，贞凶，十年勿用。无攸利。

《恒》之初六：浚恒，贞凶，无攸利。

《大壮》之上六：羝羊触藩，不能退，不能遂，无攸利。艰则吉。

《萃》卦之六三：萃如嗟如，无攸利。往无咎，小吝。

《归妹》之上六：女承筐无实，士刲羊无血。无攸利。

总结以上八卦爻位，除本卦外，"无攸利"在其余七卦中有四卦出现在六三爻，有三卦出现在上九或上六爻，并且出现在三爻时都是六三，即都是不正位的，而在上爻也与卦义之势相违且有与三爻爻义相对应的关系，所以可以得出以下结论：

一、"无攸利"常指对多方不利，说明其行动能够影响很多人，故代表的是较高地位者；

二、"无攸利"出现的爻位所代表的行为是非正当的，或是有违卦势发展趋势，圣人因此提出警示。

本卦初六柔居阳位而不正，为全卦之始、下巽之主。在上经，通例是下卦代表底层的劳动人民，或是全卦所述事物发展之始，但在本卦则是顺应上一卦《咸》卦说明统治者可能出现的不正确的施政之策。从上面对"无攸利"的分析可推断本爻代表的不是地位低下的民众，而应是其行为有巨大影响的统治者。故本卦应是顺应上一卦《咸》卦从下往上讲述统治者执政的态度、方法及其结果的判断和告诫。《咸》卦说的是统治者应该以民为上、胸怀谦虚地全心全意为人民服务。但凡事物极则反，过于自甘卑下则适得其反，阴爻代表谦卑，故本爻代表统治者一开始过于自甘卑下地服务于民，这种行为显然是偏离正道的，其结果会使统治者失去必要的威严，会使民众过于依赖而懒惰，这对任何一方都没有好处，故称"无攸利"。

初六正应九四，从九四爻辞"田无禽"可知初六过于谦卑地服务九四，结果一无所获，这样下去显然没有好结果，故称"贞凶"。

综上：错误的施政之策显然违背了卦辞所言的"亨，无咎，可贞"的原则和可恒之道，于己于人都不利，是不可恒而求深恒，所以结果必定凶险。

◎ 始求深也

初爻为始，"浚"为深；求：非正而乞。恒之时，初六以其阴柔不正之位，一开始就深陷于不正的行动之中，以不正之德求恒，是"始求深也"。

32.6 九二：悔亡。

《象》曰：九二"悔亡"，能久中也。

【白话】

九二：悔憾消失。

《象》说：九二"悔憾消失"，是说能够恒久地保持中道之德。

【解读】

◎ 悔亡

九二爻辞只有"悔亡"两字，非常简洁，要想弄明白这两字的含义，就要知道

"悔"从何来，如何"亡"之。

从初六爻的解读可知，下卦代表统治者的施政方法或政策，初六恒守过于谦卑、怀柔的施政之策，结果必定失败。本爻可理解为执政者对初六行为进行修正后的状态，故本爻之"悔"来源于初六之"浚恒"。九二以刚中之德改之，故称"悔亡"。初六过于谦卑又自甘低下而"贞凶"，如此必定有悔；九二刚居柔位而处中，代表统治者改正过于柔顺之风而行为刚健、适中，故能有效纠正初六之过而"悔亡"。

九二以刚中之德敬民爱民，是圣人所认可的正确的执政之道，可以恒守，故"悔亡"。

32.7 九三：不恒其德，或承之羞，贞吝。

《象》曰："不恒其德"，无所容也。

【白话】

九三：不能恒守自己刚健爱民的品德，否则（因过于纵容）反而会害了民众而使自己执政蒙羞，这样下去应感到羞愧。

《象》说："不恒守自己刚正的品德"，是说没有容身之所。

【解读】

◎ 不恒其德，或承之羞。贞吝

或：可能、否则。承：承受。之：指九四。羞：因执政无功而蒙羞。

九三以刚居阳，本有刚正之德，是能刚正守则者，本当坚持，但从爻辞来看显然不能恒守。"不恒其德"，是指九三不能恒守其刚正之德，则九三会变六三。

从初六和九四解读可知，九四代表过分依赖国家而不愿劳作自养的百姓。九三与九四不比，是反对和不纵容九四之惰，但九三变为六三后，则与九四亲比，变成支持和纵容九四，这是一种失败的管理之道，故称"或承之羞"。"承"指以下承上，故"之"指九四。九三变六三，六三亲比九四，九四为互坎之主，坎为加忧为羞，故称"或承之羞"。

九三舍弃正道而变为不正，是迁就于民众的不正之需，结果无功而蒙羞，实在可惜，故称"贞吝"。

九三为应恒而不恒者，与《大象》辞"君子以立不易方"相违背，结果自取其羞。

32.8 九四：田无禽。

《象》曰：久非其位，安得禽也。

【白话】

九四：农田中没有禽兽。

《象》说：长久地处在不合适的位置，怎么能有收获呢？

【解读】

◎ 田无禽

田：象形字，指农耕之地。田无禽：农田中没有禽兽，引申为田地荒芜，没有种植任何作物，连禽兽都不会来，其用法类似于《井》卦之初六"旧井无禽"（详见《井》卦解读）。

九四进入上卦，从初六解读可知：九四代表被捧得很高的百姓，他们得到了初六为代表的统治者过于谦卑、怀柔的照顾和保护，以致失去了勤劳的品德，变得懒惰而使田地荒芜。百姓丢弃了勤劳的品德，失去了劳动的能力，这显然是统治者执政的失败，故初六言"贞凶"、九三言"贞吝"。

九四以刚居阴而不正，其行为不正的主要原因在于初六和九三的管理不当。

32.9 六五：恒其德，贞妇人吉，夫子凶。

《象》曰："妇人"贞吉，从一而终也；"夫子"制义，从妇凶也。

【白话】

六五：恒守其应有的美德。坚持像妇人一样谦逊、低调则吉利，如果自以为像长者一样激进、贪求就会失败。

《象》说："像妇人一样谦逊、低调"，如此坚守会成功，是说坚持一个原则始终不变；"如果自以为像长者一样激进、贪求"违反道义，是说顺从妇道会失败。

【解读】

◎ 恒其德，贞妇人吉，夫子凶

夫：甲骨文是在代表成人的"大"字上加一横，代表有地位的男子。

夫子凶："夫子"指有地位、有学问的长者，在此指本是地位低下的劳动者，因得到统治者的重视和照顾，而错误地自认为像一个有地位的长者，这样的结果必定不好。

六五阴柔居中，为互兑之主，以兑之德为主。兑为泽为悦为美为善为德，代表百姓中谦逊、柔顺且行为适中者。六五恒守谦逊、中庸、美善之德，故称"恒其德"。

阴爻代表妇人的柔顺之德，阳爻代表夫子的刚健自大之德，"贞妇人吉，夫子凶"是说六五保持阴爻的柔顺、谦中之德会有好的结果，而如果自以为是，把自己当成有地位的长者，结果一定会适得其反。"凶"指因自以为是、得意忘形，而给自己带来不好的结果。

六五本与九二正应，九二是能正确执政、积极爱护百姓的统治者，六五谦逊地顺从九二自然会有好的结果，故称"贞妇人吉"。如六五变为九五，是为"夫子"，则九五与九二不应，且全卦变为一个大坎（大过卦），坎为凶险，故称"贞夫子凶"。

六五为上互兑之主，兑为少女，故称"妇"；六五变九五，则上互兑变乾，乾为父为夫子。

本爻小结：本爻在上经各卦通常代表尊贵的君王之位，但在本爻代表的是得到统治者捧得过高的民众。如果他们能够心怀谦卑之心，能够坚守其柔顺之德则会有好的结果；如果迷失自己、自以为是地表现得像一个有地位的大人物一样，则必定会结果凶险。

32.10 上六：振恒，凶。

《象》曰："振恒"在上，大无功也。

【白话】

上六：（最后）一直顽固不变地向统治者求助，结果不会成功。

《象》说：最后要"一直顽固不变地向统治者求助"，是完全不可能成功的。

【解读】

◎ 振恒，凶

振，"辰"是"振"的本字。辰，甲骨文表示奋力。甲骨文再加双手另造"振"代替，强调手的动作，本义指奋力动作。《说文》："振，举救也，从手，辰声，一曰奋也。"故"振"在此可理解为拼命地挥手求助、求救之意。故"振恒"可理解为一直在伸手乞求帮助。

上卦代表受到统治者照顾的百姓。上六阴柔且居于上震之末、全卦之终，代表自始至终。这是从百姓的角度总结：已经得到很好的照顾，最后如仍是一直在贪婪无度地伸手乞求政府的帮助（而不是自力更生），结果必定什么也得不到，故称"凶"。

上震为动，上卦代表需要帮助的百姓，上六居于上震之末，恒之时，表示上六一直在动而求助，而不是自己劳动。对于百姓而言，这是过于懒惰且贪婪的表现，这显然不会有好的结果。

【总结与启示】

《恒》卦为卦下风上雷，雷与风是天地之间恒动的力量，雷风相薄，动桡万物，恒久不变，这与"亘"字的会意极为相似，故称"恒"。《恒》卦顺应上一卦《咸》卦讲述治国之理：《咸》是说统治者应以民为上，主动感受百姓的愿望和需求，并努力去满足；而《恒》卦则是说统治者以民为上、为民服务在什么样的状态下是适当、可恒的。物极则反，统治者过于遵民、养民可能会使百姓变得贪婪、懒惰，这是不可恒的。

《恒》卦仍是以下卦代表执政的统治者，上卦代表被统治的百姓，各爻讲述治理者与被治理者在不同状态下的表现和结果。

初六阴爻不正，为下巽之主，代表统治者过于细致、柔顺地照顾百姓，这样显然有失威严，造成百姓过分依赖，以致失去劳动能力，这样于民于国都不利，结果会治理失败；九二居柔用刚处中，是能改正初六失正的行为，故能"悔亡"；九三本以刚居阳而正位，却不能恒守其刚正之德，自取其辱，应感到羞愧；九四代表过分依赖和贪婪而逐渐失去劳动能力的百姓，结果一无所获；六五代表柔中谦和而被尊上的百姓，如谦虚顺从则会吉利，如果自以为是、自我膨胀，结果一定不好；上六总结上卦如果百姓自始至终都是向统治者伸手乞怜，而不能自力更生，那么结果必定失败。

本卦告诉我们，做任何事情都要有恒心，但在求恒之前要学会判断哪些行为是有利和正当的，哪些行为是有害和不当的，只有正当的行为才是应该恒守不变的，错误和不当的行为则应该及时改正。企业管理与治理国家是一样的，管理者对企业发展的方向和战略必须深思熟虑，反复斟酌，制度体系和企业文化建设应当顺应社会和行业规范，适应企业的长远发展，一旦确定则应坚持到底，不可轻易放弃和改变，否则很难获得成功。

卷九

遯卦第三十三：中正以待，保持距离

遯卦 下艮上乾，天山遯

上九：肥遯，无不利。
《象》曰："肥遯，无不利"，无所疑也。

九五：嘉遯，贞吉。
《象》曰："嘉遯，贞吉"，以正志也。

九四：好遯。君子吉，小人否。
《象》曰："君子""好遯"，"小人否"也。

九三：系遯，有疾厉。畜臣妾吉。
《象》曰："系遯"之厉，有疾惫也；"畜臣妾吉"，不可大事也。

六二：执之用黄牛之革，莫之胜说。
《象》曰：执用"黄牛"，固志也。

初六：遯尾，厉，勿用有攸往。
《象》曰："遯尾"之厉，不往何灾也。

卦辞

遯，亨，小利贞。

33.1 卦名卦序

《序卦》曰：恒者，久也。物不可久居其所，故受之以遯。

【解读】

◎ "遯"是"遁"的异体字，意同遁，在此为退让、迁让之意。为卦下艮上乾，艮为山为少男，乾为天。古今易学者一般都会把两阴爻理解为小人，把"遯"理解为躲避、避让之意，认为卦义是小人势长，伤害了道义，以致君子避让。这种理解很是值得推敲：从卦象来看，下艮为山，上乾为天，不管山有多高，都无法触及天，天都能为山留下足够的空间，有形的山在成长，无形的天似乎在退让，以为大山留下足够的空间，故卦有"遯"象；又，《遯》卦为卦下为艮为止为成为少男，少男又可以理解为少年，上乾为天为父为长者，连起来就是天下有少年，或说是少年的天下。故卦象又可引申为：长者退让，为年轻人留出成长空间，并帮助年轻人发展，以使更好地发挥才能。艮为少年为有成，意为少年将成长有成。因此，阴爻不仅仅只代表小人，还可以是年轻人，所以《遯》卦本义应是说国家年轻一代的管理者正在成长，年长的管理者慢慢退出政治舞台，让位给年轻人发挥才能，体现的是国家对年轻人的培养和管理者的新老交替。

从前面两卦的解读可知：下经是立足社会和广大人民，以人民为中心，告诫统治者如何治理国家、维持社会稳定。《咸》《恒》两卦打开了下经三十四卦的大门，开宗明义地说明统治者执政的宗旨与原则是以人民为重，感受人民的思想与需求，但又要坚守正常秩序和规范礼制的恒常之道，以维持国家稳定发展。从《遯》卦开始，下经讲述人民的成长、学习、发展及服务国家、为国贡献，及人与人、人与社会、社会与国家的精彩世界将正式展开，正如上经讲述的国家创立、发展、壮大、更替的精彩世界是从第三卦——《屯》卦正式开始展开的道理是一样的。上经《屯》卦讲的是国家开始创立，充满艰难，君王当封侯建邦，巩固统治；下经《遯》卦则讲管理国家的主体——统治阶层开始成长，年老的统治阶级当急流勇退，培养年轻人走上政治舞台。

33.2 卦辞：遯，亨，小利贞。

【白话】

卦辞：退让，通达。年轻人应坚守正道。

【解读】

◎ 遯，亨，小利贞

"遯"是长者退让而为年轻人留下成长的空间，这是国家治理新老交替的必然过程，是利于社会持续发展和进步的行为，当然一定会通达顺利。

小利贞：这里的"小"应指的是阴爻代表的年轻人，而不是"很小"的意思。在长者退让的时代，年轻人应该坚持正道，努力学习，健康成长。卦中六二柔居阴位，既正且中，爻辞"执之用黄牛之革"即是与"小利贞"相对应。故"小"应指以六二为代表的中正的年轻人要循序渐进、坚守正道，不可急于求成。六二既中且正，与既中且正的九五正应，故能"亨"。

从这句话也可以看出，本卦是从年轻人在政治上成长的角度来讲述的。

33.3 《彖》曰：遯"亨"，遯而亨也。刚当位而应，与时行也。"小利贞"，浸而长也。遯之时义大矣哉！

【白话】

《彖》说：遯"亨"，意为退让而通达。九五刚爻处在正当的位置，并且与六二正应，这是顺应时势而前行的意思。"小利贞"，意为年轻人慢慢在成长。《遯》所反映的时代意义真是伟大啊！

【解读】

◎ 刚当位而应，与时行也

九五刚正居中，是长者的代表，六二又是坚持中顺之道的年轻人的代表，上应下，表示九五与六二中正相应，以帮助成长。这体现了时代的进步与发展，所以说"与时行也"。

◎ 浸而长也

浸者，渐也，指慢慢在成长。年轻人慢慢在成长，年长者需要正确对待和积极帮助，这是社会和国家发展的需要，所以《象》说"遁之时义大矣哉"。

33.4 《象》曰：天下有山，遁。君子以远小人，不恶而严。

【白话】

《象》说：乾天之下有艮山，这是《遁》卦的卦象。贵族统治者得到启发：为了国家的长治久安，在逐渐退位给年轻人时要远离而不干涉，还要做到不嫌弃、不厌恶，而应严格指导。

【解读】

◎ 君子以远小人，不恶而严

君子：在下经中常泛指君王以下的所有贵族统治者。远小人：退位给年轻人并远离而不过多干涉。"小人"指年轻人或普通人，有别于儒家所言之"小人"，这里指年轻贵族，他们是未来的国家管理者。

《大象》辞显然是从年长的、将要退位的管理者的角度说明退位的态度和方法，即退让后要果断放手而不干涉，是为"远"；对他们工作中出现了错误时不厌恶、不嫌弃，但要严格纠正、严肃教导，是谓"不恶而严"。这样才能帮助他们健康成长。

33.5 初六：遁尾，厉，勿用有攸往。

《象》曰："遁尾"之"厉"，不往何灾也。

【白话】

初六：在（长者）退让之末，有阻力和挫折，不要急于有所作为。

《象》说："在（长者）退让之末"有危险，不急于作为又有什么灾难呢？

【解读】

◎ 遁尾

遁尾：在退让的末尾。在它卦，爻位通常都是从下往上发展的，所以初爻指开始，但在本卦，"遁"因是指在上位的阳爻的退让，所以是从阳爻的角度来说是遁退之末，而从阴爻的角度来说即是前进之初。意指年轻人刚开始接任管理岗位，年长者退位交接之末。

下互卦为巽，巽为进退为遁，初六在巽之尾，故称"遁尾"。

◎ 厉，勿用有攸往

年轻人正处在成长之初，生活阅历和知识储备等都不足，初涉官场要多学多看多想，不要急于求成，如果一开始就急于做出一番大事业，那么一定会遇到挫折，所以圣人诫示"厉，勿用有攸往"，这是警示之辞，"厉"在此指刚健激进而有危险之意。初六以柔居初，在本卦表示年轻人的成长之初。阴爻又代表谦虚、谨慎、柔顺，故本爻有年轻人接任之初应保持谦虚谨慎之象。

厉：本指山崖上突出来的坚石，引申为刚健激进而危险。下艮为石，初六居下艮之初、大石之下，故称"厉"。初六与九四正应，九四在下互巽体中，巽为进退为往；初六正应九四，但又在下艮体中，艮为止，初六想往被止，故称"勿用有攸往"。

33.6 六二：执之用黄牛之革，莫之胜说。

《象》曰：执用"黄牛"，固志也。

【白话】

六二：被牵系着紧守中正谦顺之道，使之不能脱开。

《象》说：执用"黄牛"，是说有固守中正谦顺的志向。

【解读】

◎ 执之用黄牛之革

执：甲骨文字形为 𡊄，像是人的双手被木枷锁住，本义指逮捕犯人，引申为双手被紧紧抓住。

黄：中色，引申为中道。牛：驯顺的动物。黄牛：引申为中正柔顺之德。

六二以柔居阴，柔顺中正，上比九三，正应九五。九三"系遯"与"执"相对应，而九五"嘉遯"似与六二之"执"无关，且九五为下艮之主，艮为山为止，故六二应是亲比九三，而不是正应九五。六二亲比刚健当位的九三，是九三使六二紧守中正谦逊之道，就像是用黄牛的皮革紧紧牵连在一起。"之"指六二。

九三为下艮之主，艮为手，六二为下互巽之主，巽为绳直，六二中正柔顺取黄牛之象。六二亲比九三，艮有"肤"像（详见《噬嗑》卦六二爻解读），九三为下艮之主为肤之表皮为革，故有用黄牛之革做的绳索系手之象。此与卦辞"小利贞"相呼应。

◎ 莫之胜说

莫之胜说：没有什么能够使之脱开。"说"通"脱"。六二亲比九三，九三为艮之主，艮为止，亲比而止；另下互卦为巽，巽为进退为脱，艮止与巽脱交错，故"莫之胜说"。

综上，本爻可理解为：中正柔顺之六二在刚正九三的帮助和指引下能紧守中正谦逊之道而不偏离。

33.7 九三：系遯，有疾厉。畜臣妾吉。

《象》曰："系遯"之厉，有疾惫也；"畜臣妾吉"，不可大事也。

【白话】

九三：退让时却系连，（又过于）严厉而有隐患，（如果像）对待家臣、小妾一样则吉利。

《象》说："系遯"过于严厉，是说因此有疾患而疲惫；"畜臣妾吉"，是说不可像对待大人一样相处。

【解读】

◎ 系遯，有疾厉

"遯"为阳退让阴。年长者要远离年轻者才利于他们的成长。九三代表将要退位的管理者，其与六二亲比且处同一艮体，又处互巽，巽为进退为绳直为牵系，是退让、远离之时却又牵连、挂念。

有疾厉：即"厉有疾"，因厉而有疾，因刚健、严厉而有疾患。疾：从病从矢，本意为一矢射在腰上，引申为自外而来的伤害，这里指九三因过于严厉而给六二的成长带来伤害。

九三以刚居阳，与六二同为艮体又亲比六二，是既亲昵、关爱六二，又过于刚健严厉相待，这样对六二的成长有疾患。

艮为手为止，互巽为绳直为系为进退为遯，故有"系遯"之象。

◎ 畜臣妾吉

臣妾：家臣、小妾，他们在奴隶社会是贵族的附属。根据当时的礼制，如果对待他们过于亲昵，则有违礼制，过于严厉，则又会疏远，只有施恩而不亲昵，那么他们才会怀恩而忠诚，所以吉利。这与《大象传》"君子以远小人，不恶而严"意义相近。

《小象》说："不可大事也"，是指不能像对待同阶层、有经验的大人一样对待他们。事：待也。这种现象是受当时礼仪制度决定的，因此圣人才如此取喻。

九三为诸侯之位，六二为士族之位，下艮为门为家，诸侯家的士族即是家臣；二三四爻为互巽，巽为长女为妇为妾，故取"臣妾"象。下艮为山为止，有畜养之象，故有"畜臣妾"之象。

33.8 九四：好遯，君子吉，小人否。

《象》曰：君子"好遯"，小人"否"也。

【白话】

九四：退让有所依恋。果断处理就会顺利，优柔寡断则会阻塞。

《象》说：像君子一样处理就能"好遯"，像"小人"一样处理则会停顿、阻塞。

【解读】

◎ 好遯，君子吉，小人否

好，甲骨文字形为🜚，其本义为男女相聚、相亲，在此可理解为依恋。好遯：指有所依恋而遁。

九四刚居柔位，居柔用刚，与初六相应，阳悦阴，在遁之时九四内柔外刚，表示退让之时对职位还有所依恋，不能果断，所以称为"好遁"。

"君子吉，小人否"，卦、爻辞中的"君子"一般指贵族统治者，多有刚健、果决之德，引申为处理退让之时能做到坚决、果断；"小人"柔弱或地位低下之人，引申为退让之时的不舍和优柔寡断。"吉"指顺利、成功；"否"则指阻塞、失败。九四代表居于高位的统治者，又以刚居阴而不正，故有此虑。圣人告诫：退让之时要果断，不可有所依恋和不舍，否则国家治理的新老交替的过程就会阻塞不通，影响国家正常的发展。

"小人"多指阴爻，九四如变六四，则与初六不应而否，且下互巽变坎，与下艮交错，艮为止，为坎水阻寒之象，故为否，故称"小人否"。

九四变六四是不正变正，本应有利，但本爻却是相反，因为长者退位重在坚决。可见爻位当位与否只能作为解卦的重要参考，而非唯一标准，"随时取义"才是正确理解爻义的唯一标准。

33.9 九五：嘉遁，贞吉。

《象》曰："嘉遁，贞吉"，以正志也。

【白话】

九五：嘉美地退让，坚持守正则吉祥如意。

《象》说："嘉美地退让，坚持守正则吉祥如意"，是说这样能够帮助端正六二的志向。

【解读】

◎ 嘉遁，贞吉

嘉：本义指击鼓庆贺。嘉遁：遁之嘉美者也。贞吉：坚持刚中之正并嘉美地退让，则结果吉祥如意。

九五以刚居阳，是刚健中正者，与六二正应，以刚中正应中正，是既能以中正之道相待，又能退让以保持距离，故称"嘉遁"。

33.10 上九：肥遁，无不利。

《象》曰："肥遁，无不利"，无所疑也。

【白话】

上九：宽松从容地退让，没有什么不利的。

《象》说："宽松从容地退让，没有什么不利的"，是说退让时没有任何迟疑。

【解读】

◎ 肥遁，无不利

肥：原意指多肉，后引申充裕、宽松。上九为乾之极、遯之终，上为广阔的天空而无阻隔，下无比应则无牵挂，所以能够果断刚决而心无牵挂地退让，故称"肥遯"。这里可理解为最终年轻人已经得到成长，可以履行职责，统治者胸怀宽广地让出职位和管理权限，让年轻人发挥自己的才能，为国服务。

无不利：退让之时既利人，又利己。在遯之时，退让者飘然远逝，了无牵挂，此为遯之善者，故"无不利"。

上九下无比应，所以退让之时无所牵挂而不迟疑，故《象》曰"无所疑也"。

【总结与启示】

《遯》卦下艮上乾，可以理解为年轻人的天下，所以阴爻应理解为初进仕途、追求上进的年轻人，阳爻则代表要退让的长者。卦象可以理解为年轻人成长之时，年长的管理者逐步让出舞台，以使年轻人充分发挥自己的才能，故以果决速退为善。

本卦说的是国家年轻的管理者开始成长，年长者逐步退位的新老交替之道。

初六：柔居初位，"遯尾"，大人遯退之末，也即是年轻人上进之初，从年轻人的角度来说，初入仕途，应该懂得凶险，不可急于求成。六二：初入仕途之柔顺中正者，他在上级长者的牵引下坚守谦顺之德。九三：刚正退让者，退让时既牵挂不放心，又过于严厉，这样对六二的成长有隐患，如果像对待家臣和小妾一样保持威严和矜持则有好的结果。九四：遯之依恋不舍者，如果能够做到果断洒脱则会有好的结果，如果依恋而优柔寡断就会影响发展。九五：遯之刚健中正者，与中正之六二正应，是既能中正关爱，又能果断退让，为"遯"之至善者。上九：乾之极、遯之终，下无比应，在遯时是最宽裕、从容的，不存在任何迟疑，于人于己都无不利。

本卦引申到企业管理：年轻人体现企业的活力，是企业创新的源泉，因此，企业管理者要注重年轻力量的培养，要给有能力的年轻人充分施展才华的空间，以帮助他们的快速成长。这是保持企业持续竞争力非常重要的方法。

大壮卦第三十四：以正用壮，以柔克刚

大壮卦 下乾上震，雷天大壮

上六：羝羊触藩，不能退，不能遂。无攸利，艰则吉。
《象》曰："不能退，不能遂"，不祥也；"艰则吉"，咎不长也。

六五：丧羊于易，无悔。
《象》曰："丧羊于易"，位不当也。

九四：贞吉，悔亡，藩决不羸，壮于大舆之輹。
《象》曰："藩决不羸"，尚往也。

九三：小人用壮，君子用罔，贞厉。羝羊触藩，羸其角。
《象》曰："小人用壮"，"君子罔"也。

九二：贞吉。
《象》曰：九二"贞吉"，以中也。

初九：壮于趾，征凶，有孚。
《象》曰："壮于趾"，其孚穷也。

卦辞

大壮，利贞。

34.1 卦名卦序

《序卦》曰：遁者，退也。物不可以终遁，故受之以大壮。

【解读】

◎ 大：甲骨文像是张开双臂双腿、顶天立地的"大人"，这里应是泛指统治者，与"大过"之"大"同。壮：金文像是人在睡觉，身边放着武器，有壮胆、警惕之意，后指强壮。

故"大壮"有管理者强大之意，引申为君王对强大的管理者应保持警惕。

《大壮》卦为卦下乾上震，乾在下卦一般不取"天"象，多表示力量和能力强健、强盛、强大，如《小畜》《大畜》等。下乾为刚健、强健，从卦序来看，可理解为《遁》卦以后慢慢成长、强大起来的年轻的国家管理者；上震为动，有年轻的管理者成长、强大以后的行动之象。又：上震为雷，雷有威慑之象，故卦象有威慑、警示强大的年轻统治者不可恃壮妄动之象。年轻的统治者开始掌握政权，随着他们的能力和权力逐渐强大则有可能年轻气盛、偏离正道、恃强妄动之可能，圣人立《大壮》卦告诫年轻的统治者,如何利用自己的能力,控制自己的行动,更好地为国家服务。

上一卦为《遯》卦,"遯"是指年长的统治者让位于年轻的统治者。年轻的统治者在良好的环境下逐渐得到成长,然后慢慢变得能干、强大,故《遯》卦之后是《大壮》。"大壮"指年轻的统治者能力、气势变得强大。如何驾驭他们,君王应认真思考并保持一定的警惕。

34.2 卦辞:大壮,利贞。

【白话】

卦辞:大者强健,应该坚守正道。

【解读】

◎ 大壮,利贞

利贞:坚持以正道、正义约束自己,不可有丝毫偏离。这显然是劝诫大壮者而言。那具体应该如何做呢?其实后面的《大象》辞就可以作为参考,即"非礼弗履"。

从上面对卦名的解读可知:"大壮"指年轻的统治者得到成长变得强大后的各种表现及结果。年轻的管理者虽能力很强,干劲很足,但因受经验、阅历影响,且年轻气盛,容易冲动而偏离正道,如果不加管控,对国家和个人都会产生不利影响,所以圣人诫之"利贞"。

34.3 《彖》曰:"大壮",大者壮也。刚以动,故壮。"大壮,利贞",大者正也。正大而天地之情可见矣。

【白话】

《彖》说:"大壮",意思是"大"发展至强壮。刚健而动,所以说壮。"大壮,利贞",强大者坚守正道。坚守正道而且强大,天地创生万物、治理万物的情状就可体现了。

【解读】

◎ 阳为大,阴为小,卦体初至四为阳,所以称为"大壮"。这是从卦体解释卦名。

《大壮》下乾为刚,上震为动,故称"刚而动"。这是从卦德解释卦名。

南宋张浚《紫岩易传》曰:"惟不贞则必暴、必折、必害,常逆理而违厥中,大壮所以贵正。"

来知德曰:"凡阳明则正,阴浊则邪,自然之理,故利于贞。若不贞,则非大矣。"

34.4 《象》曰:雷在天上,大壮。君子以非礼弗履。

【白话】

《象》说:雷在天上,这是《大壮》卦的卦象。君子得以领悟,不符合礼制的事不能做。

【解读】

◎ 君子以非礼弗履

"君子"当泛指统治阶层或贵族阶层，即"大壮"之"大"者。非礼：不符合当时的规范、礼制。履：践行、施行。

"雷"在古代有威慑、惩罚作恶者的象征。雷在天上，则天下万物的一言一行无不照见，所以圣人要求统治者"非礼弗履"。

在人的力量强健之时，如不加强自身修养，总容易犯违反礼仪、法制，欺负弱小，甚至对抗国家统治的错误，特别是掌握了国家资源的年轻统治者，这样当然不会有好结果，所以圣人诫之"非礼弗履"。

"非礼弗履"可视为对卦辞"利贞"的具体说明。

34.5 初九：壮于趾，征凶有孚。

《象》曰："壮于趾"，其孚穷也。

【白话】

初九：强壮还只是表现在脚趾，急于前进必定有凶险，这是可以确信的。

《象》说："强壮还只是表现在脚趾"，他的自信很快会穷尽。

【解读】

◎ 壮于趾，征凶有孚

壮于趾：强壮表现在脚趾。人的行动先是从脚趾开始的，但如果只是靠脚趾是无法移动身体的，不管脚趾多么强壮，它必须依靠脑的指挥、脚的力量才能协调行动。在与行动有关时，初爻常以趾为象。初爻既代表开始，又代表地位低下，本爻则代表年轻的管理者能力还不是很强大之时。

征：从"彳"从"正"，本义是为了正义而征伐，此处引申为急于或贸然前进。

有孚：在他卦中是有诚信、信心之义，通常是肯定之词，但本爻置于"征凶"之后则不可解释为"有诚信"，应理解为"可以确信的""可以验证"之意，是对"征凶"的强调、肯定，并含有强烈的警示之意。

人如果想要健步行走，不仅需要脚的移动，还要大腿、小腿肌肉有力地牵引，所以仅是脚趾强壮有力就急于行动，结果必定会摔倒。初九代表地位较低的管理者，他们的能力、经验也还没到足够强大之时，如果此时就急于想大有作为，有可能超越权限、违反礼制甚至法律，结果必定遭受波折以致凶险，故称"征凶有孚"。

34.6 九二：贞吉。

《象》曰：九二"贞吉"，以中也。

【白话】

九二：坚守中正之道就会顺利吉祥。

《象》说：九二"坚守中正之道就会顺利吉祥"，是因为居于中位能循中道而行。

【解读】

◎ 贞吉

九二以刚居柔虽不正，但处中位且正应六五，是强大而有信仰者，能得到六五的应援与引导，所以结果吉利。

九二以刚居柔虽不正，但守中，且正应六五，能力强大而行动适宜且拥护君王，这是《大壮》之善者。九二强而守中，正应六五，六五为上兑之主，兑为吉，故称"贞吉"，坚守正当的行为则吉。

34.7 九三：小人用壮，君子用罔。贞厉，羝羊触藩，羸其角。

《象》曰："小人用壮"，君子罔也。

【白话】

九三：普通的平民百姓常常恃强凌弱，管理者如果也像普通百姓一样自恃其强则会陷入罗网之中。一味地坚持刚健用强，（就好像）公羊强用角去顶藩篱，会被卡住了角。

《象》说："普通的平民百姓常常恃强凌弱"，君子视蛮横用强为罗网。

【解读】

◎ 小人用壮，君子用罔

小人用壮："小人"指平凡、卑微，或是缺乏修养、不懂礼制的普通民众或平民，他们如果强壮总会恃强凌弱、不知畏惧。对他们而言因受见识、修养等影响常常会有如此表现。

君子：指九三所代表的国家高级管理者，如诸侯邦君等。罔：古指罗网。

君子用罔：高级管理者如果也像普通民众那样不守礼制、不知节制、自恃其强，则必定会陷于法律、礼制所编织的罗网之中。

九三以刚居阳，居刚用刚，是《大壮》之时典型的强大者。"三"为诸侯之位，所以九三可以看作是强大的诸侯邦君。九三正应上六，上六代表国家君王，《大壮》说的是用壮，故本卦九三正应上六不是说得到上六的应援和帮助，而是九三对上六用壮、欺上之象。诸侯邦君恃其强大而向国家君王示壮，结果必定会陷入罗网之中。九二爻同样是阳爻正应六五，但却不按以强欺上理解，是因为九二居中，行为适宜，故能拥护和尊崇六五尊者。

◎ 贞厉，羝羊触藩，羸（léi）其角

厉：本义指山崖上突出的大石头，后引申为严厉、刚健、危险等。羝羊：公羊。羸：缠绕之意。如果坚持一直用刚健野蛮对抗，就像是关在围栏中的公羊，自恃强壮而用角强顶藩篱，必被卡住。这是以羊比喻强大的诸侯邦君，以藩篱比喻国家的统治。

"阳"与"羊"同音。九三与九四不比，九四高于九三，所以九三对九四用强是不能敌的。九三不敌九四则变六三，下乾变兑，兑为羊，六三为下兑之主，又为下互离之主，离为网。下兑六三与下互离交错，故有羊"羸其角"之象。九三强进则会被九四所阻，因不敌而退缩（变六三）则会被网住，就像羊用角强顶藩篱，用强时敌不过藩篱，想退回来又被卡住了角。

此言九三因恃强妄动而陷入进退两难之窘境。

34.8 九四：贞吉，悔亡。藩决不羸，壮于大舆之輹。

《象》曰："藩决不羸"，尚往也。

【白话】

九四：谦顺守正而得吉，悔憾消失。打开羊圈，不以藩篱限制羊群（以放牧驯化羊群），（好像）使大车车体与车轴连接更加结实。

《象》说："打开羊圈，不以藩篱限制羊群"，意思是便于前行（发挥作用）。

【解读】

◎ 贞吉，悔亡

九四进入上卦，居近君之高位，代表的是辅佐君王的重臣。以羊与藩篱为喻，则九四代表的是羊圈的"藩篱"。九四以刚居柔，居柔用刚，与九三以刚对刚而不亲比，就像是用藩篱圈住了羊群，看似柔软实则牢固。九四以强硬制止九三之壮，虽可卡住羊角，但如果羊群都以角抵藩，羊圈仍有可能倒塌，因此九四有隐忧。九四知悔思变，变六四则正位。六四亲比九三，不以刚止壮，而以柔化刚，内心的隐忧消失，故称"贞吉，悔亡"。

九四变六四正位则"贞"，六四向下亲比九三，二三四又组成互兑，兑为吉，故称"贞吉"。

◎ 藩决不羸，壮于大舆之輹

决：打开。不羸：不再束缚（羊群）。本句是顺着上一句"贞吉，悔亡"进一步进行比喻说明：九四打开羊圈并不是放纵羊、不对羊进行管理，而是以另一种柔顺的方式放牧、驯化羊群，是以一种正确的、以柔化刚的方式管理羊群。

"輹"，从《大畜》卦的九二爻"舆说輹"解读可知，指的是捆绑在车轴上稳定车厢的垫木，俗称"伏兔"。《说文·车部》："輹，车轴缚也。"段玉裁注："谓以革若丝之类缠束于轴，以固轴也。缚者，束也。"

壮于大舆之輹：意为使大舆的车厢与车轴连接得更稳固和结实，则能使车行得更稳健更安全。如以大车车体比喻君王为代表的统治者，则车轴和车轮可以看作是地方诸侯和百姓。车轮跑起来后很难驾驭，不是强行刹住车轮，而是使车体与车轴连接更加牢固，以使大车能够稳固安全而不至于使车厢解体。圣人以此比喻九四能够很好地辅佐君王，以柔顺之德管理下卦的诸侯及各级管理者，并帮助君王驾驭他们的强大。

从以上分析可知，九四是以柔顺的方式辅佐君王治理国家，而非以刚止壮。九四以刚居阴本不正，以柔顺治国则会变六四。九四变六四，下互兑为羊，上坤为广阔的大地，羊的前面一片空旷，没有任何束缚，就好像圈住羊的藩篱消失了，故称"藩决不羸"。

九四变六四，上震变坤，坤为"大舆"，又上互卦为震，震为动，连起来意为大舆在动。六四阴爻柔顺，亲比九三，柔顺亲比，缠绕刚健则有"輹"象，故称"壮于大舆之輹"。

34.9 六五：丧羊于易，无悔。

《象》曰："丧羊于易"，位不当也。

【白话】

六五：君王以柔和驯化健壮，就像是商先王王亥驯化了牛羊、发明了牛车，虽然最后在有易氏丢失了，（但）没有悔憾。

《象》说："丧羊于易"，是说柔居刚位而不得当。

【解读】

◎ 丧羊于易，无悔

六五柔顺而居刚中君王之位，下有四阳，为以柔制刚者。

程颐说："羊群行而喜触，以象诸阳并进。四阳方长而并进，五以柔居上，若以力制，则难胜而有悔，唯和易以待之，则群阳无所用其刚，是丧其壮于和易也，如此则可以无悔。五以位言则正，以德言则中，故能用和易之道，使群阳虽壮无所用也。"

程颐认为"易"为和易，谦和、平易之意，六五以居于尊位之势，以和易之道驾驭众壮，使群阳臣服而以正用壮。从九四爻的解读可知，九四已变阴爻归正，且能忠诚地辅佐君王管理强大的下级执政者，使之忠于国家和君王而不妄动。正是有六五以其和易之道使九四变正而消除六四之悔，六五则无悔。程颐此说与卦象爻象也可相符，有一定道理。

也有学者认为"丧羊于易"是指商高祖王亥在易地丧失了羊群的故事，我认为非常有道理。这是以王亥驯化牛羊的故事比喻君王驯化大壮以为国所用的道理，其与程颐之说其实并不矛盾。

商先公七世祖王亥是商汤之前最有名的一位商先祖，相传是畜牧业和商业的创始人，是他发明了牛车，驯服了牛羊，在牛羊等家禽富余之后又与周围的氏族发展以物易物的商业活动。后在与"有易氏"部落（在今河北易县）进行交易的时候被其首领"绵臣"所害。

《山海经·大荒东经》和《楚辞·天问》中都提到王亥"仆牛"；《世本》《吕氏

春秋·勿躬》作"服牛";《天问》作"牧夫牛羊"。仆、服、牧都是一声之转，指王亥牧牛羊。

据《竹书纪年》记载：帝泄"十二年，殷侯子亥宾于有易，有易杀而放"。帝泄十二年，王亥和弟弟王恒一起从商丘出发，载着货物，赶着牛羊，长途跋涉到了河北的有易氏。有易氏的部落首领绵臣见财起歹意，杀害了王亥，赶走了王亥的随行人员，夺走了货和牛羊。其弟王恒日夜兼程逃回商丘。（《百度百科》）

从以上记载可以看出，王亥驯化了牛羊从而发展了畜牧业，并发明了牛车。《易》常以牛、羊、猪等禽畜代指刚健，如，《大畜》之六四：童牛之牿；六五：豮豕之牙。此两者就是以牛、猪代表刚健。本卦六五一阴之下有四阳，六五为君位，所以取王亥畜牧牛羊之象。另上震为大舆为牛车，王亥发明了牛车，又在有易氏部落丢失了牛羊。虽然王亥历经艰辛驯化了牛羊，发明了牛车，后来在有易氏被抢走了牛羊，甚至被害了性命，但他为国家发展畜牧业、推动社会进步作出了巨大贡献，为后人所铭记和称颂，所以他是无悔的。

这种解释是先贤们的推测。《周易》应来源于商朝的《归藏易》，其中记载了王亥的故事也是非常可能的，虽然一时无法考证。

◎ 位不当也

六五之所以要用平易谦和的方法驯服众阳，是因为阴爻居于君位的缘故。如是阳爻得中、当位并处于君位，那么下面就不会有强盛了。正因为六五不当位，所以才以和易之道驾驭刚健群臣。然而大多数情况下，想要治理强盛不可以用强硬的手段，君臣之间、上下级之间地位不对等，假使君王可以用自己的权势来屈服臣子，那么臣子中虽有强硬跋扈之人，也不能称之为"壮"，只有当君主的势力不够强大的时候，才有所谓的"治壮"。所以"治壮"的方法不可用强硬的手段。

34.10 上六：羝羊触藩，不能退，不能遂，无攸利。艰则吉。

《象》曰："不能退，不能遂"，不详也；"艰则吉"，咎不长也。

【白话】

上六：公羊用角强顶藩篱，缠住它的角，（使它）退不出来，也前进不了。这样于国于民于己都不利。（只有使他）忠于国家、为国奉献才会吉利。

《象》说："（使它）退不出来，也前进不了"，是说不能谨慎地判断形势；"（只有使他）忠于国家、为国奉献才会吉利"，是说这种过失咎害不会维持很久时间。

【解读】

◎ 羝羊触藩，不能退，不能遂，无攸利

如果用羊比喻强大的各级执政者的话，那么"藩篱"比喻的就是国家的管理和限制。从羊的角度说，公羊不管如何强壮，也很难突破限制它的藩篱，如果强行想用角顶倒藩篱，结果必定会被卡住角而进退不得。

从前面解读可知，"无攸利"一般是对诸如诸侯邦君等居于高位者提出的劝诫或警示。上六正应九三，故此爻是说明九三可能发生的不正行为将于国于民于己都会产生不利的影响。

上六爻为《大壮》之终，是对全卦的总结。上六正应九三，九三爻辞以"羝羊触藩"为喻，故上六继续用"羝羊触藩"为喻进行总结，与之呼应并对九三进行警示。《大壮》之时，九三代表强大的诸侯邦君，如果他倚仗其强大而对抗国家统治的话，结果必定是：进，则不敌国家的统治而遭遇失败；退，则必犯君怒而不可能全身而退，这样最终将于国于民于己都不利，就像公羊用角想顶翻藩篱一样。

◎ 艰则吉

艰：甲骨文为𦊆，其字形 =（人：献身者）+（壴：击鼓祭祀），表示远古时代当气候或环境出现极其恶劣，大量夺去人的生命时，先民用活人献祭，以求消除天灾。有的甲骨文用"女"代替"人"，表示用女子献祭。有的甲骨文 =（壴，击鼓祭祀）+（口，呐喊）+（田，像头套、面套）+（大，人，受难献祭者），表示让献祭者蒙面受难。造字本义：蒙面受难，活人献祭。（摘自《甲骨文研究网》）

故"艰则吉"本义是说为了帮助克服国家的困难而忠诚献身则会吉祥如意。从上六而言，这是说只有使强大的诸侯邦君不可恃其强大而对抗君王，而是为君王、为国真诚地排忧解难、忠诚奉献才是吉利的。

【总结与启示】

《大壮》卦其实是在告诫能力强大的各级管理者如何理解强壮以及如何使用强壮，特别是对于诸侯邦君而言，如果恃其强大而对抗君王、国家，则必定会遭受失败，就像是公羊想要用角去对抗藩篱，结果总会被卡住角。对于以君王为代表的国家统治阶级而言，对待各地方诸侯邦国强大时应引起警惕，有时以柔化刚比以刚止壮更利于管理。

初九代表初级管理者，虽有一定能力但却急于求成，结果必定凶险；九二是外表强大而行为适宜者，坚守中道终能归正而得吉；九三居刚用刚，代表强大的地方诸侯，如其像普通人一样恃其强大而不服从国家统治，必定会遭受失败，真正明智的邦君应视这种行为为罗网；九四是居柔用刚，初有悔憾，后能向正而变，辅助君王以柔顺治理强大的诸侯而得到认可；六五是表面柔弱而内心强大的君王，以柔弱谦中之德征服刚健；上六总结全卦并对九三提出警示：如果恃强用壮对抗国家统治，必定进退不得，只有使他忠于国家和君王，以其强大为国服务才能吉祥如意。

本卦与上经的《大有》卦无论是卦象还是卦义都有相似之处，都是说君王柔弱而各级管理者强大，但两者在卦时和论述角度方面都不同。《大有》是说国家经历一场抵御外敌的战争之后，各地方诸侯和武装力量被充分激活，力量强大，国家内部存在较为严重的安全隐患；卦义从君王角度说明君王以伟大的智慧和高尚的品德控制全局的重要意义。此时国家处于管理体系还没有完全建立的初级阶段。《大壮》则是说各级管理者从年轻成长为能力强大者，但同时桀骜不驯，可能出现不服从管理、不遵守制度的行为；卦义从管理者角度说明遵守礼制、服从管理的意义。此时国家管理处于成熟、稳定阶段，内部没有安全隐患。

本卦反映的是古代君王的驭人之术，在今天仍是适用的。一个人的能力是有限的，如果企业的高层管理者总想下面的人能力都弱于自己，总想用自己的能力压服一切，他的眼里就会容不下任何有能力的年轻人，那么这个企业就会越做越小，直至消亡。高明的管理者应该胸怀宽广、求贤若渴，总是希望下属的能力更强、水平更专业，管理他们则是以谦虚柔顺化之、以德服之，而不是以力压之。这才是正确的用人之道。

晋卦第三十五：追随王廷，保家卫国

晋卦 下坤上离，火地晋

上九：晋其角，维用伐邑。厉，吉无咎，贞吝。
《象》曰："维用伐邑"，道未光也。

六五：悔亡，失得勿恤。往吉，无不利。
《象》曰："失得勿恤"，往有庆也。

九四：晋如鼫鼠，贞厉。
《象》曰："鼫鼠，贞厉"，位不当也。

六三：众允，悔亡。
《象》曰："众允"之志，上行也。

六二：晋如愁如，贞吉。受兹介福，于其王母。
《象》曰："受兹介福"，以中正也。

初六：晋如摧如，贞吉。罔，孚裕，无咎。
《象》曰："晋如摧如"，独行正也；"裕无咎"，未受命也。

卦辞

晋，康侯用锡马番庶，昼日三接。

35.1 卦名卦序

《序卦》曰：物不可终壮，故受之以晋。

【解读】

◎ 晋：从日从㬩，本义指追着太阳一直前进。《晋》卦为卦下坤为众为顺，上离为日，卦象为众人追随太阳。由此可见，卦象反映了"晋"字的本意，所以卦名为"晋"。上离为光明，代表中央统治，六五君王为光明之主，故《晋》卦卦象为众人追随王廷。又：下坤为地为邑国，上离为兵戈为讨伐，上离代表中央帝国，所以卦象又有中央君王讨伐邑国之象。这从上九爻辞"晋其角，维用伐邑"似乎能得到证明。另从卦辞"康侯用锡马番庶"大胆推测：《晋》卦应是以西周初期的"三监之乱"为例，说明违背道义、背叛君王的诸侯不管多强大，反叛作乱则必败，而忠于君王、忠于国家的诸侯则必定会得到重赏的道理。

三监之乱：

周人取得了政权后，根据当时人们"灭国不绝祀"的原则，保留殷人的祭祀。为了收买民心，安抚殷商遗民，展示自己的宽柔仁义，巩固自己的政权，周武王把纣的儿子武庚封在殷商故地。周武王终究对武庚不放心，害怕他起事作乱，于是又把朝歌周围的原京畿之地分为邶、鄘、卫三个小国，安排自己的弟弟管叔、蔡叔、霍叔驻守在殷都周围的卫、鄘、邶三国，监督殷商遗民以防其造反。朝歌以北为邶国，在如今的汤阴东南16公里的邶城，清乾隆《汤阴县志》载："邶城在县东三十里，此武王灭殷、分封诸侯，封纣子武庚于此。"武王的弟弟、文王的第八个儿子霍叔（姬处）被封为邶国国君.朝歌以南的地方为鄘国，在如今的卫辉倪湾，国君是文王的五子蔡叔（姬度）.朝歌以东的地方为卫国，在如今的浚县卫贤，国君是文王的第三子管叔（姬鲜）。邶、鄘、卫对朝歌形成合围之势，史称"三监"。周人立国未稳，强敌环伺，武王为国事忧虑，常常夜不能寐。他说："维天建殷，其登名民三百六十夫，不显亦不宾灭，以至于今。我未定天保，何暇寐！"公元前1043年，武王有疾，死去。成王即位，年幼，由周公代行王事。武王的弟弟中管叔最长，按照兄终弟及的惯例，他最有资格摄政，因此武王的遗命被他认为是遭到了周公的篡改，加之周公制定的礼制严格限制诸侯势力，引起了武王群弟的不满和猜忌。《尚书·金縢》载："管叔及其群弟乃流言于国，曰：'公将不利于孺子。'"在这种情况下，管、蔡与武庚联合作乱。武庚早有复国的野心，这时不仅联合三监，而且又和殷商旧地东夷的徐、奄、薄姑等方国串通，叛乱反周，局势十分严重。

管、蔡以及武庚与东夷地区的叛乱，严重地威胁了周王朝的安全。周公团结召公奭，采取果断措施，亲率大军东征。东征对巩固西周王朝、扩大周的辖地起了重要作用。《尚书·金縢》记载："周公居东二年，则罪人斯得。"周公首先镇压"三监"，制止了流言，杀了管叔，放逐了蔡叔；还诛杀了武庚，以纣王庶兄微子继承殷祀，在宋（今河南商丘）建国，史称宋国。（摘自《百度百科》）

如以"三监之乱"为例，则《晋》卦所讲述的道理应是正义的诸侯和民众追随王廷，辅佐君王平定叛乱、保卫国家之意。这在后面的爻辞解读中将有详细的说明。

上一卦为《大壮》，说的是诸侯变得强大，诫之要遵守国家制度，不可恃强而妄动。如果诸侯强大而不能履礼行正，那么就可能出现如"三监"谋反一样的乱国之祸。但不管他多么强大，君王终将会以其英明之德，如太阳一般感召正义的诸侯和广大民众追随而平定叛乱，保卫国家。所以《大壮》之后是《晋》卦。

35.2 卦辞：晋，康侯用锡马蕃庶，昼日三接。

【白话】

卦辞：追随王廷保卫国家，忠诚追随君王保卫国家的康叔因而得到君王的大量赏赐，一天受到三次表彰。

【解读】

◎ 康侯：程颐认为是保民安康之侯，这里应该是举卫康叔参与平乱的例子。用：因为……而。锡：通"赐"，赐予。蕃庶：多、丰盛之意。

昼日三接：康叔参与平定"三监之乱"有功，周公作《康诰》《酒诰》《梓材》三篇予以勉励和表彰。

康叔生卒年不详，姬姓卫氏，周文王姬昌与正妻太姒所生第九子，周武王姬发胞弟，因获封畿内之地康国（今河南禹州西北），故称康叔或康叔封，为卫国第一代国君。周成王即位后，发生"三监之乱"，康叔参与平定叛乱，因功改封于殷商故都朝歌（今河南淇县），建立卫国，成为卫国第一任国君。康叔赴任时，其兄周公旦作《康诰》《酒诰》《梓材》，作为康叔治国法则。并告诫康叔，务必明德宽刑、爱护百姓，向殷商故地贤豪长者询问殷商兴亡之道。康叔统治有方，很快使卫国经济繁荣、社会稳定、百姓安居，成为卫国和卫姓的始祖。周成王年长后，鉴于康叔治国有方，卓越政绩，于是提拔他担任西周司寇之职，掌管刑狱、诉讼等事务。康叔秉公执法，成功维护西周的政权稳定。周成王为表彰康叔辅佐之功，赐给他宝器、祭器等物。康叔死后，其子卫康伯继位（《百度百科》）。

"三监之乱"发生在周文王去世多年以后，很多易学家以此为证，证明《周易》不是周文王所作。我不认可这种说法，理由是：

首先，孔子、司马迁等都认为《周易》是文王在羑里所创作的。孔子晚于周文王年代约500年时间，又同处在周朝，没有经历朝代变革，其所获得的信息当比今天的我们无疑要准确得多，所以孔子和司马迁的观点要比后人更有说服力；其次，本卦举康叔参与"三监之乱"的例子，不可据此完全否认《周易》是周文王所作，因为文王之后周公完全可能对《周易》进行修改和补充。所以本卦有可能是周公据"三监之乱"修改而成，记载康叔忠诚地追随君王讨伐叛逆的故事以表彰民众追随君王保卫国家，歌颂周朝君王的贤明与伟大。

35.3 **《象》曰：晋，进也。明出地上，顺而丽乎大明，柔进而上行，是以"康侯用锡马蕃庶，昼日三接"也。**

【白话】

《象》说：《晋》卦的"晋"，上进之意。太阳出来照耀在大地之上，坤众顺服而附丽于太阳，柔爻前进而上行至尊位，因此说"康侯用锡马蕃庶，昼日三接"。

【解读】

◎ 下为坤为地，上为离为日，所以说"明出地上"；下坤又为顺，上离又为附丽，所以说"顺而丽乎大明"。这是从卦象释卦辞。

柔进而上行：柔爻上行居于中位而成离。离为内心谦虚而光明，以此对待顺从的民众，所以说"康侯用锡马蕃庶，昼日三接"。这是以卦德释卦辞。

35.4 《象》曰：明出地上，晋。君子以自昭明德。

【白话】

《象》说：太阳出来照耀在大地之上，这就是《晋》卦的卦象。君王得以领悟要自我彰显光明的品德。

【解读】

◎ 从以太阳为喻可知，此处"君子"应特指"君王"。

太阳照耀在大地之上，带给万物光明。君王应该学习太阳，以修养自己的品德，盛德光大，照耀百姓，则百姓自然可以感受得到，并愿意追随。

在《晋》之时，百姓追随君王，保卫国家，首先应当有一位英明的君王带领，也必然有一位感召大家的光明盛德的君王，否则不能成"晋"。

"三监之乱"之时，虽然周成王年幼，平乱都是由周公、召公领导的，但为遵守礼制及团结民众，其功一定要归于君王，并且要大力宣扬君王的圣明贤德。

35.5 初六：晋如摧如，贞吉。罔，孚裕，无咎。

《象》曰："晋如摧如"，独行正也；"裕无咎"，未受命也。

【白话】

初六：追随啊，就像鸟儿直飞山顶，坚持如此则顺利吉祥。（就像）鸟儿自投罗网，仍充满信任，内心宽裕而不担心害怕，最终不会有任何危害。

《象》说："追随啊，就像鸟儿直飞山顶"，是说独自行进在正道上；"裕无咎"，是说还没有得到上者的信任和任命。

【解读】

◎ 晋如摧如，贞吉

"摧"通"崔"。崔：形意字，从山从隹（cuī）。"隹"为鸟形，意为鸟飞向山顶，后引申为高大。初六上应九四，初六阴爻有鸟象（如：《小过》之初六"飞鸟以凶"）；九四为下互艮之主，艮为山，所以有鸟飞向山顶之象。

初六以柔居初，在"上经"通常代表社会最底层的民众，但在"下经"则重在表示事件发生的初始阶段，且代表的阶层地位则不一定低下，如《咸》《恒》《遯》《大壮》等。故本爻表示周公平乱之初，此时是最困难之时，一开始就能够积极响应和支持的人是非常关键的，从卦辞的"康侯用锡马蕃庶"推测，本爻应指"康侯"。初六正应九四，是崇拜和敬仰九四，并以之为目标奋进、追随。在《晋》之时，这是正确的方向，是值得鼓励的，坚持下去一定会成功，故言"贞吉"。

◎ 罔，孚裕，无咎

罔：本义指罗网。孚：信任。裕：宽裕。孚裕：指内心充分信任和宽裕，一点都不担心。初六上应九四，内心坚定而充满信任地追随九四，因最终九四辅佐君王成功平叛，追随者没有任何危害（如果九四平乱失败，则追随者必定会受到牵连而有咎）。

从后面九四爻解读可知，九四代表平定"三监之乱"的周公，其以高尚的品德得到了民众的充分信任和舍命的追随，这也是周公成功平定"三监之乱"的基础。周公带领以"康侯"为代表的支持者平乱是非常危险的事，在这种情况之下"康侯"仍愿意追随周公，所以圣人以鸟儿自投罗网为喻。

如果以"三监之乱"为例，那么本爻代表以"康侯"为代表的支持者，他们开始虽力量不够强大，但能够坚定地追随周公保家卫国。

上离为网，初六正应九四，故有自投罗网之象；初六上应九四，九四在互坎之中，坎为孚；下坤为地为宽，故称"裕"。

35.6 六二：晋如愁如，贞吉。受兹介福，于其王母。

《象》曰："受兹介福"，以中正也。

【白话】

六二：追随啊忧愁啊，坚持不动摇后吉利。坚持到底受到了很多的福赐，从王母那里。

《象》说："受到了很大的福赐"，是因为居于既正且中的位置。

【解读】

◎ 晋如愁如，贞吉

如：语气助词。六二与六五同性不应，初时有愁，故称"晋如愁如"，但因为六二既正且中，在《晋》之时自然会坚持正道，行为得当。

国家发生"三监之乱"，谦顺中正的统治者忠心地追随君王为国出力，初时因为战争的艰苦及君王的年幼柔弱而感到内心忧愁焦虑，坚持下去，随着君王在周公和召公的帮助下慢慢变得勇敢、坚强，最终成功平乱而吉。

◎ 受兹介福，于其王母

兹：本义指草木大量增生，引申为繁多。介：界也，引申为坚定意志，不受外界干扰。"王母"指六五，五为王位。柔弱的君王经过战争的洗礼会变得坚强，终会变九五，则上互坎变巽，巽为长女为妇，上离变乾，乾为君，君之妇故称"王母"。此以"王母"代君王，并从"王母"一词可知六五会变九五。

《晋》之时，忧国忧民的中正之士，因为知道君王年幼，担心国家和君王的安危而内心忧愁，后来在贤臣周公和召公的辅佐下成功平乱，坚持中正地追随者得到君王赏赐和福报。

35.7 六三：众允，悔亡。

《象》曰："众允"之志，上行也。

【白话】

六三：众多的诸侯信任和追随王廷，悔憾消失了。

《象》说："众多的诸侯信任和追随王廷"的理想，是说志在带领大家追求上进。

【解读】

◎ 众允，悔亡

允：本义为信、实，如《尚书·虞书·尧典》："允恭克让，光被四表，格于上下。"坤为众，三居下之上，下众之长。六三代表柔居刚位而不正、柔弱而意志不坚定的诸侯，他们开始因看不清形势，内心焦虑不安而有悔忧，后来随着周公率领的平乱军队的节节胜利而开始信任和支持周公平乱，故能悔亡。

周公平乱之初，除了康侯等部分支持者之外，其他力量弱小或看不清形势的诸侯可能会一时处于观望状态，心中因而犹豫忧虑。随着周公的东征军节节胜利，形势大好，这些柔弱而观望的诸侯慢慢地认清形势而下定决心支持周公，故称"众允"，此时他们心中疑虑也就消失了，是为"悔亡"。这种情况在当时的形势下是完全有可能发生的。

35.8 九四：晋如鼫鼠，贞厉。

《象》曰："鼫鼠，贞厉"，位不当也。

【白话】

九四：追随王廷啊，（叛乱者）就像一群大老鼠，（对待他们）要坚持严厉和刚决。

《象》说："（叛乱者）像大老鼠一样，坚持严厉"，是因为他所处的位置不正当。

【解读】

◎ 晋如鼫鼠，贞厉

鼫鼠：同硕鼠，大的老鼠。老鼠贪婪而胆小，在此显然是个贬义词，所以有的学者就认为"鼫鼠"指的是九四，因为九四以刚居柔而不正，《象》辞也说"位不当也"。"鼫鼠"不应该是指九四，而指的是当时发生叛乱的三监，理由有四：

其一：《晋》卦上卦为离，代表以君王为代表的统治者光明、明智，而君王的明智正是由九四和上九附丽于六五才成就的，所以对有功的九四不会以"鼫鼠"喻之。

其二：结合初六解读，假定初六代表康侯，他对九四无比的信任，愿意舍命追随，这与当时周公品德高尚，中央帝国民众忠诚追随，因而成功打败叛军情况是相符的。

其三：如以"三监之乱"为例，那六五柔弱之君代表的正是年幼的周成王，而与之亲比的九四就可看作是摄政的周公。当时管叔正是认为周公摄政是不正当的，应该由他来摄政，因为他是周公的哥哥，所以才发动了叛乱。可见当时正是因为周公有刚强和果决之德，才成功平定了叛乱，否则"三监"必定反叛成功。

其四："鼫鼠"帛书本作"炙鼠"。"炙鼠"则可理解为以火烤鼠，以战火烧烤叛国之鼠。上离为火，下互艮为鼠，离艮交错为"炙鼠"之象。用火者为周公，鼠则指叛国的"三监"。以"鼠"来比喻当时的三监率领的叛军是最恰当不过了：三监贪恋国家政权，不惜联合亡国之人武庚反叛，他们的行为阴暗而卑鄙，就像大老鼠一样。由此看来，帛书本"炙鼠"似乎更符合爻辞本义。

九四为下互艮之主，艮为止，有阻止、限制之象；又：九四下比六三、正应初六，坤为邑国为诸侯，此时以下坤代表叛乱的三监，九四与之比应则是阻止、打击之象。

厉：本义指山崖上突出的坚石，引申为坚硬、果决、危险。贞厉：表示周公对三监坚持进行坚决和严厉的打击。"厉"为严厉之意，而非危险。

35.9 六五：悔亡。失得勿恤，往吉，无不利。

《象》曰："失得勿恤"，往有庆也。

【白话】

六五：悔憾消失，对待得失不要太在意。勇往直前，结果必定如意，没有什么不好的。

《象》说："对待得失不要太在意"，因为这样坚持前行一定会有喜庆的结果。

【解读】

◎ 悔亡。失得勿恤，往吉，无不利

六五柔顺而居刚中君王之位。《晋》之时，三监作乱，声势浩大，年幼而柔弱的君王感到担忧，后在周公和召公的辅佐和民众追随之下成功地平定了叛乱，故"悔亡"。

周公东征，经过三年艰苦斗争才平定战乱，战争的过程充满艰险和波折。君王年幼柔弱，初时担忧害怕，后见战争节节胜利而内心逐渐强大。

失得勿恤，往吉，无不利：圣人鼓励年幼而圣明的君王，要勇敢地面对一切困难，不要在意一时的得失，要坚强地迎难而上则会攻无不克、无所不利。

上互坎为加忧为悔，六五在九四辅佐和影响下从柔弱变得坚强。"往"又为动，则六五动而变九五，上互坎变为巽，上离变乾，巽为顺为进退为往，乾为健行。六五变九五后，是勇敢健行而悔忧消失，故称"悔亡，失得勿恤"。圣人诫之要"往吉，无不利"，即及时改变，无所不利。

35.10 上九：晋其角。维用伐邑，厉，吉无咎，贞吝。

《象》曰："维用伐邑"，道未光也。

【白话】

上九：民众追随，卫国平乱，展示武力。依靠武力乘胜讨伐乱邦，果决严厉而获成功。（虽然）没有过失危害，（但）这样也应感到羞愧。

《象》说："依靠武力讨伐乱邦"，是说治国之道不是光明正大。

【解读】

◎ 晋其角。维用伐邑，厉，吉无咎，贞吝

角：刚而居上之物。"其角"意为使用武力。上九以刚居晋之上，故以角喻之。上九下应六三，六三在坤之上，代表邑国，又离为兵戈，意为用武力讨伐。

邑：采邑，古指封地或邦邑，此处指不服从管理的动乱之邦。

武庚覆灭后，周公继续东征，经过三年艰苦斗争这场动乱才告平定。东征范围似较广阔，穷追猛打，声势达于江南。《吕氏春秋·古乐》记载："成王立，殷民反，王命周公践伐之。商人服象，为虐于东夷，周公遂以师逐之江南。"

"三监之乱"严重威胁到了周朝的统治秩序，周公花费三年的时间进行东征，彻底消灭了殷商王朝的残余势力，扩大东方境土。为了巩固周王朝在东方的统治，周公进一步营建东都雒邑和封建诸侯。周公、成王、康王时期是西周王朝稳定发展时期，"刑错四十年不用"，史称"成康之治"。（《百度百科》）

故"伐邑"应指周公消灭了武庚之后继续东征，讨伐、平定殷商残余势力，彻底巩固了周朝统治。

在圣人看来，使用武力治理讨伐而不是以德感化，虽然在《晋》之时是不得已而为之，是没有过错的，但国家治理还应以德治为根本，这样终究是应该感到羞愧的，故称"无咎，贞吝"。

【总结与启示】

我大胆以周初的"三监之乱"历史事件解读本卦，发现卦象、卦辞、爻辞能够非常通顺、吻合。这种解读虽不同于古今以来传统观点，但似乎更利于对本卦的理解，因此将"晋"理解为"追随君王，保家卫国"。解读下卦时，下坤代表追随君王一起平乱的支持者，六三爻代表柔弱而不坚定的众诸侯，九四代表摄政平乱的周公，六五代表年幼而柔弱的周成王；当进入上卦时，我又以六三和下坤借代叛乱的三监和殷商遗民进行讲述，这种取象方法在《易》例中较为常用。

初六像小鸟直上山顶一样追随王廷，代表康叔坚定追随，虽像自投罗网的小鸟，但内心充满信心，最终没有危害；初二是既正且中的忧国忧民者，坚定支持君王平乱而最终受到君王赐福；六三代表柔弱而意志不坚定的众诸侯，他们开始优柔不定而有悔忧，后随着东征军的节节胜利逐渐信服而悔亡；九四摄政平乱，把叛乱者看作一群贪婪而胆小的老鼠进行炙烤，严厉打击毫不手软；六五以光明之德感召民众顺从，圣人诫之不要在意一时得失，勇敢地一往直前，终将成功，利国利民；上九果决地以武力乘势继续东征讨伐不服乱邦，最终大获成功。对有仁慈贤德的君王来说，虽然不得已而使用武力，但终究是有违仁德，故应感到羞愧。

明夷卦第三十六：世道黑暗，顺势避祸

明夷卦 下离上坤，地火明夷

上六：不明晦，初登于天，后入于地。
《象》曰："初登于天"，照四国也；"后入于地"，失则也。

六五：箕子之明夷，利贞。
《象》曰："箕子"之贞，明不可息也。

六四：入于左腹，获明夷之心，于出门庭。
《象》曰："入于左腹"，获心意也。

九三：明夷于南狩，得其大首，不可疾贞。
《象》曰："南狩"之志，乃大得也。

六二：明夷，夷于左股。用拯马壮，吉。
《象》曰：六二之吉，顺以则也。

初九：明夷于飞，垂其翼。君子于行，三日不食。有攸往，主人有言。
《象》曰："君子于行"，义不食也。

卦辞

明夷，利艰贞。

36.1 卦名卦序

《序卦》曰：晋者，进也。进必有所伤，故受之以明夷。夷者伤也。

【解读】

◎夷：从大（为正立之人形）从弓，本义为讨伐、平定，引申为除去、诛灭。明夷：指光明被遮挡、消除。为卦下离上坤，离为日，坤为地，卦象为太阳在地之下，光明被遮盖，世界陷入黑暗，故称"明夷"。

引申到国家、社会：指君王昏庸，国家政治黑暗，光明的君子受到迫害。再具体到个人：内明外顺，即在国家黑暗的时期，君子应始终保持内心光明，而对外却要顺从以避祸。《明夷》卦说的是君王昏庸、社会黑暗之下，仁人志士受到伤害，以及在黑暗之下的内光明、外顺从的处世之道。

上一卦为《晋》卦，说的是民众追随王廷打击叛乱、保卫国家，从而体现了君王的光辉和王朝的强大。正是因为君王的圣明才能够带领民众成功平乱，保卫了国家。与之形成鲜明对比的是：商末纣王昏庸，政治黑暗，民众处于水深火热之中。圣人以此说明君王的贤德圣明对人民的拥护和国家稳定的影响是多么巨大！所以《晋》卦之后圣人立《明夷》卦。

36.2 卦辞：明夷，利艰贞。

【白话】

卦辞：国家陷入黑暗，应该艰难守正、舍生取义。

【解读】

◎ 明夷，利艰贞。

艰：甲骨文为 ，其字形 =（人：献身者）+（壴：击鼓祭祀），表示远古时代当气候或环境出现极其恶劣、大量夺去人的生命时，先民用活人献祭，以求消除天灾。有的甲骨文用"女"代替"人"，表示用女子献祭。有的甲骨文 =（壴，击鼓祭祀）+（口，呐喊）+（田，像头套、面套）+（大，人，受难献祭者），表示让献祭者蒙面受难。造字本义：蒙面受难，活人献祭。（摘自"甲骨文研究网"）

艰贞：指在艰难委屈之时坚守正道，舍生取义。

利艰贞：有志之士在君王昏庸、国家黑暗之时应该做到不随波逐流，不同流合污，在困难的时候仍然坚守其正义的品德，不偏离正道，甚至为了正义不惜舍弃生命。"利艰贞"一词除在本卦卦辞中出现外，另分别在《噬嗑》之九四爻"噬干胏，得金矢；利艰贞，吉"和《大畜》卦之九三爻"良马逐，利艰贞。日闲舆卫，利有攸往"中出现。在这两爻中出现说明只是在当前爻位环境下的艰难警示，而本卦却是在卦辞中出现，说明卦时所处时代环境下的各阶层都非常艰难！

36.3 《象》曰：明入地中，明夷。内文明而外柔顺，以蒙大难，文王以之。"利艰贞"，晦其明也。内难而能正其志，箕子以之。

【白话】

《象》说：太阳进入大地，光明被遮盖。内心保持光明而对外表现柔顺，以度过大难，当年文王就是这样做的。"应该在艰难中坚守正道"，是说掩藏其光明的德行。深陷苦难之内而能够不放弃正义的志向，当年箕子就是这样做的。

【解读】

◎ 卦体下离上坤，太阳在地的下面，是"明入地中"。离在内为文明，坤在外为柔顺，所以说"内文明而外柔顺"。

蒙：蒙受，有度过之意。"以蒙大难，文王以之"，指当年文王被纣王囚禁在羑里，蒙受大难，内心始终坚守正义但外表顺从，七年之后被散宜生等人用大量的美女财宝救出羑里。

内难：在内受难，陷入苦难之中。"内难而能正其志，箕子以之"是说当年纣王的叔叔箕子不与昏君同道而假装疯癫，得以保全性命，为守住正义而受尽苦难。

36.4 《象》曰：明入地中，明夷。君子以莅众，用晦而明。

【白话】

《象》说：太阳进入大地之中，这就是明夷的卦象。品德高尚的君子们得以领悟：面对众人时要大智若愚，不表现明智才是真正的明智。

【解读】

◎ 君子以莅众，用晦而明

莅众：面对众人，管理众人。能"莅众"者非一般人，所以这里的"君子"非指一般有所作为的正义人士，应指当时以箕子为代表的坚守正义的贵族阶级。

晦：昏暗、隐藏。用晦而明：用不聪明来表现自己的聪明，意思就是说本是聪明睿智的，但不显示自己的明智，就好像是不聪明的人。当年箕子为坚守正义、保全自己而假装疯癫，正是这样做的。

太阳落入地下，大地进入黑夜，引申为国家政治黑暗，仁人志士受到打击和迫害，正义受到伤害。在这样的形势下，内心光明的君子应该把光明和正义深藏内心，外表顺从，保全自己，这是在特殊形势下明智的做法，是不得已而为之。

36.5 初九：明夷于飞，垂其翼。君子于行，三日不食。有攸往，主人有言。

《象》曰："君子于行"，义不食也。

【白话】

初九：光明受到伤害之时飞离，双翅向下扇动（而向上飞）。坚守正道的君子为遁世而出走，三天不吃饭。想要隐退避世，去投靠的主人有劝谏之言。

《象》说："坚守正道的君子为遁世而出走"，是说为了正义而不食俸禄。

【解读】

◎ 明夷于飞，垂其翼

"垂"，造字本义指树枝上果实下垂。垂其翼：双翅下垂，应是形容双翅向下扇动。先贤多认为这是描述小鸟受伤而双翅下垂，其引申义为君子在黑暗的时代被小人所伤而不能行。我对此解存疑，现从另外的角度分析如下：

小鸟飞行时，如果想升高，一定是双翅先向下扇动，然后才能上升。这是有其科学道理的：双翅向下扇动时，翅膀下部空气压缩而压力加大，翅膀上部空气拉伸而压力减小，能够瞬间在鸟的下部形成一个向上的压力差，小鸟就能往上飞。所以，"垂其翼"应是指小鸟急速地向上飞，这是对前面"明夷于飞"状态的说明，引申为在黑暗的时代，正义之士果断、坚决地离开去寻找光明。

离为网，网在古时为捕鸟的工具，又两阳爻似小鸟张开扇动的翅膀，中间一阴爻似小鸟的身体，故"离"有"鸟"象。初九是小鸟扇动的翅膀，故称"飞"。

◎ 君子于行，三日不食

君子：指有地位的、正义的贵族。《明夷》之时，君王昏庸，政治黑暗，正义的贵族们不愿意同流合污，因而选择逃离。初九在上经各卦中一般指普通百姓，但在下经则不一定，如上卦和本卦。本卦则代表的是《明夷》之下的正义贵族。

君子想逃离黑暗，寻找光明，所以说"君子于行"。国家处于黑暗的时代，百姓穷苦，民不聊生，君子逃离途中必定历经艰辛，所以说"三日不食"。这也说明君子宁愿放弃原来优异的生活，明知要经历苦难也要逃离。

初九上应互震之六四，震为动为行，初九为君子，故有"君子于行"之象。离为日，初九正应六四，六四在上坤，坤为众为"三"；又离为大腹、空腹之象，空腹为不食。故称"三日不食"。

◎ 有攸往。主人有言

有攸往：指的是针对时势采取行动。君子针对黑暗时代采取的行动就是与世不争，远离世道，寻找光明。

主人：主事之人，或指收留君子的人，也可能指"君子"之主人。如果"君子"是指伯夷、叔齐的话，则主人可能是指他们的长辈或主持国君传位的辅臣。

有言：劝谏之言，在《易》例中多指很小的责怪、指责之言。君子欲隐退遁世，主事之人对他进行言语的劝谏，并责怪。

有易学者认为本爻是暗指伯夷、叔齐，有道理。

伯夷、叔齐为商纣王时期孤竹国国君的两位王子。相传孤竹君立三子叔齐为君，孤竹君死后，叔齐为遵守礼制，让位给大哥伯夷，伯夷不受。哥俩在当时政治黑暗之下，都无意为君，于是先后出走，投奔当时贤德盛名的周武王。正遇上周武王伐纣，伯夷、叔齐两人扣马谏阻，无果后又离开周武王。武王灭商后，伯夷叔齐耻食周粟，饿死在首阳山。

伯夷、叔齐"兄弟让国，扣马谏伐，耻食周粟，饿死首阳"的这种仁哲大义，是历代中华仁人志士奉为诚信礼让、忠于祖国、抱节守志、清正廉明的典范。（摘自《百度百科》）

从上面伯夷叔齐的描述来看，两人正好生活在商纣王的黑暗时期，且与爻辞"君子于行，三日不食""有攸往，主人有言""义不食也"等似能对应。

36.6 六二：明夷，夷于左股，用拯马壮，吉。

《象》曰：六二之吉，顺以则也。

【白话】

六二：光明被遮挡，左边大腿受到伤害，用良马财富来拯救，结果吉利。

《象》说：六二的最终结果很吉利，是说外表柔顺求全而内心坚持自己的原则。

【解读】

◎ 明夷，夷于左股

"夷于左股"，大腿是人赖以行走的，人的习惯多使用右手右脚，而左手左脚次之，所以左股虽受了很大的伤害，但仍可以行动，更无性命之忧，引申为光明君子遭受严重伤害。此似指周文王被囚羑里。

看后面的六四爻辞有"入""出"之动辞，故六四阴爻会变阳爻，则二三四为巽为进退为股；下离为兵戈，巽与离交错，合起来有用兵戈伤了大腿之象，故称"夷于左股"（这是按六四爻的"变象"原理来寻找本爻的取象。关于"变象"请参考本书《蒙》和《比》卦的初六爻解读）。

◎ 用拯马壮，吉

拯：拯救。此似指当时散宜生等人用大量的美女财富送给纣王救出文王。后来纣王反赐予文王弓矢斧钺，授予专征讨伐之权，故吉。

马壮：壮马，引申为财宝。下互坎为拖曳的马为"拯"；离为兵戈为斧钺；下互坎为弓矢。六二为离之主，上比九三，所以六二有得到弓矢斧钺而行使征伐之象。六二亲比九三，从上面的解读可知，六四会变九四，则三四五爻组成上互兑，兑为"吉"。

六二为光明之主、正道之魂，黑暗之时表现柔顺是为了保全光明，所以说"顺以则也"。

此爻如果是暗指文王，则明显是以第三人称来说的，也不可能是文王在羑里能知道的事，所以应该是后来修改或他人写的。从前后各爻所列举之人与文王是同时代之人来看，修改者与文王是同时代，或是略晚于文王。而能修改文王所作《周易》的人不可能是一般的史官，我推测是周公姬旦进行了修改。

36.7 九三：明夷于南狩，得其大首，不可疾贞。

《象》曰："南狩"之志，乃大得也。

【白话】

九三：光明黑暗之时在南方狩猎征战，抓住（杀死）了敌首。不可一直急于求进。

《象》说："南方狩猎征战"的理想，终于完全得到了实现。

【解读】

◎ 明夷于南狩，得其大首

"狩"为狩猎，引申为战争。从后天八卦图来看，南在前为离为光明，是前进的方向，因此"南狩"又可引申为向前征战、奔向光明的战争。

此爻似指武王伐纣于牧野。九三刚居阳位，处光明之极，是光明的时机发展到最后采取了刚决的行动。后天八卦离位于南方，又离为兵戈，震为动，动兵戈即征战，故称"南狩"。"南狩"可能指"牧野之战"。

"牧野之战"是武王伐纣的决胜之战，大概发生在公元前1046年。武王大军与纣王大军在牧野（今河南新乡附近）进行决战，结果商军大败。纣王见大势已去，自焚在朝歌鹿台，商朝正式灭亡。

"大首"指敌军最高首领，这里似指"纣王"。九三上应上六，上六为黑暗之首，所以说"得其大首"。

◎ 不可疾贞

不可疾贞：意思是虽然除去了元凶，但陈旧落后的习俗不可能一下子革除，一定要慢慢改变，不可过急。这是圣人警示在大胜之后，改朝换代一定要小心谨慎，不能急于变革。

《尚书·酒诰》说："惟殷之迪，诸臣惟工，乃湎于酒，勿庸杀之，姑惟教之。"（意为：如果殷商归顺的百官沉湎于酒，就先不要杀掉他们，而是暂时地教导他们）。周朝初期还是发生了"三监之乱"，可见圣人的劝诫是多么英明有先见。

本爻所描述的事迹发生在文王死后，所以本爻只能是周公或其他人进行了修改的结果。

36.8 六四：入于左腹，获明夷之心，于出门庭。

《象》曰："入于左腹"，获心意也。

【白话】

六四：进入到左腹之中，知道了国家黑暗的本源，于是就离开而隐遁。

《象》说："进入到左腹之中"，知道了君王的心意。

【解读】

◎ 入于左腹，获明夷之心，于出门庭

此爻似说微子。

微子是商纣王同父异母的大哥，因微子的母亲在生微子的时候还只是小妾，所以未能继承王位。纣王无道，微子在多次劝谏无效之后出走。周武王灭商建立周朝之后，微子前来拜见武王，并说明原因，武王被感动，把商朝的发源地商丘封给微子，建立宋国，微子成了宋国的第一代国君。（摘于互联网）

左腹与胸在身体的同一侧，心在上，左腹在下，腹内又黑暗幽隐。如果以心比喻纣王，则微子好像处于心之下的黑暗之中，所以"入于左腹"是指微子在纣王身边而陷入了黑暗之中。微子多次劝谏无果，是微子知道纣王昏庸无道的心意无法改变，故称"获明夷之心""获心意也"。

后微子离开纣王而避害，所以说"于出门庭"。

门庭：指王庭、朝廷。于出门庭：指离开朝廷，隐退江湖之意。坤为腹，六五为中为心，暗指殷商国君纣王。六四在心之下。本爻有"入""出"等动词，说明六四不能安于现状，则六四变九四，下互坎变巽。巽为进退为入为出，上互震变兑，兑为泽为湖泊，巽在下，兑在上，且巽与兑交错，则有湖泊之水往下流失之象。如以湖泊比喻国家，则有离开国家之象，故称"于出门庭"。

36.9 六五：箕子之明夷，利贞。

《象》曰："箕子"之贞，明不可息也。

【白话】

六五：（就像）箕子在光明受到伤害的时候那样，坚持守正。

《象》说："箕子"的坚持守正，是说光明不可能会完全消失。

【解读】

◎ 箕子之明夷，利贞

箕子是商纣王的叔叔，与比干、微子齐名，并称"殷末三仁"。子曰："微子去之，箕子为之奴，比干谏而死，殷有三仁焉。"（《论语·微子》）

箕子见纣王暴虐无道，不理朝政，多次劝谏而不听。有人劝箕子离去，箕子曰："为人臣，谏不听而去，是彰君之恶而自悦于民，吾不忍也。"箕子见成汤所创六百年江山即将断送在纣王手中，心痛如割，索性割发装疯，披发佯狂，隐而鼓琴以自悲，每日里只管弹唱《箕子操》曲以发泄心中悲愤。纣见此，以为箕子真疯，遂将他囚禁起来，贬为奴隶。周武王攻打商纣王的时候，箕子乘乱逃出，在箕山（棋子山）隐居。周灭商以后，求贤若渴的周武王找到了箕子，问箕子商朝灭亡的原因并请教治国的道理，箕子不愿意讲自己故国的坏话，因此不管武王问什么都不说话。武王走后，箕子害怕武王再来，便带领家眷向东而去，来到朝鲜。箕子把商朝的文明带到朝鲜，后被大家推举为国君，并得到了周朝的认可。（摘自《百度百科》）

他卦五爻一般指君王，而在本卦圣人以六五中爻代指箕子，可见对箕子的肯定。箕子宁愿装疯也不离开自己的国家，不管武王如何真诚相待也不说自己国家的坏话，不为周朝服务并保全了自己，在"殷末三仁"中最是被圣人所尊崇，故以六五爻明指箕子。

36.10 上六：不明晦。初登于天，后入于地。

《象》曰："初登于天"，照四国也；"后入于地"，失则也。

【白话】

上六：不能光明反而昏暗。开始升于天上，后来又落入地中。

《象》说："开始升于天上"，是说光明能够照耀四方；"后来又落入地中"，是说丧失了光明之道。

【解读】

◎ 上六以阴居坤土之上、昏暗之极，所以说"不明晦"。坤为众为暗，在上卦代表黑暗的统治阶级，上六为坤之上，故指黑暗的君王。

此爻似说纣王帝辛。本卦以六五用于指代箕子，故以上六指代纣王。

纣王帝辛从小天资聪颖，力大无穷，行动果决，并能征好战。纣王在即位初期，多次征讨夷方（东方少数民族）并取得了很大的胜利，当时威震四方，所以说"初登于天"，是说登上君王宝位的开始，威名远播。

后入于地：是说后来昏庸无道，荒淫无度，被百姓怨恨，被诸侯背叛，就像是太阳落入地中。

【总结与启示】

"明夷"指光明受到伤害，天下变得黑暗，应是指殷末时期，纣王无道，百姓受苦，忠臣遭到迫害。

下离各爻代表不同的光明贤能之士在《明夷》之时的表现与遭遇：初九似指伯夷、叔齐，主动出走，寻找光明，后隐遁守志；六二似指文王，虽受迫害，被救出后反而得到了好的结果；九三似指武王伐纣，灭商建周。

上坤各爻代表处在黑暗中心不同人的处世之道：六四似指微子，劝谏纣王无果后出走；六五明指箕子，作者尊崇箕子明夷之时的忠贞守节之德；上六似指纣王，不能始终保持光明，反陷入昏暗。

卷十

家人卦第三十七：治家有道，诚严为本

家人卦 下离上巽，风火家人

上九：有孚威如，终吉。
《象》曰："威如"之吉，反诸身也。

九五：王假有家，勿恤，吉。
《象》曰："王假有家"，交相爱也。

六四：富家，大吉。
《象》曰："富家，大吉"，顺在位也。

九三：家人嗃嗃，悔厉吉；妇子嘻嘻，终吝。
《象》曰："家人嗃嗃"，未失也；"妇子嘻嘻"，失家节也。

六二：无攸遂，在中馈，贞吉。
《象》曰：六二之吉，顺以巽也。

初九：闲有家，悔亡。
《象》曰："闲有家"，志未变也。

卦辞

家人，利女贞。

37.1 卦名卦序

《序卦》曰：夷者伤也，伤于外者必反于家，故受之以家人。

【解读】

◎ 家人：应理解为齐家育人。为卦下离上巽，离为明为火，巽为风为木。

先贤们多从上风下火，风自火出、风助火旺、自内而外等联想到从齐家到治国，由内而外，所以有家之义；或者说下离为中女，上巽为长女，两女有家之象。这两说其实都很牵强。我以为：上巽为木，下离为火，木在上，火在下，有以木生火、钻木取火之象。"火"的利用与保存是人类文明进化的重要标志。火不仅使人可以吃熟食、防野兽、照明取暖，更重要的是使原始的人类结束了风餐露宿的生活，开始迁入洞居，然后才有了"家"的概念。因为有了钻木取火，才有了家，有了家才开始产生家庭教育，所以卦象有"家人"之义。

上一卦为《明夷》卦。《明夷》指君王昏庸暴虐，国家黑暗，正人君子无所作为反而受到迫害。人在社会上受到伤害必定会回到家中休养，所以《明夷》卦之后是《家人》。本卦《序卦》解说是准确的。

圣人的视角转移到齐家育人。

37.2 卦辞：家人，利女贞。

【白话】

卦辞：齐家育人，利于像女性一样温顺守正。

【解读】

◎ 家人，利女贞

"家"是国家和社会的基础，家正则国兴。家的未来在孩子，孩子首先需要母亲的养育才能长大。母亲的温柔贤惠、温情爱护对子女健康成长至关重要，所以说"利女贞"。

为卦下离为中女，上巽为长女，长上中下。卦中除上九外各爻都是正位，其中六二为全卦之主，代表温柔贤惠的母亲，其辞为"贞吉"，故称"利女贞"。

37.3 《彖》曰：家人，女正位乎内，男正位乎外，男女正，天地之大义也。家人有严君焉，父母之谓也。父父、子子、兄兄、弟弟、夫夫、妇妇而家道正，正家而天下定矣。

【白话】

《彖》说：家人卦，女正位主内，男正位而主外，男尊女卑各正其位，这正是符合天地阴阳的大道。齐家育人之道一定要有威严而尊长的人，这指的是父母。父子、兄弟、夫妇各行其道，这样家道就端正了，家道端正天下就安定了。

【解读】

◎ 家人卦中下卦之六二为女为母，既中且正，是"女正位乎内"；上卦之九五为男为父，即中且正，是"男正位乎外"。这是以居中位的阴阳爻代表女和男。男尊女卑，各正其位，这与天尊地卑的大道是一致的。

治家之道在于父母，严父慈母就是家道的君长。

孟子说："父子有亲，夫妇有别，长幼有序。"

《大学》曰："为人君，止于仁；为人臣，止于敬；为人子，止于孝；为人父，止于慈；与国人交，止于信。……故君子不出家而成教于国。孝者，所以事君也；悌者，所以事长也；慈者，所以使众也。"

所以说"正家而天下定矣"。

37.4 《象》曰：风自火出，家人。君子以言有物而行有恒。

【白话】

《象》说：风从有火的地方生发出来，这就是家人的卦象。君子得以领悟：说话要有事实根据，行动要持之以恒。

【解读】

◎ 君子以言有物而行有恒

君子：泛指贵族统治者。《周易》之道，治国理政之道；《大象传》都是从卦象之理引申到君王或贵族统治者在治国理政上应得到的启示。

下离为火，上巽为木，木下有火，火自木出，火需要附着在木上才能发生，不是无缘无故发生的，引申出说话也要有事实根据，不能胡编乱造。木是火燃烧的基础，木多则火旺，木绝则火熄，要想火燃烧不熄，则需要木添加不断，引申为行动要持之以恒。

《家人》卦说的是齐家育人。父母以身作则教育子女遵礼行正、健康成长。家庭教育的基础是言与行，言有物、行有恒是根本。言行正则家道正，家道正则天下治矣。

37.5 初九：闲有家，悔亡。

《象》曰："闲有家"，志未变也。

【白话】

初九：保护好家，忧虑消失。

《象》说："闲有家"，是说心愿、志向没有改变。

【解读】

◎ 闲有家

闲：从门从木，原指栅栏。《说文》："阑也"，防御、防范之意，与"闲邪存其诚"之"闲"同。初爻为始，代表治家之始。治家首先要考虑的是保护家人安全，防止外来的危险侵害家人。商朝末期，世道黑暗，社会混乱，每个家庭都面临着战争、兵匪、盗贼、野兽等的危害，所以每个家庭成员的首要责任就是保护家的完整和家人安全，是为"闲有家"。只有先保障了最基本的家庭安全，才能进行家庭教育。

先贤学者多把"闲有家"理解为制定家法，如程颐。

程颐曰："治家者，治乎众也，苟不闲之以法度，则人情流放，必至于有悔，失长幼之序，乱男女之别，伤恩义、害伦理，无所不至。能以法度闲之于始，则无是矣，故悔亡也。"（《伊川易传》）

"家法"一词始于汉儒治经学。《后汉书·儒林列传》载，东汉刘秀因爱好经术，"五经博士，各以家法传授"，师之所传，徒之所受，无敢一字出入，以一家之言，独特之学，向弟子传授其学的做法即为"家法"，亦即"师法"。在魏晋南北朝时期，家法新解成为礼法的同义词，变成了调整家庭内部关系、教育后代的规范。所以三千多年前的《周易》不可能出现"家法"概念，故理解为保护家庭和家人安全更合理。

下卦为离，离为罗网为栅栏为兵戈为战争，故称"闲有家"。

◎ 悔亡

开始担心家庭安全，后在家人的共同努力下保护了家人的安全，担心自然就消失了。这是强调齐家育人的基础是家庭安全。

37.6 六二：无攸遂，在中馈，贞吉。

《象》曰：六二之吉，顺以巽也。

【白话】

六二：没有私心杂念，一心在家中勤奋操劳，为大家准备食物，守正而吉祥如意。

《象》说：六二的最终结果很吉利，是说温顺而贤惠。

【解读】

◎ 无攸遂，在中馈

攸：所。遂：顺心、心愿。无攸遂：意为没有什么私心杂念，一心为家。

馈：从食从贵，本义指在别人挨饿时送去食物，支持其渡过难关。

在中馈：指贤惠的母亲坚守中正，勤劳持家，无论多困难都在尽力为全家人准备食物，吃饱肚子。六二既中且正，代指温柔贤惠、中正端庄的母亲。互坎为难，在古代，食物匮乏，养家总是困难的。

◎ 贞吉

吉：可以有两层理解，一是伟大的母亲克服困难，成功地养活了一家人；二是温柔贤惠的母亲用她的辛勤操劳得到家人的尊敬和拥护。

本爻描绘了一个为家辛苦操劳、温柔贤惠的母亲的伟大形象，与卦辞"利女贞"相呼应。

37.7 九三：家人嗃嗃，悔厉吉；妇子嘻嘻，终吝。

《象》曰："家人嗃嗃"，未失也；"妇子嘻嘻"，失家节也。

【白话】

九三：治家严酷又严酷，因过于严厉产生了伤害而有悔，最终吉利。（如果）妇女小孩嬉闹而没有节制，终究会导致治家失败而令人羞愧。

《象》说："治家严酷又严酷"，是说治家没有什么过失；"妇女小孩嬉闹而没有节制"，是说丧失了治家应有的节制。

【解读】

◎ 家人嗃嗃，悔厉吉

嗃嗃（hè）：严酷的样子。九三居下之上，刚居阳位，正而不中是过刚而不中，是治家之主，是严父。九三在下离，又在上互离中，离为火为严酷，严酷又严酷，故称"嗃嗃"。然而，治家过于严厉，对亲情必有伤害，因此会有所后悔。虽后悔但仍不改严厉，家道得以整治严肃，人心敬畏而不敢有丝毫违背正道，这对于治家来说是必要和成功的，所以说"悔厉吉"。

"厉"为严厉之意，非指危险。

九三又在下互坎之中，坎为加忧为难，所以过于严厉会有伤亲情。

◎ 妇子嘻嘻，终吝

嘻嘻：指嬉笑、放纵而没有约束的样子。如果任由妇女小孩嬉笑、放纵而不加管束，那么可能发生有辱家风之事而让家庭蒙羞。九三本为居刚用刚之位，没有"嘻嘻"之象，这是圣人相对"嗃嗃"而设的。对于治家而言，与其失于放肆，宁愿过于严厉。

九三为下互坎之主，坎为乾与坤交于中爻，故通乾德，乾为父，故九三为严父。

九三放弃严厉，则九三变六三，下离变震，震为长子，下互坎变坤，坤为母为妇为吝啬；初九至九五为大离为"颐"，"颐"为口为嘻嘻，故有"妇子嘻嘻，终吝"之象。

37.8 六四：富家，大吉。

《象》曰："富家，大吉"，顺在位也。

【白话】

六四：使家富裕，为官成功。

《象》说："使家富裕，为官成功"，是因为柔顺而又处在正当的位置。

【解读】

◎ 富家，大吉

六四柔居阴而正位，又为上巽卦之主，巽为近利市三倍为富。身居正位，又处财运亨通的巽体之中，是顺于形势而得大富者，有"富家"之象，故《象》说"顺在位也"。

"大吉"，传统理解为非常吉利。有疑问的是："大吉"与"吉"到底有什么区别呢？如果"大"是指"吉"的程度的话，那是不是应该还有"小吉""中吉"呢？事实上在六十四卦中从未出现过类似于形容"吉"之程度的词。所以"吉"没有程度之分，这里的"大"应该另有所指，或应理解为"为大而吉"。"大"可理解为"大人"。"大吉"指在外为官而成功，或是成功为官之意。六四在外卦，居近君高位，又处巽体，意为六四是家庭中成功培养出的为官者，他当然能使家庭比较富裕，故"大吉"。

卦爻辞中出现"大吉"一词的卦还有：

《萃》九四爻：大吉，无咎。

《升》初六爻：允升，大吉。

《鼎》上九爻：鼎玉铉，大吉，无不利。

《小过》卦辞：小过，亨，利贞。可小事，不可大事。飞鸟遗之音，宜下不宜上，大吉。

以上"大吉"都不应理解为"大为吉利"之意，其中《萃》《鼎》都可以理解为成功地履行了为官者积极作为的职责；《升》卦中因初六爻代表普通民众，"大"在则代表阳爻之德，即积极上进之意而吉；《小过》卦则可理解为成功长大。

37.9 九五：王假有家，勿恤，吉。

《象》曰："王假有家"，交相爱也。

【白话】

九五：君王将治家之道推而广之，不用担心，国家治理一定成功。

《象》说："君王将治家之道推而广之"，是说家与家之间必也相亲相爱（以至国家大治）。

【解读】

◎ 王假有家

九五为君王之位，故称"王"。假：至，在此可理解为"推广到……"。有家：这种治家之道。这句话的意思是：君王把这种治家之道推广到天下用以治理国家。

◎ 勿恤，吉

对于君王而言，"吉"就是使国家得到良好的治理。《家人》卦中有严父、有慈母，还有守正为官而使家富裕的六四，如果每一个家庭都是如此，这还有什么好担心的呢？以此推广到国家治理当然是成功的，故称"勿恤，吉"。

37.10 上九：有孚威如，终吉。

《象》曰："威如"之吉，反身之谓也。

【白话】

上九：有信念有威严，最终结果一定如意。

《象》说："有威严"能够如意，是说先从严格要求自己开始。

【解读】

◎ 有孚威如，终吉

上九居全卦之终，是对治家的总结。总而言之，治家之本在于内心要充满诚信和长者要有威严。

程颐曰：治家之道，非至诚不能也，故必中有孚信，则能常久，而众人自化。为善不由至诚，己且不能常守也，况欲使人乎。故治家以有孚为本，治家者在妻孥情爱之间，慈过则无严，恩胜则掩义，故家之患常在礼法不足而渎漫生也。长失尊严，少忘恭顺，而不乱者，未之有也。故必有威严，则能终吉。（《伊川易传》）

程颐说："治家之道，不是至诚就不能实现，所以必须内心充满诚信，才可维持长久，众人自然受到感化。如果为善不是出于至诚，自己尚且不能长久坚持，何况是想使人为善呢，所以治家要以诚信为本。治家者在妻子儿女的情爱之间，如果慈爱过分就会失去威严，恩情过分就会遮蔽道义，所以治家之患常表现为礼法不足并由此生成亵渎之意。长者失去尊严，少者忘记恭顺，而其家不乱是不可能的，所以治家一定要树立威严，这样最终才能吉利。"（伊川易传）

◎ 反身之谓

反求诸身的意思。威严首先要从严格要求自己开始，长者自己要庄重威严，才能得到别人的尊重。

【总结与启示】

《家人》卦讲述家庭教育的重要意义。从家庭的各个角色来讲述正确的治家之道，并引申到治国之道，这对我们今天仍有重要的指导意义。

初九是说在治家之始首先要保护家庭和家人的安全；六二是温柔贤惠的母亲操持家务，为大家准备食物；九三是家长严厉治家，虽过严有伤亲情，但最终治家成功，治家宁可过严也不能轻慢失节；六四指从家中走出的为官者，他能使家富裕；九五君王把治家之道推而广之，则治国有道；上九总结诚信和威严两者是治家的关键。

睽卦第三十八：因疑生睽，以柔化睽

睽卦 下兑上离，火泽睽

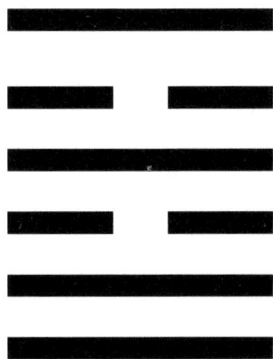

上九：睽孤。见豕负涂，载鬼一车，先张之弧，后说之弧。匪寇婚媾，往遇雨则吉。
《象》曰："遇雨"之吉，群疑亡也。

六五：悔亡。厥宗噬肤，往何咎？
《象》曰："厥宗噬肤"，往有庆也。

九四：睽孤。遇元夫，交孚，厉无咎。
《象》曰："交孚""无咎"，志行也。

六三：见舆曳，其牛掣，其人天且劓。无初有终。
《象》曰："见舆曳"，位不当也；"无初有终"，遇刚也。

九二：遇主于巷，无咎。
《象》曰："遇主于巷"，未失道也。

初九：悔亡。丧马勿逐，自复；见恶人，无咎。
《象》曰："见恶人"，以辟咎也。

卦辞

睽，小事吉。

38.1 卦名卦序

《序卦》曰：家道穷必乖，故受之以睽。

【解读】

◎ "睽"，其金文字形为 🜲、🜴，造字本义为用不同的眼光看待同一件事情，引申为为了同一个目的用不同的方法。下面十字形符号被看作是一种夯地的原始工具，引申为干活。

从"睽"字的原始字形可知：《睽》卦应跟"眼睛"有关。再来看卦象，为卦上离为眼，下兑为泽为湖，卦象是眼睛在湖上或者说眼睛看向湖水。卦象表示什么意义呢？展开联想：平静、清澈的湖面像一面镜子，古人在还没有镜子的时候常会利用静止的水面作为镜子，所以眼睛看向湖面应是照镜子之意。以湖为镜，水中会出现自己的镜像，通过这种方式可以观察自己、了解自己，找出自己身上的不足。这与"睽"字的金文字形极为相似：通过水面使眼睛对视，照见自己，引申为用眼睛近距离观察同一个物体，其目的是发现不同之处。这就是《睽》卦的卦象。

我们知道，人照镜子的目的总是为了找出自己身上的缺点和不足，故"睽"有挑刺、找缺点之义，后引申为猜疑、指责、乖离、分歧。

先贤们多认为卦象是泽水润下，离火炎上，两者方向相反，背道而行，因而有睽象，有背离之意，也可备一说。

上一卦为《家人》卦，说的是治家育人的道理。"不出家而成教于国"，治家之道的诚信、威严、温馨对国家管理有很好的启发和借鉴意义。但从另一方面来说，家庭又是相对独立、私密的单位，与对待他人相比，每个人对自己家人的爱总是自私的，如果把家庭这种自私的爱延伸到国家治理，就会形成不同利益的群体和派别，他们在国家管理事务中为了自己的利益会互相指责、互相对立。这种现象在国家治理的过程中是很常见的，如现在西方政治体系中几乎每天都在上演这种互相指责。我国古代的封建制度中，如果君王不够强势也会出现这种情况。所以《家人》卦之后圣人立《睽》卦，警示后世君王国家治理中可能出现这种情况的危害及处理方式。

38.2 卦辞：睽，小事吉。

【白话】

卦辞：国家政治人物因目的不同而互相指责，用柔顺的方法处理就能成功化解。

【解读】

◎ 睽，小事吉

睽：从上一节对卦名的分析可知，"睽"的本义是分歧，乖离，引申到国家管理，则表现为不同的统治者因为各自的目的不同而出现争执、分歧。

阴为小，阳为大，阴又代表柔顺、谨慎、耐心。事：对待、处理之意。吉：在睽之时，成功解决睽离和分歧即为吉。"小事吉"指以柔顺、谨慎、耐心的方法处理分歧才会成功。"小事"非指很小的事。

同一件事物总有多面性，我们用不同的方法发现它的多面性以后不可顽固地认为哪一方面一定是对的，哪一方面一定是错的，而要客观认识、综合分析、妥善处理，才会有好的结果。现实中，大家彼此之间产生乖离，意见有分歧，如果一直以刚对刚，各持己见、各不退让，则只能使矛盾越来越深，分歧永远无法解决，特别是在国家管理当中下级与上级产生的分歧。这就是"小事吉"的含义。

卦象反映的是分歧产生的原因，卦辞说的是分歧处理的方法。

38.3 《象》曰：睽，火动而上，泽动而下，二女同居，其志不同行。说而丽乎明，柔进而上行，得中而应乎刚，是以"小事吉"。天地睽而其事同也，男女睽而其志通也，万物睽而其事类也。睽之时用大矣哉！

【白话】

《象》说：睽卦，火燃向上，泽流向下，少女和中女同出一家，但她们的志向与心愿不会相同。喜悦附丽于光明，柔爻上行居于五位，行为用中并与九二刚爻相应，所以卦辞说"小事吉"。天与地不同而他们为万物繁衍生息的目的是相同的；男女性别不同，但他们的心意是相通的；天下万物有差异，但它们的最终目的是类似的。《睽》卦所表现的时势和作用真是伟大啊！

【解读】

◎《彖》辞是从卦象、卦德、卦体来解释卦名和卦辞，又引申出万事万物的道理并为之赞叹。

上离为火为中女，下兑为泽为少女，火性炎上，泽水润下，二女同门不同志。这是从卦象、卦德解释卦名。

"说而丽乎明，柔进而上行，得中而应乎刚，是以'小事吉'"。这又是从卦象、卦德解释卦辞。下兑为悦，上离为附丽为明，出现分歧时，大家和颜悦色才能使分歧的原因清楚明白，这就是"说而丽乎明"；奉行柔顺，正应刚健，用柔顺来应对分歧和争执，这就是"柔进上行，得中而应乎刚"。故"小事吉"。

天与地虽然有上下、尊卑之别，运行方式也不同，但目的都是化育万物；男女虽有别，但彼此心意是相通的。万物同理，从这一方面来说，《睽》卦所讲述的道理确实很伟大！

38.4 《象》曰：上火下泽，睽。君子以同而异。

【白话】

《象》说：离火在上，泽水在下，这就是《睽》卦的卦象。君子因此领悟：为了共同的目标而有不同的意见和方法。

【解读】

◎ 君子以同而异

上离为火，下兑为泽，这是八"经卦"的自然属象。《大象》辞一般只是从经卦的自然本象简单说明重卦的卦象，如"上火下泽"，而不会说"上眼下泽"。圣人从以眼睛看向湖面、以湖为镜观察自己的卦象上得到启发：观察同一个物体、处理同一件事情，应该使用不同的方法。人与人之间之所以会产生分歧，是因为从不同的角度去看待同一件事物，如果是为了共同的目的，以求发现问题而解决问题，这种分歧是应该提倡的。管理者应学会和使用这种方法解决分歧。

以同而异：为了同而异。"百虑一致，殊途同归"，同样的结果总有不同的方法，不同的方法是为了相同的结果。人与人之间性格、学识、能力都会有差异，因此处理问题的方法和途径总是不同的，但如果目的是一致的，这种不同就是有益的，君子应当鼓励和提倡。《大象》辞强调为了共同的、正当的目的而有不同意见是有益的，如果只是为了自己自私的目的而背离共同的目的，这种分歧则是有害的。

来知德说："'同'者理，'异'者事。天下无不同之理，而有不同之事，异其事而同其理，所以同而异。如禹、稷、颜回同道，而出处异；微子、比干、箕子同仁，而去就死生异是也。象辞言异而同，象辞言同而异，此所以为圣人之言也。"

《大象》辞说的是在国家治理过程中如何正确引导和利用不同的思想达到解决问题的目的。

38.5 初九：悔亡。丧马勿逐，自复；见恶人无咎。

《象》曰："见恶人"，以辟咎也。

【白话】

初九：懊悔消失。马跑了不要去追，自己会回来；遇到恶人，没有危害。

《象》说："遇到坏人"，是说用正确的行为避开了伤害。

【解读】

◎ 悔亡

从前面对卦名卦象解读可知：《睽》卦卦象为人以湖面为镜而照见自己，目的通常是为了找出自己衣饰和容貌上的不足，引申出挑剔别人的缺点和不足，以致产生分歧之意。再引申到国家管理，是指不同的管理者，因为各自不同的目的而互相指责、互不认可。

悔亡，先有悔而后亡。从卦象卦义的分析可知，"悔"应是指与人产生分歧和乖离。初九与九二不亲、与九四不应，同为性刚者相斥表示相互有睽，居正忧睽而有悔。"亡"应是指用正确的方法对待分歧后改变了现状，消除了分歧，说明有所改变。改变者既可以是自己，也可以是别人，或是两者都变，初九以刚居初而正位，代表性刚、耿直而正义的行为，正义者不可变，故变者应是别人。从九二解读可知，九二会变六二既正且中，则初九亲比六二，两正相亲，睽消悔亡。

◎ 丧马勿逐，自复。见恶人无咎

"丧马勿逐，自复"，这是描绘人养马时常会遇到的一种情况：马一时发狂而跑走，此时主人如果猛追，马反而会越跑越远，有经验的主人此时不会去追，可能是不停地呼唤，等马跑累了静下来后很快就会自己回来。作者以此为喻说明初九正确处理分歧的方法：与人出现分歧时，就像是遇见马儿发狂，如果此时用刚烈的错误方法对待，结果人与人之间的分歧和距离必定像马儿一样越跑越远，如果此时冷静下来，置之不理，马儿反而会不久自己跑回来了。从此例可知，出现分歧的有责方是烈马，对人来说是别人而非自己，因此，需要改变的是别人而非自己。初九与九二比而不亲，与九四对而不应，那"马"指谁呢？从后面九二的解读可知，九二会变六二。九二如变六二既中且正，则下兑变震，且初九亲比六二，震为躁动的马，六二亲比初九，是"丧马自复"之象，故"马"指九二。九二与初九不亲，是"丧马"；九二变六二亲比初九，是"自复"。

"见恶人，无咎"，这句话则是以恶人取例说明坚守正义，哪怕是见了恶人也无须害怕，因为没有过失。九二居中，变六二后既中且正，显然不是恶人，则恶人应是九四。九四为上互坎之主，坎为凶险为恶人。九二如变六二，则初九至九四为大离，离为见，初九与九四为大离的两阳，两阳相见，但无应，故无咎。

本爻小结：在互不信任、互相指责的时代，一开始只要自己行为端正就无须改变；只要坚守正义，使用正确的方法，有过者改正后则睽消，就算见到本性不改的恶人也不必害怕。

38.6 九二：遇主于巷，无咎。

《象》曰："遇主于巷"，未失道也。

【白话】

九二：及时改变自己与邦君相处，没有危害。

《象》说："及时改变自己与邦君相处"，是说没有偏离正道。

【解读】

◎ 遇主于巷，无咎

主：楚简本作宝（zhǔ），意为古代宗庙藏神主的石函，引申为主人、君主、国主。九二既与六三亲比，又与六五正应，六三和六五都可为"主"，那"主"究竟是指谁呢？六五为至高无上的君王，臣子不可能与君王有睽，故"主"应指六三邦君。九二不正，又亲比不正之六三，两爻不正相亲比，就像两个心术不正的人狼狈为奸，时间久后必定会各自心怀鬼胎而生睽。

巷，形声字，《说文》：𨞖，里中道。从《说文》中巷的楷书可以看出，"巷"是指城邑中间的道路。

九二中而不正，与邦君有睽而己又不正，则必须只能先改变自己，故能知偏向正而变。九二变六二柔顺中正，下互离变艮，六二、六三都在艮体中，艮为径在城外为小路，在城内则为巷，故称"遇主于巷"。由此可见，九二变则"巷"现，故"遇主于巷"不能简单地理解为巷子中遇见君主，而是指九二及时改变自己与六三君主亲密相处，分歧就自然消除，是能"无咎"。故《象》曰："未失道也。"

九二变六二，下互离变艮为巷，初九至九四为大离为见为遇，六三为主，故称"遇主于巷"。九二变六二既中且正，且与六三不亲，同为性柔者不亲则能远睽，故"无咎"。

本爻与卦辞"小事吉"相对应。

38.7 六三：见舆曳，其牛掣，其人天且劓。无初有终。

《象》曰："见舆曳"，位不当也；"无初有终"，遇刚也。

【白话】

六三：看见被车往前拖曳，又有牛在尽力牵掣，这个人就好像受到髡（kūn）刑和劓（yì）刑。没有好的开始，但有好的结果。

《象》说："看见车在被往前拖曳"，是因为处的位置不正当；"没有好的开始，但有好的结果"，是因为得到了上九刚爻的帮助。

【解读】

◎ 见舆曳，其牛掣，其人天且劓

曳：牵引、拉，方向是向前。掣：制动、拖拉，方向是往后。天：髡（kūn）刑，割掉头发，古代一种羞辱性的刑罚。劓（yì）：削掉鼻子，古代一种酷刑。

这一句爻辞是描述柔处刚而不正位的六三处在被上下左右的人指责、批评的窘迫境界。取象来源于：

三为承上启下、保家卫国的诸侯之位，上要对君负责，下要保民平安，中要受朝廷重臣节制。六三以柔居刚而不正，下亲比九二、上正应上九、中亲比九四，与其亲比者皆为不正，在《睽》之时不正而比应不是亲近和应援，而是有睽，故六三是受到各方的指责。六三为下互离之主，离为见，又亲比九四，九四在前，为上互坎之主，坎为舆为曳，故称"见舆曳"；六三亲比九二，九二在下互离中，离为牛，故称"其牛掣"。

其人天且劓：是以"天"和"劓"两种刑罚比喻其受到上级严厉的指责和处罚。下兑为口，六三为兑之主，代表口，九四在口之上为鼻，六三为"人"位。《睽》之时与九四亲比是受到九四指责，九四又在下互离之中，离又有兵戈、刑罚之象，所以连起来有削鼻之象；上九为天位，于人则表示为顶部的头发，六三与上九正应是受到上九指责和批评，上卦为离，又有刑罚之象，所以连起来又有割发之象。

◎ 无初有终

无初有终：六三以柔居刚位，即居刚而用柔，柔顺、谦卑地处理上级的分歧和指责，最终消除了分歧和指责而保护了自己。这也体现了卦辞的"小事吉"。

九二取六二变象，九四为下互艮之主，艮为成为终，六三亲比九四，故称有终。

从九二解读可知，九二与六三亲比有睽，是九二改变自己才消除了分歧，而本爻与九四、上九比应同样是有睽，但六三不正却不是变成九三正位消除分歧，而是坚持柔顺对待，后能"无初有终"。两者相同之处是，在下位者都是阴爻，即柔顺地处理与上级的分歧。由此可见，居下位者如与上位者产生分歧，在下者不可强硬相对，而应柔顺、谦卑地处理，体现了卦辞"小事吉"的含义。因此，"小事吉"应是指以下事上，柔顺则吉。初九之所以不变，是因为正位且代表的是初始、开始的时间概念，而不是代指平民阶层。

38.8 九四：睽孤。遇元夫，交孚，厉，无咎。

《象》曰："交孚""无咎"，志行也。

【白话】

九四：在人心乖离之时孤立无援。遇见低阶的男子以诚信求交，（即使）严厉相待，也没有过失。

《象》说："以诚信相交""没有过失"，是说其志向是至诚而努力前行。

【解读】

◎ 睽孤。遇元夫交孚，厉，无咎

《睽》之时，大家彼此之间没有信任，只是指责、批评，九四不正而处在不正的上下两阴之中，被两阴所猜疑、指责，所以称"孤"。

元：本意为人的头部，引申为初始。夫：甲骨文为 𣏂，其字形是在"大"（成人）的头上加一横，指刚正成年男子。"元夫"指刚正的初级男子，指初九。

遇元夫交孚，厉，无咎：九四以刚居柔本不正，但他地位远高于初九，与同为阳爻的初九对而不应。从初九解读可知，初九见恶人无咎，是初九以正义、真诚对待九四，故能相安无事，即使九四始终严厉，如恶人一般。是以九四能"厉，无咎"。需注意的是："遇元夫交孚"意为元夫以孚求交，而非九四以孚相交，交之主动者为初九而非九四，因为九四地位高于初九，所以本句中间不应断句。

本句爻辞说明：上与下相交，只有地位低下者真诚、正义、正确对待与上级的分歧，即使高位者过于严厉、高傲，在当时来说也是没有过失的。

38.9 六五：悔亡。厥宗噬肤，往何咎？

《象》曰："厥宗噬肤"，往有庆也。

【白话】

六五：懊悔消失。（威严地）登上庙堂处罚悖离者，这样做又会有什么过失呢？

《象》说："（威严地）登上君位处罚悖离者"，是说这样下去会有喜庆的结果。

【解读】

◎ 悔亡

六五柔弱而身居君王之位，面临大家互相猜疑而不能同心同德，心中有忧虑懊悔是可想而知的。如能改变柔弱之性，以刚健、威严之势临众，则众臣必生敬畏而不敢妄自猜疑，故能悔亡。具体分析见下。

◎ 厥宗噬肤

厥：本义指登山采石，帛书本作"登"，楚简本作"陞"，即升，升与登同义。从后面的分析来看，"厥"应是误抄，帛书本"登"应是对的。宗：本义指献祭崇拜祖先的宗庙，在此应是指皇权高位。厥宗：登上庙堂君位，引申为表现出皇权至高无上的威严。六五本柔弱，既能表现出君王的威严，则六五变九五而刚健正位。九二取六二变象，则九四为下互艮之主，艮为庙为宗，九五不亲九四并在九四之上，故有"登宗"之象。

噬肤：从《噬嗑》卦六二爻"噬肤灭鼻"可知，"噬肤"指处罚有轻微过错者，且一罚即改之意（详见《噬嗑》卦六二爻解读）。《睽》之时，官员们思想出现分歧背离本非大罪，只可轻罚，故言"噬肤"。九二爻取"变象"（变为六二），六五变九五正应六二，六二在下互艮中，艮为"肤"，所以有"噬肤"的取象（艮取"肤"象详见《噬嗑》卦解读）。此指九二因猜疑、指责而得到较为轻微的处罚，并且能很快改正。

六五君王在睽之时能够及时改变自己，表现出君王应有的正义、刚健的威严，并对背离者进行处罚，这样当然没有过失，是顺应时势正确的做法，故称"往何咎？""往有庆也"。君王内心的隐忧自然也就消失了，故称"悔亡"。"往"为动，也说明六五会变九五。

38.10 上九：睽孤，见豕负涂，载鬼一车。先张之弧，后说之弧。匪寇婚媾，往遇雨则吉。

《象》曰："遇雨"之吉，群疑亡也。

【白话】

上九：在人心乖离之时孤立无援。看见猪的身上涂满泥巴，车上好像装满了鬼神。先举起了弓箭，后又放下。（面对）抢婚（一样的求应）者，放下成见相交往就能消除一切分歧猜疑。

《象》说："放下成见相交往"能够如意，是说所有的猜疑都消除了。

【解读】

◎ 睽孤

上九与九四爻象相似：下亲比六五，正应六三，陷入两阴的乖离之中，往上又去无可去，所以称"孤"。

◎ 见豕负涂，载鬼一车

豕：指猪，在古代以游牧为主的时候猪比较难畜养，又是非常重要的食物，所以在《易》中代表比较珍贵的家禽。涂：泥。"见豕负涂"是说在喜欢猜疑的人的眼里，珍贵的东西往往被肮脏污泥所覆盖和遮挡。

载鬼一车：鬼神是看不见的，鬼由心生，看见车上装了一车的鬼神，是其内心在疑神疑鬼。

上离为眼为见，上九下比六五，下应六三，六五和六三都在上互坎卦之中，坎为豕又为水为泥，所以有"豕负涂"之象；坎又为多眚舆、为加忧为心病，所以有"载鬼一车"之象。

这一句爻辞可以理解为对人与人之间猜疑、指责产生的原因的总结，即人与人之所以互相猜疑、指责，是眼睛里只看见别人丑陋的一面，看不到别人可贵的一面，又疑神疑鬼的不相信别人。

◎ 先张之弧，后说之弧

先举起了弓箭要射车上的鬼，后来冷静下来又放下了弓箭。上九阳爻为动，鬼由心生，在睽之时举弓欲射是说乖离要引发争执；上九居全卦之终、睽之极，猜疑之极，极则反，所以又冷静下来放下弓箭，引申为及时停止猜疑。

坎为箭为弓，上九先亲比六五，六五在坎之上，是先举起了弓；后又应六三，六三在坎之下，又在下兑之中，兑为毁折，所以有"后说之弧"之象。"说"同"脱"。

◎ 匪寇婚媾，往遇雨则吉

"匪寇婚媾"本义指抢婚（详见《屯》卦六二爻解读），在此指遇见多方求比求应，就像被抢婚一样。上九下应六三，亲比六五，两者都能够亲切、真诚地求交往。阴阳相济成雨，则结果吉利。"吉"指纾睽成功。上九下应六三、亲比六五，六三至六五组成上互坎，坎为雨，故称"往遇雨则吉"。

最后一爻总结全卦：人与人之间产生分歧的根本原因是彼此带有成见，或是疑神疑鬼，只有及时停止猜疑，大家能够真诚地相交，不拒绝别人的好意，猜疑与分歧自然消失。由此也可知：本卦中凡不正位的爻表示多疑、喜猜忌，故互相之间易生睽。

【总结与启示】

《睽》卦卦象为人照镜子。人照镜子首先是就近、仔细观察，其目的总是为了找出自己身上的不足，故《睽》卦本义说的是国家各级管理者出现了互相猜疑、分歧，从而影响国家治理的情况下的应对之道。

下卦代表广大的基层统治者，他们与在上者出现分歧时应以柔顺、谦卑的态度对待，结果自然会好，也即卦辞所言"小事吉"。上卦代表国家中央统治者，他们在面对下级思想出现背离时则不可柔弱，而应表现出高位统治者应有的刚健和威严，如九四和六五。上九则是总结人与人之间分歧产生的根本原因及正确的处理之道。卦象反映的是分歧产生的原因，卦辞说的处理分歧的方法；《大象》辞说的是如何正确引导和利用不同的思想分歧达到解决问题目的。

初九阳居正位，在互不信任、互相指责的时代，一开始只要自己行为端正就无须改变，只要坚守正义，有过者终会改正则睽消，就算见到本性不改的恶人也不必害怕；九二居于中道能知偏向正，及时改变自己，以谦顺、中正之德与上位者相处，没有任何危害；六三处在君民之间，又因不正而受上下的指责和批评而非常窘迫，因能始终坚持柔顺处理，终有不错的结果；九四为刚严的统治者，虽处于较为严重的猜疑孤立的环境之中，但因居于高位且真诚待下，即使严厉处世也没有什么危害；六五君王开始因柔弱地面对众臣的分歧与乖离，内心有隐忧，后能改变自己，体现君王应有刚健、威严，并处罚典型，以此而往将不会有什么危害。上九为全卦之终，总结全卦：人与人之间产生分歧的根本原因是彼此带有成见，或是疑神疑鬼，只有大家能够真诚地相交，不拒绝别人的好意，猜疑与分歧自然消失。

　　本卦告诉我们人与人之间产生分歧的原因是多疑、自私、狭隘，处理分歧的方法是：一开始要坚守正义、正直，对待上级要谦虚、真诚，为大者要树立威信、处事果决。《大象》辞还告诉我们：在国家管理和企业管理中，要善于利用大家对事物的不同看法，以找到解决问题的最佳途径。

蹇卦第三十九：反身修德，治蹇济困

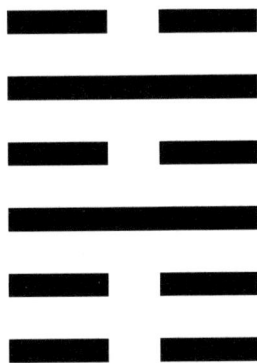

蹇卦　下艮上坎，水山蹇

上六：往蹇来硕，吉，利见大人。
《象》曰："往蹇来硕"，志在内也；"利见大人"，以从贵也。

九五：大蹇朋来。
《象》曰："大蹇朋来"，以中节也。

六四：往蹇来连。
《象》曰："往蹇来连"，当位实也。

九三：往蹇来反。
《象》曰："往蹇来反"，内喜之也。

六二：王臣蹇蹇，匪躬之故。
《象》曰："王臣蹇蹇"，终无尤也。

初六：往蹇来誉。
《象》曰："往蹇来誉"，宜待也。

卦辞

蹇，利西南，不利东北。利见大人，贞吉。

39.1 卦名卦序

《序卦》曰：睽者，乖也，乖必有难，故受之以蹇。

【解读】

◎蹇（jiǎn），《说文》：跛也，多指行动迟缓、困厄，两脚不能协调行动。"蹇"帛书易作"蹇"。蹇，音 qiān，《说文》：走貌（走路的样子）。

《蹇》卦为卦下艮上坎，艮为山为径为路，引申为行走（与震卦代表足有区别："震"为动，为一阳在下，代表人体中用于行动的"足"，强调的是人行走的动作；而"艮"为路，一阳在上代表通向的目标，强调的是有方向和目标的行动），坎为险为难，卦象连起来看就是"行向艰难"，故名"蹇"。下经重在阐述国家各级执政者的为政履职的管理之道，"蹇"于他们而言，则是因为出于不同的目的而互不认同、互相指责，以致国家各部门不能协调工作，国家统治体系混乱，就像人的两条腿不能协调行动，无法有效地走向目标。下艮为山，上坎为水，山上有水，《蹇》卦又有山洪暴发之象。这是危害极大的大灾，说明国家各级统治者如不能目标一致而互相猜忌、互相指责，其危害犹如山洪暴发，必使国家和百姓蒙难。

从卦象推断《蹇》卦本义应是说国家各级管理者、各个政治派别，因为不同目的而陷入互不信任、互相指责后的混乱状态，以及大家在此情况下的应对之道。

◎ 上一卦《睽》卦，说的是国家管理者因为怀有私心而开始出现思想分歧，互不信任的情况下的应对之道。管理者之间互相猜疑，思想产生分歧，发展下去必然出现不同的利益派别，他们之间开始互相敌对、指责，国家管理陷入混乱。所以《睽》卦之后圣人立《蹇》卦，目的是告诉后世君王应该预防和重视这种情况的出现。《睽》卦说的是管理者之间出现思想分歧，《蹇》卦说的则是发展到互相敌对，以致国家管理混乱。"睽"为因，"蹇"为果。

39.2 卦辞：蹇，利西南，不利东北。利见大人，贞吉。

【白话】

卦辞：大家互相排斥而行动艰难之时，应该彼此信任、心胸宽广、合群从众（坤德），不宜自高自大、目空一切（艮为山）。利于出现品德高尚、强势能干的领导。坚持守正才能成功。

【解读】

◎ 利西南，不利东北

根据文王的后天八卦图，西南为坤为地，东北为艮为山。坤为平为顺为众，故有平静、团结、从众、心胸宽广之象；艮为山为阻碍，山体高大，于人有自高自大、自以为是、阻碍他人之象。大家各怀目的，互不信任，思想裂痕越来越大，无法协调行动之时，每个人应该放下成见，放弃私利，相信他人，心胸宽广，这才是改变现状的唯一办法。如果每个人都自高自大、阻碍他人，那么矛盾只会越来越深，最终无法共事，更不可能协调行动，另外，西南可能暗指周都镐京，东北暗指商都朝歌，西南政治清明、上下团结，而商朝政治黑暗、朝庭腐败，官员勾心斗角。故言"利西南，不利东北"。这是圣人告诫大家《蹇》之时的济蹇之道。

◎ 利见大人，贞吉

在国家党派林立、互不认可、互相指责，国家政治撕裂之时，适宜出现品德高尚、强势能干的领导来弥合裂痕、统率众人，故"利见大人"。

贞吉：坚守正道为"贞"，顺利济蹇为"吉"。从上面的解读可知：本卦坚守的正道为"利西南""利见大人"，即放下私利、相信他人、服从领导。《蹇》之时，坚守此道，方能成功济蹇，是为"贞吉"。

39.3《象》曰：蹇，难也，险在前也。见险而能止，知矣哉！"蹇，利西南"，往得中也。"不利东北"，其道穷也。"利见大人"，往有功也。当位"贞吉"，以正邦也。蹇之时用大矣哉！

【白话】

《彖》说：蹇，艰难的意思，艰险就在前方。发现险难能够及时停止，就是明智。卦辞"蹇，利西南"，意思是说前行能够持守中道。卦辞"不利东北"，意思是说前进的道路会变得穷尽。"利见大人"，是说前进会有收获。二、五当位，就是"贞吉"的意思，安正邦国。《蹇》卦所表示的时势功用真是伟大啊！

【解读】

◎ 上卦为坎为险，上为前，故称"险在前"。下艮为止，为"见险而能止"。明知有险却进一定会后悔，因此圣人赞美见险能止是明智的行为。在蹇难之时，只有知道能及时停止就是好的，因此各爻除二与五外都是以往为失、来为得。

利西南：西南为坤，上为坎，坎为乾交坤于中而得，乾交坤得中即为"往得中"。

不利东北：东北为艮，艮为止，艮为乾交坤于上，上为穷，所以说"其道穷也"。

往有功：指前往济蹇会建立功业，带领天下济蹇成功。

当位：指六二、九五既中且正的当位。上下正，则邦国正，则无蹇不济，所以说"以正邦也"。

《彖》对卦辞的解释与我不同。

39.4 《象》曰：山上有水，蹇。君子以反身修德。

【白话】

《象》说：山上有洪水，这就是蹇的卦象。统治者得以领悟：要反求诸身，修养德行。

【解读】

◎ "坎"为流动的江河之水，山上有水，可理解为山上有洪水流动，即山洪暴发，此为大灾之象。山洪暴发，危害极大，国家各级统治者不能思想统一、行动一致，这是国家治理之大灾，对百姓的伤害不亚于山洪暴发。

孟子曰："行有不得者，皆反求诸己。"国家各级管理者互相排斥，互不信任，各自为政，原因在于心存私念，只为维护个人或少数人的利益，不顾国家和大多数人的利益。所以，出现这种现象每个管理者都应该自我反省，修正思想，抛弃私念，修养品德，以国家、人民利益为重。故君子观此卦象，引申到为政者当"反身修德"。

"君子"应泛指忧国忧民、积极作为的统治者。

39.5 初六：往蹇来誉：

《象》曰："往蹇来誉"，宜待也。

【白话】

初六：往而陷入利益纷争，能够及时停止则赢得赞誉。

《象》说："往而陷入利益纷争，能够及时停止则赢得赞誉。"是说应该等待时机。

【解读】

　　◎ 往蹇来誉

　　往：前往，有行动、参与之意。往蹇：往而遇蹇，指参与各种利益纷争而遇到困顿。来：停止、返回，与"往"相反，有对"往"进行纠正、调整之意。誉：赞誉，指得到赞誉，引申为有好的结果。

　　初爻既代表事物的发展初期，也可代表地位低下者，故本爻可理解为地位低下的管理者在党派纷争的时代，如果参与进去必定陷入其中，故称"往蹇"；如果一开始就能够不参与、不介入，安分守己，则值得赞誉。初六阴爻柔弱，又居初位，在党派纷争的漩涡中本没有力量改变，但可以选择不参与而独善其身，这种明智的做法是值得赞誉的。

　　本爻与九三"往蹇来反"、六四"往蹇来连"、上六"往蹇来硕"结构类似，说明大家都处于相同的大的形势之下，而"誉""反""连""硕"等词则反映了各自不同的表现，这是由不同的爻位和形势决定的。

39.6 六二：王臣蹇蹇，匪躬之故。

　　《象》曰："王臣蹇蹇"，终无尤也。

【白话】

　　六二：与侯王和臣属都争论不休，（但）不是为了自己的原因。

　　《象》说："王臣蹇蹇"，最终不需要担心。

【解读】

　　◎ 王臣蹇蹇，匪躬之故

　　"蹇蹇"，指大家都陷入争论不休而分歧严重。"王臣蹇蹇"，指与王与臣都发生争论而不休止。

　　六二既中且正，亲比九三、正应九五，九三为诸侯之王，九五为君王，诸侯王在君王面前仍为臣，故"王"指九五、"臣"指九三。六二与九三和九五都发生争论，故称"王臣蹇蹇"。

　　六二既正且中，九三也以刚居阳而正位，九五更是刚正居中，三爻都是当位，故六二与两者之间的分歧显然不是为了各自的私利，而应是为了不同的政治观点和管理思想，故言"非躬之故"。这也说明朝廷上下彼此之间分歧越来越大，就连中正者也卷入其中。

　　六二与九三和九五都无偏私之念，大家很快就会控制而纠正，从九三和九五的爻辞也能看出，故《象》曰"终无尤也"。

39.7 九三：往蹇来反。

　　《象》曰："往蹇来反"，内喜之也。

【白话】

九三：往而陷入纷争，能够及时停下来反身修德，整治内部。

《象》说："往而陷入纷争，能够及时停下来反身修德，整治内部。"在下位的人喜欢他这样。

【解读】

◎ 往蹇来反

反：甲骨文为 $\mathbb{R}$，从"厂"从"又"，"厂"为反手的样子，"又"为抓取之意，其造字本义为反手抓住，在此引申为回头对自己能够控制的下级官员进行整治济蹇。六二与九三虽也陷入纷争，但随着时间的推移，刚正的九三终能反省而采取措施进行纠正。

九三为下艮之主，且在上互离中，艮为止、离为明，故能够果决明智地制止纷争、整治混乱。

九三以刚居阳而正位，代表品德正直、能力突出的诸侯邦君，他有这个决心、也有这种能力改变本邦之内的党派纷争，这也是国家重回正轨的重要基础。

39.8 六四：往蹇来连。

《象》曰："往蹇来连"，当位实也。

【白话】

六四：往而陷入纷争，能够及时停下来连接上下、团结大家。

《象》说："往而陷入纷争，能够及时停下来连接上下、团结大家。"是说处在正当的位置能忠实地履行职责。

【解读】

◎ 往蹇来连

连：繁体字为"連"，本义指战斗人员与战车相连相随，引申为联络、组织。来连：指六四能够跳出纷争，回过头来组织、团结各层官员以消除蹇难。

六四以柔居阴而正位，是辅佐君王的重臣、贤臣，国家深处党派纷争的混乱之时，作为君王身边的辅政贤臣，他能够清醒地跳出纷争，并且团结和号召大家纠正错误。他有这个责任也有这个能力。

六四既在上坎之中，又在二三四爻组成的下互坎之中，又为上互离之主，坎为车，离为兵戈为明智，故有战车相连之象，引申为组织和团结大家。

39.9 九五：大蹇，朋来。

《象》曰："大蹇，朋来"，以中节也。

【白话】

九五：以大治蹇，志同道合者纷纷停止相争而来支持。

《象》说："以大治蹇，志同道合者纷纷停止相争而来支持。"是说九五君王居于中道而节制天下。

【解读】

◎ 大蹇，朋来

九五以刚居阳，中正之位，是刚健、强势而中正的君王。从"朋来"可知，在强势君王的果决治理下，蹇势得到缓解，故"大蹇"应理解为"以大治蹇"。大：本义指高尚、能干、严厉的统治者，在此应理解为"以大人强大、果决之势"。"蹇"为治蹇，即治理国家上下为利而争、互相指责的政治裂痕。

朋：甲骨文像两串玉片连在一起，引申为志同道合者。来：指在强势君王的治理下，大家纷纷停止相争而向君王靠拢。九五正应六二、亲比六四和上六，这四爻都为正位爻，所以"朋"应是指以六二、六四、上六为代表的、反对混乱党争的正义管理层。

此与卦辞"利见大人"对应。

◎ 以中节也

节：节制、领导。大蹇之时，国家处于管理混乱的灾难之中，没有一个强有力的领导则不足以纠正错误、渡过困难。九五刚健居中，强势治理、纠正错误，得志同道合者响应和支持，能够居中而节制全国，故称"以中节也"。

39.10 上六：往蹇来硕，吉。利见大人。

《象》曰："往蹇来硕"，志在内也；"利见大人"，以从贵也。

【白话】

上六：往而陷入纷争之时，能够拒绝党派、停止纷争的人员越来越多，情况逐渐好转。（这时候）利于出现刚健、威严的领袖。

《象》说："往蹇来硕"，是说心愿在于下位者；"利见大人"，是说要依靠地位高贵而有大德的人。

【解读】

◎ 往蹇来硕，吉。利见大人

硕：硕大、强大，指认识到蹇难并参与纾解的人越来越多。吉：指党派纷争的局面正在好转。

往蹇来硕：上六为全卦之终，国家蹇势渐解，在君王的大力整治下，认识到蹇势危害的管理者越来越多，反对政治纷争的队伍越来越大。

利见大人：从上一卦《睽》卦可知，正是因为国家君王过于弱势，才给了各怀私利者发展的机会，以至于蹇，所以这时候更需要一位强大、威严的领袖进行治理，以弥补裂痕。上六正应九三、亲比九五，故"大人"指九三和九五，一位是诸侯邦君，一位是国家君王，正是国家领导和治理的核心。

【总结与启示】

上一卦为《睽》卦，是说在国家君王柔弱之时，国家上下部分管理者因为私利开始出现分歧。当分歧发展越来越大时，慢慢就会发展成党派之争，国家治理以致出现危机，犹如山洪暴发，使人寸步难行，是为"蹇"。在这样的情况下，正直的管理者纷纷反省，并采取措施，特别是在邦君和国君的强势治理下，国家混乱的局面才得到遏制，管理形势趋于好转。这种情况与西方所谓的民主国家的党派之争何其相似，这也客观地反映了我国历史上选择专政治国思想的起源和原因。

初六是低层管理者，参与纷争则寸步难行，如果一开始就能明智退出则会得到赞誉；六二既中且正，与邦君和国君都陷入纷争之中，这不是因为自己原因造成的（身不由己、无可奈何）；九三刚健强势的邦君，往而陷入纷争，能够明智地停下来整治内部；六四谦顺得正，虽一时陷入纷争中，但能以贤明之德，主动脱离党争并团结上下济蹇；九五为刚中之君，以其果决威严之势治理党争，志同道合的有识之人纷纷前来支持；上六蹇极卦终，越来越多的管理者开始自躬反省，混乱局势逐渐好转，这时候需要一位强大、威严的领袖进行治理整顿。

本卦带给我们的启示是：任何组织和单位都有可能因为利益而发生派系纷争和对立，这是一种严重的内耗，对于组织的发展来说其危害不亚于山洪暴发，所以管理者一定要警惕。预防的方法是：要求基层管理者一开始就能认识到危害，主动退避而不参与；高层管理者能够从自己的管理团队抓起，做到公正无私、团结上下，消除分裂。

解卦第四十：解除危机，解决党首

解卦 下坎上震，雷水解

上六：公用射隼于高墉之上，获之，无不利。
《象》曰："公用射隼"，以解悖也。

六五：君子维有解，吉。有孚于小人。
《象》曰：君子"有解"，小人退也。

九四：解而拇，朋至斯孚。
《象》曰："解而拇"，未当位也。

六三：负且乘，致寇至，贞吝。
《象》曰："负且乘"，亦可丑也；自我致寇，又谁咎也？

九二：田获三狐，得黄矢。贞吉
《象》曰：九二贞吉，得中道也。

初六：无咎。
《象》曰：刚柔之际，义"无咎"也。

卦辞

解，利西南，无所往，其来复吉；有攸往，夙吉。

40.1 卦名卦序

《序卦》曰：蹇者，难也。物不可以终难，故受之以解。

【解读】

◎ 解：会意字，商周时期的甲骨文字形为用手拔牛角，表示解剖、宰杀牛。"庖丁解牛"就是用了它的本义，后引申为分解、解除、解决、纾解之意。

从卦象来看，下坎为水，上震为雷为动，卦象为上雷下水，雷雨交作而阴阳和畅、百物舒展，故有纾解之意。

◎ 上一卦为《蹇》卦，是说国家上下陷入党派纷争、裂痕严重的混乱局面，其危害如山洪暴发，圣人诫示国家君王及各级管理者应如何规避和整治。从上卦《蹇》卦可知：党争已起，危害巨大，大家如果只是规避则无法杜绝，必须要进行彻底解决，否则国将不国，所以《蹇》卦之后是《解》卦。《解》卦是说混乱的管理局面得到彻底解决，罪魁祸首得以解除。

40.2 卦辞：解，利西南，无所往，其来复吉；有攸往，夙吉。

【白话】

卦辞：彻底解决党争局面，应大公无私，团结众人。没有人再参与党争，大家开始停下来反省，管理秩序慢慢开始恢复；如果还有人参与党争，尽早处理为吉。

【解读】

◎ 解，利西南

"利西南"与上一卦《蹇》卦用法相同。在文王的后天八卦图中，西南方为坤，而坤代表平静、宽广、顺应、包容、众人等，所以"利西南"应理解为大公无私，团结众人。这是解决麻烦和困扰的原则和方法。另一层含义是：适宜采用像西南方（周邦）一样的治理方法。

◎ 无所往，其来复吉

本句中的"往"与"来"应结合上卦《蹇》卦爻辞中"往蹇来……"之"往""来"理解。即："往"指参与党争；"来"指停下来，脱离纷争。所：用作副词，非名词"处所"。"其"泛指大家、众人。复吉：成功恢复。

无所往：没有人再参与党争。

其来复吉：大家开始停下来反省（过去行为），管理秩序慢慢恢复。

◎ 有攸往，夙吉

有攸往：如还有人参与党争，与"无所往"相对。"攸"与"所"用法相同。

夙：会意字，甲骨文从月、从丮，像人两手捧月之形，表示敬拜、敬仰之意。《说文》："早敬也，从丮，持事虽夕不休，早敬者也。"夙吉：尽早谨慎处理则有好的结果。"吉"是在"有攸往"的情况下对"夙"之行为的肯定。

40.3 《彖》曰：解，险以动，动而免乎险，解。"解，利西南"，往得众也。"其来复吉"，乃得中也。"有攸往，夙吉"，往有功也。天地解而雷雨作，雷雨作而百果草木皆甲坼（chè）。解之时大矣哉！

【白话】

《彖》说：《解》卦，因有险而行动，行动然后免于危险，这就是《解》的卦象。"解，利西南"，意思是采取行动得到了众人的支持。"其来复吉"，意思是能够居守中道。"有攸往，夙吉"，意思是说努力行动会有成就。天与地舒解然后雷雨大作，雷雨大作然后各种种子和草木开始破壳发芽！解之时势意义真是伟大啊！

【解读】

◎ 险以动，动而免乎险。

卦体下坎上震，坎为险在内，震为动在外，意为通过行动然后脱离险难。所以说"险以动，动而免乎险"。

◎ 往得众也

"西南"为"坤"，坤为众，故称往得众。因为能够得到大家的支持和帮助，所以说"利西南"。

◎ "其来复吉"，乃得中也。

六五与九二居于中位而相正应，上下行动合宜，管理秩序重新恢复，慢慢又得到了百姓的信任。这只是根据爻象进行解读。

◎ 雷雨作而百果草木皆甲坼

来知德曰："天地解者，雨出于天，雷出于地也。穷冬之时，阴阳固结不通，所以雷不随雨。及至阴阳交泰，则气解而雷雨交作，由是形随气解，而'百果草木皆甲坼'矣。'甲'者，萌甲；'坼'者，拆开。"（《周易集注》）

果：指种子；甲坼：指种子的外壳裂开，种子发芽。

40.4 《象》曰：雷雨作，解。君子以赦过宥罪。

【白话】

《象》说：雷雨大作，这就是《解》卦的卦象。君王得以领悟：要赦免过失，宽恕罪行。

【解读】

◎ 君子以赦过宥罪

赦：赦免，免除。宥，宽恕，从轻处罚之意。"君子"在此应指以君王为代表的统治者。

在古人看来，雷与电是代表上天威慑、惩治坏人的，但同时又降下雨水，使万物得以生长，这充分体现了上天的威严与仁慈。君王于是得到启发：制定法律，惩罚犯罪之人时，要宽大为怀，尽可能赦免小过，从轻处罚轻罪之人。

《解》是为了解决结党营私、利益纷争的混乱管理局面，要想彻底解决这个问题，必须要找出关键责任者，轻者教育，重者处罚。同时也应明白：这种问题的产生既具有时代性，也具有复杂性，处理时应以教育为主，不可激化矛盾，否则适得其反，故应赦免小过，宽恕轻罪。这不仅反映了君王解决党争的决心，也体现君王的威严与仁慈。

40.5 初六：无咎。

《象》曰：刚柔之际，义"无咎"也。

【白话】

初六：他的行为没有过失。

《象》说：（处在）刚健与柔顺相交接的时候，理应没有过失咎害。

【解读】

◎ 无咎

从前面各卦的解读可知，"无咎"多指行为没有过失，有肯定和勉励之意。

初六阴柔居初，代表柔顺处世的低层管理者，他的行为在"解"之时没有过失危害，不会被解决罪魁祸首的行动所波及。能够影响和操纵利益团体党派之争者必定是位高权重者，初六居刚用柔，是柔顺怯弱的初级管理者，且亲比九二、正应九四，表示他一开始就能全力支持两位君子的正义行动，故无咎。

◎ 刚柔之际，义《无咎》也

即刚柔相济，指初六与九二和九四的比应。从后面的爻辞可知，九二与九四是辅佐君王解决问题的骨干力量，是六五眼中的"君子"，能全力支持他们的行为，当然就没有过失了。

40.6 九二：田获三狐，得黄矢。贞吉。

《象》曰：九二贞吉，得中道也。

【白话】

九二：经过多次田猎才擒获了这只狐狸，方法得当、行为正直。坚持这种中正品行终获成功。

《象》说：九二爻"固守这种德行终获成功"，是说行为适宜得当。

【解读】

◎ 田获三狐

田：田猎，意为采取行动。古代"田猎"的最初目的是捕获危害庄稼作物的动物，而"狐"是其中狡猾难捕且危害很大的动物，故以"狐"喻指狡猾、有过而又隐藏较深的结党营私的罪魁祸首。要想彻底解决当前混乱局面，应找出主要责任者并进行处罚。从爻象、爻义来看，"狐"应指六三。三：意为多，因"狐"指六三，而六三只有一狐，故"三"非指数量多只，而应指反复、多次。"田获三狐"应为"田三获狐"，即经过多次田猎才擒获这只狡猾的狐狸，强调过程的曲折和艰难。九二地位低于六三，以下治上岂是易事。

九二刚居中位，有行动的能力，并且行动得当，又上应六五、上比六三，是在六五的支持下抓住了六三。六三不中不正，又在离中，离为兵戈为刑罚，所以六三是被九二所解的对象。此处易学者们都以"坎"为狐，实则应以"离"为狐。理由是：首先，六三为下互离之主，代表"离"德；其次，在我国，狐狸最常见的品种为赤狐，背部毛色为棕色或棕红色，奔跑起来像一团火，且狐狸聪明、狡猾，喜夜间行动，其眼在晚上会发光，这与离卦的火、明智、光亮等属性相合，故以"离"为"狐"是说得通的（另见《既济》卦解读）。

九二为下坎之主，坎为难为三；下互离为兵戈为田猎为狐，九二亲比六三，故有"田获三狐"之象。九二积极行动，经历艰难、经过多次努力后终于帮助君王擒获狡猾的罪魁祸首。

◎ 得黄矢，贞吉

得：本义为经过努力而有所收获，在此意为表现。黄：中色，引申为中道。矢：箭，特点为直，引申为正直，九二为下坎之主，坎为矢。

得黄矢：意为九二在以下治上的过程中表现正直、强硬又方法得当。六三代表居于高位、隐藏很深的罪魁祸首。九二又是以下制上，没有正直的品行、强硬的手段和适宜的方法是不可能成功的，只有按此原则坚持不懈方可成功，故称"贞吉"。

九二刚健而居于中道，又为下坎之主，故以"黄矢"为喻。

40.7 六三：负且乘，致寇至。贞吝。

《象》曰："负且乘"，亦可丑也；自我致寇，又谁咎也？

【白话】

六三：背着东西，又坐在车上，招来强盗。这样下去应该感到羞愧。

《象》说："背着东西，又坐在车上"，也是很丑陋、难堪的；因为自己的行为而导致强盗加害，这又能怪得了谁呢？

【解读】

◎ 负且乘，致寇至

负：从人从贝，本义为恃，即凭仗、倚仗之意，引申为背负。背负着物品，这在古代是卑微，或是贪婪的人才做的事。乘：在这指乘着车，取象自坎卦，坎为多眚舆。乘车在古代又是有身份的人才可以享受的。负且乘：背负着东西却坐在车上，行为猥琐贪婪、招摇又居于高位，典型的德不配位。贪婪而居于高位者才会有结党营私、制造纷争的贪念和能力。

致寇至：招来强盗，意指因自己的行为而招致祸端。

六三阴柔居刚不正位，处下之上，品德不正却为下之长。圣人用"负且乘"一说非常形象地描绘了一个阴柔无德、猥琐贪婪之人却非常高调、招摇地坐在一个高贵的位置上，是典型的德不称位者，是以权谋私、挑起党争的魁首，所以必然招致打击。

另："乘"有欺压之意，"负"有谄上奉承之意，所以六三的"负且乘"又有欺凌在下的九二、谄媚在上的九四之意，也是一个十足的小人得势、欺下谄上的无能无德者之象。

◎ 贞吝

这是圣人劝诫六三要懂得羞愧，从而能够自省、悔改。如改，则六三变九三，全卦为雷风恒卦，意为及时改变、顺应上动才是恒常之道。

六三为诸侯邦君或王公之位，德不称位，因为他的品行不端而窃据高位，欺下谄上，是造成管理混乱的主要责任者，是治理整顿的主要对象，所以《象》说他的行为丑陋，自己招致的伤害怪不了别人。

40.8 九四：解而拇，朋至斯孚。

《象》曰："解而拇"，未当位也。

【白话】

九四：担当解除危机的责任者，因忠信诚实而得到大家拥戴。

《象》说："担当解除危机的责任者"，是说处的位置不正当。

【解读】

◎ 解而拇

而：帛书本、楚简本为"其"，汉石经、今本均作"而"。"而"通"尔"。"尔"，汝也，第二人称；"其"，彼也，第三人称。二字用法不同，在此应都是指以六三为代表的德不配位者。

"拇"，《释文》引陆绩云：足大指。王肃云：手大指。荀作母，在易例中指脚的大指，如《咸》之初六"咸其拇"。

易例中以初爻代表"拇"或"趾"较为常见，如：

《咸》之初六：咸其拇。

《贲》之初九：贲其跟，舍车而徒。

《大壮》初九：壮于趾，征凶，有孚。

《夬》之初九：壮于前趾，往不胜为咎。

《鼎》之初九：鼎颠趾，利出否。得妾以其子，无咎。

《艮》之初六：艮其趾，无咎。利永贞。

"拇"出现在非初爻的位置仅此一例，故本卦中"拇"不应简单作脚大指解。

"拇"是躲在鞋子里（黑暗中）的行动主导者，为贬义，指六三。九四为上震之主，震为动为足，故以拇为喻。"解而拇"意为"解而之拇"，即解除德不配位者的行动领导者。

九四为上卦的唯一阳爻，为震之主，是行动之担当者，因真诚能干而得到大家和君王的认可，故能成为解除党争魁首的主要担当。震为动，在《解》之时，震之主即为"解"之行动主导者。

九四上亲比六五、正应初六，是得到六五君王信任和初六基层的全力支持。六三代表结党营私的魁首，是引起国家管理混乱的主要责任者，九四乘之，故能在君王的信任和基层的支持下负责解除六三这个居于王公之位的真小人。

九四与九二组成离卦，六三在离之中，离为兵戈为刑罚，故有九四与九二联合解除、处罚六三之象（在此不可理解为两者附丽于六三）。

◎ 朋至斯孚

朋至斯孚：应理解为"斯孚朋至"，因为真诚而得到同道相助。九四正应初六，上比九五，是下能得到基层的拥护，上能得到君王的支持，故称"朋至斯孚"。

九四为上互坎之主，坎为"孚"。

40.9 六五：君子维有解，吉，有孚于小人。

《象》曰：君子"有解"，小人退也。

【白话】

六五：正道君子前来辅佐，帮助解除危机，结果成功。这在小人那儿可以得到验证。

《象》说：正道君子"解除小人的乱政"，是说小人终于退出。

【解读】

◎ 君子维有解，吉

维：金文=（糸：系、绑）+（隹：凶猛的鹰隼）+（攴：打击、驯化），本义指用绳子系住鹰隼双足，驯养助猎，此处可理解为"辅佐"。有解：可以理解掌控"解"的过程，确保成功，"有"为持有、掌控之意。"君子"代表正义、刚健、忠诚并敢于作为的贵族统治者，本处指九四与九二。

六五下比九四，下应九二，所以能得到全卦仅有的二阳的支持。九二正应六五，九四亲比六五，六三夹在两阳中间，并组成一个离卦，离为兵戈为刑罚，所以有九二、九四在六五支持下利用刑罚解除了六三之象。

◎ 有孚于小人

孚：诚信，在此应理解为验证。六五柔顺之君在两位刚正君子的帮助下解除了小人造成的国家上下互不信任、行动不协调的影响，国家开始又走上正轨，无才无德之人自然失去信任而被罢免。所以《象》说"小人退也"。

"小人"在此泛指以六三为代表的阴柔不正、自私贪婪的高层统治者，而非指普通的百姓。

40.10 上六：公用射隼（sǔn）于高墉之上，获之，无不利。

《象》曰："公用""射隼"，以解悖也。

【白话】

上六：王公利用弓箭射落站在高墙之上的鹰隼，擒获了它，利国利民。

《象》说："王公利用弓箭""射落鹰隼"，是说因此解除了悖乱之事。

【解读】

◎ 公用射隼于高墉之上

上六居于尊高之位，但又不是君位，所以称"公"，也可理解为对参与解除弊乱，解决魁首的管理者的尊称。隼：一种猛禽，喜欢捕杀小鸟而为害，比喻六三是小人作乱而害政。墉：城墙、高墙。

"射"为主动，且上六为解之极，极则变，故上六变上九。上九亲比六五，正应六三，而三至五组成坎，坎为矢为射，而六三又为下互离之主，离为雉为隼，故有"射隼"之象。六三高居诸侯王公之位，故以"高墉"为喻。

◎ 以解悖也

悖：指错误的、违背道理的。王公射落了鹰隼，就是解除了小人，解决了乱政为害的麻烦，纠正了错误，故说"以解悖也"。

【总结与启示】

从全卦各爻的辞义来看，"解"按照《彖》和《杂卦》训为"缓解"似乎不是很准确，应按九四、六五二爻的"解"义一样理解为解除、解决。卦之本义为解除危害，解决小人。全卦主要是说上下齐心协力，共同解决当时党派纷争、互不信任的混乱管理局面，解除处于高位、结党营私的主要责任者，从而逐渐恢复国家管理秩序。

结合前面《蹇》卦来看，虽然这两卦的卦爻辞中没有出现党争等词，但结合《睽》《蹇》《解》三卦的卦象、卦辞、爻象、爻辞及大象辞来，按结党营私、利益纷争来理解是合理和通顺的。故这几卦深刻地反映了圣人反对多党纷争，坚持强君专政的伟大政治智慧，实在令人惊叹！

初六代表柔顺亲和的基层管理者，比二应四，是一开始就能全力支持九二、九四的行为，故无咎；九二为刚中之君子，能够成功辅佐君王解决危机；六三为典型的窃据王公高位却无才无德的小人，是乱政为害的主要责任者，一定会受到打击和处罚，这样的行为实在令人羞愧；九四为解除小人之主要担当者，以其忠信诚实而得到大家的拥护；六五为柔弱之君，在九四和九二两位君子贤臣的帮助下解除了居于高位的小人；上六为解之终，君王最终变得刚健，并解除了德不配位的小人。

本卦之象在企业管理中也常会出现。一家企业，特别是规模较大的企业，经过一定时间的发展后，很容易形成不同的派别，这些派别，争权夺利，互相明争暗斗，轻者浪费资源、影响效率，重者损害企业利益、危害企业发展。管理者对此必须高度重视，并要下定决心彻底治理，即找出制造麻烦的关键人物并果断地解除职务，他们通常是有一定权力的中高层管理者。同时还要消灭产生派别纷争的环境和土壤，这样才能为企业营造一个健康的发展环境。

损卦第四十一：惩忿窒欲，损下益上

损卦 下兑上艮，山泽损

上九：弗损益之，无咎，贞吉。利有攸往，得臣无家。
《象》曰："弗损益之"，大得志也。

六五：或益之以十朋之龟，弗克违。元吉。
《象》曰：六五"元吉"，自上佑也。

六四：损其疾，使遄有喜。无咎。
《象》曰："损其疾"，亦可喜也。

六三：三人行则损一人，一人行则得其友。
《象》曰："一人行"，"三"则疑也。

九二：利贞，征凶。弗损益之。
《象》曰：九二"利贞"，中以为志也。

初九：已事遄往，无咎，酌损之。
《象》曰："已事遄往"，尚合志也。

卦辞

损，有孚，元吉。无咎，可贞，利有攸往。曷之用，二簋可用享。

41.1 卦名卦序

《序卦》曰：解者，缓也。缓必有所失，故受之以损。

【解读】

◎ 损：从手从员，"员"本义是物的数量，又有估量之意，故"损"字本义可理解为"酌情减损，量力而行"。

《损》卦为卦下兑为泽为悦为善，上艮为山为止为成，下泽深，上山高，掘土成山，则下成泽、上成山，故有损下益上之义；又泽在山下，水气上通，滋润山上的草木百物，这也有损下益上之义。

从卦变来看：下兑可看作从乾卦减损九三阳爻（九三变六三）变化而来，上艮可看作从坤卦增益上六阴爻（上六变上九）变化而来。乾之九三上升变为上九，坤之上六下行变为六三而成《损》卦，也有损下益上之象。乾性过于刚健、激进、强势，减损一阳爻后变为兑而成和悦、亲善；坤性过于柔顺，增一阳爻后变为艮为山成厚重、稳固。由此可见，损是一种向善的改造，让原本过于激进、强势的为下者变得和善，同时就会让在上之过于柔顺者变得稳重有成。

根据上面卦象分析，从国家治理而言，《损》卦的本义是减损国家下层管理层的过于激进和贪婪，以使变得和善和理智，这样才能使国家统治像山一样更加稳固。

卦变在本卦和下一卦《益》卦中似能较好地解释卦象，是一种在特定卦例中的卦象分析方法，是偶然的个例，不可作为《易》之通例而适用于全经。

◎ 上一卦为《解》卦，是说国家上下经历党派纷争、政治混乱之后，以君王为代表的执政者高层开始严肃整治，解决狡猾的、德不配位而居于高位的主要责任者，解除了国家管理的危机。圣人总结经验，国家之所以出现结党营私、利益纷争的混乱局面，重要原因应该在于统治者中出现了贪婪、自私或是激进者，他们出现了不同的利益冲突和政治诉求而引发纷争，所以必须减损他们贪欲和激进，增益和巩固国家统治，是为损下益上。故《解》卦之后是《损》卦。

41.2 卦辞：损，有孚，元吉。无咎，可贞，利有攸往。曷（hé）之用，二簋（guǐ）可用享。

【白话】

卦辞：改造下级，要真诚并充满信心，这才是成功的根本。（改造过程如果）没有什么过失危害，（则）可以坚持，适宜大力推进。应该要怎么做？（只要内心诚敬）用二盘简约的食物就可以献祭。

【解读】

◎ 损，有孚，元吉。无咎，可贞，利有攸往

损：从上一节对卦象的分析可知，"损"可理解对下级的改造，以使变得和善，故卦辞中直译为"改造下级"。孚：诚信、真诚。元吉：成功的根本。

减损过刚，改造激进是对被改造者有益的帮助，所以改造者应该充满信心，这是成功的关键。如果没有信心、不能真诚，受改造者就会认为是伤害，不愿接受，甚至对抗，这样就会适得其反，所以说"有孚，元吉"。

无咎，可贞，利有攸往：这种改造过程只有对被改造者、对社会稳定没有什么危害才可以坚持执行下去，才可以大胆努力地施为。这说明减损的过程是有风险的，执行时应注意观察结果和反映，只有在安全无害的情况下才能坚持，否则就应该小心谨慎，反省是否是方向或方法不对。

本句显然是对执行减损改造的上层统治者而言的，说明减损的意义、方法和要求。

◎ 曷之用，二簋可用享

曷：本意指怎么、为什么，通"何"。簋：古代青铜器或陶器制作的、盛食物的

器皿。享：指祭祀。用二簋盛装食物来祭祀是非常简约、朴素的表现，这里用以说明人只要内心足够恭敬有诚意，就不在乎形式。这种引申在《易》例中比较常见，如《习坎》之六四："樽酒簋贰用缶。"

下互震为动为往，九二为下互震之主，正应六五，是"利有攸往"。二至上为大离，离为大腹为簋，上艮为祭祀为享，故称"二簋可用享"。

这句是以祭祀举例进一步说明"有孚"的意义：只要内心真诚，不管用什么形式和方法，减损下级的激进、好勇就一定会被接受。这也是改造时应该坚持的原则。

41.3 《象》曰：损，损下益上，其道上行。损而"有孚，元吉。无咎，可贞，利有攸往。曷之用，二簋可用享"，二簋应有时，损刚益柔有时，损益盈虚，与时偕行。

【白话】

《象》说：损卦，减损下面增益上面，它的原则和志向是往上行动。减损富余，从而"有孚，元吉。无咎，可贞，利有攸往。曷之用，二簋可用享"。奉献二簋食物祭祀应恭敬而符合时宜，减损刚健而增益柔顺也要恭敬合宜。减损过剩而增益不足，配合时势而和谐相行。

【解读】

◎ 损下益上，其道上行

从第一节的解读可知，卦有损下益上之象。下有过剩和富余，上需巩固和帮助，损下益上可以理解为减损富余而增益不足，目的改造在下，增益在上，所以说"其道上行"。

◎ 有时

时，理之当然，只有内心充满虔诚、恭敬，不管形式如何，其行为都能自然、合宜。

41.4 《象》曰：山下有泽，损。君子以惩忿窒欲。

【白话】

《象》说：山下有泽水，这就是损卦的卦象。君子得以领悟要惩戒急躁，抑制贪欲。

【解读】

◎ 君子：泛指上层贵族统治者。忿：形声字，从分从心，本义指心绪散乱，心神不宁，心情浮躁。欲：贪欲、欲望。

山下有泽水，这就是《损》卦的卦象。从上一节对卦名、卦象分析可知，下兑是由下乾减损一阳爻而得，乾既代表刚健，也代表激进、急躁和贪欲。君子观察《损》卦卦象得到启发：必须对急躁和激进进行惩戒，对贪欲进行抑制，以使和善、理智，否则，容易引起派别之争甚至内斗，给国家管理带来混乱。现代西方国家为了自身利益常对其他国家发动颜色革命，他们惯用的伎俩就是利用该国年轻人的激进、贪利和盲目轻信的弱点，用金钱进行收买，用谎言进行鼓动，从而引发国家混乱，颠覆政权。所以要彻底整治党争，不仅要首先解除罪魁祸首，并且还要从根本上对激进者"惩忿窒欲"，进行思想改造和爱国主义教育。

41.5 初九：巳事遄往，无咎。酌损之。

《象》曰："巳事遄往"，尚合志也。

【白话】

初九：对国家的各种管理事务非常积极地参与，没有过失。对这种过于积极和激进之势适度进行减损。

《象》说："对国家的各种管理事务非常积极地参与"，是说与在上位者志愿相合。

【解读】

◎ 巳事遄往，无咎

巳（sì）：虞翻作"祀"，另在不同的版本中出现过"己（jǐ）""已（yǐ）"，因这三字很容易出现抄写混淆，所以究竟是哪一个字现在仍无权威证据，只能从爻辞的辞义上推敲。

遄（chuán）：快、急速，有浮躁、激进之意，与初九阳爻之性相符。无咎：没有过失。是什么事需要快速前往，而且还是正当没有过失呢？我们从爻象爻义来分别分析：

己（jǐ）：指自己，如果为了自己的事快速前往显然不能说"无咎"，所以"己"字首先排除掉。

已（yǐ）：已经。程颐认为是本字，并解释为"下之益上，当损己而不自以为功，事既已则速去之，不居其功，乃无咎也"（在下位之人增益在上位的人，应当减损自己而且不将此视为自己的功劳，其对于在上位者的增益完成之后就要迅速离去，不居功，才能没有祸患）。程颐把"事"理解为损下益上之事，但初九是如何减损自己而增益上面（六四）的，减损的是什么？都没有说清楚。另外，"往"应是指前往，《易》之通例常指从下往上，而程颐理解为"离去"，有返回之意，似乎也较勉强。

巳（sì）：为祭祀。古代祭祀是庄重的大事，初九上应六四，六四在上艮，艮一阳在上，两阴在下，有向上祭拜之象。六四在上卦近君之位，是为国服务的重臣，初九帮助祭祀，引申为参与各种国家事务，当然"无咎"。初九刚居初位，代表年轻气盛、富有热情又刚健激进的低阶青年，他们激进又满怀热情，积极参与国家各种管理事务，这种行为是值得肯定的。所以理解为"巳"字应是比较合理的。

本卦本义重点是说对下层统治者进行减损浮躁、激进，防止偏离正道的改造。古代有机会参与国家管理者只能是统治阶层，与普通民众基本没有关系，所以初九以刚居阳，应代表正直、积极甚至激进的年轻基层管理者，也表示时间的初始。

综上，"巳事"指祭祀之事，引申为国家管理事务；"巳事遄往"指正直、激进的基层管理者能够积极主动、充满真诚地服务于国家的需要，这是正当的行为，所以没有任何过失，值得肯定。

◎ 酌损之

酌：本义为斟酒，后引申为酌情、适度。之：指初九表现出来的"遄往"的激进之性。

酌损之：初九非常积极、激进地参与国家的各种事务，虽然这种爱国的热情值得肯定，但过于积极和躁动又容易失去理智，其行为容易出现偏差而被别有用心的人利用，所以对这种热情和积极还是应适度进行减损。

◎ 尚合志也

尚：上，指六四。与六四志愿相合，即服从于上级的意愿为国服务。这是《小象》作者解释"巳事遄往"，我认为不准确。

41.6 九二：利贞，征凶，弗损益之。

《象》曰：九二"利贞"，中以为志也。

【白话】

九二：应坚守中道，过分减损有凶险。不能过度地舍己为人。

《象》说：九二爻的"利贞"，是说要以坚守中道为志向。

【解读】

◎ 利贞，征凶

九二刚健居中，上应六五，与六五谦顺之君刚柔相济，居中有度。二居中则应减损有度，但阳爻又表示主动而激进。九二居中与居中谦顺的六五正应，则是减损自己而增益六五。这种减损应有度，如果九二过度减损则会变六二，而六五过度受益则会变九五，这样就会使下兑变震，上艮变巽，这样全卦反变成下不足而上有余的《益》卦。这显然是减损过度而有害的，故称"利贞，征凶"，即要坚持守中，过度减损则会有凶。这句话说明代表年轻管理者的九二的行为、品性进退有度，如果再要求减损、柔化，反而使年轻的管理者失去其应有的朝气，国家管理就会没有活力，这显然是不利的，故称"征凶"。

◎ 弗损益之

益：本义为酒从杯中溢出，引申为过度增加之意。"弗损益之"，传统的理解是"不要减损而要增加"，这与下卦本来就是要减损的卦象相矛盾，故不准确。"益"在此应理解为"过度"，"弗损益之"应为"弗益损之"，即不要过度地减损，这与"利贞，征凶"的意义是相一致的。

41.7 六三：三人行则损一人，一人行则得其友。

《象》曰："一人行"，"三"则疑也。

【白话】

六三：（如果能做到）三人一起做事时减掉一个人，（这样）当一个人（需要帮助）时就能得到朋友的帮助。

《象》说："一人可做事"，"三人做事"反而会互相猜疑、推脱。

【解读】

◎ 三人行则损一人

"三人行"指三人在一起做事。"三人行则损一人"是说三个人在一起做事不仅力量多余，并且可能会配合不协调做不好事。俗话说"一个和尚挑水喝，两个和尚抬水喝，三个和尚没水喝"。这说明三个人在一起力量有浪费、效率不高，配合不协调做不好事，如果减掉一个人去帮助别人，这样不仅自己这边两个人在一起做事更轻松，效率更高，另外还能让一个人去帮助别人，这样对双方都是有好处的。这与《损》卦卦象也是相一致的。

从卦象来看，六三为下兑之主，兑为美为善，下兑可看作三阳爻的"乾"减损一阳爻（变阴爻）而来，故称"三人行而损一人"。从前面《泰》卦解读可知，"乾"有大水泛滥之象（参见《泰》卦九二爻解读），而"兑"为泽，为掘地成湖，"乾"因减损而变"兑"，则有泛滥江河之水变成平静的湖泊之水之象，所以这是有利无害之"损"。

这是形象地说明做事时不是力量越大越好，要懂得合适、减损和互助的道理。

◎ 一人行则得其友

理解了上一句爻辞的真正含义，这一句就不难了，其引申义可以理解为：如果能做到"三人行则损一人"，那么在你一个人需要帮助的时候就会有朋友前来相助。

引而伸之：只要大家在自己有能力的时候都能真诚地帮助别人，那么在困难的时候自然有人来帮助，这样社会将变得更加高效、友爱、和谐。

41.8 六四：损其疾，使遄有喜。无咎。

《象》曰："损其疾"，亦可喜也。

【白话】

六四：减损基层管理者的激进和浮躁，使之积极、热情、爱国的品性能够带给自己成功的帮助。这样没有过失、危害。

《象》说："减损基层管理者的激进和浮躁"，也是值得庆贺的。

【解读】

◎ 损其疾，使遄有喜。无咎

因下卦是被减损的对象，而在上卦则是执行减损之人，故"损"在下卦应理解为"自我减损、控制自己"，在上卦应理解为"减损、消减"。疾：疾患、危害、缺点、不足，在此应具体指急躁、浮躁、激进等品性。喜：值得庆祝，帮助获得成功。

从"遄"字可知，本爻与初九爻辞有明显的关联性，故"其"应指初九。

"使遄有喜"，从初九的解读可知，"遄"是指初九热衷于参与国事，其行为热情、主动、积极。这种行为往往容易偏激、不理智，易被人利用，所以需要适度调整和改造。六四正应初九，且六四谦逊正位，又为近君重臣，是改造激进的年轻管理者的责任者，所以六四能够帮助初九调整、改造，使他能够既热情上进，又理智爱国，主动参与国事，这样才能给他自己带来喜庆。这样当然没有过失，故称"无咎"。"无咎"是对六四行为的肯定。

41.9 六五：或益之十朋之龟，弗克违。元吉。

《象》曰：六五"元吉"，自上佑也。

【白话】

六五：好像有人帮助增益很多珍贵的财宝，不能推辞。这是成功的根本。

《象》说：六五是"成功的根本"，因为他谦顺而居于尊中，得到了上天的护佑。

【解读】

◎ 或益之十朋之龟，弗克违

或：有人，六五下应九二，亲比上九，故指九二和上九。"益"在此指增益、增加，出现在九二和上九爻则是过度之意，两者是有区别的。

"十"与"三"都不是具体指数，而是泛指很多。坤为众为十。朋：古代以贝壳为货币，五贝为一串，两串为一朋。"十朋"泛指很多贵重的东西。龟：古代用于决是非、断吉凶的神圣之物，引申为信任和拥戴。"或益之十朋之龟"的引申义为：会得到大家无比珍贵的信任和拥戴。

弗克违：不能推辞，意为想不要都不行，推都推不掉。真正有形的财宝当然可以推辞不要，只有大家的信任和拥戴是无法推辞的，也是最珍贵的。所以这句话的引申义为：（君王）以其谦逊中尊之德，得到了广大民众无比的信任和拥戴，无法辞让。

六五是《损》的最大受益者，这是因为在他谦中尊贵的领导下，国家成功地改造了年轻管理者的骄躁、激进之性，他们因此能够更加理智爱国，更加信任和拥戴君王。

二至上爻为大离，离为贝为龟，大离的中间为三四五爻组成的坤卦，坤为十为众，故有"十朋"之象。大离的九二与六五正应，上九与六五亲比，故有"益之"之象，合起来故称"或益之十朋之龟"。

◎ 元吉

六五谦顺居中、位尊，正是这样的品行才是他能得到大家信任和拥戴的根本。

或问：六五不正位，怎么会"元吉"呢？因为二、五中爻之吉凶结果多以所处卦时及与之应比爻位的关系决定，不以是否正位而一概论之。

41.10 上九：弗损益之，无咎，贞吉。利有攸往，得臣无家。

《象》曰："弗损益之"，大得志也。

【白话】

上九：不是过度减损他，这样就没有过失危害，如此坚守才会成功。适宜有所作为，这样就会得到大家无私、真心的拥戴。

《象》说："不是过度减损他"，是说最终能够大展宏图，实现理想。

【解读】

◎ 弗损益之，无咎，贞吉。利有攸往

本爻"弗损益之"与九二同，两者都可以理解为"弗益损之"，即不要过度地减损他。但两者"之"字指向不同，九二爻指的是自己，意指不要过度地改变自己，而本爻应指的是六三。上九与六三正应，故是对六三进行减损改造，其意指不去过度地要求和改造六三，要损之有度，这样才是没有过失的，故称"无咎"。上九通常代表君王卦时之终表现出来的状态，也有总结之意，阳爻代表刚健、强势，上九以刚居阴有过于激进之患，故圣人诫之要"弗损益之"才会"无咎"。

贞吉。利有攸往：指君王的行为一定会大获成功，应该坚持下去而有所作为。"利有攸往"与卦辞之"利有攸往"意同而对应。

上九为艮之主，艮为止为成，表示上九最终走向成功，故"贞吉"。

◎ 得臣无家

得臣：指得到大家的辅佐和帮助。"家"是人的私属之所，"无家"意为无私，一切为公。艮为门户为家，上九变则艮变坤，坤为臣，意为去艮家则得坤臣，故称"得臣无家"。这是说能得到大家真诚无私的拥戴，说明损下益上的改造是成功的。

【总结与启示】

理解《损》卦的关键在于如何理解"损下益上"的卦象，准确的理解应该是：总结前卦经验，国家以君王为代表的上层统治者认识到要减损下层统治者的激进、浮躁和贪欲，以使真诚无私、理智爱国，国家统治才能更加稳固。要求在下的被减损者变得热情而理智、积极而真诚地爱国和参与国事，在上的行损者要减损有度，不可过度地消减他们的热情。

初九以刚居阳，代表激进、刚健又热情的年轻管理者，他们能够非常热情、主动地参与国家事务，这种行为值得肯定和鼓励，但同时对这种过分热情和激进要进行适度减损和控制；九二刚健居中，拥戴谦逊之君，能够做到无私舍己地奉献，其行为适度，如过度消减他的热情反而不利；六三处下之上，既是被减损的对象，又有助人之责，所以在减损自己的同时还应帮助别人，能够在自己有力量的时候去帮助别人，这样不仅对自己有好处，还能在困难的时候及时得到别人的帮助；六四谦顺正位，是帮助基层减损浮躁、积极向上的执行者，其行为没有过失；六五谦顺居于尊中，因对年轻管理者的成功改造而得到大家最尊贵的敬重和拥戴，无法辞让，这是最佳的减损之道，故称元吉；上九代表君王发展到最后的状态，刚健强势，故圣人诫之要减损有度，这样才不会犯错，才会得到大家真诚、无私的拥戴。

从本卦来看，3000年前圣人就懂得国家的年轻人过于热衷于参与国家事务的利与弊，要求国家管理者应进行正确的引导和减损，否则容易走向极端，被坏人利用而给国家和社会带来麻烦。在当今社会，这种年轻人的过度热情而被人利用，失去理智给国家带来伤害的现象在全世界各地都时有发生。

周易深藏的政治智慧实在令人惊叹！

益卦第四十二：动员上下，完成迁都

益卦　下震上巽，风雷益

上九：莫益之，或击之。立心勿恒，凶。
《象》曰："莫益之"，偏辞也；"或击之"，自外来也。

九五：有孚惠心，勿问元吉。有孚惠我德。
《象》曰："有孚惠心"，勿问之矣；"惠我德"，大得志也。

六四：中行，告公从，利用为依迁国。
《象》曰："告公从"，以益志也。

六三：益之用凶事，无咎。有孚中行，告公用圭。
《象》曰：益"用凶事"，固有之也。

六二：或益之十朋之龟，弗克违，永贞吉。王用享于帝，吉。
《象》曰："或益之"，自外来也。

初九：利用为大作，元吉，无咎。
《象》曰："元吉，无咎"，下不厚事也。

卦辞

益，利有攸往，利涉大川。

42.1 卦名卦序

《序卦》曰：损而不已必益，故受之以益。

【解读】

◎ 益：形声字，从水从皿，水从皿中流出的样子，古通"溢"，后引申为"增加、助益"。

从卦变看，《益》卦可看作由《否》卦变化而来：上乾九四下到初位变成初九，下坤初六上升到四位变为六四，则全卦由《否》变《益》，故卦形有损上益下之象。

从卦象看：雷一般在天上，"震"在上为"雷"，在下则常取蕃鲜、生长或是行动之象；"巽"为风，全卦有春风助益、催生万物生长之象，所以称"益"。我们知道，万物生长需要水分和土壤中的养分，但春风既不含水分，也没有养分，却可以催生万物，因为它传递了春天的信息。引申到国家和社会：上卦巽代表国家中央统治阶级，巽为政令、政策；下震卦代表民众和基层管理者，震为行动，国家不是直接给民众和基层管理者增益财物，而是利用合适的宣传和不断地鼓励，给予信心和力量，有效地助益他们积极行动。聪明的企业管理者，为了让员工积极工作，通常会善用鼓励和宣传政策，往往有很好的效果。

综上，《益》卦本义可理解为：用积极的宣传和鼓励助益在下者行动。

◎ 上一卦为《损》卦。总结前卦经验，圣人认为国家管理者发生结党营私的根源在于年轻人过于激进、浮躁和贪婪，而上层统治者则过于柔弱放纵，所以必须要减损下层管理者的浮躁、激进和贪婪，加强上层统治者力量，以从根本上避免类似混乱的再次发生。凡事应有度，极则反，如过度损下益上，则结果可能会使下层管理者变得过分柔弱、退缩，缺乏动力和激情，而上层统治者则会变得过于强势，如此则头重脚轻，国家根基薄弱，统治同样不稳固。所以君王在加强减损改造下级的同时，还需要制定有效的鼓励政策，以帮助在下者在国家的引导下理智爱国、积极行动、努力作为。故《损》卦之后是《益》卦。

42.2 卦辞：益，利有攸往，利涉大川。

【白话】

卦辞：国家制定激励政策助益下层行动，（在这样的形势下，受激励者）应该积极有所作为，应该努力克服各种困难。

【解读】

◎ 从上面的卦象和卦名解读可知，《益》是指在上的统治者和君王充分信任各级管理者和民众，并制定各种有效的激励政策，从而助益他们更加努力地为国家服务。在这样的良好形势下，积极上进的民众和各级管理者应该在国家的信任和支持下多为国家作贡献，努力有所作为，成就自己，故"利有攸往"。

从需要民众为国出力的情况来看，说明《益》之时国家仍处在困难之中，所以想有所作为者一定会遇到各种困难。大家在君王和国家的充分信任和激励之下，应该能够、也一定能够克服困难，所以说"利涉大川"。

初九为震之主，震为动，初九"利用为大作"，这是鼓励人民中有能力、有信仰的正义之士利用国家的信任和支持参与国家大事，故称"利有攸往"。

从后面六三爻的解读可知：六三受增益后变九三，九三为坎中，坎为水，上巽为木为舟，舟行水上，故有"涉大川"之象。

42.3 《彖》曰：益，损上益下，民说无疆。自上下下，其道大光。"利有攸往"，中正有庆。"利涉大川"，木道乃行。益动而巽，日进无疆。天施地生，其益无方。凡益之道，与时偕行。

【白话】

《彖》说：《益》卦，减损在上增益在下，四面八方的百姓欢欣鼓舞。居于上位者能够向下亲近和照顾百姓，这种德行和治国的方法光大显明。"利有攸往"，是说二和五居于中正之道而使天下得其福报与喜庆。"利涉大川",木舟顺水而行。增益行动的能量而巽顺,每天上进没有边界。上天广施雨露,大地万物滋生,天地助益,无边无际。所有的增益之道,都是配合时势共同发展。

【解读】

◎ 损上益下,民说无疆

卦象为损上益下,前面已解读。身居上位的统治者能够主动助益在下位的臣民,以帮助有所成就,无论远近,广大的百姓自然欣然悦从。无疆:指遍及各地,没有边界。

◎ 自上下下

指九四自上位来到下位而居初九,意为在上者能够主动走近百姓、助益民众,故说"其道大光"。

◎ 木道乃行

"木"指上巽。自爻象可知:六三得上九助益变九三,故能帮助"大作"。六三变后,下互坤卦变为坎,坎为水,巽在坎上,故有舟行水上之象,是为"木道乃行"。这是从爻变解读"利涉大川"。

◎ 天施地生

上巽为风,下震为生,故有风行天下、草木生长之象,所以说"天施地生"。

42.4 《象》曰:风雷,益。君子以见善则迁,见过则改。

【白话】

《象》说:上风下雷,这是《益》卦的卦象。君子得以领悟,发现人之善行要大力推广,遇见人之过错要帮助改正。

【解读】

◎ 君子以见善则迁,见过则改

程颐曰:风烈则雷迅,雷激则风怒,二物相益者也。君子观风雷相益之象,而求益于己,为益之道无若见善则迁,有过则改也。见善能迁,则可以尽天下之善;有过能改,则无过矣。益于人者无大于是。(译文:风猛烈那么雷就迅疾,雷激烈那么风也怒号,二者相得益彰。君子观察风雷相互增益的卦象,就要追求使自己有所增益,个人所增益的不外是努力向善,有过即改。努力向善就可以穷尽天下的善,有过能改就没有过错了,对人有益的没有比这更大的了)。

我与程颐等先贤们不同的理解之处在于:先贤们一般都认为《象》辞是君子对自我修养的要求,而我认为是君子(君王及其统治者)要积极发现和努力推广民众的善行,改正民众的过错,目的是要在民众中迁善改过,这才是对他们最大的助益!

"君子"泛指以君王为代表的统治者.从卦象看是代表统治者的上卦信任、帮助代表基层民众和管理者的下卦,以助益他们积极为国出力。以君王为代表的统治者对民众最大的助益莫过于帮助大家努力向善，及时改过。

《大象》辞可理解为在上者助益在下者的具体措施和方法。

42.5 初九：利用为大作，元吉，无咎。

《象》曰："元吉""无咎"，下不厚事也。

【白话】

初九：利用在上者的充分信任和有效的激励积极参与国家大事，这是成功的根本，没有过失危害。

《象》说："元吉""无咎"，是说在下者原本是没有机会做大事的。

【解读】

◎ 利用为大作

大作：大的作为，指国家大事。初九正应六四，从六四爻辞看，应是指迁国（搬迁国都）之大事。

初九以刚居阳，虽居初位，但为下震之主，故不可简单理解为底层平民。震为动，初九为动之主，因此代表的是正直爱国、积极有能力的民众和基层管理者代表。

初九上应六四，在《益》之时，是初九得到了六四的助益（激励、信任和支持），参与国家迁都的实施工作。

初九亲比六二，上应六四，六二至六四为坤为邑为国；初九为震动之主，坤与震相错并在震之上，初九之动，涉及一国，故"大作"指迁国的大事（另见六四解读）。

◎ 元吉，无咎

或有人问：既言"元吉"，何言"无咎"？怀疑"无咎"为衍文。其实不然，"元吉"说的是初九行为的贡献和意义，而"无咎"则是作者对其行为的肯定和鼓励，两者意义不同。

元吉：成功的关键和根本。"成功"主要指国家"大作"的成功。初九以刚居阳，又为震之主，代表强健的、有能力的民众和基层管理者，他们在六四的鼓励和信任下，一开始就能够支持和积极参与国家"大作"，这是"大作"成功的根本。"元吉"强调的是初九行为对国家"大作"的意义。

无咎：指初九的行为有利无害，强调的是对初九正当行为的肯定和鼓励。

42.6 六二：或益之十朋之龟，弗克违，永贞吉。王用享于帝，吉。

《象》曰："或益之"，自外来也。

【白话】

六二：好像有人帮助增益很多珍贵的财宝，不能推辞。恒久保持这种品德，吉祥如意。周先王就是这样得到商帝的信任。吉利。

《象》说："好像有人帮助增益"，是说这种助益是从外面来的。

【解读】

◎ 或益之十朋之龟，弗克违，永贞吉

六二柔居阴位，既中且正，谦顺而行为合宜，上应九五刚中之君，代表的是广大品行端正谦虚中正的国家基层管理骨干，他们得到了君王最珍贵的信任和鼓励。

这一爻的爻辞前一段与《损》卦的六五爻的前段是一样的，其辞义也基本相同，其取象也类似。从爻象来看：两爻所处的位置非常类似，即都是阴爻居中，并与大离卦的两边的阳爻（初九和九五）都有或比或应的关系。其中的区别在《益》之六二在大离卦之下端，《损》之六五在大离之上端，而离为贝，中间的坤为十朋，比应为助益，所以都有"或益之十朋之龟"之象。从爻象来看：《损》之六五为国君之位，"或益之十朋之龟"引申为得到人民的崇敬和爱戴；《益》之六二为谦虚中正的大夫阶层的贵族，"或益之十朋之龟"引申为得到君王的信任和鼓励。"爱戴"与"信任"都是无比珍贵的，故都以"十朋之龟"为喻（参见《损卦》六五爻解读）。

永贞吉：这是勉励六二在得到君王的充分信任和鼓励之后要长久坚持谦虚中正之德，这样才会有吉利的结果。

◎ 王用享于帝

"王"指周先王，从六二爻的位置和中正柔顺的爻象来看，此王应指周太王古公亶父。理由有二：

一是六二为大夫之位，古公亶父从豳地迁到周原后建筑城邑房屋，设立官吏，开垦荒地，发展农业生产，把民众分成邑落定居下来，得到了当时商王武乙的认可，命为周公亶父，赐以"歧邑"。此时的周公亶父应相当于商朝时的大夫之位；二是据文献记载："古公亶父执政时，正是商武乙时代，他继承了周祖遗风，继续致力于周原的开发。他勤于农业，所种田地收成丰美。每年春天，他和妻子太姜亲自下地，不怕劳苦，辛勤耕作。夏日暴雨倾作，他与青壮年一起，加固堤堰，疏浚河道。秋日黄叶飘零，他带领大家收割、打碾、贮藏粮食。冬季大雪纷飞，他忙着走家串户，访疾问苦。"

古公亶父表现出来的正是六二爻谦顺中正之德。

《周易》64卦有"王用享"或"公用享"等类似用法，除本卦外还有三卦，分别是：

《随》之上六爻："拘系之，又从维之。王用享于西山。"从卦象、爻象分析此"王"可能指亶父（详见《随》卦解读），"享"则为受人尊崇之意。

《大有》之九三：公用享于天子，小人弗克。"公"泛指诸侯王公；"享"指敬献。

《升》卦六四爻："王用享于岐山，吉，无咎。"此"王"从卦象、爻象分析可能指王季（详见《升》卦解读）。"享"意为受益于……

如果本爻之"王"指的是周太王古公亶父，那么"帝"就是指商王武乙。据文献记载，武乙在位时最少迁都两次。

六二正应九五，九五为君王为帝，又为上互艮之主，艮有祭祀之象，所以称"王用享于帝"。

42.7 六三：益之用凶事，无咎。有孚中行，告公用圭。

《象》曰：益"用凶事"，固有之也。

【白话】

六三：在国家的信任和激励的助益之下处理凶患灾难之事，没有过失危害。充满信心并忠诚地履行职责，用赤诚之心向君王献祷。

《象》说："在国家的信任和激励的助益之下处理凶患灾难之事"，因为（救灾）本来就是他的责任。

【解读】

◎ 益之用凶事，无咎

益之：信任、激励以增益他信心和力量。六三柔居刚位而不正，本来是没有救灾的力量的，上应上九，是因为得到上九的信任和鼓励。六三阴爻本无能动之力，从六三处理凶患之事，及后面"有孚中行"等可看出（阳爻为有孚），六三会变九三。

凶事：凶险之事，如灾难之类。国家既然要迁都，则必定是遇到困难之事而不得不迁。六三作为诸侯之位，他的主要责任就是负责解决困难，保卫国家安全。六三变九三，下互卦为坎卦，坎为凶；六三变九三，由失位而变正位，故"无咎"。

三居下卦之上，为下卦之长，是诸侯邦君，为百姓救灾济难是他固有责任，所以《象》说"固有之也"。

◎ 有孚中行，告公用圭

圭：古时用玉做的、象征诚信的物件。告：从牛从口，造字本义为献牛祭祀，祝祷求福，在此引申为用行动取得信任。公：指九五。

六三变九三成坎，坎为孚。六三为下之上，又居上之下，是上受君托、下护民安，居于君与民之中，又能忠诚地履行职责，是为"中行"。

九五本为上互艮之主，艮为祭祀，六三受益后变九三，则九三与九五组成上互离，离为牛，故有九三向九五献牛祭祀之象，是为"告"；又，六三变九三为下互坎之主，坎为乾交坤于中爻，故坎通乾德；乾为玉，故坎有圭象，故称"告公用圭"。

42.8 六四：中行，告公从，利用为依迁国。

《象》曰："告公从"，以益志也。

【白话】

六四：中道而行，忠诚履职，为君王用牛羊祭祀祈福，在上下的支持与信任下主持搬迁国都的大事。

《象》说："为君王用牛羊祭祀祈福"，是说因此增益信心和志愿。

【解读】

◎ 中行，告公从，利用为依迁国

中行：六三取变象九三，六四以柔居阴正位且居九三与九五之中位，故称中行，其意为居中团结君王与邦君，协调大家行动。

告公：意同六三爻，引申为以最大的诚意忠于君王并辅佐君王。从：辅佐、跟随。从六三爻解读可知：六三变九三则有以牛向九五献祷之象。六四下亲比九三，上亲比九五，则有团结九三向九五以牛献祷之象，故称"告公从"。这也可能是古时在进行国都搬迁之前举行的祭祀仪式。

◎ 迁国

"迁国"即迁都。商周时期，部落首领或君王为了躲避自然灾害和外族的侵扰，会带领族群或民众迁移，以找到一个环境适宜居住、安全且利于发展的地方。传说商朝历史上进行了多次迁都。周朝先祖最早居住在姬水一带，后迁居于豳地，受到少数民族的不断侵扰后又历经千辛万苦迁移到渭河流域的周原，于是开始产生"周"的概念。西周建立后，后又东迁至洛阳，史称东周。可见"迁国"是君王为了保护国民安全、维持社会稳定的大行动，是对民众的大助益。

三是诸侯之位，在国家遇到危险和灾难之时负责保卫国家，而四是公卿宰相之位，他的责任是负责国家迁都的组织和协调。

六四正应初九，初九为震动之主，表示初九支持六四而行动；六四又亲比九五，初与五之间是坤，坤为众为国；初九支持六四而行动，并牵涉一国，所以有"迁国"之象。

42.9 九五：有孚惠心，勿问元吉。有孚惠我德。

《象》曰："有孚惠心"，勿问之矣；"惠我德"，大得志也。

【白话】

九五：内心充满真诚，努力造福于民，不用问，这就是成功的根本。民众至诚地感受君王盛德带来的恩惠。

《象》说："内心充满真诚，努力造福于民"，（成功）不用有任何疑问；"民众至诚地感受君王盛德带来的恩惠"，是说君王的远大理想得以实现。

【解读】

◎ 有孚惠心，勿问元吉

惠心：助益民众、造福天下的心意。勿问：勿用占问，不用怀疑之意。

上巽为风为政令为惠，二至四爻为互坤，坤为地为众，风行地上，政令惠及百姓，所以有助益民众、造福天下之象。君王有这种理想心愿，百姓又一呼百应，所以不用怀疑，勿需占问，一定会成功，故称"勿问元吉"。"元吉"指国家上下团结一心完成迁都的大事成功的根本在于君王中正、诚信和有全心爱护民众的仁德。

◎ 有孚惠我德

有孚：指感受到君王恩惠的民众内心充满真诚的信仰。惠我德：因"我"之德而惠及民众。"我"指六五。民众真诚地感受到君王的信任和爱护之德。

九五中正有信，为上互艮之主，艮为山为房屋，故有庇护之象。九五亲比六四，正应六二，六二、六三、六四组成互坤，坤为众为民，故有九五照顾、庇护、信任民众之象。

42.10 上九：莫益之，或击之。立心勿恒，凶。

《象》曰："莫益之"，偏辞也；"或击之"，自外来也。

【白话】

上九：不能激励和信任民众，甚至会进行打击。或者信任民众的心不能恒久，这样都一定会失败。

《象》说："不能信任民众"，这只是有可能发生的偏颇之说；"有时会进行打击"，是说威胁来自外部。

【解读】

◎ 莫益之，或击之。立心勿恒，凶

这是根据爻象对全卦的总结。圣人提出深刻警示：到了最后，如果还不能持之以恒地信任民众，以助益他们一起齐心协力为国出力，不是去鼓励他们，甚至还要去打击他们，这样的话国家遇到困难是很难克服的，故称"凶"。从六四爻的迁都来看，国家和民众一定是处在危险的境地，此时，君王只有慎终如始、真心诚意地信任民众，鼓励他们一起为国效力，这样才能上下一心共同克服困难。

上九刚健而居于益极卦终，极则变，上九变则上卦为坎，全卦变为水雷《屯》，正是困难满盈的卦象。另外，"莫益之"也是表示有变，巽变坎，坎为险，下为大离，离有兵戈之象，所以称"或击之"。

立心勿恒：勿恒即为有变，上卦变坎，坎为凶。

从上可知，本爻爻辞多次明示，要保持恒心为民众助益，否则有凶。

【总结与启示】

从卦象和《象》辞来看，大家都很容易理解卦象的损上益下之义，但如何"损"？怎么"益"？古今学者都没有说清。从卦、爻辞及《大象》辞来看，以君王为代表的统治者"损上"意为放下尊贵的身份而亲下；"益下"意为亲近、信任、激励民众和基层管理者，以助益他们为国效力。上一卦《损》卦本义以君王为代表上层统治者减损改造下层统治者和民众，消除他们的激进和不理智。迁都为国之大事，没有全国上下团结一心、民众全力支持就不能成功完成，故先有《损》卦在减损下层管理者的浮躁、自私和激进，使之能够心无杂念、与君王同心同德之后，才有本卦《益》之信任、激励民众和国家各级管理者全力支持和积极执行迁都之大事。迁移国都必定是国家遇到大的困难而不得不迁，并且要涉及全国上下，如果管理者和百姓不支持、不服从是无法顺利完成的。

初九居《益》之初，为震之主，代表有行动能力且能影响大家的管理者，在受到六四的信任和助益后全力支持和积极参与迁国的大事；六二既中且正，获得了君王珍贵的信任，周太王就是这样在商朝帝王的信任下发展起来的；六三性柔居刚，在居于上位的信任、鼓励的助益之下，变为刚健而担起救灾济难、保家卫国的重任，并以最大的敬意忠于君王；六四是谦顺守正、辅佐君王的贤臣，在国家正处灾难之时，能够忠诚履行团结诸侯、率领百姓主持迁国之重任；九五为有刚中之德的君主，怀着忧国惠民之心而使大家感恩戴德，这是成功的根本；上九为刚处全卦之终，总结全卦，圣人诚示，要慎终如始，持之以恒地惠民，否则必将有凶。

本卦在企业管理中同样能带给我们启发。企业发展不可能一帆风顺，当需要进行大的改革之时，如战略放弃、战略调整发展方向、转型升级、大的机构调整，等等，都需要员工特别是上下管理层的全力支持，这时候就要制定有针对性的鼓励、激励措施并进行充分宣传，以使员工充分理解、全力支持，企业的改革就容易推进，并取得预期效果。

夬卦第四十三：用中守正，恃强必败

夬卦　下乾上泽，泽天夬

上六：无号，终有凶。
《象》曰："无号"之凶，终不可长也。

九五：苋陆夬夬，中行无咎。
《象》曰："中行无咎"，中未光也。

九四：臀无肤，其行次且；牵羊悔亡，闻言不信。
《象》曰："其行次且"，位不当也；"闻言不信"，聪不明也。

九三：壮于頄，有凶。君子夬夬，独行遇雨，若濡有愠，无咎。
《象》曰："君子夬夬"，终无咎也。

九二：惕号，莫夜有戎，勿恤。
《象》曰："有戎""勿恤"，得中道也。

初九：壮于前趾，往不胜为咎。
《象》曰："不胜"而往，咎也。

卦辞

夬，扬于王庭，孚号有厉。告自邑，不利即戎，利有攸往。

43.1 卦名卦序

《序卦》曰：益而不已必决，故受之以夬。夬者，决也。

【解读】

◎ 夬（guài），决也。"决"指水冲破堤坝

为卦下乾上兑，乾在泽水之下显然不可取"天"象。"乾"有大水汹涌、无边无际之象（参见《泰》之九二解读）；兑为泽，泽为湖泊、水库。湖泊下面是泛滥、汹涌的大水，则有湖泊决堤之象，故称"夬"。

据《史记·夏本纪》记载，大禹治水曾经"陂九泽"（筑堤坝围成九个湖泊）。《周礼》记载："稻人，掌稼下地，以潴蓄水"。这些记载说明，很早以前的古人就知道把低洼处的水围起来用于灌溉、饮用等，我们今天称为水塘、水库、湖泊等。水库、湖泊蓄水利民，但如果管理不善将会有决堤为害之险。"夬"为泽水冲破堤坝而决堤之象。圣人应是立此卦发出警示：有时候各地诸侯与中央政府就像泽水与堤岸的关系，如管理不善就存在着决堤的隐患。一旦决堤，后果不可想象，所以必须严加防范。《夬》

卦应是警示决堤的危害，故应加强防范。

"夬"为"决"。几乎所有古今易学者都把"决"理解为剪除、除去之意，认为卦象是五阳决一阴，而非决堤之决。从以上分析来看，这种理解显然是错误的。

从国家而言：上兑为泽，有节制之象（参见《节》卦解读），下乾为刚健，代表地方诸侯刚健、强势，自上而下则有节制强势，维持稳定之象。这是告诫以君王为代表的中央政权，要注意节制地方诸侯的强大力量，这样才能防止危险的爆发。

◎ 上一卦为《益》卦，说的是统治者信任和鼓励地方诸侯、各级管理者及广大民众，激发他们的能量和活力，参与和支持国家迁都大事。国家迁都之时，正是各地诸侯力量活跃而中央统治力量薄弱之时，如果发生骚乱，将会像泽水决堤一样一发不可收。所以《益》卦之后圣人立《夬》卦，以警示君王注意防范危险。

43.2 卦辞：夬，扬于王庭，孚号有厉。告自邑，不利即戎，利有攸往。

【白话】

卦辞：（防止）泽水决堤。（有人）在朝廷上趾高气扬，其实是在宣示力量、警示危险。谨慎地管理好自己的属地，决不可轻易使用武力，适宜采取相应有效的措施。

【解读】

◎ 扬于王庭，孚号有厉

扬：指手抬起的动作；王庭：朝廷。朝廷本是威严之地，现在却有人在朝廷指手画脚、趾高气扬，这是对朝廷和君王的不敬和藐视。对君王来说，已经是在明显警示这种现象很危险。

号：本义指古人用管、角发出警讯或集结指令。孚号：真实、明白地警示。

厉：因过于刚健、强势而危险。全卦五阳一阴，是刚健之势过强，上兑为口为号，故说"孚号有厉"。

王庭是封建社会非常庄严和神圣的地方，也是体现封建礼制和国家权威的地方，如果有官员在王庭上猖狂无礼、趾高气扬，这不仅是对国家统治和封建礼制的轻视，也是对君王权威的挑战，就像湖泊即将决堤，应该引起君王的高度重视。这是圣人警示在国家困难而不得不利用地方诸侯的力量迁都之时，对任何反常行为都要高度警惕并采取必要的措施。

◎ 告自邑，不利即戎，利有攸往

告：本义指用牛羊牺牲祭祀，祝祷求福，在此引申为虔诚地对待和谨慎地管理。"邑"指邦邑、封邑。"告自邑"意为在自己的邦邑中进行防范，管理好自己的封邑。即戎：使用兵器，"即"指接触之意。

告自邑，不利即戎：这是告诫忠君正义之士，在地方诸侯强盛而有作乱危险的时候，他们要守好自己的封地，不要轻举妄动，以免引火烧身。

利有攸往：不可为了自己的利益轻举妄动，而应支持君王，帮助打击动乱者，拥君爱国，为保护国家安全主动作为。

43.3《彖》曰：夬，决也，刚决柔也。健而说，决而和。"扬于王庭"，柔乘五刚也。"孚号有厉"，其危乃光也。"告自邑，不利即戎"，所尚乃穷也。"利有攸往"，刚长乃终也。

【白话】

《彖》说：夬，溃决的意思，刚健之势决除阴柔。刚健而喜悦，溃决而和谐。"扬于王庭"，因为阴柔的上爻乘驾在五条刚健的阳爻之上。"孚号有厉"，是说这种危险的形势已经很明显了。"告自邑，不利即戎"，是说所提倡、推崇、助益的即将穷尽。"利有攸往"，刚健之势增长即将终结。

【解读】

◎ 刚决柔也。健而说，决而和

下乾为刚，上兑为柔，又五阳为刚，一阴为柔，所以《彖》辞解释为刚决柔。

乾为健，兑为悦为和。从卦象来看，"阳"性刚健，但不可一概都理解为君子；"阴"性阴柔，也不可一概理解为小人，卦象不同，意义不同。

决：刚健之势像水一样溃决泛滥，是贬非褒。此处"健而说，决而和"是从上下卦德上进行解读。

◎ "扬于王庭"，柔乘五刚也

上六阴柔却凌驾在五阳之上，有小人凌驾于君子之上而趾高气扬之象，上六又代表王庭，这是从爻象爻位解释"扬于王庭"。

◎ 其危乃光也

光：明显、显然之意。

◎ 所尚乃穷也

所尚：所推崇。过分地推崇强盛，最终必然走向穷尽，物极必反，理所当然。

以上是我就《彖》辞而解读，不代表我认同其解释。

43.4 《象》曰：泽上于天，夬。君子以施禄及下，居德则忌。

【白话】

《象》说：泽水上升到天上，这就是夬卦。君子得以领悟，应该对为国家作出贡献的人封官授禄，（但）如果发现管理者因此而居功自傲则应有所小心。

【解读】

◎ 水在低洼之处才是安全的，今上到天上（高处）显然有决堤的危险。圣人不说泽在天上，而说上于天，这是强调违反规律、礼制的危险。

施禄：授予官职俸禄。从《大象》辞可看出与上卦《益》卦的关联：《益》是指君王信任和激励人民和各级管理者积极参与国家大事。大家积极为国效力自然会立下功绩，君王对有功绩的人应该及时进行奖励。上兑为福泽为禄，下乾为天，天在下则代表广大能干的大众，故有"施禄及下"之象。君王不会无缘无故施禄及下的，一定是针对有能力和为国作出贡献者。

居德：指受到君王封赏的人以德自居。卦象又有泽水决堤之象，所以君王应有所忌讳，发现受赏后有居功自傲、不可一世者则应该要有所忌讳并加以防范。

43.5 初九：壮于前趾，往不胜为咎。

《象》曰："不胜"而往，咎也。

【白话】

初九：强健还只是表现在脚趾却急于行动，激进不止却又无法担当大任，这样有危害。

《象》说："不能胜任"地行动，有危害。

【解读】

◎ 壮于前趾，往不胜为咎

夬卦的下卦部分与《大壮》卦☳从卦象、卦德来看有类似之处，其性都有地方诸侯和民众强盛、壮大之义，所以初爻爻辞爻义较为类似（《大壮》初九"壮于趾，征凶，有孚"。）

趾：脚趾。初爻表示趾、拇之义在《易》中较常见。

本爻"壮于前趾"与《大壮》初九之"壮于趾"，多了一个"前"字。"前"指前行，前进之意。"趾"用于行，但须听从心脑的指令，服从于脚的移动，否则徒劳。"前趾"非指前面的趾，而应理解为"趾前"，即以趾前行之意。脚趾虽然强壮有力，但也无法脱离上身的指挥和下肢的力量而单独行动。如果脚趾执意想单独行动，必定会失败，这是明知会失败仍执意为之，是为有咎，故称"往不胜为咎"。胜：繁体字为"勝"，造字本义：掌舵行舟，担当大任。不胜：不能担当大任。

从国家而言：初九代表的是普通民众或基层年轻的管理者，或是强调初始。《夬》从以君王为代表的统治者来说，民众或基层管理者恃强而骄，有无法控制的危险；从民众或管理者的角度来说，如果还只是刚开始有一点点能力就激进不止，急于想表现自己，单独行动，这样一定会遇到挫折，有危害。初九与上面的九二和九四不比不应，则是没有应援和帮助，故进则有咎。

43.6 九二：惕号，莫夜有戎，勿恤。

《象》曰："有戎""勿恤"，得中道也。

【白话】

九二：小心谨慎地发出警示，（就算）黑夜发生兵乱，也不用担忧。

《象》说："有兵乱""不担忧"，因为居于中道（而忠于君王）。

【解读】

◎ 惕号，莫夜有戎，勿恤

号：发出警示。莫夜：暮夜、夜晚。夜晚发出警示，说明情况紧急而且警示及时。《夬》之时，地方诸侯的力量强盛而活跃。九二因居于中道，对应九五，能够行为得当而忠于君王。九二为地方诸侯的中坚骨干，对地方力量的强盛、躁动而有溃决之势能够及时感知，并能小心、明智地进行警示。正因为有九二及时发出的警示，所以于君而言不会因夬而乱国，于九二本身而言，再乱也不会殃及自身，故称"勿恤"。

九二以刚居柔而不正，且与九五同性不应，但九二守中道不躁动是知偏能变，故变六二而正应九五，是能忠于君王。

九二变六二，六二至上六组成大坎，坎为加忧，故有"惕"象；六二正应九五，九五在上兑，兑为口，向上发出警示，故有"惕号"之象。

下乾变离，离为兵戈为戎。二至上为大坎为月，故有"夜"象，所以称"莫夜有戎"。

九二为大夫之位，大夫封地为"邑"，九二变六二则谦顺、中正，故本爻也可理解为：谦虚、谨慎、明智地管理好自己的封邑，（有动乱时）不可轻易动兵，这样就不需要担心。这与卦辞"告自邑，不利即戎"相呼应。

43.7 九三：壮于頄，有凶。君子夬夬，独行，遇雨，若濡有愠，无咎。

《象》曰："君子夬夬"，终无咎也。

【白话】

九三：脸上表现出强壮而不可一世的样子，有凶险。地方主宰者（君子）非常果决威猛的样子，（就好像）独行的猛兽，遇到下雨（阻拦），如果能够被雨水浇灭内心的炽热和莽撞，这样就不会有危害。

《象》说："地方主宰者（君子）非常果决威猛的样子"，最终没有危害。

【解读】

◎ 壮于頄（qiú），有凶

頄：颧骨，泛指面颊。壮于頄：勇猛、强壮表现在脸上，引申为强势、威猛之势非常强大，不可一世的样子已经表现得非常明显。

九三刚居阳而正位，又为下之上，是刚健、勇猛的诸侯邦君，《夬》之时持其强大之势而毫无顾忌、不可一世，这样当然会引起其他诸侯的敌视和君王忌惮，以致引火烧身而有凶。

初九是"壮于趾"，指强大还只是刚刚开始，有一点苗头，而九三已发展到"壮于顺"，完全表现在表面上，似有一触即发之势。这样极易引起邦君与国君之间的矛盾，甚至引发诸侯与中央王国之间的战争，结果对国家和邦君自己而言都非常凶险，故圣人警示"有凶"。

从上一卦《益》卦可知，《益》是国家遇到大的困难，中央君王需要各地方诸侯的大力支持以渡过难关，因此授予他们很大的权利和自由。因而地方势力迅速强大，而渐有难以压制之势，是为《夬》。九三以刚居阳，刚健居正而不中，正是强大地方势力的代表，如果他过于刚猛而不知控制，或者说中央君王不能采取有效的措施加以节制，那么出现凶险的结果是可想而知的。

乾为健为壮为首为頄，九三位于乾之上，故称"壮于頄"。

◎ 君子夬夬，独行遇雨，若濡有愠，无咎

"夬"指大水将要溃决。"夬夬"指溃决之势非常明显，强调水势很大，有即将决堤的危险，在此引申为强大之势即将爆发。

"君子"指九三邦君。君子夬夬：形容地方统治者刚健、威猛之势非常强大，对中央统治已经造成了很大的压力，即将爆发。

独：繁体字为"獨"，从"犭"从"蜀"，造字本意指活跃在蜀地一种不合群的猛兽。所以"独行"是形容九三像一只独行的猛兽一样处在危险而将要完全脱离管控的状态。"独行"也说明强大而有危险的邦君还未能联合起来，或还只是个别，其危险性仍然可控。

遇雨：字面理解为"遭遇雨水"，引申为遇到劝阻或打击。在《易》例中，阴阳相应常以雨为喻。九三正应上六，上六为上兑之主，兑为泽，其用为蓄积雨水，故称"遇雨"。上兑又有节制、限制之象（见《节》卦解读），所以"遇雨"是说"君子夬夬"遇到君王柔顺的劝阻和节制。

濡：浸润、湿润；愠：从"心"从"昷"，"昷"指温暖、炽热，所以"愠"指内心炽热、冲动。有：指示代词，相当于"这"。

若濡有愠，无咎：承上一句，九三刚健、勇猛之势遇到了阴柔、和善的劝阻和节制，如果能够像雨水浇灭内心的炽热与冲动一样冷静下来，那么就没有危害。这是说九三地方统治者如果能够在朝廷的节制之下及时化解刚猛和躁动，那么就不会有什么危险，前面所说的"凶"也就能化解了。这种知错就改、及时调整的行为也是值得肯定的，故称"无咎"。

本爻爻辞体现了卦辞所说的"利有攸往"，即在《夬》之时，中央和地方统治者应该主动采取正义、有效的行动化解夬势。

43.8 九四：臀无肤，其行次且。牵羊悔亡，闻言不信。

《象》曰："其行次且"，位不当也；"闻言不信"，聪不明也。

【白话】

九四：居不安稳（就好像屁股上没有皮肤而不能坐），向前走的时候又疑惧不决。（如果）牵制住了强势躁动的地方诸侯这种悔憾就会消失，听了劝告却不愿意相信。

《象》说："向前走的时候又疑惧不决"，是说他的位置不正当；"（如果）听了劝告却不愿意相信"，是说不够明智。

【解读】

◎ 臀无肤，其行次且

臀无肤：臀部受伤则不能坐，引申为面对强势的地方诸侯压力而居处不安。九四居于上卦，下与九三和初九不比不应。初九是自恃强壮而冲动的基层年轻管理者；九三是刚猛、躁动的邦君；九四身为近君的重臣，其下的基层年轻管理者和地方统治者躁动不安、隐患重重，焉能安居其位？

其行次（zī）且（jū）："次且"即"趑趄"，行走困难、犹豫徘徊。九四与九五君王不亲，所以有不知如何面对压力而有行为困难、犹豫之象。

九四刚居柔位而不正，身后有躁动的地方力量相逼，前行又得不到君王的认可，进退两难，是失位不正、不能正确处理上下关系而陷入窘境。

◎ 牵羊悔亡，闻言不信

牵羊悔亡：九四变六四，下互乾变兑，六四为下互兑之主，兑为羊为节制；六四下应初九，下亲比九三，是用柔顺完全牵制了躁动的年轻的管理者和邦君，是为牵羊；另外，六四向上又能亲比九五君王，下能牵制诸侯，上能得到君王应援，所以"悔亡"。这是圣人劝诫、假设之辞，如果九四能够及时改变，则结果将完全不一样，可惜九四做不到，因"闻言不信"。闻言不信：听了君王的劝说之言却不相信、不遵从。

上兑为口为言；如九四变六四，则上兑变坎，坎为孚为信，不变则不能成坎，是为"不信"。"闻言不信"，说明九四最终不能听从忠言劝告而改变。

43.9 九五：苋陆夬夬，中行无咎。

《象》曰："中行无咎"，中未光也。

【白话】

九五：苋草在高地上长势旺盛，大有侵害作物之势。坚守中道而前行，没有过失咎害。

《象》说："坚守中道而前行，没有过失咎害"，（君王）居中守正，未能发扬光大。

【解读】

◎ 苋陆夬夬，中行无咎

苋陆：有说是"商陆"，如马融、郑玄、王弼等人；有说是"苋菜"和"商陆"两种植物，如虞翻、宋衷等人；程颐则认为是指"马齿苋"；来知德则认为"苋"是指"苋菜"，"陆"是指陆地，即高平之地，与《渐》卦之九三、上九爻中"陆"同。我认为："苋"是指"马齿苋"，而"陆"则是指高平之地，"苋陆"是指长在高平之地的"马齿苋"，因为"陆"的本义是指高平之地。3000多年前的《周易》应多取文字的本义，如《渐》卦，而以陆代指"商陆"植物的用法古文中非常罕见；另"马齿苋"生命力、适应性强，耐旱，是一种有害的杂草，与生长在高平之地相符合。

夬夬：本意是指大水决堤，水势汹涌，它与不同的词连用则有不同的引申义，如在九三爻是形容人刚健威猛，气势强大而有爆发之势，在本爻则又是形容杂草长势旺盛，到处蔓延而侵占空间，严重影响作物生长。

苋陆夬夬：这是以杂草形容气势汹汹、自以为是的人，他们对于君王而言只是虚张声势而已，也只是像长势旺盛的杂草一般，实际危害有限。

九五是高高在上的刚决中正之君，强盛而躁动的部分人对他而言就像是农作物中间长出的苋草，虽一时到处蔓延，影响作物，但只要君王想要除去就能很快消除，没有什么实际危害。也正是因为九五中正的品德、强硬的作风、果决的行动，才能有效地消除夬势、控制局面，故称"中行无咎"。

◎ 中未光也

《小象》辞作者理解本爻辞意是：君王虽居中刚正，但还未能表现光大，故"苋陆夬夬"。这与我理解相反。在此群情汹涌的危险之时，九四等高层统治者不能发挥作用，如果君王也不能威压，国家统治将会非常危险，那就不是"无咎"了。

43.10 上六：无号，终有凶。

《象》曰："无号"之凶，终不可长也。

【白话】

上六：（如果）不是收到警示，最终将会很凶险。

《象》说："不是收到警示"而凶险，是说这种地方诸侯因恃功溃决之势不会隐藏太久。

【解读】

◎ 无号，终有凶

无号，终有凶：如果没有收到警讯，最终将会很危险。这应该是假设与总结之辞。"号"应是指卦辞中的"孚号"及九二的"惕号"，即通过各种迹象发出的警示。卦辞之"孚号"是因恃强躁动者自己所显现出来的警示；九二之"惕号"是因为受到九五刚中品德的影响而由正义之士发出的。如果不是因为这两种警示，君王就不能及时发现地方诸侯中隐藏的危险，国家统治最终可能像泽水决堤一样失去控制，故称"终有凶"。

本爻是圣人发出的强烈警示，用以警告后世君王在国家治理的特殊时期，应密切关注和重视地方诸侯的力量发展，有效管控，建立危险预警机制，预防决堤情况的发生。

【总结与启示】

　　将"乾"看成大水无边之象在先贤的解读中未曾见过，但无论是在《泰》，还是在本卦，这种理解的确能够说得通，并且也能够很好地与卦名、卦象、卦辞对应。

　　从全卦来看：《夬》卦的本义首先是邦民和地方诸侯统治者可能会自恃强大而躁动，以致国家存在像泽水决堤一样的隐患。九五君王要密切关注地方诸侯力量壮大与发展及可能存在隐患的各种迹象和警示，一旦发现就要果决地除去，否则会非常危险。

　　从卦体结构看：五阳在下，一阴在上，五阳表示刚健强盛，最上一阴表示牵制与节制。全卦又可看作是一个大"兑"卦，故有节制、限制、控制之象，这是警示君王在《夬》之时要加强对国家各种力量进行有效节制和管控。几乎所有的古今学者都把"夬"训为决除、消除之意，把卦象理解为五阳决除一阴，我通过全卦分析，认为应是错误的。

　　初九代表躁动的基层年轻管理者，其能力和对国家的贡献本不能自傲，想脱离管理而单独行动一定会有凶险；九二刚健不正而居中，知偏能变，感知诸侯内部躁动而能及时向君王示警，虽是深夜发生兵戎也无需担忧；九三，地方统治者的刚健、威猛之势即将难于抑制，这样很凶险，如果在受到君王的劝阻和节制之后能够迅速地使自己冷静下来，那么就没有危险；九四刚居柔而不正，力不配位，进退两难，不能及时改变自己以适应环境；九五，刚中之君，把有夬势的躁动力量看作是长势旺盛的苋草，以中正刚决的作风对待，没有过失危害；上六，总结全卦：如果不是及时收到警示，国家治理将会像泽水决堤一样失去控制，非常凶险。这也是警告后世君王在特殊的时期要非常重视地方诸侯力量的发展及可能存在的决堤隐患，应建立预警机制。

姤卦第四十四：女中豪杰，成就功业

姤卦　下巽上乾，天风姤

上九：姤其角，吝，无咎。
《象》曰："姤其角"，上穷吝也。

九五：以杞包瓜，含章，有陨自天。
《象》曰：九五"含章"，中正也；"有陨自天"，志不舍命也。

九四：包无鱼，起凶。
《象》曰："无鱼"之凶，远民也。

九三：臀无肤，其行次且，厉，无大咎。
《象》曰："其行次且"，行未牵也。

九二：包有鱼，无咎，不利宾。
《象》曰："包有鱼"，义不及宾也。

初六：系于金柅，贞吉。有攸往，见凶。羸豕孚蹢躅。
《象》曰："系于金柅"，柔道牵也。

卦辞

姤，女壮，勿用取女。

44.1 卦名卦序

《序卦》曰：夬，决也。决必有所遇，故受之以姤。

【解读】

◎ 姤

卦名"姤"，帛书本缺，楚简本为"敂"，汉石经与今本都作"姤"。"姤"，读音为（gòu），善、好、相遇之意，或读（dù），古同"妒"。传统理解为"相遇"，我认为应从文字结构来推衍、理解本卦名。

后：会意，像人之形，施令以告四方，古之从一口发号者君后也，本义为君主、帝王。姤（gòu）：从女从后，可见姤与女王或王后之义有关。《姤》卦为卦上乾下巽，乾为天，巽为长女，其象为天下长女、长女的天下，故有女王或王后之象。再结合卦辞"女壮，勿用取女"可大胆推断，"姤"字应与女性和君王有关。

《序卦传》和《象传》都将"姤"训为"相遇"，先贤们也都遵循这一解释，但实际上这可能是错误的。从卦体和卦象看，一阴在下，五阳在上，从卦辞"女壮"可以看出，一阴代表女性无疑；从"姤"字的解析来看，这位女性可能还是一位了不起的女性，最终成了女王。所以从一阴五阳、巽为长女等卦象可以理解为在男人的世界里出现了一位伟大的女性，并且是从民间底层（初六）成长起来的。

综上："姤"理解为"女中豪杰"或"伟大女子"较为恰当。殷商时期有一位著名的王后——"妇好"，在后面的卦辞的解读中，我大胆推测：本卦的这位伟大女性可能是以商朝武丁时期的"妇好"为原型进行讲述的。

◎ 上一卦为《夬》卦，其本义说的是各地诸侯和管理者仗势而骄、恃强而躁，犹如泽水决堤之患，而君王尽力济夬，对夬者视之如杂草。从上上一卦《益》卦可知，因国家发展需要，君王信任和依赖地方诸侯为国效力，帮助国家完成迁都大事。因过度的信任和激励可能会导致各地方统治者自我膨胀、居功自傲、恃强而躁，发展下去将会像决堤的泽水不可收拾。总结以上两卦经验：国家对地方力量要进行正确的引导，既创造利于他们成长并为国服务的环境，鼓励积极为国效力，又要能忠诚于君王和国家，不会危及国家的统治。只有创造出适应的社会环境和政治环境，才能诞生出像妇好那样从社会底层成长起来的伟大女性。国家需要这样的人才，他们平时既能像女性那样柔逊和顺从，但当国家需要时又能成长为智勇双全的勇士，帮助君王征战四方，如商朝的"妇好"。

《姤》应是圣人借助赞美一位伟大女性成长为诸侯王公的事迹说明如何处理君臣的关系及创造良好的政治环境的重要性。所以《夬》卦之后立《姤》卦。

44.2 卦辞：姤，女壮，勿用取女。

【白话】

卦辞：女中豪杰，这位女性能力超群，不是随便可娶为妻子的。

【解读】

◎ 女壮

"壮"在此非通常所说的强壮，而应理解为能力突出、智勇双全，与"大壮"之"壮"意同。"女壮"指女子能力突出，似指商武丁时期的"妇好"。

据文献记载：约在公元前1200年前，商朝第二十三代君王武丁敬天修德、亲民之苦、礼敬贤能、建功立勋，使得商朝的德治与武功再度灿烂花开，有"中兴之主"的历史评价，后代称其政绩为"武丁中兴"。

武丁有一位王后叫"妇好"（"好"从女从子，商朝姓子，意为商人"子"姓一女性很好、很伟大。"好"字应来源于此）。在武丁绥靖边疆、巩固王权的历史任务中，妇好所向披靡，屡建奇功，她不仅是武丁的王后、国家的重臣，也是一方诸侯国之王。《史记》载，商代"国之大事，在祀与戎。"妇好在祭祀和征战这两件最重要的国家大事上，都举足轻重，足见她的超凡才干和武丁对这位王后的信赖倚重。（《百度百科》）

《姤》卦是否是描写"妇好"，或是以"妇好"为原型赞扬女性伟大和在国家管理中的重要作用，已无从考证，但从卦名、卦象和爻辞来看，与文献对"妇好"事迹的描绘似乎很是相符，我认为可作参考以帮助理解本卦。

◎ 勿用取女

意为这位（类）伟大女性不是平凡人可以娶为妻妾的，或者说并不是像一位普通的妻子那样是男人附属，她的志向远大，能力超群，如"妇好"。

44.3 《彖》曰：姤，遇也，柔遇刚也。"勿用娶女"，不可与长也。天地相遇，品物咸章。刚遇中正，天下大行也。姤之时义大矣哉！

【白话】

《彖》说：姤，遇见的意思，柔顺遇见刚强。"勿用娶女"，意思是说不能相处长久。天与地相遇，万物都生长茂盛，欣欣向荣。刚健遇见中正，天下正道盛行。姤卦所表现的时势意义真是伟大啊！

【解读】

◎ 姤，遇也，柔遇刚也

姤卦为卦下巽上乾，巽为柔、乾为刚；一阴五阳，阴为柔，阳为刚，这都有"柔遇刚"之意，作者从这一点把"姤"理解为"遇见"之意，较勉强。

《彖》辞后段是作者从儒家思想的立场及天、地大义进行发挥，不过多解读。

44.4 《象》曰：天下有风，姤。后以施命诰四方。

【白话】

《象》说：天下有风，这就是姤的卦象。君王颁布兴利除害的政令，告谕和引导四方邦国。

【解读】

◎ 下巽为风，上乾为天，天下有风，风行天下

后：指君王。施命：施命令于天下。巽为风，风为天道之使，风行天下则有风传递上天之信，故巽有颁布政令之象。诰：上告下，有告谕、安抚、引导之义。君王制定正确的政令告谕、安抚四方，既可以鼓励出现像"妇好"一样的忠臣良将参与保卫国家、建立功业，又能防止再次出现像《夬》卦一样因过分信任和放纵而导致溃决的情况。

如果说《姤》卦是圣人对如何建立正确的君臣关系、创造适合大家为国效劳的政治环境提出的思考，那么《大象》辞则是作出了回答：施命告四方。

程颐曰："诸《象》或称先王，或称后，或称君子、大人，称先王者，先王所以立法制，建国、作乐、省方、敕法、闭关、育物、享帝皆是也；称后者，后王之所为也，财成天地之道、施命诰四方也；君子则上下之通称；大人者，王公之通称。"

程子总结了《大象》辞中对君王的称谓，他说"君子"是对上下的通称。以我看来，其实"君子"在上经中基本专指君王，在下经泛指以君王为代表的高层统治者。

44.5 初六：系于金柅，贞吉。有攸往，见凶。羸豕孚蹢躅。

《象》曰："系于金柅"，柔道牵也。

【白话】

初六：安心于纺丝织布，这样才会健康成长。如急于有所作为，就会有凶险。（好像）幼小的猪总是想蹒跚地走。

《象》说："安心于纺丝织布"，意思是说受到柔顺之道的牵制。

【解读】

◎ 系于金柅，贞吉

柅：本义为一种木制的织布机器，用于缠绕丝缕；金：来知德先生认为是用金包在绕丝工具的孔眼上，后使用铜钱。今人实不知为何物，但"金柅"理解为一种纺织工具大抵是没有错的。系：牵系，本处意为安心做某事。从王弼开始，先儒们多把"金柅"理解为制动之主，即刹车的横木，后人一般都接受这种解释，把它的本义反而丢掉。

初六为全卦之初，表示这位奇女子正处在幼年时期。一个人长大以后不管如何伟大，在年幼之时与平常人是没有太大区别的。孔子说"吾少也贱，故多能鄙事"。圣人孔子年幼时也和普通的孩子一样，学习基本知识，做很多粗活。所以这句话的意思是：这位奇女子正处年幼之时、成长之初，也应该像普通女子一样安心学习纺纱织布、妇道家常，这样才会健康成长。

初六上比九二，正应九四，九四在上乾中，乾为金，下巽为木为绳直为线，取"柅"之象，故称"系于金柅"。

◎ 有攸往，见凶。羸豕孚蹢躅

有攸往，见凶：初六毕竟不是普通女子，她是有雄心壮志的，所以内心不安分，小小年纪就想要有一番作为，但因成长之初，时机没有成熟，所以有凶险（遭遇挫折）。

阴爻性柔，"有攸往"则会激进，即阴会变阳，则初九与九二、九四不比不应而相敌，故"见凶"。见：出现；凶：可以理解为挫折、失败。

羸（léi）豕：弱小的猪；蹢躅（zhí zhú）：徘徊不进貌。这句话的意思是说：如果这位女子在年幼时就急于有所作为，那就好像一只幼小的猪总是想蹒跚地到处跑动，这样会很危险（摔跤或受到别的动物伤害等）。从商到周，人们从游牧发展到农耕时间不长，猪在那时是非常珍贵的家禽，而不像现在这么普通，所以用小猪代指这位奇女子，其取象来源从各爻来看暂无法看出。"观象系辞"，爻辞应都有取象来源，但又不是所有的取象今天我们都能明白的，所以我不赞同勉强或随意用各种卦变、爻变的办法去找取象。

44.6 九二：包有鱼，无咎，不利宾。

《象》曰："包有鱼"，义不及宾也。

【白话】

九二：好好照顾、保护这条鱼，没有危害，不适宜像贵宾一样对待她。

《象》说："好好照顾、保护这条鱼"，从道义上来说还不能够像对待贵宾一样对待她。

【解读】

◎ 包有鱼，无咎

包：甲骨文像胎儿在人的肚子里，所以本义有保护、庇护、孕育之意。鱼：阴美之物，下巽有鱼象。九二下比初六，以鱼代指初六，即年幼的女子，在此应是一种褒称。

九二刚健而居于中道，下比初六，是能够很好地保护这位年幼的奇女子健康成长的长者，方法得当，没有危害。

◎ 不利宾

宾：古义指出门迎接贵客，后指贵宾，这里是用作动词，即以宾贵之礼相待。这位女子还处于成长之初，也许已经表现出与众不同之处，或是已初入仕途，但还不能抬得太高，否则对她的成长不利，所以说"不利宾"。

《象》又说"义不及宾也"，意思是说还没有到用贵宾之礼来对待她的时候。

传统理解为："不适宜把这条鱼用来招待宾客"，这样一解就失去意义了。

本爻可引申为地方中层管理者包容、保护和培养有能力、有志向的底层人士，以帮助健康成长。

44.7 九三：臀无肤，其行次且，厉，无大咎。

《象》曰："其行次且"，行未牵也。

【白话】

九三：居守不安稳（就好像屁股上没有皮肤而不能坐），向前走时又疑惧不决。保持刚健，没有大的过错咎害。

《象》说："向前走时又疑惧不决"，是说他的行动没有人牵引、帮助。

【解读】

◎ 臀无肤，其行次且，厉，无大咎

"臀无肤，其行次且"与上一卦《夬》卦的九四爻辞相同，其义相似。《夬》与本卦互为覆卦，《夬》之九四爻辞表示九四因刚健不正，上与九五相敌、下受地方力量的强势相逼，故居不安、进不顺。本爻刚居阳位，为下体之长、诸侯之位，表示这位女性已成长为诸侯邦君。在崇尚刚健、勇武的男人世界出现了一位女性的诸侯邦君或是军队的主帅，可能会遇到下面的将士不服，上面又有部分顽固的重臣不能认可的情况，所以有"臀无肤，其行次且"之象。但只要她保持智勇、刚健之德，终会得到广大百姓、将士的尊敬和朝廷百官的认可，故"厉，无大咎"。

厉：本义指山崖上突出大石，多指保持刚健之义，有时只知刚不知柔也是危险的，所以"厉"又有危险之义。九三以刚居阳而正位，"厉，无大咎"意为九三保持刚健，坚守正道，最终没有不利的影响。如果九三求变，则反而不正位，且下卦又为坎，坎为险，变会失位而遇险。

44.8 九四：包无鱼，起凶。

《象》曰："无鱼"之凶，远民也。

【白话】

九四：不能保护、认可这条鱼，发展下去有凶险。

《象》说："不能保护、认可这条鱼"有凶险，是说远离了民众。

【解读】

◎ 包无鱼

从九二爻可以看出，"鱼"代表的是初六，代表这位伟大女性成长之初的时候。九二爻与初六同体相比，故九二爻的"包有鱼"理解为保护、培养初六的成长。

九四以刚居柔而不正，是心术不正的朝廷重臣，其与初六正应，后又有"起凶"一词，故"包无鱼"可理解为九四起初对初六不认可、不支持，更不会保护，后来在她成长起来以后也不能包容和支持。这反映在九四与九三同性相敌上，另从九三的"其行次且"也可以反映出来，而九三可理解为初六成长为诸侯的结果。

由此可见，九四位高权重，不认可这位女性的能力和所取得的成就。这也是由九四不正位所决定的。

◎ 起凶

"起"，帛本为"正"，读作"征"，楚简本作"巳"，今本作"起"。"起"本义为人由躺而坐，或是由坐而立。显然，"起"字的古义表示是一个过程，所以"起凶"应是发展下去有凶之意，与"征凶"意近。从"妇好"的传说来看，妇好从一位平民女子最终成长为一位智勇双全诸侯邦君，同时也是商帝武丁的妻子，所以九四不认可妇好最终只能给他带来不利的影响，故称"起凶"。或者也可理解为九四因不正而生嫉妒，以致打压这名女子，最终既给他自己、也给女王带来不利的影响。

◎ 远民也

《象》辞作者认为是远离了百姓，把初六当作普通的广大百姓。我认为不准确。

44.9 九五：以杞包瓜，含章。有陨自天。

《象》曰：九五"含章"，中正也；"有陨自天"，志不舍命也。

【白话】

九五：像杞树一样孕育着果实，包含章美。（这位伟大女子）好像自天而降来帮助他的。

《象》说：九五"包含章美"，是因为居中守正；"这位伟大女子好像自天而降来帮助他的"，意思是说他的心愿是不会舍弃这位贤才，这是天命的安排。

【解读】

◎ 以杞包瓜，含章

杞：枸杞树；包：孕育；瓜：果实。这句话显然是一种比喻："杞"比喻九五，"瓜"比喻对国家有用的人才，暗指那位女子。九五是刚中的君王，他能够认可、信任这位伟大女性能力并授予各种权力，让她得到了很好的成长，最终成就伟大，好像杞树孕育出美丽、丰硕的果实。

含章："含"指杞的包容，"章"指瓜的丰硕。如果说那位女子是"妇好"的话，那么九五就是商王"武丁"。

◎ 有陨自天

陨：自上而降。这位女性是上天赐给君王的礼物，在她的帮助下，君王成就了他的丰功伟绩。

44.10 上九：姤其角，吝，无咎。

《象》曰："姤其角"，上穷吝也。

【白话】

上九：这位伟大女王使用武力征伐，虽使人感到羞吝，但没有过失危害。

《象》说："这位伟大女王使用武力征伐"，是说到了最终开始穷尽而羞吝了。

【解读】

◎ 姤其角，吝，无咎

角：动物用于打斗或展示武力的部位，引申为人使用武力征伐。可想而知，在崇尚勇武的男人世界出现了一位女性英雄，并且英勇善战，屡建奇功，别说是在奴隶社会的商朝，就是在中国以后几千年的历史长河中都是不多见的，这在男权的世界里总是让男人们觉得羞愧，故称"吝"。

无咎：不论是君王对这位伟大女性的认可和信任，还是说这位女性的敢作敢为，对国家的统治来说是没有危害的。这是圣人对这位女性的高度认可，在当时女性地位极其低下的时代背景下，这是非常难能可贵的。

【总结与启示】

从"姤"字的结构和全卦各爻的描绘来看，对"姤"的理解不应盲从《象传》而训为"相遇"，卦象不可理解为五阳都要想尽办法追求与初六相遇之意。我大胆推测本卦是描写了一位伟大的女性的成长故事，为了便于理解全卦，完全可以把商朝的"妇好"当作这位女性的原型人物，引申说明国家创造利于底层人员成长与发展的良好环境的重要意义。同时，全卦各爻使用了一明一暗两条线索，各阳爻所代表的人物为明，以那位女性故事为暗，这样就很好理解全卦各爻了。

初六代表这位女性年幼之时、成长之初，应该要像普通女子那样学习妇道之礼，这样才能顺利成长；九二指刚中之士能够呵护她的成长，诫之不可过分抬高；九三应理解为这位女性已经成长为一方诸侯，但在男人的世界仍然会面临百姓和将士的不认可和朝廷重臣的打压，但只要她一直保持勇敢进取的作风，最终就没有大的影响；九四居高位而不正，不能正确地对待这位伟大女性的崛起，对他可能会带来凶险；九五君王高度认可和保护这位女性，并得到了她的巨大帮助；上九：是对这位女性的伟大成就的总结和认可，她成功的一生虽然让男人觉得羞吝，但对于国家的统治而言并没有危害。

本卦同样给企业管理能够带来有益的启发：企业发展离不开人才，建立一个良好的发现人才和培养人才的机制是优秀企业发展的重要基础。人才的引进、发掘、培养、使用等是一个覆盖人才全生命周期过程的系统工程，各个环节必须要建立完善的制度保障，缺一不可，这样才能形成企业人才建设的良性循环，才能为企业发展提供强大动力。

卷十一

萃卦第四十五：以德萃民，以诚聚心

萃卦　下坤上兑，泽地萃

上六：赍咨涕洟，无咎。
《象》曰："赍咨涕洟"，未安上也。

九五：萃有位，无咎。匪孚，元永贞，悔亡。
《象》曰："萃有位"，志未光也。

九四：大吉，无咎。
《象》曰："大吉，无咎"，位不当也。

六三：萃如嗟如，无攸利。往无咎，小吝。
《象》曰："往无咎"，上巽也。

六二：引吉，无咎。孚乃利用禴。
《象》曰："引吉，无咎"，中未变也。

初六：有孚不终，乃乱乃萃。若号，一握为笑，勿恤，往无咎。
《象》曰："乃乱乃萃"，其志乱也。

卦辞

萃，亨。王假有庙，利见大人，亨，利贞。用大牲吉，利有攸往。

45.1 卦名卦序

《序卦》曰：姤者，遇也。物相遇而后聚，故受之以萃。

【解读】

◎萃（cuì）：形声字，从艹，卒声，本义为杂草丛生相聚集的样子。我们知道，在地面有水的地方总是会长满杂草，《萃》卦为卦下坤为地，上兑为泽，地上有泽，泽水四周必定杂草聚集，生长茂盛，故有"萃"象。又，下坤为顺为众，代表广大民众和诸侯邦国，上兑为美善为悦，代表中央统治阶级，以君王为代表的统治者施行美善德政，百姓顺从而悦。

从卦象和卦义来看，本卦与上经的《随》卦卦义有些类似，说的都是如何让民众顺从的道理。两者不同的是：《随》卦为下震上兑，震取水草之象，水草随泽水波浪摆动，意为君王的一举一动都让各级管理者和民众紧紧相随，强调的是君王在特殊的时期如何争取民心的拥戴和支持，使民众紧紧追随；《萃》卦是说随着国家强大和稳定，民众自然越聚越多，人口快速增长，这是国家、社会发展的必然结果，就像是因有泽水的滋养，水岸边土壤湿润、肥沃，各种水草、植物自然越聚越多并快速生长。此时，君王考虑的是在面对人口的快速增长之后如何对民众进行管理以维护国家稳定、人民安全。《随》卦强调的是在国家发展较为原始的情况下，君王应以其个人的品德和人格魅力吸引民众追随；《萃》卦说的是国家发展强大、稳定后民众自然聚集、人口快速发展，君王考虑面对国家人口快速增长之后的管理之道。

◎ 上一卦为《姤》卦，其本义是借助一位伟大的女性能够从社会底层成长起来，并帮助君王抵御外敌、征伐四方而最终成为一位女性诸侯的故事，说明英明的君王创造了一个宽松而适合人才发展的环境，使不管地位多么低下的人，只要有能力、有志向都能成长为对国家有用的人才。这样才能消除了四方危险，稳固了中央统治，建立一个安定、富庶的强大帝国（参考"武丁中兴"）。在这样的一个稳定繁荣的大好环境下，民众人口自然会得到迅速增长而聚集，此时君王和统治阶级开始面临人口快速增长的管理压力，思考人口众多的大国治理之道。所以《姤》卦之后为《萃》卦。

45.2 卦辞：萃，亨。王假有庙，利见大人。亨，利贞，用大牲吉。利有攸往。

【白话】

卦辞：百姓人口迅速增长，国家兴盛通达。君王立宗庙、行祭祀，使民敬仰以管理民众。统治者应表现出励精图治、英明贤达的大人之德。（国家发展）通达顺利，应该坚守正道，（民众）用大牲祭祀会获得吉庆。适宜（按照国家引导的方向）努力前行。

【解读】

◎ 萃，亨，王假有庙，利见大人，亨，利贞

从"王假有庙，利见大人"可知，本句是从国家和君王的角度阐述的。社会人口迅速增长以后，国家也从一个小国变成了人口大国，需要品德高尚而伟大的统治者管理，并且利用祭祀的方法使民众敬仰。

自古以来，人心难测，但是可以使其表现出诚敬之意；鬼神是不可以揣度的，却能够使其来纠正天下之人。汇聚人心、引导众人志向的方法很多，而其中最好的莫过于宗庙，所以王者汇聚天下之道，利于宗庙祭拜就发挥到极致。祭祀以报恩是出于人的本性，圣人制作礼仪以成全其本性而已。

卦象中二、三、四爻组成互卦艮，艮为门，有庙宇之象，而九四为艮之主，也是君王汇聚天下人心主要执行者，所以说"王假有庙"。大人指九五，九五是刚健中正的君王，为萃道之主，故说"利见大人"。

第一个"亨"字今本、汉石经有，但帛书本、楚简本无，马融、郑玄、虞翻等本无，程颐亦说是羡文，结合前后句来看判定为衍文是有道理的。

◎ 用大牲吉，利有攸往

这是从百姓的角度来阐述的。用大牲：指用丰盛的、大的牲畜作为祭品，如牛，表示祭者最大的诚意。在国家、百姓富有之后用大牲祭祀，是适宜的方式。

利有攸往：是告诉百姓，在萃之时，要在遵循国家的管理制度和美善标准下勇于作为，努力奋进。

下坤为牛为大牲，九四、九五与下卦所有阴爻非亲比即正应，所以"利有攸往"。

45.3 《彖》曰：萃，聚也，顺以说，刚中而应，故聚也。"王假有庙"，致孝享也。"利见大人，亨"，聚以正也。"用大牲吉，利有攸往"，顺天命也。观其所聚，而天地万物之情可见矣。

【白话】

《彖》说：萃，聚集的意思。顺从而喜乐，刚健、中正而应援，所以有聚集的意思；"王假有庙"，意思是说发挥祭祀的诚意；"利见大人，亨"，是说以正道聚集人心；"用大牲吉，利有攸往"，是说顺应天命。观察汇聚的道理，天地万物的情状就可以看见了。

【解读】

◎ 顺以说，刚中而应，故聚也

下坤为顺，上兑为悦，故称"顺以说"。"说"通"悦"。九五刚健，既中且正，并与下卦的六二正应，所以有以正道聚集天下的意思。

◎ 顺天命也

上兑有"命"象，上六为天位为兑之主，九四、九五下应比下坤中各爻，故称"顺天命也"。

45.4 《象》曰：泽上于地，萃。君子以除戎器，戒不虞。

【白话】

《象》说：泽水居于大地之上，这就是《萃》卦的卦象。君子得以领悟：要解除百姓的兵器，防止发生不测之事。

【解读】

◎ 君子以除戎器，戒不虞

凡是事物过多地聚集在一起，总是会有意外的事情发生；众人聚集在一起往往容易出现争端，所以观察《萃》卦的卦象就要有所戒备。

此处说"泽上于地"而不说"地上有泽"，是强调泽水升到高处而存在的危险与隐患。水往低处流，泽水在地下是最安全的，现上到了地的上面，虽有堤岸围住，但存在决堤的隐患。泽水决堤，主要来自水聚集多了以后产生的压力，所以大湖大泊应该加强围堤的安全，要防止"千里之堤，毁于蚁穴"事情的发生。同理，人聚集多了以后，危险与祸乱总是产生于人群内部互相之间的摩擦，所以君王观察《萃》象而得到启发：管理聚集的民众，预防祸乱要清除百姓所拥有的武器，防止出现危险而易失控的械斗甚至内乱行为。

我国自古以来严禁百姓拥有武器的传统，应源于此。

45.5 初六：有孚不终，乃乱乃萃。若号，一握为笑，勿恤，往无咎。

《象》曰："乃乱乃萃"，其志乱也。

【白话】

初六：内心充满诚意地追随统治者但却被制止和管控，既心乱如麻、充满矛盾，又想追随朝廷得到支持。如果（像小孩子一样）哭喊着索要，一旦得到马上能够喜笑颜开，那就不需要顾虑，这样做就不会有危害。

《象》曰："既心乱如麻、充满矛盾，又想追随朝廷得到支持"，是说他的内心受到影响而摇摆不定。

【解读】

◎ 有孚不终，乃乱乃萃

本爻很是值得玩味。

《萃》卦重点是说君王和中央统治者面对民众聚集、人口增长之后的管理之道。从后面各爻象、爻辞来看，九四承担着主要的管理之责，理由是九四阳爻刚健，且与下卦的六二、六三构成互艮卦，艮为止为终，故九四有限止下坤之象。

再看本爻：初六柔居坤初，代表的是人口聚集、增长之后的广大民众，他们面临着家庭人口增长而带来的养育压力，所以要向政府管理者寻求支持和帮助。"孚"指内心充满诚信，一般以阳爻代表；"有孚"是指内心真实、诚信地主动追求，为阳爻之性。初六本正应九四，是得到九四的关爱、保护，同时也受到九四的约束与管理。"有孚"说明初六因有困难而主动、诚实地向九四索求帮助，则初六变初九。初六变初九后为"有孚"，但与九四同性不应，九四又为下互艮之主，艮为成为终，故称"有孚不终"，即初六主动索求而变则不能得到艮主九四应援。

从上面《大象》辞的解读可知：民众人口增长之后给统治者带来了管理的压力，也引起了统治者的警惕，担心产生动乱。初六变得刚健、激进而索求帮助，因此引起九四的警惕而被制止，因而"乃乱乃萃"，一方面被拒绝而心乱如麻，一方面又想追随而求取帮助。本爻深刻地反映了国家人口快速增长之初国家与人民之间的供需与管理矛盾。

萃：在此的意思是追随，集中地求取支持和帮助。

乱：本义指织布机的丝线缠绕无序而理不清，引申为心乱如麻。

◎ 若号，一握为笑，勿恤，往无咎

若号：对于弱者而言，想要得到某东西，又无力量强取，只能哭喊央求，如小孩，故称"号"。

握：指手紧紧抓住；一握为笑：指像小孩子一样哭喊着得到了他想要的东西以后马上会破涕为笑。

"若号，一握为笑，勿恤，往无咎"，是说民众如果像小孩子一样只是单纯地想要自己需要的东西，得到以后能够马上能够满足而笑，则不会引起管理者的警惕和忌讳，那么对百姓来说就不必有什么顾虑了，这样下去也不会有危害。

本爻说明：在国家人口迅速增长的《萃》时之初，供需之间存在矛盾，统治者又心怀戒惧，此时如果百姓能够表现得像小孩子对大人一样依赖、单纯和顺从，那么就会消除统治者的疑虑，想要的帮助也会得到，并且不会有什么危害。

45.6 六二：引吉，无咎。孚乃利用禴。

《象》曰："引吉无咎"，中未变也。

【白话】

六二：被英明、刚健的君王吸引而心生崇拜，成功获得帮助，没有过失危害。只要内心充满真诚，就不在乎薄祭的形式。

《象》说："吸引、崇敬而成功获得帮助，没有过失"，意思是内心坚定的心愿始终不变。

【解读】

◎ 引吉无咎

引：本义为拉开弓箭。弓弦拉开之后会有回弹之力，拉得越远回弹越大，就像弦被弓吸引一般，故有"吸引"之意。六二既中且正，正应九五又远离九五，故以"弓"对拉开的"弦"的吸引为喻。

引吉，无咎：中正的六二对九五的崇敬，就像被拉开的弦一样被九五吸引和依赖，以这样的态度求助就一定会有好的结果，其行为当然没有过失。这是以弦与弓的关系形象地比喻六二对九五的尊敬、吸引、顺从，是《萃》之时下与上的最佳的相处之道。

六二正应九五，九五在上兑之中，兑为悦为吉，故有"引吉"之象。

◎ 孚乃利用禴（yuè）

禴：夏天祭祀之称，程颐解释为"四时之祭最薄者"。"孚乃利用禴"，意思是只要内心真诚，薄祭同样可以交神。孚：指发自内心的真诚。

六二为阴爻，有浅薄之象，正应九五为"孚"。又，六二在下互艮卦之中，艮有祭祀之象，故称"孚乃利用禴"。这是再次强调六二对九五的崇敬与真诚，只有内心真正充满诚敬，不需要主动表达和表现就能被君王所感知。

六二以其柔顺、中正、至诚之德，得到君王的信任和帮助，此为《萃》之善者。

45.7 六三：萃如嗟如，无攸利。往无咎，小吝。

《象》曰："往无咎"，上巽也。

【白话】

六三：邦民聚集众多啊、嗟叹啊，（这样）于国于民都不利。前往交感就没有过失危害，犹豫不决会让人羞愧。

《象》说："前往交感就没有过失危害"，是说顺从于上。

【解读】

◎ 萃如嗟如，无攸利

嗟如：内心忧愁而哀叹，束手无策的样子。六三柔居刚而不正，居刚用柔，面对诸侯之邦百姓快速增长、聚集没有管理之策而忧心哀叹。三为诸侯之位，本应担起养民卫国之责，但六三阴柔不正，是不具备与其位置相匹配的能力和魄力。

在《萃》之时各诸侯国人口快速增长，本就引起了君王和朝廷的担忧，邦君柔弱无能又得不到君王的信任而哀叹有忧，这样下去必定对诸侯邦民、诸侯邦君和国家的安全都不利，故称"无攸利"。这种不利主要原因是六三邦君阴柔不正、无力担当造成的。

六三居下坤之上，为众人之长，本应带领大家团结一心、克难前行并消除朝廷的疑惧，但因居刚用柔，不能使内部的六二亲比，又处互艮和互巽之中，艮为止，巽为进退，故进退不得而有忧愁、哀叹之象。

◎ 往无咎，小吝

"往"为动，动则变，六三变九三，则全卦变为《咸》卦，九三与六二亲比是能团结六二，又能正应上六是获得信任，故"无咎"。

小吝：先儒们多解读为小小的羞吝，我认为不准确。"小"应理解为阴爻之性。六三为阴爻，所以"小吝"指六三顽固坚守自己的阴柔不正之德，不知改正，最终既得不到邦民的尊敬，又得不到君王的信任，所以应感到羞吝。这是鼓励六三及时改变，成为果断健行、勇于担责、忠于君王的邦君才无咎，否则应羞吝。

六三为阴为小，六三为下坤之极，坤为吝，故称"小吝"。

45.8 九四：大吉，无咎。

《象》曰："大吉，无咎"，位不当也。

【白话】

九四：刚健地履行大人的管理之职，结果非常成功，行为没有过失危害。

《象》说："刚健地履行大人的管理之职，结果非常成功，行为没有过失危害"，是因为处在不当的位置。

【解读】

◎ 大吉，无咎

大：在《易》例中多指居于管理地位的大人，在此用作动词，即刚健、积极地履行大人的管理之职。九四阳爻为大。吉：指结果成功。九四亲比六三，正应初六，又为下互艮之主，艮为止，在《萃》之时，是能够认真履行辅佐君王成功管理广大民众之职，果断敢为又能知其所止，故称"大吉"。

九四虽然不正位，但在《萃》之时，是得到了君王信任和支持而刚健履行管理之职者。正是在九四的强力的约束和管理之下，民众能够安居乐业、顺从管理，其行为正当合宜，值得肯定，对国家而言没有任何危害，故称"无咎"。此为随时取义。

九四阳爻为大，又在上兑之中，兑为吉，故为"大吉"。

《象》辞解释说"位不当也"与我理解不同，也无法解释"大吉，无咎"之爻义，故不准确。

45.9 九五：萃有位，无咎。匪孚，元永贞，悔亡。

《象》曰："萃有位"，志未光也。

【白话】

九五：管理萃聚的民众，能够德称其位，没有过失危害。因没有诚意前来汇聚（而有悔），恒久保持初始的诚意，悔憾就会消失。

《象》说："管理萃聚的民众，能够德称其位"，是说他的志向尚未光大。

【解读】

◎ 萃有位，无咎

有位：能够按照位置所要求的那样立德行事、德配其位。九五刚居阳，又处尊中，是既正且中的君王之位。《萃》之时，九五能够德称其位，德威并重，故称"萃有位"。

《萃》之时，君王以刚中之德引导民众，管理国家，何咎之有？故称无咎。

◎ 匪孚，元永贞，悔亡

匪孚：没有诚意，"匪"通"非"。元：为首、为初；永贞：恒久守持；"元永贞"应理解为"永贞元"，即恒久保持初始之心，类似于我们今天所说的"不改初心"之意，与《比》卦卦辞的"元永贞"意义相同（参见《比》卦解读）。

悔亡：隐忧消失，说明九五开始有悔（隐忧）。九五有悔的原因应与"匪孚"有关。九五正应六二，六二"孚乃利用禴"，说明既中且正的六二对君王表现的诚意不能从简单的外表和表达形式反映出来，所以君王开始认为他是"匪孚"，即诚意不足，因此有悔（内心有隐忧）。后来又发现六二对待君王的真诚是发自内心的，而不是表现在形式上，而且表里如一，恒久不变，即"元永贞"，故"悔亡"。

由此可见，"元永贞"说的是以六二为代表的谦顺、中正的士族和基层管理者，这与六二柔逊、坚毅、中正的爻象是相符的。

45.10 上六：赍咨涕洟，无咎。

《象》曰："赍咨涕洟"，未安上也。

【白话】

　　上六：保持叹息哭泣，没有过失危害。

　　《象》说："保持叹息哭泣，没有过失"，是说不安心地居处最后。

【解读】

　　◎ 赍咨涕洟，无咎

　　赍（jī）：持有之意；咨：叹息；涕洟（yí）：鼻涕与眼泪。"赍咨涕洟"表示对现状始终担忧难过。

　　上六为兑之主，在分析各爻之间的关系时可看作是君王最终的发展状态或是对全卦的总结。此处有总结之意：如果君王在面对《萃》之时民众大量增多始终能够保持"赍咨涕洟"的状态，即担忧难安、时刻警惕，那么就会励精图治、积极作为，及时消除各种安全隐患，这样结果当然就不会有什么危害。

　　上六以阴柔居上，阴爻表示在萃之时，能够始终常怀忧虑之心；上兑为口，故有叹息、哭泣之象。

【总结与启示】

　　《萃》卦卦象是泽水在大地之上。在泽水的滋润下四周必定会杂草集聚，生长茂盛，以此引申为国家发展，人民安定，人口大量增长。从卦德看：上兑为悦为美善，代表统治阶级；下坤为众为顺从，代表被统治的广大民众，六三至上六为大坎，坎为加忧，是以君王为代表的统治者对民众聚集、百姓人口大量增加之后的统治和管理担忧。

　　《萃》卦本义说的是如何应对人口快速增长之后的管理，以消除君王和统治者内心的担忧。下卦代表广大的诸侯邦民，说的是《萃》之时应该如何在困难之时真诚地向国家求取帮助而不会引起统治者的疑虑；上卦代表国家中央统治层，说的是《萃》之时如何面对民众大量增长以后的管理压力。本卦非常强调没有过失和行为的适当，故每爻都有"无咎"一词。

　　初六柔居初位而不正，表示《萃》之时百姓人口增长，想要向统治者索求帮助时得不到信任而心乱如麻，如果能像小孩子依赖大人一样，单纯、亲近地求取信任和帮助，则能成功且没有过失；六二被九五君王吸引而生崇敬，没有过失，真诚重在内心而不是外在形式；六三阴柔不正，优柔寡断，面对人口增长的困难和隐患束手无策而哀叹，这样对谁都不利。圣人诫之果断地改变就不会有危害，阴柔不前是令人羞耻的；九四是辅佐君王进行国家治理的重要担当者，表示国家约束广大的民众非常有效，因而对国家和君王来说不用担忧；九五，刚中君王德称其位，其行为得当而没有过失危害。开始认为受到地方管理者诚意不足而有忧，后发现能够发自内心地信任和崇敬君王，忧虑消失；上六：卦之末萃之终，总结全卦：如果君王能够对人民快速增长而常怀忧虑，那么结果就不会有什么危害。

本卦所讲述的现象与我国七八十年代人口快速增长的情形较为相似。当时社会人口快速增长，国家承受着巨大的养民和治安压力，于是加大治安管理力度，收缴民间武器，实施严打政策，终于顺利度过困难时期。

升卦第四十六：顺德向上，健康成长

升卦 下巽上坤，地风升

上六：冥升，利于不息之贞。
《象》曰："冥升"在上，消不富也。

六五：贞吉，升阶。
《象》曰："贞吉，升阶"，大得志也。

六四：王用亨用岐山，吉，无咎。
《象》曰："王用亨用岐山"，顺事也。

九三：升虚邑。
《象》曰："升虚邑"，无所疑也。

九二：孚乃利用禴，无咎。
《象》曰：九二之"孚"，有喜也。

初六：允升，大吉。
《象》曰："允升，大吉"，上合志也。

卦辞

升，元亨。用见大人，勿恤，南征吉。

46.1 卦名卦序

《序卦》曰：萃者，聚也。聚而上者谓之升，故受之以升。

【解读】

◎ "升"为卦名，帛书本为"登"。"升""登"义通。

《升》为卦下巽上坤，坤为地，巽为风，但风不可能在地的下面，故下巽不取"风"而取"木"象，并着重于扎根地下之木。木在地下，树木扎根大地，并长而愈高，为"升"之象；下巽代表地方民众，上卦为坤为厚为容，指统治者宽厚包容，为各地方民众的发展创造良好环境和条件。巽又代表自由和财富，所以卦象又有鼓励各地方自由发展经济，努力创造财富之象。

◎ 上一卦为《萃》卦。《萃》是指民众聚集、人口增长之后引起君王的担忧，并思索有效的管理之道。国家人口快速增长，国家养育人民的压力增大，为了解决人口快速增长与国家经济困难的矛盾，圣人认为应该放开对人民的束缚，鼓励人民自由、健康发展，所以《萃》卦后为《升》卦。《升》卦鼓励人民自由、健康发展，就像树木扎根在大地上自由生长。

46.2 卦辞：升，元亨。用见大人，勿恤，南征吉。

【白话】

卦辞：（鼓励大家）自由成长，这是国家顺利发展的根本。积极上进地面对君王，没有什么可以担忧的，前进一定吉利

【解读】

◎ 升，元亨

本卦卦辞又出现"元亨"一词，说明圣人认为本卦的治国之道对人口快速增长之后国家的顺利发展非常关键。

民为国本，只要民众能够不断壮大且热爱国家，国家才能长治久安、顺利发展。在《萃》卦，君王和国家对百姓人口的快速增长感受到巨大管理和发展的压力。

国家的人口快速增长之后，首先应该发展经济，让人们能够快速地富裕起来，否则容易出现动荡和混乱。

子适卫，冉有仆。子曰："庶矣哉！"冉有曰："既庶矣，又何加焉？"曰："富之。"曰："既富矣，又何加焉？"曰："教之。"（《论语·子路》）

（译文：孔子到卫国去，冉有为他驾车。孔子说："人口真是众多啊！"冉有说："人口已经是如此众多了，又该再做什么呢？"孔子说："使他们富裕起来。"冉有说："已经富裕了，还该怎么做？"孔子说："教育他们。"）

国家人口众多之后如何能够使人们富裕起来呢？孔子没有说出方法，但本卦却说出了解决的方法，那就是放开一切束缚，为人民创造一个宽松的、良好的、广阔的发展空间，并鼓励民众和地方统治者各显神通，自由发展。这既是解决人口快速增长带来的经济压力和矛盾的好办法，也是国家从小到大、从弱到强的顺利发展的非常关键阶段，故称"元亨"。

新中国成立以后，社会稳定，人口快速增长，国家及时实行计划生育，并强化社会治安，这个时期与《萃》卦之理非常类似。我们国家又从1978年开始推行改革开放，鼓励人民自由发展经济，"不管白猫黑猫，抓到老鼠就是好猫"。改革开放政策使国家得到快速发展，国力迅速增强，很好地解决当时中国的发展问题。这一过程与本卦卦象又是何其相似！由此可见，3000年前的圣人伟大的政治智慧是多么令人惊叹！

◎ 用见大人，勿恤，南征吉

用：采用、利用之意；"大人"指六五。南征：前进。文王的后天八卦图中南在前，"征"为进，前行之意。

民众热爱国家，健康成长并积极上进，努力发展，以这样的精神和态度去面对英明的执政者，这有什么好担忧的，一定能够得到执政者的赞誉和支持，故称"用见大

人，勿恤"。

六五为谦顺柔中的君王，处坤之中，为坤之主。坤为大地为包容为宽厚。六五下应九二，是能够包容、宽待九二的成长，故称"南征吉"。

下巽为进为升，下互卦为兑为吉，进而吉是为"南征吉"。

46.3《象》曰：柔以时升，巽而顺，刚中而应，是以大亨。"用见大人，勿恤"，有庆也。"南征吉"，志行也。

【白话】

《象》说：柔顺地依据时势升进，谦巽而顺，刚健居中以应援，因此大为通达。"用见大人，勿恤"，这是说有喜庆的事；"南征吉"，志在前行。

【解读】

◎ 柔以时升，巽而顺，刚中而应，是以大亨

这是从卦体、卦德来解说"元亨"。作者把"元亨"理解为"大亨"，这是我所不认同的，如果是这样，则与"大亨"就没有区别了。我认为："元亨"应为"亨之元"，即通达顺利的根本。

因理解不同，我不多解读，下面引用程颐的解说，以供读者参考：

程颐曰：以二体言，柔升谓坤上行也，巽既体卑而就下，坤乃顺时而上升。以时也，谓时当升也。柔既上而成升，则下巽而上顺，以巽顺之道升，可谓时矣。二以刚中之道应于五，五以中顺之德而应于二，能巽而顺，其升以时，是以元亨也。《象》文误作大亨，解在大有卦。（《伊川易传》）

译文：就上下卦而言，柔升指的是坤卦向上行，巽卦既然其本性是卑下的并向下行，坤卦就顺应时机而向上升。"以时"，指的是处于应当上升的时机。阴柔既然向上构成升，就是在下位的柔顺而顺从在上位的，柔顺之道上升，可以称得上是合时宜了。二爻以其刚健中正之道与五爻相应，五爻以其中正顺从的性质与二爻相应，能够柔顺、顺从，符合时宜的上升，所以是非常亨通。《象传》中的行文误作"大亨"，对此的解释在《大有》卦中。

◎ "用见大人，勿恤"，有庆也

凡是升之道，一定要得助于大人。地位得到提升，就要得助于王公大人；道德得到提升，就要得助于圣贤大人。以柔顺、刚健、中正之德拜见大人，必然能得以提升。作者是从人的成长与修养方面进行解释的。

"勿恤"，指不必忧虑达不到目的，上升成功就是自己的吉庆。

46.4 《象》曰：地中生木，升。君子以顺德，积小以高大。

【白话】

《象》说：大地之中有树木在生长，这是升卦的卦象。统治者们要顺应民众需求，

帮助积累微小以至于高大。

【解读】

◎ 君子：泛指以君王为代表的国家决策者。顺德：顺应民众成长之德，即修养顺应民众需求、帮助健康成长的品德。

下巽为木，上坤为地，树木在地下生长，慢慢地变得高大，这就是升卦的卦象。为卦下巽为巽顺，互兑为美善为德，升又为长，所以说"顺德，积小以高大"。

《升》卦是说民众和各地方统治者在国家和平、包容、宽厚的环境下自由发展、健康成长。对于民众和地方统治者而言，在国家创造的良好环境中，应坚守美善，自由发展，成长高大；对统治者而言，就要了解民众需求，并满足和顺应他们的需求，以帮助健康成长，使国家发展壮大。

积小以高大：不积累善行不足以成就美好的名声，学业的充实、道德的崇高，都是由积累而达到的。老子曰："合抱之木，生于毫末；千里之行，始于足下；九层之台，起于累土。"

《升》卦所蕴含的积极意义真是伟大！

46.5 初六：允升，大吉。

《象》曰："允升，大吉"，上合志也。

【白话】

初六：一开始坚持诚信地追求成长和发展，刚正上进则获成功。

《象》说："一开始坚持诚信地追求成长和发展，刚正上进则获成功"，是说与刚中的上位者志向相同。

【解读】

◎ 允升，大吉

允升：诚信、坚定地追求上进。阳爻为"允"，此为暗示初六变成初九。初爻为始。

"大吉"传统理解为大为吉祥、非常吉利，认为"大"是修饰"吉"的。我认为是错误的，其中的"大"应不是形容"吉"，而是指"大人"，即为官者，或是代表阳爻之德，即刚正、积极等（详见《家人》卦九四爻解读）。我认为本爻理解为"大为吉利"不妥，因言"吉"足矣，再用"大"修饰意义不大，故应理解为"大则吉"，即保持"大"而获成功。"大"为阳爻之性，即刚健、正义、奋进、宏大之意，与"小"相对，强调升之坚决和刚健。在此也暗示初六会变初九。

在国家大力鼓励成长和发展的大好年代，初六虽阴柔不正，但只要求变向正、积极上进，就一定能获成功，这就是"允升，大吉"之义。初六以柔居刚本不正无"允"，现向正而变初九得正。阳爻性升有孚，并向上正应六四，故称"允升"。这是鼓励广大普通民众，不管你现在是什么样的状态，只要你在国家的大好环境下一开始就能立足改变自己，努力奋斗、积极进取就一定能获成功。

初六变初九后正应六四，得到当位的六四应援，在升之时成功吉祥。初九正应六四，六四又为下互兑之主，兑为悦为吉，下巽变乾，乾为"大"，故称"大吉"。

◎ 上合志也

上指六四，四为公卿之位，故称"上"。正应为"合"，六四为下互兑之主，"兑"为善为德，与上德相应合，是为"合志"。

46.6 九二：孚乃利用禴，无咎。

《象》曰：九二之"孚"，有喜也。

【白话】

九二：内心充满真诚进行春祭，没有过失咎害。

《象》说：九二表现的"真诚"，一定会带来喜庆。

【解读】

◎ 孚乃利用禴（yuè）

九二刚健居中，上与六五柔顺居中的君王正应。刚健的臣属与柔顺的君王唯以至诚相交，才可得到君王的信任。

本爻的"孚乃利用禴"同样见于《萃》卦的六二爻，从两卦来看其相似之处在于都是居于二爻，且与五位相正应，在卦象、爻象上似再无其他相似之处。因此可以认为"孚乃利用禴"之义为：居守于中道，只要内心至诚、中正地跟随君王，就不在乎表面的形式，说明二与五是心灵相应、心意相通而非只是表现在形式上。

两卦中二位爻一阴一阳，但从"孚乃利用禴"的爻辞来看其行为都得到了作者的肯定，看似矛盾，实则不然。《萃》之时，民众人口快速增长引起了统治者的忧虑，强调的是民众的顺从，故《萃》之六二以阴爻为正；《升》之时，国家鼓励民众积极进取、自由发展，故《升》之九二以阳爻为重。这是随时取义的重要例证。

46.7 九三：升虚邑。

《象》曰："升虚邑"，无所疑也。

【白话】

九三：努力成长在广阔的空间。

《象》说："努力成长在广阔的空间"，是说没有什么疑虑和阻挠。

【解读】

◎ 升虚邑

九三刚健正位，又处下之上，上亲比六四、正应上六，恃守正道成长而上无阻扰，故称"升虚邑"。九三以刚居阳而正位，在国家大力鼓励发展的年代，刚健上进者努力发展不受任何限制，天高任鸟飞，这就是"升虚邑"之义。

九三为刚正诸侯之位，上坤代表国家中央统治者，本爻说明国家宽厚地对待各地诸侯政府，为他们创造了自由成长、快速发展的宽松环境和广阔空间。

坤为大地为包容，阴爻为虚空，九三比四应上，犹如成长在没有任何阻挡的空旷之境，是"升虚邑""无所疑也"。

46.8 六四：王用享于岐山，吉，无咎。

《象》曰："王用享于岐山"，顺事也。

【白话】

六四：（当年）先王就是这样在岐山事业通达昌盛的。成功，没有过失。

《象》说："（当年）先王就是这样在岐山事业通达昌盛的"，是说谦顺而成就事业。

【解读】

◎ 王用享于岐山

岐山：一般都理解为西岐。西岐为周朝先祖古公亶（dǎn）父自豳迁于周原、筑城作邑之地，位于宗周之西，故岐山也称西岐、西山。既然岐山是指周朝的发祥之地，那么"王"一定是指亶父、王季、文王三人当中的某一位。

用：利用……，在此显然是指发挥六四本身所具有品行。六四谦顺居阴，正位近君，为王公之位。在《升》之时，六四上能柔顺、忠心事君，下能谦顺、包容民众，知其所止、安其所处之人。先王正是利用这种品德、作风得到西山百姓爱戴，事业昌盛，所以说"王用享于岐山"。

从六四为近君王公之位来看，古公亶父那时还未被商朝承认并封为王公，故不可能指古公亶父，故应是指王季或文王。从辞义来看，我认为应是指王季。

商王武乙末年，作为周部落首领的季历，前往商都朝拜。因他屡立战功，武乙赐给季历土地30里、玉10车、马10匹。接着，季历征伐西落鬼戎（在今山西洛城一带），俘十二翟王；伐燕京之戎（在今山西汾阳），失败两年后又伐余无之戎（在今山西南部）获胜。商文丁四年，在商王朝的支持下，季历利用机遇，率兵极力向东发展，歼灭了东邻的程国（在今咸阳市东），打败了义渠等北方一带的戎人，征服了周围许多较小的戎狄部落。为麻痹殷商，季历还将战利品贡献给了商王。商王因而任命季历为牧师，职司畜牧，成为商王朝西方诸侯之长。接着，季历率兵又先后征伐始乎之戎、翳徒之戎（以上两戎均在今山西南部）。伐翳徒之戎时，俘获三大夫，大胜向商献捷。商王文丁封季历为伯侯。（《百度百科》）

从以上记载来看，王季曾被商王文丁封为"牧师"，授以讨伐西部戎狄的权利，成为西部诸侯之长，与六四的近君高位相符；并且季历接任亶公之位后，继承亶公遗道，笃于行义，领导部落兴修水利，发展农业生产，深受百姓爱戴，这与六四的谦顺当位之德相符。另，王季在岐山迅速发展壮大，与《升》卦卦义也是相符的，所以此"王"应指王季。"王用享于岐山"是说当年王季就是凭借忠诚、仁义之德在西岐得到百姓爱戴、商王器重，而带领周邦快速发展。

◎ 吉，无咎

类似的用法见于《萃》卦的九四："大吉，无咎"。"吉"指的结果是成功、吉祥的；"无咎"指的是行为和过程是得当、没有过失和危害，其行为应该得到肯定和鼓励。

六四为下互兑之主，兑为"吉"。六四以柔居柔而当位，忠诚地辅助刚中之君，当然不会有过失和危害。

46.9 六五：贞吉，升阶。

《象》曰："贞吉，升阶"，大得志也。

【白话】

六五：坚守中正而得吉利，甘作国家发展的阶梯。

《象》说："坚守中正而得吉利，甘作国家发展的阶梯"，是说伟大而使志向得以实现。

【解读】

◎ 贞吉，升阶

贞：固守内心认定的正道。六五柔顺守中，居于尊位。谦顺的君王，能够用适宜的方式对待追求发展的各级统治者和百姓，如此固守，当然得吉。六五正应九二，九二用至诚之心事君求升，六五以谦顺宽待九二升进，就像是为他铺设了前进的阶梯。

升阶：帮助升进的台阶。"阶"是顺着上升至高处之石。六五位居尊高，又宽厚地帮助九二上升，故称"升阶"。

本爻与卦辞"用见大人"相呼应。

46.10 上六：冥升，利于不息之贞。

《象》曰："冥升"在上，消不富也。

【白话】

上六：在不知不觉中形成发展之势。适宜保持持续发展，永不止息。

《象》说："冥升"居于卦终，是说即将消亡而不能持续。

【解读】

◎ 冥升，利于不息之贞

"冥"，本意为"昏暗""黑暗"，在此引申为"不知不觉""慢慢形成"之意，与《豫》卦上六爻"冥豫成，有渝无咎。"之"冥"意同。国家鼓励各地方诸侯和民众自由发展，促进经济建设，经过一段时间以后，全国上下努力追求发展的形势和氛围逐渐形成，已不需刻意地鼓励和激发，国家在不知不觉也得到发展。这就是"冥升"意思。

上六为卦之终、升之成，总结全卦：国家改革开放的政策推行一段时间以后，终于形成了全民追求发展的良好形势，国家社会进入良性的发展轨道，此时需要国家、社会和全民努力保持这种良好的势头，奋发上进而不止息。故言"利于不息之贞"。

【总结与启示】

《升》卦为树木在大地中扎根生长之象。大地厚德，为树木的生长提供充足的养料和广阔的空间，所以"升"有鼓励发展、健康成长之意。结合新中国成立以后的早期发展来看，《萃》卦与解放初期新中国人口快速增长，国家实行计划生育和狠抓社会治安之状相似，而本卦则与1978年以后开始的改革开放时期，国家放开束缚，鼓励发展经济之状类似。

初六：阴处升初，向正而变，诚信升进而得六四应援，刚正上进而获成功；九二：刚中贤臣，以至真无饰之诚事柔顺之君并得到支持，故无咎；九三：居正之贤，成长空间广阔无边，鼓励努力发展。六四：以先王居西岐为例，王公上顺天子而下尊贤能，事业有吉而其行无咎；六五：君王柔而居中，甘作贤士升阶而大得其志（为人民创造一个健康成长的环境）；上六：卦之终、升之成，国家经过一段时间的改革开放以后，全民追求发展的形势已在不知不觉中形成，应该要努力保持，奋斗不息。

困卦第四十七：上下交困，致命逐志

困卦　下坎上兑，泽水困

上六：困于葛藟，于臲卼，曰动悔有悔，征吉。
《象》曰："困于葛藟"，未当也；"动悔有悔"，吉行也。

九五：劓刖，困于赤绂，乃徐有悦，利用祭祀。
《象》曰："劓刖"，志未得也；"乃徐有悦，以中直也"；"利用祭祀"，受福也。

九四：来徐徐，困于金车。吝，有终。
《象》曰："来徐徐"，志在下也；虽不当位，有与也。

六三：困于石，据于蒺藜。入于其宫，不见其妻，凶。
《象》曰："据于蒺藜"，乘刚也；"入于其宫，不见其妻"，不详也。

九二：困于酒食，朱绂方来，利用亨祀。征凶，无咎。
《象》曰："困于酒食"，中有庆也。

初六：臀困于株木，入于幽谷，三岁不觌。
《象》曰："入于幽谷"，幽不明也。

卦辞

困，亨。贞大人吉，无咎，有言不信。

47.1 卦名卦序

《序卦》曰：升而不已必困，故受之以困。

【解读】

◎ 困：从囗（wéi），像房屋的四壁，房屋内长了树木，本义为废弃的房屋。《说文》："困，故庐也"，而后引申为穷困、困难、围困等。

分析"困"字结构：字形为废弃的房屋里长了树木，从"木"而言则是树木长在狭小的空间而受困；从房间而言则是疏于管理而荒废。所以"困"可以理解为：因疏于管理而陷入困境。

分析卦象：《困》卦为卦上兑下坎，兑为泽，指湖泊，坎为江河为流动之水，水从湖泊之下流走，则泽必干涸而不成泽。如果以湖泊比喻国家，以湖泊之水比喻国家民众，民众从国家逃离，则必定是国家统治者管理恶化，民众无法生存而不得不逃离。这当然是国家和君王最大的困境。结合上卦《升》卦来看，造成国家民众外流，国家受困的主要原因应是因过于放任自由，以致统治者贪腐成风，民不聊生。

◎ 上一卦《升》卦，指百姓和各级地方统治者都能在国家创造的良好环境下得到自由的成长和发展，国家经济得到极大的提升。物极必反，国家如果过分地放纵大家自由的发展，则掌权者会不顾一切追求自己的利益而脱离正道，贪污腐败、盘剥百姓，使百姓民不聊生逃离家园，以致房屋废弃。如果管理者不能坚持正道，那么人就会变得自私和贪婪，腐败滋生，国家管理可能会陷入民不聊生的困境之中。所以《升》卦之后圣人立《困》卦。

《困》卦说的就是国家上下陷入困顿之时的济困之道。

47.2 卦辞：困，亨。贞大人吉，无咎。有言不信。

【白话】

卦辞：上下陷入困境，能够顺利度过。坚持以刚健果决、无私奉献的大人之德处理政事则能成功济困。这样就没有过失危害。只是靠言语去劝说不会有人信从。

【解读】

◎ 困，亨

虽然上下处于困顿之中，但国家仍处于快速发展时期，一时的困境只是发展过程的正常现象，还不至于给国家统治带来太大的危险，统治者有足够的智慧和能力带领国家度过困境，社会发展总体还是顺畅和通达，故言"困，亨"。"亨"是对《困》之时的定性词，说明一时的困境还不能阻挡当前的顺利发展。

◎ 贞大人吉，无咎

大人：易例中常指为民服务的统治者，他们应该具备刚健果决、真诚爱民、无私奉献的品德。面对困境，只要每一位地方统治者都能真正履行自己职责，全心全意为民服务，公正无私、真诚奉献，困境自然烟消云散，又何咎之有？

◎ 有言不信

有言：指靠言语去说服和指挥别人；不信：不能使人信从。这句话是说在《困》之时，光靠言语去劝说别人听从和改变已经不可能了，需要采取更加强有力的行动。这句卦辞在上六爻中有体现，即"曰动悔有悔，征吉"。

上兑为口为言为毁折，下坎为耳为加忧，耳朵受到伤害而听不进说话，故"有言不信"。

47.3 《彖》曰：困，刚掩也。险以说，困而不失其所"亨"，其惟君子乎？"贞大人吉"，以刚中也。"有言不信"，尚口乃穷也。

【白话】

《彖》说：困，刚爻被柔爻所遮掩、阻挡。处在险境之中还能乐观喜悦，陷入困境却不会脱离通达之道，能做到这点的恐怕只有君子吧？"贞大人吉"，是说以刚健之德居于中道。"有言不信"，崇尚口舌之争，很快就会言辞穷尽。

【解读】

◎《象》以卦体释卦名，又以卦德、卦体释卦辞。

在他卦，阴阳比应则能相互助援，《困》却相反，阴阳比应则会相互困扰、阻碍，刚被柔掩，柔被刚困。

来知德曰："尚口乃穷"者，言不得志之人，虽言亦不信也。盖以口为尚，则必不能求其心之无愧，居易以俟命矣，是不能亨而贞者也。故圣人设教戒，以尚口则自取困穷矣。（《周易集注》）

我对卦象卦读的理解与《象》作者不同。

47.4 《象》曰：泽无水，困。君子以致命遂志。

【白话】

《象》说：湖泊中没有水而陷入困境。君王从中受到启发：要全力实现使国家摆脱困境的愿望。

【解读】

◎ 君子以致命遂志

志，金文＝之（前往）＋心（思想），表示心之所向，造字本义：心之所向，即内心追求的目标和理想。

君子：指君王或以君王为代表的贵族统治者。

卦象自上往下看是泽下水流，则泽水会流光，故称"泽无水"，是为困象。

致命遂志：舍弃性命去实现理想。从前面对卦象的分析可知，君王要实现的理想应是努力克服眼前的困难，带领国家和人民度过困境。各级管理者要实现的理想则应是清正廉明、努力为公，全心全意为人民服务。

结合我国现在的发展来看，如果说《升》卦好比是我国的改革开放时期，《困》卦则像是我国前几年因改革开放、发展经济而出现的腐败现象。君王致命要遂的"志"就是要打击腐败，倡导廉洁，以使国家度过困境。

47.5 初六：臀困于株木，入于幽谷，三岁不觌。

《象》曰："入于幽谷"，幽不明也。

【白话】

初六：臀部困坐在树根上，陷入幽冥黑暗之中，三年不能见到光明。

《象》说："陷入幽冥黑暗之中"，是说昏暗而不明智。

【解读】

◎ 臀困于株木

初六在本卦应代表卑微、懦弱、穷困的百姓。本爻描述的是普通百姓在《困》之时陷入极度穷困潦倒的景象，其原因推测是因为地方统治者过度地追求自己的利益、贪污腐败、盘剥百姓所造成的。

株木："株"指木根露出地表部分；"木"指树干。臀困于株木：指人坐在树干底部露出地表的树根上并无精打采地靠于树干上。

为了准确理解这句辞，我们先来找取象：初六亲比九二、正应九四，九二至九四组成下互离。离，《说卦传》："其于木也，为科上槁"，即为枯槁的树干。初六在下互离之下，故有困坐在枯槁的树木之下之象。问题是：卑微、怯弱的百姓困坐在枯槁的树木之下是什么意思呢？进一步分析：《困》卦卦象是民众因无法生存逃离家园，故可以推测百姓是因穷困、衰弱，已经没有力气走动了。进而推断的情景的是：一个瘦弱的人，无精打采地坐在一棵已经枯槁的树木之下不能行动。这是一幅多么悲惨的画面！这位（群）卑微、怯弱的百姓也许是因为过于穷困、饥饿，已无家可归了，而且枯槁的树木可能是因为百姓饥饿被吃光了树皮，或是因发生火灾被烧光了。所以这句辞是形容在《困》之时百姓的极度穷困潦倒，民不聊生的景象，其原因应是统治者贪污腐败、残酷剥削造成的。

◎ 入于幽谷，三岁不觌（dí）

坎为陷，坎陷之底为幽谷；觌（dí）：见。陷于幽谷深底，三年不能见到光明。根据上一句的理解，百姓进入幽暗的山谷，目的可能是逃避统治者的欺压和剥削，躲避灾荒，寻找生机。这也是极力形容百姓窘困和无助的情状。

初六本与九二亲比，与九四正应的，但在《困》之时统治者都过度追求自己的利益，贪污腐败而不顾百姓死活，以不正相比应在本卦不是援助，反而是剥削。国家腐败，最大的受害者总是普通百姓，封建社会的历朝历代无不如此。

初六在下坎之下，坎在地上为大河，在山中则为山谷，坎又为陷，故有"入于幽谷"之象。二至四组成下互离，离为光明为见，初六在离之下为不见，坎为三，故称"三岁不觌"。

47.6 九二：困于酒食，朱绂方来，利用亨祀。征凶，无咎。

《象》曰："困于酒食"，中有庆也。

【白话】

九二：每天困于酒食无所事事，朱色的官服不久就会送来，凭着他的诚敬坚持。继续受困于酒食之中会有凶险，（最终）没有危害。

《象》说："每天困于酒食无所事事"，是说诚敬的坚守中道，终会有喜庆的结果。

【解读】

◎ 困于酒食

九二以刚居柔，虽不正但居中，是内心坚守中道的地方基层管理者。在《困》之时，贵族统治者都深陷贪婪、腐败之中，九二居中虽然不会同流合污，但也没有什么作为，只能靠饮酒打发时间，这对刚中的九二而言是莫大的痛苦，故言"困于酒食"。

坎为忧为水为酒。

◎ 朱绂（fú）方来，利用亨祀

绂：甲骨文、金文、小篆皆作"市"（fú），《诗经》作"芾"（fú），"绂"为后起字。市，《说文》："上古衣蔽前而已，市以象之。天子朱市，诸侯（同侯）赤市，大夫葱衡。从巾，象连带之形"。绂：后世谓之"蔽膝"，指遮盖大腿至膝部的服饰，是先秦时期区分尊卑等级的标志。所以"朱绂"可以理解为君王赐予的官服，引申为任用并授予官职，使中正之士有用武之地而脱离困境。

亨祀：敬献礼品以祭祀，在此应指向君王表达诚敬之意。这句话可理解为："利用亨祀，朱绂方来"，即始终用一片赤诚之心事君，不久就得到了君王的信任和任用。

九二变六二既中且正，且下互卦为艮，艮有祭祀之象。九二变，则下卦为坤，坤有裳（下衣）象。九二变六二，则六二亲比九五，以中正亲比中正，是信任与支持。九五在三至上组成的大坎之中，又坎为朱，九五亲比六二是授予六二"朱绂"（九二变为中正六二，且正应中正九五，以中正正应中正，则不可理解为相互困扰），故称"朱绂方来"。

◎ 征凶，无咎

征凶：指按照目前的状态发展下去则会有凶，这是警示九二，如果仍然沉沦于酒食不改变、不振作，却又心有不甘，则会背离正道，走向凶途。"征"为阳爻之性，"征凶"反过来说就是"不征则不凶"。九二以刚居柔而不正会躁动有凶，居于中道则能知偏而变，故能变六二阴爻则柔顺无凶。

无咎：说明最终九二没有危害，暗示九二已经改变，故变六二而没有过失危害。这也是圣人对九二及时改变的肯定。

47.7 六三：困于石，据于蒺藜。入于其宫，不见其妻，凶。

《象》曰："据于蒺藜"，乘刚也；"入于其宫，不见其妻"，不祥也。

【白话】

六三：困于大石阻挡，又好像靠在荆棘之上。回到家中，看不到妻子，凶险。

《象》说："又好像坐在荆棘之上"，是说乘驾在刚爻之上；"回到家中，看不到妻子"，是不祥的结果。

【解读】

◎ 困于石，据于蒺藜

困于石：意为被大石所阻挡，前行困难。据：倚靠、坐靠之意；蒺藜（jílí）：一种带刺的草本植物。

六三为诸侯之位，阴柔不正表示没有能力处理当前地方官员贪污腐败，处于无所作为的困境。向上虽亲比九四，但九四也以刚居柔而不正且"困于金车"，无法给予应援，反而是受困。九二取"变象"六二，则下互离变艮，九四为艮之主，艮为石，故有"困于石"之象。

六三下乘九二（取本象），九二为下坎之主，坎为"蒺藜"，故有"据于蒺藜"之象。

本爻说明：六三虽身为地方统治之长，但阴柔不正，没有济困的能力和勇气，又处在上无领导支持，下有民怨汹涌的艰难困窘之中。

◎ 入于其宫，不见其妻，凶

宫：本义指多窗的大型建筑，后多指有地位的贵族生活和工作的地方；妻：妻子，是家庭中重要的成员。家中有妻子才是完整的，如《家人》卦的卦辞为："家人，利女贞"。可见妻子对家的重要性，现在房屋虽然还在，但不见了妻子，这个家也就无法让人安居，引申为众叛亲离，结果自然凶险不祥。

九二取变象六二，则下互艮为门为家为宫，上互巽为入，故有"入于其宫"之象。

上互巽为长女为妻，下互离为见，九二变六二而归正后则离消失而不见，是为"不见其妻"。

三至上组成大坎，坎为凶。

本句进一步说明六三处于内外交困的窘迫之境。

47.8 九四：来徐徐，困于金车，吝，有终。

《象》曰："来徐徐"，志在下也；虽不当位，有与也。

【白话】

九四：迟疑缓慢前来济困，身居高位而自困其中，感到羞愧。最终能够帮助济困而有好的结果。

《象》说："迟疑缓慢前来济困"，是说其心愿在于下爻；虽然处在不正当的位置，但有人应与援助。

【解读】

◎ 来徐徐，困于金车

徐徐：迟疑、缓慢的样子。

来徐徐：《象》辞作者认为是九四与初六正应，九四往下应援初六迟疑不决。从爻位来看，九四为近君的重臣，他的首要责任是辅佐君王管理邦君，而非初六的百姓，所以此解值得推敲。我认为："来徐徐"与九五爻辞"乃徐有说"之"徐"同，两者显然存在一定的关联。九四已进入上卦，在九五之下，是肩负辅佐君王以济天下之困的重臣，但九四与九五比而不亲，虽不至相困，但也不能相亲相辅。另从本爻的后而对"有终"解读可知，九四终能知吝而变六四，则与九五相亲相辅。故"徐徐"可理解为九四改变自己经历一个迟疑的过程，但终能改变而有终。从九五而言，六四前来亲比相助为"来"。

"金"代表尊贵，古代身份高贵者才能乘车，故"金车"引申为身份尊贵、地位崇高。困于金车：指身在高位却贪图享乐而不能尽职尽责，自困于其中不积极作为。

九四在上互巽卦之中，巽为进退，九四因不正而无所作为，从知咎而变经历一个迟疑的过程，故称"来徐徐"。三到上为大坎，坎为多眚车，九四在车之中，乾为金，坎通乾德故有"金"象，故称"困于金车"。

◎ 吝，有终

九四"困于金车"而自知羞愧，故能纠正，所以"有终"。九二取六二变象，则下坎变坤，坤为吝，九四亲比六三，正应初六，故称"吝"。

有终：指最终能够回归正道而有所作为。九四知吝思变，变为六四而正位，则上互巽变为艮，艮为成为止为终为"有终"。可见，九四终能知吝而变正，辅佐君王止困济困而有成。

47.9 九五：劓刖，困于赤绂。乃徐有说，利用祭祀。

《象》曰："劓刖"，志未得也；"乃徐有说"，以中直也；"利用祭祀"，受福也。

【白话】

九五：割鼻削足，受困于没有官员相助（官员贪腐而不作为）。然后慢慢地感到喜悦，凭着赤诚之心。

《象》说："割鼻削足"，是说志向心愿不能实现；"然后慢慢地感到喜悦"，国为坚持中道正直；"凭着赤诚之心"，是说因此得到福报。

【解读】

◎ 劓刖（yì yuè），困于赤绂

劓刖：割鼻和削足，五刑之中的两种。

"五刑"起源于夏朝，为墨（脸上刻字涂墨）、劓（割鼻子）、刖（断足）、宫（毁坏生殖器）、大辟（死刑）五种。圣人在此用五刑中的劓、刖两刑为喻，当然不是指九五君王真的受刑，而是比喻君王处于无人可用的困境。鼻在人的上面，足在人的下面，如果对应官阶的话，鼻应该对应最高阶的王公，足对应的是低阶的士大夫。九五与九四相比不亲，与九二相对不应，而九二与九四正是对应着士大夫和王公。九二与九四组成下互离，离为兵戈为刀斧为割和削，故称"劓刖"，引申为在《困》之时，九五受困于九四与九二为代表的群臣不能尽忠尽职地辅佐君王解决当前的国家困难。

前面说过，"绂"是一种官服，代指官职，"朱"是君王用的红色，"赤"是臣子用的赤色，所以"朱绂"代指君王，"赤绂"代指臣官。故"困于赤绂"可理解为受困于官员无能，或无人可用，不能前来相助济困。"赤绂"是指九二和九四，引申为众官员。

三至上为大坎为困，坎又为红为赤，九五在坎之中，故有"困于赤绂"之象。

由上可知，"朱""赤"颜色深浅不同，代表不同身份地位，都以"坎"取象。

◎ 乃徐有说，利用祭祀

本句与九二爻辞结构类似，应理解为"利用祭祀，乃徐有说"。九五以其刚中之德，凭着执着与真诚，才慢慢得到了帮助然后喜悦。"说"同"悦"。九五的"乃徐有说"与九四的"来徐徐"相呼应，显然九五是在得到九四的相助后有悦。

从九四爻的解读可知，九四"有终"从象上说是因为九四变为六四，互巽变互艮而有终，从理上说是因为九四变正而终能助九五脱困。九四助九五脱困，即是九五"有说"。这时九四已变为六四，则互艮为祭祀之象，故说"利用祭祀"。

"祭祀"，帛书本作"芳祀"（与九二爻同），今本与楚简本作"祭祀"。一般认为"祭祀"与"亨祀"两者同义，我则认为"亨"与"祭"是有区别的，两者的不同与"赤""朱"的不同类似，反映的是两者地位的不同，正如程颐先生所言。

程颐曰："二云亨祀，五云祭祀，大意则宜用至诚乃受福也。祭与祀、亨，泛言之则可通，分而言之，祭天神、祀地祇、亨人鬼。五君位言祭，二在下言亨，各以其所当用也"。（《伊川易传》）

47.10 上六：困于葛藟，于臲卼。曰动悔有悔，征吉。

《象》曰："困于葛藟"，未当也；"动悔有悔"，吉行也。

【白话】

上六：受困于蔓藤缠绕，因而动荡不安。劝说贵族们要勇于行动起来改正过错却不听而有悔，果断行动济困而吉利。

《象》说："受困于蔓藤缠绕"，是说位置不正当；"劝说贵族们要勇于行动起来改正过错却不听而有悔"，是说勇于行动而吉。

【解读】

◎ 困于葛藟（léi），于臲卼（niè wù）

葛藟：藤蔓缠绕的植物；臲卼：动荡不安的样子。

上六阴柔居于困终，是对全卦的总结，意为在《困》之终，君王如果还是阴柔不决，就会像是被困在藤蔓缠绕之中，怎么挣扎都不能安心。

三至上为大坎，坎为困；又，上六亲比九五，九五为大坎之主、又在上互巽中，巽为绳直，有"藤蔓"之象，故称"困于葛藟"。

◎ 曰动悔有悔，征吉

曰动悔：指劝说别人采取行动改过济困而不听。"曰"指劝说；"悔"指迟疑、不听从之意。"有悔"指后悔、悔过之意（本句与卦辞"有言不信"相对应）。前后两个"悔"字的主语不同，前一个"悔"指上六劝说的贵族，后一个"悔"指的是上六。

征吉：勇往直前则成功。君王用言语劝说贵族们改正贪腐之过而济国家之困，但贵族们已听不进去（如卦辞所言"有言不信"），君王最后只能采取果断的行动，结果成功，故称"征吉"。

上六本阴柔，知悔而变为上九，则兑变乾，原三至上六的大坎消失，故脱困而"征吉"。引申为：在困之时，君王始终要保持刚健、果决的作风才能脱困，否则会陷入困境的纠缠之中。

【总结与启示】

《困》卦是说地方诸侯及各级贵族官员经过《升》之时，因过分地追求自己的利益，不顾国家安危，贪污腐败，致使国家上下陷入困境之中。百姓民不聊生，逃离家园。在这样的情况下君王果断地采取行动，最终成功度过困难。多爻都发生变化，如九二、九四、上六等，说明困之时，受困者重在思变，只有及时改变才能脱离困境。

初六：代表卑微、怯弱的百姓因地方官员的剥削和自私而陷入极度穷困潦倒和无尽的黑暗之中，结果凶险；九二：刚中而不失正义的基层统治者，面对贪腐成风的政治无能为力，只能困于酒食而无所事事。后以诚敬之心终能获君王授命，结果能勇于改正，不会受到伤害；六三：阴柔不正，虽居诸侯高位，但因自身贪腐，又得不到上位者的支持，困之至凶者，结果进退不得、内外交困，非常凶险；九四：济困之不力者，自困于高官厚禄的享受而无所作为，终能自感羞愧而改正；九五：受困于各级官员贪腐和不作为，终能以诚感应相助有悦；上六：阴居困之终，圣人警示，如果君王一直犹豫不决，则终会陷入不安。用言语劝说贵族们改正没有效果因而有悔，开始行动有吉。圣人劝诫在困之时要及时改变、果决行动才能成功。

腐败永远是阻碍组织发展的最大敌人。本卦告诉我们，对待腐败必须使用雷霆手段，受困其中者应尽快改变，重回正轨，否则下场可吝可悲。国家如此，企业亦如此。

井卦第四十八：高尚井德，无私利人

井卦　下巽上坎，水风井

上六：井收勿幕，有孚元吉。
《象》曰："元吉"在上，大成也。

九五：井洌寒泉，食。
《象》曰："井洌寒泉"，中正也。

六四：井甃，无咎。
《象》曰："井甃，无咎"，修井也。

九三：井渫不食，为我心恻。可用汲，王明，并受其福。
《象》曰："井渫不食"，行恻也；求"王明"，受福也

九二：井谷射鲋，瓮敝漏。
《象》曰："井谷射鲋"，无与也。

初六：进泥不食，旧井无禽。
《象》曰："进泥不食"，下也；"旧井无禽"，时舍也。

卦辞

井，改邑不改井，无丧无得，往来井井。汔至，亦未繘井，羸其瓶，凶。

48.1 卦名卦序

《序卦》曰：困乎上者必反下，故受之以井。

【解读】

◎ "井"的基本义是从地面往下挖成的能蓄水的深洞。

"井"字始见于商代，其甲骨文的字形井，有人认为其字形像是水井周围的栏杆。根据新石器时代的浙江河姆渡遗址的一口水井来看：外围近圆形，里面是一个方形竖井。先民取用地坑中的积水，当坑内水源枯竭时，就在坑内向下挖成一竖井，为了防止井壁坍塌，挖井前先民先在坑中打入四排木桩，组成一个方形桩木墙，然后将排桩内的泥土挖出，排桩内顶还套了一个方形框，其外观正是古老象形文字"井"所描画的形象。在河北藁（gǎo）城台西村商代遗址中发现的两口水井底部也发现了木质"井"字形方框结构。由此可见，"井"字模拟的应是这种用于加固的水井方框支架，也即后来文献所称的"井干"。这个"井"字很像从上往下看到的井底形状。

再来看《井》卦卦象：其为卦下巽为木，上坎为水，正是下面有木，上面出水之象，

与上面所描述的考古发现的古井下面有木墙，上面汲水非常相符。所以两者可以相互印证：《井》卦卦象证明了"井"字形状来源于井下的方形木框，同时"井"字起源又证明了《井》卦下木上水卦象的会意，而非先贤们认为的用木器从下往上汲水的意思。

◎ 上一卦《困》卦指的是因贵族统治者的自私自利和贪污腐败而使国家上下处于困境之中。要想济困度难，就需要每个统治者修德奉献、舍己为人、广施仁政。《井》卦说的正是鼓励和帮助人民及各级管理者做具有"井德"之人，无私奉献。如果统治者都能大公无私、真诚奉献地为民众服务，则何困不解？所以《困》卦之后是《井》卦。

48.2 卦辞：井，改邑不改井。无丧无得，往来井井。汔至，亦未繘井，羸其瓶，凶。

【白话】

卦辞：水井，村邑可以迁移，水井不会迁移。井水汲之不竭，注之不盈。来来往往的人都来取用井水。旱季来临，却不能从井中取出井水，或取水时陶罐的绳索被缠绕不能用，这样就有凶险。

【解读】

◎ 改邑不改井，无丧无得，往来井井

这一句辞描述的是"井"的典型特点：村民可能到处迁徙变化，但"井"是固定不动的；一口好井，无论是取水还是下雨，井水始终不竭不盈；它供来来往往的人取水饮用。"井"的这些特点可以引申为人的一种高尚的品质：

改邑不改井：引申为意志坚定、忠心耿耿；

无丧无得：引申为心胸宽广、有容乃大；

往来井井：引申为博爱利人、无私奉献。

圣人立此卦旨在教育和勉励每一位管理者都能学习井道精神，无私奉献，像"井"一样真诚无私地为人民服务。

◎ 汔至，亦未繘井，羸其瓶，凶

汔（qì）：接近、庶几、水涸等含义。《说文》：水涸也。《广雅》：尽也。

至：本义为到达、来到。

繘（jú）：指从井中提水的绳索，或指用绳索从井中提水。

羸（léi）：本义为瘦弱，或通"累"，缠绕之义。参考《大壮》卦的"羸其角""藩决不羸"等用法，此处应通"累"。

古今易学者们通常把"汔"解为"几"，即接近的意思，认为这句爻辞描绘的是一个从井中提水失败的过程。即：提水快要接近井口，绳索还没有提出井口时装水的陶罐就因绳索缠绕而倾覆，结果凶。认可这句爻辞表达的本意是说井没有或不能发挥供人取水的功用，所以结果为凶。对其表达的本意是没有疑义的，但如果一次提水失败了为什么不可以再试一次呢，所以并不能因此判定水井失去了功用。因此，根据"汔""繘"两字的本义推敲，我认为应该还有另一种理解：

"汔"本义为干涸。"汔至"是指到了水源干涸的时候。我们知道，人们挖井的重要目的就是为了防止干涸无水可用时进行贮水、用水的，干旱季节水井的作用才能更加显现。所以这句爻辞的意思应理解为：当干旱季节来临，人们正是需要井水饮用或灌溉的时候，水井中却无水可取，或者取水陶罐被缠住而不能用（同样取不出水），这样才会凶。

可能有人要问：前一种理解是说取水失败可以重试一次，后一种理解陶罐被缠绕了也可以解开或是再换一个陶罐。这两种理解不同之处的本质在于：第一种理解重点在于取水的方法，所以说可以重试；而第二种理解的重点是水井本身有问题，水很少时，打水才会困难而容易使陶罐被缠绕。

圣人立此卦当是以井喻人发出警示：为政一方者在民众需要时如不能无私地为人民服务，后果将会非常严重！君王在培养和选用此类官员时应要非常谨慎，为官者也要小心自律。

下巽为绳直为繘，上互离为瓶，下互兑连着巽与离，兑为毁折，所以有绳索缠绕而毁坏陶罐之象，即"亦为繘井，羸其瓶"之象。

48.3 《象》曰：巽乎水而上水，井，井养而不穷也。"改邑不改井"，乃以刚中也；"汔至，亦未繘井"，未有功也；"羸其瓶"，是以凶也。

【白话】

《象》说：木器进入水而使水升上，这就是水井。井水养育民众而无穷尽。"改邑不改井"，是说九二和九五以刚健而居守中道；"汔至，亦未繘井"，是说水井不能发挥功用；"羸其瓶"，所以这样才会有凶险。

【解读】

◎ 巽乎水而上水，井

这是以卦体释卦名。井卦为卦下巽上坎，作者解释为木器入水而取出水，这与夏商时期多用瓦罐汲水的事实不符，所以这样解释值得推敲。后人一直沿用此解，实是对《象》辞的盲目迷信。

◎ "羸其瓶"，是以凶也

得到凶的结果的原因认为只是因为陶罐缠绕或损坏也是不准确的（详细解释见上一节）。

48.4 《象》曰：木上有水，井。君子以劳民劝相。

【白话】

《象》说：木上有水，这是井卦的卦象。君王得以领悟：要努力为民操劳，劝勉民众互相帮助。

【解读】

◎ 木上有水

用木在下面做成井墙和井框，上面有清澈的井水出来，这就是井。这与井的下木上水的卦象是相符的。

◎ 君子以劳民劝相

君子：此指广大官员。圣人不仅要求官员学习井道精神为民服务，还要劝勉百姓效法井道相互帮助，我为人人，人人为我。

48.5 初六：井泥不食，旧井无禽。

《象》曰："井泥不食"，下也；"旧井无禽"，时舍也。

【白话】

初六：井底积满淤泥，不能取水食用；旧井荒废，连鸟兽都不来。

《象》说："井底积满淤泥，不能取水食用"，因为以阴爻居于底下；"旧井荒废，连鸟兽都不来"，是说为时代所舍弃不能发挥功用。

【解读】

◎ 井泥不食，旧井无禽

看本爻及后面各爻，本卦显然是以井喻人。地位和职位越高的人则越有能力帮助更多的人，就像井能供更多的人取水饮用。

初六阴柔居于卑下之位，代表的柔弱、卑微的社会底层百姓。他们没有能力去帮助别人，就像一口废弃在荒野的旧水井，井中积满了淤泥，也没有了水，连飞鸟也不会来饮水。

初六至六四为大坎，坎为水，初六在坎水之下为泥；初六居互兑之下，兑为口为食，口之下则不能食，即为"不食"。

初六与六四不应，六四居离中，离为雉引申为禽，不应即为"无禽"。

本爻代表处于卑微、穷困之时的民众，自己潦倒，更没有能力去帮助别人。

48.6 九二：井谷射鲋，瓮敝漏。

《象》曰："井谷射鲋"，无与也。

【白话】

九二：井底沟中有一点点水，提水时陶罐就像是射向井底的青蛙，陶罐破漏了。

《象》说："井谷射鲋"，是说上无应与。

【解读】

◎ 井谷射鲋，瓮敝漏

"井谷"帛本书作"井渎"。"井谷"指井底小水沟，"井渎"指井底污水沟，两者意近，不同的是"渫"强调了水沟中是污水。

"鲋"，《说文》：鱼名；《博雅》：鳈也；《尔雅翼》：鲋，鳈也。今作鲫；《释文》：子夏传谓虾蟆（"虾蟆"又作"虾蟆"，就是蛤蟆，是古代对青蛙和蟾蜍的统称）。从古籍解释来看，"鲋"大多作鲫鱼解，也有作蛤蟆。以我小时候生活在农村的经验来看，废水井下小水沟中有青蛙是很常见的，鱼则不常见，因为井底的一点点水小鱼很难存活，且小鱼也无来源，而青蛙却因为水底有小虫则可以存活，且青蛙也是可以跳动的，夏天常在废水井下避暑。故我认为"鲋"作"蛤蟆"解更合理。

"射鲋"，传统理解为用箭射井底的鱼（或蛤蟆）。虽说古人有用箭射鱼的捕鱼方法，但用箭去射水井底部的小鱼（或青蛙）的做法实在没有意义，也有违常理，所以这种理解应该是错误的。那应该怎么理解呢？结合后面的"瓮敝漏"来分析。

"瓮敝漏"，指从井中打水的陶罐破漏。从下卦为巽为进退、九二为阳爻为动等卦、爻象来看，应该可以判断这个用于从井中提水的陶罐是在提水时摔破的。从上一句井底只有水沟中一点点水来看：井底中只有一点点水，用陶罐汲水时，陶罐极容易碰到井底的泥土或石头，所以摔破。

现在我们就可以想象一下这个用陶罐提水的画面：一口水井几乎干枯，只有井底的小沟中还有一点点水，井底布满污泥、石头，此时一个人用绳子提着打水的陶罐朝着水井中仅有一点点水放下，陶罐不小心碰到井底的石头而破裂，并惊动了井底的青蛙而乱跳，井底的井水也变得浑浊。对井底的青蛙来说，带着绳子砸向它的陶罐就像射向它的箭（古时射鱼的箭也是用绳子连着的），故称"射鲋"。这是生动地描绘用陶罐在基本干涸的水井底提水状态。

爻辞的深层意义是：这口水井虽还有一点点水，但对用水的人来说已经不能取水使用了，甚至还会损坏陶罐。引申为占者不仅不能对国家和社会有所贡献，可能还会造成一定的破坏。

九二为士大夫，是低阶贵族，其能力也只是比平民好一点，能够为社会作的贡献非常有限，就好像一口水井，只有井底有点水，这些水也只能供给井底的青蛙栖息、饮用，对人类已没有意义。九二刚居柔位，与九五不应，下比初六。九二与九五不应，表示不能得到君王的任用，不能发挥更大的作用；下比初六，表示只能向下在社会底层发挥一点作用。

初至四为大坎，坎为水，九二下比初六，初六为下巽之主为鱼为青蛙，意为水供青蛙使用。九二在下互兑中，下互兑为毁折，上互离为"瓮"，下互兑与上互离交错，故有"瓮敝漏"之象。

48.7 九三：井渫不食，为我心恻，可用汲。王明，并受其福。

《象》曰："井渫不食"，行恻也；求王明，受福也。

【白话】

九三：井泥淘尽、清理干净却没人来取水食用，为此我心忧伤。井水清澈充足可供食用。如果君王英明（地任用他），大家都会受到他的福泽。

《象》说："井泥淘尽清理干净却没人来取水食用"，是说不能有所行动而感到忧伤；希望君王能英明地任用，以使大家都受到福泽。

【解读】

◎ 井渫（xiè）不食，为我心恻，可用汲

渫：本义为淘去泥污。"我"指九三。九三以刚居阳，正而过中，又居下之上，为诸侯王公之位。他本是有能力且有理想要去帮助别人的，因为一时得不到君王的任用而无法如愿，所以"心恻"，就好像水井已清理干净，井水充足无人食用而心焦。

应注意的是："改邑不改井"，井水无法自己主动送水给人食用，只能等人来取用的，所以时机未到，心急也是没用的，故《象》说："求王明，受福也"。

◎ 王明，并受其福

王：指九五。并：一起。其：指九三。九三与九五组成互离卦，离为明，故称"王明"。九三亲比六四，正应上六，九三在下互兑中，兑为善为福。六四和上六一起受到九三的福泽，故称"并受其福"。

九五君王与九三无比无应，本不会直接发生关系的，但在此通过六四而组成互离，离为明，故称"王明"。

48.8 六四：井甃，无咎。

《象》曰："井甃，无咎"，修井也。

【白话】

九四：井壁砌筑陶瓦，没有过失危害。

《象》说："井壁砌筑陶瓦，没有过失咎害"，是说在修整水井。

【解读】

◎ 井甃（zhòu），无咎

甃：以砖瓦修筑井壁。孔颖达说："亦治也。以砖垒井，修井之坏，谓之为甃。"

六四柔居阴位而近君，是近君重臣。六四上亲比九五，下亲比九三，承上乘下，是上能辅佐九五，下能帮助九三发挥才能，以使他能更好地服务民众。如果以地方统治者和百姓比作水井的话，那么六四就是管理和维护水井的人，目的是使水井维护得更好，使井水更清澈，可以供更多的人饮用。

六四亲比九三，九三"井渫不食"，还只是掏干净了井中污泥和脏物，六四则是管理和维护九三这口水井，以使更好地服务民众。

六四的职责不是像井一样直接服务民众，而是管理和维护好所有水井，以使井能

更好地服务民众。这本是他分内之事，无功无过，故称"无咎"。

六四为上互离之主，离为大腹为瓦罐为甃。

48.9 九五：井冽寒泉，食。

《象》曰："寒泉"之食，中正也。

【白话】

九五：井水清澈，泉水甘甜，可供食用。

《象》说："泉水甘甜"供人食用，是说处于既中且正的位置。

【解读】

◎ 井冽寒泉，食

程颐说："'冽'谓甘甜，井泉以寒为美，甘甜之寒泉可为人食也，于井道为至善也"。（《伊川易传》）

"井冽寒泉"指井道至善，井德尽显。"食"则指供他人食用而非自食。九五为刚中君王，"井德"之至善者，故能无私地服务天下人。

九五在坎中，坎为水为泉，兑为口为食，坎在兑上，故有进食泉水之象。

48.10 上六：井收勿幕，有孚元吉。

《象》曰："元吉"在上，大成也。

【白话】

上六：井水成功供人取用，不可遮盖。真诚无私地供人食用（为人服务）才是吉利（成功）的根本。

《象》说："成功之道的根本"在卦的最上，是说最终获得大的成就。

【解读】

◎ 井收勿幕，有孚元吉

来知德：收者，成也。物成于秋，故曰秋收。

程颐：收，汲取也。

两人所说的意思类似，"收"应指成功地供大家取水食用。

幕：遮挡、遮盖。勿幕：大公无私地供大家使用之意，与卦辞"往来井井"对应。"勿幕"即是"有孚"。

有孚：真诚有信。只有真诚无私地为百姓服务，不讲得失，不求回报，才真正地做到像井一样"无丧无得，往来井井"。这是国家、个人事业成功的根本，故称"元吉"。

【总结与启示】

《井》卦是以"井"喻人。圣人希望统治者能做到像"井"一样无私、真诚地服务民众。这也可以看作是圣人针对上一卦《困》提出的有效解决办法。从下卦各爻可以看出：地位和职位越高的人越有能力帮助更多的人，则相应的井也能供更多的人取水饮用。初六代表卑微、穷困的百姓，没有能力帮助别人，所以就像是荒野中一口废弃的枯井，一无用处。

初六：阴柔卑下的底层百姓，没有能力帮助别人，就像一口积满淤泥的干涸废井；九二是地方基层管理者，且与九五不应，不能发挥应有的作用，好像井底只有一点水流，也只能供养井底小鱼青蛙，无法供人食用；九三为刚正的王公贵族之位，是有能力且有理想要去帮助别人，因为一时得不到君王的信任而无法如愿，最终能得到英明君王的赏识而造福于人；六四是辅佐君王帮助贤臣成长和发挥作用的重臣，就好像水井管理者和维护者；九五，井道已成，井德尽显，造福百姓；上六总结全卦，勉励大家学习井德的无私奉献，这才是一切成功的根本。

一个人只有无私地帮助别人，才能更好地成就自己，就像一口水井，用的人越多，井水就越清澈，否则井体荒芜，井水腐臭而成为陷阱。

人生的价值体现在为他人、为社会、为国家作出的贡献，能力越大、责任越大。

每个人都应该学习"井道"精神，即：意志坚定、心胸宽广、无私利他，这才是人生成功、国家强大的基础。

革卦第四十九：革命旧政，以信为本

革卦　下离上兑，泽火革

上六：君子豹变，小人革面。征凶，居贞吉。
《象》曰："君子豹变"，其文蔚也；"小人革面"，顺以从君也。

九五：大人虎变，未占有孚。
《象》曰："大人虎变"，其文炳也。

九四：悔亡，有孚改命，吉。
《象》曰："改命"之吉，信志也。

九三：征凶，贞厉，革言三就，有孚
《象》曰："革言三就"，又何之矣。

六二：巳日乃革之，征吉。无咎。
《象》曰："巳日革之"，行有嘉也。

初九：巩用黄牛之革。
《象》曰："巩用黄牛之革"，不可以有为也。

卦辞

革，巳日乃孚，元亨，利贞。悔亡。

49.1 卦名卦序

《序卦》曰：井道不可以不革，故受之以革。

【解读】

◎《序卦》说：水井不可以不清理，所以《井》之后设立《革》卦。

"井"在供人取水的过程也会逐渐积累一些泥垢，如不及时清理，将影响水质，甚至变成废井，所以《井》后是《革》。《革》为革除、清理。《序卦》所言卦序自然之理已明。

革：象形字，金文字字形像是被剖剥下来的兽皮，本义为去毛的兽皮，后引申为革除、更改。在河南安阳出土的殷商时代的戌革鼎上就刻有"革"字，其字形很像一个披着盔甲的武士，表示当时常用兽皮防御护身。我国的制革加工，虽可溯源到有文字记载的商代，但迄至清代，在生产技术上仍一直沿用芒硝、烟熏、明矾、树皮等祖传土法。商周时期对兽皮去毛、熟皮等工艺最原始的方法是火烧、烟熏。

《革》卦为卦下离上兑，上兑为附决为金为从革，故兑有毛皮、兽皮之象；下离为兵戈为士兵，整个卦象为士兵身上穿着革制的盔甲。士兵身上穿着盔甲表示正在进行战争，说明《革》卦可能与战争有关。从后面《大象》辞和各爻爻辞来看，《革》卦说的正是革命旧政、建立新朝的过程。

又：卦象上兑为毛皮，下离为火烤烟熏，又像是原始制革的过程。从《革》卦卦象来看，"革"是用火去除兽皮上附着的毛，故"革"又引申为革除之意。

综上，"革"指革除、改革。对于国家治理而言，最大的改革莫过于改朝换代，是为"革命"，而革命必定与士兵和战争有关。

◎ 上卦为《井》卦，说的是君王要求百姓和地方管理者培养"井德"济困，以固民本。如果各级地方官员不能做到像水井一样为人民服务，那么《困》之时的贪污腐败就会越演越烈，最终必将引发革命。所以《井》卦之后是《革》卦。这是圣人严肃地警示后世君王如对贪腐不及时、彻底治理则将可能会引发改朝换代的革命。

49.2 卦辞：革，巳日乃孚，元亨，利贞。悔亡。

【白话】

卦辞：革除弊政，在当改之时日（适当的时机）进行革命，就会让民众信服。这是国家继续顺利发展的关键，应该坚守正义。隐忧消失。

【解读】

◎ 革，巳日乃孚，元亨，利贞

革：革除敝旧莫过于改朝换代。从《大象》辞："君子以制历明时"可知，只有改朝换代才会重新制定历法，确定一年的起始之日，所以"革"在本卦中讲述的应是改换朝代的过程，及各爻位应对这一重大变革时的表现及结果。

中国从夏朝（公元前 2070 年）开始，至今已有 4000 多年，共经历 83 个王朝，559 个帝王，所以在历史长河中，改朝换代是比较常见的事。圣人立此卦意在告诉后世统治者，遇见改朝换代这种重大变革时应该如何自处与应对。

巳：王弼、程颐等认为是十二地支之"巳"，来知德认为是十天干之"已"，两位解释"巳日"义类似，都理解为是过了一段时间以后。《周易集解》中引"干宝"之说，认为"巳"作"已"，已经、终了之意，"已日"指革命结束之后。高亨先生认为"巳借为祀"。

巳日乃孚：楚简《周易》作"改日廼孚"。"廼"音、义同"乃"。改（yì），《说文》："改，大刚卯，以逐鬼魅也。"改：古代用以驱鬼辟邪的佩物，用金属或玉制成。濮茅左先生释"改日"为"逐鬼禳祟之日"。"改"又通"改"，改日则可理解为当改之日。

综上，我认为："巳日乃孚"当可理解为"选择适当的时机举行革命，才可取信于民"。从要推翻旧政的革命者来说，在最适当的时机如国家举行祭祀或推行改变旧弊的恰当时刻发动革命就容易让百姓接受和信任，故高亨先生认为"巳借为祀"应是对的。一个朝代如果不能为民众着想，不能为百姓谋福利，就会失去了民心，反对者和革命者就会得到民众的支持和信任。中国共产党推翻腐朽的国民党统治，建立新中国就是最典型的例子。"巳日乃孚"就是在一个合适的时机发动革命，让民众知道革命的必要性和正当性。

本卦再次出现了"元亨利贞"四字，说明圣人认为本卦对王朝的顺利延续和发展非常重要。一个朝代如果腐败不堪，长期下去就会失去民心，会让民众对统治者失去信任。此时只有彻底地改变过去、革除弊政，建立新朝，才能重新树立起民众的信心，才能让国家浴火重生，让社会更加健康地发展。这是国家治理的客观规律，君王对此必须有清醒认识。由此可见，文王对国家治理的思虑是多么深远和伟大！

◎ 悔亡

任何人在面对改朝换代的重大变革之时一定会担惊害怕，理必然也，革命成功以后担忧和害怕自然就消失了。"悔亡"说明革命经历一个从令人担忧到最终成功的过程。

49.3《彖》曰：革，水火相息，二女同居，其志不相得，曰革。"巳日乃孚"，革而信之。文明以说，大亨以正。革而当，其悔乃亡。天地革而四时成，汤武革命，顺乎天而应乎人。革之时大矣哉！

【白话】

《彖》说：革卦，水与火相互止息，两个女子同居一室，她们的志向不同，所以说要变革。"巳日乃孚"，革除旧政之后民众信服。文明而喜悦，大为通达而守正道。革除旧政时机恰当，开始的担忧于是就消失了。天与地发生变化而成就四季，成汤和武王革除旧政的天命，这是顺应天道而响应民众需求。革卦所表现的时势意义真是伟大啊！

【解读】

◎ 水火相息，二女同居，其志不相得，曰革

这是作者从卦象解释卦名"革"。上兑为泽为水，下离为火，水火不容而相互止息。下离为中女，上兑为少女，2个女儿小的时候住在一起，长大后必定各有所归，故称"两女同居，其志不相得"。这一句与《睽·彖》"二女同居，其志不同行"意义相近。作者取水火不容，二女不同志来解说卦名"革"，只能说是一家之言。

◎ "巳日乃孚"，革而信之

作者以"当革之日"释"巳"应是准确的。革日而革，民众信之，是说选择了最适当的时机进行变革，民众容易信服。

◎ 文明以说，大亨以正，革而当，其悔乃亡

这是以卦德解释卦辞"元亨，利贞。悔亡"。下离为文明，上兑为悦，故称"文明以说"。六二与九五中正相应，是"大亨以正，革而当"。

◎ 汤武革命，顺乎天而应乎人，革之时大矣哉

革命：革除旧政天命，即改朝换代。现代常用的"革命"一词最早即出于此。

自然万物只有革旧才能立新，人类社会也是像成汤和武王一样，不断地改革旧朝的落后和昏庸才会进步，这就是"革"的时势意义。

49.4 《象》曰：泽中有火，革。君子以治历明时。

【白话】

《象》说：泽水中有火，这就是革的卦象。君子得以领悟要修订新的历法，明确规定一年的起始时间。

【解读】

◎ 君子以治历明时

此处"君子"显然专指"君王"。古时改朝换代，新王朝要重定正朔。

《礼记·大传》："立权度量，考文章，改正朔，易服色，殊徽号，异器械，别衣服，此其所得与民变革者也。"

孔颖达疏："改正朔者，正谓年始，朔谓月初，言王者得政，示从我始，改故用新，随寅、丑、子所建也。周子，殷丑，夏寅，是改正也；周夜半，殷鸡鸣，夏平旦，是易朔也。"

每年的第一个月称为正月，每月的第一天称为朔日。夏以寅月为正月；商以丑月为正月；周以子月为正月。一日之始，夏以天明为朔；商以鸡鸣为朔；周以夜半为朔。正朔和历法，在古人看来和天命紧密相关。

《史记·历书》："王者易姓受命，必慎始初，改正朔，易服色，推本天元，顺承厥意。"

所以《革》卦本义说的是改朝换代的大变革，圣人鼓励新朝要勇于打破过去的弊政，开创新的局面。

为卦下离为兵戈，引申为武力讨伐；下互巽为进退、为改变；上兑为限制、管理、统治、传统、命运等，卦体从下往上即为以武力讨伐，改变统治，故有"革命"之象。

49.5 初九：巩用黄牛之革。

《象》曰："巩用黄牛"，不可以有为也。

【白话】

初九：用黄牛皮做的皮带紧紧捆绑。

《象》说："用黄牛皮做的皮带紧紧捆绑"，意思是说不能够有所作为。

【解读】

◎ 巩用黄牛之革

巩，繁体字为"鞏"，从革，与皮革有关，本义指用皮革捆东西。"黄"指中色，引申为"中道"，这在《易》例中较为常见；牛：柔顺的动物，引申为"谦顺"。"黄牛"引申为谦顺中正之道。

初九刚健上进又处初位，亲比六二，不应九四，亲比六二意为紧紧依附于六二。六二柔顺居阴位，是谦顺中正者。初九位卑却性刚，在发生变革、动荡之初，圣人劝诫民众要谨守谦顺，依附中正。

下离为牛，六二居中为"黄"，初九亲比六二，六二为下巽之主，巽为绳直为系为"巩"，故称"巩用黄牛之革"。

◎ 不可以有为也

改朝换代的重大变革时期，地位低下的人是没有能力参与的，更是无法有所作为的，只能先保护好自己，故《象》曰"不可以有为也"。

49.6 六二：巳日乃革之，征吉。无咎。

《象》曰："巳日革之"，行有嘉也。

【白话】

六二：在恰当的时期发起了变革，努力前进一定成功。行为没有过失危害。

《象》说："在恰当的时期发起了变革"，如此行动一定会获得嘉美之功。

【解读】

◎ 巳日乃革之，征吉

"巳日乃革"与卦辞同，其解读参见卦辞。

六二谦顺而中正，为下离之主，又为下互巽之主。离为讨伐、征伐，巽为进退为行动，所以六二是正义的讨伐行动的发起者和引领者，为全卦之主。六二既然是代表正义行动的主导者，其结果一定是成功的，故言"征吉"。"征"代表行动，多有阳爻之性，通例一般会据"征"字判定阴爻变阳爻，但本爻应是例外。因为《革》卦卦时为革为动，且六二为下离和下互巽之主，为进退为动，说明六爻是正义、适宜、明智的行动领导者，他的使命是行动，故不应再变。

六二为下离之主，为下互巽之主，离为日为兵戈为革，巽为进退为行动为征，六二正应九五，九五在上兑之中，兑为悦为吉，故有"巳日乃革之，征吉"之象。

◎ 无咎

革除旧政在获得成功之前，对于旧朝来说是大逆不道的行为，是有巨大风险的。六二是谦逊、中正的革命领导者，他代表的是广大人民的利益，也是为了人民而抗争，是正义之举，在讨伐的过程中必定会得到人民的支持，所以过程顺利，不会有任何危害，故言"无咎"。这是圣人对六二行为的肯定和勉励。

49.7 九三：征凶，贞厉。革言三就，有孚。

《象》曰："革言三就"，又何之也。

【白话】

九三：鲁莽地行动很凶险，能够坚守警惕、刚健之德。多次听到变革的道理后而遵从，真诚有信。

《象》说："多次听到变革的道理后遵从"，是说此时又能怎么样呢？

【解读】

◎ 征凶，贞厉

九三刚居阳位，在下之上，是刚勇忠正的守边诸侯王公，在腐败的中央朝政发生重大变革之时，他的位置是最重要也是最微妙的。朝政有乱，前往应敌保护是他职责所在，但面对正义的改革者，应先冷静观察，谨慎地判断是非，如鲁莽地采取对抗行动必然有凶险。这就是"征凶"之义。

贞厉：圣人警示，此时他应保持警惕、刚健、强大之势，随时应对内、外时势的发展。"厉"为刚健、严厉、果决之意，不应理解为危险。

九三在下卦之上、诸侯之位，代表旧朝最强大的武装力量，在《革》之时也是一个危险的位置，是革命者首先要争取或打击的对象，所以有"凶"和"厉"之象。从爻象看，九三亲比六二、正应上六，六二至上六构成的一个大坎，坎为凶，故称"征凶"。

◎ 革言三就，有孚

革言：说明变革的原因和道理的话，如讨伐檄文。推翻旧朝的时候，变革者必定进行革命的宣传，说明旧朝的腐败及革命的理由和必要性，以争取民心。三：多次，指宣扬一定要反复多次才能取信于民。就：相信，听从之意。

九三正应上六，上六为兑之主，兑为口为言。上互乾为三，九三在大坎之中，坎为有孚。上六代表变革之终，九三正应上六，表示在《革》之终，九三信从变革，为"就"，故称"革言三就，有孚"。

49.8 九四：悔亡，有孚改命。吉。

《象》曰："改命"之吉，信志也。

【白话】

九四：忧虑消失，真心诚意地支持更改天命，结果吉祥。

《象》说："更改天命"结果吉祥，是说心志诚信顺从。

【解读】

◎ 悔亡，有孚改命，吉

九四刚居阴位，为旧朝近君的重臣，在变革之时，担心害怕会随着旧朝一起被革除而有悔（担忧），后能明智地接受革命的结果，所以"悔亡"。

有孚改命：真心诚意地接受和支持改变天命。九四改变自己以顺应变化，变六四而正位，则三、四、五爻组成离卦，离为明；又：上兑变坎，兑为统治为天命，坎为有孚，兑命变为坎孚，故称"有孚改命"。

吉：九四作为旧朝最高管理层的核心，在重大变革之时能够及时改变并顺应正义的潮流，这是值得肯定和赞赏的，所以结果一定很好，如商朝的微子。

49.9 九五：大人虎变，未占有孚。

《象》曰："大人虎变"，其文炳也。

【白话】

九五：刚中正义的君王像老虎一样果决、威猛地发动变革，不用占筮也能知道民众一定会欢迎和信服。

《象》说："刚中正义的君王像老虎一样果决、威猛地发动变革"，是说他的威势和行动像虎纹一样盛德彪炳。

【解读】

◎ 大人虎变，未占有孚

九五以刚居阳，是刚正守中的君王。九五正应六二，六二是革命的发起者，所以九五可理解为是六二经革命成功之后成长为刚正之君。

虎为百兽之王，以虎代指刚正威猛、行事果决的君王（以虎代指君王的卦例还有《履》卦）。旧政腐败，新政君王以刚中威猛之德，果决革之，不需占筮，民必信之。

上互乾为君为虎（或言上兑为虎），下应六二之离，离为文明为附丽，故《象》曰："其文炳也"。

49.10 上六：君子豹变，小人革面。征凶，居贞吉。

《象》曰："君子豹变"，其文蔚也；"小人革面"，顺以从君也。

【白话】

上六：君子的改变像豹子一样迅捷而彻底，小人只是表面改变顺从。（变革完成之初）如果强行彻底改变会有凶险，居正渐进才会成功。

《象》说："君子的改变像豹子一样迅捷而彻底"，是说君子从化迁善之德，文质彬彬彰显于外；"小人只是表面改变顺从"，是说小人表面上顺从于君王变革的政令。

【解读】

◎ 君子豹变，小人革面

上爻是对全卦总结。上六阴柔而位于卦之终，表示在重大变革完成之后，内心坦荡的正义君子能够像豹子一样彻底接受变革（豹子全身花纹统一，故取彻底之象）。"君子"指贵族王侯。上六正应九三，故本处"君子"指以九三为代表的诸侯王公。

豹纹在中国古代是有深远寓意的。

汉代刘向著《列女传·陶答子妻》载："妾闻南山有玄豹，雾雨七日而不下食者，何也？欲以泽其毛而成文章也，故藏而远害。"幼豹成长褪毛后，才能长成美丽的豹纹，所以也有"君子豹变"的说法。唐人李德裕在《望匡庐赋》中这样演绎"豹变"："豹文忽变，蔚然以姿；蝉绥更新，倏然而脱。"周代起，天子车驾中就有豹尾车，即取"君子豹变"之意，尾是谦虚的意思。

革面：指表面改变、顺从。成语"洗心革面"指内心和表面都彻底改变。《革》之初成，明智的君子都能快速而彻底的改变，但总有一些愚昧无知，或是不甘心失去利益的人只是迫于威严而表面顺从。上六阴柔而位卦终，阴爻代表小人，表示革之成还有这样的小人存在。

◎ 征凶，居贞吉

变革完成之初，面对表面顺从的小人不可急于要求彻底改变，治理也不能一蹴而就，否则会重新出现动乱而害民的可能，如西周初期发生的"三监之乱"，故称"征凶"。此时应以循序渐进，以德感化，这是圣君的治国之道，故称"居贞吉"。

【总结与启示】

从卦象和古代制革的原始工艺可以推断出卦名"革"的来源，从《大象》辞和爻辞推测卦的本义说的是一场改朝换代的大变革。爻象、爻义说明各个位置所代表的人在这场重大的变革中的应对与自处状态。卦象下离为兵戈，二至上为大坎为凶险，是说卦中暗含着战争的凶险，所以全卦特别强调"有孚"，即要得到百姓的支持和信从才是成功的根本。如卦辞："巳日乃孚"；六二："巳日乃革之"；九三："有孚"；九四："有孚改命"、九五：未占有孚。

人类社会与国家发展绝不是直线向前的，而是曲折向上的，当国家治理过程中积重难返、积弊难治之时，改朝换代是必然的结果。圣人以此警示后世君王，对这样的结果既要认真防范，引以为戒，又要有思想准备。

初九：阳居初位，代表正位的底层百姓，革命之初，当坚守谨慎，紧紧依附于中正。六二：下离之主、下互巽之主，是革命的发起者，在适当的时机进行变革，行动没有任何过失；九三：忠心守边的诸侯，面临正义变革之时不可轻易行动，要保持警惕和刚健，后能信从正义；九四：位不正而有悔，后能及时改变自己，辅佐革命而获成功；九五：君王像老虎一样刚正果决地推行变革，不需要占筮，一定会得到民众的信服；上六：总结全卦：革命结束后，正直的诸侯王公能像豹纹一样变革周全彻底，而不甘心失败的贪婪小人只是表面改过。诚之使小人彻改则要守正渐进，贸然激进则有凶险。

鼎卦第五十：分级授鼎，正位凝命

鼎卦 下巽上离，火风鼎

上九：鼎玉铉，大吉，无不利。
《象》曰："玉铉"在上，刚柔节也。

六五：鼎黄耳金铉，利贞。
《象》曰："鼎黄耳"，中以为实也。

九四：鼎折足，覆公餗，其形渥，凶。
《象》曰："覆公餗"，信如，何也。

九三：鼎耳革，其行塞，雉膏不食。方雨亏悔，终吉。
《象》曰："鼎耳革"，失其义也。

九二：鼎有实，我仇有疾，不我能即，吉。
《象》曰："鼎有实"，慎所之也；"我仇有疾"，终无尤也。

初六：鼎颠趾，利出否。得妾以其子，无咎。
《象》曰："鼎颠趾"，未悖也；"利出否"，以从贵也。

卦辞

鼎，元吉，亨。

50.1 卦名卦序

《序卦》曰：革物者莫若鼎，故受之以鼎。

【解读】

◎ "鼎"是我国古代用以烹煮肉食和盛贮肉类的器具，是古代最重要青铜器物种之一。

"鼎"（炊器）被后世认为是所有青铜器中最能代表至高无上权力的器物。

最初的鼎是由远古时期陶制食具演变而来的，即是由釜、陶支脚和灶的组合而成的。鼎的主要用途是烹煮食物。鼎的三条腿便是灶口和支架，腹下烧火，可以熬煮油烹食物。自从青铜鼎出现后，它又多了一项功能，成为祭祀神灵的一种重要礼器。青铜鼎多为圆腹三足，也有方腹四足的，鼎口处有两耳。对铜鼎的拥有和使用，是奴隶主身份等级差别的重要标志之一，在周代就有所谓"天子九鼎，诸侯七鼎，卿大夫五鼎，元士三鼎"等使用数量的规定。随着这种等级、身份、地位标志的逐渐演化，"鼎"逐渐成了王权的象征、国家的重宝。统治者往往以举国之力，来铸造大鼎。

综上，鼎：其用烹食，其形端正，其象安稳，故以"鼎"象征尊卑等级和国家统治的庄严稳固。

《鼎》卦为卦下巽上离，卦象之所以称为"鼎"，既是象形，也是会意。所谓象形，是卦形像一尊竖立的鼎：初六为鼎足，中间三阳爻为鼎腹，六五阴爻为鼎耳，上九为鼎盖或鼎铉；所谓会意：下巽为木为入，上离为火为釜，下木上火，是木在燃烧，上离又为釜，所以取烹煮的意义而为"鼎"。《鼎》卦本义是以"鼎"用食为喻，形象地说明受封的各级官员尽职用命的状态及结果。

◎ 上卦为《革》卦，说的是革除旧政，建立新朝。新朝建立以后，君王就要重整机构、分封官员、分级行赏，以使各司其职、各尽其才，确保国家统治稳固。所以《革》卦之后是《鼎》卦。

50.2 卦辞：鼎，元吉。亨。

【白话】

以"鼎"分等级、封官员，这是成功稳固新朝统治的关键。过程通达顺利。

【解读】

◎ 鼎，元吉，亨

元吉：成功的关键。"成功"是指新朝能够很快步入稳固统治的正轨，其原因是君王能够正确而迅速地采取分级赏赐，重整机构，分封官员，以使各级官员都能各司其职。

先儒们根据后面的《彖》辞内容判断这里"吉"字是衍文，即"元吉，亨"实为"元亨"。这从意义上来理解是有道理的，因为"元亨"更能体现本卦的重要性：新朝初立，对有功者论功行赏，分封各级官员，以使国家管理尽快稳定，这是每一位新君一定要做的，对新朝的顺利发展非常关键。

50.3 《彖》曰：鼎，象也。以木巽火，亨饪也。圣人亨以享上帝，而大亨以享圣贤。巽而耳目聪明，柔进而上行，得中而应乎刚，是以元亨。

【白话】

《彖》说：鼎，象形。以巽木而入离火，是燃烧烹饪之象。圣人用鼎烹煮食物以祭祀上帝，而伟大的君王以鼎食来尊崇圣贤。巽顺而耳目聪明，阴爻柔顺前进而上行至尊中之位，居于中道而与刚爻相正应，所以说是这是亨通的根本。

【解读】

◎ 《彖》辞作者直接把"吉"字去掉不解读，只是从卦义上解读了"元亨"，说明这个"吉"字很可能是在《彖》辞之后的传抄中误加上的，或是《彖》作者认为是衍文而有意去除。

"而大亨以享圣贤"，"大"指高尚品德的君王。

《象》作者显然把"鼎"理解为烹饪食物而祭祀上帝，或是尊养圣贤。我则以为是以"鼎"象征地位，君王以鼎授命各级官员，以使正位凝命。

50.4 《象》曰：木上有火，鼎。君子以正位凝命。

【白话】

《象》说：木上有火在燃烧，这是鼎卦的卦象。君子得以领悟：要端正职位，专注使命。

【解读】

◎ 君子：在此指以君王以下的各级统治者，他们得到了封赏，已受鼎定级，因此要不负使命，努力作为。正位：确定等级，端正职位，遵守礼法；凝命：各司其职、专注使命。

"鼎"是效法形象的器皿，其形端正、其体安稳厚重。商周时期以"鼎"象征职位、等级的高低。从鼎象得到启发：君王对参与革命、建立新政和帮助治理国家的人员，根据其能力和功劳的大小应公正公平地进行封赏，确定等级，赐以官职。得到封赏者应该端正使命，尽心尽责为国服务，使国家统治像"鼎"一样庄重、安稳。

50.5 初六：鼎颠趾，利出否。得妾以其子，无咎。

《象》曰："鼎颠趾"，未悖也；"利出否"，以从贵也。

【白话】

初六：颠倒鼎足，是为了利于倒出鼎中脏污。向主人表现出谦卑顺从，没有过失危害。

《象》说："颠倒鼎足"，不是违背正道；"为了利于倒出鼎中脏污"，是说顺从于上位的权贵。

【解读】

◎ 鼎颠趾，利出否

否：不洁的东西。鼎翻转而倒出里面的脏物，这是在清理鼎中污秽。初六柔居初位，此处应是代指平民或奴隶。"鼎"代指有地位的官员，初六卑微的奴隶只能做清洁鼎中的污物工作，意为初六奴隶应卑顺地服务于贵族统治者。

初爻为趾，又为下巽之主，巽为进退为入，有向下倾倒之象，故称"鼎颠趾"。

◎ 得妾以其子，无咎

得：通"德"，意为"表现"。妾：旧时男子除妻子以外纳的女子，在夏、商、周三代亦指女奴隶，这里引申为像女奴一样卑微、顺从；子：先生、主人，非指儿子。初六亲比九二，正应九四，九四爻"鼎折足"与本爻之"鼎颠趾"有明显的关联性，故"子"应是指九四。

初六阴柔，本为卑微的平民或奴隶，在此处应代指没有地位的奴隶。初六正应九四，他像女奴一样侍奉、顺从九四这位主人。这在当时对初六而言是理所当然的行为，故无咎。

九四位居三公之位，故称"子"。

本爻说的是新朝初立，国家正是稳固统治之时，圣人教育处于底层的奴隶应该卑顺、忠诚地为统治者（奴隶主）服务，这样才是正道，不会有什么危害。这是由当时封建社会的礼法制度所决定的。

50.6 九二：鼎有实，我仇有疾，不我能即，吉。

《象》曰："鼎有实"，慎所之也；"我仇有疾"，终无尤也。

【白话】

九二：鼎中盛满美食，与我相应者很快赐食，庇佑我能够享用，结果吉利。

《象》说："鼎中盛满美食"，是说要谨慎地选择前进的方向；"与我相应者很快赐食"，最终没有隐忧。

【解读】

◎ 鼎有实

鼎有实："实"本义指家有财宝、财富，在此指美食。鼎中盛满美食引申为得到君王丰厚的赏赐。九二为卿大夫之位，古时统治阶层的初级职务，故能以"鼎"用食，意指九二以其居中之德得到六五君王赐以鼎食。从象形来看，九二指鼎腹的底部，九二又居下互乾体，乾为实，故称"鼎有实"。

◎ 我仇（qíu）有疾，不我能即，吉

仇：本义为情侣、匹配。九二正应六五，故"我仇"指六五。

疾：本义指箭射在人的身上，引申为隐忧、外患，又指像箭一样快速。本处从后面"吉"的筮词来看理解为"快速、疾速"似更为合理。

我仇有疾：是说六五能够很快地对九二授鼎赠食。九二刚居下中，是有才能又能守中之人，是国家有才有德的基层贵族统治者代表。六五代表君王，在君王论功行赏之时九二能够很快地得到君王赏赐。

不：其金文字形不，指在树权上构筑巢居，有庇护之意，故此处训为"庇佑"。即：本义指靠近食物、食用之义。

不我能即：庇佑我能够享受美食，意为九二以其中道之德得到君王的赏赐和庇佑，能够享用君王赐以的美食，故称"吉"。

九二居于中位且正应六五，能得到六五的赏赐和庇护，最终能安享鼎食；六五为上互兑之主，兑为善为吉，故称"不我能即，吉"。

50.7 九三：鼎耳革，其行塞，雉膏不食。方雨亏悔，终吉。

《象》曰："鼎耳革"，失其义也。

【白话】

九三：鼎耳被革除了，其移行献食受到了阻塞，鼎中鲜美的野鸡肉不能食用。等到阴阳和合这种悔憾就会消失，最终吉利。

《象》说："鼎耳被革除了"，是说失去了他应有的意义。

【解读】

◎ 鼎耳革，其行塞，雉膏不食

九三以刚居阳而正位，又为诸侯之位，本应可以享用满鼎的美食，但因鼎的耳坏了，不能抬上来供九三食用。这是因为九三与六五君王不比不应，九四在中间也不能起到传达与沟通的作用，一时得不到君王的认可和赏识。

"雉膏"指的是美食。九三本可以享用美食，因为九三正位而没有过失，其与君王之间不能相应不是他的原因造成的，也是暂时的。

从卦形上说，六五是鼎耳，九三、九四、六五为上互兑，六五为上互兑的主爻，兑为毁折，故有"鼎耳革"之象。九三与九四不比、与上九不应，是为"行塞"；九三与上离卦无比无应，离为雉，上互兑为口为食，与离不应不比是为不食，故称"雉膏不食"。

◎ 方雨亏悔，终吉

《易》例以阴阳和合为雨。九三刚健正位，又居于高位却得不到认可和奖赏，有悔是必然的。既言"雨"，则必有阴阳相正应或相亲比。九三与九四不亲，与上九不应，九三正位且辞中无明显变化的暗示，故变者应为九四或上九。上九可视作六五君王最后的表现，而授鼎者是君王，故应是上九变而与九三正应，是九三终于等来相应，故称"方雨"。则原来阻塞的上行之路变得畅通，悔憾自然消失，最终的结果吉利，故"终吉"。上互兑为"吉"。亏悔：悔亡。

本爻小结：九三刚健正位且为诸侯邦君，因与九四、六五都无比应而一时不能得到认可，故以鼎中虽有美食，却不能送达他享用为喻。后是英明的君王及时改变，才使之得以受赏，故称"终吉"。

50.8 九四：鼎折足，覆公𫗧，其形渥，凶。

《象》曰："覆公𫗧"，信如何也。

【白话】

九四：鼎足折断，打翻了鼎中供公上享用的美食，他的身上被沾湿弄脏了，结果凶险。

《象》说："打翻了鼎中供公上享用的美食"，这如何能值得信任呢？

【解读】

◎ 鼎折足，覆公𫗧（sù），其形渥（wò）。凶铼：鼎中的美味佳肴。渥：沾湿。

鼎折足：鼎足折断，食物倒出不能食，说明九四不能享用鼎食。九四以刚居阴而不正，是九四居高位却不能谋其政，德不配位，以致不仅不能享用鼎食，而且还弄脏了身体，说明九四还受到惩罚，所以为"凶"。

为什么会这样呢？九四正应初六，初六像奴隶一样服务九四，为他翻转鼎足，倒出污物进行清洁。九四以刚居阴失位，故可视为居于高位而飞扬跋扈，不能亲民，以致初六卑怯畏惧，不慎摔断鼎足，虽明为初六之过，实为九四德不配位所致。从象上看：九四刚居柔位而不正，六五柔君，强臣弱君是上有凌君之嫌，下又不能沟通九三，又下应阴柔的初六。初为鼎足且为下巽之主，巽为入有倾倒之象，上兑为毁折，故有"鼎折足"之象。可见九四不正才是毁折的主因。九四在二至五组成的大坎之中，坎为水为湿为凶，故"其形渥，凶"。

此爻说明：居于高位而又德不配位、不能亲民者，最终高官厚禄终将失去，并且还会得到惩罚。

50.9 六五：鼎黄耳金铉，利贞。

《象》曰："鼎黄耳"，中以为实也。

【白话】

六五：黄色鼎耳配上铜杠，适宜坚持守正。

《象》说："黄色鼎耳配上铜杠"，是说居中而得到刚实的助益。

【解读】

◎ 鼎黄耳金铉

黄：中色，引申为居于中道。此为《易》之通例。铉：抬鼎的杠。"金铉"指牢固的鼎杠。鼎耳和鼎杠是使鼎食移动以献食和祭祀的工具，是使"鼎"发挥作用的重要的物品。六五为谦顺居中的君王，所以这句爻辞的引申义为：（六五君王）谦逊居中地领导、任用、赏赐众臣。

五为鼎耳之形，又居中位，故称"黄耳"；六五为上互兑之主，亲比九四、正应九二，九二至九四为乾为金；又，六五上亲比上九，上九为鼎铉之象，故称"金铉"。

◎ 利贞

六五虽为阴爻，但居上离之中，离为明，又下比九四，下应九二，是英明居中而能统领下阳的君王，故言"利贞"，即应该固守这种英明、谦顺、中道之德。

50.10 上九：鼎玉铉，大吉，无不利。

《象》曰："玉铉"在上，刚柔节也。

【白话】

上九：就像鼎器之上的玉做的鼎杠，为大而吉，无往而不利。

《象》说："玉做的鼎扛"居于上位，是说刚柔能够互相节制。

【解读】

◎ 鼎玉铉

玉：柔润、珍贵之物；铉：扛鼎之器。上九刚居卦终，又处上离明之极，引申义为：最终，君王统领众臣，而能得到臣属的尊崇。

上九为鼎铉之象，铉能支配鼎的行动，所以为众臣的统领者。

上九以刚居阴而不正，且与九三不应，结合九三解读，上九变上六才能与九三正应化雨，故上九变上六，与九三正应。九三为下互乾之主，乾为"玉"，上九为铉，故称"玉铉"。

"玉铉"是上九之"铉"得到九三之"玉"之正应支持与尊崇而得，引申为：上九代表的君王变得谦逊而得到九三邦侯的大力支持与尊崇。

◎ 大吉，无不利

大吉：一般都理解为"大为吉祥""大获成功"，似无不可，但我认为还可理解为"为大而吉"。"大"为大人、统治者之意，在上爻则为最高统治者，即君王。"大吉"意为：君王以其谦逊、英明之德为大而成功得到大家的普遍尊崇。

无不利：于人于己，于国于民都是有利的，这显然是对"玉铉"行为的高度认可与赞誉。

【总结与启示】

革故鼎新。《革》卦说的是革除旧政、改换新朝的大变革。新朝初立，君王分等级、定尊卑，分封各级官员，使大家各司其职、各正其位，国家统治则像"鼎"一样安定稳固。

初六指无位的奴隶阶层，在奴隶社会，他们应该谦卑地顺从于主人，为主人服务；九二有德有才居中道而正应六五，是在君王的庇护和应援之下得享鼎食，终得任用；九三满腹经纶，忠贞为国者，虽一时得不到认可，但只要坚持不改，终将有吉；九四以刚居柔，近君不正，最终不仅得不到君王的认可和赏赐，还受到了惩罚，结果有凶险；六五谦逊居中，能够以中道之德领导、任用群臣；上九表示君王最终变得更加英明和睿智而得到邦侯的大力支持与尊崇，利国利民。

本卦对企业管理的启发在于：当企业初建或调整时，首先要解决的问题是设立职能部门，委任负责人，使大家各司其职，稳定内部管理。《论语》子路篇十三记载：仲弓被季氏任命为一县的主官，他向老师请教为政的方法，孔子说："先有司，赦小过，举贤才"。其意即是先设立职能部门，然后才是选拔贤才，这与本卦卦义是相通的。

震卦第五十一：恐惧修省，居正无眚

震卦　下震上震，震为雷

上六：震索索，视矍矍，征凶。震不于其躬，于其邻，无咎。婚媾有言。
《象》曰："震索索"，中未得也；虽凶无咎，畏邻戒也。

六五：震往来，厉，亿无丧有事。
《象》曰："震往来，厉"，危行也；其"事"在中，大无丧也。

九四：震遂泥。
《象》曰："震遂泥"，未光也。

六三：震苏苏，震行无眚。
《象》曰："震苏苏"，位不当也。

六二：震来厉，亿丧贝，跻于九陵，勿逐，七日复。
《象》曰："震来厉"，乘刚也。

初九：震来虩虩，后笑言哑哑。吉。
《象》曰："震来虩虩"，恐致福也；"笑言哑哑"，后有则也。

卦辞

震，亨。震来虩虩，笑言哑哑。震惊百里，不丧匕鬯。

51.1 卦名卦序

《序卦》曰：主器者莫若长子，故受之以震。

【解读】

◎ 震为长子。上一卦为《鼎》，"鼎"为祭祀之器，所以《序卦》这样解释卦序排列。

《震》为纯卦，即下震上震，两震相重，"震"为雷，下雷上雷，有雷声滚滚、雷霆万钧之象。古时"雷"有威慑、惩治坏人之引申。已经触犯律法的普通民众自有国家法律处罚（见《噬嗑》卦），而《震》卦应是对国家统治者中不守正道、德不配位者的威慑和惩戒，以防止和打击贪腐犯错。

上一卦《鼎》卦说的是新朝初立，君王论功行赏，分封各级官员，以使各司其职、各正其命，确保国家统治像"鼎"一样安定稳固。虽然君王希望每个层级的官员都能"正位凝命"、廉洁奉公，但总有德不配位、不守正道者，对这些人就需要进行威慑和惩戒。所以《鼎》卦之后圣人设立《震》卦。

《震》卦是圣人以惊雷震慑为喻，既是要求当政者都能够严以律己、廉洁奉公，又是希望君王能够对地方统治者建立监督、威慑机制，以防止贪腐滋生，惩戒不作为的官员。

51.2 卦辞：震，亨。震来虩虩，笑言哑哑。震惊百里，不丧匕鬯。

【白话】

卦辞：惊雷滚滚，通达顺利。惊雷来时虽会警惕不安，（但内心无愧者）笑声欢快明朗。惊雷响彻百里之外，（问心无愧者）镇定自若而不失诚敬。

【解读】

◎震，亨

"震"可理解为天道维持正义的惊雷。它们是为惩戒不正者而来的，是为了维持国家统治的清明与正义的，从而使国家统治更加通达、顺利，故称"亨"。

卦辞的前段与初九爻辞基本一样。从初九的"吉"的结果来看，这次天道的惊雷是为了对统治阶层正道的维护和非正义之流的荡涤，是为维护百姓利益的，故对于百姓和统治者中守正、居中者不会有任何影响，不需要害怕，但对于不正者，不管位置多高也会受到波及，如九四爻。

◎震来虩（xì）虩，笑言哑哑

虩：蝇虎，一种吃苍蝇的小蜘蛛。这种动物总是非常警惕，后形容恐惧的样子。哑：本义指笑声，《说文》笑也。

从本句出现在初九爻辞中可知，这一句卦辞应是对普通民众而言的。他们对天道惊雷开始感到很害怕，后来发现惊雷是为威慑和惩戒非正义官吏、维护百姓利益的，故而内心愉悦，并欢快地笑起来。

《震》卦为卦下震上震，下互卦为艮，上互卦为坎，艮为虎，坎为忧为恐惧，恐惧不安的虎即为"虩"，故称："震来虩虩"。初至四为大离为明，上震为笑，明朗的笑为"笑言哑哑"。

◎震惊百里，不丧匕（bǐ）鬯（chàng）

匕：祭祀时取酒的勺子；鬯：祭祀用的香酒。匕鬯：斟酒祭祀，引申为对国家、神灵和祖先的真诚和崇敬。这一句则是针对忠诚爱国、一心为民的正义统治者而言的。他们坚守正道，无愧于天地祖先，因此惊雷来时能够内心无愧、坦荡而镇定地进行祭祀。

六五谦中之君，正义之震又有何惧，故能"不丧匕鬯"。

互艮有祭祀之象，初至四为大离，离为大腹，故有"匕"象；上互坎为水为酒，有"鬯"之象，艮又为止，故称"不丧匕鬯"。

51.3《象》曰："震，亨。震来虩虩"，恐致福也；"笑言哑哑"，后有则也。"震惊百里"，惊远而惧迩也；（"不丧匕鬯"），出，可以守宗庙社稷，以为祭主也。

【白话】

《象》说："震，亨。震来虩虩"，是说恐惧可以带来福泽；"笑言哑哑"，是说后来有应对震荡的法则。"震惊百里"，使远处的人感到震惊，使近处的人感到恐惧。（"不丧匕鬯"），（意思是说：）君王出行时，（主祭的长子）可以留守宗庙社稷，并主持祭祀。

【解读】

◎《象》对卦辞的解释我不评价不解读，仅供读者参考。需要说明的是，《象》辞缺了"不丧匕鬯"，现依卦辞补上。

51.4《象》曰：洊雷，震。君子以恐惧修省。

【白话】

《象》说：雷声接连而来，这是震卦的卦象。贵族统治者要从中得到启示：心存畏惧、修养品德、反省过失。

【解读】

◎ 洊（jiàn）：相重、连续。下雷上雷，两雷相重，接连而至，故称"洊"，与坎卦的"水洊至"的"洊"义同。

古人认为惊雷代表正义，是上天派来威慑、惩罚坏人的。今惊雷滚滚而来，则必有坏人作恶而惹怒上天。贵族统治者观此之象当感到恐惧，反省自己的行为，改正自己过错，修养品德以避免受到天道的惩罚。这里"君子"应泛指贵族统治者，因为"雷"是针对他们中的不作为或胡作非为者的。

程颐曰：君子畏天之威，则修正其身，思省其过咎而改之。不唯雷震，凡遇惊惧之事，皆当如是。

程颐所说的"君子"是儒家所指的"君子"，即泛指积极上进、择善固执、守正有信的所有人，强调的是个人的品德修养。

51.5 初九：震来虩虩，后笑言哑哑，吉。

《象》曰："震来虩虩"，恐至福也；"笑言哑哑"，后有则也。

【白话】

初九：惊雷传来，令人警惕不安，后来又笑声欢快。结果吉利。

《象》说："惊雷传来，令人警惕不安"，是说恐惧带来了福泽；"笑声欢快"，是说后来有应对动荡的法则了。

【解读】

◎ 震来虩虩，后笑言哑哑。吉

"震来虩虩，后笑言哑哑"与卦辞基本相同，只多了一"后"字。

初九刚居初而正位，代表正直爱国的平民百姓或正义的低层管理者。他们对突然到来的惊雷初始感到警惕、惊惧（非心虚害怕），后来知道这是来惩戒贪腐不正或尸位素餐的官吏而能笑声明快、大快人心。

"吉"则说明惊雷的威慑能使不正官吏恐惧修省、改正过错，以更好地服务百姓，使社会更加清明、更加和谐，使百姓受益。

虩虩：警惕不安，是说对突然来临的震荡因没有思想准备而害怕。这与处于不正之位而心虚的害怕是不同的，如六三的"苏苏"。

本爻辞取象见卦辞解读。

本爻《象》辞直接取自《象》辞。

51.6 六二：震来厉，亿，丧贝，跻于九陵。勿逐，七日复。

《象》曰："震来厉"，乘刚也。

【白话】

六二：惊雷传来，非常猛烈，安然处之，奉上财物，登上高处（去祭拜）。不要去追逐（惊雷），过一段时间后会还会回来。

《象》说："震荡来临非常猛烈"，是因为柔爻驾乘在刚爻之上。

【解读】

◎ 震来厉，亿，丧贝，跻于九陵

厉：本义指山崖上突出的坚石，此处形容惊雷气势宏大、猛烈。

亿：形声字，（繁体字为"億"）从人从意，本义指"安"。《说文》：億，安也。程颐解为"臆"。来知德按《象》辞解为"大"。我以为应以本义"安"解，六五最明。

跻：登；九陵：高山峻岭。

"丧贝，跻于九陵"，传统理解为：六二因恐惧抛弃财产，逃避到高山之上。我认为这样的理解有三疑：一是六二即中且正，内心坦荡，何惧之有？二是六二就算恐惧逃避，为什么说要抛弃宝贝？三是惊雷本是自天上而来，如果是惧怕逃避的话依常理应是躲到床下或其他隐蔽之处，登上高山离惊雷反而会更近。所以传统的理解是值得推敲的。根据爻象分析，我认为：六二以柔居阴，既中且正，虽位于大夫的初仕之位，但却是为政者中的道德典范，对官吏中的黑暗疾恶如仇但又无可奈何，现见代表正义的惊雷前来惩治黑暗，不仅内心没有丝毫惧怕，而且非常安定并登上高山前去迎拜。根据这样的理解，则断句为："震来厉，亿，丧贝，跻于九陵。"（今本"亿"后无逗号）。六二柔居中位有安稳之象，如《豫》之六二："介于石"，故称"亿"。"跻于九陵"不是逃避，而是为了登上高山去欢迎和祭拜惊雷，与后面"勿逐"一词也可对应。"丧贝"则是主动献上宝贝，大概这是为了表达祭拜者的诚意。

初至四为大离，离为贝，下震为动为奉献为丧，故称"丧贝"；震为动为跻，互艮为山为九陵又有祭祀之象，故称"跻于九陵"（祭拜）。

◎ 勿逐，七日复

逐：本义指追猎野兽，引申为追逐。

七日：在《易》例中通常理解为一个周期。卦有六爻，过六复位为七数，故指一个周期，或泛指一段时间以后。

本句先儒学者们大多理解为：不要去追逐失去的财宝，七天后会失而复得。如果前一段先贤的理解是错的，那么这一句这样理解显然也是错的。我认为追逐的是惊雷，目的是希望威慑坏人的惊雷能够多留一段时间，以使坏人全部得到惩戒，因为惊雷转瞬即逝。

七日复：意为一段时间以后惊雷还会回来，引申为对黑暗和腐败的惩治会持续不断。卦象为下雷上雷，雷声滚滚、反复不断。故"复"指惊雷反复，意为威慑之雷反复不断，不会给坏人留下侥幸的机会。

51.7 六三：震苏苏，震行无眚。

《象》曰："震苏苏"，位不当也。

【白话】

六三：惊雷来时惶恐不安，根据惊雷的警示而变则没有灾殃。

《象》说："惊雷来时惶恐不安"，因为位置不正当。

【解读】

◎ 震苏苏，震行无眚

"苏苏"，程颐说：神气涣散自失之状。"苏苏"与初九的"虩虩"有什么区别呢？我以为：初九代表的正直民众或正义的年轻官员，惊雷带来的只是普通的惊吓，而非心虚害怕，所以"虩虩"表示像蝇虎那样警惕、关注，但内心坦然。六三以柔居刚而不正，代表不正的王公，所以"苏苏"有心虚不安而惶恐之意。

"震"是匡正之雷，"震行"意为按照震雷的指引而行，即变不正为正。六三受到惊雷的警示，改变不正以就正道，所以"无眚"。"眚"指外来的灾殃。

六三为下震之末、又在互坎之中，坎为忧，故有"苏苏"之象。六三变，则坎消失而变为兑，兑为悦为善，故"无眚"。

三为诸侯王公，是国家安全的守护者。六三以柔居刚而不正，居刚用柔不能履职，匡正之雷到来之时因为心虚不安，受到威慑，因而能及时改变自己，因此不会受到伤害。

51.8 九四：震遂泥。

《象》曰："震遂泥"，未光也。

【白话】

九四：动荡之时深陷泥潭。

《象》说："动荡之时深陷泥潭"，是说他的品行不能光明正大。

【解读】

◎ 震遂泥

九四既为上震之主，又为互坎之主，坎为水为泥为凶；另，一阳陷于四阴之中，故有"震遂泥"之象。其意为：因自身品行不正，在惊雷的威慑下心惊胆战又彷徨无助，就像深陷于淤泥之中无法动弹。这是对不正而又居于高位者的惩戒和警示。

九四阳居阴位，以不正之阳近谦柔之君，是凶险之位，应是惊雷所匡正的主要目标，又无变动之象，虽无凶、咎之辞，实则必难善终。

51.9 六五：震往来厉，亿，无丧有事。

《象》曰："震往来厉"，危行也；其事在中，大无丧也。

【白话】

六五：惊雷之势来往猛烈，镇定安稳，没有影响祭祀之事。

《象》说："惊雷之势来往猛烈"，是说这是危险的行动；居中主持祭祀之事，心胸宽广博大而沉稳无失。

【解读】

◎ 震往来厉，亿，无丧有事

下震上震，惊雷去了又来、气势猛烈，故称"震往来厉"。

有事：指主持祭祀之事。此与卦辞"不丧匕鬯"相对应，引申为诚敬庄重。六五亲比九四，九四为下互艮之主，艮为石为"厉"；另，艮有祭祀之象，为"有事"，比则"无丧"，故称"无丧有事"。

五与二皆为中位，故都有"亿"，即安稳不乱之意。

匡正之雷虽然猛烈，但君王以谦巽之德安居中道，故能安稳不乱、诚敬不失。

51.10 上六：震索索，视矍矍，征凶。震不于其躬于其邻，无咎。婚媾有言。

《象》曰："震索索"，中未得也；虽凶无咎，畏邻戒也。

【白话】

上六：惊雷来时（如果）惊恐得脚发抖，眼睛又惊惶四顾，这样（说明心虚而）有凶险。惊雷只是惩罚了他邻居而没有惩罚到他自己，（因为）及时改过值得肯定（无咎）。相助者只有责怪之言。

《象》说："动荡之时惊恐得脚发抖"，因为不居于中道而行为失当；虽然有凶险但没有过失咎害，是因为畏惧邻居受到了惩罚而有所戒备。

【解读】

◎ 震索索，视矍矍（jué），征凶

郑玄曰："索索，犹缩缩，足不正也；矍矍，目不正也。"

震索索：指因行动不正，见惊雷而恐惧畏缩。视矍矍：指眼睛透露出犹豫和不甘心状。征凶：指继续发展不改变，长此以往则结果凶险。上六阴柔而居于卦之终，是对全卦进行总结：惊雷来时，观察管理者表现，如惊恐不安，则说明其行为不正，心虚而惧，如坚持不改则一定有凶。这是以第三者的角度进行观察和总结。

上六变，则上震为离，离为视。上九正应六三、亲比六五，六三至六五组成互坎，坎有惊恐、犹豫之象，故"视矍矍"。

上六与六三相对，是借助六三行为作出的警示和说明，希望像六三一样的不正者能够彻底改变，不要犹豫，否则很凶险，故诫之"征凶"。

◎ 震不于其躬于其邻，无咎。婚媾（gòu）有言

震不于其躬于其邻，无咎：身处其中，如果匡正之雷没有伤害自己而是针对自己身边之人，那么说明自己的行为虽有过失，但及时改正。"无咎"是对六三知错能改行为的肯定。"其邻"应指与六三同朝为官的九四。

婚媾：在《易》例中指正应的两爻，而上六与六三对而不应怎么会有"婚媾"之说呢？从六三的解读可知，六三不正，但能及时顺着匡正之势而改变，即六三已变为九三。此取六三的"变象"，故有"婚媾"之象。

有言：有抱怨、劝诫之言。"有言"在《易》例中指的是微不足道的小挫折、小伤害，其害远轻于咎凶。说明六三果断的改变之后只是受到君王言语上的责怪。类似的用法可见于《需》之九二："需于沙，小有言，终吉"、《讼》之初六："不永所事，小有言，终吉"。

本爻是针对六三的及时改过行为进行总结，并借以警示。

【总结与启示】

准确理解《震》卦的关键是要弄明白"震"到底是什么？是怎么发生的，目的是什么？从卦辞和各爻可大胆推测"震"是上天发出的、惩治不正的官吏的正义之雷。这可能是文王想象出来的，或者说他认为有可能的正义的力量，希望利用惊雷来警示为政者不可有偏离正道的行为。这是因为商周时期的贵族们受到的约束是很少的，也没有形成监督机制，所以希望依靠天道的力量来进行警示和约束，反映了文王对防止贵族腐败和不作为的思考与担忧的政治思想。

根据这样的理解，从各爻爻辞也可以看出：居于正位和中位者没有影响，最多受到一点惊吓，如初九、六二、六五；对于不正者只要及时改变也不会有灾殃，如六三。居于中位的二和五都能临乱不惧，安稳以对。卦中唯一受到影响的是九四，刚健不正

而近柔君，本是凶险之位，所以受影响最大。六二既中且正，是正道的典范，内心希望和欢迎惊雷能够惩治腐败，还官场以清明与廉洁。

管理者犯罪往往危害很大，职位越高，危害越大，所以如何防范管理者犯错是组织最高管理者及上级主管部门应该重视的问题。如何建立起有效的监督机制，如何从根本上杜绝管理者思想变质、行为偏离，不论是国家，还是企业，都非常重要。

卷十二

艮卦第五十二：止其所止，思不出位

艮卦 下艮上艮，艮为山

上九：敦艮，吉。
《象》曰："敦艮"之吉，以厚终也。

六五：艮其辅，言有序，悔亡。
《象》曰："艮其辅"，以中正也。

六四：艮其身，无咎。
《象》曰："艮其身"，止诸躬也。

九三：艮其限，列其夤，利重心。
《象》曰："艮其限"，危薰心也。

六二：艮其腓，不拯其随，其心不快。
《象》曰："不拯其随"，未退听也。

初六：艮其趾，无咎。利永贞。
《象》曰："艮其趾"，未失正也。

卦辞

艮其背，不获其身；行其庭，不见其人。无咎。

52.1 卦名卦序

《序卦》曰：震者，动也。物不可以终动，止之，故受之以艮。

【解读】

◎《艮》为纯卦（上下卦同），下艮上艮，两艮相重，为《震》之覆卦。

"艮"的甲骨文为𩙿，其字形上面是一只放大的眼睛，下面是人的躯体，而眼睛似是朝后看的。看字形再结合本卦卦象推测：放大的眼睛是强调人所看见的一切，眼往后看则表示在回避眼前的东西。老子曰："五色令人目盲，五味令人口爽"。人的欲望和诱惑总是来源于眼睛所见，抵制欲望和诱惑最好的办法就是使眼睛回避各种诱惑。"艮"字甲骨文字形正是突出眼睛所见，避开前方诱惑，故"艮"有止于所见、回避欲望之意。从下面卦辞、《大象》辞的解读可知，这应该就是《艮》卦的本义。

《艮》卦三至上为离为眼，下面两阴爻可看作"人"形（从下面各爻的解读可知，初至五爻爻辞正是以人的肢体为喻说明道理的），这与"艮"字的甲骨文字形非常相似。由此可见，《艮》卦卦名不仅仅是从经卦艮卦而来，也是从卦形卦象而来的。

◎ 上一卦为《震》卦，说的是天道惊雷惩治和警示为政者中不正之吏。惩治不正官吏最终目的是希望官吏们都能不违背正义，不贪欲腐败，有所为有所不为。所以圣人希望后世君王能够知道从思想上教育贵族们知其所止不贪欲，从根本上治理腐败。《艮》卦说的就是背离贪欲，知其所止，所以《震》卦之后是《艮》卦。

52.2 卦辞：艮其背，不获其身；行其庭，不见其人。无咎。

【白话】

卦辞：人的眼睛背离所见所欲，那么就不会（被欲望）控制你的思想；这样在朝廷为官，也就不会让别人看见自己的弱点和不足。没有过错咎害。

【解读】

◎ 艮其背，不获其身

本卦卦名与卦辞连为一体。从前面对"艮"字的甲骨文分析可知："艮其背"应是指眼睛背离所见所欲，"背"强调的是背离、回避。"不获其身"的原因显然是因为"艮其背"。"身"同六四的"艮其身"之"身"，可理解为心、思想等。故此句可理解为：不会被利益和欲望控制其思想。如果我们能做到时刻回避诱惑，背离欲望，那么就不会被各种贪念和欲望控制思想，也就不会失正弃义。这就是"艮其背，不获其身"的意思，是圣人用来劝勉和忠告贵族和官员的，对于今天的我们每一个人同样都有很好的启发。

◎ 行其庭，不见其人。无咎

"庭"，帛书本、楚简本均作"廷"。《说文》："廷，朝中也"；"庭，宫中也。"案："廷"为"庭"之本字，指朝廷，大臣朝拜君王的地方，另见《夬》之"扬于王庭"。

结合前句，本句显然说的是为官之道。行其庭：以其行于庭之意。"其"指"艮道"，即主动背离欲望。不见其人：不会被人看见和抓住自己身上的弱点。为官者坚持这种回避利益的"艮道"，在朝廷为官，就不会被人看见自己身上的弱点和不足，这样当然不会有什么过失。

艮为门庭。上艮为高高在上的门庭，即是王庭。上互震为行，故称"行其庭"。

52.3 《彖》曰：艮，止也。时止则止，时行则行。动静不失其时，其道光明。艮其止，止其所也。上下敌应，不相与也。是以"不获其身，行其庭，不见其人，无咎"也。

【白话】

《彖》说：艮是停止的意思。该停止时就停止，该行动时就行动。动和静都不失时机，这种原则光大明智。回避利益的停止，是停止在应该停止的地方。上下各爻都相敌应，是不能相互应援。所以卦辞说"不获其身，行其庭，不见其人，无咎"。

【解读】

◎《象》作者从儒家思想的角度对卦辞进行解读，在此不做分析与评论，仅供读者参考。

52.4 《象》曰：兼山，艮。君子以思不出其位。

【白话】

《象》说：上下两山相兼，这是艮卦的卦象。贵族官员们应该由此受到启发：思想不可脱离职责、礼制和道德的约束。

【解读】

◎ 兼山：上山下山，两山相重。"艮"为眼睛回避而后看。

思不出其位：思想不可越过职责、礼制、道德的约束。"位"不应简单理解为位置，应引申为工作与职责的要求，道德与礼制的约束。贵族官员们应该从卦象得到启发：要约束自己的行为，忠于职守，知其所止，不去思考与自己职位和工作无关的事，不去考虑与自己地位和德行不相称的得失。这与《鼎》卦《大象》辞"君子以正位凝命"有些类似，都是教育官员们要谨慎为官，不可产生贪欲。区别在于《鼎》卦指的是新朝初立，君王分封官员，强调的新任官员要专注使命、尽心履职；而《艮》卦强调的是官员久当其政时要注意自身品德修养，抵制各种诱惑，防止产生贪欲腐败。

君子：泛指贵族官员们，也可以指君王。如指君王则《象》辞可以理解为：君王从中得到启发，要管理和教育各级官员知其所止，思想不可脱离职责、法制、道德的约束。

52.5 初六：艮其趾，无咎。利永贞。

《象》曰："艮其趾"，未失正也。

【白话】

初六：回避诱惑一开始从脚趾（行动）做起，没有危害。适宜永守正固。

《象》说："（回避诱惑）一开始从脚趾做起"，是说没有迷失正道。

【解读】

◎ 艮其趾，无咎。利永贞

本卦观象系辞与《咸》卦类似，都是全卦以人取象，或者说全卦像一个人形：初六为脚（趾），初二为腓，九三为股和腰，六四为腹胸，六五为头部，上九为人头上的帽子或头盖之类。故初六取趾象。如果说《咸》卦只是单纯的以卦形像"人"来说明感应的道理，那么《艮》卦则可看作是以卦形像"夫"来说明道理。而"夫"的古字正是在"人"的上面加一横，代表有担当的成年男子，在此指戴着官帽的地位较高的管理层。所以《艮》卦主要是针对地位较高的执政者而言，故卦辞言"行于庭，不见其人，无咎"。

与《咸》卦类似，人行动或停止都是由脚（趾）执行的，指挥脚（趾）动或止则由身（心）决定。止住了趾，则全身可止，这样当然就不会有危害。另外，初爻通常表示行动之始，故"趾"还可引申为行动之始。一开始就能够做到控制自己的行动，不为利益得失所动，这样当然不会偏离正道，所以没有过失，这是值得肯定的，故"无咎"。

初六阴柔，圣人警示要持之以恒，故曰"利永贞"。

从国家而言：本卦主要是针对执政者，故初爻不是代表底层百姓，而是强调时间的初始。

52.6 六二：艮其腓，不拯其随，其心不快。

《象》曰："不拯其随"，未退听也。

【白话】

六二：回避诱惑就像人的小腿，不能自主只能跟随别人，内心非常不情愿。

《象》说："不能自主只能跟随别人"，是因为在上者不能听从在下者的意见。

【解读】

◎艮其腓，不拯其随，其心不快

全卦以人体为象，六二正处腓（féi）位，此与《咸》卦六二爻象类似。腓：腿肚子。"腓"居于人体下肢中部，不能自主行动，只能随从大腿的指挥而配合趾的行动。拯：控制，这里指自我控制。

不拯其随：不能控制自己，只能跟随别人。六二亲比九三，九三既为下艮之主，又为上互震之主，震为动，故六二跟随九三而动。

或有人问：六二以柔居阴，既中且正，应能够做到止其所止者，为何不能自主？这是因为本卦全卦以人取象，只以各爻在人体的不同位置为喻，不单以是否正位论。

从国家而言：六二代表既中且正的士大夫之位，他虽然行为中正合义，但却要听命于上级官员，身不由己，如果上级不正，他也只能内心不快而无可奈何。圣人这是要告诉后世君王：整个国家各阶层就像人的身体一样是一个整体，总是彼此相连，所以官员的尽职、清廉教育应系统进行。

六二亲比九三，九三为互坎之主，坎为心为加忧为不快，故称"其心不快"。

52.7 九三：艮其限，列其夤，厉熏心。

《象》曰："艮其限"，危熏心也。

【白话】

九三：回避诱惑就像人的腰部，脊背撕裂，受到剧烈伤害而心疼如焚。

《象》说："回避诱惑就像人的腰部"，是说危险使人心疼如焚。

【解读】

◎ 艮其限，列其夤，厉熏心

限：界也，指人上下体连接的腰部。马融："限，要也。""要"即"腰"；郑玄、荀爽、虞翻同。全卦按人体取象，九三正处于人的腰部，故以腰为喻。人的腰连接身体的上下，是非常关键的部位，与"腓"一样，也是无法自主行动的。可以想象得到：如果人体上身与下身不能协调行动，受伤害最大的就是中间的腰部。

夤（yín），马融："夹脊肉也。"；厉：刚健、严厉，此处指受到的伤害非常剧烈。

从爻象而言：九三刚居阳而正位，为下艮之主，本是能够守正道而知其止者，然阳爻为动为有欲，又为上互震之主，有欲难止。艮为止，震为动，是想动又止，人的身要动而腿要止，中间的腰就容易受到伤害，所以称"艮其限，列其夤"。

从国家而言：本爻与六二爻类似，也是身不由己者，如果自己守正而上级不正，他会受到较大伤害。原因是九三以刚居阳，正而不中，刚正不阿，所以在遇到不正的上级时通常受到伤害更大。

九三又为下互坎卦之主，坎为心为危为厉，九三与上九组成大离，离为火为薰，故称"厉熏心"。

占者刚正不阿，想做到止其所止，却又身不由己，因此痛苦万分。

52.8 六四：艮其身，无咎。

《象》曰："艮其身"，止诸躬也。

【白话】

六四：回避诱惑就像止住人的整个身体（心），没有过失危害。

《象》说："回避诱惑就像止住人的整个身体（心）"，是说自己能够控制而停止。

【解读】

◎ 艮其身，无咎

本卦六四是人的心位，如《咸》卦的九四为心位一样。古人认为心是指挥全身的中枢，心止则身自然止，故爻辞直接言身不言心。

从爻象而言：六四柔居阴而正位，居上艮止又亲比下艮止，其位正，其性静，故能止其所止，所以"无咎"。

从国家而言：六四正位，又为近君重臣，是指挥全国行动的关键，他知道止其所止，则国家上下都能止其所止。这是国之幸、民之福。

52.9 六五：艮其辅，言有序，悔亡。

《象》曰："艮其辅"，以中正也。

【白话】

六五：回避诱惑就像止住人的嘴，说话言而有序，悔患消失。

《象》说："回避诱惑就像止住人的嘴"，是说居于中道能够正言正行。

【解读】

◎ 艮其辅，言有序，悔亡

本卦以六五为人体头部，如《咸》卦以上六为头部一样。辅：面颊，这里指口。上互震与上艮组成《颐》卦，颐为口，故取"辅"象，为言。

来知德曰："'艮其辅'者，言不妄发也。'言有序'者，发必当理也。"五为君位，居上之中，人嘴之位也，故以辅为喻。

从国家而言：五为君王之位，君王说的话就是政令，如果不正，则必致天下大乱，所以要"言有序"。"序"者，伦序也。六五以柔居刚，不能以力使天下人知其所止、止其所止，所以有隐忧，但终究能做到"言有序"，并用政令去影响天下人，故能"悔亡"。

◎ 以中正也

六五柔居阳位，中但不正。《象》作者认为正可以不中，但中不失其正。

孔颖达《正义》曰："'以中正'者，位虽不正，以居得其中，故不失其正"；

程颐曰："五之善者，中也。'艮其辅'，谓止于中也，言以得中为正，止之于辅，使不失中，乃得正也。"

我认为：中而不正时，并不是"中"就可以不"正"，而是"中"会根据时势及时调整自己的行为以就正，即能向正而变。前面多卦有论述。

52.10 上九：敦艮，吉。

《象》曰："敦艮"之吉，以厚终也。

【白话】

上九：最终能够止其所止，吉祥如意。

《象》说："最终能够做到止其所止"能够吉祥如意，是说最终能敦厚、笃实地坚守艮道。

【解读】

◎ 敦艮，吉

敦：《象》作者显然是解为"敦厚"之意，故称"以厚终也"。古今学者也都从此解，但我认为还可以有其他解释，如下：

敦：古代的一种青铜器，用来盛放黍、稷、粱、稻等饭食的器皿，由鼎、簋的形制结合发展而成，后演变为青铜器皿的盖（《百度百科》）。本卦全卦以人为象，六五为人的头部（口），则上九在人的头部之上，有帽子或头盖之象，这与"敦"字古义为"盖"义是相符的。器皿的盖在顶部，是在器皿盛满物品之后进行封口，引申到做事情则可理解为总结、完结。故"敦艮"可理解为最终能够很好、完美地做到"艮"，即得善终，故为"吉"。

【总结与启示】

从"艮"的甲骨文字形可知，"艮"其本义为眼睛回避眼前所见所欲。《艮》卦卦形、卦象与字形非常相似，所以艮卦的本义是教育人们要使眼睛回避利益和欲望。如果能做到这点，无论是为民还是为官，都不会有过失。全卦以人体为象，与《咸》卦叙事方法非常类似。不同的是《咸》只是以普通的"人"各部位为喻说明感应的道理，而《艮》则是在"人"的头部加了一个帽子，即"夫"，代表成年有担当之人，引申为有地位之人，故本卦主要针对执政者说明知其所止的道理。

初六：以趾为喻，趾（脚）是人体行动或停止的执行者，从脚开始就能做到止其所止是能控制自己的行动，结果必定无咎。圣人勉其要守正并长久保持；六二：以腓为喻，既中且正却只能附从于上级，虽非己之过但仍心有不快；九三：以腰为喻，位不得宜，刚正不阿却身不由己，故焦虑如熏炙其心；六四：以身（心）为喻，柔居正位，动发于心，能够不受他人影响，做到止其所止故能无咎；六五：柔居尊位本有隐忧，但能使言（政令）得当，下行有序，故能悔亡；上九：居艮之终，指能自始至终地坚持艮道，结果吉利。

本卦今天对于我们为人处世仍有很好的借鉴和指导意义。

渐卦第五十三：循序渐进，培植根基

渐卦 下艮上巽，风山渐

上九：鸿渐于陆，其羽可用为仪，吉。
《象》曰："其羽可用为仪，吉"，不可乱也。

九五：鸿渐于陵，妇三岁不孕，终莫之胜，吉。
《象》曰："终莫之胜，吉"，得所愿也。

六四：鸿渐于木，或得其桷，无咎。
《象》曰："或得其桷"，顺以巽也。

九三：鸿渐于陆，夫征不复；妇孕不育，凶。利御寇。
《象》曰："夫征不复"，离群丑也；"妇孕不育"，离其道也；"利御寇"，顺相保也。

六二：鸿渐于磐，饮食衎衎，吉。
《象》曰："饮食衎衎"，不素饱也。

初六：鸿渐于干，小子厉，有言无咎。
《象》曰："小子"之厉，义无咎也。

卦辞

渐，女归吉，利贞。

53.1 卦名卦序

《序卦》曰：艮者，止也。物不可以终止，故受之以渐。

【解读】

◎ 渐：从水从斩，"斩"为分断、切断之意，造字的本意可能指古代治水的时候分段治理，后引申为有序渐进。为卦下艮为山，上巽为木，木在山上逐渐长大，正是有了山体的厚实，才保障了树木长而愈高。从山体的形成，到山中树木成林，都不是一朝一夕出现的，而是经过若干年后才慢慢发展而成，形成以后又能稳固持久。这就是《渐》卦的寓意。

《渐》卦卦辞以"女归"遵礼从序的良好习俗为喻，而爻辞又以鸿雁逐步成长和终生相守为喻，说明逐渐养成良好习俗的积极意义。"女归"在严格按各礼序进行的基础之上成就一段美好婚姻，开启循序发展的人生，就好像有了山体厚实的基础，才可确保树木的良好成长。

◎ 上一卦为《艮》卦，说的是有担当者要懂得止其所止，不贪欲、不腐败，以提高自身修养。高尚的品德、清廉的政风不是一天就可以形成的，正是需要广大官员懂得"艮道"的重要性以后，在这个基础上循序渐进、逐步养成。圣人立《渐》卦告诉君王应逐步引导、慢慢培养为官者清廉、勇于担责、忠君爱民的良好风气，并持之以恒，不断巩固，以使人民安居乐业，国家持续发展。所以《艮》卦之后是《渐》卦。

53.2 卦辞：渐，女归吉，利贞。

【白话】

卦辞：循序渐进，女子依礼遵序出嫁才是吉利的，应该坚守这种礼仪。

【解读】

◎ 女归吉，利贞

古时女子出嫁叫"归"。据《五礼通考》记载，中国婚礼习俗自古以来上至天子下至庶民都采用"六礼"这一习俗。"六礼"即"纳采、问名、纳吉、纳征、请期、亲迎"等六个步骤。在"纳采""纳吉"等过程有以"雁"为求婚信物的习俗，因为"雁"代表对爱情的忠贞不渝。

女子出嫁的六礼次序是经长时间形成并得到传承的。六礼习俗确定以后，大家都自觉遵守，然后就能得到大家的祝福，自然一切过程就正当而顺利，故称"吉"。如果不按"六礼"之序进行就是"苟合"，这样就没有幸福的基础，就会遭到大家的非议而不被认可，结果自然不会顺利。所以"利贞"。

这是以女子出嫁的"六礼"为例说明良好习俗的形成是时代礼制、文化与秩序的反映，有着明确的规范和要求，受到约束的人只有认真遵守才能得到大家的支持而顺利达到目的。这对维持国家与社会良好的管理秩序是非常有益的，所以从国家治理而言，圣人希望后人能够善于利用和借助礼制、舆论的力量，逐步培养、形成国家和社会良好的管理秩序。

53.3 《彖》曰：渐，之进也，"女归吉"也。进得位，往有功也。进以正，可以正邦也。其位，刚得中也。止而巽，动不穷也。

【白话】

《彖》说：渐，是循序渐进的意思，所以说"女子依礼序出嫁才会吉祥如意"。依其位而行，发展下去才会有功德。前进符合正道，才能够端正国家的治理。这里的"其位"，是指九五刚健而居中。知止而有序，行动就不会陷入穷尽。

【解读】

◎ "渐，之进也"至"刚中也"

之：有序前进。

引《周易正义》解释本句，供读者参考，不代表我的观点。

孔颖达曰："进得位，往有功也，进以正，可以正邦"者，此就九五得位刚中释"利贞"也。言进而行于贵位，是"往而有功"也。以六二适九五，是进而以正。身既得正，"可以正邦"也。"其位刚得中"者，此卦爻皆得位，上言进得位，嫌是兼二、三、四等，故特言"刚得中"，以明得位言，言唯是九五也。（《周易正义》）

◎ 止而巽，动不穷也

下艮为止，上巽为顺为有序，知其所止，进而有序，这样的行动正当而适礼，因此不会陷于穷尽。

53.4 《象》曰：山上有木，渐。君子以居贤德善俗。

【白话】

《象》说：山上长着树木，这就是渐卦的卦象。君子得以领悟要传承贤良品德和美好习俗。

【解读】

◎ 君子以居贤德善俗

君子：以君王为代表的统治者。居：培养、传承。

树木在山体厚实的基础之上慢慢地长成参天大树，渐而成雄伟森林。好的习俗也是经过大家选择、沉淀，并循序渐进地养成的，是遵守者美好品德的反映。好风气、好习惯养成以后又能帮助大家行进在正道之上，长此以往，最终能形成国家社会良好的管理秩序，有可能达到儒家的"止于至善"的理想状态。习俗有好也有不好的，统治者们应要倡导贤德善俗，改正不良习俗。

程颐曰：人之进于贤德，必有其渐，习而后能安，非可陵节而遽至也。在己且然，教化之于人不以渐，其能入乎。移风易俗，非一朝一夕所能成，故善俗必以渐也。（《伊川易传》）

53.5 初六：鸿渐于干。小子厉，有言无咎。

《象》曰："小子"之厉，义无咎也。

【白话】

初六：鸿雁渐进打闹练习。年轻人莽撞、勇猛而有一定的危险，因有长者的批评与教导之言才不会有过失危害。

《象》说："年轻人"有一定危险，从理义上来说没有过失。

【解读】

◎ 鸿渐于干。小子厉，有言无咎

鸿：雁。《渐》卦的各爻都以雁为喻。雁是一种水鸟，它的生活、迁徙都有固定的规律，成群活动并有次序，且雌雄雁一生相守，从一而终。因此，古时以鸿雁象征着对爱情的忠贞。

初六柔居初位，说的是鸿雁的幼鸟在陆地出生以后开始成长，走近水边开始学习生存的本领。幼鸟孵出后，由双亲带领着游水，或在湖边沙滩和草地上休息和觅食，发现危险时，双亲中一只会发出惊叫，同时护送小鸟隐蔽于附近草丛中或游至远处。这样就能很好地保护幼鸟，以使健康成长而不受危害。

干：传统理解训为"水岸"，但从该字的甲骨文来看其本义为"用树杈形的武器进行格斗练习或狩猎"。我认为应该按其本义理解，与《蛊》卦"干父之蛊"之"干"义同。"鸿渐于干"意为：幼雁开始长大并互相嬉戏打闹和成长练习。

"艮"为少男，初六为艮之初，故称"小子"，于雁则代表幼鸟。

厉：刚健而鲁莽，有一定危险。"小子厉"指雁的幼鸟鲁莽地乱跑、打闹。初爻代表雁幼年的时候。"厉"则柔变刚，初六变初九。初九正应六四，六四为长者，为上互离之主，离象颐故为口为言。六四正应初九是对初九进行指正和教导。

初六变初九后正位，故称"有言无咎"。在长者的教导下能够纠正行为，健康成长，这样当然没有什么咎害。

53.6 六二：鸿渐于磐，饮食衎衎，吉。

《象》曰："饮食衎衎"，不素饱也。

【白话】

六二：鸿雁渐进于安稳地成长，平静、和乐地觅食，结果吉利。

《象》说："平静、和乐地觅食"，不只是为了吃饱（而是为了尽快地成长）。

【解读】

◎ 鸿渐于磐，饮食衎衎，吉

磐：指大石头，引申为安稳。六二柔居阴位，既中且正，其象安稳不激进。《易》例中有见以石形容六二爻的安稳之状，如《豫》之六二："介于石，不终日，贞吉"。

"衎（kàn）"，和乐的样子，《说文》：行喜貌。

鸿渐于磐：指处于成长时期的鸿雁循序渐进，能够安稳地成长。

饮食衎衎，吉：快乐觅食，健康地成长，为迎接即将到来的迁徙、繁衍等的挑战做好准备。"吉"指健康长大。鸿雁的快乐饮食不只是为了吃饱，更是为了成长以使族群繁衍、生存。所以《象》说"不素饱也"。初六代表雁幼年时期，那么六二代表的应该是雁的少年时期，正是成长的关键时期。

六二亲比九三、正应九五，九三与九五组成离，离与"颐"类似，故离有口象，引申为饮食。

"离"取食、口等象最少有9卦，如：

《需》之九五："需于酒食，贞吉"。九五在上互离中；

《讼》之六三："食旧德，贞厉"。六三为下互离之主；

《颐》之初九："舍尔灵龟，观我朵颐，凶"。初九在大离卦中；

《家人》之六二："无攸遂，在中馈，贞吉"。六二为下离之主；

《困》之九二："困于酒食，朱绂方来"。九二在下互离中；

《井》之九三："井渫不食，为我心恻"。九三在上互离中；

《渐》之六二："鸿渐于磐，饮食衎衎，吉"。六二亲比九三、正应九五，九三与九五组成离；

《中孚》之九二："我有好爵，吾与尔靡之"。九二在大离中；

《未济》之上九："有孚于饮酒，无咎"。上九在上离中。

53.7 九三：鸿渐于陆，夫征不复，妇孕不育，凶。利御寇。

《象》曰："夫征不复"，离群丑也；"妇孕不育"，失其道也；"利用御寇"，顺相保也。

【白话】

九三：鸿雁渐进至水边陆地（寻找食物），雄性壮雁离群不回，（就好像）男子使妇人怀孕却不愿意抚育（不负责任）。这样很凶险。（这只雄雁）应该担负起保卫雁群的职责。

《象》说："雄性壮雁离群不回"，抛弃族群而追求私欲是可耻的；"（就好像）男子使妇人怀孕却不愿意抚育（不负责任）"，这是丧失道义的；"（这只雄雁）应该担负起保卫雁群的职责"，是说要顺应雁群渐进的规律而互相保护。

【解读】

◎ 鸿渐于陆

"陆"，高平之地，此处应指水边陆地。

鸿渐于陆：鸿雁迁徙过程中飞到了水边陆地寻找食物。大雁秋分时节从水方栖息地迁徙到南方过冬，常历经 1~2 个月时间，飞行几千公里，途中需要经常选择湖泊等较大的水域进行休息，寻觅鱼、虾和水草等食物，此时需要有经验的雄雁进行放哨，保护雁群。

◎ 夫征不复，妇孕不育，凶。利御寇

九三刚居阳位，刚健居正而过中。雄性成年壮雁此时本应保护好雁群觅食，但却外出离开了族群不能及时回来，导致雁群得不到保护，就好像妇人怀孕了却不能好好呵护和养育。

夫：指应履行保护之责的雄雁。征：指主动出击寻找敌人。九三以刚居阳，故有此性。妇孕不育：妇人怀孕后自己和家人应该小心呵护和养育胎儿，这是比喻九三不能有效地履行保护雁群之责，故称"凶"。九三虽正但过中，可能会有这种不理智的行为，而他的本职职责就是保护族群，应该使用正确的防御策略，而不应该鲁莽出击。所以圣人诫之"凶，利御寇"。引申到国家治理：九三为诸侯邦君之位，应理智地履行保卫国家安全之责,当需要保卫守护之时,切不可鲁莽征伐,而置国家于危害之中。

上互离为大腹为孕,下互坎为加忧,孕而有忧是为"妇孕不育";坎为凶,下艮为止为防御,互坎为寇,故称"利御寇"。

53.8 六四:鸿渐于木,或得其桷,无咎。

《象》曰:"或得其桷",顺以巽也。

【白话】

六四:鸿雁渐进越过树木,正好可以停歇在平整的横枝之上,没有过失危害。

《象》说:"正好可以停歇在平整的横枝之上",是说能够顺应规律,遵守次序。

【解读】

◎ 鸿渐于木,或得其桷,无咎

桷(jué):方形椽子,又为树上横平之枝。上巽为木,六四居九三之上,故有"桷"象。六四为上巽之主,巽为风,有迁徙之象。

六四柔居阴而正位,进入上巽卦,此时指鸿雁完成繁殖,开始迁徙,途遇高山树林。下艮为山,六四为上巽之主,为生长在大山之上的树木。鸿雁飞越高高山树林,可能是雁群最疲惫的时候,但也是即将度过困难的时候,需要可供歇息的安全处所。

雁因生活在水中,脚趾相连不能握木,而"桷"正好可供休息。这是说六四柔顺而处正位,在《渐》之时,遵守规律,依序前行,会在关键的时候遇到合适的机会。

或得:可理解为"应该得到"。因为行为正当,所以总会有机遇相助度过困难。六四在互坎之末,坎为险难,故有困难将过之象。

53.9 九五:鸿渐于陵,妇三岁不孕,终莫之能胜。吉。

《象》曰:"终莫之胜",得所愿也。

【白话】

九五:鸿雁渐进,登上高陵,妻子多年都没有怀孕,但也没有人能够拆散他们。吉祥如意。

《象》说:"没有人能够拆散他们",是说九五能够实现自己的理想、心愿。

【解读】

◎ 鸿渐于陵

陵:高山,九五刚健居于中正尊高之位,故以"陵"为喻。

鸿雁迁徙在头鸟的带领下渐进地来到高山,这是说九五为鸿雁的头鸟,是带领雁群迁徙、生存的首领。

◎ 妇三岁不孕,终莫之能胜。吉

商周时期,实行的是一夫一妻多妾的媵(yìng)婚制度,在当时有妻之后再娶妾都是正常的，何况妻子还不能怀孕。妻子多年不能怀孕还能坚持不娶，是以对婚姻的忠贞（这是鸿雁的习性）引申出九五对他人有爱心、能担当、负责任。

九五下比六四、下应六二，六四为上互离之主，离为大腹为有孕，如九五亲比六四则为有孕，下应六二则不孕；正应六二是对鸟群的照顾和负责，是正道。九五舍弃六四而正应六二，则是越过下互坎而应六二，坎为三，故称"妇三岁不孕"。"妇"指六二。六四终究不能阻挡九五正应六二，是为"终莫之能胜"。

六四代表雁群已经度过困难，六二代表鸿雁正处于成长的关键时期，它的顺利、健康成长与否将影响雁群的生存与壮大，所以选择正应六二才是作为头鸟的九五的正确选择和应尽的责任。

"吉"指头雁带领雁群成功地度过困难，迁徙到目的地。

53.10 上九：鸿渐于陆，其羽可用为仪，吉。

《象》曰："其羽可用为仪，吉"，不可乱也。

【白话】

上九：鸿雁渐进至水边高地。头鸟的羽毛因此可以用作忠贞的象征，吉祥如意。

《象》说："头鸟的羽毛因此可以用作忠贞的象征，吉祥如意"，是说鸿雁严格遵守成长、生活的渐进之序而不混乱（可作为典范）。

【解读】

◎ 鸿渐于陆，其羽可用为仪，吉

上九为渐之终，通常是对全卦进行总结，或是描述五爻发展到卦终之时的状态。本爻应是第二种。

鸿渐于陆：上九为渐卦之终，表示雁群迁徙已到达目的地的水边陆地。上九与九三同性且都为上下卦的上爻，所以同为"鸿渐于陆"。九三指的是雁群迁徙途中停留在湖泊边陆地休息觅食，而本爻则指到达最终目的地。九三诸侯之位，应是头鸟年轻之时，因年轻气盛而过中，可能犯错；而上九为头鸟成熟之时，能做到"妇三岁不孕，终莫之能胜"（代表九五最终的状态）。"其羽可用于仪"，体现雄雁对爱情的忠贞和对雁群的责任担当而得到赞扬，故称"吉"。

仪：法则、典范。女归"六礼"，以鸿为信，古代有以"鸿毛"代指传情，其习俗应来源于此。

【总结与启示】

《渐》卦卦名根据卦象应理解为循序渐进、止于有序，强调厚实基础的重要性。只有严格按正常社会礼序发展，就能慢慢形成良好习惯，就能确保事物后续健康的发展，引申到国家治理则说明培养良好习俗是维持社会正常管理秩序的基础。各爻均以"鸿"的逐步成长和迁徙为喻，说明的也是大家团结互助，领导者勇于担当，并按照正常规律一步一步发展的重要性。古代女归"六礼"有以"鸿雁"作为信物的习俗，这可能是卦辞以"女归"为喻，而爻辞却以"鸿雁"成长为喻的原因。上九爻辞已言明。

各爻根据位置形象地说明了鸿雁有序的成长过程，借以说明：人做事要适应时势，循序渐进，在要有担当的位置就一定要有担当、负责任，这样才不至于犯错，才会有吉祥的结果。国家治理同样也需要顺应时势，正确引导。其中要注意的是对"陆"字的理解，如此才能正确理解爻辞的本义。

各爻以大雁的成长与迁徙为喻说明各个位置渐进的状态。

初六：阴居初，鸿雁幼鸟开始成长，虽有危险，在长者的保护之下，终无咎；六二：居中守正，指鸿雁安稳地成长；九三：雁群迁徙途中停留在水边陆地休息、觅食。雄雁因刚健过中而有离群不回之隐，使雁群有危险，好象女子怀孕了而不好好呵护、养育，有凶险；六四：大雁飞过树林越过险地，因正位能够找到大而平的树枝歇脚，说明困难将过，没有危害；九五：头雁有爱心、能担当、负责任，能够带领并照顾群雁，其坚贞有如娶妻虽多年不孕，仍不离不弃，最终成功。上九：总结全卦，头雁终究能够保护雁群安全有序地迁徙，并对爱情忠贞，对雁群负责，它的表现得到人们的推崇，它的羽毛因此被用作婚嫁的信物。

一种好的风气的形成对人或组织的成长和管理非常重要，而好的风气是要坚持慢慢培养而成的。积极向上的企业文化建设对企业发展非常有意义，但需要循序渐进地培养与建设。管理者要善于利用良好习惯和文化氛围的作用与力量，以使更好地服务组织发展。

归妹卦第五十四：一夫多妻，有害无利

归妹卦　下兑上震，雷泽归妹

上六：女承匡无实，士刲羊无血，无攸利。
《象》曰：上六"无实"，承虚匡也。

六五：帝乙归妹，其君之袂不如其娣之袂良。月几望，吉。
《象》曰："帝乙归妹，不如其娣之袂良"，其位在中，以贵行也。

九四：归妹愆期，迟归有时。
《象》曰："愆期"之志，有待而行也。

六三：归妹以须，反归以娣。
《象》曰："归妹以须"，未当也。

九二：眇能视，利幽人之贞。
《象》曰："利幽人之贞"，未变常也。

初九：归妹以娣，跛能履，征吉。
《象》曰："归妹以娣"，以恒也；"跛能履，吉"，相承也。

卦辞

归妹，征凶，无攸利。

54.1 卦名卦序

《序卦》曰：渐者，进也，进必有所归，故受之以归妹。

【解读】

◎ 女子出嫁叫"归"。"妹"的本义指未婚的少女。归妹：少女出嫁，或称嫁女。

《归妹》卦为卦下兑上震，下兑为少女为妹，上震为长男。六三为下兑之主，九四为上震之主，六三亲比九四，少女嫁长男，故有"归妹"之象。由此可见：《归妹》应是指少女嫁长男。长男可理解为已婚男，少女为未婚少女，未婚少女嫁已婚男之象。

另从卦体的自然属象来看，兑为泽，震为雷。从前面各卦的解读可知，《易》例中自然界的"雷"通常有两大寓意：一是为自然之雷，是催生万物的天道之灵，如"惊蛰"时节响起的"春雷"；二是在人世界代表惩治坏人的正义力量，如《震》卦。本卦"雷"无威慑、惩治坏人的卦象爻象，故应是代表催生万物的天道之灵。万物生长需要土壤，但下泽却为水，水隔断了土地，泽水不能响应雷动而萌发生命，也就是说，从自然规律而言，雷在泽上是无法催发生命，对万物的生长繁殖也是没有什么意义的。从《归妹》卦象引申到人伦则是少女嫁长男，即已婚男娶未婚少女。由此可知，本卦卦象卦义应与古时婚姻制度或习俗有关，且作者似有以春雷在泽上响起不能萌发生命之象来批评当时已婚男娶妾之俗。

商末周初时期处于奴隶社会末期，贵族的婚姻制度是"一夫多妻"，或者说"一夫一妻多妾制"。"归妹"之象是少女嫁给长男，"妹"显然是指婚姻习俗中的"妾"，故"归妹"可理解为：少女嫁长男为妾。

从以上卦象及后面的《大象》辞"君子以永终知敝"我大胆推测：圣人是以《归妹》卦告诉我们，少女嫁给已婚男这种婚俗是有弊端的，也就是说当时盛行的"一夫一妻多妾"婚姻习俗或制度圣人认为是不合理的，对人类的繁衍和国家发展无益，就好像雷在泽上响起是无法催生生命一样（详见卦辞解读）。

◎《渐》卦是以按照礼序娶女为喻，说明事物发展要遵循一定的礼序，这样才能形成良好的基础和习俗，并在好的基础之上逐步发展，这样才会有好的结果。根据古代婚姻制度，娶正妻是要遵循"六礼"的，但娶妾却不需要。从《渐》卦《大象》辞："君子以居贤德善俗"可知，习俗有善、恶之分，"善俗"应该提倡和发扬，而恶俗当然就要改正或去除。《归妹》卦同样以嫁女为喻，但嫁的是"妾"而非正妻，或者说不是按"六礼"之仪嫁娶的，这说明这种"一夫一妻多妾"习俗就是不良习俗，是圣人所反对的。这种不良习俗会影响人口繁衍，甚至会给国家和社会的发展带来严重后果（详见卦辞解读），这需要引起后世君王的重视。所以《渐》卦之后圣人立《归妹》卦。

54.2 卦辞：归妹，征凶，无攸利。

【白话】

卦辞：少女嫁给长男为妾，这样发展下去有凶险，结果没有任何好处。

【解读】

◎ 归妹，征凶，无攸利

同样以女子出嫁为喻，《渐》卦卦辞为"女归吉"，而《归妹》卦卦辞却是"征凶，无攸利"。这是由两者卦象卦义的不同所决定的。《渐》卦是严格按"六礼"出嫁的正妻，是应该推崇和得到祝福的良俗，而《归妹》却是不需遵守礼序出嫁的"妾"，是陋俗，会给国家和社会带来不好的后果。

从上一节对卦象的分析可知，"归妹"之意是少女嫁给已婚长男为妾。商周时期，一个国家人口数量是决定国家大小、强弱的关键性因素，而那时因医学技术不发达，人民寿命很短，婴儿出生的存活率低，而且因为战争、自然灾害、疾病等原因造成非正常死亡比例很高，所以国家人口数量增长比较缓慢。当时盛行的"一夫一妻多妾"制度通常只是贵族们的特权，他们不受限制地可以随意迎娶很多小妾，必然会使社会上男女比例失衡。男性奴隶或平民们无法娶到适龄的妻子，这样就会严重影响低层阶级人口繁育和增长。当时国家的生产、劳动、抗灾、战争等等都需要大量的奴隶或低等级的平民，因此，"一夫一妻多妾"长期发展下去必然会使国家劳动人口不足，兵源缺乏，这样就会影响国家的发展甚至灭亡。故圣人警示："归妹，征凶，无攸利"。

"无攸利"是说这种制度对社会稳定和国家发展百害而无一利，只是满足了贵族的特权。

从本卦可以看出，3000多年前的圣人发现当时贵族的一夫一妻多妾制存在着严重的弊端，是陋习，对社会发展是极为不利的，故立《归妹》卦告诉后世君王应引起重视。

下兑为少女为妹，上震为长男，六三为下兑之主，以柔居刚而不正；九四为上震之主，以刚居柔亦不正。九四向下亲比六三，是不正的九四求婚于六三少女。九四又为上互坎之主，坎为凶，故有"归妹，征凶"之象。

54.3 《彖》曰："归妹"，天地之大义也。天地不交而万物不兴。"归妹"，人之始终也。说以动，所归妹也。"征凶"，位不当也。"无攸利"，柔乘刚也。

【白话】

《彖》说："少女出嫁"，这是天地之间的大义。天地阴阳不能相交则万物就不会兴作。"少女出嫁"，人类因此而能终而复始。喜悦而行动，因而少女思嫁。"征凶"，因为中间的四爻都不当位。"无攸利"，因为柔爻驾乘在刚爻之上。

【解读】

◎ 程颐曰："'一阴一阳之为道'。阴阳交感、男女配合，天地之常理也。归妹，女归于男也，故云"天地之大义"也。男在女上，阴从阳动，故为女归之象"（《伊川易传》）。

天地如果不相交，那么万物从何而生呢？女子出嫁到男方，就是生生相续的道理。男女相交而后有生育，有生育而后才能发展没有穷尽，前者有终而后者有始，相延续而没有穷尽，这就是人类的终始。《彖》辞作者和程颐都把"归妹"理解为通常意义的所有女子婚嫁，从天地相交的大义来表明人类婚嫁的意义，认为圣人是在说明人类婚嫁的道理。我不认同这种理解，"归妹"应该专指一夫多妻制中已婚男纳妾的制度并进行批判，否则卦辞中就不会出现"征凶，无攸利"之说。

◎ 说以动，所归妹也。"征凶"，位不当也。"无攸利"，柔乘刚也

这是以卦象、爻象、卦德解释卦名和卦辞。作者认为：二至五爻都不当位，所以"征凶"（不利于行动）；六三和六五两阴爻驾乘在九二和九四刚爻之上，所以"无

攸利"（不利于做任何事）。这是简单地以"不当位"和"乘刚"等爻象解释"征凶"和"无攸利"，显然过于牵强。

54.4 《象》曰：泽上有雷，归妹。君子以永终知敝。

【白话】

《象》说：泽水之上有震雷，这就是归妹卦的卦象。君王得以领悟：大家一直习以为常的习俗中会存在弊端。

【解读】

◎ 永终知敝

永：本义指河水不断在流动，后引申为恒久持续；终：本义指一件事的完结。永终：恒久、循环之意。这句话的意思是：君王应该要知道：大家习以为常，反复循环的礼仪习俗中也存在不合理，有弊端。

礼仪习俗总是在一定的时代背景之下形成的，随着社会的进步、时代的发展，很多的习俗便显得不合时宜，有时更是对国家和社会的发展不利。这样的习俗被称为陋习恶俗，是需要改革的，3000 多年前的古人就告诉我们这个道理。这就是"永终知敝"的意义。

54.5 初九：归妹以娣。跛能履，征吉。

《象》曰："归妹以娣"，以恒也；"跛能履，吉"，相承也。

【白话】

初九：少女以娣的身份出嫁，（如果能像）帮助跛子走路一样，这样是有好处的。

《象》说："少女以娣的身份出嫁"，这是符合婚嫁常道的；"（如果能像）帮助跛子走路一样，这样是有好处的"，这是说与当时的习俗是相传承的。

【解读】

◎ 归妹以娣。跛能履，征吉

娣（dì）：妻子的妹妹，或随嫁的女佣。征吉：按此发展下去结果吉利。

"媵（yìng）婚制"是盛行于商周时期的一种一夫多妻制的婚姻形式，即姐妹或姑侄同嫁一夫，随嫁的妹妹称"娣"，侄女称"姪"。"娣"或"姪"也可以是以地位低下的女佣或女奴隶代替。

从前面对卦名、卦象、卦辞的解读可知，少女以"娣"的方式嫁给已婚男，本是圣人所反对的，为什么后面又说"征吉"呢？因为满足了"跛能履"的条件，也就是说"归妹以娣"只有满足了"跛能履"的条件才能"征吉"。

根据本爻爻义我大胆推测："媵婚制"最初起源可能是因为嫁为正妻的女子存在某些让男方不满意的缺陷，如：不能生育、身体健康问题及其他原因，为了维持这段婚姻，或是为了帮助生育后代等，女方同时把妹妹，或选择一个女下人一起嫁过去进行弥补，就好像给一个跛子配一个拐杖，以使能够正常行走。如果是在这样的条件下，"归妹以娣"，则可"征吉"。

从"跛能履"还可以看出，一个跛子最多只会配一根拐杖，所以随同妻子嫁过去为妾的少女只需要一名，这与圣人反对"归妹"的制度才是不冲突的。

需要说明的是：以上对"滕婚制"的起源分析只是我根据爻辞和卦义的推测，正确与否很难证实，也无史料可考，仅供读者参考。

另外，从初爻可知，以"娣"随嫁者地位是低下的，也代表习俗起源时的情况。

兑为少女为妾，妾之下爻为"娣"；初为足，兑为毁折，故有跛之象。

54.6 九二：眇能视，利幽人之贞。

《象》曰："利幽人之贞"，未变常也。

【白话】

九二：（虽）少了一只眼睛但还能看得见。应该坚持控制内心滋生的欲望。

《象》说："应该坚持控制内心滋生的欲望"，是说没有改变而持之以恒。

【解读】

◎ 眇能视，利幽人之贞

眇：从目从少，少一目，即瞎了一只眼。眇能视：九二中却不正，中与正只能守一，就像只有一只眼睛，虽只有一只眼，但仍能看得见（能明事理）。

"利幽人之贞"，"幽"为隐藏、幽怨，所以"幽人"可理解为控制内心暗藏的欲望和想法而不显露之人。九二虽中不正，但能明事理，就好像两只眼睛虽瞎了一眼，但仍能看得见，所以能够坚守原则，控制欲望，不盲从陋习。

九二虽不正但能守中，守中则能知偏而及时改变。九二正应六五，他卦正应则为有应援，但在《归妹》之时，二卑五尊，正应是符合习俗，能够嫁为小妾，但九二居中位，能够自尊自爱，控制自己欲望，不盲从陋习而及时改变自己。

九二变六二，则互离变艮，艮为山，二在山下为"幽"。变后六二既中且正，且与六五不应，是为"利幽人之贞"。又，下兑为毁折，下互离为目，损坏了眼睛，故有"眇"象；二在互离，离为明，故"能视"。

《履》卦之六三爻"眇能视，跛能履，履虎尾，咥人，凶。武人为于大君"同样出现了"眇能视，跛能履"，但结果却是"凶"，而本卦初九是"征吉"，九二是"眇能视，利幽人之贞"，结果也没有凶。从两卦爻位的对比分析可知："眇能视，跛能履"是描述人的一种残疾，但又不是很严重，还没有完全失去功能，这种比喻用在地位比较低的初、二之位，强调的是好的一面，即虽眇或跛，但还能"看"或能"走"，是一种幸运，所以结果不错；但如果是出现在地位较高的三位，则强调的是"眇"和"跛"不好的一面，是不正和失礼，故结果为"凶"。

54.7 六三：归妹以须，反归以娣。

《象》曰："归妹以须"，未当也。

【白话】

六三：少女嫁给长男想做妇主，却被像"娣"一样退回。

《象》说："少女嫁给长男想做妇主"，是说处在不正当的位置。

【解读】

◎ 归妹以须

"须"字很是难解，先贤们有很多不同的解释，如：郑玄云"有才智之称"；荀爽训作"嬬"，嬬为下妻，即"妾"；程颐释为"等待"。

从古代的占星学来看："须"为二十八宿北方星宿须女（简称"女"），《开元占经》："《郗萌》曰：'岁星守须女，为后夫人有变，一曰妾为主'；《圣洽符》曰：'须女者，主娶妇嫁女也'；《甘氏》曰：'须女动则嫁娶，将有嫁娶占于须女。'"（注：《开元占经》是唐朝的一本以星占术为主的天文学著作。）

从以上星占术上可以看出，"须女"星是主管嫁娶的星宿，而六三柔居刚位，处下之上，是位尊无德者，或不正而自以为是者，故可大胆推测"须"在此引为主管家室妻妾之人，故释为"妇主"。六三非实为妇主，而是不正又居下之上的高位，故自以为尊，却因不正无德而被男子退回。

◎ 反归以娣

蓝甲云《〈归妹〉卦媵婚制考论》（《湖南大学学报》社会科学出版，2006 年第 3 期）：

"反归以娣"是说，婚礼后三个月，返还马匹时，作为陪嫁的媵女，即嫡妻之娣，因年龄太小，又返回到娘家，以待年长后再送回夫家。估计姪娣年龄幼小者，还未到成年，在参加完婚礼仪式之后又随反马之时返回娘家。

……隐公七年，"春，王三月，叔姬归于纪"。叔姬是伯姬的妹妹，叔姬在伯姬出嫁时，年龄尚小，有可能作为媵女陪嫁过去后又随反马之时返回父母之国，史书无记载，只能揣测而已。到了她姐姐出嫁后五年，叔姬亦已成年，因此才嫁过去。

何氏休曰："叔姬者，伯姬之媵也。至是乃归者，待年父母国也。妇人八岁备数，十五从嫡，二十承事君子。媵贱书者，后为嫡，终有贤行。纪使为齐所灭，纪季以入于齐，叔姬归之，能处隐约，全竟妇道，故重录之。"

由何休之语可知，伯姬出嫁时，叔姬十五岁，可以从嫡，即可以作为媵陪嫁过去。但因未到二十岁，因此待年父母之国，到了二十岁后嫁过去，所谓"二十承事君子"。

媵的地位很卑贱，为何《春秋》要记上一笔呢？因为叔姬后来成了嫡妻，并有贤德之举。庆幸有了这条记载，我们才可以考知媵婚的一些礼制情况。

由《春秋》的此条记载，我们就能很好地理解《归妹》卦九四的爻辞了。

蓝甲云先生考证了媵婚制度中随嫁的娣姪是有可能退返回父母家的，反归的原因是年龄太小。那是否还有可能娣姪品德不好，不守妇道而被退回呢？有待考证，但我认为应该是有可能的。如果是这样，那本爻就更好理解了：三是王公之位，说明本爻女性的地位很高，是贵族之女，所以"反归以娣"不是说她真是"娣"，而是说像"媵婚"制中的"娣"一样被退回。从本爻至五爻的"归妹"一词就不能再理解为"少女嫁为长男为妾"了，因为当时贵族女性是不会嫁给别人为妾的，故应释为：少女出嫁（同样的词在上下经卦中的理解不同的情况另见《观》卦之"观"）。

六三为下兑之主，兑为少女，亲比九四，九四为上震之主，震为长男，可看作六三贵族少女看上已婚长男九四，但又不想为妾而想做妇主，最终却因品行不正而被退回。

54.8 九四：归妹愆期，迟归有时。

《象》曰："愆期"之志，有待而行也。

【白话】

九四：少女出嫁错过了时期，延迟出嫁是指日可待的。

《象》说："错过了时期"的心愿，是因为有所期待而有意为之的。

【解读】

◎ 归妹愆期，迟归有时

愆（qiān）：错过、过期。愆期：指少女错过了嫁人的佳期。

九四高位，又阳居柔位，居柔用刚，此处显然不能理解为不正位，而应理解为外贤德内柔顺的高贵女子。高贵而贤德的女子是每个男子都想娶的，她的愆期不嫁一定是在等待佳偶，所以《象》说"有待而行也"。

九四为上互坎之主，坎为难，古代适龄女子以早嫁为吉，故"愆期"也是一种波折和灾难。九四以刚居柔，居柔用刚，这位女子出身高贵，又有才德而表现刚烈、孤傲，不是一般的男子能配得上她的，更不可能以"娣"或"姪"的方式嫁给别人为妾，故有"愆期"之患。

九四在互离之终，离之终则为日昃，即"愆期"。贤德高贵女子哪有不嫁之理，所以"迟归有时"。

54.9 六五：帝乙归妹，其君之袂不如其娣之袂良。月几望，吉。

《象》曰："帝乙归妹"，"不如其娣之袂良"也；其位在中，以贵行也。

【白话】

六五：帝乙下嫁妹妹（或女儿），正妻的衣饰还不如陪嫁的娣的衣饰华丽。（她的品德好像）十五的月亮那样圆满，结果吉祥如意。

《象》说："帝乙下嫁妹妹"，"不如陪嫁的娣的衣饰华丽"。是说六五的爻位居于中道，以其尊贵之身而行于中道。

【解读】

◎ 帝乙归妹，其君之袂不如其娣之袂良

"帝乙"应是指商朝后期的一位君王。程颐说商朝叫"乙"的帝王有好几位，不知具体指哪一位，如商汤曰"天乙"，后有六世王"祖乙"，亦贤王也。又纣父"帝乙"，又有"小乙"，此不知何王也。

先贤们大都认可"帝乙"指成汤或纣王之父两者中的一位。以"高宗""箕子"等都是商中、后时期人物推测，则"帝乙"指纣王之父的可能性较大。

君：在此指高贵的正妻，六五为君王之位，故指帝乙之妹。"袂（mèi）"指衣袖，是体现礼仪的服饰。"其君之袂不如其娣之袂良"，意为六五尊贵之女，重礼不重饰，具有高尚、谦逊的品德。

◎ 月几望，吉

"月几望"指月亮已经满盈（具体解读见《小畜》之上九），喻指帝乙嫁出去的妹妹（或女儿）贤德至盛，就像十五、六的月亮一样圆满，是赞誉之辞。《周易》中有三处出现"月几望"一词，除本卦外另有两卦：

《小畜》卦的上九爻："既雨既处，尚德载。妇贞厉，月几望，君子征凶"（具体解读参见《小畜》卦）

《中孚》卦的六四爻："月风望，马匹亡，无咎。"（解读参见《中孚》卦）

"月几望"在上面三卦中都可以理解为"像十五、六的月亮一样圆满"，其中在本卦和《中孚》卦中是赞誉之辞，是褒义，而在《小畜》卦中却是贬义，强调的是月亮满盈之后无法保持长久，马上就会缺。此为《易》之随时取义。

上互坎为月为圆，六五居于上卦之中位，一月之中既是十五、十六之时，故称"月几望"。

54.10 上六：女承筐无实，士刲羊无血。无攸利。

《象》曰：上六"无实"，承虚筐也。

【白话】

上六：女子手举竹筐，筐内却无祭品；男子宰杀公羊，却不见血流。百害而无一利。

《象》说：上六阴爻无实，因此手举的竹筐是空的。

【解读】

◎ 女承筐无实，士刲（kuī）羊无血。无攸利

郑玄曰："宗庙之礼，主妇奉筐米。士昏礼，妇入三月而后祭行。"

"女承筐无实，士刲羊无血"，这是以夫妻祭祀之礼不成来比喻夫妇结合无果，以此说明"一夫一妻多妾"习俗的弊端。

女承筐无实：指嫁为人妾的少女在夫家无法得到尊重，没有资格参加夫妇祭祀之礼。因得不到夫家和正妻的尊重，小妾可能一辈子也不会幸福，也可能不会生育，就如帝王的后宫妃子，又有几人能得到临幸而能生育后代？

士刲羊无血：这是指低层阶级的男子因没有同等级的女性作为妻子，他们也无法完成夫妻祭祀之礼，当然也无法生育后代。

需要注意的是："女承筐无实"与"士刲羊无血"中的"女"与"士"不应理解为同一对夫妻，应理解为"女"是指已嫁为人妾的少女，"士"则是无妻可娶的平民男子。

无攸利：与卦辞的"无攸利"意义是相同的，这样发展下去对社会稳定和国家发展百害而无一利。

上爻阴柔居于卦终，以夫妻祭祀之礼来形象地总结说明"一夫一妻多妾"习俗的弊端和严重后果。

上爻总结全卦，故取象从全卦看。先从下往上看：下兑为少女，下互离为大腹为筐，上震为竹为空，故有"女承筐无实"之象；再从上往下看：震为长子为士，中离为兵戈为刀，下兑为羊，上互坎为血，坎隐在离中，"无血"之象，故称"士刲羊无血"。

【总结与启示】

正确理解本卦的关键是要结合卦象、卦辞和《大象》辞来分析，由此可以大胆推测圣人是以本卦从男女婚配比例失衡、影响国家人口生育，从而影响社会稳定和国家发展的角度批评当时盛行的"一夫一妻多妾"的婚姻习俗。"归妹"在卦辞和初爻中可以理解为"少女嫁给长男为妾"，因为低等女性通常只能嫁给贵族为妾。但在三爻之后就不能这样理解了，因为贵族女性一般不会嫁给别人为妾的。

初九：卑位少女以"娣"的形式出嫁，如果目的仅是为了弥补正妻的不足，那结果还是不错的；九二上应六五，以卑应尊而不合于礼。九二虽不正，但能守中，能及时改变而控制欲望，不盲从陋习；六三：不正而处下之上，自视过高，想嫁作妇主，却被作为娣而退归；九四：四为贵位不正，刚烈孤傲而有女归愆期之灾，终能迟归有时；六五：尊女出嫁，德贤从礼，高尚品德就像十五的月亮一样圆满，故吉；上六：阴处归妹之终，总结全卦，以夫妻祭祀之礼说明"一夫一妻多妾"制度的严重影响。

本卦告诉我们，生活很多习以为常的习俗可能是陋习，应该认真甄别，进行改善或革除。在企业管理中也要注意有害习惯和风气的形成，一旦发现，应予纠正或革除。

丰卦第五十五：野草蔽日，邪不压正

丰卦　下离上震，雷电丰

上六：丰其屋，蔀其家，窥其户，阒其无人，三岁不觌，凶。
《象》曰："丰其屋"，天际翔也；"窥其户，阒其无人"，自藏也。

六五：来章，有庆誉，吉。
《象》曰：六五之"吉"，有庆也。

九四：丰其蔀，日中见斗。遇其夷主，吉。
《象》曰："丰其蔀"，位不当也；"日中见斗"，幽不明也；"遇其夷主，吉"，吉行也。

九三：丰其沛，日中见沫。折其右肱，无咎。
《象》曰："丰其沛"，不可大事也；"折其右肱"，终不可用也。

六二：丰其蔀，日中见斗。往得疑疾，有孚发若，吉。
《象》曰："有孚发若"，信以发志也。

初九：遇其配主，虽旬无咎。往有尚。
《象》曰："虽旬无咎"，过旬灾也。

卦辞

丰，亨，王假之。勿忧，宜日中。

55.1 卦名卦序

《序卦》曰：得其所归者必大，故受之以丰。

【解读】

◎ 受《序卦传》和《象传》影响，古今《易》学者多把"丰"训为"大"，认为是"丰大""盛大"之意，于是本卦主题自然而然地成了描述天下富足、民众丰大之意。如是，则为吉祥喜庆之象，然而，卦辞所言之"勿忧"，爻辞之"日中见斗""日中见沫"等多为忧虑和凶险之象，两者寓意矛盾，故"丰"字应非"丰盛"之意。

丰：其繁体字为"豐"，《说文》：豆之丰满者（"豆"为古代形状像豆的盛酒容器）；《广韵》：茂也，盛也，其本义指草木茂盛，如《诗·小雅·湛露》："在彼丰草"。

《丰》卦☲☳为卦下离上震，从卦形看其与"豐"字字形颇为相似：下"☲"像"豐"字下半部"豆"形，上"☳"像"豐"字的上半部两根麦穗的形状；从卦象上看：离为日，震为蕃鲜为茂盛的草，卦象为草木在上，太阳在下，太阳落到草木之下，它的光辉被茂盛的杂草所遮挡。结合"丰"字的本义分析：《丰》卦卦象推断是草木生长茂盛，遮住了太阳的光辉之意。从六二、九三、九四的爻辞来看，这样的理解应是对的，但关键的是"草木遮挡了太阳"究竟有什么引申含义？是为了说明什么道理呢？进一步分析，本卦卦象与《明夷》卦卦象有些相似：《明夷》卦象是太阳在大地之下，以致完全失去光明，引申为君王昏庸无道，百姓完全失去希望；本卦则是太阳落入杂草之下，虽遮掩了部分光明，但只是暂时的，就像日食一样，过了一会儿就会恢复，引申为君王一时糊涂，一段时间以后仍会复明。从下面《大象》辞分析可知，君王的暂时失明应是一时受奸人蒙蔽。

◎ 上一卦为《归妹卦》，其本义为圣人对当时盛行的"一夫一妻多妾"婚姻制度进行批判，认为这种习俗会严重伤害底层男性的婚配权，影响人口生育。"一夫一妻多妾"制只是贵族的特权，如果他们无限制地享受特权会严重侵害底层民众的婚姻权利，造成男女比例失衡，以致严重影响国家人口增长。长此以往，统治阶层人口快速增长，剥削和欺压百姓的现象会越来越多，而真正生产粮食养活国家的百姓人口减少，田地无人耕作就会慢慢荒芜，长满杂草。《丰》卦即是杂草茂盛，以致遮天蔽日，所以《归妹》之后是《丰》卦。

55.2 卦辞：丰，亨，王假之。勿忧，宜日中。

【白话】

卦辞：杂草茂盛而遮住了阳光，（最终）通达顺利。这是由于君王受人欺骗而造成的。不用担忧，应该充分信任并努力劝谏君王。

【解读】

◎ 丰，亨。王假之

"假"，帛本作"叚"。"叚"是"假"的本字，金文＝（石崖）＋（手，石崖上的手）＋（又，石崖下的手），表示抓捕到人，篆文再加"人"另造"假"，强调借助他人之力（摘自《甲骨文研究网》）。在此指被人欺骗、受人利用之意。

王假之：造成杂草遮住太阳的光辉的原因是君王受人蒙蔽、被人欺骗造成的。亨：说明困难终会克服，国家发展仍是顺利通达。

◎ 勿忧，宜日中

如果以太阳比作圣明的君王的话，那么这句话显然是对忧国忧民的正人君子而言。

"中"，传统理解为"居中"，"宜日中"自然被理解为太阳适宜居中普照大地。这样就变成了对"太阳"（比喻君王）提出的要求或建议，这与"勿忧"连起来理解却不通顺，所以这种理解应该是不准确的。下面我从文字训诂解析之：

"中"字的甲骨文和金文：𠁥、𠁥。我在《中孚》卦中对"中"字进行了详细分析，认为造字本意是类似于古人向天测风祈雨的一种装置或仪式，引申为"祈求""渴望"

（详见《中孚》卦卦名解读）。由此可见，"宜日中"的"中"字应是动词，"祈求""渴望"之意，而非现在常用的副词"中间"之意，则"宜日中"可理解为"宜中日"的倒置，意为：应该尽力劝谏，以帮助君王脱离奸人蒙蔽而重现光明（"日"喻指君王）。这是要求正人君子不要对目前的暂时情况太过担心，要对君王充满信心，并尽忠尽职地劝谏君王，困难很快就会克服。

55.3《象》曰：丰，大也。明以动，故"丰"。"王假之"，尚大也。"勿忧，宜日中"，宜照天下也。日中则昃，月盈则食，天地盈虚，与时消息，而况于人乎？况于鬼神乎？

【白话】

《象》说：丰，盛大的意思。英明而行动，所以称"丰"。"王假之"，是说崇尚盛大美德。"勿忧，宜日中"，是说应该像太阳一样普照天下。太阳当中，不久就会西斜；月亮满盈，很快就会亏蚀，天地万物满盈和空虚都会随着时间的推进而消长，又何况人呢？何况鬼神呢？

【解读】

◎ 明以动：下离为明，上震为动，故称"明以动"。

作者将"丰"训为"大"，从全卦各爻来看这可能是错误的。另外，将"宜日中"之"中"理解为中午、正午之意，这与我的理解不同，故不作解读。

55.4 《象》曰：雷电皆至，丰。君子以折狱致刑。

【白话】

《象》说：雷与电一起来到，这就是丰卦的卦象。君王得以领悟，要（对奸人）立案审察，判决刑罚。

【解读】

◎ 君子以折狱致刑

杂草遮住太阳光辉就要除去杂草，否则庄稼无法生长；奸人当道就要对奸人进行处罚，否则忠臣就无法生存。卦象是野草茂盛遮挡了太阳，引申为君王受到奸人蒙蔽，只有除去奸人才能使君王重现光明。卦辞是从百姓和正人君子的角度说的，故言"宜日中"，而《大象》辞则是从君王和统治者的角度说的，故言"折狱致刑"，是说要像除去杂草一样除去奸人。

《大象》一般取卦的最基本属象，即离为电，震为雷，离代表刑罚，震代表威慑，故称"折狱致刑"。

"君子"泛指以君王为代表的当权统治者。

为卦下离上震，离有刑罚、律法之象，震在上则有执行律法之象。《噬嗑》与《丰》两卦"震"与"离"正好是位置相反：《噬嗑》卦是下震上离，其象为先因有民众不服从统治的"行动"，然后才针对民众制定律法并使用法律。"震"是指民众不符合统治者的要求而动，故说先王整治律法；《丰》卦下离上震，其象为已有律法，然后利用律法处制违法犯律的管理者，"震"是指执行已有的律法的行动，故说"君子以折狱致刑"。

《丰》卦之象既然野草疯长，那就要除去杂草，于人就必须对奸人进行审察处罚。卦象卦义真是太精妙了！

55.5 初九：遇其配主，虽旬无咎。往有尚。

《象》曰："虽旬无咎"，过旬灾也。

【白话】

初九：遇见相匹配的主人，虽然长时（处于奸人当道的时势之中），但无过失危害。勇往直前会得到赞美。

《象》说："虽然长时（处于奸人当道的时势之中），但没有受到危害"。其意思是说过了与其主人相匹配的时期就会有灾难。

【解读】

◎ 遇其配主，虽旬无咎

"配"，帛书本作"肥"，《周易集解》作"妃"，《释文》："如字。郑作妃，云：嘉耦曰妃。"配：从酉，己声，本义可能指古代水与酒曲相配以发酵成酒，后指匹配之意。

"主"字的甲骨文像一个灯座中的火焰。《说文》："主，灯中火柱也。象形。""灯中火柱"即是黑暗之中的光明之源。"配主"，应指友善相待并在黑暗之中用光明照亮和指引迷津的长者。六二为下离之主，离为光明，故"配主"应指六二。

初九阳性居正，与九四不应，亲比既中且正的六二并同处离体，且能相配成明（离）。《丰》之时，初九处卑位，与六二亲比，代表黎民百姓在奸人当道的黑暗之时得到贤明的长者亲切对待和光明指引，故能免遭伤害。六二代表谦顺、中正而光明的卿大夫，是国家负责任、有担当的基层管理者。

旬：十日为一旬，故"旬"代表时间。《易》常以"三"或"十"代表长时间，此处"旬"应指长时间。二至五爻组成大坎，坎为月，下阴爻代表一月上旬，中阳爻代表月满前后的中旬时期，上阴爻代表一月的下旬，初九与六二亲比，所以称"旬"。

初九刚健居正，在《丰》之初，与六二亲比成离明，所以虽然长时间处于奸人当道的黑暗时期，因能得到六二的照应、庇护，所以没有危害。

初九位卑而正位，又亲比既正且中的六二配主，且未在大坎之内，故能"无咎"。

◎ 往有尚

初九亲比六二，六二为下离之主，又为下互巽之主，巽为进退为行动为往，初九亲比六二是追求光明，故称"往有尚"。这是圣人鼓励民众在奸人当道的黑暗之时要勇于追随正义、光明的管理者。

55.6 六二：丰其蔀，日中见斗。往得疑疾，有孚发若，吉。

《象》曰："有孚发若"，信以发志也。

【白话】

六二：杂草茂盛遮住太阳，好像是草编织成的幔席覆盖在上面。太阳正当午，却像黑夜能看见天上的斗星。（开始）前往会有被怀疑、猜忌的隐患，坚持忠诚地劝谏，最终成功得到认可。

《象》说："（后来）始终柔顺相从而获真诚相待"，诚信足以激发心志。

【解读】

◎ 丰其蔀，日中见斗

蔀（bù）：古代指搭建草棚用的草席，引申为遮蔽；斗：大而明亮的星星，原指北斗星，此处应指月亮。

日中见斗：太阳当中却看见月亮。这是以"日全食"比喻君王完全受到奸人蒙蔽而糊涂失明。日全食时，月球会完全将太阳遮掩，看上去太阳变成了月亮。古人以日食为喻，说明天子被奸臣蒙蔽，或是君王失德，喜怒无常而犯天怒，此处应是喻指前者。

《乙巳占》：（日食）又为臣下蔽上之象，人君当慎防权臣内戚在左右擅威者。

《礼纬斗威仪》：君喜怒无常，轻杀不辜，戮无罪，慢天地，忽鬼神，则日蚀。

六二与六五对而不应，这是说六五君王完全被蒙蔽而看不见中正六二的贤德。

六二为下离之主，离为日，又为互巽之主，巽为木，离与巽交错，巽在上，离在下，有茂密的林木遮住太阳之象；又，二与五爻组成大坎，坎为月为隐伏，有覆盖光明之象，故称"丰其蔀"。

大坎为月，下离为日中，坎与离交错并在离上，是月在日上，月为大星，故有日全食之象，是为"日中见斗"。

◎ 往得疑疾，有孚发若，吉

往得疑疾：在君王一时受到奸人蒙蔽之时，中正贤臣的行为反而受到猜疑打击。

发：本义指发射、发出，在此有劝谏之意。若：语气助词。有孚发若：指信念坚定、充满忠诚地主动劝谏君王，此与卦辞"宜日中"相对应。"吉"指成功地打动君王。

六二为下互巽之主，巽为进退为行动为往。又，六二与六五不应，六二至六五为大坎，坎为矢为疾为加忧，故称"往得疑疾"。六二居于中道，虽处在奸人当道的至暗时刻且行动受到君王怀疑和猜忌，但仍坚定信念，充满信心，以至诚之心劝谏并打动六五君王。"有孚"，信实为阳爻之性；"发"为主动劝谏，故六二变九二则正应六五，六五为上互兑之主为吉，故称"吉"。

55.7 九三：丰其沛，日中见沫。折其右肱，无咎。

《象》曰："丰其沛"，不可大事也；"折其右肱"，终不可用也。

【白话】

九三：杂草茂盛遮住太阳，好像被浓雾遮盖，太阳当午却能看见繁星点点。被折断了右手，最终没有危害。

《象》说："杂草茂盛遮住太阳，好像被浓雾遮住"，是说不可能有大的作为；"被折断了右手"，终究无用武之地。

【解读】

◎ 丰其沛（pèi），日中见沫

来知德曰："沛"，泽也，沛然下雨之貌。

"沫"者，水沫也，我认为在此应是形容天上的繁星点点就像水沫一样。

沛：原指沛水，从水，本意与水有关，我认为在此指"雾"。大雾天气，浓雾会像一张大幔遮盖在天空。从卦象上看，二至五爻为大坎，下离为日，坎为水，坎水在离日之上故取"雾"象，与《屯》和《需》卦坎水在天上取"云"象类似。来知德先生的解释是对的。王弼、程颐等先贤们认为"沛"是通"旆"，幡幔之意，卦象之中很难找到此象。

"日中见沫"与"日中见斗"是从不同角度形象地描绘太阳被遮掩后失去光芒的景象。"日中见斗"是描绘太阳被月球完全遮掩的日全食现象，直接反映君王被处于高位的奸臣替代；"日中见沫"则是以白天可见天上的星星来表现太阳被浓雾遮掩而变黑暗的现象，形象地反映君王被奸臣们所营造的环境和现象所蒙蔽。九三为刚正诸侯之位，远离君王，丰之时，处于君王被各种现象所蒙蔽之中，无法直接劝谏。

◎ 折其右肱，无咎

折：本义指树枝断成两截，用于人则常指骨折，本处应指手臂肱骨折断。"肱"，是胳膊上从肩到肘的部分，也泛指胳膊。右手是人最常用来做事的手，骨折只是暂时的，所以"折其右肱"引申为暂时失去了用武之地。九三阳刚居正，是守边卫国的诸侯邦君，奸人当道的黑暗时刻暂时失去了用武之地，这样反而是避敌锋芒，保护自己，是明智的，故称"无咎"。由此也可见奸人势力之强。

"无咎"是对九三行为的肯定，说明"折其右肱"可能是九三主动为之，即是自己主动退隐而暂避奸臣锋芒，故九三会变六三。九三变六三，则互巽变艮，艮为手，又初至四变为大离，离为兵戈为刑罚，艮在大离之中，故有"折其右肱"之象。

55.8 九四：丰其蔀，日中见斗。遇其夷主，吉。

《象》曰："丰其蔀"，位不当也；"日中见斗"，幽不明也；"遇其夷主，吉"，行也。

【白话】

九四：杂草茂盛遮住太阳，就好像草编织成的大席覆盖在上面，太阳正中，却像黑夜能看见天上的斗星。遇见（帮助）铲除奸人的君主，结果吉利。

《象》说："杂草茂盛遮住太阳，就好像草编织成的大席覆盖在上面"，是说九四不当位；"太阳正中，却像黑夜能看见天上的斗星"，是说社会黑暗不明；"遇见铲除奸人的君主，结果吉利"，意思是说采取了行动。

【解读】

◎ 丰其蔀，日中见斗

本句与六二爻辞、义类同，都以日全食为喻。其取象与六二相同：九四处下互巽中，巽为草木，下离为太阳，下互巽与下离相错且在下离之上，故有"丰其蔀"之象。又，六二至六五为大坎，坎为月，下离为日，大坎与离相错且在离之上，九四为大坎中爻，坎为月为斗，故有"日中见斗"之象。

九四与六五亲比，六二变九二对应六五，两者都与六五有直接关联，即可直接、清楚感知六五被何人所蒙蔽，就像日全食可知是太阳被月亮所遮挡一样，故象、辞、义同。

◎ 遇其夷主，吉

王弼、程颐、来知德等先贤们都把"夷"训为"等夷"，即平等相对之意，认为"夷主"是初九。其中的重要理由是爻辞"遇其夷主"与初九"遇其配主"似有对应，故认为初九以六四为"配主"，六四以初九为"夷主"。如王引之《经义述闻》卷一：

"《丰》初九'遇其配主'，九四'遇其夷主'，亦谓四为初所主，初为四所主。配也，夷也，匹敌之称也，以阳适阳，故称配主、夷主。主之取象，专谓远适异国所栖止之家，故《坤》与《明夷》，皆承'有攸往'言之，而其他可能类推。不然，则相识之人多矣，经何不言得友遇友，而曰得主、遇主？"

王引之先生认为"配"和"夷"都是匹敌的意思，认为初九与九四是阳爻对应阳爻，同性相敌。"主"则指安身栖息的家。

我不认同先贤们之解，理由有三。一是"遇"本义指未经邀约而到访，引申为相遇、偶遇，一般用于互相认识的熟人或朋友之间。易例中常见于阴阳两爻正应或亲比，而初九与九四虽是对位爻，但同为阳爻不应，好比是两个互不相识的人没有交集。二是"主"字之甲骨文本义指灯台上的火柱，是"柱"之本字，后引申为主要、主人、主导等，一般只有地位低者以地位高者为主，而没有地位高者以地位低者为主的。三是帛书本中，初九辞中为"主"，按其本义理解则应指六二（详见初九解读），九四辞中则为"宝"。宝＝宀＋主，意为一国之主，故九四之"主"指六五君王。

夷，《说文》：夷，平也，东方之人。夷主：平乱的东方之主。徐中舒在《殷商史中的几个问题》一文中说："周人称殷为夷。衣、殷、夷读音相近，都是古方音的不同。"故夷主应指当时的商朝的君王，至于哪位君王则不得而知，应是一位柔弱但不失明智的君王。他在《丰》之时一定受臣下蒙蔽，但很快能够平乱反正、拨云见日。六五虽一时受到蒙蔽，但能在忠良贤臣的帮助下很快平乱反正，故称为"夷主"。

九四刚居柔位，且近六五阴柔之君，在他卦是不正而有凌君之患，但在《丰》之时，六五君王柔弱，则需要近臣刚健而动以帮助铲除奸人，所以在本卦中反为"吉"。九四为上震之主，震为动，九四亲比六五，是主动辅佐六五君王采取拨乱反正、重现光明的行动。在九四的带动下，六五求变，六五动则变九五，则全卦变为泽火《革》卦。革为彻底革除旧弊，故"遇"在此还可理解为"帮助、辅佐"之意。"遇其夷主"还可理解为：帮助君主铲除奸人、治理天下。

如九四不能主动辅佐君王而退缩，则阳会变阴（阳动阴静），如九四变六四，则全卦变为地火明夷卦。《明夷》是指因君王的昏庸而致国家黑暗。

55.9 六五：来章，有庆誉，吉。

《象》曰：六五之"吉"，有庆也。

【白话】

六五：忠诚的贤士前来相助，以使"我"彰显英明，有值得庆贺和赞誉的成果，吉利。

《象》说：六五的吉利，是说有值得庆贺的事。

【解读】

◎来章，有庆誉，吉

来章：先贤们一般公认自上往下为"来"，自下往上为"往"，但通观64卦，这种说法其实缺乏有力的证据。我认为：靠近"我"为"来"，远离"我"为"往"应更准确。九四刚健性动，向上亲比六五，从六五而言，"来"指六二（变九二）、九四前来相应和亲比相助。章：先贤们都解为"文采"，愚以为通"彰"更准确。

柔顺君王在受到奸人蒙蔽之时，前有谦逊中正的六二忠贞、至诚的劝谏，后有刚健贤能的九四的辅佐、带动，因而能够亲贤臣、远小人，彰显圣德，使世道重现光明，得到人民的赞誉，结果非常成功。

55.10 上六：丰其屋，蔀其家，窥其户，阒（qù）其无人。三岁不觌（dí），凶。

《象》曰："丰其屋"，天际翔也；"窥其户，阒其无人"，自藏也。

【白话】

上六：杂草茂盛而充满了房屋，就好像用草席盖住了家，从门缝中往内看，里面幽暗而寂静，好像没有人。三年不见光明，凶险。

《象》说："杂草茂盛而充满了房屋"，是说好像翱翔在天际；"从门缝中往内看，里面幽暗而寂静，好像没有人"，是说自我隐藏、自绝于光明。

【解读】

◎ 本爻描绘了一幅房屋荒废、没有人迹的荒凉、悲惨的人间景象。毫无疑问，造成这种惨状的主要原因是天下之主——君王的被蒙蔽和不作为。

阒：寂静无声。三岁：三年，泛指长时间。觌：见，显现。

主人懒惰而不作为，就会使房屋长满杂草；天子如果懒惰不作为，就会使天下长满杂草。所以，这句话的意思是说六五君王如果总是阴柔而不作为的话，就会使国家杂草丛生，民不聊生。君王是天下之主，没有任何人可以把他封闭在家中不见光明，除了他自己。所以，《象》说："自藏也"。君王自绝于光明而使天下黑暗，这样的结果非常凶险！

上六可看作是六五在《丰》之时的最后状态，是总结之辞，也是圣人的警示之言。

【总结与启示】

理解《丰》卦本义的关键是对"丰"字的准确理解："丰"是指杂草茂盛之意，而卦象为茂盛的草木遮挡了太阳，引申为君王一时受到奸人的蒙蔽而失去明智。

本卦与《明夷》卦不同之处是：《明夷》指的是太阳在大地之下，完全失去光明，引申为君王无道，以至国家社会陷入黑暗；而《丰》卦说的是杂草遮日，就像日全食一般，虽暂时失明，但很快会恢复，引申到君王未失英明，只是一时糊涂而受奸人蒙蔽。卦中最关键的一爻是九四爻，如果九四爻变六四，那《丰》卦就变成了《明夷》卦。正是在九四忠诚、勇敢的带动下，六五及时改变，《丰》卦就变成了《革》卦，而使奸人被革除。

各爻说的是在奸人当道的黑暗之下处于不同位置的人的状况和应对之策。上六说的是六五可能存在的最终状态，圣人特以此爻警示君王：治理国家不可有丝毫懈怠，否则会使天下陷入黑暗之中以致失去一切。

初九为平民百姓，在谦虚、睿智的地方管理者的庇护之下，虽长时间处于黑暗之中而无咎；六二为中正贤明者处于国家至暗时刻，一举一动都被人所疑忌，但坚持中正，坚守信念，忠诚劝谏，终得云开日出；九三为刚正邦君，处于浓雾一样的黑暗之中，一时无所作为而受到打击，能够及时顺势调整自己，退隐无为，以暂避奸人锋芒，最终没有危害；九四虽居柔用刚而不正，但在非常时期，果断地帮助君王改变自己，扫除黑暗；六五圣明君王，在忠诚、正义的贤臣帮助下而彰显光明之德，其成功的结果值得庆贺和赞誉；上六总结全卦，圣人警示君王：如果优柔不作为，就是选择自绝于光明，结果凶险。

本卦告诉我们，在一个组织中，管理者难免有受人蒙蔽、一时糊涂之时，这就既需要有忠诚正义的下级坚定信念、坚持劝谏和帮助，更需要管理者头脑清醒、明辨是非、勇于改正，否则，组织发展必定受阻，甚至消亡。

旅卦第五十六：跋山涉险，追寻光明

旅卦　下艮上离，火山旅

上九：鸟焚其巢，旅人先笑后号咷。丧牛于易，凶。
《象》曰：以旅在上，其义焚也；"丧牛于易"，终莫之闻也。

六五：射雉，一矢亡，终以誉命。
《象》曰："终以誉命"，上逮也。

九四：旅于处，得其资斧，我心不快。
《象》曰："旅于处"，未得位也；"得其资斧"，心未快也。

九三：旅焚其次，丧其童仆，贞厉。
《象》曰："旅焚其次"，亦以伤矣；以旅于下，其义丧也。

六二：旅即次，怀其资，得童仆，贞。
《象》曰："得童仆，贞"，终无尤也。

初六：旅琐琐，斯其所取灾。
《象》曰："旅琐琐"，志穷灾也。

卦辞

旅，小亨，旅贞吉。

56.1 卦名卦序

《序卦》曰：丰，大也，穷大必失其居，故受之以旅。

【解读】

◎ "旅"字甲骨文字形像众人站在军旗下，本义为军旅。古500人为一旅。《尔雅·释诂》曰："旅，众也"；又《广雅·释诂》曰："旅，客也"；《尔雅·释宫》曰："旅，途也。"《周易正义》曰："旅者，客寄之名，羁旅之称，失其所居，而寄他方，谓之为旅。"

《旅》卦为卦下艮上离，艮为止为门为家，离为火，家门起火之象。大火烧毁家园，失其所居而远行，故称"旅"。又：下艮为山为小路，下互巽为进退为升，上离为明为光明，故卦象有通向光明之路、前进以追寻光明之象。卦体中下艮为山，二至五爻组成大坎，坎为水为难，上离为明，卦有跋山涉水，克服困难，追寻光明之象。故《旅》本义为艰难地追寻光明。

◎ 上一卦为《丰》卦，其本义为杂草蔽日，引申为君王一时受奸人蒙蔽而失去明智。此时，如果君王不能明辨是非，及时改变而亲贤臣、远小人，那么正人君子将会无容身之所，不得不踏上寻找光明的旅程。故《丰》之后是《旅》。《旅》卦说的是在寻找安身之所、追寻光明前程的旅途中，不同阶层、不同状态者的经历、表现和结果。

56.2 卦辞：旅，小亨，旅贞吉。

【白话】

卦辞：旅难之时，谦顺处世则通达，失所旅难，坚持这种谦顺处世之道就能成功。

【解读】

◎ 旅，小亨

小亨：以己为小则亨，低调谦逊则通达。阳为"大"，阴为"小"，"小"指谦逊、柔顺、低调之意。在流离失所、艰难求索之时，唯有小心谨慎、谦逊柔顺，才能逢凶化吉、遇难呈祥，成功到达目的地。

学者们多把"小亨"释为小小的亨通，我认为这不准确。"亨"不应有大小程度之分，如果有"小亨"之说，则应同样有"大亨"，但六十四卦中未出现一例"大亨"。

◎ 旅贞吉

贞：承上，指坚持上一句的"小"之义。"旅贞吉"即旅途中坚守中道、谦逊之德，这样才会成功吉利。

56.3《彖》曰："旅，小亨"，柔得中乎外而顺乎刚。止而丽乎明，是以"小亨，旅贞吉"也。旅之时义大矣哉！

【白话】

《彖》说："旅，小亨"，是说六五柔顺居中处于外卦，并亲比下刚爻，止其所止而附丽于光明，所以说"小亨，旅贞吉"。旅卦所表现的时势意义真是伟大啊！

【解读】

◎ 柔得中乎外而顺乎刚

这是解读卦辞"旅，小亨"。阴为小，作者认为六五以柔顺地处于尊贵之位，并能谦逊地亲比在下位九四刚爻，二、三、四爻组成互巽卦，所以说"顺乎刚"。六五亲比九四，是以尊谦下，而互巽为顺，故称"旅，小亨"。

◎ 止而丽乎明

下艮为止，上离为明，是知止而明智。在旅难之时，知其所止，止于明智，所以"贞吉"。这是从卦象卦德解释"贞吉"。

我理解不同于"彖"。

56.4 《象》曰：山上有火，旅。君子以明慎用刑而不留狱。

【白话】

《象》说：艮山之上是离火，这是旅卦的卦象。君子得以领悟，要明察案情，审慎地使用刑罚，并且及时处理不滞留案件。

【解读】

◎ 君子以明慎用刑而不留狱

《旅》卦是说流离失所，追求光明。从上一卦《丰》卦可知，其主要原因应是受到有权势的当政奸人的迫害。奸臣利用手中的权力，违反国家政策，滥用国家法律，致使忠良贤臣蒙冤受屈。所以，贵族统治者观此旅难之象，意识到要严控法律滥用，审慎用刑，及时查明各类案件，以避免冤假错案。这显然是从当权主政的统治者角度说的。"君子"泛指当权主政的贵族统治者。

上一卦《丰》卦说"君子以折狱致刑"，处罚的对象是作奸犯科、欺下瞒上的官僚。而本卦说的"君子以明慎用刑而不留狱"，对待的对象则是指遭奸人陷害而被滥用刑罚的忠良。

下艮为止，上离为刑为明慎，明智地止于用刑，是为"明慎用刑"。

56.5 初六：旅琐琐，斯其所取灾。

《象》曰："旅琐琐"，志穷灾也。

【白话】

初六：行向光明的旅难之时卑微退缩，因此而招致灾害。

《象》说："行向光明的旅难之时卑微退缩"，是说志向穷尽而招致灾难。

【解读】

◎ 旅琐琐，斯其所取灾

琐琐：卑贱猥琐的样子，形容一个人面对困难之时失去信心，没有勇气，卑微地退缩乞怜。这样只会更加让人轻视，会有更多的灾难加身。斯其所取灾：这就是他招致灾难的原因。

子曰："君子固穷，小人穷斯滥也。"（《论语·卫灵公》）初六以柔居刚而不正，旅之初，面对困难一开始就表现得卑微、退缩，没有勇气，这样只会遭受更大的灾难。

初六上应九四，二至五爻组成大坎，坎为难，初六本在坎外，现正应九四，是向九四乞怜而反受灾，故称"斯其所取灾"，自取其灾。

56.6 六二：旅即次，怀其资，得童仆。贞。

《象》曰："得童仆，贞"，终无尤也。

【白话】

六二：行向光明的旅难之时居有其所，身有旅资，侍有童仆。守持正固。

《象》说："侍有童仆。守持正固"，最终不会有忧患。

【解读】

◎ 即：就。次：舍，指旅行居止之处所。资，财也。

程颐曰："次舍，旅所安也；财货，旅所资也；童仆，旅所赖也。得就次舍，怀畜其资财，又得童仆之贞良，旅之善者也。"（《伊川易传》）

旅难之时，六二所以能如此，是因为他有谦逊中正之德。

贞：指六二能持谦逊、中正之德，能守次、资、仆之得，所以《象》曰"终无尤也"。

六二亲比九三，九三为下艮之主，艮为门阙为舍，故称"旅即次"；九三阳实，六二为互巽之主，巽为利市三倍为财物，故称"怀其资"；艮为门户为少男为童仆，故称"得童仆"。六二柔顺中正，故能"贞"。

此爻是指处于旅难之中的谦虚中正者，他能获得各种支持和帮助，顺利度过困难时期，但也要坚守正道。这与卦辞"小亨，旅贞吉"相呼应。

56.7 九三：旅焚其次，丧其童仆，贞厉。

《象》曰："旅焚其次"，亦以伤矣；以旅与下，其义丧也。

【白话】

九三：行向光明的旅难之时烧掉了次舍，丧失了童仆，（因为）坚持刚健不柔。

《象》说："旅难之时烧掉了次舍"，是说也因此受到伤害；在旅难之时以这种态度对待手下，其理应有所损失。

【解读】

◎ 旅焚其次，丧其童仆，贞厉

旅焚其次：失去了暂居之所，无安身之地；丧其童仆：失去了童仆，没有了地位和依靠。所以如此，是因为九三虽正，但在旅难之时只知刚健自大，不能做到低调谦虚。"贞厉"即是道出这种结果的原因。贞：坚持；厉：严厉、刚健；贞厉：坚持刚健、耿直、严厉而不知改变。

九三以刚居阳，居下之上，为艮山之主与九四不亲，与上九不应，是自高自大、不能与中央统治者的权贵相容，有违卦辞所言的"小亨"，故有此患。

九三在互卦兑体，兑为毁折，且上接离卦，下连艮卦，离为火，艮为次舍，故有"旅焚其次"之象。巽为进退为离散，艮为童仆，故有"丧其童仆"之象。

56.8 九四：旅于处，得其资斧，我心不快。

《象》曰："旅于处"，未得位也；"得其资斧"，心未快也。

【白话】

九四：行向光明的旅难之时居于此位，得到了该有的财富和权力，但内心仍不满足。

《象》说："旅难之时居于此位"，是说九四不当位；"得到了该有的财富和权力"，内心仍旧不快乐。

【解读】

◎ 旅于处，得其资斧，我心不快

处：处所，位置。得：获得。其：指与其位置相应之物。资：本义指旅费、路费。斧：本义指古代父亲或继父教育儿子或继子、用于立威的工具，后指国家的刑具，如"王斧"，引申为权利。不快：因不满足而不快乐。

得其资斧，我心不快：得到该有的财富和权力，但内心仍然不满足、不快乐。这是因为九四以刚居柔而失位，应谦虚顺从，却刚健激进，故贪婪不满足。

九四已进入上卦，为近君的重臣，是统治阶级的代表，他本应在国家困难之时谦顺地辅佐君王治国理政，但却居刚用柔而生贪婪。本就臣刚君弱而有隐患，还生贪婪之念，如不改过，难得善终，虽不言凶，凶不远矣。如九四变六四，则全卦变为《艮》，《艮》之本义为止其所止。九四不变，则是不知时势，不懂变通。

九四居于上离，上离为斧为贝为资，故称"得其资斧"。九四在大坎之中，坎为心为加忧，故称"我心不快"。

56.9 六五：射雉，一矢亡。终以誉命。

《象》曰："终以誉命"，上逮也。

【白话】

六五：射向野鸡，一箭就使之而亡。最终能够大有作为而获得庆誉。

《象》说："最终能够大有作为而获得庆誉"，是说履行了在上位者的职责。

【解读】

◎ 射雉，一矢亡。终以誉命

雉：野鸡，离为雉为明，此以雉代离，代表光明、明智。射雉：追求光明、英明之意。一箭亡：一矢而亡之，一发即中之意。

誉：赞誉；命：顺从、敬仰。六五谦逊守中，在带领大家克服困难、追求目标之时，经过一段艰苦的旅程之后，广施仁政，终以光明守中之德而得到了天下人的赞誉和敬仰。

二至五爻组成大坎，坎为矢；上离为雉，坎错入离中，故有"射雉"之象。坎为孚，以至诚之心追寻光明，求无不中，所以称"一矢亡"。六五为上离之主，又为上互兑之主，离为明为誉，兑为命，故称"誉命"。

◎ 上逮也

"逮"，《说文》："及也"。上，指君上。上逮：指逮上，即能够德称其位，履行在上位者的职责。

56.10 上九：鸟焚其巢，旅人先笑后号咷，丧牛于易。凶。

《象》曰：以旅在上，其义焚也；"丧牛于易"，终莫之闻也。

【白话】

上九：鸟巢被火烧掉，旅难之时的人先大笑后又大哭，（就像）商高祖王亥长途跋涉去与"有易氏"交易牛羊而丢失了牛。结果，非常凶险（王亥因此丢失了性命）。

《象》说：旅难之时却自以为是，高高在上，理应受到焚烧之灾；"因躁动、轻率而丧失了牛"，意思是说自己终究不会认识到错误。

【解读】

◎ 鸟焚其巢，旅人先笑后号咷

鸟焚其巢：鸟被火烧掉了巢则无安居之所。鸟巢通常都筑建在高处，引申为虽居其高，但却仍然被火所焚，无法安处。

旅人先笑后号咷：旅人先笑，一定是认为实现了自己"旅"的目的，"后号咷"，则是乐极生悲。上九以刚居柔而不正，又处离极，有自处其高、自以为是之象。这一句爻辞形象地描绘了处于旅难之时，自处其高、自以为是者进退不安，无所适从的景象。

上九总结全卦：旅难之时，即使有所得也不可得意忘形，否则会乐极悲，就像鸟儿虽居其高，但也不是万无一失。

上九为卦之终，有高之象。上离为火为巢，上九保持刚健之德则有火烧鸟巢之象。如上九变上六，则上离变震，震有哭象，上六又正应九三，九三为艮之主，艮为小路为足为旅，故有旅人号咷之象。

◎ 丧牛于易，凶

程子认为"牛"为柔顺的动物，喻指谦顺之德；易：轻率之意。因轻率而丧失了谦顺的品德，所以有凶。此说有理，但我认为还有另一层意义。

《大壮》卦六五爻"丧羊于易，无悔"，是取商高祖王亥驯化牛羊，然后用牛羊与"有易氏"进行交易时丢失了羊为例以说明道理（详见《大壮》卦六五爻解读）。本爻"丧牛于易"应是同样取王亥事例为喻说明道理。两者"羊"与"牛"的不同，是因为处于不同卦时。为了说明不同的道理，前者以"羊"代阳，说明驯化了刚健的羊为国所用，强调的是为国为民做的贡献；本卦"牛"即指畜养的牛，又代表谦顺的品德，所以后者可能是说明王亥丢失了牛的原因大概是因为不能谦卑和顺而惹怒了对方（这只是我根据爻象猜测。推测当是商是大邦，而有易氏为小的氏族，因此王亥在与对方交易之时表现得过于强硬高调而遭害。是否如此暂无从考证）。这是以王亥丧牛为喻说明自居其高、自以为是，以势欺人所带来的严重后果。

上九告诉我们：在旅难之时，应该保持低调谦顺，如六二。如果像上九一样自处其高、自以为是，则结果必定凶险。这也充分体现了卦辞"小亨"的思想，即低调谦顺才会通达。

【总结与启示】

《旅》卦承上一卦《丰》卦之义：在奸人当道之时，民众流离失所，无法安处，不得不踏上追寻光明未来的旅程，说明国家正处于一种拨乱反正、艰难改过、追求发展的过程中。《旅》卦告诉我们，在旅难之时，为政者应该如何自处才能安度旅难，答案就是"小亨"，即保持低调、谦顺的心态就会通达、顺利。卦中各爻除初六以外无不反映了这种思想。

初六：卑位不正，旅难之初一开始就柔弱不前、自甘卑下而自取灾祸；六二：中正谦逊者，得旅之善；九三：阳居刚位，过刚则失其下（童仆）；处艮之极，是自视过高则不容于上而失其所，原因即是只知刚健不懂变通；九四：刚而不正有贪欲，在旅难之中虽高居其位，且拥有财富与权利，但仍不满足而心有不快。六五：居中守柔，旅之明君，动必中文明之道，勤勉施政终得赞誉和敬仰；上九：刚居离极，总结全卦：自居其高、自以为是结果终究为凶。

本卦告诉我们：任何成功都不是一蹴而就的，都要经历一段艰难的旅程；在追求成功的路上，应做到谦虚谨慎，决不可狂妄自大、自以为是。否则，不管取得多大的成功、居于多高的位置都可能失去一切，甚至带来灾难。

卷十三

巽卦第五十七：上令下行，恩威并施

巽卦 下巽上巽，巽为风

上九：巽在床下，丧其资斧，贞凶。
《象》曰："巽在床下"，上穷也；"丧其资斧"，正乎凶也。

九五：贞吉，悔亡，无不利。无初有终。先庚三日，后庚三日，吉。
《象》曰：九五之"吉"，位正中也。

六四：悔亡，田获三品。
《象》曰："田获三品"，有功也。

九三：频巽，吝。
《象》曰："频巽"之吝，志穷也。

九二：巽在床下，用史巫纷若。吉，无咎。
《象》曰："纷若"之吉，得中也。

初六：进退，利武人之贞。
《象》曰："进退"，志疑也；"利武人之贞"，志治也。

卦辞

巽，小亨。利有攸往，利见大人。

57.1 卦名卦序

《序卦》曰：旅而无所容，故受之以巽。

【解读】

◎《巽》卦是纯卦（上下经卦相同），上下皆为"巽"。其卦名来源于经卦"巽"。巽本象为风为木，引申象为入为进退为逊顺等等，从国家治理而言又有政令、政策之象。故《大象》曰："君子以申命行事"。

纯卦是上下同一经卦相重而成，故有强调和反复之义，如：《乾》卦强调像天体一样健行不息；《习坎》卦则指困难重重；《离》为日出日落，反复更替；《震》为惊雷滚滚；《巽》则是反复申命，顺令而行之意。

《巽》为卦下巽上巽，巽为风为政令为顺，上下为巽，则是在上的统治者下达利国利民的治国之策，民众则顺令而行。

◎ 上一卦为《旅》卦，其卦象为下艮为止为路为旅，上离为明，旅而明，意即踏上艰难的旅程，追寻光明。旅者应谦虚谨慎才能顺利通达。国家人社会在经历一段艰难的旅程之后终于度过困境，君王及各级管理者应及时制定安抚民心、促进发展的好政策。《巽》卦说的是国家制定了利国利民的好政策，并鼓励民众在国家好的环境下要积极行动、主动作为。所以，《旅》卦之后是《巽》卦。

57.2 卦辞：巽，小亨。利有攸往，利见大人。

【白话】

卦辞：上令下行，谦逊、柔顺则通达。（民众）应顺应国家政策勇于作为，适宜得到大人的支持。

【解读】

◎ 小亨。利有攸往，利见大人。

小亨：阳为大，阴为小，"小"为柔，应指谨慎、耐心而通达、顺利之意。国家下达的政令在实施初期要观察是否合理，是否合乎实情，是否能被民众所接受，如果不合理要及时调整，这样的政令才是有效的。所以，下达政令并有效执行一定要做到谨慎有耐心。

利有攸往：是指民众在国家的良好政策下要认真遵守，努力作为。

"大人"应指能够制定国家管理政策的帝王和邦君。只有英明贤达的君王才能为民谋福利，为国谋发展，才能制定出最适合人民幸福和国家发展的好政策，故言"利见大人"，是说适宜出现并见到伟大的统治者。

57.3 《彖》曰：重巽以申命。刚巽乎中正而志行，柔皆顺乎刚，是以"小亨，利有攸往，利见大人"。

【白话】

《彖》说：上下两巽相重，是以反复下达政令。刚健顺从于中正，因此志向在于勇于前行。阴柔都顺从于刚健，所以说"谦逊顺从则通达。适宜勇于作为，适宜见到大德之人。"

【解读】

◎ 重巽以申命

上下两巽相重，在上位者顺从于民意而发布命令，在下位者奉行命令并落实执行。"重"为相重，又有反复之义。"申"则有延伸、传达、宣扬之意。

◎ 刚巽乎中正而志行，柔皆顺乎刚

九二刚健之爻顺从于同德、中正的九五，是为"刚巽乎中正"。阳爻健行，互兑为志，故称"志行"。

柔皆顺乎刚：柔指初六和六四，刚指九二和九五两阳，初六亲比九二；六四亲比九五，上下为巽体，故称："柔皆顺乎刚"。

这是以爻象解释"小亨，利有攸往，利见大人"。

57.4 《象》曰：随风，巽。君子以申命行事。

【白话】

《象》说：两风相随，这是巽卦的卦象。君子得以领悟：要制定并传达政令，然后推行政事。

【解读】

◎ 君子以申命行事

君子：泛指以君王为代表的统治者。申：本义指闪电延伸；申命：下达、传达统治阶级的想法和要求，即是推行政令，强调以政策、政令的形式治理国家。行事：履行职责，处理政事。

《巽》卦为卦下巽上巽。巽为风为政策、政令。上巽为制定和颁布政策，下巽则是传达与执行政策。故《巽》之卦象为：政令下达后不断传达到全国各地，规范民众行为。观察《巽》卦的卦象，各级管理者受到启发：要把自己为民谋幸福、为国谋发展的想法和要求广泛地告知大家并让大家共同执行的最好办法是制定政策、法令，并传达给下级管理者和民众执行。《巽》之时，民众顺从，民风柔顺，统治者应该积极地多发布和推行利民的好政策，以使国家制度完善，管理高效，同时要求各个部门、各地方诸侯认真地把政策传达下去，贯彻执行。

《大象》辞说的是统治者制定政令的目的和作用，而卦辞说的则是统治者制定政令的原则和方法。

57.5 初六：进退，利武人之贞。

《象》曰："进退"，志疑也。

【白话】

初六：时进时退，犹豫不决。适宜坚持像士兵那样果敢坚决地执行。

《象》说："时进时退，犹豫不决"，是说志向性格是犹豫不决的。

【解读】

◎ 进退，利武人之贞

初六阴柔不决，又为下巽之主，代表执行国家政策的民众。巽为进退，故称"进退"。《巽》之时，国家制定了良好的政策并鼓励人民积极进取、努力作为。所以，人民真诚顺从、认真遵守才是正道。初六阴柔不正，且犹豫不前，所以圣人诫之要像武人一样坚决遵守、果决行动。卦辞说"利有攸往"，也是鼓励在下者要积极响应国家政令，认真遵守，勇于作为。

"武"本义指持戈出征，故"武人"指士兵。士兵打胜仗的基础是纪律严明、令出必行。"利武人之贞"是勉励初六要像军队的士兵一样坚持严格执行统治者下达的政令，果决行动。

初六变则下巽变乾，乾为健为武人。

57.6 九二：巽在床下。用史巫纷若，吉，无咎。

《象》曰："纷若"之吉，得中也。

【白话】

九二：传达政令无所不及，史官和巫者纷纷共同参与传达，结果很成功。没有过失危害。

《象》说："（大家）纷纷参与传达"而获成功，因为有中道之德。

【解读】

◎ 巽在床下，用史巫纷若。吉，无咎

"床"是人所睡觉休息之处，一般都在内室，是隐蔽之所。床下：引申为非常偏僻之所。"在"，本义指存于某处，在此指传达、到达某处。

巽在床下：指政令传达到床下，引申为政策传达无所不至，没有任何偏僻之处不能传达到的。九三、六四、九五组成上互离，离为床，九二为下巽之中爻，巽为政令为进退为人，离与巽相交且巽在离下，故有"巽在床下"之象。

"用"，甲骨文为：，其字形像是把木条捆绑合并在一起。史：指博学的文职官员。巫：指有智慧的通神者。纷若：指史和巫都纷纷参与。"用史巫纷若"，指博学的文职官员和有智慧的通神者能够合作积极参与传达政令。这是说明政令既能传承传统，又能得到神灵的支持，当然会很容易被民众接受和信服，故称"吉，无咎"。

九二以阳居中，代表博学的史官和智慧通神的巫官，他们都能积极地向广大民众传达政策政令。所以，结果很成功，其行为值得肯定。

此处先言"吉"，后言"无咎"，看似矛盾，实则不然。"吉"指结果很成功的；"无咎"则是对行为方式的肯定。

57.7 九三：频巽，吝。

《象》曰："频巽"之吝，志穷也。

【白话】

九三：执行政令时严时失，（应感到）羞愧。

《象》说："执行政令时严时失"的羞愧，是因为心志穷尽。

【解读】

◎ 频巽，吝

来知德曰："频"者，数也。三居两巽之间，一巽既尽，一巽复来，"频巽"之象。曰"频巽"，则频失可知矣。

程颐曰：三以阳处刚，不得其中，又在下体之上，以刚亢之质而居巽顺之时，非能巽者，勉而为之，故屡失也。居巽之时，处下而上临之以巽，又四以柔巽相亲，所乘者刚，而上复有重刚，虽欲不巽得乎？故频失而频巽，是可吝也。

来知德先生认为是九三处在上巽和下巽之间，所以一巽接一巽，故称"频巽"，类似于纯卦《习坎》卦的六三爻的"来之坎坎"。程颐先生认为是九三刚而不中，处于两巽之间，刚又居柔下，是既巽又刚，频失频巽，故称"频巽"。两位先贤都是从象上分析的，有一定道理，但都没有说明白为什么会"吝"。

我认为：来知德先生认为"一巽既尽，一巽复来"是对的，但他没有说清楚这两"巽"的意义其实是不一样的。上巽代表统治阶级，为政令、政策之象，即统治阶级颁发政令。自古以来，任何政令都是需要民众遵守的，所以政令有限制、强制之义。卦体中下互卦为"兑"，从《师》《节》等卦的解读可知，"兑"有节制、约束之象。故卦从上往下看有统治者以政令节制民众之象。下巽代表传达和执行政策者，故取顺从、悦从之象，有"风"之性。自然界"风"是最自由和散漫的，来去无踪，无孔不入，故巽有自由、进退之象。所以，卦从下往上看则有执行者在顺从国家政策之时自由、散漫而不严肃。再来看九三爻：九三爻处两巽之间，为诸侯之位，承上启下，既是上巽的传达者，又是代表下巽的执行者，故既在反复传达中央政令，又不能带领民众严格执行，是为"频巽"。这样当然应该感到羞愧，故称"吝"。

57.8 六四：悔亡，田获三品。

《象》曰："田获三品"，有功也。

【白话】

六四：隐忧消失，打猎时获得的猎物可以分为三等。

《象》说："打猎时获得的猎物可以分为三等"，是说取得了功绩。

【解读】

◎ 悔亡，田获三品

"悔"指忧虑、担忧。六四对政令传达与执行受阻而有忧。六四阴柔居正，公卿之位，既是上巽之主爻，又是下互兑之主爻，还是上互离之主爻，故既是国家政策的颁布者，又是政策的强制施行者（离为兵戈为刑罚，也有强制执行政令之象）。六四因对应的初六不应而"进退"、相亲比的九三"频巽"反复，故有悔，后能根据不同阶层人员的情况制定和施行不同政策，然后上能得到君王的支持，中能得到诸侯王公的认同，下能得到民众顺从和执行，故能"悔亡"。

《礼记正义》曰："天子诸侯无事，则岁三田，一为干豆，二为宾客，三为充君之庖。"

田获三品：即"三田"，古代贵族田猎时按照射中野兽的部位划分三个等级，射中心脏的为第一等，其猎物可做成肉干盛入豆器用以祭祀（死得最快，死前痛苦少，肉美），射中腿部的为第二等，其猎物用以招待宾客；射中肠子的为第三等级（脏兮兮，死得最慢，死前痛苦多，肉美不及前二等），其猎物留作自己享用。这里引申为六四制定和颁布政策考虑周全，能够顾及不同阶层的利益，从而能够得到大家的支持和执行。

从象上看：六四处在初至四组成的大坎之内，坎为加忧，故有悔；又六四上亲比九五，下亲比九三，连接九三与九五组成离，离为明为兵戈，有田猎之象。又离有"三"象。上巽为鸡、中离为雉、下兑为羊，故有"田获三品"之象。

57.9 九五：贞吉。悔亡，无不利，无初有终。先庚三日，后庚三日，吉。

《象》曰：九五之"吉"，位正中也。

【白话】

九五：坚持守正就能成功，隐忧也会消失，没有什么不好。开始时不顺最终有好的结果。（政令要变更时）能做到前后斟酌推敲，结果吉祥如意。

《象》说：九五爻的"成功"，是因为位置既正且中。

【解读】

◎ 贞吉。悔亡，无不利

九五居于尊位，是政策方向和原则的确定者。在他卦既中且正本最是合宜的，但《巽》卦尚"小"，即推行政策注重谨慎有耐心，要能顾及各个阶层的人员。九五居刚用刚，刚硬果决，故政策推广和执行不顺利，所以有悔，后能及时改变原则和方法，故能悔亡。《巽》之时，民众开始对国家政令和各项管理不理解、不顺从，因此君王心有忧虑。君王能够耐心、谨慎地为民理政，最终隐忧消失，一切顺利。

从"贞吉，悔亡"可知，在"巽"之时，九五刚健、果决、强硬地要求政策快速推行，但遇到阻力而有悔，在知道欲速则不达的道理后能够改变方法，考虑周全，并且耐心推行则会悔亡而有吉。九五变六五，六五正应九二，九二在下互兑中，兑为吉，故称贞吉；又上巽变艮，艮为有成为有终，贞正有成，故"悔亡，无不利"，后又言"无初有终"。从爻象和爻辞分析，本句词序可调整为：悔亡，贞吉，无不利。

九五变六五，与卦辞"小亨"对应，故本爻可视为全卦之主。

◎ 无初有终，先庚三日，后庚三日，吉

这是说开始发布了错误的政令，或是说政令不符合实情、执行效果不好等，后面能及时调整更改而能有好的结果。治理国家、发布政令岂是容易之事，更何况又面临困难时期，初期政令有错或是不适、不能解决问题也是常有的事，后能及时调整改正，成功施行。

巽为政令为进退，所以有变更之象。

程颐曰："五居尊位为巽之主，命令之所出也。处得中正，尽巽之善。然巽者柔顺之道,所利在贞,非五之不足,在巽当戒也,既贞则吉而悔亡,无所不利。"

程颐认为五是巽之主,而巽为柔顺之道,贵在坚持,故言贞吉,并认为九五正位故无不足。这里有两点值得推敲:一是巽虽为柔顺之道,但九五阳爻则不是,这是混淆了卦德与爻德之区别;二是九五虽正位,在他卦既正且中可无不足,但从卦辞"小亨"可知,《巽》卦尚柔,故九五有悔。

九五变六五,则全卦变《蛊》。《蛊》本为改革过去旧政弊乱之意,其卦辞为"先甲三日,后甲三日"与本爻中的"先庚三日,后庚三日"对应。"甲"为种子破壳,故有破旧立新之意。"庚"者更也,"庚"为事情在做的过程中改变的起点。"先庚三日,后庚三日",意为围绕着"庚"(更)前后反复推敲、修改。"吉"强调的是更正后结果的成功。

57.10 上九:巽在床下,丧其资斧,贞凶。

《象》曰:"巽在床下",上穷也;"丧其资斧",正乎凶也。

【白话】

上九:(虽然)政令传达到了社会各个角落,无所不至,(但如果)执行者失去威严,这样也是会失败的。

《象》说:"巽在床下",是说在上面已发展到穷尽;"丧其资斧",是说这样自以为正会导致凶险。

【解读】

◎ 巽在床下,丧其资斧,贞凶

"巽在床下",根据九二爻的解读可知是指政令传达到了各个偏僻角落。这是政令传达非常成功的表现,故九二爻有"吉,无咎"之词,但为什么到了本爻结果却是"贞凶"呢?

上九以刚居阴,位于卦终,总结全卦:国家制定政令的最终目的是让大家能够认真遵守和执行,传达到位只是政令执行的重要基础,不是目的。若想政策得到彻底执行,推行者必须树立权威、建立威严,并依律对违反者严格处罚,否则必将失败。斧:古代父亲或继父用于立威的工具,后指国家的刑具,如王斧。资斧:引申为威严、权威。丧其资斧:丧失严格执行的威严。"其"指政令的执行。

卦辞"小亨"是说政令传达和推行过程需要柔顺、耐心,而上九爻则是说明政令的贯彻执行还需要政府威严的保障。

【总结与启示】

承上卦之义,国家上下在经过一段突破困局、拨乱反正的艰难的旅程之后,统治者审时度势,制定利国利民政策并全面推行,鼓励民众积极作为。本卦强调的是以政策法令的形式治理国家的重要意义。政令在传达和执行的过程中,统治者需要耐心、周全，但要想最终彻底贯彻执行，既需要遵守者果决，如初六，还需要监督者威严与权威，如上九。

初六：柔处巽初，下巽之主，是在国家好的政策之下却过于柔顺而进退不决，圣人诫之要像士兵一样纪律严明，果决执行；九二：刚健得中，政令传达无所不至、无人不知，得到史官和巫者的共同支持，行动值得肯定；九三：正而不中，位高性刚，在巽之时，传达和执行政令反反复复，应感到羞愧；六四：柔顺正位而忠君爱国者，忧国忧民而有悔，后能忠心辅君，顺上巽下是能顾及上下后悔亡，有如田获三品，得上享、待宾、利己之周全。九五：居尊位，政令之所发者也，初因得不到大家的支持而有悔，后能改变方法而有终。诫之改令需谨慎推究，改而得吉。上九：刚居柔位，总结全卦，警示统治者，政令传达即使做到再成功，如果执行时缺乏威严，终将会失败。

本卦告诉我们：无论是国家治理，还是企业管理，要想达到一定的管理目标，则应首先制定相应的政策制度，以使大家行动一致。另外，政策制定以后，要谨慎推行，如有不适应及时调整。制度制定的主要目的是严格执行，因此，既要做到传达到位，谨慎耐心，更要坚持严格执行，严肃对待，否则无法达到预期效果。

兑卦第五十八：政通人和，以正相悦

兑卦　下兑上兑，兑为泽

上六：引兑。
《象》曰：上六"引兑"，未光也。

九五：孚于剥，有厉。
《象》曰："孚于剥"，位正当也。

九四：商兑，未宁，介疾有喜。
《象》曰：九四之"喜"，有庆也。

六三：来兑，凶。
《象》曰："来兑"之凶，位不当也。

九二：孚兑，吉，悔亡。
《象》曰："孚兑"之吉，信志也。

初九：和兑，吉。
《象》曰："和兑"之吉，行未疑也。

卦辞

兑，亨。利贞。

58.1 卦名卦序

《序卦》曰：巽者，入也，入而后说之，故受之以兑。

【解读】

◎《兑》卦是纯卦，是《巽》卦的覆卦。兑为泽为口为美善为和悦，两兑相重有两泽相通之象。两泽相通，泽水互融，水中鱼儿自由往来，一片平静、安详、和悦之象。从国家、社会而言，政通人和，国家上下和谐融通，人们和平相处、和善相待、互相悦从，社会一片祥和。从卦象来看，这似乎是一种理想的和平世界，然而，国家治理岂能一劳永逸？"生于忧患，死于安乐"，祥和之中一定掩盖了矛盾，平静之下必定蕴藏危机。国家上下过于安乐相悦必定滋生不正之气，从卦中六三至上六组成一个大坎就可看出，祥和之中隐藏着困难。

◎上一卦为《巽》卦，说的是国家和社会经过一段艰难旅程之后制定利国利民的好政策，并反复传达，耐心地引导百姓认真遵守、积极作为。久而久之，国家上下政通人和，和平安乐，统治者与人民相悦相从。所以，《巽》卦之后是《兑》卦。

58.2 卦辞：兑，亨。利贞。

【白话】

卦辞：和悦相通，通达顺畅。适宜固守正道。

【解读】

◎ 国家政通人和，社会平静安乐，在这样和悦的时期自然通达顺畅，故言"兑，亨"。但过于安乐必定深藏危机，长久地处于这种无忧无虑的安乐环境必定使人消极而滋生不正之风，故圣人诫之"利贞"。这是说要固守正道，不可丢弃正义和进取。

58.3 《彖》曰：兑，说也。刚中而柔外，说以利贞，是以顺乎天而应乎人。说以先民，民忘其劳；说以犯难，民忘其死。说之大，民劝矣哉！

【白话】

《彖》说：兑，喜悦之意。卦体刚爻居中而柔爻在外，喜悦而适宜守持正固，因此（和悦之道）是上应天道下应人心。（君王）能够乐于为民众操劳在前，则民众就会为国家忘记辛劳；（君王）能够乐于为民冒险犯难在前，那么民众就会为国家忘记生死。喜悦的时势意义之伟大，可以使民众得到很好的劝勉和教化！

【解读】

◎ "兑"为和悦，作者从卦象卦德极力说明君民和悦对国家治理、民众教化的重大意义。

君子之道，其取悦于民，如同天地向其心施加感应而心悦诚服、没有厌倦。所以，君王先用这种方法对待百姓，那么民心就会喜悦、顺从并努力工作而忘记辛劳；既使带领他们去冒险，那么民心也会喜悦地顺从道义而忘记生死。这是从卦象引申至君悦民，民忠君的道理。

做一个英明的君王的道理就是要使人心悦服为本，所以我赞叹本卦的意义深远。

58.4 《象》曰：丽泽，兑。君子以朋友讲习。

【白话】

《象》说：两泽相连，这就是兑卦的卦象。君王得以领悟，要鼓励同道者相互学习，传播善道。

【解读】

◎ 君子以朋友讲习

丽：繁体字为"麗"，从鹿，丽声，本义为鹿并驾、成对，后引申为成群、结伴、成对。成对之意同"俪"，夫妻为配偶，故曰"伉俪"。

"朋友"，孔颖达曰："同门曰朋，同志曰友"。友：会意字，甲骨文、金文字形为两手协调工作，故"友"有互相协助之意。所以，"朋友"可以理解为同道相助。

两个湖泊相连，则水流相通，鱼儿自由游动。君子从中得到启发：在政通人和、平静祥和的时代，应鼓励人们要互相友爱，共同进步，互相学习，积极向善，这样才能使天下大正，止于至善。这与卦辞"利贞"的意义是相通的。

兑为善为德为道，两兑为同道为朋友；兑为口为讲，两兑为反复宣讲、积极实践。

58.5 初九：和兑，吉。

《象》曰："和兑"之吉，行未疑也。

【白话】

初九：应和和悦之道，吉祥如意。

《象》说："应和和悦之道"的结果之所以吉利，是说其行为端正而不被人所置疑。

【解读】

◎ 和兑，吉

和：应和，指对他人的声音、动作、情感等进行响应、附和。和兑：指对他人的和悦善意积极响应。

初九以刚居阳而正位，又居初位，代表刚正、热情的百姓，他们对来自他人的正义的和悦善意热情响应，结果和谐吉祥。初九与九二不比，与九四不应，那以正相悦者是谁呢？从后面九二的解读可知：九二真诚地沟通上下，以正和悦，且知悔而变为既中且正的六二，故中正和悦待人者为六二。初九热情应和六二的相悦，最终以正应正而吉。

子曰："君子和而不同，小人同而不和"。初九以正悦正，为正义的和悦之道，结果吉利。

58.6 九二：孚兑，吉。悔亡。

《象》曰："孚兑"之吉，信志也。

【白话】

九二：内心真诚地沟通上下、以正相悦，结果吉利。悔憾消失。

《象》说："内心真诚地沟通上下、以正相悦"之所以吉利，因为心愿、志向真诚有信。

【解读】

◎ 孚兑，吉。悔亡

九二以刚居柔虽不正，但居于中位而能辨是非，与正位的初九和九五不比不应，却与失位的六三亲比故有悔。九二阳爻居中而能内心真诚地向正而变，所以九二变六二。九二变六二则与六三不比，而能向上正应九五，向下亲比初九，是既能远离六三，又能沟通上下，以正相悦，故能得吉而悔亡。从"悔亡"一词可知，本爻会发生变化。

九二变六二，则既正且中，正应九五。九五在三至上爻组成的大坎之中，坎为孚，在兑之时故称"孚兑"。上兑为吉，六二正应九五而得"吉"。

58.7 六三：来兑，凶。

《象》曰："来兑"之凶，位不当也。

【白话】

六三：接受不正之悦，结果凶险。

《象》说："来兑"之所以凶险，是因为位置不正当。

【解读】

◎ 来兑，凶

来：靠近"我"为"来"。六三以柔居阳而不正，亲近六三的为九三，以不正亲比不正，是不正之悦，故凶。"凶"指这种相悦的关系与时势相背，必定有不好的结果。

《兑》之卦象为两泽相通，引申到国家则是上下政通人和，和谐相悦。如果相悦者为正，则必然顺利通达而吉；如果相悦者不正，则必然难以持久而凶。从九二解读可知：九二开始不正而亲比六三，从六三来说是为"来兑"，但最终知悔而变六二，则与六三不亲而能悔亡。说明六三以不正而居于高位，在《兑》之时难容于正气之世。

六三有凶的根本原因是不当位，所以《象》说"位不当也"。

58.8 九四：商兑未宁，介疾有喜。

《象》曰：九四之"喜"，有庆也。

【白话】

九四：对破坏国家真正和谐安宁者进行抵制和处罚，隔绝疾患而有喜庆。

《象》说：九四爻的"喜"，是说最终值得庆贺。

【解读】

◎ 商兑未宁，介疾有喜。

商：甲骨文 =（辛，刑具）+（穴，地牢）+（口，讨论），表示讨论施刑。造字本义：论罪量刑。有的甲骨文省去"口"，有的甲骨文将"辛"写成"双辛"，强调"辩诉"（《甲骨文密码网》）。

"商"字本义为"论罪量刑"，则"商兑"可理解为：对不正相悦者进行抵制和处罚。

宁：合并字"寧"。寧，甲骨文 =（美酒或琼浆满溢的器皿）+（乎，吹奏乐器），表示物质生活富足，精神生活愉悦。有的甲骨文将满溢的器皿改写，并加"宀"（房屋），强调安居乐业。造字本义：安居乐业，丰衣足食，娱乐颐养。（《甲骨文密码网》）

未宁：不能达到真正的和悦安宁，指破坏国家真正的和谐安宁之意。卦中指的是六三。

介：本义为石，引申为阻挡、分界、隔绝。

商兑未宁：从六三解读可知，六三为行为不正者，其受悦于不正之九二，结果为凶。九四虽以刚居柔而不当位，但已进入上卦，是被君王所信任的重臣，肩负着辅佐君王维持国家政通人和、社会安宁的重任。如果他不能行正履职，则天下会大乱。所以，他能在面对六三以不正之风破坏国家真正的和谐安宁时及时采取措施进行处理和纠正。下互离为刑罚，六三为下离之主，又为上互巽之主，巽为进退为行动，有六三动而受刑之象，故称"商兑"。

"介疾有喜"，九四变六四，正应初九而与六三不亲，互离变艮，艮为石为介；九四变六四，全卦变《节》，有节制、限制之象，故称"介疾"。六三原在三至上组成的大坎之中，坎为疾，九四变六四之后，与六三不亲比而隔绝了六三，则原大坎消失，故称"介疾"。九四变不正为正，又能上得到九五君王的支持，下获得民众的悦从，是对国家的不正之悦进行了成功的节制和纠正，故能"有喜"。

58.9 九五：孚于剥，有厉。

《象》曰："孚于剥"，位正当也。

【白话】

九五：下定决心剥离不正之悦，行动果断坚决。

《象》说："下定决心剥离不正之悦"，因为位置正当。

【解读】

◎ 孚于剥，有厉

剥：本义指以刀砍物以致分裂、剥离。有：持有，抓住之意；厉：严厉、果断。"有厉"指行动果决，而非指有危险。

九五为刚正的君王之位，《兑》之时，国家上下政通人和，安宁和悦，此时最易滋生不正之风。君王防微杜渐，对社会中出现的不正的苗头进行果断的铲除和消灭。

九二、六三、九四都不正位，九五下决心、果决地剥离不正，是为"孚于剥"。从爻象看：九五与九二不应、与九四不亲，九二与九四都不正且九二至九四构成离，离为兵戈为刀，故有九五剥离不正之九二与九四之象；九五居于三至上爻组成的大坎之中，坎为孚，故称"孚于剥"。

有厉：意为九五远离不正之臣能够坚持果决严厉。九五以刚居阳，又处中道，故能严厉对待不正之臣而果断地疏远。

国家表面和平安详，实际最易滋生不正，正是因为有刚正严厉的君王，才能及时有效地扼杀和纠正不正之风，才使九二、九四及时向正而变。

58.10 上六：引兑。

《象》曰：上六"引兑"，未光也。

【白话】

上六：以正引导和悦之道。

《象》说：上六"以正引导和悦之道"，是说天下和悦之道还未能发扬光大。

【解读】

◎ 引兑

引：本义为拉开弓箭，弓弦拉开之后会有回弹之力，拉得越远回弹越强，就像弦被弓吸引一般，故有"吸引""引导"之意。

九五中正、刚健的君王强势剥离不正之风，这只是在一定形势之下的一种手段和方法。为了杜绝和悦之时不正之风的滋生，光靠打压是不能解决根本问题的，最终还应以引导为主，使全国上下都感召在正义的影响之下，而且离得越远引力越大，使大家紧密地吸引和团结在君王周围。是为"引兑"。

上六以柔居阴，为全卦之终又为上兑之主，且亲比九五，有最终以柔顺之正引导全卦之象，故称"引兑"。

【总结与启示】

《兑》卦卦象为两泽相通，泽水相融，引申为国家政通人和，君民以正相悦，社会安宁和悦。卦象爻义所体现的百姓坚持正义、诚信而相互和悦；管理者真诚友善待民，心存不正的统治者能够及时得到纠正。这不正是孔子所追求的仁道世界、至善社会吗？只是这种美好状态在封建社会只能存在于作者的想象之中，终究是无法实现的，哪怕只是昙花一现。

回到本卦，看各爻之要义：

初九：刚健正义的百姓，能够应和、悦从九二变六二后的中正、和悦之道，结果吉利；九二：居中不正而亲比不正之六三，故初有悔，后能及时改变，真诚地沟通上下、远离不正而得吉悔亡；六三：以不正之风接受不正之悦，结果难容于正气之世；九四：果断处理和制止不正之风的影响，改变自己彻底隔绝歪风邪气，终有喜庆结果；九五：刚健中正君王，以严厉、果决之势剥离不正之臣，纠正不正之风。上六：最终以柔顺正义之风引导国家和平安宁、祥和喜悦。

从《大象》辞"君子以朋友讲习"来看，本卦卦义与儒家所倡导的以仁为中心、鼓励大家先修养自己，然后大力传播善道，友善他人，止于至善，以致天下大治的思想是相通的。

涣卦第五十九：认准方向，确定目标

涣卦 下坎上巽，风水涣

上九：涣其血去逖出，无咎。
《象》曰："涣其血"，远害也。

九五：涣汗其大号，涣王居，无咎。
《象》曰："王居""无咎"，正位也。

六四：涣其群，元吉。涣有丘，匪夷所思。
《象》曰："涣其群，元吉"，光大也。

六三：涣其躬，无悔。
《象》曰："涣其躬"，志在外也。

九二：涣奔其机，悔亡。
《象》曰："涣奔其机"，得愿也。

初六：用拯马壮，吉。
《象》曰：初六之"吉"，顺也。

卦辞

涣，亨。王假有庙，利涉大川，利贞。

59.1 卦名卦序

《序卦》曰：兑者，说也，说而后散之，故受之以涣。

【解读】

◎ 涣，形声字，从水，奂（huàn）声，本义指水四处流敞，后引申为人心不齐，精神涣散。为卦下坎上巽，坎为流动的水，巽为风，水上有风，风吹水散，风越大则水流散越快，涣散之象。

引申到国家：巽为政令，水代表民众，风吹水散，说明国家政策已经无法约束百姓，甚至出现逆反，民众没有信仰，没有目标，失去方向。人心涣散之时，首先要做的是重新找到方向、确定目标。所以，《涣》卦应该说的统治阶级如何聚集人心，整治涣散。卦名"涣"应为"济涣"之意。

◎ 上一卦为《兑》卦，说的是国家政通人和，社会祥和安宁，圣人诫示要以正相悦，鼓励大家互相积极传播美善。所谓"生于忧患，死于安乐"，人民长期处于安乐祥和的时期，久而久之必定意志消沉、精神涣散、迷失方向、失去斗志，此时应采取措施，整治涣散。所以，《兑》卦之后是《涣》卦。

59.2 卦辞：涣，亨。王假有庙，利涉大川，利贞。

【白话】

卦辞：整治人心涣散，通达顺利。君王设立宗庙祭祀，以使民心诚敬而聚合。需要克服艰难险阻，应该坚守正道并持之以恒。

【解读】

◎ 涣之时，虽然民心涣散而迷茫，但上有九五以刚中之德居于君位，下有忠诚的贤臣相助，所以济涣之路是通达顺畅的（详见后面的各爻的解读），故虽涣却"亨"。

假：借助、利用；有庙：设立宗庙，帛书本为"于庙"。王假有庙：重聚民心莫过于设立宗庙，推行祭祀，以使民心诚敬而有信仰，精神有所归依。卦体中三、四、五爻组成互艮，九五为艮之主，艮有宗庙祭祀之象。九五为王，故称："王假有庙"。

治民在于治心，而心才是最难治理的，民心涣散之时，济涣岂是易事，一定要克服重重困难，故言"利涉大川"。这是指济涣之时必定会遇到大的困难，且能够克服困难，也必须要克服困难。为卦上巽为木为舟，下坎为水为大川，舟行川上，故称"利涉大川"。

济涣绝非一朝一夕之事，需要按照正道长久坚持，所以说"利贞"。

59.3 《彖》曰："涣，亨"，刚来而不穷，柔得位乎外而上同。"王假有庙"，王乃在中也。"利涉大川"，乘木有功也。

【白话】

《彖》说："涣，亨"，是因为阳爻下来处于二位而没有到穷尽的最下位，阴爻在外卦居于四而当位，并与上面的九五爻亲比。"王假有庙"，是说代表君王的九五爻居于中道。"利涉大川"，是说乘坐木船度过大川而建立功业。

【解读】

◎ 刚来而不穷，柔得位乎外而上同

这是从卦变和爻位解释"亨"。我认为涣卦是由否卦的九四与六二互相调换而变来的。九四来到下坤而居于中道，以使阴爻居中有中道阳气；六二上到外卦的四位而亲比于九五，故称"刚来而不穷，柔得位乎外而上同"。这样变化之后，原来的上下否塞不通之象得以变致亨通。卦变之说多有争论，用以说理较为牵强。

◎ 王乃在中也

这是以卦象卦德解释"王假有庙"。九五君王居于刚中之位，又为互艮之主，艮为宗庙，故有"王假有庙"之象。

◎ 乘木有功也

这是从卦象解释"利涉大川"的。上巽为木为舟，下坎为水为川，卦象有乘舟渡川之象。九五为互艮之主，艮为成为有功，故言"乘木有功也"。

59.4 《象》曰：风行水上，涣。先王以享于帝立庙。

【白话】

《象》说：风在水面上吹过，这就是涣卦的卦象。先朝的君王为使民心能够诚敬地崇拜帝王而设立宗庙，推行祭祀。

【解读】

◎ 先王以享于帝立庙

上巽为风，下坎为水，故称"风行水上"。大风从平静的水面吹过，水面荡起波纹，然后向四周扩散，是为"涣"。

先王早就认识到民心涣散、没有信仰的危害，并知道聚合民心的重要性，而聚合民心莫过于立宗庙、行祭祀，使民心崇拜、敬仰而有所归依。统治者引导民心崇拜、敬仰的对象则是帝王。

"先王享于帝立庙"与卦辞"王假有庙"意义相同，取象于九五为互艮之主，艮为庙为祭祀；九二为下坎之主，坎为孚，九二与九五虽同性不应，但从后面九二爻的解读可知，九二能够以至诚率领众人奔向九五而成就光明，故有"享于帝立庙"之象。九五为"帝"。

59.5 初六：用拯马壮，吉。

《象》曰：初六之"吉"，顺也。

【白话】

初六：（被）利用健壮的马来拯济，结果吉祥（成功）。

《象》说：初六的吉祥，是说能顺承于九二。

【解读】

◎ 用拯马壮，吉

初六柔顺而居于涣初，在民心迷茫、思想涣散之始，初六以柔顺之性亲比于九二，是性柔顺而心有属，没有迷失。初六依靠有中道之德的九二成功拯济涣散，使自己重新焕发斗志，找到前进的方向。

《周易集解》引虞翻之说，认为"马壮"的取象是下"坎"卦，我认为有理。九二既为下坎之主，又为下互震之主，虽坎与震都有马象，但坎有"曳"之象，即"拖曳"，而震为动，动而拖曳，故称"用拯"。

本爻爻辞与《明夷》之六二："明夷；夷于左股，用拯马壮，吉"之后半段相同，两者爻象类似，都是坎之下阴爻亲比坎之中阳爻，且中阳爻又为互震之主，但两者借象明理所表达的含义不同。《明夷》六二"用拯马壮，吉"意为用大量良马和财宝拯救，结果吉利，"马壮"即"壮马"，良马之意，引申为大量的财宝。"拯"则是指从苦难、危境之地解救出来之意。从爻象看是六二亲比九三，但"拯"者并非实指九三，而是借象明理，另有所指（六二应是指周文王，而"拯"者应是指卦外散宜生等拯救文王出狱之人。详见《明夷》卦解读）。本卦初六代表底层百姓，是被拯者，"拯"者则实指以九二代表的有中正之德的地方管理者。这里的"马壮"非指财宝，而是喻指宝贵的品德和精神，是无形无价的财宝。"拯"则是指从涣散中解救出来之意，即济涣。九二居于中位，是有中道、诚实之德。

九二为下坎之主，阳爻为壮，坎为马，故称"马壮"。"吉"则指能成功拯救其涣。

59.6 九二：涣奔其机，悔亡。

《象》曰："涣奔其机"，得愿也。

【白话】

九二：人心涣散之时朝向目标奔跑，忧患消失。

《象》说："人心涣散之时朝向目标奔跑"，能够得偿所愿。

【解读】

◎ 涣奔其机，悔亡

奔：金文字形为：🐾，字形为前面一个人形作奔跑状，后面三个"止"。"止"字形为行走、奔跑之意，三个"止"表示人在朝前奔跑。

机：古分简体字"机"和繁体字"機"。"机"古指桤树，在本爻中没有意义，故本爻中的"机"字应指"機"。機：形声字，从木，幾声，本义指弩机，即弩上的发动机关。《说文·木部》曰："機，主发谓之機。""木"为木头、木料、木材；"幾"中之"戈"是兵器、击杀，两"幺"有细小、微小之意，是小部件、小零件儿，又像是丝绳牵扯，为千丝万缕的联系。故"機"为木制的、有细小零部件或丝线可以牵扯发动以击杀人的机关，后泛指机关、机械。"幾"的本义为细小、细微。细微的事件往往是引起变化的关键因素，故又引申为关键，本处应理解为"关键""目标"。

程颐认为"机"是指初六，从上面的分析来看显然是错的。从卦辞"王假有庙"可知，九五君王才是大家崇拜、追求的目标，故"机"指九五。九五在上巽之中，巽为木为绳，九二至九五组成大离，离为戈，有木有丝绳有戈正是可以组成一个"機"。

"悔亡"是先有悔而后能亡，通常说明会改变现状。九二以刚居柔，且与九五不应故有悔。九二知悔能变，则九二变六二，下坎变坤，坤为众，六二为下坤之主，且正应九五，是能带领众人奔向九五，故称"奔其机，悔亡"。"奔"在此应理解为以心追随、心向往之，是指精神上的向往、追随，这是济涣的关键。

59.7 六三：涣其躬，无悔。

《象》曰："涣其躬"，志在外也。

【白话】

六三：内心迷茫之时，自己能够清醒地找准目标，没有悔憾。

《象》说："内心迷茫之时，自己能够清醒地找准目标"，是说心志在外卦的上九。

【解读】

◎ 躬，从身从弓，本义为弯下身子，后指自身、亲身。

六三为下卦之长、诸侯之位，本应带领大家一起朝向正确的方向前进，以消除邦国民众之涣散，但因以柔居阳，居刚用柔，没有力量引领大家，只能使自己做到有方向、不沉迷。六三正应上九，是能紧跟上九而没有失去方向，虽然不能尽到引领大家的邦君之职，但在非常时期，能清醒地认识到自己力量不足，并做到洁身自好、以身作则，方向明确而不迷失，也属难能可贵，因此没有悔憾。

59.8 六四：涣其群，元吉。涣有丘，匪夷所思。

《象》曰："涣其群，元吉"，光大也。

【白话】

六四：内心迷茫之时紧跟领头之人，这是成功济涣的根本。（这样）人心涣散终会自然聚集，就像强盗一下子掠走了忧虑。

《象》说："内心迷茫之时紧跟领头之人，这是成功济涣的根本"，是说能够光明盛大。

【解读】

◎ 涣其群，元吉

群：最早的字形是上下结构的"羣"，从君从羊，君指君王，羊之君即为头羊，君在前，羊在后，故有头羊领着羊群的意思，后引申为群体、群众、同类等义。因此"群"在此我大胆地理解为"领头人""领导者"之意。有群众才会有领头人，所以其与"群众""群体"之义并不矛盾。

"群"指九五六四以柔居阴而正位，亲比九五君王，在"涣"之时，柔顺居正而紧跟刚健中正的领头人才是成功驱散内心迷惘的根本，故称"涣其群，元吉"。九五为上互艮之主，艮为一阳在上，两阴在下，有一阳引领两阴之象，故称"群"。

"元吉"为吉之元，即成功的根本和关键。在人心涣散之时，能够使大家有方向有目标地追随领头人，这才是济涣的关键。

◎ 涣有丘，匪夷所思

丘：象形字，本义为两座小山或小土堆聚集而成堆。涣有丘：涣散的民心像土堆一样聚集在一起。九五为上互艮之主，艮为山为丘，六四亲比九五，故有"涣有丘"之象。

"匪夷所思"，现在作为一句常用成语，其意指事情离奇古怪，不是按照一般的常理所能想象和理解的。如果按此义理解，在本爻爻义不通顺，下面从文字训诂上分析：

匪：本义指躲在隐蔽处抢劫财物，有突然和强行掠走之意；夷：甲骨文本义应指用绳索捆绑俘虏，后指铲平、铲除，又引申为平整、平常等意；思：本义指内心的顾虑。从以上文字分析、推测，"匪夷所思"本义为：像强盗抢劫一样突然夺走了心中的顾虑，形容精神的涣散和思想的顾虑会很快消散，像被强盗一下子夺走一般的意外惊喜。

从象上分析：六四柔顺正位，上亲比九五，是辅佐君王的忠良贤臣，他在民心涣散之时内心有所顾虑是可以理解的；六四亲比九五，又为上巽之主，巽为进退有离弃之象，与下坎卦中初六和六三不应不比是远离了坎忧，故六四有辅佐君王远离顾虑之象。

59.9 九五：涣汗其大号。涣王居，无咎。

《象》曰："王居""无咎"，正位也。

【白话】

九五：发出至高无上的严厉警告，（惊醒管理者）就像人出一身大汗（疾病一下子解除）。济涣之时，君王以刚中之德居于其位，没有危害。

《象》说："君王以刚中之德居于其位，没有危害"，因为端正其位。

【解读】

◎ 涣汗其大号

号：本义指发出警讯声、大声号叫，此处应指警讯、警告；大号：君王所发出的至高无上的警讯、警告，"大"应指君王九五。汗：流汗。

程颐认为是济涣的政令像大汗流遍全身，较为勉强。

生活中，我们有此常识：人在伤风感冒之时，有时出一身大汗之后便会顿时觉得一身轻松，身体康复了。对于君王而言，民心涣散就好像是人生病了，君王以其刚中之德，发出严厉警告，惊醒大家，济涣成功，就像人出一身大汗，汗出病除。

上巽为政令为号，九二至九五组成大离，离为兵戈为戎为警惕，九五为大，故称"大号"。巽为进退为出，下坎为水为汗，故有出汗之象。

◎ 涣王居，无咎

王居：君王以刚健中正之德居于其位，如舜之"恭己而正南面"。九五以阳居刚，既中且正，故无咎；九五为上互艮之主，艮为成，故济涣有成。这句话与上一句有一定的因果关系，正是君王能够做到"王居"，即德称其位，所以才会有"涣汗其大号"的结果。

59.10 上九：涣其血去逖出，无咎。

《象》曰："涣其血"，远害也。

【白话】

上九：济涣之终，血光远离，忧虑警惕消失，没有过失危害

《象》说："血光远离"，是说远离了伤害。

【解读】

◎ 涣其血去逖出，无咎

逖（tì）：同"惕"，警惕之意。

上九以刚健居于卦终，又处巽极，是对全卦的总结。从九二、九五两阳爻的解读可知，在"涣"之时，刚健之性是能济涣者，上九以刚健之性居于涣终，表示最终能果决济涣。

无咎：上九以刚居阴，本不正而有咎，但在"涣"之时，正是需要刚健之性才可济涣，故圣人强调"无咎"。

上巽为进退，上九处于巽之上，故有远离之象；上九正应六三，六三在下坎之中，坎为血为惕，故称"血去逖出"。

【总结与启示】

民心过于和悦则会涣散，而民心涣散则会使国家对各种困难和危险失去警惕，这是国家治理之难，所以必须济涣。从全卦各爻来看，九五是全卦之主，是民众的领头人，是济涣的关键。

初六：阴柔涣散的民众，在刚健而居于中道的九二帮助下而得到拯治；九二：以刚居柔本有悔，知悔而变成中正六二，则能带领众人思想重聚、树立目标，终能悔亡；六三：阴柔不正，处下之上，虽无力引领大家济涣，但能做到洁身自好、以身作则、内心坚定地朝向正确的方向，没有悔憾；六四：柔顺正位的近君重臣，忠诚地紧跟领头的君王是最根本的济涣成功之道。民心重聚就像强盗突然掠走了心中的顾虑；九五：刚健中正的君王，向全国发出至高无上的严厉警告，济涣成功有如汗去病除。德称其位，没有任何危害。上九：刚居柔位不正本有咎，但刚健之性正是济涣所需，终能远离灾害而无咎。

本卦告诉我们，人心涣散是一个组织取得成功的大敌，管理者对此必须有清醒的认识。企业员工人心涣散就会效率低下，管理者思想涣散则会没有目标，遇到困难就会束手无策，这样企业在市场上的就会失去竞争力，长此以往其结果可想而知。整治涣散首先需要管理者自身振作，重新确定明确的追求目标，并坚定地行动，然后制定出针对性的激励制度和奖罚办法，使企业全体人员方向一致、目标明确，而且奖罚分明。这样才能驱除涣散，重现生机。

节卦第六十：以善为节，节之有度

节卦　下兑上坎，水泽节

上六：苦节，贞凶，悔亡。
《象》曰："苦节，贞凶"，其道穷也。

九五：甘节，吉，往有尚。
《象》曰："甘节"之吉，居位中也。

六四：安节，亨。
《象》曰："安节"之"亨"，承上道也。

六三：不节若，则嗟若。无咎。
《象》曰：不节之"嗟"，又谁咎也。

九二：不出门庭，凶。
《象》曰："不出门庭"，失时极也。

初九：不出户庭，无咎。
《象》曰："不出户庭"，知通塞也。

卦辞

节，亨，苦节不可贞。

60.1 卦名卦序

《序卦》曰：涣者，离也，物不可以终离，故受之以节。

【解读】

◎ 节：本义是竹节，《说文》曰"节，竹约也"，引申为节制、约束。有子曰："知和而和，不以礼节之，亦不可行也"（《论语·学而》）。

《节》卦为卦下兑上坎，兑为泽为湖泊，湖水受到了四周堤岸限制而不能四散流动，故"兑"有"节"象。坎是流动的水，从上往下看：流动的水下面有湖泊，是让水能积蓄、固定下来，故有限制、节制之象，所以称"节"；从下往上看，则是湖水过满而流走，是超过了节制的限度而失去效果。由此可见，《节》卦说的是限制、约束之道，又有节制不可过度而超限之意。

◎ 上一卦为《涣卦》，说的是人心涣散而失去方向。人心涣散就需要进行节制和约束，所以《涣》卦之后是《节》卦。

60.2 卦辞：节，亨，苦节不可贞。

【白话】

卦辞：节制，通达。过度而痛苦的节制不可以长久固守。

【解读】

◎ 节，亨，苦节不可贞

苦：本义指一种有苦味的茶草，不能治病反有毒。苦节：指节制、约束像吃苦毒的草，不可继续，必须及时停止。

没有规矩，不成方圆，适当的节制和约束是非常必要的，也必定使事物发展顺利通达。但过犹不及，凡事约束必须要有度，超过了限度就像吃有毒的苦草，不能治病反而有害。从上面卦象卦名解读可知：节制要有一定限度，超过了限度就会失去效果，就像湖水过满就会溢出一样。

下兑为律为节，上坎为加忧为苦，上六爻已言明："苦节，贞凶。"故称"苦节不可贞"。

60.3 《彖》曰："节，亨"，刚柔分而刚得中。"苦节不可贞"，其道穷也。说以行险，当位以节，中正以道。天地节而四时成。节以制度，不伤财，不害民。

【白话】

《彖》说："节，亨"，刚健与柔顺分开而刚爻居于中位。"苦节不可贞"，因为过度的节制会走向穷尽。喜悦而克险，处于正当的位置来进行节制，遵循中正之道就会通达顺利。天地有节制才能形成四季的循环。制定合适的制度来约束人们，不浪费财物，不伤害百姓。

【解读】

◎ 刚柔分而刚得中

这是从爻位说明卦德有亨通的道理。阴阳爻位分开，九五既正且中，又处尊贵之位，主导全卦。所以，卦德有亨之道。

◎ 其道穷也

过度地节制很容易走向穷途末路，是值得警惕的。

◎ 天地节而四时成。节以制度，不伤财，不害民

这是从天道讲到人道，极言建立制度对治理国家的重要意义。

60.4 《象》曰：泽上有水，节。君子以制数度，议德行。

【白话】

《象》说：兑泽之上有坎水，这是节卦的卦象。君王得以领悟：要制定计数、度量的标准，树立品德评判的规范。

【解读】

◎ 君子以制数度，议德行

下兑为泽，上坎为水，湖泊容纳水是有限度的，过度就会溢出，所以有节制之象。君王从《节》卦水从泽中溢出得到启发：湖泊的堤岸是限定湖水水位的标准，那么事物的称量也应该有标准，这样才可以制定交易的秩序和规范。同理，人的日常品行也应该有一个衡量的标准，什么是人们喜欢和乐于接受的，什么是人们感到厌恶而应该禁止的，这样就形成了社会道德规范。

君子：指君王或贵族统治者。只有君王和贵族统治者才有能力和权力制定度量标准、树立道德规范。

议：思考、评议以使恰当。

程颐曰："凡物之大小、轻重、高下、文质皆有数度，所以为节也，数多寡、度法制、议德行者，存诸中为德，发于外为行，人之德行当义则中节。议，谓商度求中节也。"

《中庸》说：喜怒哀乐之未发，谓之中；发而皆中节，谓之和。中也者，天下之大本也；和也者，天下之达道也。致中和，天地位焉，万物育焉。

60.5 初九：不出户庭，无咎。

《象》曰："不出户庭"，知通塞也。

【白话】

初九：不走出正室之门，没有过失危害。

《象》说："不走出正室之门"，是说知道通畅、闭塞的道理。

【解读】

◎ 不出户庭，无咎

庭：本义指房屋正室，后特指朝廷，百官议事之殿。户庭：应为庭户，即正室之内门，这里引申为家。

不出户庭：不跨出家门，引申为接受家道教育。初九以刚居阳，位于卦初。阳爻居正，说明能守正道、懂礼节。初爻代表年少之时。在节之初，人最先接受的教育和限制是家道的教育，一开始能够安处家中、受家道家教所节，这是非常必要和值得提倡的，故称"无咎"。《大学》曰："君子不出家而成教于国。"

初九以刚居阳而当位，正应正位的六四，六四在上互艮，艮为家，九五为艮之主为门庭，六四在门庭之内为户庭。初九受到正道的六四所节止，是正当的安处之所，故称"不出户庭，无咎"。

60.6 九二：不出门庭，凶。

《象》曰："不出门庭，凶"，失时极也。

【白话】

九二：不走出房屋大门，有凶险（会失败）。

《象》说："不走出房屋大门，有凶险"，是说非常不懂时势，错失时机到了极点。

【解读】

◎ 不出门庭，凶

门庭：即庭门，指房屋的大门。

不出门庭：不走出家门。从后面"凶"字可知，此时"不出门庭"是作者所不认可的，故可理解为自我封闭，以不正之道约束自己。九二刚居柔位而不正，又亲比于阴柔不正、同为下卦的六三，而不应既正且中的九五，是接受不正之道约束而排斥中正。这是失败的节制，故称"凶"。

九二阳爻不正，是不正而节。"不出门庭"是说本应走出家门，服务国家，但却亲比同在下卦的不正之六三而自我封闭、不思进取。九二为青年时期，或是士大夫阶层，应是学有所成的年纪，应该走出家门为国效力。六三为下兑之主，兑为悦，九二亲比六三是安于享乐而不入世。六三至九五为上互艮，艮为门庭，九二亲比六三，不应九五，是甘居其内，不应其正，则难有善果，故称"不出门庭，凶"。

九二的"不出门庭"与初九"不出户庭"的区别：

"门"本义指庭院之门，是"家"的空间限制；"户"本义指房屋正室之门，引申为家道教育的限制。三、四、五爻组成互艮，艮为止为门为房屋。从艮卦的爻位看：四爻可看作正室内门，即户庭，初九以刚居阳为正，正应六四是受六四所节，对初九而言这是正当无失之节，故"不出户庭，无咎"；九二不正，为下互震之主，震为动为出，不应中正的九五，九五为上互艮之主，艮为止为门，是为"不出门庭"。这是说九二已经成长并完成的家道教育而有为国效力的才能，当走出家门，服务国家，但却亲比同为下卦且不正的六三，而与中正的九五不应，是不能事君反居守家中，这是错误的不正之节，故"不出门庭，凶"。

◎ 失时极也

九二亲比不正之六三，自绝于中正的九五，是以不正为正却不知变，这是不识时势，不知顺势而变，所以《象》说："失时极也"。

60.7 六三：不节若，则嗟若。无咎。

《象》曰："不节"之嗟，又谁咎也。

【白话】

六三：如果不能节制自己，那么就会忧伤而哀叹。最终没有危害。

《象》说："不能节制自己"的哀叹，又怪得了谁呢？

【解读】

◎ 不节若，则嗟若。无咎

若：前一个"若"为假设之词，为"如果"之意，后一个"若"为语气助词，可理解为"……的样子"。

六三以柔居阳，在他卦为不正位，但在本卦另有深意。六三为下兑之主，兑为美善为节，在《节》之时是能以美善自我约束，故不以失位论。"不节若，则嗟若"是从反面说明本爻如果不能约束自己会带来哀叹不安的后果。如果不节，则六三变九三，下兑变乾，兑的节制消失了。从前面《泰》卦解读可知，乾之三阳有大水泛滥之象，兑为泽，下两阳为水，上一阴为堤岸，上阴变阳，则堤岸消失，兑☱变乾☰，大水破堤泛滥而不节。又：六三变九三，则九三正应上六，亲比六四，下互震变互兑，兑为口为叹，上坎为加忧，有哀叹忧愁之象。合起来故称"不节若，则嗟若"，意为：如果不能以美善节之，则只能悲伤哀叹。

本卦六三以柔居刚虽不以失位论，但上无比无应，有不安稳之患，且六三又在下互震中，震为动，故六三有不能坚持以善自节之患，是以圣人有此警示。

"无咎"在此与他卦理解相同，没有危害之意，说明六三最终能够做到以美善自我约束而不改变，并非如《象》辞和先儒们理解的"又谁咎也"之意。

需要注意的是：在解读九二爻时，九二亲比六三则以不当位论，是不正和过度保守之节，在解读本爻时却是以美善而节。此为易之随时取义。

60.8 六四：安节，亨。

《象》曰："安节"之亨，承上道也。

【白话】

六四：以柔顺进行节制，通达。

《象》说："以柔顺进行节制"而通达，是说顺承在上位的君道。

【解读】

◎ 安节，亨

安：甲骨文 =（宀：房屋）+（女：女人、母后、女神），表示家中有女人、母后或女神，造字本义：内心踏实、宁静、安详。金文、篆文承续甲骨文字形（《甲骨文研究网》）。结合本爻爻象来看，"安"在本爻应理解为像女主人一样贤德、谦逊。《家人》卦卦辞为"家人，利女贞"，所以贤德、柔顺的女性之德代表家道教育，故"安节"应理解以家道教导和约束。其教导和约束的对象是初九，这与初九爻爻义是相对应的，其结果自然通达、顺利。

上卦代表"制数度、议德行"的统治者。六四位于上卦且柔居阴而正位，向下正应初九，是能引导民众在成长之初能够节之以家道，其结果必定亨通、顺达，故称"安节，亨"。

六四为九二到九五组成的大离卦的中爻，离为中女。六四又亲比九五，九五为上互艮之主，艮为石为家。六四中女在艮中，故有女子安居家中之象。艮又为止为节，故有"安节"之象。六四柔顺正位，正应初九，且得到九五君王的支持，其亨可知。

60.9 九五：甘节，吉，往有尚。

《象》曰："甘节"之吉，居位中也。

【白话】

九五：乐以中正之道去节制他人，结果吉祥如意。长此以往而获得赞美和功德。

象说："乐以中正之道去节制他人"之所以吉利，因为居于中正之位。

【解读】

◎甘：会意字，甲骨文和金文字形为口中有一短画，意为口中吃的东西，表示香甜美味。甘节：以节为甘。九五刚健中正，居于尊位，其德行是百姓奉为学习和崇拜的榜样，而九五同样以此为乐，甘之如饴。

"节"为自我约束或以上止下。九五为上互艮之主，艮为止为节，下兑为悦为甘，甘于节，故称"甘节"。兑为吉为美，九五以上节下，故称"往有尚"。

60.10 上六：苦节，贞凶，悔亡。

《象》曰："苦节。贞凶"，其道穷也。

【白话】

上六：艰苦地节制，坚守不变有凶险，（最后）隐患消失。

《象》说："艰苦地节制，坚守不变有凶险"，是说这样的节制会陷入穷尽。

【解读】

◎苦节，贞凶

节制的目的是使混乱变成有序，使丑恶变成美善。以正道的标准和规范来进行节制，必定能够顺利并达到使人认可和愉悦的结果，如六四爻的安节和九五爻的"甘节"。如果节制的结果最终却是艰难痛苦的，或与期望的目的不一致，那就是错误的节制，就不可坚持。

上六阴柔正位而处卦之终、节之极，又亲比九五，九五为互艮之主，又为上坎之主，艮为止，坎为难为苦为凶，故称"苦节"。因节而苦，这样的节制一定会失败，故称"贞凶"。这与卦辞"苦节不可贞"相呼应。

◎悔亡

这说明最终"苦节"结束，隐患消失。如何消失？唯有变化，即上六变上九，则上坎变巽，坎为忧为悔，巽为进退为亡，故称"悔亡"。

最后，这是总结性地告诉我们：当节制的结果不好时不可盲目坚持，应及时改变和调整。

【总结与启示】

节为节制、约束。从卦象爻象来看，下卦代表受节的民众和诸侯邦国，上卦代表施节的统治者，爻辞明示：要以正而节，且节应有度，苦节不可坚守。

初九：节制之始，以正应正，比喻民众自小能接受家道节制和教育，这是正当且值得肯定的；九二中而不正，亲近不正的六三而远离中正的九五，是选择了错误的标准和保守的方法进行节制，结果一定失败；六三为下兑之主，是善而节者。节之时，虽以柔居刚不以失位论，但因与上无比无应而有不恒之患，故圣人诫之"利贞"；六四柔顺正位，正应初九是能引导民众进行家道教育和自我约束者，结果通达；九五：刚中正位的君王，为节之主，是天下人学习的榜样，能甘之如饴地帮助百姓节制，结果有功绩和赞美。上六：对全卦进行总结：如果因施行约束而导致痛苦的结果，那说明节制的标准和方法是错误的，应该及时调整才能消除隐患。

本卦告诉我们：国家要制定明确的公民行为准则和道德规范，统一计量标准，以使人民行为统一、方向一致；企业同样要有自己的规章制度和奖罚标准，这是建设企业文化和维持竞争力的基础。如果制度和标准带来让人讨厌和痛苦的结果，或者不能为提高工作效率和效益服务，则说明制度出现了偏差，应及时调整。

中孚卦第六十一：以诚相求，以正相应

中孚卦　下兑上巽，风泽中孚

上九：翰音登于天，贞凶。
《象》曰："翰音登于天"，何可长也。

九五：有孚挛如，无咎。
《象》曰："有孚挛如"，位正当也。

六四：月几望，马匹亡，无咎。
《象》曰："马匹亡"，绝类上也。

六三：得敌，或鼓或罢，或泣或歌。
《象》曰："或鼓或罢"，位不当也。

九二：鸣鹤在阴，其子和之。我有好爵，吾与尔靡之。
《象》曰："其子和之"，中心愿也。

初九：虞吉，有它不燕。
《象》曰：初九"虞吉"，志未变也。

卦辞

中孚，豚鱼吉。利涉大川，利贞。

61.1 卦名卦序

《序卦》曰：节而信之，故受之以中孚。

【解读】

◎ 本卦之难，难在自古以来各家解读总是让人似懂非懂，几乎无人能说清本卦的主旨思想到底是什么？"中孚"到底是什么意思？卦辞、《大象》辞及爻辞之间究竟有什么逻辑关系？其中有太多的疑惑。我下面从文字训诂着手，试全面解析之。

"中孚"，"孚"字在《易》中是常用字，意思也比较明确，即"诚信"之意，而"中"字在此被大家理所当然地认为是"中间""心中"的意思。如：孔颖达曰："信发于中，谓之中孚"。程颐曰："内外皆实则中虚，中虚信之本，中实信之质。"如果按传统理解"中"字，全卦的理解又很难通顺，因此，我认为"中"字的理解可能没有这么简单。现着重从"中"字的原始本义来分析。

"中"字的甲骨文和金文：𦥑 𦥑

从"中"字的甲骨文和金文来看，非常像一个感应和测定风向、风力的装置。现在我们很难知道古人创造这个字的意思是什么，但有意思的是，"中"字的"金文"与中孚卦的卦形非常相似：阳爻表动，阴爻表静，卦体的上下各两条阳爻像金文"中"字的上下各两条随风而动的飘带，中间两条阴爻像"中"的中间一个不动的圆圈。另外，《中孚》卦上巽为风，确实是跟风有关的。看来，"中"字的古义跟《中孚》卦的卦象和卦义有密切关联。

从《中孚》卦象来看：下兑为泽，上巽为风，"泽"为湖泊、水库，主要是为了贮存雨水供旱季时使用的。天在下雨之前总是会先刮风，特别在干旱的夏、秋两季，故"风"可以看作是下雨的前兆。所以，依此可以大胆推测："中"字的金文字形很可能是一种在求雨时测风的装置，目的是帮助确定祈雨是否成功。当旱季来临，人们向天祈祷求雨时，观察"中"字形装置便可知道是否起风，求雨是否灵验。由此可大胆推断"中孚"本义：以诚感动上天下雨济旱。引申到国家就是百姓以真诚的态度去求取统治者的帮助。我发现按这样的思路理解全卦，上下都能通顺。

◎ 上一卦为《节卦》，说的是统治者要制定适宜的节制标准并大力推行，要求人民正确地、以正道约束自己。同时，其说明过度地、非正地约束自己则必定会陷入困境。圣人认为"苦节不可贞"，不提倡过度地节制和约束。因此，人民需要帮助时应该真诚地向统治者和在上者提出，以诚相求，就能得到正当相助。《中孚》就是鼓励民众在真正需要时应真诚相求，所以《节》卦之后圣人立《中孚》。

61.2 卦辞：中孚，豚鱼吉。利涉大川，利贞。

【白话】

卦辞：真诚求雨，如像豚鱼一样（求而有应）则吉利。需要克服艰险，适应坚持守正。

【解读】

◎ 中孚，豚鱼吉

豚鱼：孔颖达、程颐等认为豚鱼指"豚"和"鱼"，即"猪"和"鱼"两种动物。从卦象来看，看不出与猪有关，应是指河豚一种动物。

河豚：也称江豚，属于鲸类哺乳动物，通常栖于咸淡水交界的海域，也能在大小河川的下游地带等淡水中生活。如果即将发生大风天气，那么江豚的呼吸频率会加快，露出水面很高，头部大多朝向起风的方向顶风出水。在长江上作业的渔民们把这种行为称为"拜风"。从科学上分析，这可能是天气变化前气压较低，使它不得不增加呼吸频率，以获得足够的氧气。在古人看来，是河豚先在拜风，然后天气变化，风雨随后而至，非常灵验。

"豚鱼吉"的意思是像豚鱼"拜风"那样虔诚地拜求，所求一定会成功而至。从国家而言，这应是指困难中的民众向统治者求助。

◎ 利涉大川，利贞

需要求取在上位者的帮助就一定是困难的时候，就如古人求雨时一定是干旱的时候，故在求取帮助的同时还需要自己积极地克服困难，否则可能等不到帮助就被困难打败。故言"利涉大川"。同时，还需要坚守正道、坚持不懈，不可中道而废，是为"利贞"。这是从求助者而言的。

61.3 《象》曰："中孚"，柔在内而刚得中，说而巽，孚乃化邦也。"豚鱼吉"，信及豚鱼也。"利涉大川"，乘木舟虚也。"中孚"以"利贞"，乃应乎天也。

【白话】

《象》说："中孚"，意思是柔顺居于内部，而阳爻居于中道，喜悦而巽顺，诚信可以感化国民。"豚鱼吉"，意思是诚信比得上豚鱼。"利涉大川"，是说乘坐着由树木制成的船中间是虚空的。"中孚"以"利贞"，这样才能够顺应上天的要求。

【解读】

◎ 柔在内而刚得中，说而巽，孚乃化邦也

这是解释"中孚"卦名的。中间两条阴爻居于全卦的中间，阳爻居于二和五中间的位置，所以称"柔在内而刚在中"。下兑为说，喜悦而谦巽，诚信可以感化国民。

◎ 乘木舟虚也

上巽为木，下泽为水，木在泽水之上，所以有乘木舟之象。全卦中间两阴爻为虚，所以说"乘木舟虚也"。空虚的木舟才能够有足够的浮力以安全地渡过江河。这是从卦象解释"利涉大川"。

61.4 《象》曰：泽上有风，中孚。君子以议狱缓死。

【白话】

《象》说：兑泽之上有巽风，这是中孚卦的卦象。君子得以领悟：要谨慎地考量（犯人）入狱（的原因），尽可能宽缓减免死刑。

【解读】

◎ 君子以议狱缓死

本卦读到此，令我感到疑惑的是："议狱缓死"好像与卦象、卦义、爻义风马牛不相及，好像很难找到彼此之间有什么关联，那么其间的逻辑关系在哪呢？确实值得好好玩味，我试解析如下。

下兑为泽，上巽为风，泽可以理解为水库，水库中需要装满水才有意义。通常来说，水库的水源主要是雨水的聚集，而下雨时总是要先起风的，所以中孚卦有在下向在上求取帮助和在上者给予帮助之意。在君子看来，民众困难之时去向统治者求助是应当的，就如孩子在幼小的时候向父母求助一样，应给予帮助。但在上者如果不以宽厚仁爱之心对待求助者，便会错误地嫌弃他们，甚至当作刁民进行处罚。另外，也可能会有民众不以正道去求取，这些人也会受到惩罚。"议狱缓死"说的应该是君王要求统治者正确对待求助者，宽容地对待他们在求助时所犯下的小错。

古代百姓生活艰难，有时为了生存不得不做出一些有违国家律法、规则之事。以君王为代表的统治者在处理案狱时，体恤民众的生存困难，对他们犯下的过错应谨慎处理，查明原因，非大恶不赦者尽可能宽缓免死。

卦中二到五爻组成大离，离有刑罚之象；上巽为进退，有延缓之象。

61.5 初九：虞吉，有它不燕。

《象》曰：初九"虞吉"，志未变也。

【白话】

初九：按照正确导向求助会成功，如果不按正确的引导就会不安。

《象》说：初九"按照正确导向求助会成功"，是说他的心志始终不会改变。

【解读】

◎ 虞吉，有它不燕

虞，先贤们都理解为"心安"，则本句爻辞先儒们基本理解为：初九不去应六四才是心安而吉，如果去应六四就会不安。如：

荀爽曰：虞，安也。初应于四，宜自安虞，无意于四则吉，故曰"虞吉"也；有意于四则不安，故曰"有它不燕"也。

项安世曰：中孚六爻，皆不取外应。孚在其中，无待于外也。初九安处在下，不假他求，何吉如之。苟变其志，动而求孚于四，则失其安也。

程颐也持相似的理解。从以上可以看出，大家是基于把"中"理解为"心中"，把"中孚"理解为"存孚于中"而有此解。从"中"的古义来看，这种理解显然是错误的。

我以为："虞"同《屯》之六三爻"即鹿无虞"之"虞"，即守林人，引申为向导，指六四。六四在上互艮中，艮为山，故取虞之象。初九向六四求助是正当的，所以为"吉"。

有它不燕：如果有其他的想法，则会带来不安。这是假设句，说明初九有这种可能。燕：安之意。"有它"，说明初九有可能变。初九变初六，则与六四不应，且下兑变坎，坎为忧，为不燕，故称"有它不燕"，故《象》辞说"志未变也"。

初九以刚居阳而正位，本爻的意思是：作为基层的民众，如果有正当的需求就应该积极向国家求助，这样是能够成功得到帮助的；如果有正当需求而隐瞒不说，消极对待，这样很容易陷入困境。

从"中"向天求雨的本义来看，下卦各爻应取与上卦的应或比，而不是像项安世等说的以不应为安。

61.6 九二：鸣鹤在阴，其子和之。我有好爵，吾与尔靡之。

《象》曰："其子和之"，中心愿也。

【白话】

九二：幼鹤在幽暗的山下鸣叫，它的主人在远处应和。我有好酒，我要与你一起享用。

《象》说："它的主人在远处应和"，是说它的内心有此心愿。

【解读】

◎ 鸣鹤在阴，其子和之。我有好爵，吾与尔靡之

"鹤"是古代人民崇尚的动物之一，象征着圣洁、优雅、长寿。鹤雌雄相随，步行规矩，情笃而不淫，品行高尚。古人多用翩翩然有君子之风的白鹤比喻具有高尚品德的贤能之士，把修身洁行而有时誉的人称为"鹤鸣之士"。本爻显然是以"鹤"比喻九二，"其子"则指九五。《易》例中"子"常指尊者，有先生、主人之意，而非"儿子"。鹤喜生活在干净的沼泽、湖边，性情温和、高雅，而九二居柔用刚，与鹤之形象似有不符。另从爻辞"鹤鸣在阴"之"阴"可知，九二会变六二。六二谦顺中正，以鹤喻之最为恰当，据此推断九二变六二。

爵：甲骨文字形像类似鼎的祭祀酒器，在此引申为美酒。靡：本义指散乱、倒下，在此引申为饮酒。

"我有好爵，吾与尔靡之"与商周时期饮酒礼仪有关。《仪礼·燕礼》对"燕礼"有详细的描述，即君王宴请大臣们的礼仪。由此推测这里是指九五被六二（取九二之变象，下同）的至诚所感，用宴请饮酒之辞以表对六二的回应。故"我"与"吾"指的都是九五，"尔"指的是六二。这与先贤们的理解又是相反的。我有此理解的依据如下：首先，中孚是下向上求助，所以是上向下施助；其次，第一人称为尊，所以用第一人称代指君王，且"燕礼"对饮酒礼仪的描述也是指君王宴请大臣，君王为主，大臣为宾。

综上，爻之本义为：九二变六二后以其谦逊、中正之德向九五求助，得到热情回应和礼待。

九二变六二与九五正应，下兑变震，震为鸣，初九至九五为大离为鹤；六二在互艮之下，艮为山，后天八卦上南下北，山之下即为山之北，山之北为阴，故取"鸣鹤在阴"之象。六二亲比初九，正应九五，下兑变震，初九为下震之主为动，九五为上互艮之主为止，下动上止，是《颐》卦之象。"颐"是下嘴唇动上嘴唇合，有上下呼应之象；又，九五为主为子，故称"其子和之"。初九至九五组成的大离为大腹为爵为颐为靡，故称"吾与尔靡之"。

61.7 六三：得敌，或鼓或罢，或泣或歌。

《象》曰："或鼓或罢"，位不当也。

【白话】

六三：遇见相匹敌之人，有时击鼓有时停止，有时哭泣有时歌唱。

《象》说："有时击鼓有时停止"，这是因为不当位。

【解读】

◎ 得敌

得：行有所得，本义指远行探索有所收获。

敌：金文写作"啻"，是"部"的本字。啻＝（帝，武器）＋（口，聚邑），表示武力守卫聚邑。造字本义：武装对抗，守卫聚邑。有的金文加"攴"（持械打击），强化武装守卫的含义。（《甲骨文研究网》）

得敌：指求索时遇到阻挠和抵抗。

"敌"指六四。六三与六四不亲比而相斥，故称六四为"敌"。六三柔居刚位而不正，又为下兑之主，从上面卦象解读可知：兑指水库，是储蓄雨水而防旱的，故为向上求取帮助的主体。在北方，湖泊水库总是容量大而天降雨水量小，雨水下满湖泊一般需要慢慢积累，逐渐蓄满的。六三不正故有贪求之象。六三正应上九是向上过度贪求，被正位的六四所阻，是为"得敌"，被六四所敌斥。

六三为下兑之主，代表求者，六四为上巽之主，代表助者，两者同性不比且同在上互艮体之中，艮为止，同在止体，又为同性相敌，故称"得敌"。

◎ 或鼓或罢，或泣或歌

鼓：击鼓前进之意，指前行向上索求。大离为鼓，下互震为动为击，故有击鼓之象。罢：停止，指被六四所阻止。六四在上互艮中，艮为止。

泣：指哭泣，因受阻止不能如愿索求而哭泣。歌：高兴的样子，一时有应而高兴。

这句话的意思是六三不正而向上无度索取时，被正位居上的六四所阻，所以会有又进又止、又哭又笑之象。六三为诸侯之位，以柔居刚是能力不足，他的过度索求应是为了邦民而向中央求助，故有此象。

六三有此表现的根本原因是柔居刚而不正位，所以《象》说"位不当也"。

61.8 六四：月几望，马匹亡，无咎。

《象》曰："马匹亡"，绝类上也。

【白话】

六四：月亮正是圆满之时，成匹对的马儿离去。没有危害。

《象》说："成匹对的马儿离去"，是说断绝自己的同类而求助于上。

【解读】

◎ 月几望，马匹亡，无咎

"月几望"，"几"本义指人倚靠休息的一种家具。《说文》曰"古人坐而凭几"，故"几"可以理解为依托、依靠之意；望：古时指一种月相，即十五或十六月最圆之时，所以"月几望"指月亮正处十五或十六最圆之时，而非传统理解的月亮即将要达到最圆之时。"月几望"另在《小畜》之上九、《归妹》之六五出现，其义同。

六四进入上卦，柔顺居阴而当位，为上巽之主，又向上亲比刚中九五，是辅佐九五给予民众支持和帮助的主体。巽为逊，上巽之主的六四谦逊、正位、忠诚、敬业的品德就像十五、六的月亮圆满。这是圣人的盛赞之辞。

匹：相匹配的马，古代驾车常用两种颜色四匹马，其中同色的两匹马称"匹"，后指相配，配对之意，又有同类之意。这里的"匹"指六三。

从六三而言：他为民众求取支持本为尽职，但因过贪受到六四阻挠，故视六四为敌；从六四而言：他是辅佐君王支持民众的主体，且品行高尚，阻挠六三是为了帮助顺应规律、遵守规则，两者同为阴爻，故称"匹"。

马匹亡：指六三退走，最终会遵守规则。六三在下互震中，震为马。

"无咎"，指六四在辅佐九五、阻止六三不当行为的过程中没有过失危害，是对六四正当行为的肯定之辞。六四正位，又亲比既中且正的九五，一切都符合正道，哪里会有什么过失和危害呢？

61.9 九五：有孚挛如，无咎。

《象》曰："有孚挛如"，位正当也。

【白话】

九五：充满诚信地应求，好像牵系在一起。没有危害。

《象》说："充满诚信地应求，好像牵系在一起"，因为居于守中而正当的位置。

【解读】

◎ 有孚挛如，无咎

挛如："挛"指牵系在一起，"如"为语气助词，可以理解为"……的样子"。

九五以刚居阳，既中且正，处于尊位，正应九二之变象六二，是以真诚感动九二变六二以相应；又亲比六四，所以有牵系上下之象，故称"挛如"。九五中正阳实，故"有孚"。

本卦九五爻与《小畜》的九五爻象类似。《小畜》为下乾上巽，九五："有孚挛如，富以其邻"，卦中九五爻也是与九二爻同性以诚相感而应，又亲比六四。两卦的九五爻位、爻象非常相似，爻辞中都"有孚挛如"，而且其义也基本相同（详见《小畜》九五解读）。由此看来，64卦卦象、爻象、爻辞之间存在一定的精妙关系。

无咎：九五以诚信之尊，有求必应，一视同仁，何咎之有？这是对九五品德和行为的肯定。

61.10 上九：翰音登于天，贞凶。

《象》曰："翰音登于天"，何可长也。

【白话】

上九：鸡鸣叫着想飞上天，这样下去会失败。

《象》说："鸡鸣叫着想飞上天"，这怎么能够长久呢？

【解读】

◎ 翰音登于天，贞凶

上九在卦之终，通常是对一卦的总结。《中孚》卦本义说的是在下位者向上位进行求助，从六三爻的解读可知，六三不正却上应上九，是不正当却索求过高。

翰：指飞不高的鸟，或指天鸡、野鸡。翰音登于天：是说野鸡本就飞不高，却鸣叫着想飞上天空，这样会很危险的。其引申义为：在下位者要正当而索求有度，如果过度索求会有危险，所以"翰"指的是六三。六三在二至五爻组成的大离中，离为雉为天鸡，又下互震为飞，六三上应上九，上九为天位，故有"翰音登于天"之象。

先儒们把"中孚"理解为心中有诚信，又从卦辞、九二、上九联想到"豚鱼知风，鹤知夜半，鸡知旦，皆物之信者"，看来是牵强和错误的。

【总结与启示】

自汉荀爽，到唐孔颖达，宋苏轼、程颐、朱熹，再到近代、当代的易学家们，都把"中孚"理解为"信发于中"，即心中充满诚信之意，把理解的重点都放在"孚"字上，而忽视了对"中"字的追根溯源。殊不知"中"才是本卦的重点，"孚"是对"中"的修饰。完全可以将"中孚"理解为"孚中"，即诚信地求取帮助。对卦义有了新的理解之后，卦、爻辞与《大象》辞的理解就全部理顺了。

初九：一开始能以正当的方式向正位的六四求助而成功，否则会深陷困境而不安；九二及时改变，以至诚而适度的方式向九五相求，获得了应和，得到了主人酒食的分享；六三不正且索求过高，被六四所阻而喜忧不定；六四，居于高位而品德高尚，管理过于贪求的地方邦侯，没有危害；九五以真诚之心对待所有正当相求者，没有任何过失危害；上九，总结全卦，对求助者提出劝诫：如果不切实际地索求过高，必定失败。

古人认为：国家统治者主要职责是要满足人民正当需求，诚心诚意为百姓服务。所以，百姓有正当需求应真诚地提出，这是正常合理的，应该要得到满足。但如果在下者过分要求，不仅不会得到满足，甚至还会得到惩罚。后一卦《小过》卦说的就是为小者不可过，其"过"是指过度索求，过分贪求。

小过卦第六十二：居小之道，谨防有过

小过卦　下艮上震，雷山小过

上六：弗遇过之，飞鸟离之，凶，是谓灾眚。
《象》曰："弗遇过之"，已亢也。

六五：密云不雨，自我西效。公弋取彼在穴。
《象》曰："密云不雨"，已上也。

九四：无咎，弗过，遇之。往厉必戒，勿用永贞。
《象》曰："弗过遇之"，位不当也；"往厉必戒"，终不可长也。

九三：弗过防之。从或戕之，凶。
《象》曰："从或戕之"，"凶"如何也。

六二：过其祖，遇其妣；不及其君，遇其臣。无咎
《象》曰："不及其君"，臣不可过也。

初六：飞鸟以凶。
《象》曰："飞鸟以凶"，不知如何也。

卦辞

小过，亨，利贞。可小事，不可大事。飞鸟遗之音，宜下不宜上，大吉。

62.1 卦名卦序

《序卦》曰：有其信者必行之，故受之以小过。

【解读】

◎　"小过"，小者过也。从卦形看，《小过》卦☳和《大过》卦☲的整个卦体与坎☵卦形相似，都可看作是一个异形大"坎"卦，即中间为阳爻，上下为对称的阴爻。《小过》卦形是上下共四条阴爻，中间两条阳爻；"大过"则是上下两条阴爻，中间四条阳爻，坎为险为过，阴爻为小，阳爻为大，阳多于阴为"大过"，阴多于阳为"小过"。从前面对《大过》卦的解读可知，"过"为过错、过失、过度，用作动词，即防止过错。同理，"小过"应理解小者防过，指小者应防止在行为上有过失、过错。小者防"过"与大者防"过"显然是有区别的。"小"通常指代年轻人或地位低下者。

从卦象看：下艮为山为少男为年轻人，上震为雷为动，合起来是年轻人在行动之象；又，山体高大，雷声轰鸣，山上有雷，响在高处，有高调之象。所以，全卦有年轻人高调行动之象。故"小过"有劝诫小者防过之意。既然为小，则应懂得低调，谦

虚，适可而止，否则易犯过于高调，或过于贪求之过，应防之。

"小"者向"大"者索求帮助本是理所当然的，如百姓向统治者寻求救助，小孩子向大人索要钱物和帮助总是被认为正常的，但不可过度。"小过"还可理解为"小"应知过，不可索求无度、贪得无厌、无所顾忌。

小者应知过，并谨防有过，不管是什么人，总有为"大"之时，更有为"小"之时。百姓于贵族是"小"，但在子女而前就是"大"；诸侯君主在邦为"大"，但在帝面前是"小"；中央帝王在国为"大"，但在天地之间为"小"。所以，任何人都应懂得为"小"之时不可"过"。故《小过》强调的是人的为"小"之道。

"大过"与"小过"之间有关联与区别。一是两者卦体都为"坎"形，故称"过"；二是"过"都有防过之意，虽分属上下经，但都位于倒数第三卦。"大过"指为"大"者当防过。"大"者本职是为国为民奉献和服务，其"过"在于为"大"的统治者过度奉献、过度操劳以致不堪重负，卦序位于上经的倒数第三卦。"小过"指"小"者应知过。"小"者得到"大"者的帮助和服务是理所当然的，其过则是为"小"者过度索求、过度贪婪、自以为是，行动高调，卦序位于下经的倒数第三卦。

◎ 上一卦"中孚"卦，讲的是在下者（百姓、年轻人）必要时应当向在上者（统治者、长者）真诚、适度求助。在下者即为"小"，为"小"者如果贪得无厌、索求无度则会适得其反。这是小者应该懂得的道理，并应加以防范。故《中孚》卦之后圣人立《小过》卦，其意深矣！

62.2 卦辞：小过，亨，利贞。可小事，不可大事。飞鸟遗之音，不宜上，宜下，大吉。

【白话】

卦辞：为"小"而知过，通达，应当固守正道。应该以"小"者之态行事，而不可以"大"者之态行事。（就像）试飞的幼鸟一路鸣叫练习，适宜飞得低而不宜飞得过高，（这样）就会顺利成长（成功地成为大者）。

【解读】

◎ 小过，亨，利贞。可小事，不可大事

从"亨，利贞"可知："小过"是圣人所肯定和认可的正确行为，故"小过"应理解为"为小而知过"，即在面对"大"者时应知自己之"小"，应懂得谦卑、低调而不过度。这样当然会非常通达、顺畅，当然应该坚持固守。

人在为"小"就应该低调而谦逊，这样才能得到"大"者的支持和帮助，否则必会被"大"者所厌恶和嫌弃。

可小事，不可大事：这是圣人说明"小"者如何才能不过的，即应该守"小"之礼、从"小"之事，懂得谦虚、低调而不贪求，这就是"可小事"；"不可大事"是说为"小"者不可自以为大、盲目称大，特别是在"大"者面前。

◎ 飞鸟遗之音，不宜上，宜下，大吉

本句传统理解是"正在飞的鸟留下声音，不应该飞得高，而应该飞得低"。这样的解释虽然勉强说得通，但言"大吉"则较难理解。所以，我认为这里还应有另外的深意。

"大吉"传统理解为"非常吉利"，"大"是修饰"吉"的。但如果把"大"理解为"长大"时，则"大吉"还可以理解为"长大而吉"，即"成功长大"之意。

从"大吉"可知，作者对"飞鸟遗之音，不宜上，宜下"的行为是极为肯定的。那这句话究竟是什么意思呢？从初六爻辞"飞鸟以凶"可知，"鸟"应是指幼鸟（初爻为初为幼），故"飞鸟"就可以理解为"试飞的幼鸟"。"之"字甲骨文为脚踏实地、前进前行之意；"音"原意指表达心声的话，故"遗之音"可理解为一路快乐鸣叫。因此，"飞鸟遗之音，不宜上，宜下，大吉"应解释为：练习飞行的幼鸟一路快乐鸣叫练习试飞，不适宜飞得太高，应该在低处飞，这样就能顺利长大。这是以幼鸟成长为喻说明小者应谨慎的道理。

全卦卦体像一只张开翅膀的小鸟，中间阳爻为身体，上下阴爻为两只翅膀。正如《象》辞所言"有飞鸟之象焉"，而且以阴爻为翅膀，说明翅膀还柔弱无力，故以幼鸟为喻。

62.3 《象》曰："小过"，小者过而"亨"也。过以"利贞"，与时行也。柔得中，是以小事吉也。刚失位而不中，是以"不可大事"也。有飞鸟之象焉，"飞鸟遗之音，不宜上，宜下，大吉"，上逆下顺也。

【白话】

《象》说："小过"，做小的事适当过度而能亨通。懂得过度才能"固守正道"，这是适应时势的变化而行动。柔爻处于中道，所以做小事可以成功。刚爻失去位置且不居中，所以"不能做大事"。全卦有鸟在飞之象，"飞鸟遗之音，不宜上，宜下，大吉"，是说往上是逆行，往下是顺行。

【解读】

◎ 小者过而"亨"也。过以"利贞"，与时行也

这是解释"小过，亨，利贞"的。我认为，做小事情适当地过度一点是有利的，但当然还是要坚守正道，要适应时势。所谓"矫枉过正"，"求上得中，求中得下"，从这一点来说是有道理的。但我认为卦之本义并不在此。

◎ 柔得中，是以小事吉也。刚失位而不中，是以"不可大事"也

这是从六二柔爻当位来解释"小事吉"。从九四刚爻不当位来解释"不可大事"。实际上，在它卦中，这种阴爻当位、阳爻不当位的现象太多，仅以此爻象解释"小事吉"和"不可大事"还是缺乏说服力。

◎ 上逆下顺也

这是解释"飞鸟遗之音，宜下，不宜上"。

我的理解与《象》辞不同，故不多解读。

62.4 《象》曰：山上有雷，小过。君子以行过乎恭，丧过乎哀，用过乎俭。

【白话】

《象》说：艮山之上是震雷，这是小过的卦象。君子得以领悟：日常行为要追求忠诚，办理丧事要保持哀伤，生活用度要坚持节俭。

【解读】

◎ 下艮为山，上震为雷，故称"山上有雷"。从前面对卦名的解读可知：艮为山为少年，震为雷，引申为少年行动过于高调。年轻人行为易冲动、高调，为了他们的健康成长，要给他们正确的引导，并设立禁忌和约束。要引导他们首先对自己德行修为要严格要求，如："行过乎恭，丧过于哀，用过乎俭"，这才是正确的为"小"之道。这是以"行""丧""用"代表日常行为。

"过"在此容易被理解为"超过"，但"恭""哀""俭"等情感或行为的标准又是什么呢？如何才是过？这显然很难界定，故我认为"过"理解为有意识地"追求""养成"之意更合适，这与"过"之原始造字本义并不相违，即"经历一段过程而达到目标"。

我们知道，《易》的下经主要是从社会和百姓的角度去讲述国家治理之道。本卦亦然。而不管上经还是下经，《大象》辞通常都是从君王或统治者的角度引申和阐发道理的。君王和贵族统治者要从《小过》卦中得到启发：不管地位多高，要以"小"居之，在日常行为上要严格要求自己，努力修养德行。这才是成功的为"小"防过之道。

62.5 初六：飞鸟以凶。

《象》曰："飞鸟以凶"，不知如何也。

【白话】

初六：幼鸟过度地追求高飞，危险。

《象》说："幼鸟追求高飞，危险"，是说不知道何去何从。

【解读】

◎ 飞鸟以凶

《象》辞说："有飞鸟之象焉"，是说全卦像一只展翅飞翔的鸟。其实，这还是一只翅膀柔弱的幼鸟。初六表示小鸟初飞，上六表示小鸟正在高飞。初六柔居刚位而不正，柔居初表示小鸟幼小柔弱而初飞；初六不正位则表示方向不正确。又：初六正应九四，九四在艮山之上为高，故有初六追求高飞之象。

幼鸟刚开始飞的时候就追求高飞必定危险，引申到人则是年轻人还没有掌握必要知识和能力就想要走捷径地做出一番大事，这是好高骛远、不切实际，结果必定失败。"凶"指失败或遭受挫折。

本句与卦辞相对应。

◎ 不知如何也

初六如此是由其自有的本性和所处环境决定的。处在如此形势之下有此表现，所以《象》说"不知如何也"。

62.6 六二：过其祖，遇其妣；不及其君，遇其臣，无咎。

《象》曰："不及其君"，臣不可过也。

【白话】

六二：过度地向先祖索求，顺服于祖母的谦逊柔顺；不冒犯君王，安守臣道，没有危害。

《象》说："不冒犯君王"，是说为臣之道不可逾越。

【解读】

◎ 过其祖，遇其妣

本爻甚难，诸家解释多有不同。大家认为"过"为越过，"遇"为相逢，这一点基本没有分歧，主要分歧在于哪一爻为"祖"，哪一爻为"妣"，为什么要"过其祖，遇其妣"？

程颐说："阳之在上者，父之象；尊于父者，祖之象。四在三上，故为祖。二与五居相应之地，同有柔中之德，志不从于三四，故过四而遇五，是过其祖也。五阴而尊，祖妣之象，与二同德相应，在他卦则阴阳相求，过之是必过其常，故异也。无所不过，故二从五，亦戒其过。不及其君，遇其臣：谓上进而不陵及于君，适当臣道，则无咎也。遇，当也。过臣之分，则其咎可知。"（《伊川易传》）

程子认为九三为父，九四为祖，六五为妣。从爻性和爻位来看，似乎没有什么不对的，但圣人为什么要以祖、妣为喻？且九四与六二无应无比，根据爻象是不会发生关联的，应不存在六二从不从于九四之说。

祖，《说文》曰"始庙也"。《注》曰："始兼两义，新庙为始，远庙亦为始。故祔袝皆曰祖也。释诂曰：祖，始也。诗毛传曰：祖，为也。皆引申之义。如初为衣始，引申为凡始也。"

综上，我以为："祖"为始庙，"始"为始祖，"庙"为祭祀，故"祖"有祭拜先祖之意。过：过度索求之意。"遇"在它卦为"相逢"之意，但在本卦应理解为：顺服、安守之意。妣：本义为具有谦逊、柔顺之德的祖母。"过其祖，遇其妣"，意为过度祭求于先祖，后顺服于祖母的柔顺。六二本来中正柔顺，且亲比九三，不应六五，但在《小过》之时则不安分而有过度之求，故六二变九二。六二变九二则与刚正的九三不亲，而正应于六五，故言"过其祖，遇其妣"，九三为祖，六五为妣。意为六二因过度追求而偏离正道，不服从于九三，但最后能正应于六五。正应六五是终能顺服于谦逊、柔顺之君德，故无咎。

九三为艮之主，艮为庙为祖，故九三为祖；五为君位，六五谦顺居中，故称为"妣"，引申为祖母贤惠之德。

◎ 不及其君，遇其臣，无咎

及：冒犯之意。如果说"过其祖，遇其妣"是以人伦之道明理的话，那么"不及其君，遇其臣"则是以君臣之道明理，两者讲的是六二变化的过程和结果。

六五为君，从六五的角度而言，九三为臣。六二虽因过而变九二，后能因居中而能知偏而改，又变回六二。六二不应六五是"不及其君"，即不冒犯君王；亲比九三是"遇其臣"，即安守臣道而成就中正谦顺之德。

六二虽犯小过，但最终能知偏而改，复归中正，故"无咎"。

六二在此经过了一个变九二，又变回六二的反复过程：前一句辞"过其祖，遇其妣"说的是第一个变化；后一句"不及其君，遇其臣"说的是第二个回归的变化。

圣人是以本爻说明：在《小过》之时，即使柔顺中正的六二也有"过"之患，但终能知过而改，复归中正。

62.7 九三：弗过防之。从或戕之，凶。

《象》曰："从或戕之"，凶如何也。

【白话】

九三：努力约束，以使不过度冒进。如果一味放纵或是强行制止，结果凶险。

《象》说："如果一味放纵或者强行制止"，是说危险又能怎么办呢？

【解读】

◎ 弗过防之

九三、九四为本卦居于中位的两阳爻，有承上启下之功。其于下是"大"，应抑下之过，其于上是"小"，要防己之过。从两爻的爻辞来看，都有"弗过"之词，即"不使犯过"，这明显有限制、约束之意。

"防"为防备、制止之意。"弗过防之"可理解为"防之弗过"，即防备、制止以避免过度。

九三亲比六二，且为下艮之主，艮为止，故九三有约束、制止六二之象。"之"指六二。"弗过防之"指九三防备、制止六二，以限制他过于贪求。从六二的解读可知，六二中间虽过而变成九二，但终究又变回六二，从而亲比九三，受其所止。

◎ 从或戕之。凶

从：顺从、纵容之意。或：或者，如果；戕：会意字，从戈，从爿。"戈"指古代用以横击、钩杀的重要武器；"爿（pán）"指劈开的竹木片。"戕"字本义：残杀、杀害，在此应指伤害。

从或戕之：意为如果纵容则是对他的伤害。如果九三对六二之过一味地纵容不管，会使他偏离正道而无法回归，最终是对六二的一种伤害。从对六二的解读可知，六二因追求过度会变九二，此时如果九三纵容而不加以制止，则会变六三而不正。不正的六三亲比已变的九二，则是纵容九二的不正，且下艮变坎，坎为凶；又，下互卦变为离（六二变九二，九三变六三，二、三、四为离），离为戈为戕，则有戕害九二之象，故称"从或戕之，凶"。

如果九三变为六三，则是对六二的纵容。六二变为九二之后因受到六三的亲比支持，就再也变不回六二了，则反而是伤害了六二。由此可见，九三对小者之过的约束作用很大。

62.8 九四：无咎，弗过，遇之。往厉必戒，勿用永贞。

《象》曰："弗过，遇之"，位不当也；"往厉必戒"，终不可长也。

【白话】

九四：没有危害，防止过度，不冒犯他。如果一直刚健不变则要防备，不可顽固不变。

《象》说："帮助他以免过度"，因为位置不正当；"如果一直刚健不变则要防备"，是说这样的状态终究不能维持长久。

【解读】

◎ 无咎，弗过，遇之

弗过：不便犯过，与九三爻辞中"弗过"同义。

遇：止于、不冒犯；之：指六五。遇之：顺从、不冒犯九五。九四刚居柔位，下与九三同性相敌，上亲比六五。下与九三不比是不纵容九三犯过，是为"弗过"；上与六五亲比是不冒犯六五是为"遇之"，能做到这样当然没有过失危害。所以，这一句式可调整为"弗过，遇之，无咎。"

九四失位不正，本是有咎的，如果能谨慎地对下做到"弗过"，又能对上做到"遇之"则无咎。这是九四在《小过》之时正确的处世之道。

◎ 往厉必戒，勿用永贞

厉：严厉、刚猛之意。往厉：以厉而往，既刚猛地对待九三，又鲁莽地对待六五，这是只知刚而不知柔，所以必戒。必戒：一定要有所防备，劝诫之意。勿用永贞：不可顽固不变。

九四一定要时刻注意：对九三可刚而厉，但对六五则要柔而敬，否则有咎。

从本爻可见："小过"之小是相对的，如九三，对于九四、六五是"小"，但对于六二是"大"；九四同理，对于六五是"小"，不可过，而对于九三是"大"，可刚。

勿用永贞：对待不同的人要有不同的态度和方法，不可一成不变。

62.9 六五：密云不雨，自我西郊；公弋取彼在穴。

《象》曰："密云不雨"，已上也。

【白话】

六五：天上布满乌云，但还没有下雨，因为风来自西边的郊外。王公对有犯过者就像用缴从鸟穴中射取小鸟一般准确处理。

《象》说："天上布满乌云，但还没有下雨"，因为阴气已经在上面了。

【解读】

◎ 密云不雨，自我西郊

此与《小畜》卦辞同，表面的意思是西风刮来乌云，还不会下雨。这是一种自然现象，西风通常能够聚云但不会下雨。

雨能润泽万物，"密云不雨"指还没有到润泽万物、造福百姓的时候。"西郊"喻指西岐，周邦所在地。这句辞的引申义为：周邦虽然看上去力量强大，但还没有到统治全国、造福百姓的时候。这与卦辞"不可大事"相对应，是指时机不成熟。更深一层的引申义为：如果以六五代表商朝末期的周邦先王的话，其虽在周邦为"大"，但对于商朝君王为"小"。此时周邦还只是商朝的一个发展不错的诸侯之邦，面对强大的商朝力量还很弱小，应谨守为"小"之道而不可犯过，否则必定招致失败。

二至五爻组成大坎，坎在上为云，兑为泽为雨为西，故有此象。

◎ 公弋取彼在穴

"公"指六五。《小过》之时六五代表的是公，而非君王。君王天下只有一位，而公则可以是从下层成长起来，但需要顺应时势，把握机遇。

俞琰《周易集说》："《易》中大事称王，小事称公，小过之六五不可大事，故不称王，而称公。"

此说有理。《小过》是说为"小"之道，周朝此时还只是诸侯之邦，周先王还只能称公而非君王。

弋取：射取。弋（yì）：缴射也，用缴（细绳）系在箭矢上射。

周王此时应谨守为"小"之道，对商君要遵守为臣之礼，不可犯过，对内还要加强管控，防微杜渐，对有犯过者就像用缴从鸟穴中射取小鸟。"弋取在穴"的特点，一是准确；二是射中也不会跑掉，以此比喻王公防止小者犯过的严格和准确。

"彼"指六二。从六二爻的解读可知，其有犯过之行。六五与六二不应，要想控制他则需变，六五变九五则与六二相应。六二在大坎之下，故称"穴"。六五变九五后，二至上爻组成大坎，坎为矢，六二在互巽中，巽为绳直，故称"弋取彼在穴"。

62.10 上六：弗遇过之，飞鸟离之，凶，是谓灾眚。

《象》曰："弗遇过之"，已亢也。

【白话】

上六：不能抑止其过而放纵之，（就像）试飞的幼鸟高飞而无所顾忌，危险。这会引来天灾人祸。

《象》说："不能抑止其过而放纵之"，是说已经亢奋不能自持。

【解读】

◎ 弗遇过之，飞鸟离之。凶，是谓灾眚

全卦取鸟象，初、上爻像鸟的翅膀，所以初、上都取鸟飞之象。

上六柔居阴位，本为正，但处卦终，过极而变，则上六变上九，亢而不正。

程颐曰："灾者天殃，眚者人为。既过之极，岂唯人眚，天灾亦至，其凶可知。天理人事皆然也。"（《伊川易传》）

本爻仍以试飞的幼鸟为喻，可看作对全卦的总结：上六为最高位，一个人，不管位居多高，总有为"小"之时，哪怕贵为帝王，在天地面前也是"小"。如果一个人自以为是、为所欲为、无所顾忌，终将会招来天灾人祸。

【总结与启示】

《小过》卦是难解之卦。"小过"为小者之过这一理解没有疑义，较难理解的是：什么是"小"？怎么才是"过"？为什么会"过"？

我认为，本卦的本义是任何人都有为"大"之时，也有为"小"之时。如，奴隶于贵族是"小"，但在自己的儿女面前是"大"；君王在天下百姓面前是"大"，但在天地之间为"小"。本卦强调的是人的为"小"之道。人既然都有为"小"之时，则当知任何时候都不可贪得无厌、无所顾忌，否则就是犯过，会有天灾人祸。

初六不正位，以飞鸟为象，幼鸟弱小却要高飞，所以危险；六二本既中且正，却为小而过，终能偏而归正，故无咎；九三为下卦之长，当防下之过，如纵容小过则有危险；九四当以刚严防下，以柔敬事上；六五当知虽发展良好，但仍应谨守为小之道，严防下之有过；上六以幼鸟为喻，总结全卦：警示每个人都要遵礼守制，不可贪求太过，否则有天灾人祸。

卷十四

既济卦第六十三：居安思危，防患未然

既济卦　下离上坎，水火既济

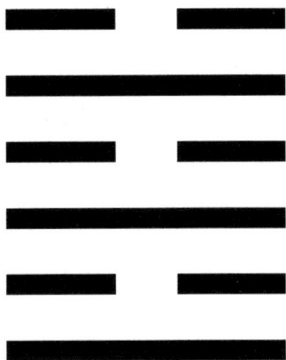

上六：濡其首，厉。
《象》曰："濡其首，厉"，何可久也。

九五：东邻杀牛，不如西邻之禴祭，实受其福。
《象》曰："东邻杀牛"，不如西邻之时也；"实受其福"，吉大来也。

六四：繻有衣袽，终日戒。
《象》曰："终日戒"，有所疑也。

九三：高宗伐鬼方，三年克之，小人勿用。
《象》曰："三年克之"，惫也。

六二：妇丧其茀，勿逐，七日得。
《象》曰："七日得"，以中道也。

初九：曳其轮，濡其尾，无咎。
《象》曰："曳其轮"，义无咎也。

卦辞

既济，亨，小利贞，初吉终乱。

63.1 卦名卦序

《序卦》曰：有过物者必济，故受之以既济。

【解读】

◎ 既：本义为结束、完成；济：本义指渡河，引申为度过困难时期。既济：意为度过了困难时期。为卦下离上坎，离为火在下，坎为水在上。水火是人类生存最重要的两种物质，本不相容，现上下相交，相安无事，相互为用。卦中每爻都正位且都有正应和亲比，故为"既济"，天下安定之象。另下离为光明，上坎为困难，从下往上则有先经历光明，后遇到困难之象。

◎ 上一卦《小过》卦说的是每个人都有为"小"之时，当谨守为"小"之道，修养德行，不过度贪求。如果每一个人都能谨守为小之道，都能做到为大有度、为小有礼，那么天下何难不济？何险不除？所以，《小过》之后是《既济》。

63.2 卦辞：既济，亨，小利贞。初吉终乱。

【白话】

卦辞：克服了一切困难，世道通达，应当保持谨慎。开始会很平安，终将会有动乱。

【解读】

◎ 亨，小利贞

本句传统版本断句为："亨小，利贞"。这是依据《象》辞的理解。《巽》卦卦辞"小亨，利有攸往，利见大人"中"小亨"之"小"意为保持柔顺、谦虚，然后通达，"亨"之前提为"小"。本卦"亨小"，我也理解为"小者亨也"，与"小亨"理解相同则值得推敲。我认为："亨"是对卦时发展的定性之词，说明《既济》之时国家发展是通达、顺利的，不需要任何前提条件。另外，虽然总体发展为"亨"，但仍应坚持小心、谨慎，因为"初吉终乱"。故其断句应为："亨，小利贞"。"小利贞"可理解为"利贞小"，即适宜坚持谨小慎微。"既济"是暂时的，在暂时的安定时期应该保持小心谨慎，时刻防范危险的到来。

从后面的爻辞解读可知，"小利贞"与初九、六二、六四等爻辞、爻义相对应。

◎ 初吉终乱

总而言之，《易》之六十四卦其实讲的既是国家的发展史和治理史，也是人类与困难的斗争史。古代人类社会的发展史，正是一部为了生存和发展与天斗、与地斗、与人斗、与各种困难斗的斗争史。《易》的本质就是告诉我们在遇到困难的时候如何趋吉避凶，克难度险。所以，天下安定总是相对的、暂时的，而困难和艰险才是绝对的、永恒的。我们的祖先早就明白了这个道理，所以用《既济》卦告诉我们，世界本无绝对的安定，表面的安定其实就隐藏着危险，开始的安定，最终会出现混乱。"生于忧患，死于安乐"也说明了这个道理。这也是为什么《既济》卦只是最后第二卦，而《未济》卦才是全经最后一卦的原因。

从卦象来看，下离为光明为吉，上坎为困难为乱，是为"初吉终乱"。

63.3 《象》曰："既济，亨（小）"，小者亨也；"利贞"，刚柔正而位当也；"初吉"，柔得中也；终止则乱，其道穷也。

【白话】

《象》说："既济，亨（小）"，是说小者通达；"利贞"，因为阳爻和阴爻都能够正位；"初吉"，是说阴爻居于中道；安定结束以后就会有动乱。是说天下安定的时刻很快就会穷尽。

【解读】

◎ "既济，亨（小）"，小者亨也

这是解释"亨小"的，应该漏了"小"字，现据卦辞补上。我是把"亨小"理解为小者通达，把"小"理解为小者，即阴爻代表的普通人、民众。"小者通达"，难道大者就不通达吗？既济之时，实际上国家上下应该都是通达的。所以，我对此有不同的理解。

◎ "初吉"，柔得中也

用六二阴爻居于中位来解释"初吉"，只能说按爻象通例来进行简单说明，因为六十四卦中有一半的卦是六二居于中位，而卦辞中有"初吉"辞的只有这一卦。

63.4 《象》曰：水在火上，既济。君子以思患而豫防之。

【白话】

《象》说：坎水在离火之上，这就是既济卦卦象。君子受到启发：（在安定之时）要考虑灾祸隐患而加以预防。

【解读】

◎ 君子以思患而豫防之

豫：通"预"，预先。《既济》卦下离上坎，下离为明，天下光明安定之意；上坎为险，意为危险就在前面。君王从这个卦象中得到启发，虽然暂时处在安定之下，但应该要知道，安定总是暂时的，危险和困难总会在前面等待。因此，要随时做好防范。

这是圣人在警示后人：居安要思危，防患于未然。

63.5 初九：曳其轮，濡其尾，无咎。

《象》曰："曳其轮"，义无咎也。

【白话】

初九：拖住车辆的车轮，小狐狸过河（虽然）被打湿了尾巴，（但）没有危害。

《象》说："拖住车辆的车轮"，是说理应没有危害。

【解读】

◎ 曳其轮，濡其尾，无咎

曳其轮：意为拖住了车轮。曳：拖曳，卦中下互坎为多眚舆为曳。初九亲比六二、正应六四。如果以下互坎比喻马车的话，则六二和六四正是两边的车轮，初九比二应四则有拖住两边车轮之象。故"曳其轮"是指初九抓住了下互坎这辆车的车轮（被车轮拖着前进）。"其"指下互坎之车，具体指六二。

濡其尾：打湿了它的尾巴，"其"指初九。《既济》与《未济》两卦互为覆卦，且爻辞多有类似，故可对比理解。从《未济》卦辞"小狐汔济，濡其尾，无攸利"可知，"濡其尾"为小狐狸过河时弄湿了尾巴。狐狸过河时需要竖起长满长毛的大尾巴，如果打湿了尾巴，厚毛的尾巴会变得沉重而下垂，增加狐狸过河时的重量而有危险。

下互坎为河为水很明显，那狐狸是以什么取象呢？易学者们基本是以"坎"取"狐"，但我认为应以"离☲"取"狐"象，这在《说卦传》中没有说明。六十四卦卦、爻辞中出现"狐"字或与"狐"有关的共三卦。除了本卦外，还有《解》卦九二爻和《未济》卦。从这三卦的卦、爻象分析，"狐"应以"离"取象。下面以《既济》为例分析。

一、《既济》䷾下卦为离，上互卦为离，下互卦为坎，即两离中间一坎，且相互交错，如以离为狐，以坎为河，则有狐狸成功渡过河水之象，故称"既济"。

二、在我国，狐狸最常见的品种为赤狐，或称"火狐"，背部毛色为棕色或棕红色，奔跑起来像一团火。且狐狸聪明、狡猾，喜夜间行动，其眼在晚上会发光。这些特征与离卦的火、明智、光亮等属性相合，故以"离"为"狐"应是说得通的。

三、如以离为狐，则初九可视为狐尾，卦中下离与下互坎相错且离后坎前，故有狐狸正在渡河之象，且初九亲比六二，有狐尾被水打湿之象。故称"濡其尾"。

曳其轮，濡其尾，无咎：小狐狸过河时抓住了车轮，虽然打湿了尾巴，但没有危害，是说小狐在车轮的帮助下成功地渡过了河。或说小狐借助车轮过河的方式在当前的形势下是正确的选择，虽然尾巴被打湿了，但有惊无险，故言"无咎"。

从国家治理而言，初九代表广大的平民百姓，车轮代表国家统治者。《既济》之始，百姓在国家统治者的帮助之下，能够安全地度过各种困难，虽然会遇到一定的惊险，但都能成功克服。

63.6 六二：妇丧其茀，勿逐，七日得。

《象》曰："七日得"，以中道也。

【白话】

六二：妇人丢失了首饰，不要去寻找，七天之后会失而复得。

《象》说："七天之后会失而复得"，因为处在中正的位置。

【解读】

◎ 妇丧其茀，勿逐，七日得

茀（fú）：从艹，弗（fú）音，另见不同版本中作"髴"，与"茀"音同。"茀"本义指草非常茂盛而遮盖了道路，因此常引申为古时马车的门帘。《周易正义》解为"首饰"；髴：妇人首饰。从后面对爻象的分析来看，"茀"通"髴"，意指妇人首饰更为合理。

六二以柔居阴，既中且正，为下离之主，故以贤淑妇人为喻。

"勿逐"在这可以有两层意义：一是这位谦逊、贤淑的妇人丢失了头上的首饰，必定头发凌乱，以此形象外出寻找"茀"则有违其柔顺中正之德，有失妇道之礼，故不可逐；二是在《既济》之时，社会文明有序，人们互相帮助，妇人丢失了"茀"之后，自知会有文明之人拾到送还，不需要寻找，是不需逐。

七日：在《易》例中指一个周期，非实指七天。卦有六爻，经过六爻回到本爻为七。"七日得"意为过了一段时间以后会失而复得。首饰当然不会自己回来，一定是有人捡到后送回，此指得到别人帮助。

佩戴首饰的妇人代表谦逊、中正、守礼；"勿逐，七日得"是指即使丢失贵重的首饰财物也无须担心，自会有人帮助送还。这说明既济之盛，社会文明，人们能够和谐相处，互相帮助，不贪利，哪怕丢失财物也能顺利找回。六二柔顺中正，为下离之主，代表《既济》文明之最盛时期。

本爻正处《既济》文明最盛之时。人们谦虚守礼，并能够互相帮助，不贪利，即使丢失了贵重的财物，也无须担心，自会有人捡到后归还。描绘的是一个太平、文明、和谐的社会。

63.7 九三：高宗伐鬼方，三年克之，小人勿用。

《象》曰："三年克之"，惫也。

【白话】

九三：高宗讨伐鬼方部落，持续三年才平定。柔顺退缩者将不会有功绩。

《象》说："持续三年才平定"，是说已经显现疲惫之态。

【解读】

◎ 高宗伐鬼方，三年克之

高宗：应指商高宗武丁，在公元前 1200 年前后，是商朝第二十二任君王。高宗在位时期，勤于政事，任用刑徒出身的傅说及甘盘、祖己等贤能之人辅政，励精图治，使商朝政治、经济、军事、文化得到了空前发展，史称"武丁盛世"。"鬼方"是商朝西北方的一个游牧民族，是后来强大的匈奴民族的祖先，高宗时期经常入侵商朝边境，杀人劫物。武丁发起了讨伐鬼方的战争。战争非常激烈，前后持续三年之久，最后以商朝胜利而告终。之后，商朝逐渐走向衰败，到了纣王时期的公元前 1046 被周武王打败而灭亡。

三爻处于下卦向上卦的过渡之时，"既济"既中、"未济"将至之时。九三以刚居阳而得正，表示九三以正道、刚健、勇敢维护安全，虽暂时维护了安全和繁荣，但即将慢慢走向衰落，故以商高宗伐鬼方为喻。

离为兵戈，坎险在外，即危险在外，离坎相接，表示用战争抵抗外敌入侵的危险。

◎ 小人勿用

小人：指柔顺、懦弱没有志向者，与果决、勇猛者相对，与儒家所说的"小人"有一定区别。

小人勿用：是说在此关键时期，不是果决、刚健而有志向的人不能解决眼前的困难，就像如不是武丁也无法打败当时的鬼方一样，那么危险将会提前降至，商朝可能会提前灭亡。如九三变六三，则成了阴柔不正的小人，全卦变成了水雷《屯》，正是困难满盈之象，故称"勿用"。

63.8 六四：繻有衣袽，终日戒。

《象》曰："终日戒"，有所疑也。

【白话】

六四：华丽的衣服变成破旧。整天戒备。

《象》说："整天戒备"，因为有所疑惧。

【解读】

◎ 繻（xū）有衣袽（rú），终日戒

繻：指彩色的丝织品，引申为华丽的衣服；袽：指破烂的衣服或破旧的棉絮。

再华丽的衣服也会有破败的时候，就如既济过中就要开始衰落一样。六四已进入上卦，是过了"既济"之中。

《周易集解》引李鼎祚案："《说文》'采缯为繻，敝衣为袽'，并引《易辞》'繻有衣袽'为证，夫'繻有衣袽'者，谓采缯而继以败衣，已盛将衰，既济过中之象也，可不'终日戒乎'。"

六四柔顺正位，又近九五君位，且为互离之主，是明智而能当其任者。忠诚明智的六四，已处在上坎之初，是能明智地感知困难的到来，忠诚履职故能"终日戒"。

《周易正义》《伊川易传》《周易集注》等都把"繻"解为"濡"，打湿、渗漏之意，把"繻有衣袽"理解为船漏水而用破衣服进行堵漏。其取象为：上坎为水，互离有船象。这种理解从卦象看似乎有道理，而我有疑的理由是：船漏水是很危险的事，这不仅只是有隐忧，而是危险已经很严重，但看既济各爻，上六才是打湿了头而有厉而已，还未至凶。所以，六四当不至于船破漏水这么危险。另外，以常理论，渡河的船漏水用破布去堵是意义不大的，说明这不是辅佐君王解决困难的很好办法。

其实，不管哪种解释，说明的道理是一样，即：既济之时已过中，困难时期正在到来，柔顺得正而又忠诚当任的六四应对此高度戒惧。殊途同归，只要明白了这一点，解释不同其实不太重要。

63.9 九五：东邻杀牛，不如西郊之禴祭，实受其福。

《象》曰："东邻杀牛"，"不如西郊"之时也；"实受其福"，吉大来也。

【白话】

九五：东边邻国杀牛厚祭，比不上西边邻国的薄祭，（这样更能）实实在在地受到神灵庇护。

《象》说："东边邻国杀牛厚祭"，"比不上西边邻国"懂得时势变化；"实实在在地受到神灵庇护"，是说吉庆因诚信实在而降临。

【解读】

◎ 东邻杀牛，不如西郊之禴祭，实受其福

杀牛祭祀是非常隆重的祭祀仪式，"禴祭"则是一种简单的祭祀仪式。祭祀贵在内心的真诚和敬畏。爻辞以祭祀为喻，说明国家处在太平、安定的既济之时，不可奢侈无度而对神灵和百姓失去真诚，这样是得不到神灵的庇护的。对于君王而言，不论何时都应该保有一颗赤诚之心，否则才能真正地得到人民的爱戴；对于君王而言，神灵庇护的结果无非就是天下安定、国家强盛、人民爱戴。

"东邻"可能影射当时的商朝，"西邻"则暗指西岐的周邦。商朝虽然强盛、天下安定，看似正处《既济》之时，然则纣王荒淫无道，残暴奢侈，百姓多有怨言，实际隐患重重。这样就算祭祀做得再隆重丰盛，又怎么得到神灵的庇佑、百姓的爱戴？而西邻的周文王广施仁义、真诚爱民，得到民众真心爱戴，以这样的一颗真诚的心对待神灵和百姓，自然会得到神灵的庇护和百姓的爱戴，与祭品的厚薄又有什么关系？

63.10 上六：濡其首，厉。

《象》曰："濡其首，厉"，何可久也。

【白话】

上六：过河时打湿了头，危险。

《象》说："过河时打湿了头，危险"，这样怎么能维持长久呢？

【解读】

◎ 濡其首，厉

上六以阴柔而位于全卦之上，故以首为喻。

"济"为过河。本爻显然是顺着初九爻的发展而言的。初爻以湿尾为喻，狐狸过河之时虽然打湿了尾巴，但因为《既济》之始，过河之初，河水不太深而没有淹没车轮。所以，小狐依附在车轮上也只是打湿了尾巴，没有危险。到了上爻，《既济》之终，河水已经很深并淹没了车轮，狐狸抓住车轮会随着车轮淹进水中而被打湿了头。这样显然很危险，故称"厉"。引申到国家，《既济》之初，人民安居乐业，虽有小的困难，但在国家的保护下安然无恙；到了《既济》之终，和平安祥的日子已过，困难与危险已来到，国家也遇到了大的困难，就像车轮过河时也被水淹没，百姓（附在车轮上的小狐）焉能无恙？

河水虽然淹没车轮，但这辆大车终究会渡过大河，故爻辞言厉不言凶。

离为狐，坎为水为险，上六在上互离之上，有狐首之象，又在上坎之中，坎为厉，故称"濡其首，厉"。

【总结与启示】

"既济"是指天下安定之时。从人类发展的历史来看，安定和平总是相对的，危险和困难却是必然的。圣人立此卦告诉后人要居安思危、防患未然。

初九：刚正处初位，代表平民百姓，《既济》之始，他们在国家的保护下，虽然遇到困难，但能克服，就像搭乘大车过河的小狐，虽然打湿了尾巴，但没有危险；六二：文明之盛，人民安居乐业，大家都能自守谦逊中正之德，互相帮助，就算遇到困难，也自有人相助，好比意外失物，终有人拾到送还；九三：刚正之士，处下之上，居明之极而外临坎险，正处"既济"将过、"未济"未至之时，以高宗伐鬼方喻之，说明刚正、勇猛也只能暂时挽救衰败。六四：辅君贤臣，国家虽然表面和平，但外患重重。为国居安思危、终日戒备；九五："既济"之盛，奢侈浪费不如以至诚待民，只有内心诚实、真心为百姓着想，才能受到百姓的爱戴和福报；上六："既济"之末，危险已至，就像搭乘大车过河的小狐，因河水过深淹没大车而受殃及。

未济卦第六十四：审时度势，进退有方

未济卦 下坎上离，火水未济

上九：有孚于饮酒，无咎。濡其首，有孚失是。
《象》曰："饮酒濡首"，亦不知节也。

六五：贞吉，无悔。君子之光，有孚，吉。
《象》曰："君子之光"，其晖吉也

九四：贞吉，悔亡，震用伐鬼方，三年有赏于大国。
《象》曰："贞吉，悔亡"，志行也。

六三：未济，征凶，利涉大川。
《象》曰："未济，征凶"，位不当也。

九二：曳其轮，贞吉。
《象》曰：九二"贞吉"，中以行正也。

初六：濡其尾，吝。
《象》曰："濡其尾"，亦不知极也。

卦辞

未济，亨，小狐汔济，濡其尾，无攸利。

64.1 卦名卦序

《序卦》曰：物不可穷也，故受之以未济终焉。

【解读】

◎ 未：甲骨文为𣏾，字形是"木"的上面还有枝丫，指枝叶正茂盛，还未结果。所以，"未"应指正处于发展过程当中还没有结果的状态，与现在的"开始之前"的含义有所不同。

未济：正处在度过困难的时期。为卦下坎上离，坎为险为难，离为明为安，正处险中，过险即安。《未济》与《既济》卦相综。《既济》各爻都正位，《未济》正好相反，各爻位都不正位，表示各个位置正处在不安定的状态，所以称"未济"。

◎ 上一卦《既济》，说的是困难都已克服，天下处于暂时的安定。纵观人类发展历史，我们就会发现：人类的发展史就是一部与艰难与险阻斗争的历史，安定总是相对的、暂时的，而困难和艰险才是绝对的、永恒的。我们的祖先早就明白了这个道理，所以用《既济》告诉我们，表面的安定其实已隐藏着危险，开始的安定，最终必定有乱。所以，《未济》在《既济》之后，并为《周易》最后的一卦。

从《未济》的卦象来看，下坎上离，中间互卦又是离、坎相错。《既济》与此结构类似，只是坎离的前后顺序相反。圣人立此两卦告诉后人：人生总是在困难与光明的交织中前进，审时度势、进退有方才是最佳的处世之道。

64.2 卦辞：未济，亨，小狐汔济，濡其尾，无攸利。

【白话】

卦辞：正在历险，过程一定是通达的。小狐狸果决而莽撞的涉险过河，弄湿尾巴，这样其实没有任何好处。

【解读】

◎ 未济，亨

世道虽处于危险不安之时，但困难最终总是能被克服，否则人类社会就不能生存。即使发展过程会出现一些波折，但人类社会前进的脚步是不可阻挡的，故称"亨"。

从卦象看，下坎上离，开始处在险难之中，但后来出现光明而"亨"。

◎ 小狐汔（qì）济，濡其尾，无攸利

从全卦卦形 ䷿ 来看：二、三、四爻组成下互离，三、四、五组成上互坎，上卦又为离，离为狐（见《既济》初九解读）。分析初六爻辞之"濡其尾"：初六在下互离之后为狐尾，坎为河为水，故二至上爻则有小狐成功渡河之象。初六在下坎之中，故有河水打湿狐尾之象。

狐狸尾巴长而多毛，占了身体的二分之一以上。狐狸过河时，如果弄湿了尾巴上的毛，会因为变得湿重而非常危险。

孔颖达认为"汔"是河水将要干涸之意，"小狐汔济"是指小狐因幼小而不能济河，只有等到河水将要干涸才能济；虞翻认为是"汔"为"几"，将要、快要之意，"小狐汔济"是指小狐渡河之时快要到达岸边；程颐则认为"'汔'当为'仡'"，壮勇、鲁莽之意，"小狐汔济"是指小狐果断、鲁莽地渡河。

从上面卦形卦象分析可知：小狐虽然尾巴打湿了，但最终渡过了大河，这从卦辞有"亨"也可以看出。初六为未济之始，在一开始就打湿了尾巴的情况下小狐还是继续渡河，故"汔"理解为勇敢、鲁莽更符合卦象。

这句话的意思是：小狐狸面对汹涌的河水而壮勇、鲁莽地过河，结果打湿了尾巴非常危险。虽然成功了，但这样的做法充满凶险，没有任何好处，不值得提倡。同样是过河，《既济》之时小狐有大车可乘，即使是弄湿了尾巴也没有危险，比喻人民有国家保护，可以克服各种困难危险；《未济》之时因国家正处于困难之中，统治阶级自顾不暇，无法顾及百姓，因此小狐无车可乘，只能自己过河。无攸利：小狐狸湿尾以后还冒着巨大的危险过了河是完全没有必要的，因为一旦失败后果将不堪设想，于人于己没有任何好处，应该等待合适的时机，或是选择更安全的方法。故《大象》曰：君子以慎辨物居方。

64.3 《象》曰："未济，亨"，柔得中也；"小狐汔济"，未出中也；"濡其尾，无攸利"，不续终也。虽不当位，刚柔应也。

【白话】

《象》说："未济，亨"，因为六五柔爻居于中位；"小狐汔济"，是说还未离开坎险之中；"濡其尾，无攸利"，是说不可能延续到最终。全卦各爻虽然都不正位，但刚柔之间都能相应。

【解读】

◎ 柔得中也

这是以卦象、爻位来解释卦辞"未济，亨"的。"柔得中"，柔爻居中的只有六五，故这是说六五爻。六五为离之主，离为光明，最终谦顺光明，故能"亨"。

◎ "小狐汔济"，未出中也

这又是就二爻而言的。二以阳刚之爻处于代表危险的坎卦之中，是需要度过去的。

来知德曰："济而得济谓之'终'，今'未出中'，则始虽济而终不能济，是不能继续而成其终矣。然岂终于不济哉？盖六爻虽失位，初为'未济'，然刚柔相应，终有协力出险之功，是未济终于必济，此其所以亨也"。（《周易集注》）

64.4 《象》曰：火在水上，未济。君子以慎辨物居方。

【白话】

《象》说：离火在坎水之上，这就是未济卦卦象。君子得以领悟：要慎重地辨别事物的状态，停留在适宜的位置。

【解读】

◎ 君子以慎辨物居方

从上面对卦象卦辞的解读可知：小狐鲁莽渡河，并且打湿了尾巴，虽然最终成功，但圣人认为这样的做法不可取，应该反对，因为失败后果非常严重，甚至失去生命。面对汹涌的河水，小狐正确的做法应该是先待在安全的地方暂时不要过河，或者等到秋冬河水干涸或是结冰以后再过河。

君子从卦象中得到启发：面对危险要非常谨慎，要仔细分析、辨识危险及可能产生的后果，能够回避就应尽量回避，不可勉强渡之，而是尽可能停留在安全的地方等待。

君子：应泛指贵族统治者，他们不仅要处在适宜的位置，还要教育百姓处在适宜的位置，这样才能使国家和人民避免陷入困难之中。

64.5 初六：濡其尾，吝。

《象》曰："濡其尾"，亦不知极也。

【白话】

初六：（过河时一开始）就弄湿了尾巴，（应感到）羞愧。

《象》说："（过河时一开始）弄湿了尾巴"，这是不明智到极点。

【解读】

◎ 濡其尾，吝

从前面卦象卦辞的解读可知：离为狐，初六代表狐尾，初六又在下坎之中，坎为水，故有"濡其尾"之象。

与《既济》初九爻辞相比，本爻无"曳其轮"，说明小狐过河时没有搭乘车辆，引申为百姓克险不能与国家同步，不能得到必要的帮助。小狐狸不等待时机，不借助帮助而独自逞能鲁莽地过河，弄湿了尾巴是很危险的，应为这种不明智的行为而感到羞愧。

初六柔顺不正，本无能力独自过河，却要逞能、鲁莽地涉险，结果一开始就打湿了尾巴而陷入危险之中，所以应该为自己的不自量力感到羞愧。从"吝"可知，圣人是极为反对这种不明智行为的。

《既济》初九"濡其尾"却"无咎"，原因是在《既济》之时，国家暂时处于和平稳定的时期，有能力保护百姓；初九阳爻正位，在国家的保护下涉险克难是正当行为，是值得鼓励的，故无咎。《未济》初六"濡其尾"为"吝"，原因是国家上下正处困难之中，统治阶级已是自顾不暇，无力保护百姓，或是还未到克险过河的时候，而且初六阴爻失位，本身又能力不足，行为不正，不能选择时机与国家同步却要不自量力地独自鲁莽地涉险，故吝。

本爻有"吝"无"凶"，说明小狐渡河时虽然一开始就打湿了尾巴，但还没有被河水冲走，或被淹死，可能是小狐及时退回，因为阴爻既代表不明智，也代表柔弱、退缩。

◎ 亦不知极也

初六阴柔不正，又处于坎险之中，不自量力，又错误地评估形势，我认为这是不明智到了极点。

64.6 九二：曳其轮，贞吉。

《象》曰：九二"贞吉"，中以行正也。

【白话】

九二：拖住车轮（借助更大的力量克难前行），坚持守正会得吉利。

《象》说：九二能够"坚持守正而得吉利"，因为居于中道而行为端正。

【解读】

◎ 曳其轮，贞吉

本爻与《既济》初九爻爻象相似，故辞义有部分相同。"曳其轮"在本爻中的意思是九二在困难中借助更大的力量。九二刚居阴位虽不正，且又处于坎险之中，但居于中道，是能刚健守中者。其亲比六三，正应六五，是在险难之中能够借助和得到六三和六五的帮助。六三至六五为上互坎，坎为多眚车，六三和六五可看作为车的两轮，九二以守中、刚健、稳重之德比应六三和六五，则有拉住车轮、以使带动自己前进脱险之象。六三代表邦君，六五代表国君，故可理解为九二充分信任并得到六三和六五的帮助。

贞吉：坚持目前的行为和状态就能成功。九二居于中道，说明其行为是恰当而顺应形势的。所以，他在险难之中充分信任并紧紧依靠六三、六五的渡险方式在当前的形势下是正确的，坚持下去就能成功脱险。

同处《未济》之初始阶段，初六面对危险暂时无法借助更大的力量而急于独自鲁莽度过，打湿了尾巴，故"吝"，而九二却能明智地把握时机、选择求取帮助，故"贞吉"。这是因为九二居于中位，其行为适宜得当。

64.7 六三：未济，征凶，利涉大川。

《象》曰："未济，征凶"，位不当也。

【白话】

六三：正经历险难，前进很凶险，应该果决、勇敢地克服。

《象》说："正经历险难，前进很凶险"，是说处于不当的位置。

【解读】

◎ 未济，征凶，利涉大川

征凶：意为前进很凶险，有警示、劝告之意；利涉大川：意为应该、必须克服困难。本爻正处于《未济》之最难之时，且六三为邦君之位，有保民卫国之责，虽明知前进的路上一定会充满艰辛和危险，也唯有克服眼前的一切险难才能成功度过"未济"之时，别无选择。

从全卦卦象来看，三爻之位处于下坎和上互坎的两坎相交的中间，即是渡河的河中间。六三以柔居刚，居刚用柔，是不正又力弱，所以非常凶险，故称"未济，征凶"。根据爻象来看，"征凶"又有处于与困难和凶险搏斗的过程之中之意。

利涉大川：处在困难之中就应该勇敢、果决地克难前行，此时犹豫不决、优柔寡断是克服困难的大忌。这是圣人对占者的鼓励和劝诫。朱熹怀疑"利"字上应当有"不"，即"不利涉大川"，因为他认为爻辞"征"与"涉"都有勇往直前之意，前言"征凶"，后又言"利涉"，前后似有矛盾。从上面的分析来看，"未济"之时，对于有责任带领人民济险度难的六三来说，必须有"涉大川"的决心和能力，故不应在此句前加"不"字。

六三阴柔不正，处下坎之上，即坎险之末，又上应上九、亲比九四，是能得到九四和上九的帮助，因此，在未济即将过中之时，应该果断行动、勇敢前行才能度过险难。六三为下互离之主，离为大腹有舟船之象，下坎为川，下互离在下坎之上，故称"利涉大川"。

64.8 九四：贞吉，悔亡；震用伐鬼方，三年有赏于大国。

《象》曰："贞吉，悔亡"，志行也。

【白话】

九四：坚守正道可得吉利，悔憾消失。（就好像）猛将沚震被任命讨伐鬼方，三年以后受到大国君王的封赏。

《象》说："坚守正道可得吉利，悔憾消失"，志向得以实现。

【解读】

◎ 贞吉，悔亡；震用伐鬼方，三年有赏于大国

九四以刚居阴而不正，上比六五柔顺之君，作为辅君的重臣，他本应谦柔事君，现居柔用刚，以其刚健、好勇之德事君则必犯猜忌，故有悔；如能以其刚健、勇敢之德用于保家卫国、抵抗外敌，则是正道，并可获得功业，就好像大将"沚震"得到高宗任用而讨伐鬼方建功受赏。

吴其昌《殷墟书契解诂》："沚（目戈），武丁时之名将，殆于侯虎齐名者。"

李学勤《殷代地理简论》："震"应即武丁卜辞中的沚震、伯震。

九四以刚居柔不正，以上下卦体而言，则是已脱离下坎进入上卦，但从隐藏的互卦而言，九四则为上互坎之主，仍在坎中。卦象、爻象说明从表面来看国家已过"未济"之时，表面安定和平，但实际统治阶级仍处于危险之中，因为边境有诸如鬼方等外族的侵扰。九四以其刚猛果决之德正有用武之地。

九四功成名就后归正，则九四变六四，互坎变坤，坎险变坤安，故"贞吉"。又坎为三，坎变坤则为三之后；又坤为邑为国，二至上组成颐卦，颐为吃，故有"赏"象，故称"三年有赏于大国"。

64.9 六五：贞吉，无悔。君子之光，有孚吉。

《象》曰："君子之光"，其晖吉也。

【白话】

六五：固守谦顺而获吉利，没有悔憾。君王盛德光辉，满怀诚信而吉利。

《象》说："君子盛德光辉"，是说他光明而吉利。

【解读】

◎ 贞吉，无悔

六五柔顺而居于中位，为离之主，是谦顺而光明的君王。其下应九二，亲比九四，是以谦顺而光明之德帮助九二脱险，支持九四抗敌，所以"贞吉，无悔"。

◎ 君子之光，有孚吉

君子：指君王。六五为君为上离之主，离为光明，故称"君子之光"。

六五正应九二亲比九四，九二为下坎之主，九四为上互坎之主，坎为心为孚，故称"有孚"。吉：指度过"未济"而成"既济"之功。

有孚吉：指六五以谦顺之德、真诚地帮助九二脱险，支持九四建功，结果成功而如意。

64.10 上九：有孚于饮酒，无咎。濡其首，有孚失是。

《象》曰："饮酒""濡首"，亦不知节也。

【白话】

上九：（度过困难后）内心充满自信而成功后饮酒，这样没有危害。（如果像狐狸过河一样，快到终点却）打湿了头部，那是自信过度失去了意义。

《象》说："成功后饮酒""打湿了头部"，这样也是不知道自我节制。

【解读】

◎ 有孚于饮酒，无咎。濡其首，有孚失是。

有孚于饮酒：能够确实坚持到最后并成功度过困难，以致饮酒庆贺。

濡其首：这句与上一卦《既济》上六爻辞同，故可对应理解，意思是还没到最后的成功却放松警惕，以致打湿头部、非常凶险（非常有可能被淹死）。

是：指前半句表现的成功带来的喜悦、快乐和安全；有孚失是：指这种自信就失去任何意义，甚至很危险。

这句话是对《未济》即将结束之时的总结：《未济》之末，最终能够充满自信地成功度过困难后饮酒庆祝，这样不会有什么不妥和危害。但如果还未到最后成功却过于自信和放松，就会像狐狸过河那样，快到终点却弄湿了头而导致危险。这样的自信不仅没有任何意义，还是非常危险的。

上九以刚健而处上离之末、光明之极，又居《未济》之终，说明最终的结果是英明而成功的。"濡其首，有孚失是"只是假设与警示之辞。

【总结与启示】

《既济》《未济》为全经最后两卦，可以理解为对《易经》六十四卦的总结。总而言之，国家的治理和社会的发展总是处于两种情况。一是"既济"，眼前困难暂时已克服，新的隐患又即将生成。强调的是虽暂时安全，但危险就在前面，此时要居安思危、防患于未然；二是"未济"，一直都处在遇见困难并克服困难之中，困难终究是会克服的，前途是光明的。强调的是虽处危险之中，但光明必定就在前面，此时不可失去信心。"未济"之时总是长于"既济"之时，"未济"是常态，所以最后一卦为"未济"卦。两卦卦象都以狐狸过河为喻，"离"取"狐"象。《既济》是上六阴爻在下面两个相连的离卦之上，又在上卦坎水之中，故有"濡其首"之象，即：开始能在强大力量的帮助下度过危险，但最终可能会得意忘形或失去警惕而遇险；《未济》则是初六阴爻在上面两个相连的离卦之下，又在下卦坎水之中，故有"濡其尾"之象，其过程是先认不清形势，在没有力量帮助下独自逞能、鲁莽地过河打湿了尾巴，后能得到国家的帮助而最终成功度险。

初六：阴处刚位而力不足，与九四相应、九二亲比，误判形势而逞勇涉险，不自量力而受了挫折故应羞愧。"未济"之始，面对危险不能审时度势、谨慎对待，却要勉强为之而陷入危险，是为可吝；九二：刚健居中，亲比六三、正应六五，是能紧跟国家节奏，坚持依靠国家的帮助就能成功渡险；六三：不正位而深陷险中，过程凶险，应该勇敢、果决地克难前行；九四：未济之时，以其刚健、鲁莽之德事君则有悔，如能以其勇敢之德辅佐君王抗击外敌、保国平安则可建功；六五：未济之时，君王谦巽而光辉德盛，帮助和激励臣属脱险、建功，德称其位而终吉。上九：未济之终，明智之极，能知时势而切实做到（有孚）乐天顺命可无咎，如过于自信而陷入危险则失去意义。

附录一

初学周易第一课

说起《易经》，初学者脑海中跳出的印象大概是：神秘莫测、算命、风水、占卦等等。为什么？因为口口相传，一直以来大家都是这么说的。我们知道，口口相传的东西是不全面、不准确的，那《易经》到底是什么呢？

简单地说，《易经》其实就是一本书，一本古代的经典，只不过与其他的经典相比，这本书有些特殊。其特殊性主要表现在三个方面。一是这本书的内容很特殊。它是由一套特殊的符号加文字组成的。符号是主体，文字是说明，并且它的内容至今为止没有人完全读懂。二是这本书的成书时间非常久远。有多久远呢？从起源到成书大概经历了几千年。除了《易经》外，没有哪部经典是这样的。三是这本书带有很多神奇的传说，并形成了不同的研究体系，衍生出很多神秘学说。

一、《周易》的内容

（一）《周易》的符号内容

组成《易经》主体内容的一套特有的符号，我们称作"卦"。共有六十四种，称为六十四卦。如《乾》卦☰、《讼》卦䷅等。六十四卦中的每一个卦又是由两个更小的基础"卦"上下相重组成的，如《讼》卦䷅是由"乾"☰和"坎"卦☵构成的。为了区别两种卦，这个更小的基本卦称为"经卦"，六十四卦的卦称为"重卦"，或者"别卦"。看名字和卦符就知道，"重卦"是由"经卦"相重组成的。经卦共有八种，分别是乾☰、兑☱、离☲、震☳、巽☴、坎☵、艮☶、坤☷。这就是我们日常说的"八卦"。"八卦"两两相重就组成了六十四卦。再细看八个"经卦"，我们很容易发现，每个经卦其实是由两种线条组成的，一种是直连线"—"，一种直断线"--"。这两种线条统称为"爻"，直连线称为"阳爻"，直断线称为"阴爻"。

这里的"卦""爻"两个名字看上去就有点奇怪，到底是什么意思呢？简单解释一下。先说"爻"：《说文解字》"爻，交也"，有人说字形像古时结绳记事的绳上两个结。《易·系辞传》曰"爻者，言乎变者也"，意思是说表示变化的符号。结合这两种解释，我们就可以给出定义："爻"是记录变化的符号。爻有两种状态：阴和阳。简单来说，"阳"代表物体的动、进、刚健、主动、亢奋等积极、动态的一面；而"阴"则代表物体的静、退、柔顺、被动、安静等被动、安静的一面。

　　再看"卦"字："卦"从"圭"从"卜"。"圭"本义指用玉做的、赐予诸侯分封土地的信物，后泛指玉做的礼器，代表地位、诚信和敬仰；"卜"指占卜，古代用于预测的一种方法，引申为预测。"圭"＋"卜"组成"卦"，意为预测的象征和符号。由此可知，六十四卦最早代表不同的预测符号。还有一种说法，说"卦"通"挂"，把卦符挂起来供人研究、玩味的意思。这确实比较形象，但这应该是后人的引申。

　　总结一下："爻"是"卦"的构成单位，是记录变化的最基本符号；"卦"是构成《易经》内容的主体，分为"经卦"和"重卦"。它们最早的作用是记录自然的状态，并进而用于记录事物的变化过程与结果，以用于预测。

　　从上面的分析可知："爻"分阴阳两种；"经卦"又由三爻按不同的组合组成，如：三阴三阳，或一阴两阳，或一阳两阴，共为八种，是为八卦。为什么是这样呢？后来的汉、唐、宋等朝代先贤智者们总结了其中的含义：

　　"爻"是记录变化的符号，而任何事物又总是在变化的，且变化过程无非就是两种对立状态。比如人，总有强弱、进退、刚柔、上下等两种状态，其实任何事物运动无非就是两种状态。而阳就代表激进、主动的一面，而阴爻就代表保守、退让、安静等的一面。这样我们就会发现，智慧的先祖竟然用简单的两种符号就能表示万物的所有运动状态！其实，作为哲学概念的"阴""阳"两字在《易经》经文没有出现（其中"阴"字只在《中孚》卦九二爻辞中出现一次，意思指的是"山之阴"，即山的北面）。可见，以"阴阳"对"爻"分类是后人总结、命名的。其说法最早应来源于道家，是道家先提出来的，如《道德经》第四十二章："道生一，一生二，二生三，三生万物。万物负阴而抱阳，冲气以为和……"。其本义说的是天地之间"气"，无形无色，却影响一切，如寒暑之气。春夏两季，天地之气相交，万物生长；秋冬两季，天地之气不交，万物枯萎。后引申出万物对立两面都以阴阳概括，如男女，天地，强弱、高低、大小、进退。那道家所说的阴阳与《易经》中的阴阳爻概念是一样的吗？古今易学者基本认为是一样的，甚至混为一谈。我则认为还是有区别的。《易》是说变化，阴阳爻反映的就是两种对立的变化状态。它的明显特点是：这种变化状态更多可看作是发生在同一个个体之上，是可以在不同形势和环境卜互相转换的，所以可以理解为狭义的对立概念。如人在不同的时间总会有刚、柔，强、弱，进、退等状态；而道家阴阳则包括世界一切对立状态，既可以是动态的，也可以是静态的，既可以发生在一个个体身上的，也可以是表现在不同个体的，是广义的对立状态，如男女，天地，高低、强弱等。

　　再看经卦为什么是三画，先贤智者们又有总结：说这个世界总是与"三"密切相关。如：从空间来说，天、地、人三才构成世界，三维空间等；从时间来说可分为过去、现在和将来……所以，"三"包含了空间、时间的各个方面的各个状态。这样，用"二"和"三"就可以表示所有时间、空间下每一个物体的所有运动状态。原来一个小小的三画卦，真可以包罗万象。怪不得孔子说："易与天地准，故能弥纶天地之道"，意思是说：易以天地法则为准绳，所以能包含天地之间的所有道理。

至于为什么经卦是八个、重卦是六画共六十四个就很好理解了：阴阳两爻按三的组合，就是二的三次方，等于八。又因为八经卦只能代表八种或八类事物，每一种再延伸也无法涵盖自然界万物变幻莫测的变化，所以我们的先祖又把八卦两两相重，就得到了六十四重卦，每一个重卦也就变成六画。这里需要说明的是，八经卦中三爻的每一爻是没有具体象征意义的，不可单独拆开，但组合成重卦后，重卦的六爻中每一爻才有不同的具体含义。所以，六十四卦又可细为三百八十四爻（64×6），即三百八十四个变化状态，这样卦所描述和包含的内容就非常丰富了。

（二）《周易》的文字内容

《周易》的文字内容也分成两部分，一部分是"经"，另一部分是"传"。"经"是指经典的原始内容。最早称为"经"有六种，分别是《诗》《书》《周礼》《乐记》《周易》《春秋》。当然，《易》的"经"部分也包括上面所讲的六十四卦符号。现在我们说说它的文字部分。

《周易》"经"的文字是围绕六十四卦符号展开的说明，包括：卦名、卦辞、爻辞三部分，总共也就 5000 多字。实际上我们今天看到的《周易》总是很厚，看上去远远不止 5000 字，那是因为包含了"传"的部分，称为《易传》，以及编撰者对经和传的注解内容。

什么是《易传》？《易传》是后人给《易经》的原文写的注解和引申的文字。当然，不是随便一个人写的注解就可以编入《易传》之中、使之整编成今本《周易》的。《易传》相传是由孔子及后学所作的。其实，把"经"的注解叫"传"应该只是在春秋、战国时期比较常见的用法，到了汉代以后就不这样叫了。汉代的"传"一般是指一种记录重要人物生平的文学体裁，如《史记》中的人物列传。

《易传》是多篇注解的合称，包括了七篇十部分，故又称为《十翼》。其具体指《系辞传》（上、下）、《彖传》（上、下）、《象传》（上、下）、《说卦传》《序卦传》《文言传》《杂卦传》。

《系辞传》解释了卦爻辞的意义及卦象爻位、经文内容表达思想及表达方法，又论述了揲蓍（音：蛇尸）求卦的过程，用数学方法解释了《周易》筮法和卦画的产生和形成。《系辞传》是《易传》七篇中思想水平最高的一篇。

《彖传》是对每卦卦辞进行解释的文章。

《象传》是对卦象、爻象和爻辞进行解释的文章，其内容又可分为《大象传》和《小象传》。《大象传》是对卦象进行引申的文章；《小象传》则是对爻象和爻辞进行解释。

《说卦传》是对八经卦的起源和卦象进行说明的文章。

《文言传》是专门对《乾》《坤》两卦卦辞、爻象、爻辞进行解释和引申的文章。

《序卦传》是对六十四卦排列次序进行简要说明的文章。

《杂卦传》把六十四卦分为三十二组，说明每组之间的错综关系，与《序卦传》形成了一定的补充关系。

《易传》作者是谁？宋代以前都认为《易经》是孔子写的，直到欧阳修写了《易童子问》的书，才开始提出疑问。经过近代、当代易学家们的考证，基本可以确定《易传》七篇不是一个人写的，其中孔子发挥了非常重要的作用，都是儒家的作品，大概成书在战国时代。

（三）如何读《易经》

喜欢研读传统文化经典的人就会知道，大多数传统经典，我们结合注解还是比较容易读懂的，如《论语》《大学》《孟子》。有些经典如《中庸》《道德经》，读起来虽然有些困难，但结合注解作品还是基本能读懂的。只有《易经》，就算读遍古今易学大家的注解作品也会感觉很难读透，甚至读得越多越糊涂。为什么会这样？我认为最主要的原因有以下几点：

其一，它的文字非常古老。《易经》是我国最古老的经典，成书时间历经几千年，经过多人的再创作而成。所以，其文字显得特别生涩又简短，读起来非常深奥。自战国以来的易学解读作品成千上万，解注内容千差万别，互相矛盾者众，令读者难明所以。

其二，一套符号系统（卦）的起始目的是占筮，但究竟代表了什么，它表达思想的逻辑是什么？经过 2500 多年发展，研究者还没完全弄清楚，被后来者赋予了很多神秘色彩。

其三，六十四卦序排列为什么是现在这样的？这种排列究竟有什么逻辑关系？除了占筮外其中深含了哪些哲理？其一以贯之的主题思想是什么？至今无人说清。

从前面对"卦"和"爻"的解释可以知道：卦与爻起源是古代先祖们为了占筮预测而作的。"卦"就是一种预测的工具，就像古代龟卜的裂纹一样。我们知道，古代史官钻凿灼烧龟甲使产生裂纹据以预测吉凶，不同的裂纹形状代表不同的含义，但具体的含义是什么？这种含义是用什么样的逻辑来确定的？现在已经没有人知道。今天，《易经》之所以能够有如此强大的生命力，经久不衰，且越来越受到重视和喜欢，绝不仅仅是因为其中的占筮和预测功能神奇的传说，否则，一直没有人能读懂的话早就被抛弃了，而是其中高深的哲理和智慧才有永恒的生命。因为易学者通过研究后发现：卦象和卦爻辞中隐含的哲理和智慧几乎涉及方方面面，如政治、历史、文学、自然、社会、科学、法学、军事等，虽然任何一方面好像无法独成体系，但其充分体现了中华民族的智慧与文明的发展是毋庸置疑的。所以，古今中外的名人对它评价非常高，如：

孔子说："易与天地准，故能弥纶天地之道。"

初唐宰相虞世南说："不学易不可为将相。"

药圣孙思邈说："不学易不足以言太医。"

黑格尔说："《易经》代表了中国人的智慧，就人类心灵所创造的图形和形象来找出人之所以为人的道理，这是一种崇高的事业。"

现代心理学的鼻祖之一荣格说："不列颠人类学会的会长问我，为什么像中国这样一个如此聪慧的民族却没有能发展出科学。我说，这肯定是一个错觉，因为中国的确有一种'科学'，其标准著作就是《易经》，在科学方面，我们所得出的定律常常是短命的，或被后来的事实所推翻，唯独中国的《易经》亘古常新，相距六千年之久，依然具有价值，而与最新的原子物理学有颇多相同的地方。"

中国当代著名哲学家、教育学冯友兰先生评估说：《易经》是中华民族传统文化的最高典籍。

说到这里，可能会有人要问：《易经》既然没有人能读懂，那我们读它还有什么意义呢？当然有意义，因为经过后人的研究和总结，《易经》的内容虽然晦涩深奥，但还是有它的结构规律和原则，只要按照一定的原则和方法坚持认真研读，我们就能读出非常丰富和精彩的内容！这就是孔子为什么读易能够"韦编三绝""居则在席，行则在囊"的原因，也是明朝来知德先生能够在万县演易台山中闭关研易二十九年，终于著成《周易集注》一书的原因。历史上这样的例子数不胜数。

那么，读易的基本方法和乐趣是什么呢？《易传》中的《系辞传》有一句话说："是故君子居则观其象而玩其辞，动则观其变而玩其占，是以'自天佑之，吉无不利'。"其实，这句话就告诉我们读易的方法和乐趣，那就是"观象玩辞，观变玩占"。"观象玩辞"就是读易的方法，"玩"和"占"就是读易的乐趣。"玩"是研究、玩味的意思，充分体现了其中的乐趣。"占"是占测。"玩占"体现《易经》的神奇与奥妙，这种神奇与奥妙无法用科学来解释，也不能轻易地以迷信来定论，可以说是我们先祖伟大智慧的体现，其原理与逻辑现在没有人能解释。"玩占"本身就能满足我们猎奇的心理和占测成功的满足感和成就感，其味无穷。下面重点说说"观象玩辞"。

什么是"象"？"象"是《易经》中一个非常重要的概念，可以理解为"形象""抽象"，简单地说，就是卦符所代表物体的形象、图像，以及组合在一起引申出来的意象。我们知道，八卦中每一个卦都代表着一种基本的、明确的自然现象，如：乾为天为君为父为金为玉为圆为马等。这里的"天""君""父"等都是一个形象，就是"象"。需要注意的是：八经卦的每一个卦的象是单纯的象，有明确指向，暂且叫它为"单象"；

而重卦的"象"则更为复杂，因为它是由两个单象重合组成的，姑且叫它为"复象"。复象常常可以引申出来多个意象，如《谦》卦，其象为山在地下，由此至少可引申出三个意象：一、一个人本来能力很强，形象高大，却要隐藏起来，不自以为是，是为"谦虚"；二、大地之上因为有山的高大而显得不平坦，如移除大山而填湖海，则大地变得更平整，引申为"公平"；三、从自然而言，高大的山陷入大地之下，又可引申为地震灾难等。不了解"象"，不重视象，可以说永远不可能完全读懂《易经》，因为《易》最早就是由卦图组成的，没有文字，而卦则是从自然物象中抽象出来的，说明卦符才是易的根本和主体。脱离了象，卦符没有任何意义。所以，读易首先要了解"象"，会读"象"。在此，给初学者一个建议，建议先从背熟《说卦传》开始，因为《说卦传》就是说明八卦取象的文章。这样不仅可以快速理解八卦单象，而且容易找到读易的感觉。

讲到这里，我们就可以说说易的"象、数、理、占"四大要素。

从汉代以来，易学者们基本统一把《易经》按照形式、内容、意义和应用分为"象、数、理、占"四大要素。"占"是易的应用，在此不讨论，下面只简单地说明"象、数、理"。

道家说：有气即有形，有形即有质，有质即有数，有数即有象。我认为可以再加一句：有象即有理。从这句话就可以看出"象、数、理"三者之间的关系，即：先有数，然后有象，然后有理。

八卦作为一种《易经》的特有符号，相传为伏羲所创。虽然我们现在无法考证它究竟是如何创作出来的，但根据中国文字的起源规律，我们完全可以推测设想：在文字出现之前，先祖们为了记事和传递信息，创造了各种符号和图腾，其中出现了如伏羲等具有超前智慧的圣贤对这些图腾和符号进行了整理，并按照一定的规律，最后总结成了八种符号。这种总结的规律就是阴阳两种符号按三种组合而成八卦，八卦又两两相重就组成64卦。每个重卦又由六爻组成，这里的2、3、6、8、64等等就是组成《易经》的数。根据汉代孟喜、京房等易学家的研究，与《易经》变化有关的还有很多数，非常复杂。其实，对《易经》的义理研究没有意义，在此不多讲。由此可见，经卦和重卦是根据一定的数字规律组成的，而卦即是象。这就是数生卦，卦生象。

关于"象"，上面已经介绍了，再说说"理"。"理"就是道理，是由单象组合所引申出来的、对人的行为具有借鉴意义的智慧和经验。所以，"理"才是学习和研究《易经》的意义所在，也是易能够传承几千年而经久不衰的魅力所在。

《易经》之"理"来源于象，然后由"象"和"辞"共同表现出来的，所以"观象玩辞"就是读易的方法，其目的就是为了探寻《易经》之理。

二、与《易经》有关的几个重要概念

（一）《易经》与《周易》

我们常会听说《易经》，还有人说《周易》，那么这两者是一回事吗？可以说既是又不是。简而言之，相传伏羲创造八卦以后，在以后的几千时间内人们创造了几个版本的《易经》。《周礼·太卜》曰："掌三易之法，一曰《连山》，二曰《归藏》，三四《周易》，其经卦皆八，其别皆六十有四。"可见《易经》历史共有三个版本，分别叫《连山》《归藏》和《周易》。这三个版本的《易经》分别是三个不同时代的产物，它们被统称为《易经》，或《易》。其中，《连山易》相传为夏朝使用的《易经》，《归藏易》相传为商朝使用的《易经》。这两个版本的《易经》的内容是什么，具体是什么时候、什么人创作的都不知道，因为它们只传下来一个名字，其他信息都已无法确认。三易中，只有《周易》才被完整地保留下来。《周易》相传为周文王所作，经过孔子的大力推崇，和儒家学者作传后因此受到重视，后又在秦火中幸存下来，得以流传至今。所以，我们今天说《易》《易经》《周易》其实是同一个概念，指的就是《周易》。当然，从广义上来说两者是有区别的，《周易》代表的就是一本内容可知的书，而《易经》可以代表《周易》形成之前的所有过程的统称，其内容更广泛、更神秘，包含了起源、发展等信息。

（二）《易经》的成书历史

关于《易经》的历史，汉代班固写的《汉书·艺文志》进行了总结。它说："易道深矣，人更三圣，世历三古。"意思是说：易所包含的道理非常博大深邃，因为它的成书是三位圣人智慧的结晶，又经历三古时代历史沉淀。三古三圣是指三个时期的三位圣人，即远古时期的"伏羲"、中古时期的"孔子"和近古时期的"周文王"。当然，这里说的"三古"只是一个笼统的说法，没有准确的标准。

关于伏羲创作八卦的传说和孔子喜欢《周易》并创作《易传》传说，前面都已经讲过，这里再简单说说周文王如何创作《周易》。

孔子、司马迁都认为《周易》是周文王被纣王囚禁在羑里时所创作的。孔子虽晚于《周易》创作时期500多年，但同属周朝，未经朝代更替，且孔子博学多闻、"述而不作"，他对周文王和《周易》历史的了解当比我们更丰富、更准确。所以，《周易》为文王在羑里所作，可信度还是很高的。廖名春教授在他的《〈周易〉经传十五讲》一书中通过语言比较的方法和文献记载详细地分析了《周易》本经的成书时代和作者，认为成书在殷末周初是最为可信的，其作者是周文王和周公。有很多学者认为《周易》非一人独立完成，而是多人、经历长时间所写成的，很可能是多名史官共同创作的。这种说法其实也很难站得住脚，因为任何一部文化著作都是有主题思想的，否则就会思想混乱，内容拼接痕迹明显，更不会有流传几千年的生命力。所以，我始终认为：

《周易》主要内容一定是由一人创作完成，后面有小的补充和修改有可能的，而不可能是多人共同完成。卦序、卦辞、爻辞等主体内容应该是在前朝易作的基础上经过再创作而成的。

那么，周文王被囚禁在羑里的大牢创作《周易》的目的是什么呢？要想准确理解《周易》，就必须首先要考虑这个问题。周邦自古公亶父自豳地迁居西歧，开始实施翦商大计，传到周文王时周朝已非常强大，所谓"三分天下有其二"，引起了纣王的忌惮才把周文王抓进大牢。根据这段历史，我们可以作出以下推定：

周文王与纣王有杀父害子之仇。被囚之时，他既担心自己的儿子们是否能带领强周族打败强大的商朝，更担心建立新的朝代以后如何能够有效地治理国家，每天思考怎么把自己长期思考的治理国家的思想和策略传给周朝的后世君王，以使周朝能够代代相传，长盛不衰。商朝已有占筮之书——《归藏易》，研究并重新改编当时的《易经》，并把自己的治国之道深藏其中，大概是当时他记录并传承治国之道的最好的办法了。所以，我认为：《周易》是周文王在流行的占筮之书（如《归藏易》）的基础上再创作而成的，既很好地保留经中的占筮功能，又完美地把自己的治国之道融进了象与辞中，成功地骗过纣王而传了下来。我还大胆推测：《周易》的秘密也许只有文王、周公及周朝的君王们知道，并且秘不外传。这大概是担心他人懂得其中先进的治国理政的道理之后会对周朝的统治带来威胁，以至于《周易》秘密一直流传了 3000 年，直到今天仍没有完全解开。这种推测能很好地解释为什么《周易》的《晋》卦中出现"康侯"等明显晚于周文王时代的人物，但仍不能怀疑《周易》的作者是周文王，其原因是《周易》经过了周公适当修改，为了继续保守其中的秘密，仍然维持像原文的隐晦、生涩的占筮文体形式。

（三）《周易》是迷信吗

我的答案当然不是！

《易经》的确起源于占筮，而占筮来源于我们的先祖对自然环境的认知和经验总结，体现了古人伟大的智慧。另外，由《易经》引申发展了很多应用体系，如"六爻预测""风水""八字命理""奇门遁甲"等，通常这些都会被冠上了"易经"的大名。其实，这些学问本身都是博大精深的独立体系，他们只是引用《易经》某些基本原理，有些甚至与《易经》内容没有太大关系，如"四柱八字"。

易学发展到今天，我认为最大的吸引力在于对《周易》深藏的哲理智慧的探索与挖掘。

三、六十四卦卦象、爻象的基本规律

（一）卦的排列

《周易》六十四卦分为《上经》和《下经》两篇。《上经》三十卦，始于《乾》

卦和《坤》卦，终于《习坎》卦和《离》卦；《下经》三十四卦，始于《咸》卦和《恒》卦，终于《既济》卦和《未济》卦。

朱熹在《周易本义》里面编写了一首《卦名次序歌》，帮助学习《周易》及背诵六十四卦卦名和卦序，内容如下：

上经

乾坤屯蒙需讼师，比小畜兮履泰否。

同人大有谦豫随，蛊临观兮噬嗑贲。

剥复无妄大畜颐，大过坎离三十备。

下经

咸恒遁兮及大壮，晋与明夷家人暌。

寒解损益夬姤萃，升困井革鼎震继。

艮渐归妹丰旅巽，兑涣节兮中孚至。

小过既济兼未济，是为下经三十四。

今本《周易》六十四卦的排列方式，唐人孔颖达曾用"二二相耦，非覆即变"的话进行过总结。"二二相耦"的意思是说今本六十四卦都是以两卦一组进行排列的。"非覆即变"，每组卦不是以"覆"的方式，就是以"变"的方式排列而成。所谓"覆"，是指以两卦卦画互相从下往上翻转、颠倒的方式排列的，如《屯》卦☳☵与《蒙》卦☶☵，《需》卦☵☰与《讼》卦☰☵等；所谓"变"，是指两卦互相以"变"的方式排列，即两卦每爻互为变爻，如《乾》卦☰☰与《坤》卦☷☷，《颐》卦☶☳与《大过》卦☱☴等。除此之外，其实还有一种既是"覆"又是"变"排列，如《泰》卦☷☰与《否》卦☰☷，《既济》卦☵☲与《未济》卦☲☵等。

（二）爻的排列顺利与命名

一个卦六个爻都有自己的位置，由下往上依次序是初、二、三、四、五、上。阳爻用"九"表示，阴爻用"六"表示。例如，乾卦的六个爻都是阳爻，由下往上分别称为初九、九二、九三、九四、九五、上九；坤卦的六个爻都是阴爻，由下往上分别称为初六、六二、六三、六四、六五、上六。

重卦每卦六爻，另外仅《乾》有"用九"爻和《坤》有"用六"爻，因此全经被认为共有三百八十六爻。

为什么阳爻称"九"，阴爻称"六"，历来易学家们多有争辩，称为"六九之辩"，一直未有定论。我较认可的一种说法是：九为老阳，六为老阴，老即是极，极则变，这与"爻言乎变"是相符的。九为老阳，六为老阴的说法来源有二：

一是在河图洛书中1-5表示生数，6-10表示成数。在成数里面，奇数为阳，9是最大的阳数，是为老阳；偶数为阴，6是最小的阴数，是为老阴。用老阴老阳涵盖所有的阴阳极则生变的属性。

二是用蓍草占筮的时候，揲蓍成卦得到六、七、八、九四个数字，九是老阳，因为阳顺数，顺数九为最大的奇数；阴逆数，偶数逆数六为最大的偶数，所以称为老阴。

柳宗元在《与刘禹锡论周易九六书》中旁征博引，根据易学观点进行解说。他认为，天地之间的万事万物，都有一个从少到老的过程，少的时候正处于发展阶段，不会出现本质性的变化，而到老的时候，则发展到最后阶段，就会带来相反的结果，变化产生出新的事物。所以，七八是不变的阳爻和阴爻，九六是可变的阳爻和阴爻。

（三）卦象规律

1. 重卦卦象大体可分为象形卦和会意卦

中国最早的文字是象形文字，或称图画文字。考古发现的最早的甲骨文，发生在距今 3000 多年前的商朝晚期，而相传创造了"八卦"符号的伏羲距今 6000 多年。所以一定是先有《易经》八卦和重卦的符号，然后才有卦、爻辞的文字。而《易经》卦符号来源于古人对自然万物的认识和经验的总结，与文字的诞生其实是一样的，所以卦符与文字的来源和结构是非常类似的。汉字有象形文字和会意文字，其实卦符也有象形卦和会意卦。

卦的象形很好理解，就是整个卦的取象，典型的如《鼎》卦䷱，整个卦象就像一只"鼎"：初六爻就像鼎足，九二到九四三阳爻就像鼎腹，六五阴爻像鼎耳，上九阳爻像抬鼎的铉（杠）。再如《颐》卦䷚，卦象就像一张张开的嘴。另外还有《艮》卦䷳等等，在本书的解卦中有详细说明。

何为会意卦？与会意字类似，会意卦就是由经卦所代表的属性会合而表示新的意义。以这种形式表象的卦很多，如：《师》卦䷆。"师"是众多的意思，卦体下为坎为水，上为地，水在地下面会越聚越多，所以构成"师"；《复》卦䷗，卦体一阳在下，表示阳气从地下发生，所以有复生之意；再如《升》卦䷭，下巽为木，木在地下向上生长，越长越高，所以成"升"等等。

2. 经卦取象

重卦的整体取象来自于经卦的取象，而经卦的取象在《说卦传》中已有较详细的说明。当然，八经卦还有很多非常重要的取象（象征）在《说卦传》中没有说明，是后学者和笔者在解卦中总结发现的，如："乾"为泛滥的大水（本书发现）；"兑"为节制为规则法律（本书发现）；"巽"为鱼为政令；"艮"为庙宇为祭祀等等（详见附页《说卦传》解读）。

3. 互卦取象

重卦卦义除了上下两个经卦的基本取象外，还有一种"互卦"的取象也非常重要，有时对卦义影响也很大。所谓"互卦"是指重卦去掉初爻和上爻，以中间四爻分作两卦，下面的三画卦称"下互卦"，上面的三画卦称"上互卦"。如《屯》卦☷，去掉初九和上六，则六二、六三、六四组成下互卦"坤"，六三、六四、九五组成上互卦"艮"。互卦取象在解卦中是很常用的。

4. 异形卦取象

还有一种取象既不是看整个重卦卦体，也不是看经卦和互卦，而是看六爻中其中四爻或五爻组成的"异形卦"。所谓"异形卦"，不是像经卦一样由三爻组成，而是把四爻或五爻合起来当三爻的经卦来看，如：《屯》卦☷，初九至九五就可以看成是一个大离卦☲；《蛊》卦☶，初六至六四可以看成是一个大坎卦☵。这种"异形卦"取象在解卦中也很常见。

5. 变卦取象

还有一种变卦取象。《周易》最大的特点就是变化，爻变则该爻所在经卦和重卦都会发生变化而产生新卦，这就是变卦。变卦较为复杂，爻变也不是随意发生，爻变在爻辞中其实都有暗示。

（四）爻象规律

1. 不同爻位代表不同地位

前面已经介绍过，重卦六爻排列顺序为自下往上分别称为初、一、二、三、四、五、上位。如果说一个重卦代表事物的一个发展阶段或一个时代的话，那么一个爻位则代表一个具体过程，或是某个过程的状态与变化。

从阶级地位来说：初爻代表地位最低下的普通平民或奴隶阶层；二位代表士大夫阶层，是基层管理者；三位代表诸侯国君，是国家的守护者；四位代表近君的王公或宰相；五代表君王；六则代表的是君王在重卦所象征的时代或时期发展到最后的状态或结果，或是对一卦过程的总结。

从事物的发展过程来说：初爻代表事情发展的开始阶段；上爻代表事情发展的最终阶段或是一卦的总结与概括；中间四爻则表示事物发展的中间阶段。如《井》卦☵就是较典型地按照事物发展顺序来表述的卦，从初位到上位基本按照废弃水井的修复到供人取水饮用的发展过程（详见《井》卦解读）。

需要注意的是，初爻通常更加强调低下、初始的意义，而上爻更加注重结束或总结的意义。

重卦六爻还有"三才"之说。《系辞传》和《说卦传》说："兼三才而两之"，即六爻自上往下分别代表天、地、人三个层层。初位、二位代"人"，三位、四位代表"地"，五位、上位代表"天"。此说在本书解卦过程中甚少用到。

2. 当位取象

从前面的讲解可知，重卦自下往上爻位数有奇偶之分，奇数为阳，偶数为阴。重卦的六爻自下往上有三个奇数位，分别是初、三、五；有三个偶数位，分别是二、四、上。如果阳爻在奇数位，或者阴爻在偶数位则称某爻正位或当位。如：《屯》卦☷，初九、六二、六四、上六都是当位，而六三则是不当位。

通常来说，当位则说明某爻位所表现的行为是正当的。当然，这种规律也不是绝对的，在某些卦中，爻位取象与是否当位基本没有关系，有时不当位的爻却结果更好。这是因为，影响爻位取象有很多因素，如重卦所代表的时势、各爻之间的关系、爻的属性与时势之间的关系等等。学《易》首先要学会随时取义。

3. 中位取象

"中位"是爻象的一个非常重要的规律。每个重卦都是下经卦和上经卦重叠而成，上、下两卦各有三爻，每卦三爻的中间一爻就是中位爻，即二位和五位。儒家思想非常崇尚"中庸"之道，《周易》中位爻象易理应是儒家尚中思想的源头。

《中庸》曰："喜怒哀乐之未发谓之中，发而皆中节谓之和。中也者，天下之大本也；和也者，天下之达道也。致中和，天地位焉，万物育焉。"

子曰："中庸其至矣乎！民鲜能久矣。"

子曰："舜其大知也与！舜好问而好察迩言，隐恶而扬善，执其两端，用其中于民。其斯以为舜乎！"

简单地说：中庸就是行为适中，行事不偏不倚，根据时势和环境用最适宜、最正确的方式处理问题。所以重卦中的中位爻所表现结果通常很好，既使不当位也能向中正而变化。

爻位的"当位"与"中位"的关系："当位"是指行为是正当的，但表现方式不一定适宜；"中位"则因为能够根据时势有适宜的行为，即使不"当位"也能够及时改变以向正，当然，既中且正是最好的。

《系辞传》说："其初难知，其上易知，本末也。二多誉，四多惧，近也。三多凶，五多功，贵贱之等也。"这是《系辞》对爻位爻象不同易理特点的总结。

4. 两爻之间的关系

通常来说，异性爻之间会产生不同的关系，所谓"异性相吸，同性相斥"，在重卦中的两爻之间也适用。不同爻位相互之间会产生一定的联系：下卦与上卦相对应的位置的爻会产生对应关系，如初与四、二与五、三与上。如果处于对应位置的爻正位且相互为异性爻，这种对应就叫"正应"，如《泰》卦☷，下卦与上卦的每一爻都是正应。通常来说，是正应的两爻就会发生应援、扶助的关系。如果相对应的爻是同性爻，则通常不会产生影响，当然这也不是绝对的，在极少数卦中可能会出现相反的情况，如《困》卦☷，相比、应两爻反而会相困。所以具体情况仍然要根据卦时的实际情况分析。

相邻两爻还有一种"亲比"关系，如初与二、二与三、三与四、四与五，如果两邻两爻为异性爻，那么就会互相吸引，称为"亲比"。

两爻的比、应关系在实际解卦中是最常用的，也是非常复杂的，要根据具体情况具体分析。

5.爻变取象

"爻者，言乎变者也"。爻是描述变化的，也就是说，爻正是根据不同位置和不同的变化来反映事物的变化、发展规律的。爻的变化看似很简单，就是阴爻变阳爻，或是阳爻变阴爻，但在实际解卦中反映的义理却很复杂。爻变不变，哪一爻变，哪一爻不变，不是由读者决定的。有很多学者，特别是重象数的学者，为了取象的需要，根据自己的想法随意进行爻变、卦变，从而得出自以为正确的取象结果，这是错误的。实际判断爻是否变化，起码有两个规律可循：

一是：凡是不当位的爻，通常有向正的趋势，就好像儒家所说的"性本善"，但又决不可把不当位的爻强行变为当位爻，具体要结合实际情况分析。

二是：每一爻是否变化通常在爻辞中有暗示，简单说，阴爻性静，如果阴爻中出现与"动"有关的词，如"往""征"等，则要注意，可能会发生变化。如：《颐》卦☲六二爻："颠颐，拂经于丘颐，征凶"。六二本是阴爻，但出现"征凶"，"征"有行动、激进之意，说明本爻如果变阳爻则会凶险，就可从变爻中去取象。同理，如果在阳爻中出现"居""贞"等与静有关的词，则有可能会变。当然，具体还是要看每卦的实际情况。

另外还需要注意的是：爻变后，爻所在的正位经卦（下经卦或上经卦），或是互位经卦（下互卦或上互卦）也会发生变化，爻变后引起的变化前后的经卦都可能对取象产生影响，如《晋》卦☷的六三爻（详见《晋》卦解读）。

总之，《周易》并不是天书，也不是迷信，它深藏丰富智慧和哲理，也有许多规律可循，只要我们掌握读易规律，以严谨的态度和科学的方法认真研读，一定会乐在其中，并大有收获。

附录二

说 卦 传

第一章

　　昔者圣人之作《易》也，幽赞于神明而生蓍，参天两地而倚数，观变于阴阳而立卦，发挥于刚柔而生爻，和顺于道德而理于义，穷理尽性以至于命。

【白话】

　　从前的圣人在创作《易经》的时候，冥冥之中得到神明的帮助然后发明了蓍草占筮之术，天三位奇数和地两位偶数相依而确定了占筮的演算方式，观察阴阳的变化而设立了卦符，推演刚健与柔顺的交替和相互转换就产生了爻，应和顺从于变化的规律和表现而建立了道义和规则，穷究事理探求本性，以至于测知和掌握命运。

【解读】

　　本章概括地说明了圣人在创作《易经》以后是如何在神明的指引之下、利用《易经》的变化之道来占筮和探测人的命运的。其中涉及了"蓍""数""阴阳""刚柔""卦""爻"和"道德""理""义""命"等概念，前面的"阴阳""刚柔""卦""爻"显然都是《易经》的中的重要概念，而后面的"理""义""命"则是与人有关的概念，两者是通过"蓍""数"联系起来的。

　　"圣人"应是泛指"伏羲""周文王"等与《易经》创作有密切关系的圣贤们，非专指某一人。

　　幽赞："幽"指暗中、冥冥之中；"赞"，助，受助于。

　　"蓍"，指蓍草占筮。

　　"参天两地而倚数"，"参"指"叁"，三也。传说数术来源于"河图"，一至十的十个数中，一、二、三、四、五为生数，六、七、八、九、十为成数。奇数为阳，偶数为阴，天为阳，地为阴，则五个生数分别为天一、地二、天三、地四、天五。天一、天三、天五，为"参天"，一、三、五加起来等于九，"九"代表老阳；地二、地四为"两地"，二、四加起来等于六，"六"代表老阴。"倚数"，相顺加而成数。

　　"道德"，"道"指卦中阴阳变化的规律；"德"指变化之后的表现，注意区别于老子的"道德"。

　　"穷理尽性以至于命"，穷究事物的根本原理，彻底洞察内心本性，以至于掌握命运。

第二章

昔者圣人之作《易》也，将以顺性命之理。是以立天之道曰阴与阳，立地之道曰柔与刚，立人之道曰仁与义。兼三才而两之，故《易》六画而成卦。分阴分阳，迭用柔刚，故《易》六位而成章。

【白话】

从前圣人创作《易经》，是要以顺应人的本性和本质。因此，用于表现上天的运行法则，称为阴和阳；表现地的变化法则，称为柔顺和刚健；表现人的品德称为仁和义。综括天、地、人三才而两两相重，因此《易经》是六条爻而组成一卦。阴阳分开，刚柔交替，于是《易经》六条爻构成一卦的章法。

【解读】

本章说明了圣人创作《易经》的目的是"顺性命之理"，并说明了经卦的三爻代表的天、地、人三才，经卦又两两相重而得重卦。从本章可以看出，我认为《易经》的本质是阐述人性的道理，所以《易传》是重理轻象的。

天之道的阴与阳，指日与月，代表天道的基本规律；地之道的柔与刚，指大地的厚德载物与发生洪水、地震等自然灾害的两面性；人之道的仁与义，是儒家总结的人性应该修养的品德，"仁"指仁爱和为善，"义"指大家都认可的正当的行为准则。这是说明《易经》是以天、地的自然规律来讲述人的修养的道理，即以天道明人道，用以指导人的自我修养与为善他人。这是典型的儒家思想的体现。

第三章

天地定位，山泽通气，雷风相薄，水火不相射，八卦相错。数往者顺，知来者逆。是故《易》逆数也。

【白话】

天与地上下定位，山与泽气息相通，雷和风相生相存，水与火背道而驰，八卦形成彼此交错的别卦。推算过去，要顺序向前数；测知未来，要逆序向后数。因此，《易经》是逆序而数的。

【解读】

本章主要讲述的是八经卦的自然取象及相互关系。

乾为天，坤为地，天高地卑而确定了上下的位置；艮为山，兑为泽，山与泽气息相通，山林需要泽水滋养，泽水需要山林保护；震为雷，巽为风，雷与风总是相辅相生，风起雷响，雷息风止是自然的规律；坎为水，离为火，水润下，火炎上，两者异向而不相容；八经卦两两相重、交错而组成六十四卦。

北宋邵雍根据本章的描述创立了先天八卦图：

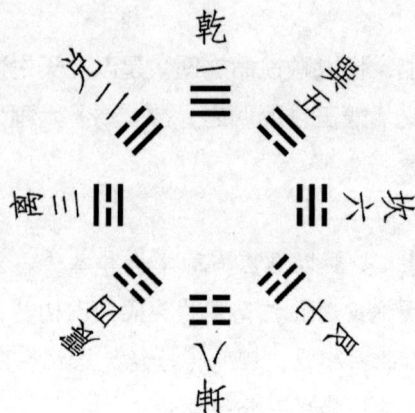

先天八卦图

邵雍在《观物外篇》认为："数往者顺，若顺天而行，是左旋也，皆已生之卦也，故云数往也。知来者逆，若逆天而行，是右行也，皆未生之卦也，故曰知来也。夫易之数，由逆而成矣。此一节直解图意，若逆知四时之谓也。"朱熹解释说："从震至乾为顺，从巽至坤为逆。"

第四章

雷以动之，风以散之，雨以润之，日以煊之，艮以止之，兑以说之，乾以君之，坤以藏之。

【白话】

震雷惊动万物，巽风吹散万物，坎雨滋润万物，离日干燥万物，艮山阻止万物，兑泽和悦万物，乾天主宰万物，坤地包容万物。

【解读】

本章说明八卦以其自然属相而有的属性。

震的自然属象为雷，雷声响起，万物惊动，故称"雷以动之"；巽的自然属象为风，疾风刮起，可吹散一切地面之物，故称"风以散之"；坎为雨，雨水可以滋润万物，故称"雨以润之"；艮的自然属象为山，山高大稳固，可以阻挡一切，故称"艮以止之"；兑的自然属象为泽，湖泊平静安详，水中一切生物在湖泊中快乐生活，故称"兑以悦之"；乾的自然属象为天，天为万物的主宰，"君"为主宰之义，故称"乾以君之"；坤的自然属象为地，大地可以容纳万物，故称"地以藏之"。

第五章

帝出乎震，齐乎巽，相见乎离，致役乎坤，说言乎兑，战乎乾，劳乎坎，成言乎艮。万物出乎震，震，东方也。齐乎巽，巽，东南也。齐也者，言万物之洁齐也。离也者，明也，万物皆相见，南方之卦也。圣人南面而听天下，向明而治，盖取诸此也。坤也者，地也，万物皆致养焉，故曰致役乎坤。兑，正秋也，万物之所说也，故曰说言乎兑。战乎乾，乾，西北之卦也，言阴阳相薄也。坎者，水也，正北方之卦也，劳卦也，万物之所归也，故曰劳乎坎。艮，东北之卦也，万物之所成终，而所成始也，故曰成言乎艮。

【白话】

　　天帝（主宰万物）从震开始；到了巽位，万物整齐又茂盛地生长；到了离位，所有物种都长出地面相见；到了坤位，万物使人劳作；到了兑位，万物使人愉悦欢喜；到了乾位，冷热阴阳开始交战；到了坎位，万物辛劳疲倦；到了艮位，万物归于始终。

　　万物从震位开始生长，震是东方之卦。万物齐头并进地生长，巽是东南方之卦。所谓整齐生长，是说万物生长得完备而齐整。离卦，光明之象，万物都长出地面来相见，代表南方的卦。圣人面向南方管理天下事务，面向光明而治理天下，大概就是取象于此吧。坤卦，代表大地，万物都得到它的养育，所以说万物使人劳作收获。兑卦，正秋方位之卦，万物都因成熟而喜悦，所以说互相说着喜悦的话。阴阳交战于乾位，乾卦，西北方位之卦，是说阴气与阳气相互交替。坎卦，代表水，正北方之卦，它是劳苦的卦，是万物所要归藏的地方，所以说使万物辛劳疲倦。艮卦，东北方之卦，万物归于结束，而又重新开始，所以说结束于艮。

【解读】

　　本章主要讲述八卦所代表的方位、季节以及对万物生长的影响，对后世《周易》引申应用影响巨大。邵雍创作的后天八卦图就是依据本章，震卦代表东方和春季；巽卦代表东南方和春夏更替之季；离卦代表正南方和夏季；坤卦代表西南方和夏秋交替之季；兑代表正西方和正秋季；乾卦代表西北方和秋冬交替之季；坎卦代表北方和冬季；艮卦代表东北方和冬春交替之季。

后天八卦图

第六章

神也者，妙万物而为言者也。动万物者莫疾乎雷，挠万物者莫疾乎风，燥万物者莫熯（hàn）乎火，说万物者莫说乎泽，润万物者莫润乎水，终万物始万物者莫盛乎艮。故水火相逮，雷风相悖，山泽通气，然后能变化，既成万物也。

【白话】

所谓神，是说明万物奥妙之词。震动万物，没有比雷更迅捷的；曲挠万物，没有比风更迅猛的；干燥万物，没有比火更炎热的；取悦万物，没有比泽更和悦的；滋润万物，没有比水更能湿润的；使万物终止又重新开始的，没有比山更雄伟的。所以说，水火不相容纳，雷风不相背离，山泽气息相通，然后才能产生变化，生育成就万物。

【解读】

本章讲述的除天、地以外的六大自然现象对万物产生的作用。本文说到的"神"非指神明、鬼神，而是说明万物的奥妙和神奇。

第七章

乾，健也。坤，顺也。震，动也。巽，入也。坎，陷也。离，丽也。艮，止也。兑，说也。

【白话】

乾，刚健之性。坤，柔顺之性。震，振动之性。巽，无孔不入。坎，深陷之性。离，附丽之性。艮，阻止之性。兑，喜悦之性。

【解读】

本章说明的是八卦的最基本属性。

乾☰为纯阳之卦，阳爻代表动，故有典型的刚健之性。坤☷为纯阴之卦，阴爻代表柔顺，故有典型的柔顺之性。震☳一阳爻在下，二阴爻在上，阴爻代表土地，表示地震在大地深处响起，引发大地震动，故震为振动之性。巽☴一阴爻在下代表土地，二阳爻在上代表劲动的风布满地面，风虽看不见，但力量强劲，无孔不入，故巽为入。坎☵中间一阳爻代表汹涌流动的水，上下两阴爻代表土地的河岸，水往低处流，故坎为陷。离☲中间一阴爻代表燃烧的物体，上下两阳爻代表燃烧的火焰，火把因为火焰附着在物体之上而变得绚丽、光明，故离为丽。艮☶为高山之象，高山可以阻挡一切，故艮为止。兑☱为泽为湖泊，下面两阳爻代表深深的水，上面一阴爻代表围住水的土堤，湖中生物在泽水中快乐生活，故兑为悦。

第八章

乾为马，坤为牛，震为龙，巽为鸡，坎为豕，离为雉，艮为狗，兑为羊。

【白话】

乾是马，坤是牛，震是龙，巽是鸡，坎是猪，离是野鸡，艮是狗，兑是羊。

【解读】

本章说明的是八卦的动物属象。马的最大特性是健行。牛温顺而能承载负重。震为东方之卦，古代四象以苍龙居东；又，震为雷，雷威力巨大却神秘，看不见摸不着，雷声响起，总会带来风雨，这与传说的龙非常相似，故以震为龙。巽为风，古代风神皆为鸟形，常看到图像是竹尖上面画一只鸟，或是一只鸡，称为"风鸡"，用以指示方向。坎为水，因为猪喜欢潮湿。离为南方之卦，古代四象以朱雀居南，故为雉。艮为止，狗能看家护院，阻止陌生人进入家中，故为狗。兑为悦，羊温柔代表财富，令人喜悦。

第九章

乾为首，坤为腹，震为足，巽为股，坎为耳，离为目，艮为手，兑为口。

【白话】

乾是头，坤是腹，震是脚，巽是大腿，坎是耳，离是眼睛，艮是手，兑是口。

【解读】

本章说明人的身体部位的八卦取象。乾为天为君，所以在人的身体为头；坤为大地为包容，人的腹部可以容纳无穷的食物；震为雷为动，在动中振动，人的脚在地上行动；巽☴下面一阴爻像人的两条大腿，上面两阳爻像的人身体，故巽有大腿支撑身体之象。坎是耳，耳朵能够把无形的声音聚在一起，好像水能够聚在一起一样；离为光明，人的眼睛能够感受光明；艮为止，人的手可能止物；兑为泽，泽为湖泊，像大地张开了嘴，故为口。

第十章

乾，天也，故称乎父；坤，地也，故称乎母。震一索而得男，故谓之长男；巽一索而得女，故谓之长女。坎再索而得男，故谓之中男。离再索而得女，故谓之中女。艮三索而得男，故谓之少男。兑三索而得女，故谓之少女。

【白话】

乾卦象征天，所以称为父；坤卦象征地，所以称为母。震卦是乾卦与坤卦相交于第一条阳爻而生出的男孩，所以称为长男；巽卦是坤卦与乾卦相交于第一条阴爻而生出的女孩，所以称为长女。坎卦是乾卦与坤卦相交于第二条阳爻而生出的男孩，所以称为中男。离卦是坤卦与乾卦相交于第二条阴爻而生出的女孩，所以称为中女。艮卦是乾卦与坤卦相交于第三条阳爻而生出的男孩，所以称为少男。兑卦是坤卦与乾卦相交于第三条阴爻而生出的女孩，所以称为少女。

【解读】

本章说明八卦在家庭的主要成员中取象。乾为纯阳卦，刚健之性，在自然界为天，在国家中为君，在家中自然为父。坤为纯阴卦，柔顺之德，在自然界为地，在国家为臣，在家中自然为母。三画卦由阴爻和阳爻组成，以少为贵，阳爻代表男性，阴爻代表女性。三画卦从下往上，初爻为大，中爻为中，上爻为小，因此，震为长男，坎为中男，艮为少男；巽为长女，离为中女，兑为少女。

以下第十一章如同字典般，列出各卦的取象，是《周易》六十四卦理解的重要基础。虽然这些取象无法囊括八卦的所有取象，已列出的取象也不能证明全部能用到。

第十一章

乾为天，为圜（yuán），为君，为父，为玉，为金，为寒，为冰，为大赤，为良马，为老马，为瘠马，为驳马，为木果。

【白话】

乾卦象征天、圆、君王、父亲、玉、金、寒、冰、大赤、良马、老马、瘠马、驳马、木果。

【解读】

从前面的解读可以知道，乾卦为纯阳卦，代表刚健运行的天体。古人认为天圆地方，故为圆。乾在自然为天，在国为君，在家为父。其余象征没有太多理由解释，实际在后面的解卦过程中也很难证明其正确性。

我补象：为衣，为泛滥的大水。

关于乾有泛滥的大水之象：阳爻代表水，水虽至柔，但没有什么可以阻挡，实则无坚不摧，所以用阳爻表示。如坎卦代表流动的水，中间阳爻为水，两边阴爻为土岸，如果两阴爻变成阳爻，则表示限制流水的土岸消失而变成四处流淌的大水。同理，兑为泽，下面两条阳爻代表水，上面一条阴爻代表湖泊的周围岸堤，如阴爻变成阳爻，则表示湖泊的围堤消失，湖水泛滥。

坤为地，为母，为布，为釜，为吝啬，为均，为子母牛，为大舆，为文，为众，为柄。其于地也，为黑。

【白话】

坤卦象征着大地、母亲、布、锅、吝啬、均匀、小牛和母牛、大车、文采、众人、把柄，就地而言是黑色的。

【解读】

坤的自然属相为地，地养育万物，有生养之德，故为母。坤卦的其余象征都是阴柔、广阔的大地、生养万物等基本属性引申而来的。

我补象：为邑，为国，为裳，为黄，为囊，为方，为十，为禄。

震为雷，为龙，为玄黄，为旉（fū），为大涂，为长子，为决躁，为苍莨（láng）竹，为萑（huán）苇。其于马也，为善鸣，为馵（zhù）足，为作足，为的颡（sāng）。其于稼也，为反生。其究为健，为蕃鲜。

【白话】

震卦的象包括雷、龙、青黄色、展开、大路、长子、急躁、青色竹子、芦苇。就马而言，是善于鸣叫、后左蹄白色，抬足而动，白额头。就庄稼而言，是反向而生。其本质属性为健动，生长茂盛的草木。

【解读】

震卦的自然属象为雷，基本属性为动，其余都由此引申。从具体解卦来说，"为苍莨竹，为萑苇。其于马也。其于稼也，为反生"等这些具体、详细象征的描述在解卦中基本很难有所体现。如震卦为健动的马很好理解，但"为善鸣，为馵足，为作足，为的颡"这些对马的详细特征描述在卦中未曾有见。

巽为木，为风，为长女，为绳直，为工，为白，为长，为高，为进退，为不果，为臭。其于人也，为寡发，为广颡，为多白眼，为近利市三倍，其究为躁卦。

【白话】

巽卦的象包括木、风、长女、又长又直的绳索、工艺、白色、长度、高度、进退、没有结果、气味。就人而言，头发很少、额头很宽、眼睛白多黑少。利市盈利丰富，其本质为急躁的卦。

【解读】

巽的属性为出入。事物最善于入的莫过于树木和风，树木无土不入，风无孔不入，所以巽为木为风。从树木的象又引申出长和高；从风象可以引申出臭。进退引申为不果。关于人的"寡发""广颡""多白眼"取象，在六十四卦解读中未见明证，在《周易》的其他应用中可用到。巽卦的"近利市三倍"在《周易》的应用中较常用，为利财的吉占。

我补象：为鱼，为政令、政策，为有序，为反复。

坎为水，为沟渎，为隐伏，为矫輮，为弓轮。其于人也，为加忧，为心病，为耳痛，为血卦，为赤。其于马也，为美脊，为亟（jí）心，为下首，为薄蹄，为曳。其于舆也，为多眚，为通，为月，为盗。其于木也，为坚多心。

【白话】

坎卦的象包括水、沟渎、隐伏、曲直变换、弓箭与车轮。就人而言，是增加忧愁、心病、耳痛、血灾之卦、赤红色。就马而言，是美脊、心急、低头、薄蹄、拖车。就车而言，是多受损、通行，是月亮、盗贼。就树木而言，是坚实而多心。

【解读】

坎的自然属象是河水。卦体结构是中间一阳爻，上下各一阴爻，阳爻代表流水，阴爻代表土地构成的河岸。从高处看，河流有水在地沟中流动之象，所以坎有沟渎、隐伏之象。从高处看，河流时弯时直，所有矫輮之象。在自然界，古时河水非常容易引发洪灾，坎在自然为灾，在人则为加忧，为血卦，为心病。至于"其于马也，为美脊，为亟（jí）心，为下首，为薄蹄，为曳。其于木也，坚多心"则其象不知从何而来，在实际解卦中也几乎未见体现。

坎为乾与坤交于中爻所得，所以坎与乾的卦象部分相通，表现在坎也会有玉、寒、冰等乾象。

我补象：为孚，为冰，为玉，为三，为凶，为险，为穴。

离为火，为日，为电，为中女，为甲胄，为戈兵。其于人也，为大腹。为干卦，为鳖，为蟹，为蠃（luǒ），为蚌，为龟。其于木也，为科上槁。

【白话】

离的卦象如下：是太阳、电、中女、盔甲、兵器。就人而言，是大肚子。是干燥的卦，是鳖、螃蟹、甲虫、蚌、乌龟。就树木而言，是树叶脱落的枯槁之树。

【解读】

离卦的自然属象为日，从而引申出火、电和枯槁之树。离卦卦体为中间柔，上下刚，故为甲胄，为鳖，为蟹，为蠃（luǒ），为蚌，为龟。

离为坤与乾交于中爻所得，所以离与坤的部分卦象与卦德相通，表现在离常有牛、大车等坤象。

我补象：为城墙（墉），为贝，为七日，为床，为刑罚，为枷锁，为战争，为大车，为母牛，为田，为猎，为离散（如《旅》），为狐。

艮为山，为径路，为小石，为门阙，为果蓏（luǒ），为阍（hūn）寺，为指，为狗，为鼠，为黔喙之属。其于木也，为坚多节。

【白话】

艮卦象包括山、小路、小石、门阙、植物果实、守门人、手指、狗、老鼠、黑嘴禽兽。就树木而言，是坚硬多节。

【解读】

艮卦为一阳在上，为刚在坤土之上，所以为山，为小石，为门阙，为阍寺。艮有阻止之象，又为手，故为指。

黔喙之属：指黑嘴禽兽，在实际应用取象中，尖牙利齿的禽兽都可以取艮象。

我补象：为终，为庐，为稳重，为宗庙，为祭祀，为肤（带皮的肉），为家，为成功。

兑为泽，为少女，为巫，为口舌，为毁折，为附决。其于地也，为刚卤。为妾，为羊。

【白话】

兑卦卦象包括湖泊、少女、史巫、口舌是非、破坏、附着。就地而言，是坚硬多盐。是小妾、羊。

【解读】

兑像是大地张开了口，故为口舌，又像是大地受了破损，故为毁折、附决。

我补象：为美，为善，为德，为吉，为福，为笑，为皮毛，为节制，为统治。

《周易》古经通解

（上卷）

周克文◎著

团结出版社

图书在版编目（CIP）数据

《周易》古经通解 / 周克文著. -- 北京 ：团结出版社，
2023.12

ISBN 978-7-5234-0620-5

Ⅰ．①周… Ⅱ．①周… Ⅲ．①《周易》—注释 ②《周
易》—译文 Ⅳ．①B221

中国国家版本馆CIP数据核字(2023)第219690号

出　版：团结出版社
　　　　（北京市东城区东皇城根南街84号　邮编：100006）
电　话：（010）65228880　　　65244790（出版社）
网　址：http://www.tjpress.com
E-mail：zb65244790@vip.163.com
经　销：全国新华书店
印　装：济南普林达印务有限公司

开　本：787mm×1092mm　16开
印　张：35
字　数：568千字
版　次：2023年12月　第1版
印　次：2023年12月　第1次印刷

书　号：ISBN 978-7-5234-0620-5
定　价：168.00 元（上下卷）

前言

从未奢想过自己能写出一本解读《周易》的书，一切只源于儿时对神秘《周易》的好奇。记得还是在读初中的时候，听一位同学说他的爷爷会算命，会经常看一本叫《易经》的书。他爷爷还告诉他，《易经》是一本奇书，人世间的一切奥秘都在其中，一般没有人能看懂，如果看懂了也就能够明白一切，任何事都能未卜先知。自此，《易经》便在我心中留下了神奇的印象。参加工作后，虽早已知道《易经》只是一本古老的传统文化经典，五经之一，但它从儿时留在我心中的神奇印象却是始终没变，一直不敢轻易接触。

2013 年，为了鼓励读初中的女儿学习国学经典，我便开始陪她读"四书"。坚持了几个月，女儿因学习压力大，加之她对传统经典也实在没有太大的兴趣，终于放弃了，而我却意外地坚持下来。2016 年，在熟读了《大学》《论语》《孟子》《中庸》《道德经》等经典后，我决定要研读《易经》，没有任何特定的目的，仅仅是因为内心一直存在着一份对这部神奇之书的好奇，渴望一窥其中奥秘。

《易经》一读就是五年多，起初的三年每天读书坚持不少于四小时。读过很多版本的解易著作，古人今人的都有，读得最多的则是《伊川易传》和《周易集注》。读了这些以后，我再也不想读其他易作了，因为读得越多，越是迷茫。读了三年仍然不知《易经》到底在说什么，不同学者的易理解读著作内容好像大同小异，没有一以贯之的主题，很多卦爻辞解释明显牵强，不同著作中相互矛盾之处实在太多……。自以为有所理解，可合上书本仍然不知所云，那种在迷雾中挣扎的感觉令人沮丧，备受煎熬，但又实在不甘心放弃。

我想《易经》不应该是这样的，流传了三千多年、被誉为"群经之首""大道之源""中华民族哲学思想之源"的神圣经典怎么会是这样的呢？我想《周易》创作者是人不是神，只要是人创作的就一定有创作目的，也就一定有主题，否则作品就不可能有灵魂和生命力。那《周易》创作目的是什么呢？难道真的只是简单地把卜筮词语堆砌在一起，再穿插一些警世、修身、治国之辞吗？或者真的是在揭示宇宙生命的奥秘？卦序排列的逻辑到底是什么？这些问题从我读易开始就一直困扰着我，读得越多，陷得越深，翻遍古今易作，都找不到我要的答案。于是，我下定决心，一定要找到方法读懂《周易》！我认为读懂的基本要求就是：合上书本，能够说出每一卦的卦象含义、主题思想，并找出卦序之间的逻辑关系，能够基本理解生涩的卦爻辞中所引申的哲理，使全书真正成为一本有主题、有思想、有灵魂的"新"经典。

如果整部《周易》真的有一个一以贯之的主题思想，那么它到底是什么呢？于是我在反复研读古经原文的同时不断地查找资料，翻阅易学研究著作，最终从《大象辞》中得到启发。我想《周易》六十四卦统一的主题思想应该就是治国之道。《周易》的每一卦都是在思考国家统治和社会治理的方方面面展开的。于是我坚持按照这一主题苦思冥想，完全抛弃《易传》解读，不受前作影响，在《大象传》的指引下，围绕每一卦的卦象、卦爻辞进行联想，任由自己的思想在易道世界天马行空，终于大有收获——发现不仅把六十四卦卦象、卦爻辞全部想通，完全能够自圆其说，并能形成一个逻辑严密的、完整的、全新的周易解读思想体系，而且还发现自己似乎一路狂奔地跑到易学研究的无人区。这让我既兴奋又疑虑，难道自己真的无意中揭开了《周易》神秘面纱？或者只是胡言乱语而贻笑大方？再经过两年的修改、完善、对比及不断地寻找与易学专家的交流机会，我的自信才逐渐地建立起来，并决定接受朋友的建议把我的读易感悟整理出来，让读者去审阅和批判。

下面我要重点向读者说明一下本书的特点。

本书最大的特点是"新"。其"新"主要体现在：一、首次以"治国之道"作为统一的主题解读。二、卦序排列逻辑严密，构建成一个完整的思想体系。三、每一卦卦名、卦象、卦辞、爻辞、大象辞五位一体，关联紧密，共同构成一卦之主题。四、卦爻辞的创新解读几乎每卦可见，很多都是发前人之所未发。

一、本书首先设定《周易》六十四卦有一个一以贯之的思想主题，那就是"治国之道"

古今很多易学者提出过《周易》中深藏政治智慧，但以"治国之道"为全经的唯一主题，且能真正贯通地解读的，本书应是首次。

先谈谈《周易》的作者。孔子、司马迁认为《周易》是周文王被纣王囚禁在羑里时所创作的。孔子虽晚于《周易》创作时期 500 多年，但同属周朝，未经朝代更替，且孔子博学多闻、"述而不作"，他对周文王和《周易》历史的了解当比我们更丰富、更准确。所以《周易》为周文王在羑里所作应是可信的。廖名春教授在他的《〈周易〉经传十五讲》一书中通过语言比较的方法和文献记载，详细地分析了《周易》本经的成书时代和作者，认为成书在殷末周初是最为可信的，其作者是周文王和周公。有很多学者认为《周易》非一人独创，而是多人长时间接力完成的，很可能是多名史官共同创作的。这种说法其实也很难站得住脚，因为任何一部文化作品都是有主题思想和一以贯之的创作主线的，否则就会表达混乱，内容拼接的痕迹明显，更不会有流传几千年的生命力。我始终认为：《周易》主要内容一定是由一人创作完成，后面有其他人参与小的补充和修改是有可能的，但也是忠于原作的思想进行的，而不可能是多人共同完成。卦序、卦辞、爻辞等主体内容应该是在此前易作的基础上经过再创作而成的。那么，周文王被囚禁在羑里的大牢创作《周易》的目的是什么呢？要想准确理解《周易》就必须首先要考虑这个问题。周邦自古公亶父从豳地迁居西岐，迅速发展，并从季历开始实施翦商大计。传到周文王时周朝已逐渐强大，所谓"三分天下有其二"，因而引起了纣王的忌惮才把周文王抓进大牢。根据这段历史我们可以作出以下推定：

周文王是一位伟大的政治领袖，商王与他有杀父害子之仇，被囚之时，他思考最多的应是如何打败强大的商朝，建立新的朝代，以及新朝建立以后如何治理，以使社会稳定、国家强大。在当时的情况下怎么能把自己长期思考的治理国家的思想和策略传出去，并能传给后世子孙，以使周朝能够代代相传，长盛不衰呢？前朝已有占筮之书——《连山易》《归藏易》。研究并重新改编当时的易经，并把自己的治国之道深藏其中，大概是当时他能够记录并传承自己治国之道的最好的办法了。所以我认为：《周易》是周文王在当时流行的占筮之书（如《归藏易》）的基础上再创作而成的，既很好地保留了古经的占筮功能，又完美地把自己的治国之道融进了象与辞中，成功地骗过纣王而传了下来。或者，《周易》就是周文王出狱以后的十年间与周公共同创作完成的。不妨大胆推测：《周易》的秘密也许只有周文王、周公及周朝的君王们知道，且秘不外传，这大概是担心外人懂得其中先进的治国之道后会对周朝的统治带来威胁，以至于其秘密一直流传了三千年，直到今天仍没有完全解开。这种推测能很好地解释为什么《周易》的《晋》卦中出现"康侯"等明显晚于周文王时代的人物，但仍不能怀疑《周易》的作者是周文王，其原因是《周易》经过了周公适当修改，为了继续保守其中的秘密，仍然维持原文的隐晦、生涩的占筮文体形式。

另外，从三易名称《连山易》《归藏易》《周易》，也可一窥《易经》内容的发展。《连山易》据传是以《艮》卦为首卦。《艮》卦两山相重，崇山峻岭之象。以"山"为首则是对大山的敬畏和感恩。据此可猜测《连山易》成书时期应是人们生活在大山中，并以狩猎为主的新石器时代，反映的是人们在崇山峻岭之中狩猎过程的经验的总结和对吉凶的预测。《归藏易》据传是以《坤》卦为首卦。《坤》为广阔大地无限延伸之象。以"大地"为首则体现对大地的敬畏和感恩，故可推测《归藏易》成书于人类已进入农耕为主的夏商时代，其内容反映的是农耕文明的社会现象、经验总结和吉凶预测。《周易》则是以《乾》卦为首。乾为君，"乾"卦卦象上天下天引申为君王应像天道一样健行不止，是对君王的敬畏及封建社会初期国家治理的探索。所以《周易》反映的是《易经》从人类社会对自然现象的探索和经验总结到对国家治理、社会维护思考的结果，其内容应是以自然之象引申到治国之道。另外，每一卦的《大象》正是从君王和统治贵族的修养和国家治理角度引申的，其对每卦卦象卦义的表达远比《彖》《小象》辞更精确，故创作者应该就是《周易》原作者，或者最了解《周易》本义的人。

《大象传》是《易传》中《象传》的一部分，其内容简洁，结构一致，且反映的基本是国家、社会的管理和个人品德修养。学界对《大象传》的作者、内容和创作年代研究得不多，其中所蕴含的信息没有引起足够重视。

《大象》辞内容结构中有五十三卦为"君子以……"；七卦为"先王以……"；两卦为"后以……"；一卦为"上以……"；一卦为"大人以……"五种形式。"君子""先王""后""上""大人"是不同时代、不同场景下对君王和贵族统治者的称呼。由此也可以看出，"大象"辞应非一人一时创作的，极可能是周公在原创的基础上修改创作而成的。

《左传》中有一段关于《易象》的重要记载：（鲁昭公）二年春，晋侯使韩宣子来聘，且告为政而来见，礼也。观书于太史氏，见《易象》与《鲁春秋》，口："周礼尽在鲁矣。我乃今知周公之德，与周之所以王也。"

公元前 540 年，鲁昭公即位的第二年春天，当时的诸侯之霸晋侯派韩宣子依礼前来拜访。韩宣子在参观太史的藏书时，看见了《易象》和《鲁春秋》两本书，于是就说出了后面有名的两句话。韩宣子当然不可能只看到《易象》和《鲁春秋》两本书，这里只写出这两本书，是为了突出它的罕见和与众不同。对于《易象》，学者多认为就是指《周易》，这是值得商榷的。从《左传》所记载的筮例来看，《周易》那时已在诸侯贵族间广泛地流传了，如果韩宣子看见的是《周易》，那么不应该感到惊讶和赞叹。所以我认为，《易象》指的就是尚未在诸侯之间流传的说明卦象治国之理的《大象传》，这才可能引发韩宣子后面说的"我乃今知周公之德，与周之所以王也"的感叹。彼时孔子也只有十一岁，《易传》还没有创作出来。至于"周礼尽在鲁矣"，应是评论《鲁春秋》一书的。

综合以上分析，我认为《大象传》当主要为周公修改和再创作的，目的是通过提炼每卦卦象、卦义的要点，用于启发后世君王正确理解《周易》中的治国之道，同样也为后人留下了解开《周易》秘密的线索。所以，我认为《大象传》不应列入《易传》之中，应为《周易》本经的一部分，同时也是解开《周易》奥秘的钥匙。

二、《周易》六十四卦卦序是按照国家从创建到发展的基本规律和逻辑顺序排列的

今本《周易》六十四卦卦序为什么是始于《乾》《坤》，终于《既济》与《未济》？卦序如此排列有何逻辑？自汉以来，这一直是一个谜。古今有很多学者想解开其中的奥秘，但都未形成有影响的成果。我在设定全书的治国之道主题并通研全经后，发现卦序排列的逻辑与国家发展与治理的规律完美契合。本书在解读每一卦时，首先对卦名和卦序按照国家治理的发展逻辑进行了分析和说明。

卦序其实反映了《周易》作者（周文王和周公）对国家发展规律与管理逻辑的理解。如：《乾》卦、《坤》卦分别讲述国家君臣的成长，因为君和臣是国家建立和治理的最重要角色和关键因素；然后《屯》卦讲述国家开始创建，像种子发芽一样破土新生，此时首要任务是维护国家安全（利建侯）；《蒙》卦则说君王年幼而没有治理经验，应向贤臣学习治国之道；《需》卦则是说国家发展的基础是先要解决人民的饮食和生存……从中可以明显看出作者对国家建立与发展的理解，并以此设立卦序。

六十四卦又分上下两篇，分别称为上经和下经，其内容相对独立，且有着明显的区别。相对而言，上经侧重于国家创立、维护与发展的宏观和战略层面；下经则侧重从具体的国家治理、社会维护的措施、方法的微观和战术层面展开。上经三十卦先从帝王的成长和贤臣的培养开始，然后到国家的创建与稳固发展，其内容涉及国家初建的安全与稳固、君王治国经验的学习、国民基本生存需求的解决、内部矛盾与纠纷的处理、军队建设、对前来投靠的外族的包容与同化、礼制体系建设、民众思想管理与同心抵抗外侵、社会公平的思索、民众思想统治探索、国家积弊预防与整治、法制建设、国家管理者培养、赋税体系建设、君王传承等等国家统治智慧。下经三十四卦则侧重于国家事务与社会的管理，充分体现了统治以人民为重的治国思想。如：国家管理者的新老更替、年轻管理者的培育与发展、君王昏庸与政治黑暗的应对之道、管理者思想分歧与利益纷争的危害与应对、面对重大灾难时上下同心的应对之道、人口快速发展以后的经济建设之策、腐败治理、朝代更替的应对、新朝初建的管理、对国家统治者的威慑与管理、良好社会风气的培养、不良习俗对国家发展影响、统治者腐败的危害、对人民正当需求的满足与管理，等等。

本书紧紧围绕"治国之道"这一主题，"象""理"结合，基本全面解开了卦序排列的奥秘。这是揭开《周易》神秘面纱非常重要的基础。

三、观象系辞、象理互证地解读每一卦，并把每卦的卦名、卦象、卦辞和爻辞作为一个整体来贯通理解

"象"与"理"是《易》的两个非常重要的概念，就像根与枝、枝与果的关系。"象"是《易》之基础，"理"则是《易》之灵魂。"象"是卦符所代表物体的形象、图像，以及组合在一起引申出来的意象。八卦中每一个卦都代表着一类基本的、明确的自然现象，如：乾为天为君为父为金为玉为圆为马等。这里的"天""君""父"等即是乾卦之"象"。八经卦的每一卦的"象"是单纯的象，虽然有很多种，但界定清晰，指向明确，可以叫它为"单象"。而重卦的"象"则更为复杂，因为它是由两个单象重合组成的，可以叫它为"复象"。复象常常可以引申出一个或多个意象。本书就是根据设定的主题和卦序逻辑来确定每卦的卦象和卦理，然后解出本义。

卦名则是一卦卦象和卦理的高度概括和总结。

如《屯》卦☳。卦名为"屯"，其甲骨文像一颗种子嫩芽破土，《说文》："屯，难也，像草木之初生，屯然后难。"此卦下震为雷为蕃鲜为生长，上坎为水，水在雷上故取云象；震为雷为动为蕃鲜。"蕃鲜"即生长茂盛的杂草。

分析卦象：下卦为"震"，"万物出乎震"（《说卦》），震代表春天，为动、为生机，其一阳在下，有始生、初生之象；上卦为"坎"，坎为险为难，故《屯》卦有初生而面临艰难之意。种子正在发芽，嫩芽正在努力突破土壤往上长。此时是嫩芽最脆弱、最困难、最需要保护和雨水滋润的时候，但天上乌云密布、电闪雷鸣，雨水却久久不能降落，对嫩芽来说充满了生长的艰难。引申到国家：国家像草木嫩芽一样处于初建阶段，君王的统治非常脆弱，民众生活艰难困苦，此时国家最需要的就是稳固和安全，以使百姓休养生息，社会和平发展。故《屯》卦本义即是描述国家建立之初，君王和统治者需要保护人民休养生息，保障国家发展安全。"屯"之卦辞爻辞即是围绕这一本义主题展开的。

再如《随》卦☱。卦名"随"为跟随之意，下震上兑，上兑为"泽"，下震为雷为蕃鲜。

分析卦象：上兑为泽，则下震不应取"雷"象，因为根据自然规律，"雷"不可能出现在泽水之下，而应取"蕃鲜"象。泽水下的蕃鲜即为水草，泽水中的水草会随着泽水的波浪摆动，故称"随"。上兑又为泽为善为德，故《随》卦本义是指君王要用美善的德风去影响民众，就像泽水中的波浪控制水草一样使大家紧紧追随而彰显君威君德，稳固统治。"随"之卦辞、爻辞也是围绕这一本义主题而展开的。

四、最后简单地介绍一下本书关于卦的象、理和爻辞的创新解读

1. 每卦卦名是卦辞的一部分

卦名高度概括了卦象和卦义，是构成卦辞的一部分。例如《履》卦卦辞"履虎尾，不咥人。亨。"卦名直接与卦辞组成一句完整的句子。类似的卦还有《否》《同人》《艮》等三卦。其他六十卦都是先说卦名，然后说出卦辞，如"乾，元亨利贞"；"谦，亨，君子有终"；等等。故高亨先生说："《周易》通例，每卦先列卦形，次列卦名，次列卦辞，依此通例以读全书，知《履》《否》《同人》《艮》四卦卦名皆误脱。"

高亨先生认为这四卦的卦名是"误脱"。我认为这应不是"误脱"，而是每卦卦名本来都是卦辞的一部分，只不过是这四卦卦名与卦辞组成了完整的一句或一段话，与其他卦的卦辞句型与结构有所差异而已。

再看《蒙》卦卦辞：蒙，亨。匪我求童蒙，童蒙求我。初筮告，再三渎，渎则不告。利贞。

白话为：启发蒙昧，通达顺利。不是我去求蒙昧的童子（来学习），而是蒙昧的

童子来向我求学。（求学要有诚意，就好像占筮）第一次占筮时神灵会告知结果，再三占筮就是对神灵的亵渎。亵渎了神灵就不会告知结果。适宜坚持（虔诚求学的）正道。

卦名"蒙"应理解为"治蒙"，启发蒙昧之意，是卦辞的一部分。"亨"是对"蒙"的定性。同理，《屯》卦之"屯"应理解为"济屯"，克服屯难；"需"为"求需"；"师"为"帅师"（统率军队、治理军队）；"蛊"为"治蛊"；"复"为"促复"；"困"为"济困"……当然，这只是理解卦名的一种方式，还有一些卦名本身就说明了卦义，如"无妄""大畜""大过""小过"等。还有以器物引申卦义的，如"鼎""井"等。

总之，卦名本身就是卦辞的一部分，也只有把卦名当作卦辞的一部分才能准确理解卦辞卦义。

2. 卦象卦义的全新解读

本书非常注重卦象与卦义相结合的分析与理解，并因此而得出全新、独特的解读。

如《比》卦䷇。下坤上坎，坎水在大地上流淌之象。传统理解为：水在大地上到处流淌而与地面接触无间，故有比象，意为水亲比大地。

我认为这种理解是错误的，正确的理解应是：上坎代表流动的江河之水。卦象为大河在大地上流动，由此可以想象：大河奔流在大地之上，所经之处，地面上小沟小渠及所有低洼的水必然会流向大河而汇聚，故有沟渠之水比附大河之象。如以地面奔流的江河比作强大的邦国，则流向并比附于江河的小溪流就是弱小的族群或小国，他们为了生存不得不投靠和依附于大邦。

这样理解的理由是：《比》卦说的是小者依附大者。"坎"虽为流动的水，但也不是没有方向四散流淌，而是指大河大川。从卦中爻象看，九五一阳居于君位为大，初六至六四为小而亲比九五。但如果以传统理解的上坎亲比于大地，则是以九五为代表的中央政府为小，下坤代表的各诸侯或族群为大，这显然不对。

再如《豫》卦䷏。传统解读认为卦义是描述豫乐愉悦，但为何而豫乐？作者要表达的思想是什么却无人能说清。

我认为：《豫》卦下地上雷，惊雷在大地之上响起，雷出而地奋，万物复苏而愉悦之象。卦象很好理解，但引申出什么道理呢？从自然现象来看，雷出地奋，万物复苏，应是充满生机、利于发展的好现象。但看爻象，只有六二爻居中正位的而为"贞吉"，九四为唯一的阳爻且不正位，初、三、五爻也都不正位，且其辞义多出现了"凶""悔""疾"等词，说明存在危险或隐忧。为什么会这样呢？《易》以天道喻人道，从爻象引申分析国家治理状态：九四为全卦唯一阳爻失位，为雷之主，代表近君的宰相之位。阳爻代表权势正盛，而六五君王柔弱，其他爻位也都阴柔，这说明权臣强势当权而不正，诸侯和君王柔弱失位。

从自然而言：古人认为万物创生、生长本是天地之功，天地顺其自然，虽功而不居，但却不去。"雷"只是作为天道的使者起到振奋万物、传达信息的作用。再引申到国家管理：九四强势，百姓顺从，但他也只能是帮助君王治理国家的辅臣，如果臣民因此只知顺从九四而不知有君，则君王会威严丧失，权力旁落，国家治理因此有失控的危险。或者君王很容易陷入贪图享乐、不理国事、荒废朝政的境地。这对一个有为的君王来说是危险的，是应该引起警惕的。

综上，故《豫》卦之"豫"本义可能是指权臣当政，卦义描述的是国家治理偏离正道，人们却放松警惕、内心宽裕而愉悦之景象。

再举一例《睽》卦☲。本卦卦义主要为背离、分歧，这是比较明确的，但卦象应如何分析却未有人说清。

我认为：卦象为下兑上离，兑为泽为湖泊，离为火为眼。如果只是从泽上有火，湖泊之上燃起大火来分析，难以引申而不通，如以离为眼解，则为眼睛看向湖面之象。

"睽"字金文字形为：⚔、❦，造字本义为用不同的眼光看待同一件事情，引申为为了同一个目的用不同的方法。其字形字义明显与眼有关，故《睽》卦卦象为眼睛看向湖水应是正确的。平静、清澈的湖面像一面镜子，古人在还没有镜子的时候常会利用静止的水面作为镜子，所以眼睛看向湖面应是照镜子之象。以湖为镜，水中会出现自己的镜像，通过这种方式可以观察自己、了解自己，找出自己身上的不足。这与"睽"字的金文字形字义极为相符：通过水面使眼睛对视，照见自己，引申为用眼睛近距离观察同一个物体，其目的是发现不同之处。我们知道，人照镜子的目的总是为了找出自己身上的缺点和不足，故"睽"有挑刺、找缺点之意，后引申为猜疑、指责、乖离、分歧。卦辞、爻辞按此义展开解读豁然明朗。

3. 按文字训诂学解开卦义

《周易》诞生于三千多年前的商末周初，甲骨文起源于商朝，两者起源时间接近，因此，解读《周易》必须首先考虑文字的造字本义。本书以文字训诂学为基础解读卦辞、爻辞，并有许多全新的发现，如上面举例的"睽"。下面举两例说明：

《艮》卦☶。卦象为下艮上艮。艮为山为止。"艮"的甲骨文为👁，其字形上面是一只放大的眼睛，下面是人的肢体，而眼睛似是朝后看的。看字形再结合本卦卦象推测：放大的眼睛是强调人所看见的一切，眼往后看则表示在回避眼前的东西。老子曰，"五色令人目盲，五音令人耳聋，五味令人口爽"。人的欲望和诱惑总是来源于眼睛所见，抵制欲望和诱惑最好的办法就是使眼睛回避各种诱惑。"艮"字甲骨文字形正是突出眼睛所见，避开前方诱惑，故"艮"有止于所见、回避欲望之意。

《中孚》卦☲。"中孚"之"孚"字在《易》中是常用字，意思也比较明确，即"诚信"之意。而"中"字在此被大家理所当然地认为是"中间""心中"的意思。如果这样理解"中"字，全卦的释义又很难通顺。因此，"中"字的理解可能没有这么简单。

下面从"中"字的原始本义来分析：

"中"字的甲骨文和金文：⬆、⬇。其字形非常像一个感应和测定风向、风力的装置。现在我们很难知道古人创造这个字的意思是什么，但有意思的是："中"字的"金文"与中孚卦的卦形非常相似：阳爻表动，阴爻表静，卦体的上下各两条阳爻像金文"中"字的上下各两条随风而动的飘带，中间两条阴爻像"中"的中间一个不动的圆圈；另外，《中孚》卦上巽为风，确实是跟风有关的。看来，"中"字的古义跟《中孚》卦的卦象和卦义有密切关联。

从《中孚》卦象来看：下兑为泽，上巽为风，"泽"为湖泊、水库，主要是为了贮存雨水供旱季时使用的。天在下雨之前总是会先刮风，特别在干旱的夏秋两季，故"风"可以看作是下雨的前兆。所以依此可以大胆推测："中"字的金文字形很可能是一种在求雨时测风的装置，目的是观察和确定祈雨是否成功。当旱季来临，人们向天祈祷求雨时，观察"中"字形装置便可知道是否起风，求雨是否灵验。由此可大胆推断"中孚"本义：以诚感动上天下雨济旱，引申到国家就是百姓以真诚的态度去求得统治者的帮助。本书按此义解读《中孚》卦，前后就通顺了。

4. 对"元亨利贞"等重要词语的全新理解

"元亨利贞"是《周易》中非常重要的专有词语，首先在《乾》卦卦辞中出现，易学先贤们通常理解为《乾》卦的四德，并与儒家的"仁、礼、义、智"四德对应起来。这应源于《易传》中的《文言传》。

《文言传》是《乾》《坤》两卦特有的《易传》作品，同时"乾""坤"又代表天与地，又是《周易》六十四卦的开始两卦，因此，很多的易学者便认为《乾》《坤》两卦远远重要于其他六十二卦，甚至认为，理解了这两卦，就等于理解了《周易》的一半。这显然是没有道理的，因为《周易》六十四卦的每一卦都同样重要，都是古人伟大智慧的结晶，都是《易》道世界中同等重要的组成部分。凡是过分地强调《乾》《坤》两卦的神秘感和重要性，都是失之偏颇和不正确的。事实上，《乾》《坤》两卦因处于《周易》世界展开之初，无论是从卦画结构，还是从卦象、爻象及卦爻辞而言，反而是最简单的，理解起来其实比其他卦更容易。

所以，在《乾》卦首先出现的"元亨利贞"四字不应被特殊对待，与其在其他卦中出现时的意义本质是相同的。其正确的理解应是：

元：从甲骨文和金文来看，原指人的头，后引申为首要、初始，在《周易》中可理解为本源、根本、关键。

亨：亨通、顺利、通达之意。

元亨：即"亨之元"，通达之根本。如《乾》卦，在自然界指天体运行不息，在国家则引申君王努力为民，勤奋不止。"元亨"则指君王以天下为己任，健行不息的成长是国家建立与发展的首要和关键。在古代社会，没有君，国家当然就不存在，如果没有一个伟大的君王，国家不可能会有好的发展，所以这是强调本卦所象征的君王成长与努力作为对国家建立与发展过程的关键性和重要性。

利：适宜、应该、强调、提醒、警示之意。

贞，《说文》："卜问也。从卜，贝以为贽。会意。京房说，鼎省声""贞"字西周时期的甲骨文结构是从卜从鼎，"卜"在"鼎"的上面。"鼎"，正也、定也。所以"贞"有根据卜问到的结果坚定执行之意，引申为按照自己所认为正确的原则坚信、坚持。

"元亨利贞"共在六十四卦中的七卦的卦辞中出现过，分别是：《乾》《坤》《屯》《随》《临》《无妄》《革》；另外，卦辞中只出现"元亨"两字的还有《大有》《蛊》《升》等三卦。从本书对这十卦卦象卦辞的深入解读及"元亨"两字只在卦辞中出现而未在爻辞中出现可推断：凡是卦辞中出现了"元亨"两字的，说明该卦所描述的过程和说明的道理在整个国家治理和发展的过程中非常关键，这是作者要求读者（君王和贵族统治者们）必须要特别引起重视的。所以，我们在理解以上十卦也要特别注意它的特殊意义。

另外，本书对"厉""无咎""无攸利""利建侯"等《周易》中高频出现的重要词语的理解与传统理解也多有不同，请读者多加注意。

最后还需说明的是，因本书的解读完全忠于古经（六十四卦），抛开了《易传》解读的影响，所以在对每卦解读时，虽把《文言传》《彖传》《小象》都按惯例列入，但也只是以直译为主，并作简单说明，未进行深入解读，也未将《序卦传》《系辞传》《杂卦传》列入。

总而言之，本书立足于挖掘《周易》古经本义，不泥古、不迷传，视角独特、观点新颖、逻辑严密，通俗易懂，主题思想一以贯之，六十四卦卦义浑然一体，不仅揭开深藏其中的治国之理，同时也揭示了其在企业管理、人生修养、顺势作为等方面为我们带来的深刻启迪。

为了帮助初学者快速入门，我把我在易学爱好者培训班上的讲课内容《初学周易第一课》直接附录在书后，同时还附录了《说卦传》的详细解读。初学者在读正文之前可先读此两篇。

本书在创作过程中，参考或引用了《伊川易传》（程颐）、《周易集注》（来知德）、《楚竹简与汉帛书〈周易〉校注》（丁四新）、《周易诠释》（李守力）等作品内容，在此表示深深的感谢和崇高的敬意。另外，本书还引用了互联网上"百度百科""甲骨文研究网"以及其他平台上公开的内容，在此对创作者也一并表示感谢！

感谢互联网带来的便利，正是得益于今天这个各种信息随手可得的大好时代，才能让我在没有哲学、历史学、古文字学等专业知识背景下创作出《周易》解读作品。

我在创作过程中，因自身知识储备和文化水平所限，常常感到"书到用时方恨少"，所以本书难免存在错误，真诚地欢迎读者朋友批评指正！

目录

上经

乾卦第一：为君之道，自强不息

乾卦　下乾上乾，乾为天

上九：亢龙有悔。
《象》曰：亢龙有悔，盈不可久也。

九五：飞龙在天，利见大人。
《象》曰：飞龙在天，大人造也。

九四：或跃在渊，无咎。
《象》曰：或跃在渊，进无咎也。

九三：君子终日乾乾，夕惕若；厉，无咎。
《象》曰：终日乾乾，反复道也。

九二：见龙在田，利见大人。
《象》曰：见龙在田，德施普也。

初九：潜龙勿用。
《象》曰：潜龙勿用，阳在下也。

卦辞

乾：元亨利贞。

1.1 卦名：乾。

【解读】

◎《易》本源于自然、用于卜筮，而卜筮则是服务于国家、社会与人的生存与发展需要，所以《易》的本质是以天道喻人道，以天地自然之变化引申说明人与人之间的道理。《系辞传·上》："天地设位，而易行乎其中矣。"《周易》即是借助自然之象、万物之理，说明以国家为载体的人和社会的发展变化及国家的治理之道。

《周易》古经六十四卦分上下两篇，上经三十卦，始于《乾》卦，终于《离》卦；下经三十四卦，始于《咸》卦，终于《未济》卦。

《乾》卦为六十四卦的第一卦，从《乾》卦开始，圣人将引导我们进入一个博大而又精彩绝妙的易道世界。

"乾"，帛书作"鍵"。《说卦》："乾，健也。"故"鍵"通"健"。"健"于人指努力行动而勤奋不止，而乾卦卦象则指天体运行刚健、强大、永不止息。

《说卦》："乾，健也。乾为天，为君，为父。"

在古人看来，天以日月为代表，是万物创生与发展之根本。日月每天、每月周而复始、运行不止。经卦"乾"☰为天，复卦《乾》之卦象为下乾上乾，意为"天"上下运动、健行不息，是为"健"。卦名为"健"应更准确，帛书作"健"及《大象》辞"天行健"等可为证。"乾"名应为后人所改。

天为万物之本，君为国家之主，故《易》以"乾"喻君。乾体纯阳，代表刚健、健行。上乾下乾则代表天体刚健而运行不息。故乾卦是以天为喻，象征圣明的君王的成长和作为应像天体一样为了万物而健行不息、奋斗不止。

国家是由君、臣、民三者构成的。古代社会，人民是国家的主体，君则是国家的主宰，是社会稳定与发展的关键，是国家的"天"。一个伟大的君王是封建国家生存与发展的基础，是人民幸福的关键。《周易》正是借助易卦的象与辞讲述国家创立、发展、治理的经典。

通观全卦可知：《乾》作为《周易》首卦，说的正是君王的成长过程及其努力奋斗对国家和人民所产生的重要意义。

1.2 卦辞：乾，元亨利贞。

【白话】

卦辞：健行不息，（君王顺利成长）是国家建立与顺利发展的根本，应该坚守正道。

【解读】

◎ 元亨利贞

"卦辞"是说明一卦卦义主旨之文辞。

"元亨利贞"是《周易》中非常重要的专有词语，易学先贤们通常将其理解为《乾》卦的四德，并与儒家的"仁、礼、义、智"四德对应起来，这应源于《文言传》。

《文言传》是《易传》（又称为《十翼》）系列之一。文者，饰也。文言，即是对《乾》《坤》两卦的《彖传》《象传》的注解之言从儒家思想角度进行进一步修饰和解说的文章。《文言传》是一篇非常优美的儒家经典著作，代表着先秦时期最高的解易水平，但易学研究经过二千多年的发展，就挖掘易卦本义而言，其思想一定有其狭隘性。我认为应高度重视其所体现的儒家思想和哲理，但就理解经义而言不应过度迷信。

《易传》相传是孔子及其后学者共同完成的，是《周易》最早的注解专著，这应该是没有什么疑义的，其重要意义没有任何人可以否认。但是应当要注意的是：《周易》被喻为"大道之源、群经之首"，不专属于哪一家思想，如果先入为主地被儒家思想所左右，那么可能会以偏概全，无法探知《易》之本义。

《文言传》是《乾》《坤》两卦特有的《易传》作品，同时"乾""坤"又代表天与地，又是《周易》六十四卦的开始两卦，因此，很多易学者便认为《乾》《坤》两卦远远重要于其他六十二卦，甚至认为，理解了这两卦，就等于理解了《周易》的一半。这显然是没有道理的，因为《周易》六十四卦的每一卦都同样重要，都是古人伟大智慧的结晶，都是易道世界中同等重要的组成部分。凡是过分地强调《乾》《坤》两卦的神秘感和重要性，都是失之偏颇和不正确的。事实上，《乾》《坤》两卦因处于《周易》世界展开之初，无论是从卦画结构，还是从卦象、爻象及卦爻辞而言，反而是最简单的，理解起来其实比其他卦更容易。

综上所述，《乾》卦不应该特殊于其他卦来对待，只要知道从国家而言，它象征的是"君王"的成长过程，就不会有太大的偏差。所以《乾》卦出现的"元亨利贞"不应特殊对待，与在其他卦中出现时的意义本质是相同的。

元：从甲骨文和金文来看，原指人的头，后引申为首要、初始，在《周易》中可理解为本源、根本、关键。

亨：亨通、顺利、通达之意。

元亨：即"亨之元"，通达之根本。结合本卦，"乾"在自然界指天体运行不息，在国家则引申君王努力为民，勤奋不止。"元亨"则指君王以天下为己任，健行不息的成长是国家建立与发展的首要和关键。在古代社会，没有君，国家当然就不存在，如果没有一个伟大的君王，国家不可能会有好的发展，所以这是强调本卦所象征的君王成长与努力作为对国家建立与发展过程的关键性和重要性。

利：适宜、应该、强调、提醒、警示之意。这是圣人提醒或警示国君在成长之时应该做到或应注意的行为。

贞，《说文》："卜问也。从卜，贝以为贽。会意。京房说，鼎省声""贞"字西周时期的甲骨文结构是从卜从鼎，"卜"在"鼎"的上面。"鼎"，正也、定也。所以"贞"有根据卜问到的结果坚定执行之意，引申为按照自己所认为正确的原则坚信、坚持。

"元亨利贞"共在六十四卦中的七卦的卦辞中出现过，分别是：《乾》《坤》《屯》《随》《临》《无妄》《革》，另外，卦辞中只出现"元亨"两字的还有《大有》《蛊》《升》等三卦。从后面对这些卦的深入解读可知：凡是卦辞中出现了"元亨"两字的，说明该卦所描述的过程和说明的道理在整个国家治理和发展的过程中非常关键，这是作者要求读者（君王和统治者们）必须要特别引起重视的。如本卦，圣人认为：君王在国家管理过程中能够像天体一样的担当和健行不息，是国家创立和发展中首要和关键的一环。如果没有君王的责任、担当和不息的付出，那么就不会有国家，或者国家就不可能健康发展。所以，在以上十卦要注意它的特殊意义。

卦名是卦辞的一部分，每卦的卦辞与卦名应作为一个整体来理解，这样才能更好地理解其完整意义。

1.3 初九：潜龙勿用。

【白话】

初九：龙潜伏着，不能有什么作为。

【解读】

◎ 潜龙勿用

九者，老阳之数，阳之盛也；六者，老阴之数，阴之盛也。《系辞传·上》："爻者，言乎变者也。"所以，卦之阳爻名"九"，阴爻名"六"。每卦有六爻，自下往上分别为初、二、三、四、五、上，首尾记为初九（六）、上九（六），中间记为九（六）某。

六爻根据位置不同，其代表的象征意义不同。从国家阶级地位来说：初爻代表地位最低下的普通民众或奴隶阶层；二位代表士大夫阶层，是基层管理者；三位代表诸侯国君，是国家的守护者；四位代表近君的公卿或宰相；五位代表君王；上爻无位，传统理解认为代表先王、庙堂等，但实际也可能代表君王在重卦所象征的时代或时期发展到最后的状态或结果，或是对全卦的总结。

从事物的发展过程来说：初爻代表事情发展的初始阶段，上爻代表事情发展的最终阶段或是一卦的总结与概括，中间四爻则表示事物发展的中间过程。在实际卦例中，初爻通常更加强调低下、初始的意义，而上爻更加注重结束或总结的意义。

《说文》："龙，鳞虫之长，能幽能明，能大能小，能长能短。春分而登天，秋分而入渊。"龙，纯阳之象。龙为天地之精灵，为风雨之主宰，变化多端、无所不能，神圣而伟大，故以其象征着君王。所以乾道变化以"龙"为象。

初九为乾卦的初始，故为"潜"，喻指未来的君王在成长之初还只是一名普通人，或与普通人没有什么差别。此时，未来的君王自身知识、能力还不足，外部环境也未成熟，故还不能有所作为，当努力学习、修养德行、韬光养晦以等待时机。如舜帝，20 岁之前虽然孝名远扬，但在被尧选中之前仍只是一名品德突出的普通人。

从本爻所蕴含的道理而言，不仅是君王，任何有所作为者在成长之初都能从本爻中得到启发，都应做到"潜龙勿用"。

1.4 九二：见龙在田，利见大人。

【白话】

九二：龙出现在地上劳作和田猎，适宜见到大德之君。

【解读】

◎ 见龙在田

王弼曰："出潜离隐，故曰'见龙'；处于地上，故曰'在田'。"

《周易正义》孔颖达注解此句引先儒云："初二为地道，三四为人道，五上为天道。

二在初上，是九二处其地上，所田食之处，唯在地上，所以称'田'也。"

孔颖达引用的"先儒"应是郑玄。

《周易集解》引郑玄解释此句说："二于三才为地道，地上即田，故称'田'也。"

由此看来，重卦六爻的三才之道的分法最早应是郑玄提出的，后人就自然引用，以至今天成为权威之说。实际上，通观六十四卦，除本卦本爻按此勉强说得通外，其他各卦各爻都没有明显证据证明此说是正确的。实际上天、地、人三才的道理只是抽象、笼统地包含在卦和各爻的象与义中，不适合用这种精确的方法进行划分。

回到本爻，"田"为田地，引申为劳作和田猎。九二居中而不正，故有向正而变之势。九二变六二，则下乾变离，离为田猎。这是指具有龙德之人成长到中正之时，勤奋劳作，开始表现出与众不同的高尚品德。以舜为例，相传舜在历山耕田之时，当地人受其高尚德行的影响，不再争夺田界，互相变得谦让，人们都愿意靠近他而居住，两三年即聚集成一个城镇。

◎ 利见大人

大人：指九五。九二与九五处在相对应之位，故利见大人。具有君王之德的九二，虽然还只是处于成长的阶段，但其中正之德已表现出来，此时利于得到英明的君王所赏识和帮助，有如舜之于尧也。

九二变六二，则谦逊中正。六二为下离之主，且正应九五，离为眼为见，故称"利见大人"。

从上面分析可知：本爻变后，九二变六二，则下乾变离，六二为离之主，离为眼为见为田，爻辞之取象则立现。由此可见，本爻的"田""见"等词可视为判断爻变的关键词，而从关键词找爻变依据，再结合居中爻位有从不正变正之势，故可判断九二变六二。这是从辞找象的重要方法，这在以后的解卦中会经常用到。

1.5 九三：君子终日乾乾，夕惕若，厉，无咎。

【白话】

九三：成长为管理一方的统治者后（更要）整日勤奋不懈，夜晚仍小心谨慎。保持刚健、果决，没有危害。

【解读】

◎ 君子终日乾乾，夕惕若，厉，无咎

君子：指君王、邦君或居于高位的贵族统治者。儒家所说的"君子"多指它的引申义，泛指品德高尚、积极进取的人。应注意两者的区别。三爻代表诸侯之位，本爻指未来的君王此时已经成长为管理一方的统治者。

乾乾："乾"可以理解为八经卦的"乾卦"，代表天，"乾乾"意指上乾下乾，正是本卦的卦象。从上面对卦象分析可知，其意为：像天体一样健行不息，勤奋不辍。

夕：本义指月亮初升，引申为夜晚。

若：《尔雅·释言》的释义是"若，顺也"。

厉：本义指山崖上凸出的大石头，引申为刚硬、果决、严厉、危险之意。传统解读常理解为"危险"，这值得商榷。"厉"是易卦的常用字，据统计，共在六十四卦中的二十二卦中出现了二十四次，其中出现在卦辞中的只有一卦《夬》卦，其余二十一卦都是出现在爻辞中。这二十二卦中的"厉"字，基本都可以用"果决""严厉"等理解，且爻义通顺，而以"危险"解释有时通顺，有时则非常勉强。如本爻："君子终日乾乾，夕惕若，厉，无咎。"如果能做到"终日乾乾""夕惕若"又何来危险？既言危险，又何言"无咎"？如以"果决""刚健"解则既符合九三阳爻刚健正位之爻象，其义也较为通顺。再举"厉"出现在其他卦中的例子分析：

《噬嗑》之六五：噬干肉，得黄金，贞厉，无咎。

《颐》之上九：由颐，厉，吉，利涉大川。

《晋》之上九：晋其角，维用伐邑。厉，吉无咎，贞吝。

《家人》之九三：家人嗃嗃，悔厉吉；妇子嘻嘻，终吝。

以上如"厉"以"危险"解，则都不通。故，理解为果决、勇敢、严厉之意更准确。

无咎："咎"为过失，因而有危害。"无咎"指没有因自己过失而造成的危害，是肯定其行为正当无害，故多含有勉励之意。

三为诸侯之位，也代表主管地方事务的高级官员。九三以刚居阳而正位，如以舜为例，这时，舜的成长得到了尧的赏识，开始帮助尧帝处理重要政务。此时，他更应该勤勤恳恳，不敢有丝毫懈怠，工作中也一定会遇到诸多困难和阻力，应刚决、果断处理，这样就不会有任何过失和危害。

从九二爻的"见""在田"等词可知，九二爻向正而变为六二，则下乾变为离。从本爻的"终日""夕"等可知，下乾仍取九二变化后的"离"象。因"离"为日，九三为下离之末爻，故为终日、为夕。九三以刚居阳，刚居正位，果决、健行而称乾，又即将进入上乾，故为"乾乾"。九三刚而不中，在下之上，应上九之亢，居刚用刚，指龙德者虽处于人臣之高位，但如过刚而不知柔，又与君位不应而遭九四之忌，故为危险之地。只有日夜勤奋而不敢有丝毫懈怠，才能安全度过。这是未来君王在此时此位应该也必须要做到的。所有居于此位者都应努力勤奋、坚决上进而不可懈怠，方可化险为夷。

1.6 九四：或跃在渊，无咎。

【白话】

九四：（能根据时势的发展选择）或是奋进，或是安处待时，（这样才能做到）没有过失危害。

【解读】

◎ 或跃在渊

或：疑惑之词，指不确定，需要根据时势来选择。渊：指深水，是龙安居之所。

九四近九五之君，已被君王选择为未来的接班人，但仍处在考验时期，有如舜接受尧的历次考验。显然，舜能够把握时势，通过考验，没有危害。

或跃或伏随时而变。九四近君高位，居柔用刚，能根据国家和君王的要求以及时势来调整改变自己。从爻辞或跃或渊可知：九四可变六四，则二、三、四互卦为兑，为泽，为渊象；又：六四、九五、上九为上卦巽，巽为进退，为"跃"象，故称"或跃在渊"。

进与退、变与不变，九四进德修业，能够根据时势所把握，故无咎。

1.7 九五：飞龙在天，利见大人。

【白话】

九五：龙飞翔在天空，适宜表现出君王之大德。

【解读】

◎ 飞龙在天，利见大人

见：通"现"，表现、展现之意，与九二之"见"有所区别。

利见大人：应该表现出勤勉恭敬、全心为民的圣明帝王的品德。龙德者终于成长为帝而荣登大宝，圣人勉励其要励精图治，像舜接受尧禅让后所表现出来勤勉治邦、泽被万民。

五为帝王之位。帝王即位，就如巨龙飞翔在天空，故以"飞龙在天"为喻。九五为刚健、中正之君、为大人。

应该注意的是，如以舜为例理解本卦，在理解九五以下各爻时，九五可代表尧帝，理解本爻时，则应理解为舜登基为帝。

1.8 上九：亢龙有悔。

【白话】

上九：龙飞得过高过快而有所懊悔。

【解读】

◎ 亢龙有悔

王肃曰："穷高曰'亢'，知进忘退，故悔也。"

程颐曰："九五者，位之极中正者，得时之极，过此则亢矣。上九至于亢极，故有悔也。"

任何事情都应有度，治理国家也不例外。上九为阳爻而过了九五中正之位，阳为进，进而过中则为亢。圣人用此爻警示君王，哪怕贵为帝王也要注意，过则有害。只有圣贤之君才知道及时悔过，调整行为而无悔。

孔子曰："无为而治者，其舜也与？夫何为哉。恭己正南面而已矣。"

舜的无为而治正是在有为之后适度贵和尚中，故免于亢。对我等凡人而言，更应小心谨慎，及时悔过，努力做到失意时不气馁，得意时不忘形，方可趋吉避害。

1.9 用九：见群龙无首，吉。

【白话】

用九：从各个阶段的龙象来看，任何时候都不好居众人之首则为吉。

【解读】

◎ 见群龙无首

见：通"现"，表现之意。

群龙：六个爻位的龙，引申为龙德者（即君王）每一个成长过程，非指一群龙。

无首：不为首，不好为众人之首。老子曰："不自矜，故长。"

《周易》六十四卦只有《乾》和《坤》两个纯阳和纯阴卦在各爻的后面有"用九"和"用六"，即有对各爻进行总结之意，亦是圣人之垂诫。

《乾》体纯阳，每爻都是刚健之意，只有刚柔相济才是适中的。以纯刚之性，如果好居人首，则是知刚而不知柔，必遭人所嫉恨，以招致凶险，所以卦中九二、九四刚而不正，皆能适时而变。故圣人垂诫"无首，吉"。

老子曰："是以圣人后其身而身先，外其身而身存。非以其无私耶？故能成其私。""不自见，故明；不自是，故彰；不自伐，故有功；不自矜，故长。"

1.10 《彖》曰：大哉乾元，万物资始，乃统天。云行雨施，品物流形；大明终始，六位时成，时乘六龙以御天。乾道变化，各正性命，保合太和，乃利贞。首出庶物，万国咸宁。

【白话】

《彖》说：真是伟大啊，乾卦的始元，万物因它而创始，它由此而主导整个上天。云气流行，雨水布施，万事万物流转而各自成形；太阳终而复始地运行，六个爻的位置根据时势的发展而逐渐形成。时势造就六条龙驾驭天道。天道变化，（使万物）都正定其本性和命运，（万物）保持彼此联系聚合以达到最为和谐的状态，这就是"利贞"的意思。万物由此开始创生，天下都归于安宁。

【解读】

◎ 彖（tuàn）

彖，断也，裁断之意。"彖"辞相传是孔子或其弟子及再传弟子所作，是解释每一卦卦辞的，合起来称为《彖传》，为《易传》（又称《十翼》）之一。《彖传》代表当时解释卦辞的最高水平，但不可视为卦辞的终极解释而迷信，只是体现了儒家思想对《易经》哲理的理解和认识。

《乾》卦《彖》辞作者是从天道变化发展而创生万物来引申、发挥的，用词非常优美而有气势，但不一定是《乾》卦本义。

◎ 大哉乾元，万物资始，乃统天

这是解释和赞叹"乾元"始生万物的伟大意义。作者认为"元"是天道的一种最原始的、强大的力量，是这种力量使万物得以创生，与老子所提出的"道"有些类似。

◎ 云行雨施，品物流形；大明终始，六位时成，时乘六龙以御天

这是解释"亨"字的。在天道元始力量的作用下，万物开始逐渐形成并顺利发展。大明：指太阳；六位：六个爻所处的位置，引申为事物的发展过程。

◎ 乾道变化，各正性命，保合太和，乃利贞

这是解释"利贞"的。随着天道的不断发展和变化，万物的"性"和"命"开始正定，万物之间的联系和依存的关系开始形成并达到平衡的状态，也就是我们所说的"生态平衡"。

性：指万物不同的属性，也就是不同生物的特点；命：指生命、寿命。太和：一种非常和谐的状态。

从以上可知，作者是从天道创造万物的自然之道解释卦辞的，而非是从君王成长角度。

1.11 《象》曰：天行，健。君子以自强不息。

【白话】

《象》说：天道运行不止，这就是健（乾）卦的卦象。天体刚健，运行不息，君王得以领悟：应严格要求自己勤奋上进、奋斗不止。

【解读】

◎ "大象"是对一卦卦象的解说及对一卦主旨意义的分析与引申，一般是以君王或以君王为代表的统治者为视角、从卦象所提炼出的、对治理国家的直接阐发，是全卦治国之道的核心思想的体现，有画龙点睛之妙。一般体例都是先说卦象结构，再是卦名，然后是卦象的引申义，如"地势坤，君子以厚德载物""云雷屯，君子以经纶"。唯有乾卦以健代乾名，这或是因为"乾卦"原本就是"健卦"，只是后人把"健"改成了"乾"。其实"健"才能更形象地体现该卦天体运行的刚健为公、运行不息的卦象。另外需注意的是，传统习惯中把本卦和《坤》卦的大象辞一起理解为一组对仗较为工整的名言，即：天行健，君子以自强不息；地势坤，君子以厚德载物。其实从《周易》大象辞结构通例来看应是错误的，正确断句如上。

　　"大象"辞也是《易传》之《象传》中的一部分,但从"大象"对卦义的理解深度和准确程度来看,其与其他如"小象"、《彖传》等直接解说卦义的《传》有明显的层次区别。所以有学者认为,"大象"应不是孔子或其弟子所作,可能要早于《彖》和《小象》,猜测为周公所作。这种说法是有道理的,《左传》中有以下记载可以作为证据之一:(鲁昭公)二年春,晋侯使韩宣子来聘,且告为政而来见,礼也。观书于太史氏,见《易象》与《鲁春秋》,曰:"周礼尽在鲁矣。我乃今知周公之德,与周之所以王也。"

　　公元前540年,鲁昭公即位的第二年春天,当时的诸侯之霸晋侯派韩宣子依礼前来拜访。韩宣子在参观太史的藏书时,看见了《易象》和《鲁春秋》两本书,于是就说出了后面有名的两句话。韩宣子当然不可能只看到《易象》和《鲁春秋》两本书,这里只写出这两本书,是为了突出它的罕见和与众不同。对于《易象》,不少学者认为就是指《周易》(六十四卦符及卦爻辞),理解为以"象"代表《周易》。这是值得商榷的。从《左传》《国语》中的筮例可知,《周易》那时应已在各诸侯国之间广泛地流传了,韩宣子如果看见的是《周易》,不应该感到惊讶。《易象》应该是指说明卦象治国之理的、尚未在诸侯间流传的"大象",这才可能引发韩宣子后面所说的"周礼尽在鲁矣。我乃今知周公之德,与周之所以王也"的感叹。彼时孔子只有十一岁,《易传》还没有创作出来,故"大象"辞应为周公所作,因周公也是《周易》爻辞创作或修改的重要参与者,不应该将其视为《十翼》的一部分,应视为《周易》本经的一部分更为恰当。

　　◎ 君子以自强不息

　　"大象"辞的基本格式是"君子以……",少数卦是"先王以……"和"后以……"等。"先王""后"都是指君王。从乾卦的"君子以自强不息"和坤卦的"君子以厚德载物"的"大象"辞来看,以现在的理解,似乎看不出在说哪类人,因为我们普通人也常以"自强不息"和"厚德载物"来互相勉励。但实际上,这种要求是非常高的,在三千多年前还处于奴隶社会的商末周初,圣人不可能对普通人提出这么高的要求,只能是对君王提出的。所以,"大象"辞中的"君子"与"先王""后"等用法类似,一般都是特指君王。故"大象"是圣人从卦象、卦义总结和提炼出来的对君王或统治者的启发之辞,对全卦治国之道的理解有画龙点睛的之妙,是理解各卦本义的非常重要的线索,可视为解开各卦易道易理秘密的钥匙!

　　"自强不息"在今天是一个很常用的成语,常用于自勉和勉励他人,最早即出于此。《乾》卦本义虽然说的是圣德君王的成长,但每一个人总有为君之时:单位之长可视为单位之君,部门之长可视为部门之君,为人父母可视为子女之君;即使都不是,每个人又何尝不可视为自己的行为之君?故每个人都应自强不息,方能事业有成!

1.12 潜龙勿用，阳在下也；见龙在田，德施普也；终日乾乾，反复道也；或跃在渊，进无咎也；飞龙在天，大人造也；亢龙有悔，盈不可久也。用九，天德不可为首也。

【白话】

初九：龙隐伏着，不能有什么作为，是因为阳气还处在最初的发展阶段；

九二：龙出现在地上，是说高尚的品德开始广泛地施为；

九三：整日勤奋不懈，是说前进、后退都遵循着一定的原则；

九四：或是奋进，或是安处待时，是说前进没有过失咎害；

九五：龙飞翔在天空，是说君王正在建立王道功业；

上九：龙飞得过高过快而有所懊悔，是说满盈的状态是不能维持太久的。

用九：天道之德，是不能自以为大的。

【解读】

本段是乾卦的"小象"辞，是孔子或其后学者解释乾卦六爻爻辞与"用九"辞的。

1.13 《文言》曰：元者，善之长也；亨者，嘉之会也；利者，义之和也；贞者，事之干也。君子体仁，足以长人；嘉会，足以合礼；利物，足以合义；贞固，足以干事。君子行此四德者，故曰："乾，元亨利贞。"

【白话】

《文言》说：元是善行的最大；亨是嘉美的会合；利是适当行为的融合；贞是事物的主干。君子践行仁德，足以成为众人之长；嘉美会合，足以合乎于礼；裁成事物，足以合乎于义；守正固执，足以成就事业。君子能够处处体现这四种德行，所以说："乾，元亨利贞。"

【解读】

◎《文言传》是《十翼》之一，是孔子及其后学解说《乾》《坤》二卦的文字。文：饰也。文言：是从儒家的理解上对前面卦爻辞解说的进一步修饰和发挥。

《文言传》是一篇文字优美的儒家作品，以儒家思想对《乾》卦的卦爻辞分别进行了深入解读，并盛赞圣人君道的伟大。

本段是《文言传》第一节，解说卦辞，下文则分爻辞解说。

作者把"元亨利贞"理解为四种德行，分别为"善之长""嘉之会""义之和""事之干"。从儒家角度来说，这种解释符合其思想，但从对《易》的本义理解来说，就复杂化了，是在走弯路。更有甚者，作者本是把"元"理解为"体仁"，即践行、实现"仁"，后人竟然直接是把"元"等同于"仁"；同样，把"合礼"解释成"礼"，把"合义"解释成"义"；为了能够与儒家的"仁、义、礼、智"四德对应起来，更是把"贞"强说成是"智"。这样的解释实在是牵强。

为了免受束缚，本书对各卦的《易传》只是白话解释为主，基本不解读，目的是维持《周易》的完整性，便于读者学习和参考。

1.14 初九曰："潜龙勿用。"何谓也？

子曰："龙德而隐者也。不易乎世，不成乎名；遁世无闷，不见是而无闷；乐则行之，忧则违之，确乎其不可拔，潜龙也。"

【白话】

初九说："龙潜伏着，不能有什么作为。"这是什么意思呢？

孔子说："这是具有龙德的人处于隐居阶段。他的志向不会被世俗所改变，不急于成就其功名；隐遁避世而不觉得苦闷，不被世俗所认可也不觉得烦闷；世人乐于接受便推行，世人不喜欢就退避，意志坚定而不可动摇，这就是潜龙。"

【解读】

◎ 本段是《文言传》中对初九的解说，以下分别是对九二至上九爻辞的解说。各爻以孔子师生问答的形式，从儒家倡导的品德修养、为人处世的角度来引申解释爻辞。其形式和思想与《论语》非常类似。如本段与《论语》中的"人不知而不愠，不亦君子乎""邦有道则见，邦无道则隐"等思想是一致的。

需要注意的是："龙德"即是指君王之德，孔子在此实际也是把初九理解为君王在成长之初的表现。

1.15 九二曰："见龙在田，利见大人。"何谓也？

子曰："龙德而正中者也。庸言之信，庸行之谨，闲邪存其诚，善世而不伐，德博而化。《易》曰：'见龙在田，利见大人'，君德也。"

【白话】

九二说："龙出现在地上，适宜见到大德之君。"这是什么意思呢？

孔子说："有龙德的人正居于中道。说话保持诚信，行为保持谨慎，防止邪恶而保持真诚，造福于世而不自夸，德行广为传播而化育世人。《周易》说：'龙出现在地上，适宜见到大德之君'，这是具备了君王之德。"

1.16 九三曰："君子终日乾乾，夕惕若，厉，无咎。"何谓也？

子曰："君子进德修业。忠信所以进德也，修辞立其诚，所以居业也。知至至之，可与几也；知终终之，可与存义也。是故居上位而不骄，在下位而不忧，故乾乾因其时而惕，虽危无咎矣。"

【白话】

九三说："君子整日勤奋不懈，日夜兢兢业业而谨小慎微，刚决、果断，没有咎害。"是什么意思呢？

孔子说："君子在增进德行、提升修养。做到忠实诚信以此修养德行，修正言辞、树立诚信，以此成就功业。知道自己的目标并且努力达到，才可以知道微小的变化；知道什么是应该终身坚守的而坚守到底，才可以守住道义。因此居于上位而不骄奢，居于下位而不忧愁，所以勤奋不止，根据时势变化而保持警惕，虽然危险但没有过失咎害。"

1.17 九四曰："或跃在渊，无咎。"何谓也?

子曰："上下无常，非为邪也；进退无恒，非离群也。君子进德修业，欲及时也，故无咎。"

【白话】

九四说："或是奋进，或是安处待时，没有咎害。"这是什么意思呢?

孔子说："或上或下没有常态，并不是为了邪欲；或进或退没有规律，并不是脱离群体。君子增进德行，提升修养，是想抓住时机，所以没有过失咎害。"

1.18 九五曰："飞龙在天，利见大人。"何谓也?

子曰："同声相应，同气相求。水流湿，火就燥；云从龙，风从虎。圣人作而万物睹。本乎天者亲上，本乎地者亲下，则各从其类也。"

【白话】

九五说："龙飞翔在天空，适宜表现大人之德。"这是什么意思呢?

孔子说：相同的声音互相呼应，相同的气息互相追求。水流向湿处，火烧向干燥；云从龙生，风自虎出。圣人的兴起万众瞩目。本性向往于天的会向上亲附，本性向往于地的会向下亲附，都是各自归从于自己的属类。

1.19 上九曰："亢龙有悔。"何谓也?

子曰："贵而无位，高而无民，贤人在下位而无辅，是以动而有悔也。"

【白话】

上九说："龙飞得太高而有悔患。"这是什么意思呢?

孔子说："尊贵却无实际地位，高高在上却得不到民众的支持，贤德之人在下位却不来辅佐，因此一行动就会有悔患。"

1.20 "潜龙勿用"，下也；"见龙在田"，时舍也；"终日乾乾"，行事也；"或跃在渊"，自试也；"飞龙在天"，上治也；"亢龙有悔"，穷之灾也；乾元"用九"，天下治也。

【白话】

"龙潜伏着，不能有所作为"，因为地位低下；"龙出现在地上"，因为能顺应时势而停止；"整日勤奋不懈"，是说在努力工作；"有时奋进有时安处"，是说在努力寻求时机；"龙飞翔在天上"，是说处于上位而治理国家；"龙飞得太高而有悔患"，是说穷尽而招致灾难；乾卦的"用九"本质，使天下得到大治。

1.21 "潜龙勿用"，阳气潜藏；"见龙在田"，天下文明；"终日乾乾"，与时偕行；"或跃在渊"，乾道乃革；"飞龙在天"，乃位乎天德；"亢龙有悔"，与时偕极；乾元"用九"，乃见天则。

【白话】

"龙潜伏着,不能有所作为",是说阳气潜藏在地下;"龙出现在地上",是说天下正处在文明的时代;"整日勤奋不懈",是说根据时势的发展而行动;"有时奋进有时安处",是说君王之道要发生变革;"龙飞翔在天上",是说已位居于大位而表现出天子之德;"龙飞得太高而有悔患",是说随着时势的变化已经发展穷极;总结全卦的"用九",表现了天道运行的法则。

1.22 乾"元"者,始而亨者也;"利贞"者,性情也。乾始能以美利利天下,不言所利,大矣哉! 大哉乾乎,刚健中正,纯粹精也;六爻发挥,旁通情也;时乘六龙,以御天也;云行雨施,天下平也。

【白话】

乾卦的"元",创始而通达;"适宜固执守正",是表达人的性情;乾卦创始能够以美妙和适宜造福天下,却不说所造福的功德,真是伟大! 伟大啊乾道,刚健而居于中正之位,真是纯粹精妙;六爻按照时位发挥功用,互相通达情状;根据时势驾乘六条龙,来统御天下;云气流行,雨水布施,天下和平。

1.23 君子以成德为行,日可见之行也。"潜"之为言也,隐而未见,行而未成,是以君子弗用也。

君子学以聚之,问以辨之,宽以居之,仁以行之。《易》曰:"见龙在田,利见大人。"君德也。

九三重刚而不中,上不在天,下不在田,故"乾乾";因其时而惕,虽危"无咎"矣。

九四重刚而不中,上不在天,下不在田,中不在人,故"或"之,或之者,疑之也。故"无咎"。

夫"大人"者,与天地合其德,与日月合其明,与四时合其序,与鬼神合其吉凶。先天而天弗违;后天而奉天时,天且弗违,而况于人乎? 况于鬼神乎?

"亢"之为言也,知进而不知退,知存而不知亡,知得而不知丧。

其唯圣人乎! 知进退存亡而不失其正者,其唯圣人乎!

【白话】

君子以行动表现道德,就是日常的行为。(初九)所说的"潜",意思是隐藏而不被看见。行动还不会有成就,所以君子不能有所作为。

君子通过学习来积累知识,向人请教以明辨是非;宽宏大量地对待别人,在行动中实践"仁"。《易》说:"龙出现在地上,适宜见到大德之人"。这是说君子的德行。

九三刚健而不在中位,往上还没有进入天位,往下又不在地位,所以"勤奋不懈";因为处在这样的一个时期而心怀警惕,虽然有危险但"没有过失咎害"。

九四刚健而不在中位，往上没有至达天位，往下也不在地位，中间又不在人的合适位置，所以说"或怎么样"，说"或"是疑惑的意思。因此没有"没有过失咎害"。

　　（九五爻辞）所说的"大人"，他的德行与天地相配合，他的圣明与日月相辉映，他制定的法则与四季相顺应，他的成败得失遵循鬼神的指引，在明白天道之前行动也能不违背天道；在明白天道之后行动能顺应天时，天道都和他不相违背，何况人呢？更何况鬼神呢？

　　（上九爻辞）说到的"亢"，是说只知道前进而不知道后退；只知道存在而不知道消亡；只知道获得而不知道丧失。

　　只有圣人能做到啊！知道进退存亡的道理又不偏离正道，只有圣人能做得到啊！

【总结与启示】

　　《乾》卦下乾上乾，八卦之"乾"代表天，下天上天，代表天道强健运行、永不止息。天为世界之主宰，君为国家之主宰，故文王以"乾"喻君，以乾卦勉励国君。要想治理好国家，应学习天道运行不止的精神，故《象》曰："君子以自强不息。"

　　六爻纯阳，以龙为喻，代表君王不同的成长过程始终贯穿着奋进、强健之势。上九为全卦之终，代表君王暮年衰弱，应适时退隐，否则有悔。用九总结各爻：君王服务国家应自强不息，修养自己不好为人首。

　　《乾》卦虽是勉励君王自强不息，但其实每个人不管在社会居于何种地位，也总有为"君"之时：如为单位领导，则是单位之"君"；如为部门领导，则是部门之"君"；如为人父母，则是家庭之"君"；如不为他人之长，则为自己命运之"君"，所以每个人的一生都应像天道一样自强不息、奋斗不止，方能主宰命运，成就一生。

　　事物的发展总要经历从开始到发展到衰弱的过程，事业发展如此，人生发展亦如此。我们身处过程之中，当清醒地认识到当前的状态顺势而为：起步之初，能力不足，时机不成熟，则应懂得"潜龙勿用"，学会隐忍，习惯低调，勤学苦练等待时机；发展势起，时机成熟，则当努力作为，甘于奉献，利用各种机会表现能力；担当重任之时，当勤勉操劳，迎难而上，积极奋进而勇担责任；衰退之时，当适时而退，该放下时果断放下，甘居人后，否则徒增烦恼，有害无益。

　　人生不管处于什么阶段，也不管自己能力多强、作用多大，应时刻记得天道虽主宰世界，却永远日夜运行，不知疲倦；虽创生万物，却永远为而不恃、功而不居。

坤卦第二：为臣之道，谨守谦逊

坤卦 下坤上坤，坤为地

上六：龙战于野，其血玄黄。
《象》曰："龙战于野"，其道穷也。

六五：黄裳，元吉。
《象》曰："黄裳元吉"，文在中也。

六四：括囊，无咎无誉。
《象》曰："括囊"无咎，慎不害也。

六三：含章可贞。或从王事，无成有终。
《象》曰："含章可贞"，以时发也；"或从王事"，知光大也。

六二：直方大，不习，无不利。
《象》曰：六二之动，直以方也；"不习，无不利"，地道光也。

初六：履霜，坚冰至。
《象》曰："履霜坚冰"，阴始凝也；驯致其道，至"坚冰"也。

卦辞

坤，元亨，利牝马之贞。君子有攸往，先迷后得主。利西南得朋，东北丧朋。安贞吉。

2.1 卦名卦序

"坤"字始见于战国时期的文字记录，其来源于本卦。"坤"从土从申，"土"指土地；"申"有延伸之意。土加申，表示土壤四处延伸，无边无际，故"坤"指大地。从自然而言，大地配合天道而生养万物；从国家而言，"坤"引申为顺应君王的为臣之道，其品德应如大地一般培育、宽厚、谦逊、博大、顺从，等等。

《乾》卦为《周易》第一卦，《坤》卦是第二卦。这两卦被认为是所有六十四卦中最特殊的两卦。孔子及其后学也专门对这两卦著有《文言传》加以解说。其特殊性不仅体现在二者是易道世界的前两卦，还体现在卦体的纯阳、纯阴的结构。

《乾》卦上乾下乾，经卦"乾"卦为"天"，故《乾》卦之上乾下乾理解为像天道一样健行不息、奋斗不止；《坤》卦上坤下坤，经卦"坤"为纯阴为静，代表大地，故《坤》卦之上坤下坤应理解为像大地一样顺从、宽厚、连绵不绝。

以天道论：自然界最大的为天，其次为地。所以，第一卦为天，为《乾》卦；第二卦为地，为《坤》卦。

以人道论：从国家管理来说最重要的是君王，然后是臣。《乾》卦说的正是君王的成长过程和经历表现，而《坤》卦说的则是贤臣的为臣之道及成长过程。这两卦的每一爻代表君或臣处在不同的成长阶段。《乾》卦的理解可参考舜帝的成长过程，而《坤》卦的理解也可参考殷商初期的贤相伊尹的成长过程和经历表现。

2.2 卦辞

坤，元亨，利牝马之贞。君子有攸往，先迷后得主。利西南得朋，东北丧朋。安贞吉。

【白话】

卦辞：坤道（忠诚、仁厚、柔顺），这是（国家生存和发展）通达顺利的根本，适宜像母马一样固守（柔顺、健行）之正。贤臣有所作为，先期会有所迷惑没有方向，后来会得遇其明主而创立功业。适宜在西南方得到收获，在东北方失去收获。安守柔顺之德而得到吉祥。

【解读】

◎ 坤，元亨，利牝马之贞

坤：在卦辞中可理解为（臣道）应像大地一样谦逊地顺应天道而养育、管理万物。

元亨，与《乾》卦理解相同，即"通达的根本"，其与"坤"连起来就是：（君王）有像大地一样的贤臣辅佐，这是国家发展通达、顺利的根本。这说明本卦对国家的建设与发展具有非常关键的意义。事实的确如此，任何一代明君必有贤臣辅佐，否则，国家很难持续发展。

牝马：母马，特点是既有母性的柔顺、生养之德，又有马的健行、忠诚之德。

利牝马之贞：母马既要像公马一样勤劳、忠诚地服务于主人，还能生育出更多的小马以延续和传承贤德，引申到为臣之道不仅自己要忠诚服务于君王、国家，还应源源不断地教化、培养出更多的贤能、忠诚之士，才能使国家生生不息、长盛不败。这是为人臣者应坚守的原则。

"坤"取"牝马"之象。

◎ 君子有攸往，先迷后得主

君子：这里非指君王，也不同于儒家所说的"君子"，而是指有所作为、有机会辅佐君王、居于高位的贤臣。

有攸往：有所作为，多指主动进取作为。《易》例中凡说"有攸往"者多有"阳爻"之性。"君子有攸往"应指卦中六三变九三而有所作为（具体见六三爻辞解说）。

"先迷后得主"，《说文》：迷，惑也，指迷惑没有方向。六三虽"含章可贞"，但因过于柔顺而不正位，所以有开始迷惑而找不到方向，后能辅佐明主，有所作为之意。这句卦辞也说明：做一个贤能的忠良之臣也不是容易的事，不可能一帆风顺经历波折和坎坷终有辅佐明主的机会，如商朝初期的贤相伊尹。

◎利西南得朋，东北丧朋。安贞吉。

这句辞是典型的卜筮用语，但从义理上来说，应如何理解呢？从文王的后天八卦图可知，西南为坤，东北为艮。"利西南"则是指坚守坤道，谦逊有德、守正待时，从爻象看应指既中且正、又为坤之主的六二。从六二的爻辞："不习，无不利"可知，六二以其谦顺仁厚之德，不需刻意表现就能得到大家的敬重和爱戴，所以称"得朋"。

东北丧朋：东北指艮方，"丧朋"指丧失同道的支持。艮为山，山有高大之象，此处是指自以为是，以高大自居，因而丧朋。从下面爻辞解读可知："艮"卦取象既可以来自六三变九三，又可以是上六变上九。六三变九三后是"或从王事，无成有终"，所以没有"丧朋"，故非指六三；而上六辞为"龙战于野，其血玄黄"，其义与坤德相背，故艮应是取象于上六变上九（详见上六爻解读）。这句话的本义可理解为：如果居于高位的重臣失去了谦逊、柔顺、忠诚之德，自高自大，那就会像上六爻一样有血光之灾（龙战于野，其血玄黄）。正因如此，最后圣人再次强调"安贞吉"，即安守谦逊之德才是为臣之道，才能最终吉祥、顺利。

另外，从商末时期方位来说，商都朝歌位于现在的河南淇县，周都镐京位于陕西西安长安区，镐京正是在淇县的西南方，而淇县在西安的东北方。这应是圣人暗指镐京与朝歌：西周君王圣明，能使贤能之士有用武之地；而纣王当政的商朝昏庸无道，政治黑暗，社会腐败，贤能之士遭到迫害。类似用法后卦的爻辞中出现的："密云不雨，自我西郊""王用享于西山""东邻杀牛，不如西邻之禴祭"等抑东扬西之辞。这也可证明《周易》作者应为当时的文王或周公。

2.3 象曰：至哉坤元，万物资生，乃顺承天。坤厚载物，德合无疆；含弘光大，品物咸亨。"牝马"地类，行地无疆，柔顺利贞。"君子攸行"，先迷失道，后顺得常。"西南得朋"，乃与类行；"东北丧朋"，乃终有庆；"安贞之吉"，应地无疆。

【白话】

《象》说：宽广之极啊坤元，万物依赖它得以生长，那是因为顺承着天道。坤道仁厚而承载万物，其柔顺之德与天道应合没有边界；内涵宽厚而广大，万物都能够顺利生长、发展。"母马"属于像大地一样的生物，驰行大地无所不至，柔顺而适宜固守正道。"君子攸行"，是说开始会遇到困难而偏离正道，后来能够因谦顺而据守常道。"西南得朋"，是说能够得到大家的支持；"东北丧朋"，最终会有喜庆；"安贞之吉"，因为顺应了大地的宽厚无疆。

【解读】

◎《象》作者解释卦辞，并以此极赞大地的宽广、厚重、顺承之德。对乾卦的"元"

赞的是"大"，对坤道的"元"赞的是"广"。乾道是创生万物，坤道是顺应地道而使万物赖以生长，这都是从天地自然之德来阐发的。

"牝马"是像大地一样柔顺、忠贞、奉献、生养的动物，圣人以牝马来比喻臣道。

2.4 《象》曰：地势，坤。君子以厚德载物。

【白话】

《象》说：大地厚重博大，这就是坤卦的卦象。君王得以领悟：要学习大地以培养宽厚的品德，包容、承载万物。

【解读】

◎ 地势，坤

地势：大地宽厚、承载、博大之势。卦象下坤上坤，坤为地为宽厚，上下都是坤则有连绵不绝的宽厚、顺从、包容之象。

大地的特点是：宽广无边、厚实无底，公正无私地承载着万物，并顺应天道四时的变化使万物得以生长。圣人以大地为喻，取宽广、承载之德，并以此勉励后世君王要像大地一样心胸宽广，包容万物。这显然是对君王而不是普通人提出的要求。文王时期人类还处在奴隶社会，儒家思想还没有形成体系，圣人不可能对普通人有这么高的要求，所以"君子"在此特指"君王"。

或有人问：本卦说的是臣道的成长与谦顺，为什么"大象"又说的是君王呢？这是因为《周易》说的是治国之道，为天子之书，其目的是为后世君王治理国家提供指导和帮助，所以各卦的"大象"辞都是从君王的立场从卦象中提炼出来的中心思想，以帮助君王理解卦义和应用易道治理国家。"大象"辞是解开《周易》密码的重要线索。

2.5 初六：履霜，坚冰至。

《象》曰："履霜坚冰"，阴始凝也；驯致其道，至坚冰也。

【白话】

初六：脚下踏着白霜，（能够想到）坚冰很快就会来到。

《象》说："履霜坚冰"，是说阴气开始凝聚；顺着这种趋势发展，终将会结出坚厚冰层。

【解读】

◎ 履霜，坚冰至

先贤们多把此爻理解为"见微知著"之义，如《淮南子·齐俗训》记载：昔太公望、周公旦受封而相见，太公问周公曰："何以治鲁？"周公曰："尊尊亲亲。"太公曰："鲁从此弱矣！"周公问太公曰："何以治齐？"太公曰："举贤而上功。"周公曰："后世必有劫杀之君！"其后齐日以大，至于霸，二十四世而田氏代之。鲁日以削，至三十二世而亡。故《易》曰："履霜，坚冰至。"圣人之见终始微言。

其实，本句本义是说，要经历一段从小到大的苦难成长过程。

初六刚处柔位，不正，为坤顺之初，引申为贤臣在成长之初。"天将降大任于斯人也，必先苦其心志、劳其筋骨、饿其体肤"，他们在成长之初，也会像普通人一样遭受挫折，经受苦难。贤者对此有准备，并能够顺利渡过（坤为顺）。

《周易》体例，常以初爻为趾。如：《噬嗑》之初九"屦校灭趾，无咎。"《贲》之初九"贲其趾，舍车而徒。"《夬》之初九"壮于趾，征凶，有孚。"《艮》之初六"艮其趾，无咎。利永贞。"皆有行动初始之意。本爻同样为行动之始，故言"履"。

"坤"为纯阴，而初六阴气始结，所以以"霜"为喻。

卦辞"先迷后得主"，也是说贤臣在辅佐明君之前会经历苦难和挫折，而初六代表贤臣正处于成长初期，如以商汤贤臣"伊尹"为例，则应是流落在有莘国耕作为奴时期，受尽苦难。

初六以柔居初，是地位卑微、能力弱小之时，因此爻辞"履霜，坚冰至"还可理解为"履霜，至坚冰"，即"开始踏着有霜之地，一直到覆盖厚厚坚冰的隆冬之时"，引申为开始遭受苦难，并逐渐还要遇到更深重的磨难。这与卦辞"先迷"是相对应的。

2.6 六二：直方大，不习，无不利。

《象》曰：六二之动，直以方也；"不习，无不利"，地道光也。

【白话】

六二：正直、稳重、博大，不需要任何表现，没有什么不利的。

《象》说：六二表现的行为动作，正直而且稳重；"不习，无不利"，说的是大地柔顺、生养之道光明伟大。

【解读】

◎ 直方大

直：正直。

方：方正。天圆地方，大地厚实稳重，故用"方"来形容。方形的物体平稳、不易移动，表示稳重。

大：博大。大地无边无际，故以"大"形容。

六二既中且正，为下坤之主。六二代表大地，作者以"直""方""大"形容大地的秉性和品德。

◎ 不习，无不利

习：繁体字为"習"，从"羽"从"日"。《说文》："習，数飞也"，一次次起飞、反复起飞之意。不习：意为不需要反复、刻意地表现自己。

大地顺应天气变化而生养万物，任何物种在大地之上都能生存和发展。种瓜得瓜，种豆得豆，大地总是公正地对待万物，不求回报。六二有大地之德，不需刻意表现，只按照自己本性处世即可，不会对任何人造成不利。

贤臣在成长过程中，虽开始经历严霜至坚冰的苦难过程，但以其"直方大"之德而能顺利度过，"无不利"。

本爻充分体现了六二的低调、谦逊、顺从、稳重之德，与卦辞"利西南得朋"相对应。

2.7 六三：含章可贞。或从王事，无成有终。

《象》曰："含章可贞"，以时发也；"或从王事"，知光大也。

【白话】

六三：蕴含章华，守正固执。如果辅佐诸侯处理政事，（则）不会有大的成就，但会有好的结果。

《象》说："含章可贞"，是说在等待时机以发挥作用；"或从王事"，是说智慧发扬光大。

【解读】

◎ 含章可贞

六三居下卦之上，以阴居刚位，在他卦为不中不正，但坤以柔顺为上，正是坤道至盛之时，故称"含章可贞"。章：章美，才德之意。蕴含柔顺之才德，可以贞守。

坤为地，大地有广藏之功，故取"含"象；坤又为文，故称"章"；六三坤顺之至，故"可贞"。

◎ 或从王事，无成有终

"或"为假设之辞，意为"如果"。从：随从行动，有辅佐之意。三为诸侯之位，"王事"即是诸侯王公治理邦国、保护国家安全之政事。

或从王事：如果辅佐诸侯邦君处理政事。

无成有终：没有什么大成就，但有好的结果。

《坤》说的本是辅佐君王、谦顺忠诚的辅国重臣的成长过程和伟大贡献，他的才德及使命应是帮助君王治理天下大事，如果去辅佐镇守一方的诸侯王公处理政事，则大材小用，很难充分发挥出他的才德，也不会有太大的成就。如仲虺本为薛国国君，如不是辅佐成汤，则难以名垂青史；伊尹本在有莘国耕作，如不是成汤三聘求之，则不会成为千古名相。

伊尹是商朝的开国元勋，他不仅帮助成汤打败夏桀，建立商朝，而且还辅佐了商朝五代君王，辅政五十年，为商朝的繁荣富强立下了汗马功劳，死后更是以天子之礼陪葬于亳都（今河南商丘市），奉祀为"商元圣"。甲骨文中有"大乙（即商汤）和伊尹并祀"的记载，纵观中国几千年的历史，他的高尚品德和对国家的伟大贡献，以及作为辅政之臣的个人成就，几乎无人可比。但如果他只是在有莘国度过一生，最终不可能有如此伟大的成就，故称"无成"，终究只能做到"有终"而已。这就是"或从王事，无成有终"的含义。

从"或从王事"可知：假如六三变九三，则九三为正位的诸侯，是为"王事"。如六三变九三，则下坤变艮，艮为山为止为终，山在地下是埋没其高大；为止为终则是"无成有终"。

2.8 六四：括囊，无咎无誉。

《象》曰："括囊"无咎，慎不害也。

【白话】

六四：扎紧口袋，没有危害也没有赞誉。

《象》说："扎紧口袋"没有危害，因谨慎而不会招致伤害。

【解读】

◎ 括囊，无咎无誉

六四居正而近君，其职责为忠心辅佐君王，建立功业，不可过于保守。

六四柔顺居阴，在他卦为正位，但在坤卦则过柔，故用"括囊"为喻。不把口袋里的东西露出来，还要扎紧口袋，指太过谨慎，这样虽然没有过失，但也太过保守。位居近君高位，当尽忠事君，太过于保守，当然不值得提倡，虽"无咎"，但也"无誉"。

2.9 六五：黄裳，元吉。

《象》曰："黄裳，元吉"，文在中也。

【白话】

六五：穿着黄色的下衣，这是最终成功的根本。

《象》说："穿着黄色的下衣，这是最终成功的根本"，因为这是居守中道的文饰。

【解读】

◎ 黄裳，元吉

六五为君之位，但坤卦只讲臣，不讲君，说明能臣已处在最尊的摄政之位，如伊尹辅佐太甲、周公辅助成王。黄：指居中之土色，引申为尊贵守中；裳：为下身所穿的衣服，引申为自居其下，安守本分。六五上坤之主，坤为黄为裳。

《系辞传·上》："吉凶者，失得之象也"，吉为得，即成功之意。"元吉"，成功之根本。六五是以臣之身而居君之位，仍能做到坚守中道，安守为臣之本分，所以这样才是作为贤臣最终名垂千古的关键，如伊尹、周公。

2.10 上六：龙战于野，其血玄黄。

《象》曰："龙战于野"，其道穷也。

【白话】

上六：与龙相争于郊野，它的血是玄黄色的。

《象》说："与龙相争于郊野"，是说为臣之道已经走入穷尽。

【解读】

◎ 龙战于野，其血玄黄

上六为阴之极位。阴极则变，引申为重臣权力到了极致而失去自我，要与君王争位（龙代指君王），最终惨烈，对臣来说就是血光之灾。本爻虽然未说明"凶"，但其凶险的结果可想而知。

玄：《释言》"玄，天也"；《说文》"黑而有赤色者为玄"。"玄"指天指君王；"黄"指地指臣。臣正处强势之时，而君正处于弱势之时。"其血玄黄"，指君臣争位，其战惨烈，这是说如果位极人臣者不能安守臣道而滋生野心，与君王争斗，其危害是非常巨大的。

上六变上九，则刚健不正，又驾乘在六五君位之上，故有与君争位之象。上六在上卦之外，故称"野"，如《同人》之上九："同人于郊，无悔"。"郊"与"野"意义类似，指远离城区的野外之地。

可能会有人问：解说六五爻时，说六五是代表贤臣处尊贵之位，而到了上六爻怎么变成了君王？这是因为，每一卦只有区区六爻，却要讲出复杂的道理，所以通常每爻在不同时期会有不同的象征意义，即为"随时取义"，就好比演员一人饰演多个角色。这在《易》例中很常见。

本爻对应卦辞中"东北丧朋"。上六变则上卦为艮，艮为东北。

2.11 用六：利永贞。

《象》曰：用六"永贞"，以大终也。

【白话】

用六：应该时刻保持谦顺之道。

《象》说：用六"时刻保持谦顺之道"，因为最终以刚健结束（招致灾害）。

【解读】

◎ 利永贞

"用六"与乾卦的"用九"类似，对每条阴爻进行总结之意。全经只有《乾》《坤》两卦有"用九"或"用六"，因为只有这两卦每爻都是纯阳和纯阴。

此爻可看作是圣人针对上六之变而立的垂诫之辞。圣人劝诫为人臣者，不管处在什么阶段，都应该谨记谨守谦顺之道，切不可得意忘形，否则必遭灾殃。

◎ 以大终也

大：阳也。终：结束也。最终上六变为上九而结束，故圣人立"利永贞"之诫。

2.12 《文言》曰：坤至柔而动也刚，至静而德方，后得主而有常，含万物而化光。坤道而顺乎？承天而时行。

【白话】

《文言》说：坤卦最为柔顺，但行动却刚健；最为安静，但德行方正。后来辅佐君主而表现出谦顺的常道，包容万物而化育广大。坤道难道不是顺应吗？顺应于天道而遵照时序运行。

【解读】

◎ 《文言传》只有乾、坤两卦才特有，是对《彖传》和《象传》的解说进一步引申和发挥。

◎ 本段是结合卦辞及六二爻辞（六二爻可视为全卦之主），综合阐述坤道的直、方、大及顺应之德。

2.13 积善之家，必有余庆；积不善之家，必有余殃。臣弑其君，子弑其父，非一朝一夕之故，其所由来者渐矣，由辩之不早辩也。《易》曰："履霜，坚冰至"，盖言顺也。

【白话】

积善行德的人家，必定会给后代留下福庆；不积善行德的人家，必定会给后代留下灾殃。臣子谋杀他的国君，儿子杀死他的父亲，这绝不是一朝一夕形成的，它是慢慢地发展而来的，是因为没能及早发现。《易经》说："履霜，坚冰至"，说的就是事物的发展趋势。

【解读】

◎ 这是对初六爻辞的解释和发挥，显然是从"见微知著"的方向理解的。如果按此理解，则本爻似与全卦主题格格不入。

"人之初，性本善"，任何大恶都是由小恶发展、积累而来的，只是因为没有及时发现和引导。

坤有顺应之德，顺应的方向非常重要，如果顺应不善的方向发展，则可成大恶。作者认为初六首先告诉我们这个道理。

◎ 臣弑其君，子弑其父

春秋战国时期，礼坏乐崩，世衰道微，"臣弑其君有之，子弑其父有之"。

《太史公自序》：万物之散聚皆在春秋。春秋之中，弑君三十六，亡国五十二，诸侯奔走不得保其社稷者不可胜数。察其所以，皆失其本已。故易曰"失之毫厘，差以千里"。故曰"臣弑君，子弑父，非一旦一夕之故也"，其渐久矣。

2.14 直其正也，方其义也。君子敬以直内，义以方外，敬义立而德不孤。"直方大，不习，无不利"，则不疑其所行也。

【白话】

"直"指的是"正","方"说的是"义"。君子用恭敬来端正其内心，坚守道义以端正其行为，恭敬和道义树立起来后这种品德就不会孤立。"正直、稳重、宽大，不表现，没有什么不利的"，不用怀疑这样的行为。

【解读】

◎ 这是解释六二爻辞的。六二为全卦之主，是坤德的典型体现，内心恭敬、行守道义，这样的品德自然不会孤立。

子曰："德不孤，必有邻"。

2.15 阴虽有美，含之以从王事，弗敢成也。地道也，妻道也，臣道也。地道无成，而代有终也。

【白话】

阴柔虽然有美德，但要含蓄、低调，以此追随君王成就功业，不敢视为自己的成功。这就是大地的法则，做人妻的法则，做人臣的法则。大地的法则是不成就自身，而是代天完成功业。

【解读】

◎ 本段解释六三爻："含章可贞，或从王事，无成有终"。

2.16 天地变化，草木蕃；天地闭，贤人隐。《易》曰："括囊，无咎无誉。"盖言谨也。

【白话】

天与地变幻化育，草木生长茂盛；天地闭塞，贤能的人隐居避世。《易经》说："扎紧口袋，没有过失也没赞誉"，这是说非常谨慎。

【解读】

◎ 本段解释六四爻："括囊，无咎无誉"。作者认为本爻是强调谨慎。

2.17 君子黄中通理，正位居体，美在其中而畅于四肢，发于事业，美之至也。

【白话】

君子持守黄中之道而通达事理，居于中正之位而修养品德，美德蕴藏内心而畅达于四肢，然后才表现在事业上，这是柔顺美德发挥到极致。

【解读】

◎ 本段解释六五爻："黄裳，无吉"。

2.18 阴凝于阳必战，为其嫌于无阳也，故称龙焉；犹未离其类也，故称血焉。夫玄黄者，天地杂也，天玄而地黄。

【白话】

阴爻被阳爻所猜疑必定引发争斗，因为阴爻（臣道之势）发展到极致而眼里已经没有阳（君王）了，所以认为自己就是龙（君王）；仍然没有脱离为人臣属，所说惨败后有血光之灾。玄黄，是天地相杂的意思，天为玄地为黄。

【解读】

◎ 本段解释上六爻："龙战于野，其血玄黄"。

【总结与启示】

坤卦下坤上坤，坤为地，下地上地，大地无限延伸，形容大地的宽厚、博大。"天"为自然主宰，"地"则配合天道承载万物，引申到国家则是"君"为国家主宰，"臣"辅佐国君管理国家。故"乾"为"君"，"坤"为"臣"，乾卦喻指君王的成长与作为，坤卦喻指贤臣的成长与成就。

本卦可以商、周时期以伊尹、周公为代表的贤臣的成长及对国家治理的重要性为例来理解。贤臣对国家的发展与强盛的重要性仅次于君王。国家的创建与生存靠君王，国家的发展与强大则离不开贤臣。伟大的贤臣不仅要经历一个艰苦的成长过程（初六），还需要具备像大地一样博大宽广的胸怀（六二）及任劳任怨、无私奉献的精神（六三），虽功高盖世却甘居人后（六五）。

大地因宽厚博大，故能承载万物；人生唯宽容无私，才可担当大任。

人生既有为"君"之时，更有为"臣"之时：在家为子女之"君"、为父母之"臣"，在单位为下属之"君"、为上司之"臣"，故应始终谨遵为臣之礼、谨守为"臣"之道。一个人不管能力多强、功劳多大，应谦虚自处、甘居人下，这是人生成功的根本，故坤之六五曰："黄裳，元吉"。

屯卦第三：国家初建，固本筑基

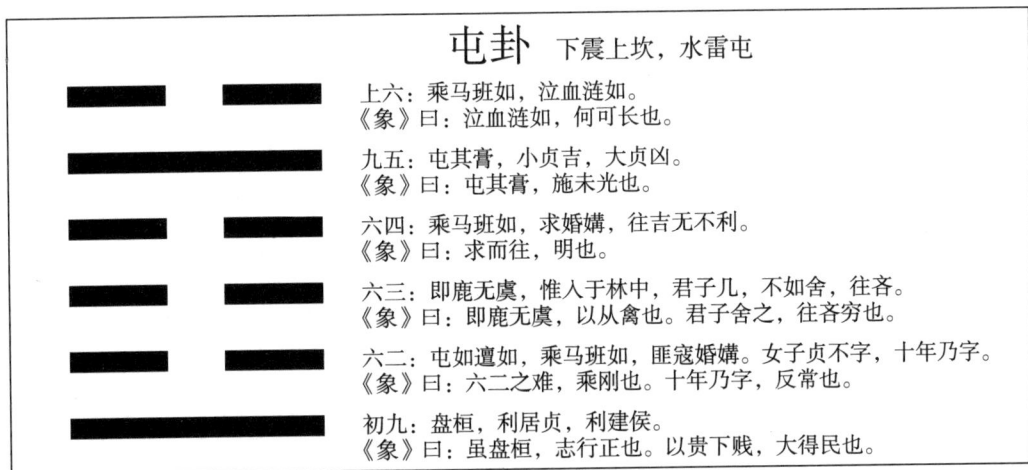

屯卦　下震上坎，水雷屯

上六：乘马班如，泣血涟如。
《象》曰：泣血涟如，何可长也。

九五：屯其膏，小贞吉，大贞凶。
《象》曰：屯其膏，施未光也。

六四：乘马班如，求婚媾，往吉无不利。
《象》曰：求而往，明也。

六三：即鹿无虞，惟入于林中，君子几，不如舍，往吝。
《象》曰：即鹿无虞，以从禽也。君子舍之，往吝穷也。

六二：屯如邅如，乘马班如，匪寇婚媾。女子贞不字，十年乃字。
《象》曰：六二之难，乘刚也。十年乃字，反常也。

初九：盘桓，利居贞，利建侯。
《象》曰：虽盘桓，志行正也。以贵下贱，大得民也。

卦辞

屯：元亨，利贞。勿用有攸往，利建侯。

3.1 卦名卦序

《序卦》：**有天地，然后万物生焉。盈天地之间者唯万物，故受之以屯。屯者，万物之始生也。**

【解读】

◎ 屯（zhūn），甲骨文：𠂤；金文：𡳿。

屯：甲骨文像一颗种子嫩芽破土，上有嫩芽，下有细根，在根部加一撇，表示种子扎根。造字本义：种子萌芽，向下扎根，向上生长。有的甲骨文写得与"生"相似，下部（屮），像种子刚破土萌发，上部像幼苗的嫩梢。金文将嫩梢变成一点。《说文》："屯，难也，像草木之初生，屯然后难。"

《屯》卦下震为雷为蕃鲜为生长，上坎为水，水在上故取云象；震为雷为动为蕃鲜。"蕃鲜"即生长茂盛的杂草。

从卦象看：下卦为"震"，"万物出乎震"（《说卦》）。震代表春天，为动、为生机。其一阳在下，有始生、初生之象；其上卦为"坎"，坎为险为难，故《屯》卦有初生而面临艰难之意。种子正在发芽，嫩芽正在努力突破土壤往上长，此时是嫩芽最脆弱、最困难、最需要保护和雨水滋润的时候，但天上乌云密布、电闪雷鸣，雨水却久久不能降落，对嫩芽来说充满了生长的艰难。

引申到国家：国家像草木嫩芽一样处于初建阶段，君王的统治非常脆弱，民众生活艰难困苦。此时国家最需要的就是稳固和安全，以使百姓休养生息，社会和平发展。

综上，故《屯》卦可引申为：在国家建立之初，需要保护人民休养生息，保障国家发展安全。

◎《序卦传》是说明各卦排列顺序之理的。

《乾》《坤》两卦就好像是《易》的两扇大门，进入大门，《易》的世界才开始展开，因此，排序说明从第三卦——《屯》卦开始。

《序卦传》通常从自然的角度说明卦序之理，如本卦。从天道自然而言，"乾"为天，"坤"为地，天地产生之后，万物开始孕育、生长而遍布大地。故《乾》《坤》之后是《屯》卦。《屯》就是万物初生而满盈之意。

从国家而言：《易》是讲国家从产生、发展、变化到管理的过程。《乾》《坤》说的是君、臣，有君有臣则国家才能建立。《屯》卦说的正是国家像种子的萌芽一样初建。

《周易》之始的《乾》《坤》《屯》三卦说的正是有君、有臣、国家开始形成，以国家为载体的易道义理随之展开。

3.2 卦辞：屯，元亨，利贞。勿用有攸往，利建侯。

【白话】

卦辞：在国家建立之初，充满艰难和挑战，这是国家发展通达必须经历的关键过程，应该坚守正确的方向。不可贸然激进，应该封侯建邦，以巩固统治。

【解读】

◎ 元亨利贞

本卦中出现的"元亨，利贞"四字与《乾》卦中出现的意义没有本质区别，说明本卦所述过程是国家建立与顺利发展的必经阶段，也是最关键的过程之一，应坚持按照正确的方向前进。先儒们认为乾卦的"元亨利贞"代表乾之四德，显然是受《文言传》的影响。《易传》是以孔子及其儒家后学著作的优秀作品，是典型的以儒家思想解说《周易》之理，但也必定有其历史的局限性，所以今天我们理解《周易》时，不应将两千多年前的《易传》奉为圭臬而受其束缚。我们应站在前人的肩膀上读易解易，并与时俱进，大胆突破，不可因循守旧、顽固不变。

元：为起始、本源、根本。

亨：在所有卦中都可以理解为通达、顺利之意。

元亨：字面理解为"通达、顺利的根本"。从整个《周易》的六十四卦来看，国家从建立到顺利发展必须经历"屯"时的艰难，也必须解决"屯"时的艰难才能稳固，这是国家得以顺利发展的关键。

利贞：字面之意都可以理解为适宜守正、坚持。在此需要特别说明的是：守正是守什么正？坚持的方向又是什么？"利贞"其实在每一卦基本都有不同具体含义的，也就是说像《坤》卦的"利牝马之贞"一样，每卦都有一定的指向。或问：《乾》卦只有"元亨利贞"四字，又有什么利贞的条件或指向呢？当然有，只有四字那是因为"乾"字已经充分说明利贞的方向，即应该坚持像天道一样健行不息、大公无私、胸怀天下，虽然宽广宏大，但其实指向也很明确。《坤》卦已经说明了是像牝马一样守正。而本卦的"利贞"指向也很明确，那就是卦辞的后段："勿用有攸往，利建侯"。研读者在以后各卦的理解上要注意"利贞"的指向，有利于帮助对卦义的准确理解。

◎ 勿用有攸往，利建侯

这句话的字面的意思是：不要有所作为，适宜建邦封侯，可直译为"不可贸然激进，应该建邦封侯，以巩固统治"。从国家治理而言，"贸然激进"是指国家刚刚成立，不先稳固基础、安顿百姓，而是穷兵黩武，继续拓疆扩土。这显然是危险的，故圣人有此垂诫。

《屯》卦，于天与自然而言是万物始生、天造草昧之时；于国家而言是始定初建之时。当年周武王打败商纣王之后不正是要经历这种状况吗？霸业新成、四方归一统、百废待兴。文王以此警示未来的周朝君王：国家治理值此之时，当务之急不是继续扩张征伐（勿用有攸往），而是应该利用建邦封侯的方法巩固统治（利建侯）。其实，这一法则普适于任何一项新事业，在初创时期，最重要的不是继续一味追求发展壮大，而是停下来巩固已有成果，并循序渐进地发展。

利建侯：从历史来看，商王朝政治制度采用的是内服和外服制度，即本族管理和外族管理。商王通过两种不同的管理制度来处理本族和臣服的外族的事务，由此，商王控制着联盟的实际权力，与各附属国形成了支配与被支配的关系。同时，中央政权与各附属国之间的联系较为松散，商王对参加联盟的附属国的控制力是有限的，各附属国基本保持原有的社会结构，除对商承担应尽的义务外，有很大的自主权。有的附属国还经常与商处于战争状态。到了周朝建立后，周公采用的分封诸侯制，是把各地封赏给王室子弟和少量功臣，世袭统治、定期朝贡、提供军赋和力役，维护周室安全，并建立了等级森严的上下阶级。西周建立之初，分封了 71 个诸侯王，其中属于王室姬姓的就有 53 个，所以其与商朝最大的不同就是西周各封国与王室的关系比商代的附属国密切，臣属关系更加明确。各封国必须承认周王的权威，并承担各种义务。周王确立了天下共主的地位，统治效果得到加强，这种血缘维系的诸侯国在建立之初非常有利于保障周王朝的安全。"利建侯"应该是周公后面的这种以分封宗族子弟为主的诸侯治国制度，因为此处正是巩固王朝统治、保障王国安全之意。

《屯》卦可谓《周易》讲述治国之道的真正的开篇之卦，在开篇卦的卦辞中就提出"利建侯"的理念，所以这应该是周文王为后世君王制定的治国方针。

3.3 《彖》曰：屯，刚柔始交而难生。动乎险中，大亨贞。雷雨之动满盈，天造草昧，宜建侯而不宁。

【白话】

《彖》说：屯卦，阳刚之气与阴柔之气开始交流，困难随之而产生。在艰险中活动，坚持守正而大为亨通。电闪雷鸣、狂风暴雨充盈于天地之间，天道在昏暗之中开始创生万物。（对国家而言）这时候适宜建邦封侯，以巩固统治而使国家安宁。

【解读】

◎ 屯，刚柔始交而难生

坎为水，水居天上为云，故上坎以云为象。云与震相交为刚柔始交，此时有如电闪雷鸣、乌云密布。未下雨为阴阳相交而不通，故有阻塞困难之象。

◎ 动乎险中，大亨贞

"动乎险中"是以上下两体的卦义而言，下为震为动，上为坎为险，动而见险，故动乎险中。

大亨贞：六二与九五既中且正而正应，是为守正相应而大为亨通。

◎ 雷雨之动满盈，天造草昧

下卦为震为雷，二、三、四为互卦坤为地，上卦为坎为雨，大地上下充满雷雨，故为"雷雨之动满盈"。草：为草创、初生之意，一阳在初，故有初生之象；"昧"为冥昧，下互卦为坤，《系辞·上》："刚柔者，昼夜之象也"，坤为柔为夜，故坤有冥昧之象。

◎ 宜建侯而不宁

下为震为长子，古由长子继位，故有建侯之象。不宁为宁，《左传》："外宁必有内忧"，所以只有树为屏障的诸侯不宁才可以保中央王国的安宁。

3.4 《象》曰：云雷，屯。君子以经纶。

【白话】

上卦为坎云，下卦为震雷，这就是屯卦的卦象，君王得以领悟：要努力经营、治理国家。

【解读】

◎ 云雷，屯，君子以经纶

坎为水，水在天上则为云。君子：指君王。

经：原指织布机上的纵线；纶：原指整理织布机上的丝线。"经纶"引申为经营、筹划、管理国家大事。

雷：惊醒万物，催生万物；云：水在天上为云，为雨水落下之前的状态。万物初生，最是需要雨水的浇灌和小心的呵护，而此时雨水在天上还只是云朵，虽电闪雷鸣、乌云滚滚，但雨水迟迟不能落下，象征着万物生长充满艰难。

君王观察《屯》卦草木萌芽的困难之象，领悟到在国家初创之时，正是百废待兴、充满艰难之时，人民需要养护，因而要认真梳理、努力经营，以度过困难时期。

下震为动，互坤为布，有织布之象，故称"经纶"。

3.5 初九：盘桓，利居贞，利建侯。

《象》曰：虽"盘桓"，志行正也。以贵下贱，大得民也。

【白话】

初九：大木系住漂泊的大船，应该坚定守正，应该封侯建邦以巩固边境。

《象》说：虽然盘桓不进，但其行动的志向是正当合义的。尊贵却处低贱之位，因而得到了大家的拥戴。

【解读】

◎ 盘桓，利居贞，利建侯

盘桓：从爻象来看，可有两解。

其一：盘，帛书本为"般"。《说文》："般，辟也。象舟之旋，从舟，从殳（shū）。殳，所以旋也。""般"本义为盘旋的船只。桓：本义指木柱。

般桓：可理解为使盘旋不定的大船稳固的大木。初九为下震之主为木，初九至九五为大离，离为大腹为船为般，有木桩稳固舟船之象，故称"般恒"。其象引申之理为：下震为木为桓为震为动，大离之船稳固地拴系、依靠在下震之木上。如以漂泊不定的船喻指刚刚初建的国家，则下震是为稳固国家安全的担当大任者，其义与后一句"利建侯"是相通的。

其二："盘"通"磐"，为大石；"桓"为大木。初九以刚居阳而正位，为下震之主，震为木。三、四、五为互卦艮，艮为山为石。木石相接，石上木下，木挡巨石之象。故"盘桓"可理解为大树挡住大石不使滚落伤人，引申为挡住危险，保护行人。

震为木，巽亦为木，两者的区别是：震为一阳在下，两阴在上，故为深植地下的稳固之木，强调的是根基稳固、生命力强的树木；巽为两阳在上，一阴在下，故为高大之木。巽为风，"木秀于林，风必摧之"，故巽强调的是木之高大。

以上两解，虽取象不同，但其理相通，都是说明本爻是稳定国家、维护安全之担当大任者。

初爻在他卦多代表远离君王的普通百姓，或是事物发展之初，但在本卦却另有深意。从初九刚正当位且为下震之主、又为长子，以及爻辞的"利建侯"和《象》辞"以贵下贱"等可以大胆推测：初九在本卦代表着两层意义，一是从身份和地位来说代表着离君王最远的镇守国家边境的将侯，而非如他卦一样代表普通百姓。在国家初建时最强调的是稳固和安全，初九以刚居阳而正位，代表这位勇猛善战、忠于职守的镇边将军能够像大木稳定船只一样保护和支撑国家的边境安全；二是从时间来说初爻又代表着国家建立之初。国家建立之初，首先要做的就是稳固边防、保障安全。

利居贞：适宜坚定守正。大树为了能够持久地稳定大船，或是挡住大石，不仅要深深扎根地下，还应要慢慢地长得更加粗壮。这是诫示守边将军要有恒久卫国之能力和决心。《屯》之时，国家安全系于守边将士，要求他们忠君爱国，勇担责任，持之以恒，这就是他们的正道。他们必须始终坚守正道，才能确保国家安全。

利建侯：于君王而言，此时应该分封诸侯，鼓励他们发展强大，以保卫国家安全；于初九而言，要求他能够稳固力量，勇于开拓，迅速强大自己，抵御外敌入侵，像屏障一样确保国家安全。

初九为下震之主，震为动为长子，下互坤为民为邑国，故有建邦封侯之象。

◎ 以贵下贱，大得民也

阳为贵，初九本是镇边将军，王侯之贵，现据守初位，故称"以贵下贱"；互卦坤为民，初九处民众之下又与六四正应，故"大得民也"。

3.6 六二：屯如邅如，乘马班如，匪寇婚媾。女子贞不字，十年乃字。

《象》曰：六二之难，乘刚也。十年乃字，反常也。

【白话】

六二：困难重重啊，毅然改变方向前行，就好像骑上马离开马群，被强行抢婚。但这位女子守正不嫁，十年才嫁。

《象》说：六二之所以困难，因乘驾在刚爻之上。十年终于出嫁，指坚守志节后最终回归正道。

【解读】

◎ 屯如邅如，乘马班如

邅（zhān）：难行、改变方向而不安定之意；班：本意指分割玉，后指离群、分离，引申为没有引领，失去前进的方向。如：语气助词。

六二以柔居阴，柔顺中正，既亲比初九，又正应九五，可见六二面临着两种选择。虽然六二与初九同在下卦，且与初九相邻又亲比，选择与初九亲比是最容易的，但九五为君，正应九五、辅佐君王才是忠君之正道。六二以其中正之德，舍易应难、弃比从应，有改变依赖初九而上行正应之象，故称"屯如邅如"。

乘马班如：指乘着马离群而行之意。六二与初九同在下卦，是以马同群为喻，六二舍弃初九而正应九五，好像骑着马离开马群而行向远方。初九为下震之主，是率领着包括六二在内的大众驻守边防的将领，而六二志存高远，离群向正，忠于君王，故以"乘马班如"为喻。

震为马为动，六二阴爻在震体之中，有漂泊不定之象，故称"屯如邅如"，又在初九之上，故有乘马之象。六二离开初九而正应九五，故称"乘马班如"。

◎ 匪寇婚媾

匪：金文为匪，由"竹"（竹木掩盖）、"刀"（武力抢劫）、"非"（违法）组成，造字本义：以树枝、竹叶作掩护，非法持刀截路掠货。篆文省去"竹"，并以"匚"（隐匿）代替"刀"，强调在隐匿处抢劫。

寇：本义为动词，意为"侵入民宅，袭击劫掠"。

婚媾：结婚、婚配，通常指按正当的礼仪而结为夫妻。"匪寇婚媾"可理解为强行抢婚。"抢婚"是否商朝某地的一种婚姻习俗，现已无从考证。

《周易》六十四卦中共有三卦出现了"匪寇婚媾"四字，分别是：

本爻："屯如邅如，乘马班如。匪寇婚媾，女子贞不字，十年乃字。"

《贲》卦䷕之六四爻："贲如皤如，白马翰如，匪寇婚媾。"

《睽》卦䷥之上九爻："睽孤。见豕负涂，载鬼一车，先张之弧，后说之弧。匪寇婚媾，往遇雨则吉。"

《贲》卦六四与九三亲比，与初九正应，六四爻虽然正应初九为正，但九三为刚正邦君之位，其地位和力量高于初九，最终六四成功被九三强行亲比而不能正应初九，故称"匪寇婚媾"（详见《贲》卦解读）。

《睽》卦上九则是向下亲比于六五爻，而不是正应六三（详见《睽》解读），也称"匪寇婚媾"。

另有两卦出现"婚媾"，一是本卦之六四："乘马班如，求婚媾，往吉无不利。"二是《震》卦之上六："震索索，视矍矍，征凶。震不于其躬，于其邻，无咎。婚媾有言。"从这两爻的具体解读可知，"婚媾"是指阴阳正应，而不是两邻亲比。

进一步分析以上几卦可知：在某些需要用男女婚配为喻来说明道理的卦，如上面几卦，如果某爻既有亲比爻相争，又有正应爻相争，相比较而言，正应为正，亲比为非正，故比爻争亲为"匪寇婚媾"，而正应爻求应则为"婚媾"。再如本卦：六二爻向下亲比初九，向上正应九五，初九虽有近水楼台的优势，但六二以其柔顺中正之德坚定地选择正应九五，故初九争比是"匪寇婚媾"，与九五相应则是"婚媾"。

◎ 女子贞不字，十年乃字

十年：指时间非常久远，取象自下互坤。字：孕育、出嫁之意。六二有中正之德，就像一位坚贞的女子，坚守妇道，拒绝不正的亲比，虽经历长时间的艰苦历程，终于能够成功正应九五、忠于君王。

"女子贞不字，十年乃字"，既反映六二忠君济屯之志，也反映《屯》时艰难之时，以至十年（非常长久）之后才能安定。

六二亲比初九，正应九五，初九至九五组成大离（异形离卦），离为大腹有孕象。六二既中且正，舍初九而应九五，故大离不成，是为"不字"。六二处互坤之中，坤有"十"象。

本爻小结：初读时觉得本爻爻辞深奥难懂。古今学者解读时大多推测本爻可能是描述当时的一种抢婚制度，并赞美六二这位女子的忠贞和谦逊之德。通过上面对本爻爻象和爻辞的深入解析可知，这只是一种比喻手法，或者这是既为了保留原来的占筮之辞，又要表达爻象爻义的一种用法。从国家治理而言，其爻义较为简单，即：六二谦逊、中正，品德高尚，是国家初建的艰难之时中央政府和地方政府都迫切需要的人才，并且地方诸侯和中央君王都希望得到他的支持和帮助，他一时进退两难，但最终从国家大义和礼制正道出发而坚定地选择了辅佐君王。

3.7 六三：即鹿无虞，惟入于林中。君子几不如舍，往吝。

《象》曰：即鹿无虞，以从禽也。君子舍之，往吝穷也。

【白话】

六三：追猎野鹿，没有守林的向导指引，这样会陷入丛林之中。君子能够察知细微而作出明智判断，那么不如舍弃追逐，没有方向地盲目前行会令人羞愧。

《象》说：追猎野鹿而没有守林的向导，是因为贪图禽畜。君子要舍弃，前往会困窘且无所得。

【解读】

◎ 即鹿无虞，惟入于林中。君子几不如舍，往吝

即：追逐之义；鹿：古代常喻指权利、俸禄等。虞：西周金文及典籍多用作官名，职责是掌管山泽禽兽者，在此引申为"向导""方向"之意。几：察知细微、明智。

往：甲骨文由"之"（前行、投奔）和"王"（君主）组成，表示奔向君主。金文加"彳"，强调朝某地"前行"的含义。籀文再加"止"，进一步强调"奔"含义。篆文承续金文字形。隶书将篆文中由"止"与"王"合写的简化成"主"。可见"往"有为了君王而行动之意。

"即鹿无虞"，指想追求事业、追逐俸禄却没有方向。六三阴居刚而不正，处于下震之上的诸侯之位，本应刚健地保护人民，现因柔弱不正，上下无应无比，是得不到帮助和引导，就像打猎追逐野鹿，没有向导的帮助和指引而徒劳。六三本身柔弱不正，身居高位是德位不配，无应无比是下无支持，上无目标，这样是不可能成功的。明智

者了解自身的能力，知道时势的艰难，所以会选择等待时机，避免陷入困境。

"震"为躁动，震动又有惊走之意，故有麋鹿之象；互坤为田，有田猎之象；六三与上六不应，所以没有引导，故称"无虞"。

上互艮为山，山林之象。"君子"指处于诸侯之位的邦君，非泛指儒家所言的品德高尚而追求上进的人。六三变则为九三阳爻。九三阳爻代表正位的邦君。六三变则正位，且下震变离，离为明智，明智为"几"；震为动，震消失为不动为舍；正位邦君就会明智而不会有贪图，所以称"君子几不如舍"。

3.8 六四：乘马班如，求婚媾，往吉，无不利。

《象》曰：求而往，明也。

【白话】

六四：骑在马上团团打转，离群而去，求取婚媾。帮助君王前往亲近诸侯、巩固国防没有什么不利的。

《象》说：主动下求，往而作为，是非常明智的。

【解读】

◎ 乘马班如，求婚媾，往吉，无不利

本爻谦逊正位，为辅君重臣，其处境与六二爻象有相似之处。即：与初九和九五有比有应，是在国家困难之下都面临不同的选择而犹豫不决，故都有"乘马班如""婚媾"之词。从六二爻的解读可知："乘马班如"是在困难之时，面临两种选择而犹豫不决，并最终离开所在卦体，弃比从应，就像马儿虽有犹豫，但最终离群而去。

求：本义指追逐野兽，后引申为主动追逐任何想得到的东西。婚媾：指通过正当的礼仪而结为夫妻，其象为两爻正应。"求婚媾"是处于尊位的六四主动亲近在下位的初九。六四为国家初建、困难重重之时的近君重臣，他在面临国家内忧外患之时，知道当务之急是保卫边疆，巩固国防，所以主动亲近代表驻守边关的将军初九，其目的是帮助、支持、团结他们守卫国家安全。

从六三爻的解读可知："往"是指为了君王而行动。另根据传统理解"往"是指下往上而动，"来"则是指上朝下而动。以本爻为中心，远离都可称"往"，靠近为"来"，无上下方向之别。六四主动亲近、支持初九，其目的是辅佐君王、保卫国家，结果成功，故称"往吉"。"无不利"则是强调六四的行为利国利民，利人利己，结果非常成功。

对比六二与六四两爻的正应行为可知：六二上应九五，可理解为代表下卦（驻边诸侯）向君王表达忠诚；六四下应初九则可理解为六四辅佐君王，代表中央统治者亲近、团结驻边诸侯，保障国家安全。这样则可形成上下同心，齐心协力保卫国家安全，保障国家发展。

3.9 九五：屯其膏，小贞吉，大贞凶。

《象》曰："屯其膏"，施未光也。

【白话】

九五，屯难之时，想要泽惠百姓，坚持循序渐进则会成功，坚持大步快走就会失败。

《象》说："屯难之时，想要泽惠百姓"，是指恩德还不能广为施布。

【解读】

◎ 屯其膏，小贞吉，大贞凶

屯：指当前艰难的时势，在此又有囤积之意。九五为上坎之主，坎为水，在上为云，《诗经》云："阴雨膏之"，所以云有膏之象。九五又处上互艮，艮为止，有膏而未施之象，故称"屯其膏"。

"小"为阴，为柔顺，结合爻义可理解为小步前行，循序渐进之意。"贞"为坚持。小贞：贞小之意。"大"为阳，结合爻义，叩理解为"大步快走"。"大贞"即"贞大"。

从卦象看：天上乌云密布，地上小草刚吐出新芽正在艰难地生长；九五为上坎之主，代表天上的云，此时，浓云正在聚集，将要降下雨水滋润嫩芽生长，是为"屯其膏"。下雨时，乌云慢慢地变成小雨降落，细细地湿润对嫩芽的生长是最好的，如果急速地降下暴雨，必定会摧折、淹没嫩芽，对嫩芽非常危险，此为"小贞吉，大贞凶"之意。

引申到国家治理：国家初建，人民艰难，君王正在尽着最大努力帮助和保护百姓，此时应该循序渐进，有计划地建设和发展国家，不可大步急进，否则，欲速则不达。这才是"经纶"之道，与卦辞中"勿用有攸往"的意义也相呼应。

3.10 上六：乘马班如，泣血涟如。

《象》曰：泣血涟如，何可长也。

【白话】

上六：骑在马上离群而行，（结果）哭得血泪涟涟。

《象》说：哭得血泪涟涟，这怎么能长久呢？

【解读】

◎ 乘马班如，泣血涟如

乘马班如：从前面解读可知，是乘马离群而行之意。前面的两爻的"乘马班如"从结果来看显然都是遵守礼法的正确选择，而本爻从"泣血涟如"可知则是错误的选择。为什么会是这样呢？我们从象上来分析：

上六亲比九五，而九五为上坎之主，坎为马，上六"乘马班如"显然是指离开九五。九五代表屯难之时君王，他的刚正、果决之德才是成功济难的保障。上六可以看成是屯之时对君王济屯行为的总结，如果上六远离刚正、果决，则必定难以克服眼前的困难，故会"泣血涟如"。这是假设之辞，也是警示之言，警示后世君王在屯难之时，要始终坚守刚正、果决才是正确的济屯之道，否则必定"泣血涟如"。

如上六变上九，则全卦变为风雷《益》卦。《益》正是损上益下，国家助益百姓克服困难之象。

上六乘刚，处屯之终、坎险之极，坎为血卦，所以称"泣血涟如"。

【总结与启示】

《屯》卦是全经第三卦，又是《乾》《坤》之后的第一卦，从这一卦开始才是真正进入《易》所描绘的天下、国家、社会、人民的精彩世界。

《屯》说的是国家初建如种子萌芽，环境恶劣、困难满盈。君王此时应该首先要固本筑基，保障国家和人民的安全。初九与九五是卦中仅有的两阳爻，分别代表驻守边防的将军和稳定国家航向、带领人民济屯的舵手，其他各爻位则指处于不同位置和阶层的人在屯难时的表现、选择及产生的结果。六二与六四与初九和九五两阳爻既亲又应，故都有"乘马班如""婚媾"等辞，两者都选择离开本卦以从正应，其中包含着促进团结、上下齐心，共克时艰的深意；六三与两阳无比无应，故失去目标，没有方向。

六二和六四爻告诉我们，越是在困难时期，越要舍弃小我，顾全大局，维护团结；六三爻告诉我们：人生不管处于什么地位，当清醒地认识自己的能力，控制自己的欲望，切不可迷失方向、贪图享乐，身居高位更要行为端正，顺应时势，否则必定会陷入危险之中。上六爻告诉我们：面对困难，如不能慎终如始、坚定意志、勇往直前，最终将走投无路。

《屯》卦卦象启发我们：任何新事业在创立之初首先要夯实基础，再稳步前行。如公司初建，首先要找准市场定位，重视产品质量，强化竞争优势，然后才能快速发展，如果只是一味地追求产值和规模扩张而不重视基础管理，必定走不长远。

卷二

蒙卦第四：初为人君，谦虚下问

蒙卦 下坎上艮，山水蒙

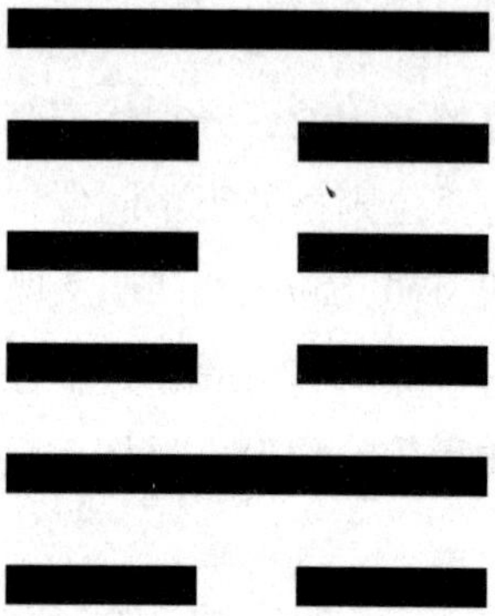

上九：击蒙。不利为寇，利御寇。
《象》曰：利用御寇，上下顺也。

六五：童蒙，吉。
《象》曰：童蒙之吉，顺以巽也。

六四：困蒙，吝。
《象》曰：困蒙之吝，独远实也。

六三：勿用取女。见金夫，不有躬，无攸利。
《象》曰：勿用取女，行不顺也。

九二：包蒙吉，纳妇吉，子克家。
《象》曰：子克家，刚柔接也。

初六：发蒙。利用刑人，用说桎梏，以往吝。
《象》曰：利用刑人，以正法也。

卦辞

蒙：亨，匪我求童蒙，童蒙求我。初筮告，再三渎，渎则不告。利贞。

4.1 卦名卦序

《序卦》：物生必蒙，故受之以蒙。蒙者，蒙也，物之稚也。

【解读】

◎ “蒙”字甲骨文：，金文：

蒙，金文由“艸”（枝叶）、“冃”（帽子，表示遮盖）、“又”（手）和“人”组成，造字本义：用草木枝叶遮挡头部。当“蒙”的“遮眼”本义消失后，再加“目”另造“矇”代替。篆文将“冃”（帽子）下面的“又”与“人”写成“豕”。未见世面为“蒙”；内心黑暗为“昧”；缺乏心智为“愚”；无知且迟钝为“蠢”。

从卦体结构来看：上为艮为山，山上必有草木，二爻至上爻组成大离，离为眼，卦象有山上草木盖住眼睛之象；又，下坎为水，上艮为山，山下出水之象。我们知道，江河都是发源于大山，起源之时，泉水刚从山下流出，水流弱小而没有方向，也不知要流向哪里，故有“蒙”象。

◎ 从自然世界而言：《屯》卦是指万物初生，万物初生之时则必然稚嫩而蒙昧。"蒙"即"萌"，初生幼小之意，所以《屯》卦后面是《蒙》卦。

从国家治理而言：《屯》卦是指国家刚刚建立。国家成立之后便需要管理，而君王开始治理国家时还没有经验，需要向智者学习治国之道，所以《屯》卦之后是《蒙》卦。

4.2 卦辞：蒙：亨，匪我求童蒙，童蒙求我。初筮告，再三渎，渎则不告。利贞。

【白话】

卦辞：启发蒙昧，通达顺利。不是我去求蒙昧的童子（来学习），而是蒙昧的童子来向我求学。（求学要有诚意，就好像占筮）第一次占筮时神灵会告知结果，再三占筮就是对神灵的亵渎。亵渎了神灵就不会告知结果。适宜坚持（虔诚求学的）正道。

【解读】

◎ 蒙，亨。匪我求童蒙，童蒙求我

《蒙》卦本义为启发蒙昧，所以亨通。

"匪"通"非"。"童蒙"指六五。九二为阳，是全卦除上九外的唯一阳爻，是六五求学的对象。六五为阴，正应九二，故九二为师，六五是求学者，是君王求学于下。六五处艮卦，艮为少男，故称"童"。"我"指九二。九二与六五正应，求学之礼只有来学，而无往教，所以"童蒙求我"。

◎ 初筮告，再三渎，渎则不告。利贞

求学就像向神灵占筮卜问，要充满诚敬，这样才符合尊师重教之礼，才能得到老师的真诚传授。上艮为止为宗庙为祷为筮；二至上组成大离，为颐之象，颐为口为告；下卦坎为陷为沟渎为三，故称"再三渎"。故有"初筮告，再三渎"之象。

《周易》"上经"一般都以君王为视角进行讲述，而本卦却以下卦"九二"为第一人称进行讲述。其意义在于：童蒙培养的首先是正道，包括求学礼仪、诚意求教等。本卦卦辞强调是童蒙者要主动求学（尊师的礼仪），另外还要心怀至诚（初筮告、再筮渎）。不管求学者的身份如何都应如此，君王求学更应该尊师重教，故第一人称"我"指九二。卦辞本身就强调蒙以养正的道理，后有"利贞"更进一步强调这一点。

4.3 《彖》曰：蒙，山下有险，险而止，蒙。"蒙亨"，以亨行，时中也。"匪我求童蒙，童蒙求我"，志应也。"初筮告"，以刚中也。"再三渎，渎则不告"，渎蒙也。蒙以养正，圣功也。

【白话】

《彖》说：蒙卦，山下有危险，遇到危险而停止，这就是蒙卦的卦象。"启蒙而亨通"，启蒙之所以能亨通，是因为九二、六五正应而居中位。"不是我去求蒙昧的儿童，是蒙昧的儿童来求我"，这表示二与五正应而心意相通；"初次占筮告知结果"，是因为九二以刚爻居中位的原因；"再三地占筮则是对神灵的亵渎，亵渎神灵则是不会告知结果"，这是无知而轻慢的蒙昧。从童蒙开始就培养正气，这是成就圣人的功业。

【解读】

◎ 上卦为艮为山为止，下卦为坎为险，故山下有险，险而止。《象》作者把卦象理解为山下有险。

◎ 上卦为艮为少男，故称童蒙；二与五正应，且下坎为心为志，故称"志应也"。三、四阴爻乘刚在九二之上，是为不敬，故再三渎；二至上为颐卦之象，颐为养，故称"蒙以养正"。

4.4 《象》曰：山下出泉，蒙。君子以果行育德。

【白话】

山下流出泉水，这就是蒙卦的卦象。君王由此领悟：要以果决的行动培育光明的品德。

【解读】

◎ 君子以果行育德

山下流出泉水，泉水不知何去何从，这就是蒙昧之象。泉水只有果决地向东朝着一个方向流动，源源不断，才能形成大江大河，如果四散流淌，则会逐渐干涸。所以君王由此得到启发：国家刚刚建立，领导者就要有果断、刚决的品德和作风，抓住时机、认准方向、勇敢前行，国家就能得到快速发展，如优柔寡断、犹豫不决，则国家必定长期处于混乱之中，很难快速走上发展之路。这就好像大河从山下发源，水流只有全部顺着地势的指引向着一个方向不断地流进，慢慢就会汇聚成波涛壮阔的大江大河。"君子"指君王。

育德：指培育谦虚好学、智勇敢为之德。

上艮为"果"，下互震为动为"行"，二至上为颐象，颐为养为育，大离为明为光明之"德"。故称"果行育德"。

从《大象》辞可以看出，《蒙》卦具有初生蒙昧而迷失方向、犹豫不决之患，所以圣人诫之"果行育德"。

4.5 初六：发蒙。利用刑人，用说桎梏，以往吝。

《象》曰："利用刑人"，以正法也。

【白话】

初六：治理蒙昧。适宜用刑罚来规范人，帮助人们摆脱愚昧的桎梏，使人们懂得羞愧。

《象》说：适宜利用刑罚来规范人，是为了端正法纪。

【解读】

◎ 发蒙。利用刑人，用说桎梏

发：繁体字为"發"，其甲骨文本义指古代打猎时，借助跑动把标枪投向野兽，故有打击、捕猎之意。所以"发蒙"有治理、赶走蒙昧之意。

初六阴柔居蒙之下位，这是卑微的老百姓中的愚昧者。治理这种蒙昧，圣人认为首先要使用刑罚，让他们懂得敬畏，以帮助他们摆脱愚昧的枷锁。

初六阴柔不正，蒙之时又处卑下，是愚昧而卑下之人。初六亲比九二，九二为发蒙者。

九二为下互震之主，震为动，蒙之时，贤能居中者动而治蒙，是为"发蒙"。二至上为大离，离有桎梏之象。初六亲比九二则有被桎梏所限制之象。"说"同"脱"。初六脱离蒙昧，则初六变初九，初九与九二不亲，下坎变兑，兑为毁折为脱，故称"用脱桎梏"。

◎ 以往吝

"以往吝"意为"以使往而知吝"。通过九二的惩治、教化，使百姓中蒙昧者摆脱愚昧的枷锁，使百姓懂得为自己的蒙昧而羞愧。往：指向好的方面发展之意。本爻反映国家对蒙昧的百姓进行治理和教化的过程。

从前面"用脱桎梏"的解说可知：初六变初九而正应六四，六四为上互坤之主，坤为吝啬为吝；初六变初九是从阴柔不正变为刚健正位，是脱离蒙昧的过程。初六只有变为初九以后才与六四正应，才懂得羞愧，故称"以往吝"。

4.6 九二：包蒙吉，纳妇吉。子克家。

《象》曰："子克家"，刚柔接也。

【白话】

九二：能包容百姓的蒙昧而使之得到教化，能容纳妇女的无知而使之受到保护。儿子能够管理家务。

《象》说："儿子能够管理家务"，因为与六五刚柔相济，得到了父亲的绝对信任。

【解读】

◎ 包蒙吉，纳妇吉。子克家

包：向下包容，通常是指阳爻下比阴爻；"包蒙"指九二包容初六。从上爻解读可知，初六受到治理、启发后会脱蒙。初六在九二的包容、启发之下而成功脱蒙，称为"包蒙吉"。

纳：向上承纳，指九二向上承比六三。九二至上九组成大离，六三为大离之阴爻，离为中女，故六三为妇。九二向上亲比六三之妇并使之得到保护，故称"纳妇吉"，引申为向上教化、安抚柔弱、平庸者。

九二为下互震之主，震为长子，又为大夫之位，大夫有家；上互坤为邑为家，故称"子克家"。

九二阳爻是有刚明之才，居中则行为贤德适中，是蒙卦的卦主，是承担治蒙之大任者。九二位于大夫之位，是国家的初级官员，是下层统治者中的先知先觉的贤明之士，他能够在百姓中广施教化，得到大家的广泛认可。

或有人问：九二正应六五，亲比初六和六三，按照《易》之通例，应先取正应之象，为什么本爻好像与正应的六五没有什么关系？那是因为九二作为治蒙之主，是老师，六五虽贵为君王，但也只是求学者，卦辞有言："匪我求童蒙，童蒙求我"，所以九二不取正应六五之象，而是六五取正应九二之象。

4.7 六三：勿用取女，见金夫，不有躬。无攸利。

《象》曰："勿用取女"，行不顺也。

【白话】

六三：不用娶这个女子，她看见有才智的男子，就会迷失自己，失去尊严。没有任何好处。

《象》说："不用娶这个女子"，是说她的行为不能顺从正理。

【解读】

◎ 勿用取女，见金夫，不有躬

"女"指六三，其取象参见九二爻解读。金：本义指藏在土壤里的黄金等金属。"金夫"，有才能、突出的男子，指九二。九二为下坎之主，乾与坤相交于中爻而得坎，故坎通乾德，乾为金故坎可取金象。九二又为下互震之主，震为长子为夫，合起来故称"金夫"。

从九二爻的"纳妇吉"解读可知："妇"指六三，与本爻"女"相呼应。九二能够承纳、包容六三的无知和愚昧。六三以柔居刚，亲比九二，虽居于九二之上，却反以不正的方式向下献媚、取悦于九二，而不是像六五一样的真诚求教。

勿用取女：表面以劝告优秀男子不要娶这个品行不端的女子，实际上圣人是批评、否定该爻的不正品行。

不有躬：意为迷失自己。六三本是居于九二之上者，现却抛弃尊严，以不正的方式取悦低位贤者。

◎ 无攸利

"无攸利"，意为什么都不利，于人于己都不利。这是圣人对六三这种行为再次提出的告诫。

六三这种以不正的方式取悦下者、抛弃尊严的方式实际对任何人都没有好处：对自己而言，失去威严，乱了礼节，只能使人觉得更加愚昧；对九二而言，以不正的方式取悦于他，是对他极大的不尊重，是对他品德的伤害；对国家而言，更是乱了礼法，坏了风气。

4.8 六四：困蒙，吝。

《象》曰："困蒙"之吝，独远实也。

【白话】

六四：受困于蒙昧之中而无所作为，感到羞愧。

《象》说：受困于蒙昧而感到羞愧，是因为远离阳刚光明而不能得到启发。

【解读】

◎ 困蒙，吝

《蒙》之时，阳爻代表明智，阴爻代表蒙昧。六四下有六三，上有六五，陷于阴爻包围之中，故为"困蒙"，受困于蒙昧。

六四阴居柔位得正，处近六五之君的高位，是有自知之明者。他本该辅佐君王摆脱蒙昧、治理国家，但自感才能有限，又处于一群庸者的包围之中，故感到羞愧。六四为上互坤之主，坤为吝啬为吝。初六是改变自己以后才懂得羞愧，六四本身居正，是自知不才而羞愧。

九二至上九组成一个异形《颐》卦，六四在其中且与九二、九四无比无应，"颐"为"口"，下震为木，"木"在"口"中则为"困"；又，六四为上互坤之中爻，坤为吝啬为吝，故称"困蒙，吝"。

◎ 独远实也

阳爻为实，六四困于蒙而羞愧，与九二和上九无比无应，故称"独远实也"。

4.9 六五：童蒙，吉。

《象》曰："童蒙"之吉，顺以巽也。

【白话】

六五：虽然年幼无知，但能以其谦顺之德求教和任用贤明之才，结果吉庆。

《象》说：蒙昧而吉庆，是因为谦顺而下从于人。

【解读】

◎ 童蒙，吉

六五柔居刚中之位，是以谦巽之德居于君位，虽能力不足，却能像儿童一样谦虚求教，任用贤德之人，足以整治天下的蒙昧，所以结果是成功的，如太甲信任伊尹、成王信任周公。

上艮为少男为童，六五下应九二，上比上九，是六五谦逊地求教于九二，最终成就明智的上九。九二与上九组成大离，离为明，六五与两阳相比应而得明，故称"童蒙，吉"。

此爻与卦辞"匪我求童蒙，童蒙求我。初筮告，再筮渎，渎则不告"相呼应。

4.10 上九：击蒙。不利为寇，利御寇。

《象》曰："利用御寇"，上下顺也。

【白话】

上九：击败蒙昧。不可自恃强大而蒙昧地征伐，适宜抵御蒙昧的强敌入侵。

《象》说："适宜抗击入侵强敌"，因为以上御下顺应正理。

【解读】

◎ 击蒙。不利为寇，利御寇

击蒙：击败、赶走蒙昧。击败蒙昧则为明智。上九处于蒙卦之终，蒙之时，阳爻表示明智，是因君王能谦虚地向贤士求教，终于成就明智，所以为"击蒙"。

蒙昧之时，上九智而居上，又以刚居阴，是为不正；又在大离之中，离为戈，上九不正，而有智慧，且勇武，有自恃强大而穷兵黩武之患，故圣人诫之："不利为寇，利御寇"。

程颐曰："治人之蒙乃御寇也，肆为刚暴乃为寇也。若舜之征有苗、周公之诛三监，御寇也；秦皇、汉武穷兵诛伐，为寇也。"

上九为上艮之主，艮为手为止，上九正应六三，六三处下坎，坎为寇，用手止寇为"御寇"。

【总结与启示】

《蒙》卦本义为治理和启发蒙昧，指君王年幼，治理国家经验欠缺之时应虚心诚意地往下向贤能之士求教学习，终能培养和成就贤明之德。初六在九二的启发之下脱离蒙昧。九二为全卦之主，是治蒙者。上九为蒙时发展到最后的状态。

初六代表蒙昧卑下之民，适合进行刑罚和教化，应制法明刑，帮助成功摆脱蒙昧的拘束，并使他们能够懂得为自己的蒙昧而羞愧；九二为治蒙之贤者，向下包容蒙昧，向上承纳蒙昧，对君王而言就像一个能帮助持家的长子；六三为蒙之不正而又阴柔者，以不正的行为取悦于下，迷失自己、失去尊严，于人于己都不利；六四代表身居高位而被蒙昧所困者，是自知无能辅佐君王脱蒙而感到羞愧；六五为谦虚之君，虽能力不足，但知以至诚待贤臣，像童蒙一样谦虚下问，结果吉庆。上九：谦虚下学，击败蒙昧而终成贤明。因刚勇不正，故圣人诫之不可恃其强大以至穷兵黩武。

"蒙以养正"，孩子在年幼之时，必须以正义、正道进行启蒙教育。对待孩子从小要培养正确的人生观、价值观，才能使他在人生的成长过程中不走弯路，或少走弯路，最终达到理想的目标。

"三人行，必有我师焉"人生不管居于何种高度，总会遇到疑惑和困难，此时应首先做到虚怀若谷、不耻下问，也许在你的下属、晚辈、朋友中就能找到解决困惑的方法。

能力越大，责任越大。越有能力，越要主动帮助别人、修养自己，做到德才兼备，不以智欺人、不以力压人。

需卦第五：历险求需，分享则吉

需卦 下乾上坎，水天需

上六：入于穴，有不速之客三人来，敬之终吉。
《象》曰：不速之客来，敬之终吉，虽不当位，未大失也。

九五：需于酒食，贞吉。
《象》曰：酒食贞吉，以中正也。

六四：需于血，出自穴。
《象》曰：需于血，顺以听也。

九三：需于泥，致寇至。
《象》曰：需于泥，灾在外也。自我致寇，敬慎不败也。

九二：需于沙，小有言，终吉。
《象》曰：需于沙，衍在中也。虽小有言，以吉终也。

初九：需于郊，利用恒，无咎。
《象》曰：需于郊，不犯难行也。利用恒，无咎，未失常也。

卦辞

需，有孚，光亨，贞吉。利涉大川。

5.1 卦名卦序

《序卦》：物稚不可不养也，故受之以需。需者，饮食之道也。

【解读】

◎ "需"本义为等待，又为需要、需求，最早见于甲骨文。

《需》从卦体结构来看：水在天上为云，云是雨水之源，而水是万物生长所必需，就像食物是人类的必需一样，所以有天上之云源源不断地生成雨水以滋养万物之象，故称"需"；另，云将变成雨，大地上的万物等待天上的雨水滋润，所以卦象有等待之意。

从卦象看：二、三、四爻为互卦兑，兑为口，而口上为坎为水，有水将进口，故有饮水、饮食之象。所以《需》卦之本义说的应该是获取食物的过程和方法。

◎ 从自然之道而言：《蒙》卦说的是万物初生幼小稚蒙，而幼小稚蒙就需要水分、养料养育，所以《蒙》卦之后是《需》卦。

从治国之理而言：《蒙》卦说的是幼弱的君王向贤臣学习治国之道。民以食为天，治理国家面对的首要问题就是要解决人民的生存，所以君王学习治国之道的首要的责任就是带领民众如何去获取食物。《需》卦说的是君王带领大家获取食物的过程、遭遇及结果。

水是万物生长之必需，万物只能等待水的降落，人同样需要饮食，但人不能等来食物，需要主动去争取。

5.2 卦辞：需，有孚，光亨，贞吉。利涉大川。

【白话】

获取食物，满怀真诚，光明而亨通，坚持守正最终成功。需要克服困难艰险。

【解读】

◎ 需，有孚，光亨，贞吉

需：先贤们都训为"须"，等待之意。这来源于《彖》："需，须也"，这与《序卦传》所言"需者，饮食之道也"明显不同。由此可见，《易传》各篇之间也存在理解各不相同之处。如以"须"训"需"，则后面的各爻理解起来牵强附会。《序卦传》对"需"的解释应该是正确的，而且"需"还应引申为"求需"，即获取食物之意。其实卦名的这种意动用法在六十四卦中较为常见，如《蒙》卦说的是"启蒙"，《蛊》卦说的"治蛊"，《困》卦说的是"济困"，等等。

从前卦的解读可知，卦名应与后面卦辞连起来解读，所以《需》卦的"需"可理解为君王带领大家获取食物的过程。那么"有孚、光亨、贞吉"指的应该是带领大家获取食物的君王做到了"真诚、光明"，以致获取食物的过程顺畅，结果成功。

九五以阳实居于尊中，为"有孚"；上六亲比九五，正应九三，九三、六四、九五组成离，离为日为光；三、四、五爻为国家统治者的核心层，组成离后相互比应则为"亨"，故称"光亨"，以光明之德使之亨通之意。

"贞吉"意为按正确的方法坚持下去则会成功。

◎ 利涉大川

"涉大川"一词出现在卦辞中共八卦，分别是《需》《讼》《同人》《蛊》《大畜》《益》《涣》《中孚》，其中出现在《讼》卦中为"不利涉大川"；出现在爻辞中的共三卦，分别是《谦》卦初六爻"用涉大川"、《颐》卦之六五爻"不利涉大川"和上九爻"利涉大川"、《未济》之六三爻"利涉大川"。其本意是"度过大河"，其引申义为克服困难艰险。远古时期，江河之水泛滥成灾，水患是人类面临的最严重的自然灾害之一，而人们不管是狩猎还是发展农业，都必须与水斗争。大禹历经几十年治理水患，所以"涉大川"在《易》例中是克服困难的代名词。本卦"利涉大川"是指一定会遇到困难，而且必须克服困难，也能够克服困难之意。"不利涉大川"则相反。

◎ 从卦象来看，"有孚"指的是九五。九五居上坎卦的中位，坎卦在《易》例中有"孚"即"诚实""信心"之象。阳爻为实，实居"坎"中为心中有诚实。同理，"离"

中阴爻为虚，所以"离"也有内心谦虚、光明之象。这在以后的解卦中会经常遇到。

九五既正且中，故应"贞"；下乾为健行，上坎为水为大川，故称"利涉大川"。

5.3 《彖》曰：需，须也。险在前也，刚健而不陷，其义不困穷矣。"需，有孚，光亨，贞吉"。位乎天位，以正中也。"利涉大川"，往有功也。

【白话】

《彖》说：需，等待之意。危险在前，刚健而不会陷入困难之中，它的意思是不会被困难所限制。"需，有孚，光亨，贞吉"，这是因为九五位于君王之位，既正且中。"利涉大川"，是说前往会成就功业。

【解读】

◎《彖》将"需"训为"须"，即"等待"之意。那么等待什么，又为什么要等待？既是等待，与"往有功"岂不是相矛盾？所以释为"等待"在本卦的上下文中似乎不通，而理解为"求需"才更符合卦象、爻义。

◎ "险在前，刚健而不陷，其义不困穷矣"，这是从卦体和卦义上来说的。上卦为坎为险，故险在前；下卦为乾为刚健，刚健而涉险，所以不会陷入凶险，当然就不会被险所困。前面已说"贞吉"，即坚持就会成功，所以"往有功也"。

5.4 《象》曰：云上于天，需。君子以饮食宴乐。

【白话】

云在天之上，这就是《需》的卦象。君王由此领悟：（国家治理）应首先解决人民的饮食和休息娱乐需求。

【解读】

◎ 程颐说："阴阳之气交感而未成雨泽，犹君子畜其才德而未施于用也。君子观云上于天，需而为雨之象，怀其道德，安以待时，饮食以养其气体，宴乐以和其心志，所谓居易以俟命也"。

程子把坎水在上为云而未成雨泽引申为"君子畜其才德而未施于用"，接着又引申为"怀其道德，安以待时"，这样把"需"理解为"待时"，与《象》辞理解统一；后又解释为"饮食以养其气体，宴乐以和其心志"，解释君子"饮食宴乐"的目的是平和心志，"居易以俟命"。这完全是从儒家修养品德，实现理想的角度来理解的，但本卦应该是说饮食是百姓的基本生存需求，君王要想治理好国家，首先就要满足民众最基本的饮食需求和休息娱乐的道理。

这里的"君子"仍专指"君王"，而非儒家所说的"君子"。宴：指休息，非指宴席。君王从卦象中得到启发，饮食宴乐是百姓生存的基本需求，是国家治理与发展最重要的基础，所以君王一定要重视并带领大家去解决。如果仅是从个人的品德修养角度去理解"饮食宴乐"的重要性，则较为牵强，因为三千多年前，对广大人民而言，

"饮食宴乐"最重要的意义在于解决基本的生存需要。

5.5 初九：需于郊，利用恒，无咎。

象《曰》："需于郊"，不犯难行也；"利用恒，无咎"，未失常也。

【白话】

初九：获取食物而来到郊外，适宜坚持而有恒心，没有过失危害。

《象》说："获取食物而来到郊外"，是说行动还没有遇到危险。"适宜坚持而有恒心，没有过失"，是说未违反常态。

【解读】

◎ 需于郊，利用恒，无咎

《尔雅》："邑外谓之郊，郊外谓之牧，牧外谓之野，野外谓之林。"

初九刚健居阳而处需之初，开始出发去获取食物而来到了郊外。获取食物的方式可能是去狩猎，因初九与六四正应，六四位于上互离卦的中位，而"离"有狩猎之象。《易》起源于远古，在人类社会还是较为原始的族群时，农业还不发达，人们获取食物的主要方式还是狩猎、捕鱼等。但当社会发展到国家建立之时，狩猎应非获取食物的主要方式。因《周易》是文王在前易的基础上创作的，故本卦仍以狩猎为喻，目的是说明食物获取过程的艰辛和来之不易。

"需"是离开居所外出求需，"郊"是离开居所的不远之处，故初九取"效"象。

"用恒"是指坚持而有恒心。初九刚健而且正位，意即在求需之时，其行动果决而且正当。"用恒"指要始终坚持这种状态前行。

《道德经》曰："民之从事，常于几成而败之，慎终如始，则无败事。"

《道德经》说："民众在做事的时候，总是在事情快要完成时失败。如果在事情要结束时能保持和开始一样谨慎，那么就不会失败。"

"利用恒"就是圣人诫示在求需之初就要保持谨慎、有恒心，如此当然"无咎"。"无咎"是对求需开始坚持果决、勇敢、有恒行为的肯定和鼓励。

5.6 九二：需于沙，小有言，终吉。

《象》曰："需于沙"，衍在中也；虽"小有言"，以吉终也。

【白话】

九二：求取食物来到了大河的沙滩边，遇到了小小的麻烦，最终会成功。

《象》说："求取食物来到了大河的沙滩边"，是因为沙滩隔在中间。虽"遇到小小的麻烦"，最终能够以吉祥结束。

【解读】

◎ 需于沙

本爻以沙滩和河水来形象地比喻离危险越来越近。

虞翻曰："'沙'谓五也，水中之阳称'沙'也。"

虞翻认为，九二与九五相对应，而九五为坎水中的阳爻，水中之阳就是沙，所以取"沙"象。这种理解应该是错误的，因为一则九二与九五同性不应，二则坎卦的阳爻为水，两阴爻为岸堤，并且在其他卦中也未见坎之中爻有取"沙"之象。

九二与九三相邻，九三亲比六四坎水为泥，则九二为沙。

◎ 小有言，终吉

阳为大，阴为小。"小"代表谨慎、小心，如《屯》之九五："小贞吉"。另外，"小"又有微小、微不足道之意，"小有言"指只是受到言语上的小小责备。

"小有言"在《讼》卦的初六爻也出现了："不永所事，小有言，终吉。"这两处的意思基本相同，意为"有言语上小小争吵或责怪"。与自然灾害相比，小小的言语上的责难实在是算不了什么，所以译为："遇到小小的麻烦"。"小有言"在《易》例中形容最轻微的责难或麻烦，是所有困难中最小的。

九二正处于即将涉险之时。九二虽以刚居柔而不正，但处于中位，是能用正确的方式谨慎行动，故只遭受到很小的麻烦，最终成功济险，故"终吉"。

九二、九三、六四为下互兑卦，"兑"为口为言，九二为兑之初，故有"小有言"之象。"兑"又为美善为吉，故"终吉"。另，九二不正有激进之患，"小有言"有指出小的过错，帮助改过纠偏之意。九二变六二，则全卦变为《既济》卦，暂时渡过险难之意，故吉。

5.7 九三：需于泥，致寇至。

《象》曰："需于泥"，灾在外也；自我"致寇"，敬慎不败也。

【白话】

九三：获取食物来到了河边的泥中，前行追求目标遇到了强盗。

《象》说："获取食物来到了河边的泥中"，灾难就在外面。自己"遇到了强盗"，但恭敬而谨慎不至于失败。

【解读】

◎ 需于泥，致寇至

需于泥：泥是与水相接之物，指已临近了水，也就是临近并触碰到了危险。

致：本义为前行达到目标。致寇至：已接近目标，但同时也遇到了强盗。九三以刚居阳，刚健正位，虽遇到强盗，必定能成功克敌。九三为诸侯王公之位，以刚居阳为乾健之极，是健动而有责任、有能力战胜困难的人，在前行追求目标时遇到了强盗。在求需的路上，困难挡在前面，只有克服困难才能到达成功的彼岸，九三正是带领大家克险求需的责任者和领导者。

九三与六四亲比，六四为坎水的岸边泥土，故取"泥"象。九三上比六四，上应上六，六四至上六为坎为寇，是九三前行接近坎寇，故称"致寇至"。

坎为灾，在九三之上，故《象》曰："灾在外也"。

5.8 六四：需于血，出自穴。

《象》曰："需于血"，顺以听也。

【白话】

六四：获取食物引发内部争斗而流血，主动离开退让止争。

《象》说："获取食物引发内部争斗而流血"，能够顺应时势而听从劝告。

【解读】

◎ 需于血，出自穴

六四以阴处坎卦之下，又亲比九五，九五为坎之主，坎为血卦，故取"血"象。穴：原指古代人居住的洞穴，引申为安处之地。

"出自穴"在此有两层含义：一是指流血之争来自于内部；二是指离开自己的洞穴，即主动离开安处之地避难。六四阴爻正位、为上互离之主，又在上坎之中，"离"为兵戈为争斗、"坎"为灾难为血卦，组成上互离的九三、六四、九五为国家统治层的主体，因此这是内部的地方与中央统治者为了食物发生了争斗而流血之象。六四以其明智谦逊之德居于其间，能够主动退让调停和平息争斗。

六四为下互兑之主，兑为说为脱，六四又在上坎之中，坎为穴，合起来为脱离坎陷，故称"出自穴"。

5.9 九五：需于酒食，贞吉。

《象》曰："酒食""贞吉"，以中正也。

【白话】

九五，获取食物得到了酒食，坚持谦逊守正，上下和泰而吉。

《象》说："获取食物得到了酒食"，因处在既正且中的尊贵之位。

【解读】

◎ 需于酒食

需于酒食：指君王带领大家历尽艰难，终于得到充足的食物。不仅有"食"，还有"酒"，说明食物非常充足。

荀爽曰："五互坎离，水在火上，酒食之象。"荀爽是汉代象数派《易》学代表人物。他说，九五既处在三、四、五爻组成的下互离卦中，离为火，又处在上坎卦中，坎为水，是水在火上烧，有温酒和煮食之象。按此象分析，可认为是水在火上，为"既济"之象。"既济"意为已经克服困难，《需》卦本义是克难求食，克服了困难则一定求食成功，故言"需于酒食"。

◎ 贞吉

九五阳居刚中，又处尊位，是带领大家获取食物的君王。本爻"贞吉"与卦辞的"贞吉"对应，故可视为全卦之主。卦辞中所说的"有孚、光亨"指的就是九五，他充满信心、果决勇敢、光明正大，最终带领大家成功获取了食物。

　　"贞"有阴爻之德，则九五可变六五，全卦变为地天《泰》卦。《泰》为"小往大来"，上下和泰之象，故"吉"。

5.10 上六：入于穴，有不速之客三人来，敬之终吉

　　《象》曰："不速之客来"，敬之终吉；虽不当位，未大失也。

【白话】

　　上六：回到家中，有许多客人不请自来，礼待他们终得吉祥。

　　《象》说："有不请自来的客人到来"，礼待他们终得吉祥。"上六"虽处在不当的位置，但未有大的过失。

【解读】

　　◎ 入于穴，有不速之客三人来

　　入于穴：指成功获得食物后回到家中。坎为坎陷，为穴。古代先人曾穴居。据考古发现，夏商周时期，人们住的地方还是一种半穴居建筑，即地下洞穴向地面延伸，再进行夯土和木质结构组成。故"入于穴"可理解为收获食物，藏于家中。从六四的"出自穴"到本爻的"入于穴"，说明内部争斗已成功解决。

　　"不速之客"与今义类似，指不请自来的客人，卦中指下乾卦的三阳爻。"三人"泛指多个人。正是因为君王获取食物以后能够无私、博爱地分享给大家，才能得到大家的拥护，才能吸引不速之客前来求食。乾卦的三阳，其性刚而上行，不是上六请来的，所以说是"不速之客"。

　　上六比九五应九三，是主动亲比九五，被动正应九三。九五为坎之主，坎为穴，主动亲比九五，故称"入于穴"；被动正应九三，则是九三主动求应，故称"有不速之客三人来"。

　　◎ 敬之终吉

　　是说在需之终，君王求得食物以后能够分享给下面的人，最终会得到大家的尊敬而有吉庆。上爻通常有两种理解，一是总结全卦而进行警示；二是指五爻君王发展到最后的状态。本卦为第二种。

　　上六本在上位，现真诚地对待在下求应的九三，是为"敬之"。

　　本爻的引申义为：君王在带领大家获得充足的食物之后，能够无私地分享给众人，最终能够得到大家的尊敬而有吉庆的结果。

【总结与启示】

　　民以食为天，《需》卦所说的正是国家建立之初，君王带领大家求取食物的过程。

求取食物的过程中一定会历尽艰险，但只要坚定信念、坚守正道就会顺利。

初九：求需之初，果敢地出发寻找食物，圣人诫之要有恒心，这样才会成功；九二：求需快接近困难，虽有小小的责难，但终究顺利度过；九三：求需遇到困难和危险，能够果断克服；六四：正处因食物引发地方与中央争斗之中，其以柔逊、明智之德能够调停上下，退让止争；九五：最终获得充足的食物，并能柔顺、谦让待人，上下和泰而吉；上六：获得充足的食物之后，能够无私、真诚地与大家分享，最终能成功化解因食物引起的内部争斗而得到福报。

本卦告诉我们：任何收获都是来之不易的，往往越接近目标，困难越大，所以坚持不懈和战胜困难是成功的两个重要条件；在利益面前容易引发内部争斗，应以谦逊退让进行化解。不管在多么困难的情况下，都应做到善待他人、无私分享，这样就一定会得到好的结果。

讼卦第六：处理争讼，维持稳定

讼卦 下坎上乾，天水讼

上九：或锡之以鞶带，终朝三褫之。
《象》曰：以讼受服，亦不足敬也。

九五：讼，元吉。
《象》曰："讼，元吉"，以中正也

九四：不克讼，复即命，渝，安贞吉。
《象》曰："复即命""渝，安贞"，不失也。

六三：食旧德，贞厉，终吉；或从王事，无成。
《象》曰："食旧德"，从上吉也。

九二：不克讼，归而逋，其邑人三百户无眚。
《象》曰："不克讼"，"归逋"窜也；自下讼上，患至掇也。

初六：不永所事，小有言，终吉。
《象》曰："不永所事"，讼不可长也；虽"小有言"，其辨明也。

卦辞

讼：有孚，窒惕，中吉，终凶。利见大人，不利涉大川。

6.1 卦名卦序

《序卦》：**饮食必有讼，故受之以讼。**

【解读】

◎ 讼：本义为争论。《说文》："讼，争也。……以手曰争，以言曰讼。"

"讼"是人与人之间为了各自的利益发生矛盾，进行争论、争辩，一般需要有威望、有权势的人居中调停，秉公处理。

从卦象看：下坎上乾，坎为江河之水，乾为天，江河之水总是自西流向东，而以日月为代表的天却是自东转向西，两者高下有别，方向相反，无法相交。引申到国家，在上的统治者与在下的百姓如果意见、想法、行动总是背道而驰，则必定发生争执，故称"讼"。

从以上卦象分析可知："讼"产生的原因是上下阶层因利益、目标与行动不一致，因而有讼。

◎ 上一卦《需》卦为君王带领大家争取饮食。成功取得食物之后，君王分配食物必定会按照一定的原则和目的供应，但需求者也可能会存在要求更多、期望更高，或是认为分配不公等问题而引起争讼，所以《需》卦后面是《讼》卦。

圣人立此卦告诉君王和统治者，及时合理地处理争讼、维护国家稳定的重要性，以及遇到争讼之事时，各阶层的人在不同的情况下应如何处理，以趋利避凶。

6.2 卦辞：讼，有孚。窒惕，中吉，终凶。利见大人，不利涉大川。

【白话】

卦辞：处理争执要充满真诚。如果（发生矛盾）争执不下就要警惕，（能够及时）中止则可成功解决争讼，（如果）纠缠到底则会引起不好的结果。（诉讼时）适宜遇到公正的大人，不适宜冒险前进。

【解读】

◎ 讼，有孚

"有孚"指的是相互之间有矛盾时应坦诚相对，如果心中不诚实，那么争执就会愈演愈烈，最终必定引起诉讼。卦中九二、九五为阳爻处在中间位置，这是心中诚实之象。

◎ 窒惕，中吉，终凶

窒：闭塞、阻塞；惕：警惕。窒惕：如果出现阻塞（争持不下、互不让步）的情况就需要警惕。

"中吉，终凶"常被理解为"中间吉，最后凶"，但从卦辞、爻辞中无法找到按此理解的依据。应理解为：及时中止争执则吉，纠缠不休、坚持到底则凶。这是指处理争执的原则和方法，并在卦中九二、九四两爻爻辞中都有体现。

子曰："听讼，吾犹人也，必也使无讼乎。"（孔子说，审理诉讼，我与其他人是一样的，一定是希望诉讼案尽量不要发生）。所以对争执之事来说，不发生诉讼是最好的结果，故"吉"可以理解为及时解决矛盾，成功避免诉讼。"凶"则是矛盾无法调和，最终对双方造成伤害。

◎ 利见大人，不利涉大川

争讼之时，适宜由公正大人来帮助裁决，故称"利见大人"。

"涉大川"意为渡过大河。古时涉水过河是非常危险的事，而寻找食物、扩张领地、躲避灾害等却必须要渡过河，不可被河流所困，否则有巨大的生存危机，所以《周易》中以"涉大川"引申为主动克服危险。克服困难、谋创事业时需要大家同心协力，全力以赴，但争讼之时，大家的思想已经产生分歧，面对困难时不可能保持齐心协力、团结一致，所以讼时"不利涉大川"。

下坎为水为川，上互巽为木为舟，舟行川上，有"涉大川"之象。但是，互巽中九四不正位，从后面的爻辞解读中可知，九四会变六四而正位，则原互巽变为互艮，艮为止，所以"不利涉大川"。

6.3 彖曰：讼，上刚下险，险而健，讼；"有孚，窒惕，中吉"，刚来而得中也；"终凶"，讼不可成也；"利见大人"，尚中正也；"不利涉大川"，入于渊也。

【白话】

《彖》说：讼卦，上卦刚健下卦凶险，险恶的情况下还刚健不已，就会引起争讼。"有孚，窒惕，中吉"，是说刚爻来到下卦居中间位置；"终凶"，这是说争讼到最后不可能成功；"利见大人"，是说大家崇尚中正的大人裁决；"不利涉大川"，是因为前进将会进入深渊。

【解读】

◎ 上刚下险，险而健，讼

上为乾为刚为健，下坎为险，故称"上刚下险，险而健"。用刚健强行处理凶险的事，一定会引起争讼。

◎ 刚来而得中也

这是解释卦辞"有孚，窒惕，中吉"的。"刚来"指九二爻。作者应该是认为《讼》卦是由天山《遁》卦变来的，即九三下到九二，六二上到六三而来，从上到下为"来"，故称"刚来"。九二为中位，坎为孚，坎又为险为窒惕。《彖》辞常用这种卦变理论来解释卦辞，汉代以后的象数派易学者也因此延用，但此说较牵强，不可视作通例。

◎ "不利涉大川"，入于渊也

从卦象看，作者显然是以下坎为水为渊，上互巽为入，故称"入于渊也"，是取船行水上而陷进深渊之象，所以"不利涉大川"。此说实际较为勉强："坎"多指奔流的大河，而"渊"为静而深的水潭，应以"兑"为象更恰当，且巽上坎下应是涉大川之象，而非"入于渊也"。

6.4 《象》曰：天与水违行，讼。君子以作事谋始。

【白话】

《象》说：乾天与坎水行动相违背，这就是讼卦之象。君王得以领悟，做事情要从开始做好谋划。

【解读】

◎ "大象"辞是圣人从卦象引申出来、用最简洁的语言直白地告诉有所作为的君王从卦中得到的启发，所以，"大象"往往能帮助我们从治国之道上正确理解卦义。

天与水违行：日月代表天，运行方向是自东向西，江河之水则是自西流向东，两者高下有别，背向而行。

作事谋始：做一件事的时候一开始就要做好谋划，比如：从管理者来说一开始就要制定公平公正的制度，明确规范；从普通人来说，严格遵守规范，谨慎结交朋友，交易一开始时就制定契约，等等。

来知德说："作事谋始"，工夫不在讼之时，而在于未讼之时也。故曰：曹刘共饭，地分于匕筋之间；苏史灭宗，忿起于谈笑之顷。（《周易集注》）

君王的"谋始"则指的是处理国家事务之前要制定政令、法度，以使国家上下方向相同、目标一致，这样才能避免出现争讼。卦象中上互巽有政令之象。

6.5 初六：不永所事，小有言，终吉。

《象》曰："不永所事"，讼不可长也；虽"小有言"，其辩明也。

【白话】

初六：不对意见不同的事纠缠不休，有小的言语责难，终究会避免争讼。

《象》说："不永所事"，是说争讼不能久拖不决。"虽小有言"，是说结果很快会分辨明白。

【解读】

◎ 不永所事

永：坚持到底、纠缠不休之意。所事：所发生的事，指大家意见相左、可能引起争讼之事。大家发生争讼之前一定有对某事有不同意见，如果争执不下，双方都不让步时则可能引起争讼。

发起争讼者多是性刚好强者，性柔者会主动退让。初六阴柔居初位，初位既表示处于卑微的位置，也说明矛盾的事情刚刚开始。初六是性情柔弱而且卑微之人，遇到有争执之事，一开始就能做到主动退让，故称"不永所事"。

◎ 小有言，终吉

小有言：只是在言语上有小小的争吵，在《易》例中是指很小的、微不足道的困难。"以言曰讼"，争讼首先就是双方在言语上进行争辩，如果及时放弃争执，只会在言语上吃点小亏。

终吉：指最终没有引起诉讼，即及时中止了争讼，这与卦辞的"中吉"相对应。这里的"终"指"不永所事"而终止，与卦辞的"中吉"及时中止意同。卦辞的"终凶"之"终"则是指争讼到最后、最终而不退让之意。可见两者是有区别的。

"不永"即是不坚持。不坚持就是改变，初六变初九则正位且与九二不亲，不亲比即无争讼对象，且下坎变兑，兑为口为言语为吉，初爻在下为"小"，故称"小有言，终吉"。

◎ 讼不可长也。其辩明也

是说争讼不能够拖得太长，大家各让一步，很快就能说清楚。这里的"讼"应指矛盾双方的争执，非指诉讼，因为初六无意纠缠不休。退让一步，大家就很快说清楚了，这才是解决矛盾的最好办法。

6.6 九二：不克讼，归而逋，其邑人三百户无眚。

《象》曰："不克松"，"归逋"窜也；自下讼上，患至掇也。

【白话】

九二：（知道）不能争讼，退回并回避，他的采邑三百户没有人因此受到伤害。

《象》说："（知道）不能争讼"，退避而躲藏。居下位的与居上位的争讼，祸患是因自己而引起的。

【解读】

◎ 不克讼，归而逋

克：能。逋（bū）：逃亡、逃避。

九二性刚居柔，又居于中道，性刚不正则好讼，居中则知过能改。九二与六三相亲比，下阳亲比上阴，在《讼》卦则是以刚欺柔而有争讼。六三虽为阴爻，但处诸侯之位，可谓是九二的顶头上司，且从六三爻的解读可知，六三会变九三。九二虽表面刚强、一时气盛，但岂能与刚健的诸侯王公争讼。九二居于中位，又进入了离体，离为明，所以九二能明智地分辨形势，知不可讼而回避。归而逋：回家逃避。阳爻进，阴爻退，所以"归"则是九二变六二。九二变六二既中且正且与六三不比，又下坎变坤，坤为柔为顺，争讼自然结束。

或问：九二为什么不是与九五争讼，而是与六三争讼？

这是因为：其一，九五与九二虽是相对应之爻，但两者都是阳爻，对而不应，就好像两人根本不认识，不会发生交集，当然就不会发生争讼；其二，九五为尊贵、中正的君王，他在本卦中是公正地裁决争讼的"大人"，故也不会与九二争讼。

◎ 其邑人三百户无眚

眚（shěng）：由自己的过失造成的灾难；灾：指因外来的客观原因造成的灾难。

"其邑人三百户无眚"可以有两种理解：一是他的封地的民众三百户没有受到牵连；二是他的三百户的采邑仍得以保留，没有被剥夺。

二为大夫之位，大夫有家。九二知难而退则变，九二变六二则既中且正，且下坎消失，坎为凶为灾，故称"无眚"。下卦变坤卦，坤为邑为众，"三百户"为"众"，故称"邑人三百户无眚"。其封地和邑人都能安然无恙，坎险消失，故其本人也不会有危险。

九二为刚爻不正，性健而好讼，但居柔位而有中德，所以能及时理智地改变、退让规避，保护了邑人，保全了自己。

6.7 六三：食旧德，贞厉，终吉；或从王事，无成。

《象》曰："食旧德"，从上吉也。

【白话】

六三：表现出应有的品德，坚持严厉、刚健，最终成功；如果（以当前的状态）柔顺地履行王公之职，则不会有什么成就。

《象》说："表现出应有的品德"，是说顺从在上位者行事能得到吉利的结果。

【解读】

◎ 食旧德，贞厉，终吉

食：进食，在此可理解为发挥、表现。旧：甲骨文为𠂤，甲骨文字形上面是高冠的鸟，下面是地面凹洞，像一个有冠羽的猫头鹰栖息在巢穴中。有些鸟不筑巢，选择土墙或土壁上原有的洞穴为巢。造字本义：不筑巢的鸟栖息在原本存在的土洞中。

"食旧德"可理解为：发挥应有的品德或表现。这种应有的品德是什么呢？从后面的"贞厉"可知就是"厉"。贞：保持、坚持之意。厉：本指山崖上突出的巨石，后引申为严厉、刚健、果决等意。"贞厉"意为坚持刚健、严厉，是对"食旧德"的具体说明。这样做的结果则是"终吉"。

三为诸侯王公之位，其正位之爻为阳，即诸侯王公本应具备公正、刚健、果决之德。"贞厉"说明六三会变为九三而正位。从九二爻的解读可知，九二一时气盛，要与九三争讼，后能明智地及时改变自己，主动退避而免于伤害。从六三来说，他本是高于九二的诸侯王公，如果表现出王公应有的威武和严厉，这样九二就会受到威慑，知难而退，故言"食旧德，贞厉，终吉"。"终吉"是说六三变九三之后使九二知难而退，成功地避免了争讼。

◎ 或从王事，无成

三本为诸侯王公之位，"王事"指身居王位应该做的事。或从：可以理解为"如果以其现有的德行履行"之义；无成：没有成就。这句话的意思是：如果以现有的柔弱、谦顺的状态履诸侯王公之职，那么就不会有什么成就。六三以阴居阳，居刚用柔，是柔弱地履行诸侯之职，则九二与他进行争讼时也不会知难而退，那么六三作为诸侯王公的威严不存，就不会得到君王的认可和百姓的尊敬，这样最终当然不会有什么成就。

本爻是告诫在其位者要果断改变，以公正、果决、刚健之德履职，这样才能维持威严，避免争讼，否则将可能一事无成。

6.8 九四：不克讼，复即命。渝，安贞吉。

《象》曰："复即命，渝，安贞"，不失也。

【白话】

九四：不能争讼，回归安于正理。及时改变自己，安心固守谦顺则吉祥。

《象》说："回归安于正理，及时改变自己，安心固守谦顺之德"，这是说不会有过失。

【解读】

◎ 不克讼，复即命

九四阳居柔位，是性柔用刚者，处近君之高位，又处上互巽卦中，有巽顺之德。因为《讼》是以下向上争讼，故九四向上只能与九五争讼，但臣焉能与君争讼？是知不能讼而"不克讼"。

即：就；命：正理、正道。复即命：回归正道。九四刚居柔位不正，回归正道九四变六四而正位，则上互卦巽变为上互艮，四处艮体之中，艮为止，是知不可讼而止。

◎ 渝，安贞吉

渝：改变、变化，多指态度的改变。安贞：安心持守。九四变六四而正位，又亲比九五。正位亲比则是忠良贤臣安守谦顺正位，忠诚地辅佐九五君王，故能"安贞吉""不失也"。

6.9 九五：讼，元吉。

《象》曰："讼元吉"，以中正也。

【白话】

九五：果决、中正地审理争讼之事，这是最终成功避免争讼内乱的根本。

《象》说："果决、中正地审理争讼之事是成功避免争讼内乱的根本"，是因为（九五）以刚中之德审理争讼之事。

【解读】

◎ 讼，元吉

该爻辞非常简洁，从句子的结构来看，显然前面的"讼"字是说明"元吉"的原因的，所以"讼"是指九五以中正之道处理争讼之意。

九五以刚中居尊位，是处理争讼的最高权威。九五以刚健、守中、公正地处理争讼，是争讼者之幸，是民之福，所以是成功避免争讼内乱的根本。

元吉：吉之元，吉利之根本。

本爻与卦辞"利见大人"对应。

6.10 上九：或锡之以鞶带，终朝三褫之。

《象》曰：以讼受服，亦不足敬也。

【白话】

上九：可能会赐给他鞶带，下朝时会被剥夺三次。

《象》说：靠争讼而得到朝服、爵命的赏赐，不值得被尊敬。

【解读】

◎ 或锡之以鞶带，终朝三褫之

或：可能、如果，假设之意。"锡"通"赐"。鞶（pán）带：皮制的大带，为古代官员的配饰；褫（chǐ）：剥夺。朝：朝会。终朝：朝会结束时。

"锡之以鞶带"，指授予官职，或是对当官者的肯定和赏赐，这里应是后者之意。

上九正应六三。上九授予鞶带，后又解之的对象显然是指六三。从六三的解读可知，六三如果不能表现出王公的刚健、严厉之德，则会"无成"，而上九爻辞正是与六三的"无成"相呼应，反映了六三"无成"的表现。这也进一步从侧面说明六三爻可以有两种表现：一是"贞厉"，则会"终吉"；二是"或从王事"，则会"无成"。

【总结与启示】

读完全卦的六爻之后就能更好地理解卦辞"中吉、终凶"之意了，其意应为：及时中止（争执）就会吉，如果坚持到底结果就会凶。如：初六的不永所事的"不永"，九二的"不克讼，归而逋"的"归"，九四的"不克讼，复即命"的"复"等，无不反映及时改变、停止之意，结果都是吉。

从各爻来看，争讼只是发生在相邻两爻之间，故只看亲比而不看正应，不正位而亲比，或是同为阳爻则有争讼之患，如九二和九四；阴爻表示柔顺，所以遇见争执之事会主动退让，故下阴上阳则不会发生争讼，如下阳上阴则会有讼。因此，在下位者应懂得柔顺、知足、退让，这样才会有好的结果，如初六、九二、九四。主政一方的诸侯则应该保持刚决、果决的应有威严，这样才能消除争讼，否则"无成"，如六三。六三与上九爻辞之间有很密切的对应关系，两者对应能更好地帮助理解两爻的本意。九五为国君之位，他的刚健、中正之德是消除一切争讼的根本。

人与人之间相处难免发生争执，应学会理智、诚信、柔和地处理，争执就会很快化解，如果以刚对刚，互不相让，矛盾则很容易激化，以至于失去控制，带来无法预料的后果。

日常工作中，如果下级与上级发生争执，不管什么原因，也不管是否有理，在下者首先应冷静退让，尽快结束争执，这样才能使问题得到好的解决。

作为部门或组织的领导，如果能做到诚信公平对待下属，公正果断处理事务，那么下属将很难发生争执；如果优柔寡断，偏听偏信，则下属必定争执不断、矛盾重重。

师卦第七：师出以律，保家卫国

师卦 下坎上坤，地水师

上六：大君有命，开国承家，小人勿用。
《象》曰：大君有命，以正功也；小人勿用，必乱邦也。

六五：田有禽，利执言，无咎。长子帅师，弟子舆尸，贞凶。
《象》曰：长子帅师，以中行也；弟子舆尸，使不当也。

六四：师左次，无咎。
《象》曰：左次无咎，未失常也。

六三：师或舆尸，凶。
《象》曰：师或舆尸，大无功也。

九二：在师中，吉无咎。王三锡命。
《象》曰：在师中吉，承天宠也；王三锡命，怀万邦也。

初六：师出以律，否臧凶。
《象》曰：师出以律，失律凶也。

卦辞

师：贞丈人吉，无咎。

7.1 卦名卦序

《序卦》：讼必有众人起，故受之以师。师者，众也。

【解读】

◎ 师：甲骨文为𠂤，金文为：𠂤。

"师"字甲骨文像古代兵符，像是圆块中的一部分。古代朝廷将刻有虎、狮等图案的圆形玉块，切割成裂纹不规则的两块或几块，部分留在朝廷，部分放在地方或军队，作为调动军队的兵符。朝廷和军队均以所持兵符能否吻合来检验兵权和调动权的真伪，这种有图案的残块是最早的"兵符"。"师"后指军队，卦义应指指挥军队，维护国家安全稳定之意。

从卦象看：上为坤为地为承载为包容，下为坎为水，且是流动而不安分的水。地中有水，水在地的低洼之处自然会越聚越多，且会四散流动。下坎代表民众，上坤代表国家，随着国家的发展，人口越来越多，且处于不稳定、不安分的状态，需要加以约束和保护，故卦有国家约束和保护民众之象。由此可见，国家建立军队的目的是为了管理和保护民众。

◎ 只要有人群聚，就会有利益之争，个人与个人之间的争执叫争讼，而一群人与一群人之间的争斗就是战争。有战争就需要军队，"师"指的是统率军队。军队的主要职责是保卫国家安全，对内是平定动乱，对外则抵御入侵，或进行征伐扩张。故"讼"为小争，"师"是大争。《国语》曰："大刑用甲兵，中刑用刀锯，薄刑用鞭扑。"

《讼》之时大家互相争执，不断发展后，必定会人越争越多，然后可能发生动乱，有动乱就需要强力维持；同时，人员众多，国家财富也开始积累，就可能引来外敌的入侵，这都需要有军队维护人民的安全和统治阶级的利益。

《讼》卦是处理内部争执，解决民众间的小矛盾，如果民众间争讼不能及时处理好，则可能会发展成内部动乱的大矛盾。国家稳定的威胁和隐患既来自内部的动乱，也来自外敌的侵犯，处理内部动乱、抵抗外敌侵犯必须要建立军队。所以《讼》卦之后是《师》卦。

7.2 卦辞：师，贞丈人吉。无咎。

【白话】

卦辞：带兵打仗，要由有威望和能力的人做统帅，这样就容易取胜。没有过失危害。

【解读】

◎ 师，贞丈人吉

师：与下文连在一起应理解为统帅军队之意。《大戴礼记》："丈，长也。"丈人：指德行好、有威望、有才能的长者，其地位不一定很高，取象自九二。九二居大夫之位，地位不高，但为全卦唯一的阳爻，所以刚健而有才德，居中位则行动得当。另，九二为下互震卦之主，震为长子，长子易立威。

"贞"，在此理解为"做到、坚守"之意，与其"守正"的本意不矛盾，因为选择有威望和德才兼备的人做统帅对"师"而言就是"正"。"吉"指成功之意，对军队而言，成功就是胜利。

◎ 无咎

有人可能会问，前面都说"吉"了，后又言"无咎"岂不是多余的？当然不是，"吉"偏向于指战争的结果，而"无咎"应更多是指治师之道，即军队由丈人统率，其在建设和发展的方向是正确的而不会有过失危害。《系辞传·上》："无咎者，善补过也"，选对了统帅，军队在行军和战争过程中，就算出现了问题也能及时解决。所以"无咎"还含有肯定、鼓励之意，是对前面行为的再次肯定和鼓励。

对于统率军队来说，没有过失是非常重要的，否则轻则使将士失去生命，重则亡国。

7.3 《彖》曰："师"，众也；"贞"，正也。能以众正，可以王矣。刚中而应，行险而顺，以此毒天下，而民从之，吉又何咎矣？

【白话】

《彖》说："师"，人民众多之意；"贞"，坚持正道的意思。能带领大家走上正道，可以称王天下了。九二以刚居下卦之中，与六五君位正应，行动虽危险但能顺应民心君意，这样的行动虽然会给民众带来伤害，但民众却愿意跟随。这样一定会成功，又哪来的过失呢？

【解读】

◎ 《彖》是典型的儒家对《易》的解读，所以特别强调正义、王道。能够得到众人的真心拥戴而且归于正道，王道也不过如此了。作者把"师"解为"众"，虽与《序卦》一致，但并不准确。

◎ 九二阳爻居下卦之中，与六五正应，所以是"刚中而应"；坎为险，上坤为顺，所以是"行险而顺"。卦中九二亲比六三、正应六五，上互卦和上卦都为坤，坤为民，所以说"而民从之"。

7.4 《象》曰：地中有水，师。君子以容民畜众。

【白话】

象说：地的低下之处有水聚集，这就是《师》卦的卦象。君王从而领悟要包容和保护民众，使人口越聚越多。

【解读】

◎ 地中有水，必向低洼处聚集，越聚越多，还会四处流散，这时，对聚集起来的水就要进行约束和管理，围堤成湖，否则水就会流失或者泛滥成灾。

君王从《师》卦的卦象中得到启发：民众聚集多了以后，就要建立城堡和军队，以容纳和保护民众。

能保护全国民众的只有君王，普通人再有志向也不可能做到这一点，所以此处的"君子"一定是专指君王。

7.5 初六：师出以律，否臧凶。

《象》曰："师出以律"，失律凶也。

【白话】

初六：统兵打仗一开始就要有严明的军纪，否则就算是看上去再好（强大）也会失败。

《象》说："统兵打仗一开始就要有严明的军纪"，（因为）没有军纪的约束就会打败仗。

【解读】

◎ 师出以律

律：节之以军纪。初爻，师卦之始，代表军队建设之初。军队首先要强调的是纪律。

初六以柔居刚而不正。"出"为动，初六本性柔不动，今"出"则变。初六变初九，则下坎变兑。兑为泽为湖泊。湖泊是堤岸对水的限制，使水不能四处流动，故"兑"有节制、限制之象，是为"律"，故称"师出以律"。

◎ 否臧凶

否（pǐ），指不能以纪律约束。初六不正而失位，故称"否"。

臧：善、好，意指军队表面上看上去很好很强大。凶：指失败。这句话的意思是：如果军队不注重军纪，即使看上去再好再强大也会失败。

初六变初九则坎险变兑为律，故称"出以律"；如不变，则初六只能在坎凶之中，故称"否臧凶"。故《象》又说："失律凶也"。

7.6 九二：在师中，吉，无咎。王三锡命。

《象》曰："在师中吉"，承天宠也；"王三锡命"，怀万邦也。

【白话】

九二：统帅军队要坚持专制而守中，这样才能胜利，并且没有过失危害。君王多次予以赏赐。

《象》说："统帅军队要坚持专制而守中就能取胜"，这样会得到君王的恩宠；"君王多次予以赏赐"，以此怀柔四方邦国。

【解读】

◎ 在师中，吉，无咎

在师：位居帅位，统率军队。"中"取象于九二居下卦的中位。

九二在其他卦是居柔用刚，中而不正，但在本卦却是恰好，因为过于柔顺是无法统帅军队的。故"中"在此有两层意思：一是集中之意，意即统帅在军队必须要权力集中、专制；二是指中和，行为适中，这样既威且中才是统军之道，才会成功而没有过失。

"吉，无咎"与卦辞中的"吉，无咎"意义相同，既说明这种行为的结果是好的、成功的，又再次肯定这种行为的正确性。

◎ 王三锡命

"王"指六五；"锡"通"赐"。九二正应六五而得到了君王的充分信任，并授予治军的绝对权力，这样可以帮助九二树立权威。

九二正应六五，中间有上互坤，坤有"三"象，引申为多次；六五正应九二，是对九二的支持与赏赐，故称"王三赐命"。

◎ "承天宠也""怀万邦也"

"天"指六五君王。九二得到了君王的信任和宠爱，故称"承天宠也"。

上互卦和上卦都为坤为邦国，邦邦相叠故称"万邦"。九二应五比三，为"怀万邦"之象，意为君王通过九二统率万军、保护国家、怀柔四方。

7.7 六三：**师或舆尸，凶**。

《象》曰："师或舆尸"，大无功也。

【白话】

六三：（如由他为帅）可能出现众人主事的情况，则结果会失败。

《象》说："可能出现众人主事的情况"，这样不可能成功。

【解读】

◎ 师或舆尸，凶

六三阴柔不正，又居下卦之上，是阴柔不正者处在长者之位。师：帅师，统率军队之意；或：假设、假如。师或：假如（由六三）统率军队。

"舆尸"，先儒们有两种解释，一种是车载着尸体，意为大败而回。此解认为"舆"为车、"尸"为死尸，自汉代以来大多数易学者持这种解释；另一种是以程颐为代表认为是"众人主事"之意。"舆"为众，与"舆论"之"舆"同义，"尸"为主事，同"尸位素餐"之"尸"。来知德与程颐同。

程夫子之解更为合理，理由有二：一是"尸"在古代就有此字，专指代替死人受祭的一种职业，后引申为担任、主持之意，而"屍"才指尸体；二是从爻象来看：六三柔居刚位，且乘刚九二，不中不正不果决，如果由六三统兵，则一定会依赖九二，并且遇事优柔不决，结果完全有可能出现大家争吵不休的局面，这不正是众人主事的状态吗？而"或"正是不确定、假设之意。所以，"舆尸"应理解为"众人主事"更准确。《象》辞"大无功也"也正是说这样不可能有功业，如果理解成"大车载着尸体"，那就是"大凶"而不是"大无功"了。

7.8 六四：师左次，无咎。

《象》曰："师左次，无咎"，未失常也。

【白话】

六四：带领军队主动撤退，没有过失。

《象》说："带领军队主动撤退，没有过失"，没有违背常理。

【解读】

◎ 师左次，无咎

古代行军"右"指前进，"左"指后退。行军打仗完全是根据自身的力量和战场的形势决定进退的，随机应变，知道自己力量不足、形势不利，知难后退很正常，是明智的，可以避免失败。六四柔居阴而正位，柔指力量不足，正位指行动合理，所以"未失常也"。

程颐说："度不能进而完师以退，愈于覆败远矣，可进而退乃为咎也。《易》之发此义以示后世，其仁深矣。"

7.9 六五：田有禽，利执言，无咎。长子帅师，弟子舆尸，贞凶。

《象》曰："长子帅师"，以中行也；"弟子舆尸"，使不当也。

【白话】

六五：田里出现侵犯的禽畜，适宜先说明捕获的理由（然后行动），这样就不会有任何过失危害。任用长子统率军队，如果选用弟子统率军队好比是让众人主事，这样就会导致失败。

《象》说："任用长子统率军队"，是因为他有德才而行动适中；"如果选用弟子统率军队好比是让众人主事"，是因为任人不当。

【解读】

◎ 田有禽，利执言

田有禽：田地里有禽畜，引申为强盗入侵。坤为田，六五与九二正应，九二居坎，坎为盗；执言：指先说明强盗入侵的罪行，并奉辞而讨伐，以证明出兵的正义性，可得民心的支持。

◎ 长子帅师。弟子舆尸，贞凶。

长子指九二。九二为下互震之主，震为长子，引申为有威望之人，与卦辞所说的"丈人"对应。帅：通"率"，率领。

六五正应九二，九二为下互震之主，震为长子为动为帅，上坤为众为师，故称"长子帅师"。

"弟子"指六三，六三居下坎之上，坎为次男，为震之弟，故称"弟子"，引申为没有能力、没有威望的人。

"贞凶"，意为如果坚持选用弟子（没有威信者）为帅，就会导致"凶"的结果。

7.10 上六：大君有命，开国承家，小人勿用。

《象》曰："大君有命"，以正功也；"小人勿用"，必乱邦也。

【白话】

上六：天子论功行赏，封为诸侯者建邦立国，封为大夫者建邑兴家，而德行不正的小人则不会任用。

《象》说："天子论功行赐"，是为了表彰军功；"小人不会任用"，意思是如果小人像君子一样封赏了，则一定会使邦国动荡不安。

【解读】

◎ 大君有命，开国承家

上爻表示行军打仗结束了，就好像初爻代表行军打仗开始一样。这时候中央王国的天子以爵命来赏赐立功者，同时也说明有功必赏是治军之道。

"大君"指六五。六五为坤之主，坤为地为大，故称"大君"。

上六为坤顺之极，极则易变。上坤变为艮，艮为成，意为出师有成；上九亲比六五，则有受赐于六五之象，故称"大君有命"。

"开国"，意为分封诸侯之国；"承家"，封为大夫之家，"承"为"受封"之意。上六变上九，上卦坤变艮，艮有家之象；上互坤为国，故有"开国承家"之象。

◎ 小人勿用

"小人"在此指地位低下且心胸和品德都无法承担大任之人。虽为小人，但同样可以建立战功。圣人诫示：小人可以赏赐金银财宝和俸禄，但不可以让他有国有家而执政，否则会坏礼乱邦。

程颐说："小人平时易致骄盈，况挟其功乎？汉之英、彭所以亡也，圣人之深虑远戒也。"

【总结与启示】

通观全卦就能发现，卦中各爻充分展现了三千多年前周文王，或者说商末周初时期先进的军事思想。初六代表统军之初，圣人强调建立严明的军纪是保障胜利的先决条件；九二说明一支军队应该选任什么样的统帅，那就是社会地位可以不是很高，但必须是有才德、有威望、行中道的丈人，还需要君王的信任以帮助树立威信；六三从反面说明选帅的重要性，如果选用一个不合适的主帅，那就好比是让大家一起主事，结果必定失败；六四爻说明：根据战场形势，该退就退，随机应变才是统军之道；六五说明作为一国之君王，战争时要师出有名，强调君王正确任用主帅的重要性；上六说明战争结束后对有功者要及时行赏，并且封赏有度。

以上每一爻所展示的军事思想，历经三千多年，到今天仍是适用的，可见《易》之智慧是多么广博和伟大！

企业管理与军队治理异曲同工，一个成熟的企业，首先应该建立完善的管理体系、严格的奖罚制度。

一个企业的负责人是这个企业的灵魂，没有一个有能力、有威信的负责人，企业就没有战斗力，就得不到发展。一个部门同样如此。企业和部门负责人的选用条件应是德才兼备，处事果决，行为公正。

有效激励、赏罚分明永远是企业的重要管理手段。善用激励，事半功倍。

卷三

比卦第八：真诚求比，取顺舍逆

比卦　下坤上坎，水地比

上六：比之无首，凶。
《象》曰："比之无首"，无所终也。

九五：显比，王用三驱，失前禽。邑人不诫，吉。
《象》曰："显比"之吉，位正中也；舍逆取顺，"失前禽"也；
"邑人不诫"，上使中也。

六四：外比之，贞吉。
《象》曰：外比于贤，以从上也。

六三：比之匪人。
《象》曰："比之匪人"，不亦伤乎？

六二：比之自内，贞吉
《象》曰："比之自内"，不自失也。

初六：有孚比之，无咎。有孚盈缶，终来有他吉
《象》曰：比之初六，有他吉也。

卦辞

比，吉，原筮元永贞，无咎。不宁方来，后夫凶。

8.1 卦名卦序

《序卦》：**众必有所比，故受之以比。**

【解读】

◎ "比"最早见于甲骨文：𡘹，其字形像是两个亲近的人紧靠相依，并肩向前，这正是"比"的本义：紧靠、亲近、比附。《说文》：比，密也。

从卦象看：全卦只有九五是阳爻，且九五既中且正，所以有四阴向上亲比一阳之象。阴代表弱、小，阳代表强、大，所以又是弱小亲比强大之象。

本卦下坤上坎，上坎为水，指流动的水，如江、河等；下为坤为大地，卦象为大河在大地上流动。从卦象可以想象：大河奔流在大地之上，所经之处，地面上小沟小渠及所有低洼的水必然会汇聚流向大河，故有沟渠之水比附大河之象。如以地面奔流的江河比作强大的邦国，则流向并比附于江河的小溪流就是弱小的族群或小国，小国族群为了生存不得不投靠和依附于大邦。需要说明的是：卦中只有江河之象，并无小

溪流之象，小溪流是根据卦象联想出来的，根据后面《大象》辞和爻象爻辞来看，这种联想是有道理的。

先儒们多认为上坎为到处流淌的水，水在大地上到处流淌而与地面接触无间，故有比象，意为水亲比大地。但这样的理解有二疑：一是"坎"虽为流动的水，但也不是四散而没有方向地流淌，而是指大河大川；二是从卦中爻象看，九五一阳居于君位为大，初六至六四为小而亲比九五，但如果以先儒理解的上坎亲比于大地，则是以九五为代表的中央政府为小，下坤代表的各诸侯或族群为大，这显然不对。

◎ 上一卦为《师》卦，是说国家人口聚集而流动，君王建立军队对国家和民众进行保护，国家逐渐发展强大、安全。国家强盛，人民平安，必定会吸引弱小的邦国或族群纷纷投靠和依附。所以《师》卦之后是《比》卦。

8.2 卦辞：比，吉。原筮元永贞，无咎。不宁方来，后夫凶。

【白话】

卦辞：弱小者诚心前来亲比，成功被接受。通过推原、占筮等方式能确定前来亲附者是自始至终诚意投靠，那么接受他们就没有危害。（如果是）因为不能自保安宁才不得不前来亲附的后来者，接受他们会存在凶险。

【解读】

◎ 比，吉

程颐说："比，吉道也。人相亲比自为吉道。"

程夫子认为，人与人之间互相亲比就是一种有益的方式。这固然没错，但太泛泛而谈。"比"在此具体指的是以下比上、以弱附强。在古代，弱小的氏族群体无法生存而主动寻求加入强大的族群，这样对弱小者的生存和发展无疑是有利的。满怀诚意地前来亲比，一定会被英明的君王接纳。"吉"是成功被接纳之意，这与后面"后夫凶"相对比。

从后面的各爻解读可知，诚心求比者是指初六、六二代表的低层族众。

◎ 原筮，元永贞，无咎

"原"为推原、推究之意；"筮"为占筮。"原筮"引申为用各种方式来观察、考验前来亲附者的诚意。亲附者本非同族，如果不是诚心亲附，则可能很难被同化，会给本族的安全和稳定带来隐患。

元永贞：程颐、来知德等先儒们认为是三种品德，即大善、恒久、守正道，并认为这是讲在上者需要具备这三德才可"无咎"。我的不同理解是："元"为初始之意，也有美好之意，指初六爻的"有孚盈缶"（详见初六爻解读）；"永"指恒久；"贞"指保持、坚持之意。所以合起来就是"初始的诚意能够恒久保持"，其义近似于我们今天所说的"初心不改"。"元永贞"另在第四十五卦"萃卦"的九五爻也出现了：

"九五：萃有位，无咎。匪孚，元永贞，悔亡。"其意为：九五，君王荟聚民心德称其位，没有任何过失。如果担心前来归顺者缺乏诚意，那么只要你始终坚持用诚意去对待他，担心自然会消失。这与本卦的理解是相同的。

从接受亲比的大国君王来说，如果对前来亲比者"原筮"之后发现都能"元永贞"，即能够发自内心的真诚投靠，并且恒久不变，接受他们当然不会有危害，故称"无咎"。

◎ 不宁方来，后夫凶

方来：然后才来。不宁方来：意为无法自保后不得以才来。从前卦的解读可知："来"是朝向"我"而动，故这句仍是站在受比者的角度而言的。

后夫凶：不得已才来投靠的亲比存在凶险。这种凶险是指会给受比者带来不安全、不稳定的隐患。如果不是一开始就诚心亲比，而是要等到不得安宁之后才勉强来亲比，那么后来者就很难融入新的组织，可能还会在组织内部形成对立，制造分裂，影响团结，故称"凶"。"后夫凶"还可以理解为对后来者来说亲比失败，不会被接纳。

"后夫凶"在卦中指上六爻。取象来源于：九五为阳为夫，上六爻在九五之后，又处坎凶之极，故称"后夫凶"（详见上六爻解读）。

8.3 《象》曰：比，吉也。比，辅也，下顺从也。"原筮，元永贞，无咎"，以刚中也。"不宁方来"，上下应也。"后夫凶"，其道穷也？

【白话】

《象》说：亲比之道，是吉祥的。比，亲附的意思，指下爻顺从亲附于上爻（九五）。"原筮，元永贞，无咎"，是说九五刚正而居中位；"不宁方来"，是指六二与九五正应；"后夫凶"，意思是指亲比的路已经不通了。

【解读】

◎ 下为坤为顺，六二为坤之主，正应九五，故"下顺上也""上下应也"；九五刚居阳位且居中尊之位，所以"以刚中也"；上六居卦之终，且位于坎陷之极，所以说"其道穷也"。

◎ 《象传》解读仅是就爻位爻象进行分析，难达卦辞本义。

8.4 《象》曰：地上有水，比。先王以建万国，亲诸侯。

【白话】

象说：大地上面有水，这就是比的卦象。先王从而领悟要封建万国，亲近诸侯。

【解读】

◎ 涓涓细流能够汇聚成大川，先王正是因此受到启发：封建万国、亲近各方诸侯，使之归于中央，这样就建立起了一个强大的帝国。从《周易》成书时间来看，这可能说的是商朝的内外服封建制度，故"先王"应是指商朝某位统一各方诸侯的英明君王，如成汤、高宗等。

下卦为坤为地，上卦为坎为水，故说"地上有水"。"先王"取象于九五。九五刚中居君位为王；下卦、下互卦皆为坤，坤为国，国国相重，故为"万国"。

又，九五正应六二，下亲比六四，坤又有诸侯之象，改为"亲诸侯"。

8.5 初六：有孚比之，无咎。有孚盈缶，终来有它吉。

《象》曰：比之初六，有他吉也。

【白话】

初六：充满诚信地去亲比，没有什么危害。如果心中的诚信就像盛满了水的瓦缶那样质朴而满盈，终究会得到他人的接纳。

《象》说：比卦的初六，是说终究会得到他人的接纳。

【解读】

◎ 有孚比之，无咎

初六，阴居比之始，且上无正应，阴柔者本弱小且意志不坚定，所以圣人诫之：一开始就改变自己，带着诚意去亲比，这样就不会有过失。

阳爻为实为孚，故"有孚"指初六变初九，则与六四正应。初九正位，正应同样居于正位的六四，是满怀诚意亲比六四，并得到认可，所以没有危害，值得肯定。

◎ 有孚盈缶，终来有它吉

"缶"指土制的瓦罐，是质朴的器物。有孚盈缶：意为朴实而充满诚信。它吉：来自他人的认可和成功接纳。

初六变初九，阳爻为"有孚"；初九至九五组成大离，离为大腹，故有"缶"象。初九正应六四，六四在上坎之中，又在大离内的上部，坎为水，有水在缶中满盈之象，故称"盈缶"。

初九正应六四，是亲比六四而被接受，故称"有它吉"。"它"指六四。这就好像地表之小溪水虽远离河流，但它流向那条大河的方向是正确的（正应六四），且流向的力量是足的（已变为阳爻），所以终究会汇入大河。

这里需要注意的是：本爻有暗示变化之辞"有孚"，另外，"终来有它吉"是对此爻最后的定性词，说明此爻变化以后并保持这种变化后的状态被接受，所以有"终吉"。也就是说，初六爻明的是阴爻，实际上会变为初九阳爻，并且会对以后相应的六四爻造成影响（见六四解读），但不会改变卦象，这种现象可称为"变象"。发生"变象"以后，该爻将同时具有"明象"（原爻爻象）和"暗象"（变化后的爻象），并且两种爻象可能会在不同的场景下发生影响。这种"变象"现象在其他卦中常会遇到，如：《乾》之九二、《小畜》之九二、《履》之九四、《同人》之初九、《睽》之九二、《困》之九二和九四，等等。

8.6 六二：比之自内，贞吉。

《象》曰："比之自内"，不自失也。

【白话】

六二，发自内心真诚地亲比，坚守此道终可如愿。

《象》说："发自内心真诚地亲比"，意思是坚守中正之道而不自我迷失。

【解读】

◎ 比之自内，贞吉

六二柔居阴位，既中且正，正应九五，是正直、中正地亲附九五，自然会得到接受。

"之"指九五；六二处内坤卦之中位，所以说"自内"。六二阴爻既正且中，其性柔顺，其行中正并能得到君王的接纳，所以"贞吉"。

六二既中且正，正应九五。九五就像是大河中川流不息的河水，六二即是大地之中那些流向大河且方向准确、中直而不弯曲的小水流，坚持下去必定很快会汇入大川，故称"贞吉"。引申为中正、弱小的族群能够发自内心地真诚、坚定地比附强大的国君，最终自然会得到友善对待、真诚接纳。

8.7 六三：比之匪人。

《象》曰："比之匪人"，不亦伤乎？

【白话】

六三：没有可亲比的人。

《象》说："没有可亲比的人"，不也是令人可悲吗？

【解读】

◎ 六三阴居阳位不正，上与上六不应，是没有可比附的对象，所以说"比之匪人"。"匪"通"非"。

六三阴柔不正，又无比无应，这就好像地中的小水流不知大河所经过的方向，也不知道自己会流向哪里，流动的力量又不足，结果可想而知。本爻没有任何爻象和爻辞显示会发生变化，故不会像初六一样改变自己。

在"比"之时，不正不中，又无可比附对象，受伤害的结果是可想而知的，所以《象》说"不亦伤乎"。

8.8 六四：外比之，贞吉。

《象》曰："外比"于贤，以从上也。

【白话】

六四：（接受）外来者求取比附，守正吉利。

《象》说："外来者求比"于贤德，是说在下位者亲附于在上位者。

【解读】

◎ 外比之，贞吉

古今学者基本都会把此句理解为六四向外亲比九五，理由无外乎来自两个方面：一是从卦象表面看，六四只与九五亲比；二是《象》辞"外比于贤，以从上也"容易理解成"向外亲比于贤明的九五，是说亲比并顺从于在上位的君王"。

结合全卦仔细玩味，本人不同于先儒和《象》辞的理解，理由同样也有二点：一是从《比》卦的卦象和各爻来看，说的是下比附于上，即代表被统治阶层的下卦向上亲附代表统治阶层的上卦，也就是说下卦各爻是求比者，上卦是受比者；二是从初六的解读可知，初爻有孚求比，已经由初六变为初九了，发生了"变象"，而初九与六四正应，是求比者。所以"外比之"是指初九外来者前来比附六四，"外"指初九。从六四的角度看，初六正是代表前来求比的外族。"之"指六四。另需说明的是：很多易学者会认为"外"就一定是指外卦，即上卦，这是想当然，是没有道理的。

六四与九五虽是亲比关系，但六四与九五同在上卦，两者是辅臣和君王的关系，六四亲比九五，表示六四忠诚地辅佐君王，而不是本卦所表达的投靠和亲附之意。

六四柔顺而正位，受到初九充满诚意地前来亲近，自然会使六四受益，故称"贞吉"。

8.9 九五：显比，王用三驱，失前禽，邑人不诫，吉。

《象》曰："显比"之吉，位正中也；舍逆取顺，"失前禽"也；"邑人不诫"，上使中也。

【白话】

九五：彰显广受来比的王者之道，（就好像）君王用"三驱之礼"狩猎，放弃从前面跑掉的禽畜。对自己的最亲近的民众不会另眼相待，结果吉祥如意。

《象》说："彰显受比王道"结果如意，是因为九五居处在既正且中的位置；舍弃违背者而只接受顺从者，这就是"放弃从前面跑掉的禽畜"的意思；"对待自己亲近的民众也不另眼相待"，是指君上的行为中正而不偏私。

【解读】

◎ 显比，王用三驱，失前禽

九五，刚中而居尊位，是全卦唯一的阳爻，为《比》之主，是接受四方前来比附的刚正君王，充分展现了《比》卦时代君王光明、公正、胸怀天下的王者之德。

"三驱"指"三驱之礼"，所谓"天子不合围"也。古代君王狩猎，只从三面合围，留下前面一路让猎物可以逃走，不忍心赶尽杀绝，彰显君王的仁德之心。圣人以此比喻九五的仁义之德。

君王在接受天下人的比附时，就像用"三驱之礼"狩猎一样，来者不拒，去者不留，任其自然，这就是所谓"舍逆取顺"。"顺"指有诚意，真心前来亲附者；"逆"指不是真诚比附的，即卦辞所说的"后夫"者。

初六取初九"变象"，则九五与初九组成大离卦。离为兵戈为田猎，大离中间有三条阴爻，有"三驱"之象，上六阴爻在大离之外，为"失前禽"之象。

◎ 邑人不诫

邑，在《易》中都是指王公、贵族的都城，是其最亲近的领地。"邑人"是指自己最亲近的民众；诫：劝诫、约定之意；"邑人不诫"指的是对邑人不另外进行特别照顾，意即公正无私，对人无亲疏远近之别，一视同仁。

君王做到以光明仁义、公正无私之心亲比四方，其结果必能如愿。

从卦象爻象而言，对于大河的流水来说，只要是愿意流向它的小水流，则一视同仁，水流汇聚在一起后完全融合，没有任何区别；凡是不愿意流向它的小水流，则任其自然。

8.10 上六：比之无首，凶。

《象》曰："比之无首"，无所终也。

【白话】

上六：不是一开始就以诚意来求比附的人，结果必定凶险。

《象》说："不是一开始就以诚意来求比附的人"，没有好的结果。

【解读】

◎ 比之无首，凶

上六是对《比》卦的总结。上六以阴柔居比卦之终，又处坎险之极，此为无善终之象。首者，始也。受比者对无诚意前来亲比者必不会诚心接纳。求比者不能善始，也难得善终，此为凶道。

小水流一开始就不是流向大河，而是没有方向地四散流动，结果必定干涸消散。

本爻与卦辞的"后夫凶"相对应，从九五爻象来看，本爻正是九五君王"用三驱"所失之"前禽"，故凶。

【总结与启示】

《比》卦本义应是描述九五君王英明神武、仁德远播，天下百姓前来亲比、归附的盛况，就像细流之水都会汇聚于大川。从卦象看，下卦各爻是求比者，上卦六四、九五是受比者。一开始就充满诚意前来求比者一定有好的结果，最后因无路可走才不得不前来求比的，则不会被接受。需要注意的是：《比》卦取象为大川在大地上流动，大地中的小水流汇入大川。小水流没有明显的爻象，下坤也无小水流的取象先例，故亲附于大川的小水流是用下坤各爻来表示的暗线。上坎之水为明，下坤中暗喻的小溪流为暗，明暗两条线的描述方法在后面还会出现，如《姤》卦等。

人生应该树立正确的目标，并且要朝着目标坚定不移地前进，最终才可能成就一番事业，就像是大地之上的小溪流，只有流向江河，才能最终成为壮阔的江河。

个人的力量是弱小的，团队的力量才是强大的，只有依靠团队，真诚团结，齐心协力，才能无坚不摧、无往不胜，就像小小溪流，不流向江河则无法生存。

一个团队、一个组织或是一家企业，只有敞开胸怀、广纳贤才，真诚无私地团结一切力量，才能像不断汇聚一切溪流的江河一样最终变得气势雄伟、奔流不息。

小畜卦第九：以柔畜刚，适度为宜

小畜卦　下乾上巽，风天小畜

上九：既雨既处，尚德载；妇贞厉，月几望，君子征凶。
《象》曰："既雨既处"，德积载也；"君子征凶"，有所疑也。

九五：有孚挛如，富以其邻。
《象》曰："有孚挛如"，不独富也。

六四：有孚，血去惕出，无咎。
《象》曰："有孚""惕出"，上合志也。

九三：舆说辐，夫妻反目。
《象》曰："夫妻反目"，不能正室也。

九二：牵复，吉。
《象》曰："牵复"在中，亦不自失也。

初九：复自道，何其咎。吉。
《象》曰："复自道"，其义吉也。

卦辞

小畜：亨。密云不雨，自我西郊。

9.1 卦名卦序

《序卦》：比必有所畜，故受之以小畜。

【解读】

◎畜（xù）：畜止、畜养之义。《说文》引《鲁郊礼》："畜从田从兹。兹，益也。"

畜字甲骨文：𣄸，金文：𣄸。畜字甲骨文上"玄"像绳索，下为"田"，小点代表田中有谷物，《说文》："树谷曰田。""田"指田猎，《说苑·修文》："去禽畜害稼穑者，故以田言之。"古人为保护庄稼不遭动物损害而在田里设置壕沟陷阱擒获野猪。《诗经·郑风·叔于田》毛传："田，取禽也。"由此可见，田字甲骨文的上"玄"表示绳索系养，下"田"表示田猎擒获的野兽，所以"畜"为驯服、畜养之义。

"小"在此指地位低下的普通民众，是被管理者，与《小过》卦之"小"类同。与"小"相对的是"大"。六十四卦卦名中出现"大"的有：《大有》《大过》《大畜》《大壮》等，其意都是指有地位的贵族统治阶级，是国家的管理者。

"小畜"应理解为"畜小"。本卦下乾上巽，上为大，下为小，上巽为谦逊为绳直为牵系为畜，下乾为健为勇猛刚健，代表刚健、勇猛、激进的"小"，故"小畜"是指大者用谦逊教化刚健勇猛的小者。所以《小畜》卦的本义应指国家统治者以谦逊教导感化刚健、激进、野蛮的民众。

◎ 上一卦《比》卦，说的是君王仁德远播，四面八方流动而不安稳的族群前来亲比、归附。前来亲比者本非我族类，大都刚健不羁、桀骜不驯，不能合群，必须进行教化以巽顺，否则会给族群带来隐患。所以《比》卦之后是《小畜》。

9.2 卦辞：小畜，亨。密云不雨，自我西郊。

【白话】

卦辞：以谦逊畜止刚健之小者，通达顺利。使乌云聚集而不下雨，是因为风从我西郊刮来。

【解读】

◎ 小畜，亨

亨：指通达，顺利之意。这是指卦的性质，说明本卦所言之事的发展趋势能够通达和顺利。其所言之事为"小畜"，即大者以谦逊畜止刚健之小者，结果必定是顺利、成功的。

◎ 密云不雨，自我西郊

下雨在《易》例中常指阴阳达到一种和谐的状态。下雨之前需要先聚云，而西风通常能聚云。"自我西效"有两层意义：一层是指自然现象，西风通常能聚云而不下雨；另一层暗指周文王所处的西歧所代表的谦逊的德风。其引申义为：来自西方谦逊的德风能够让民心聚集起来并使之团结，但还未能使百姓达到真正的谦逊懂礼、完全教化的本质变化。

从后面的上九爻的解读可知：上九变上六，则上巽变上坎，坎在天上为云，故有"密云不雨"之象。卦体二、三、四爻为下互卦兑，兑在后天八卦中为西方；上卦为巽，为风，故称"自我西郊"。

同样的爻辞另见于《小过》之六五爻，其象和理与此卦类似。

9.3 《彖》曰：小畜，柔得位而上下应之，曰"小畜"。健而巽，刚中而志行，乃"亨"；"密云不雨"，尚往也；"自我西郊"，施未行也。

【白话】

《彖》说：小畜卦，六四柔顺正位而上下相应，称之为"小畜"。刚健而逊顺，刚爻居于中道其志向得以实现，所以"通达"；"乌云聚集而没有下雨"，是说崇尚有所作为；"自我西郊"，是说行动还没有成效。

【解读】

◎《彖》作者从卦德、卦象、爻象解释卦辞（具体解读略）。

9.4 《象》曰：风行天上，小畜。君子以懿文德。

【白话】

《象》说：巽风吹拂在乾天之上，这就是《小畜》卦卦象。君王得以领悟：要以美好修饰德行。

【解读】

◎ 懿：美好；文：修饰、修养

《小畜》卦下乾上巽，是柔巽畜止刚健之象。柔巽之所以能够畜止刚健，是以其谦顺、正义之道，行驯服、感化之功。君王从卦象中得到启发，要想使桀骜不驯的民众臣服，就要在民众中广泛提倡修美德行，以使互相感化。

卦体中六四为上互兑之主，兑为泽为湖泊。湖泊之象是把狂躁而常泛滥为害的江河之水围固起来，使之从狂躁、泛滥的大河变成安静、和善的湖泊，并柔顺、忠诚地为人类服务。另，兑为羊，而美、善等都从羊，故兑有美、善、吉等美好德行之象。上巽为风，有号令、传播之象，故全卦有传播美德之象。

9.5 初九：复自道，何其咎，吉。

《象》曰："复自道"，其义吉也。

【白话】

初九：回归到谦逊之道，会有什么危害呢？结果吉祥。

《象》说："回归到谦逊之道"，理所当然地会吉利。

【解读】

◎ 复自道，何其咎？吉

初九当位又处畜止之初，与六四正应，而六四为上巽之主，代表着巽卦的谦逊之道，所以初九能够受到六四的感化而回归到谦逊之道。

复：本义指太阳落下后又起来，后引申为回归、恢复之意。初九代表平民百姓，"服从"和"柔顺"应是他们的本分，是正道，而无谦顺之德者是因为偏离了正道，要帮助他们重新回归到正道上来，所以称"复"。

《小畜》卦本义是使刚健不逊者回归到谦逊的正道上来。初九刚健居正，刚健是有行动之力，居正则能遵循正道。初九在六四的指引和帮助下，所以能"复自道"，这样当然不仅不会有什么过失危害，而且还是值得肯定和鼓励的行为。何其咎：何咎之有？哪里会有什么过错呢？这是赞叹其行为之正当。

"吉"指不仅没有过失，最终还能够得到很好的结果。初九正应六四，六四为上巽之主，巽为谦逊，初九顺应六四的帮助与指引回归、行进在谦逊之道上。六四又为下互兑之主，兑为悦为善为吉，故称"复自道""吉"。

9.6 九二：牵复，吉。

《象》曰："牵复"在中，亦不自失也。

【白话】

九二：（被）牵引着回归到谦逊之道，吉祥。

《象》说："被牵引着回归到谦逊之道"又居守中道，也不会偏失正义之道。

【解读】

◎ 牵复，吉

"牵"有两种理解，牵着别人和被别人牵，与之对应的九五爻辞为"有孚挛如"，"挛"为牵连之意，与本爻"牵"正好相呼应，故本爻应是被九五牵引而回归之意。只有阴阳正应才能相应相牵，九二虽不正，但居于中道，中道则能行为适中，故能知偏向正，所以会变。九二应变为六二，与九五正应而被牵。

"牵"造字本义指人牵着牛。九二变六二，则既中且正，下乾变离，离为光明为大腹为牛；六二为离之主，与初九和九三两爻亲比，又正应九五，上巽为绳直，有以绳索牵牛之象，故称"牵"。故"牵复"之义为：九二变六二，连着初九和九三，被刚正尊中的九五牵引着回归光明之道。

"吉"一方面指九二变六二以后成"牵复"之功，结果得吉；另一方面，因为最后是"吉"的结果，暗示九二已经变成了六二，说明六二发生了"变象"。即明的是九二阳爻，实际在某些时候会变为六二阴爻，并且会以阴爻的性质影响后面比应关系。

9.7 九三：舆说辐，夫妻反目。

《象》曰："夫妻反目"，不能正室也。

【白话】

九三：大车轮子上的辐条脱落，夫妻反目不和。

《象》说："夫妻反目不和"，是说不能端正自己的家室。

【解读】

◎ 舆说辐

"说"同"脱"。辐：辐条，指连接车轮外圈与轴心的横木，作用是支撑和加固外轮。"辐"非常重要，如果辐条脱落，车轮必定不能承重而毁坏。

《小畜》卦本义是说大者以柔顺、谦逊之德，去蓄止、改变刚健、激进之小者，以消除其桀骜不驯的秉性，防止危害邦族和社会，就像一辆车跑得太快，如果不想办法让它减速或是停下，必定会使车辐脱落，以致车辆毁坏。从全卦看：初九至九五像一辆车，下乾为车体，上互离为车头，六四像两边车轮（类似取象见《大有》卦）。九三刚正而不中并亲比六四，六四柔顺当位，"舆脱辐"是六四车轮无法控制以九三为代表的跑动的车体，以致车轮脱辐而毁坏。这是说明六四无法畜止九三。

九三亲比六四，六四既为上互离之主，又为下互兑之主，兑为毁折，离为车轮，合起来有车轮毁坏之象，故称"舆脱辐"。

◎ 夫妻反目

夫妻反目：指夫妻不和谐。夫刚、妻柔，刚柔相济才能夫妻和谐，夫妻和谐才能家庭兴旺。夫妻反目的原因可能是夫过刚不柔，或是妻不柔反刚等原因。九三为下乾之上，乾为父为夫，故九三为夫；六四为上巽之主，巽为长女为妇。"夫妻反目"说明九三虽亲比六四，但不能被六四所畜止而不睦，其又与上九同性不应（上九也在巽体中，也可视作妻，但上九阳爻是不柔反刚）。这是取夫妻之道为例来说明不能刚柔相济的后果，与上一句"舆说辐"道理是一致的。

九三为夫，六四为妻，下互兑为毁折，上互离为目，兑与离交错是为毁目，故有"夫妻反目"之象。

从上面的分析可知：九三本应接受六四的帮助和畜止，才能刚柔相济，但因九三刚健不中，又自恃地位高能力强而不服巽化。"舆脱辐"说明他不能完全被六四畜止，结果就好像车轮脱离了辐条；"夫妻反目"则又是以夫妻相处之道为例来说明九三不能接受六四的畜止和帮助，又与上九相对不应以致不能和谐相处，必定家庭不睦、麻烦不断。可见刚而不中的九三不能被畜止，虽无"凶""咎"之词，但其结果可想而知。另观与九三相对应的上九爻"既雨既处，尚德载，妇贞厉，月几望"的爻辞，其意正好也能相呼应，"君子征凶"与九三刚而不中相呼应。由此看来，相对应的爻辞爻象有时确实有明显的关联性。

9.8 六四：有孚。血去惕出，无咎。

《象》曰："有孚""惕出"，上合志也。

【白话】

六四：充满诚信（地感化），最终解除了伤害，放下了警惕，没有过失咎害。

《象》说："充满诚信（地感化）""放下了警惕"，因为迎合了上位者心愿。

【解读】

◎ 有孚。血去惕出，无咎

血：喻指威胁、危险；惕：警惕、谨慎。

血去惕出：解除危险，放下警惕。

六四居正而近君，是卦中唯一的阴爻，是君王谦逊教化之道的执行者。其在推行的过程中一定充满了困难和艰辛，到最后终于凭借诚意和努力获得了一定的成功。可能会有人要问：既然获得了一定的成功，那最后为什么没有"吉"而只是"无咎"呢？因为六四已是一人之下万人之上的高位，忠诚地辅佐君王推行谦逊感化之道是肩负的使命，过程一定会充满艰辛和危险，并且任重而道远，生生不息，只有一定的成功，没有最终的成功。"无咎"是圣人对六四行为的充分肯定，但还未最终成功。

六四阴爻本无"孚"，其"有孚"来自"九五"亲比的诚信支持和"初九"的正应。另，九二的"暗象"是六二，则六二、九三、六四为坎为有孚，又为血为惕；上巽为进为退，退即为去为出，巽坎相交，故称"有孚，血去惕出"。

9.9 九五：有孚挛如，富以其邻。

《象》曰："有孚挛如"，不独富也。

【白话】

九五：用诚意牵连着大家，就像用财富吸引邻居。

《象》说："用诚意牵连着大家"，不独占财富。

【解读】

◎ 有孚挛如

挛如：牵连的样子。"如"，语气助词，为"……的样子"。九五刚中居尊，为君之位，是谦逊之道的决策者和引领者。子曰："君子之德风，小人之德草，草上之风，必偃。"

"有孚"指充满诚信而坚持不变之意。九五阳爻刚正居中，故称"有孚"。九五下比六四，正应暗象六二，牵连着上下两卦，与九二的"牵复"相对应，故有"挛如"之象。

◎ 富以其邻

富以其邻：施以邻居财富自然可以吸引邻居亲近，但其内心却不一定是真诚崇敬和感动，这与《小畜》卦义是使外来者表面顺服，但还没有真正感化的情状是一致的。另，《泰》卦六四爻和《谦》卦六五爻分别见"不富以其邻"句，其义为：不是以财富去吸引身边的人。言外之意是用真诚、善良去感动和同化，受感化者才真正地从内心所感动而生崇敬。其层次显然更高于"富以其邻"。

《小畜》之时，强大邦国的九五君王，在外族眼中是强大、富有的象征，所以能吸引他们比附，但他们内心还未真正同化。《易》以阳实为富，阴虚为不富。九五以刚中的阳实对六四进行大力支持，使之获得了成功，并感化九二使之改变。

综上，"有孚挛如"指的是九五与六二（取九二变象）相正应的作用；"富以其邻"则是指九五与六四相亲比的作用。

9.10 上九：既雨既处，尚德载；妇贞厉，月几望，君子征凶。

《象》曰："既雨既处"，德积载也；"君子征凶"，有所疑也。

【白话】

上九：既下了雨又能及时停止，这是最好的品德。（如果像）妇人坚持刚烈，月亮保持满盈，君子如果这样下去就会有凶险。

《象》说："既下了雨又能及时停止"，是说满怀谦逊之德；"君子如果这样下去就会有凶险"，这是有所疑虑。

【解读】

◎ 既雨既处，尚德载

《易》例中常以"雨"表示阴阳调和。既：已经；处：停止、安处。"既雨既处"引申为柔顺与刚健调和正好合适。

尚：尊崇。载：满盈。尚德载：意为善德满载。

上九处巽之极、卦之终，刚居柔不正位，有柔顺之道推行过正之象，所以圣人有此警示。过犹不及，推行谦逊之道也要把握度，不可过，否则会伤害君子的正常行为。

◎ 妇贞厉，月几望，君子征凶

"妇"指妇人。妇人本性应该柔顺谦让。"贞"为坚持、保持之意。厉：本义指山崖上突出大石头，引申为果决、刚健。妇贞厉：指妇人表现刚烈，这显然是不合礼道，会引发夫妻矛盾的。这是比喻畜止、教化不够，其结果从九三"夫妻反目"可以看出。

"月几望"从古至今的易学者都解为月亮将要满盈，认为是月亮将满不盈的最好的状态。还可以有另一种理解，即指月亮已经满盈，其引申义是说满盈的状态很难持久，马上将要变缺，与"妇贞厉"意近。"几"本义指人倚靠休息的一种家具。《说文解字》"古人坐而凭几"，故"几"可以理解为依托、承受之义。望：古时指一种月相，即农历十五日或十六日月亮最圆之时。所以"月几望"应指月亮在农历十五日或十六日最圆之时。

"妇贞厉"是"不及"，结果会夫妻反目；"月几望"是"过"，结果很快会缺，这是很容易知道的结果。过犹不及，君王推行的逊化政策如果出现这两种情况那结果一定会失败，故称"君子征凶"。这是警示君王推行"小畜"政策要注意正确的方法，要适度。"君子"指九三邦君，这是与九三爻辞相对应。（参见九三爻解读）

上九是指全卦发展到最后的状态的描述和总结。上九以刚居柔而不正，说明最终还未能达到柔顺德化的最理想状态，就好比是"妇贞厉，月几望"，这样的结果有凶险。这是圣人的警示之辞。

【总结与启示】

本卦正确理解的关键在于"六四"阴爻不可简单理解为小人，下乾也不能简单理解成代表正义的君子，否则，理解的方向就会有偏差。其实正好相反，要把六四唯一的阴爻理解成"谦逊之道"，是畜止"刚健不羁"之乾的正道代表。类似情况还有《遯》卦，其中的阴爻也不能简单地理解为小人，否则，就会变成小人道长，君子道消；而是要理解成年轻人。实际上卦义指的是长者逋退，为年轻人成长留出空间。另外，本卦中相对应的爻辞、爻象有明显的关联性，如：九二与九五、九三与上九，相对应两爻结合解读能更好地帮助理解爻象爻义。

初九是说百姓应该回归谦逊的正道，这样是不会有任何危害的；九二变六二，亲比初九和九三，正应九五，即为牵引初九和九三以应九五，故称"牵复"；九三刚而不中，不能完全被六四的畜止，又与上九相敌，好像"舆脱辐，夫妻反目"；六四为小畜之主，是以柔畜刚的力行者，终会远离危险、放下警惕而有功；九五以柔畜刚政策的制定并推行者，其高尚的德行感化他人，就像用财富施与邻居一样让人心怀感激，乐于接受；上九以柔畜刚，适度才好，过犹不及。圣人警示：如果到了最后还不能做到适度柔化，那就好像妇人性格刚烈，必定会大乱；或者就像月亮到了满盈之时，很快会缺损。

本卦带给我们的启示：现代企业都非常重视自己的企业文化建设，因为好的企业文化能够激发员工的使命感、凝聚员工的归属感、加强员工的责任感、赋予员工的荣誉感、实现员工的成就感，所以企业应该经常对员工、特别是新员工进行企业文化教育，使员工真诚认同、完全融入企业文化，参与企业文化建设，最终形成企业的核心竞争力。不真心认同企业文化、不遵守企业管理制度的员工，企业应果断放弃，否则会对企业造成巨大伤害。

一名员工如果想在一家企业中得到良好发展，首先应该认真学习企业文化，真诚认同企业文化，形成与企业相同的价值观，然后努力工作，那么离成功就不远了；如果无法融入企业文化，不认同企业价值观，那么只能说这家企业不适合他，应尽快离开，另行选择，否则不仅得不到良好发展，甚至可能害人害己。

履卦第十：各行其道，各安其位

履卦 下兑上乾，天泽履

上九：视履考祥，其旋元吉。
《象》曰："元吉"在上，大有庆也。

九五：夬履，贞厉。
《象》曰："夬履，贞厉"，位正当也。

九四：履虎尾，愬愬，终吉。
《象》曰："愬愬，终吉"，志行也。

六三：眇能视，跛能履，履虎尾，咥人凶；武人为于大君。
《象》曰："眇能视"，不足以为明也；"跛能履"，不足以与行也。"咥人"之凶，位不当也；"武人为于大君"，志刚也。

九二：履道坦坦，幽人贞吉。
《象》曰："幽人贞吉"，中不自乱也。

初九：素履，往无咎。
《象》曰："素履"之往，独行愿也。

卦辞：

履虎尾，不咥（dié）人。亨。

10.1 卦名卦序

《序卦》：物畜然后有礼，故受之以履。

【解读】

◎《说文解字》："履，足所依也。"《尔雅·释言》："履，礼也。"履字与足、行等相关，有鞋、行、践踏等含义，又引申为实行、履行、行礼等意。

从卦象看：下兑为泽，上乾为天，自然界天是最高的，泽（湖泊、海洋）是最低的，天本在上而居于上，泽本在下而安处于下，各归其位。礼的本质就是各安其位，各行其道，故"履"有践礼、依礼而行之意。

通读全卦可知，《履》卦本义说的应是"礼"的本质及国家礼制的建立与推行。

◎《比》卦是说不能自保的外族前来比附。来比者多野蛮刚健，君王首先要做的就是要让外族柔顺感化，所以《比》卦之后是《小畜》卦。《小畜》卦为以顺畜健，是君王用巽逊之德感化来比的刚健之外族。从《比》卦卦辞"密云不雨"可知，"小畜"还只是对外族的初步改造，仅是柔化仍不能完全同化，然后还需建立礼制来教化，所以《小畜》之后是《履》卦。

10.2 卦辞：履虎尾，不咥（dié）人。亨。

【白话】

卦辞：行走在老虎后面，老虎不咬人。通达。

【解读】

◎ 履虎尾，不咥人。亨

咥（dié）：蝶音，咬意。本卦卦名"履"与卦辞连读，卦名同属于卦辞。

高亨说："《周易》通例，每卦先列卦形，次列卦名，次列卦辞，依此通例以读全书，知《履》《否》《同人》《艮》四卦卦名皆误脱。"

高亨先生认为这四卦的卦名是"误脱"，实则不然。从前面的解读可知，每卦卦名本来都是卦辞的一部分，只不过是这四卦卦名与卦辞组成了完整的一句话，与其他卦的卦辞句型与结构有所差异而已。

从古至今，大多易学者把这句译解为："踩在老虎尾巴上，老虎不咬人。"基本都断句为："履虎尾，不咥人，亨。"即"亨"字前用逗号。这样断句其意就变成了：只有踩了老虎尾巴，老虎不咬人，才能亨通。这就留下了一个千古疑案："履"为什么要踩老虎尾巴，踩了老虎尾巴，老虎为什么会不咬人？

事实上，踩了老虎尾巴，老虎是不可能不咬人的，除非是一只死老虎，或者是像现代马戏团被驯化的老虎，可周朝初期不可能驯化老虎，就算是有，周文王也不会用如此极端的事来举例。那么问题又来了，既然踩了老虎后老虎不可能不咬人，那么也就不存在后面的"亨通"了。明代著名学者李贽在他的《史阁叙述》中也提出了疑问："履虎尾者必使不至咥人而后亨，而世实未有履虎尾而不咥者。"事实上，这一卦不可能不亨通的，不亨通说明卦义所说的高下尊卑之礼、各行其道之则就行不通了，这当然不可能。

所以结果只能是理解错了！正确的理解应是：践行本卦所说的履道，即使行走在老虎的后面，老虎也不会咬人，结果亨通。"不咥人"后应使用句号，而非逗号。"亨"是给本卦的定性词，说明本卦一定是行得通，并且一定要行得通的。

老虎走在道上一般动物都不敢走，因为走在虎道上，并随行在老虎后面是非常危险的。"虎"喻指君王。老虎本为百兽之王，在《周易》中也有以虎比喻君王的体例，如：《革》之九五："大人虎变，未占有孚。"看后面各爻解读就会非常明白，卦辞指的是"九四"爻，所以"九四"应是《履》卦之主，而不是先儒们所说的"六三"。那走在老虎后面而老虎为什么可以不咬人就好理解了：那就是像"九四"一样小心翼翼与虎保持一定的距离，让老虎感觉不到威胁。这一句话的引申义是：认真践行履道，谨守尊卑之礼，即使伴随在最有权威者身旁也能相安无事。这是在下者与在上者的相处之道。

这样，对全卦的理解就豁然开朗了！再来看各爻的解读就非常清楚。

10.3 《彖》曰：履，柔履刚也。说而应乎乾，是以"履虎尾，不咥人。亨"，刚中正，履帝位而不疚，光明也。

【白话】

《彖传》说：《履》卦，柔顺者以礼对待刚强者。在下位的"兑"以和悦去顺应在上位的"乾"，所以"跟行在老虎后面，老虎不咬人。亨通"，这是因为刚健的九五位于尊贵的中位，九五履行帝王之职而没有遗憾，光辉明达。

【解读】

◎《彖传》辞的"白话"翻译已足于达意，故不再解读。

10.4 《象》曰：上天下泽，履。君子以辩上下，定民志。

【白话】

《象》说：天居上，泽处下，这是《履》卦卦象。君王从中得到启发：制定上下尊卑之序，以稳定民众思想。

【解读】

◎ 辩上下，定民志

为卦下兑上乾，兑为泽，乾为天。八经卦中最低者为泽，最高者为天，上下尊卑各居其所。君王由此得到启发：首先要让民众知道人与人之间在身份、德行、学识、能力等方面是有区别的，因而在地位、责任、权利等方面就有高下之分，民众因此要明事理、守本分，无非分之念。民众知道这种区别以后应端正心态、安定思想、树立志向，通过努力，提高自己的能力和德行，以提升自己的地位。

从《象》辞可知：《履》卦说的是人要德称其位，要各行其道，安守本分，否则就不符合上下有别的礼制，这是不被允许的，是有危险的。

10.5 初九：素履，往无咎。

《象》曰："素履"之往，独行愿也。

【白话】

初九：安守礼道，前行就没有过失危害。

《象》说："安守礼道"如此前行，是专注于奉行自己的志向心愿。

【解读】

◎ 素履，往无咎

素：本义指未染色的原丝织成的织品，引申为本质、本分，在此有安守本分之意，与《中庸》中的"君子素其位而行，不愿乎其外"之"素"同。

素履：安守礼道。

素履，往无咎：初爻代表地位低下的百姓，或是事物的发展之初；初九以刚居阳而正位，平民百姓一开始能够坚守礼道，并按照自己应该走的路前进，这当然没有危害。

初九无应无比，本无处可"往"，从后面的九四爻辞"愬愬，终吉"来看，九四存在"变象"，即后面会变成六四，则初九与九四始不应而后有应，是前行有指引、有方向，故称"往无咎"。

10.6 九二：履道坦坦，幽人贞吉。

《象》曰："幽人贞吉"，中不自乱也。

【白话】

六二：践礼之道宽敞平坦，自守幽静低调就会吉祥。

《象》说："自守幽静低调就会吉祥"，是因为居中守正始终不自乱。

【解读】

◎ 履道坦坦，幽人贞吉

幽：指恬静不躁动。不自乱：指不让利益、欲望来扰乱自己。

九二阳爻本刚健不正，因居于中道故能向正而变。阴爻为"幽"。"幽人"说明九二变六二。九二变六二则既中且正，正应九五，故能"贞吉"。每个人的路是自己选的，九二能够及时改变自己，走在正确而宽敞的大道上，这样坚持自然会吉利。

《道德经》第五十三章："使我介然有知，行于大道，唯施是畏。大道甚夷，而人好径。"

意为：假使我稍微地有了认识，行走在宽泛的大道上，就怕走上了邪路。这条大道虽然很平坦，但人君却喜欢走上邪径。

"幽人贞吉"，意为坚持低调才会吉利，是劝诫之言，说明九二仍有不变的可能。

九二变六二，则下兑变震，震为行为大途。六二既中且正，亲比初九，意为依正道而行，是为"履道"。六二居中，正应刚健中正的九五，是行走在九五指引之下的中正大道上，故称"履道坦坦"。

10.7 六三：眇能视，跛能履，履虎尾，咥人，凶。武人为于大君。

《象》曰："眇能视"，不足以有明也；"跛能履"，不足以与行也；"咥人"之凶，位不当也；"武人为于大君"，志刚也。

【白话】

六三：独眼还能看东西，腿瘸还能走路，（但这样）跟行在老虎后面，老虎会咬他，结果凶险。（就好像让）凶猛残暴的武夫去侍奉君王。

《象》说："独眼还能看东西"，是无法看清楚的；"腿瘸还能走"，是无法走得稳的；之所以有"老虎咬人"的凶险，德不称位也；"就好像让凶猛刚健的武夫去侍奉君王"（怎么可能不招致凶险？），这是因为心志、行动太刚健而无所忌惮。

【解读】

◎ 眇能视，跛能履，履虎尾，咥人，凶

眇（miǎo）：瞎了一只眼；跛（bǒ）：瘸了一条腿。

瞎了一只眼，虽然还能看得见，但无法看得明白，也不能准确地判断距离；腿瘸了虽然还能走路，但无法走得安稳。以这样两种状态走在凶猛的老虎后面，无法与虎保持安全的距离，而且也看不清老虎，故容易触犯虎威而被咬，结果凶险。

如果以虎象征尊贵的君王，那么能够走在老虎后面的人必定是处于高位之人。"眇能视、跛能履"，视不明、走不稳，说明其行为不正，猥琐卑下。行为不正者却处于高位，结果不仅不能保住位置，甚至还会招致灾祸，故"凶"。这是以"眇能视、跛能履"为喻，形象地说明居于高位者的失礼行为所带来的严重后果。

六三以阴柔居刚位而不正，又处在下卦之上，是德不称位者。从象上看：六三为下兑之主，又为下互离之主，兑为毁折，离为目，兑与离相错，则有伤目之象，故为"眇"。又，六四为"暗象"，二至四为震，震为足为动为行，下兑为毁折，伤足称"跛"。

◎ 武人为于大君

对于本句，古今《易》学者也存在很多不同的解释，有的认为是以武人去做大君，有的理解为像武士忠心效命大君，应都不准确。结合此爻的前一句"履虎尾，咥人，凶"，本句应理解为：君王就好比威猛的老虎，而武人是蛮横无理、无所忌惮之人，以这样的人去侍奉君王，自然会让君王受到触犯、感到威胁，这是武人的凶道。武人：指勇武而粗野之人。

此句与上一句"眇能视，跛能履，履虎尾，咥人"意相似，目的是进一步说明德不称位是非常危险的事。

10.8 九四：履虎尾，愬愬，终吉。

《象》曰："愬愬，终吉"，志行也。

【白话】

九四：跟行在老虎身后，畏惧谨慎，最终吉祥。

《象》说："畏惧谨慎而最终吉祥"，是因为其心志是努力做好本分之事。

【解读】

◎ 履虎尾，愬愬，终吉

愬愬（shuò）：恐惧的样子。九四阳处柔位而不正，又近九五之君，以刚健不正跟行在老虎后面是很危险的，故恐惧不安。因谨慎畏惧而知变，九四变六四，则正位而亲比九五，故"终吉"。爻辞说"终吉"，说明九四最终变成了六四而吉，因为九四失位不变是不会吉的，故本爻会发生"变象"。

所谓"伴君如伴虎"，与虎同行（处高位），随行虎后，就是要有德有行，小心谨慎，知错能改，及时变不正为正，这样才得善终。

九四变六四，则下互卦为震，震为足为行；上互卦为艮，艮为虎。行走在老虎之后，故有"履虎尾"之象。上互艮为"终"，暗象六四正应初九，初九在下兑体中，兑为善为吉，故称"终吉"。

10.9 九五：夬履，贞厉。

《象》曰："夬履，贞厉"，位正当也。

【白话】

九五：果断地推行礼道。（推行礼道时）要坚持果决、严厉之德。

《象》说："刚决地推行礼道，坚持果决、严厉之德"，是因为处在刚中尊贵的君王之位。

【解读】

◎ 夬履，贞厉

夬（guài）：意为果断坚决。九五刚中且正而居尊位，是能够刚决行动之人。

贞：坚持、保持；厉：果决、严厉，不应理解为"危险"。

贞厉：古今易学者基本都会解为"坚持下去危险"，这是不准确的，原因有二：

一是从象而言，九五为至高无上的中正、刚健的君位，是"礼道"的建立者和推行者，果断、坚决地推行"礼道"，何险之有？二是从理而言，礼制体系的建立与推行必须要严厉和果断，因为涉及每一个人，且成败的关键在于王公贵族们，如六三、九四，所以君王必须要坚持中正、严厉方能成功。

10.10 上九：视履考祥，其旋，元吉。

《象》曰："元吉"在上，大有庆也。

【白话】

上九：观察他的所作所为，考察其善恶祸福，所行周全完备，这才是成功、吉利的根本。

《象》说：践行履道结束时最为吉祥的，是因为这是大有福庆的人。

【解读】

◎ 视履考祥，其旋，元吉

视：观察。考：考察、考虑。旋：古同"漩"，旋转、回环之意，引申为周全、完备，意为践行履道所想所行能够做到周全完备、无所不至。

上九处履卦之终，在终结的时候，既是对一个人走过的人生之路作出的评判，也是对全卦作的一个总结，如果一个人践行履道能够做到周全完备，才是人生成功的根本。

子曰："视其所以，观其所由，察其所安，人焉廋哉？人焉廋哉？"（《论语》）

六四为暗象，则上乾变巽，巽为风，风有周行遍野之象；又，上九与六三正应，六三为下互卦离之中爻，离为目为视，故有"视履考祥"之象。

下兑为悦为吉，故称"元吉"。

【总结与启示】

正确理解"履虎尾，不咥人"是本卦的关键。这其实是在告诉我们：人要各行其道，各安其位，这就是"礼"的本质。

初九以阳居刚，是地位低下而善良的民众，能做到素其位而行，没有危害；九二居于刚中，识势而变，安守本分，因此前行之道宽阔平坦；六三柔居刚位，才弱而志刚者以此行险，必有凶险，有如刚健而鲁莽之人靠近君王（必会被君王所疑而凶）；九四刚居柔位而近君，知畏惧谨慎而变则终吉（此爻为变象）；九五为至高无上的刚健、中正之君，推行礼道时能坚持果断、严厉的作风。上九履道之终，总结全卦，反省所行之路，如能做到善行周全则为吉祥成功的根本。

"履"者"礼"也。礼是社会生活中由于风俗习惯而形成的为大家共同遵守的仪式，表示尊敬的言语或动作，包括典章制度和道德规范。在长期的历史发展中，礼作为中国社会的道德规范和生活准则，对中华民族精神素质的修养起了重要作用。同时，随着社会的变革和发展，礼不断被赋予新的内容，不断地发生着改变和调整。

礼的基本原则：律己、敬人、宽容、平等、真诚、适度、从俗。

泰卦第十一：小往大来，天地交泰

泰卦　下乾上坤，地天泰

上六：城复于隍，勿用师，自邑告命，贞吝。
《象》曰："城复于隍"，其命乱也。

六五：帝乙归妹，以祉，元吉。
《象》曰："以祉，元吉"，中以行愿也。

六四：翩翩，不富以其邻，不戒以孚。
《象》曰："翩翩，不富"，皆失实也。"不戒以孚"，中心愿也。

九三：无平不陂，无往不复，艰贞无咎。勿恤其孚，于食有福。
《象》曰："无往不复"，天地际也。

九二：包荒，用冯河，不遐遗，朋亡。得尚于中行。
《象》曰："包荒""得尚于中行"，以光大也。

初九：拔茅茹，以其汇，征吉。
《象》曰："拔茅""征吉"，志在外也。

卦辞

泰，小往大来，吉亨。

11.1 卦名卦序

《序卦》曰：履而泰，然后安，故受之以泰。泰者，通也。

【解读】

◎ 泰，卦名，据今本补，帛书《昭力》作"柰"。《释文》："如字，大通也。郑云：通也。马云：大也。"从帛书《周易》来看，"泰"来源于"柰"，而"柰"字帛书传抄是否准确则无法考证，所以我们直接分析卦象。

《泰》卦为卦下乾上坤，乾为天为健为大，坤为地为顺为小，自然界当然不可能真的处在大地的下面，所以这是一种天地交汇的会意表达。

从自然而言：卦象天下地上，代表天与地相交。天地相交则"乾"代表的阳气下沉，"坤"代表的阴气上升，阴阳相交而万物生长，如春夏季节发生风雨雷电，大地万物蓬勃生长。

从国家治理而言：指以君王为代表的统治阶级能够真正亲近百姓，访贫问苦，和民众一起劳作，为百姓解决困难，如尧舜。民众则积极上进，信赖管理者，这样则君民上下相处和谐、通泰。

◎ 上一卦为《履》卦，其本意是教导民众与统治者守礼、践礼，要求下事上以敬，上使下以礼。如此之后，统治者与百姓和谐相通，天下安定。而《泰》卦说的就是上下交融，和谐相安。这两卦可以理解为《履》是因，《泰》是果，所以《履》卦之后是《泰》卦。

11.2 卦辞：泰，小往大来，吉，亨。

【白话】

卦辞：上下和谐相安，地位低下者积极上进，地位尊贵者真诚下交，上下齐心协力，成功克服各种困难，国家发展通达顺畅。

【解读】

◎ 小往大来

"小"为阴，代表地位低下的百姓；"大"为阳，代表地位尊贵的统治者。小往：指地位低下者能够积极上进，有困难主动向上求助。大来：指地位尊贵者不自高自大，能够谦虚、主动地向下亲近、帮助民众。

从天地自然而言：天道下达，地道上交，天地阴阳之气相交和畅，万物得以生长，大地充满生机而一片祥和。从国家社会而言：地位低下的民众不自甘卑下，能够积极上进，有困难和要求主动向在上的统治者求助；以君王为代表的统治阶级能够真正走入民间，亲近百姓，了解他们的所思所想，主动为百姓解决困难，这样则君民上下亲近、和泰，社会稳定、和谐。

◎ 吉，亨

或问："吉"是除了"元吉"之外是很好的结果，而"亨"，代表亨通，肯定没有"吉"的结果好了，此处先说"吉"，再说"亨"，这个"亨"岂不是多余的？当然不是！从卦象分析可知：《泰》卦本义说的是国家上下同心同德、和谐相交，齐心协力地面对和克服一切困难，说明此时国家、社会面临着诸多困难。九二爻辞也可证明这一点。故"吉"是指成功克服遇到的困难，而"亨"则是指过程顺利，国家发展通达。

11.3 《象》曰："泰，小往大来，吉，亨"，则是天地交而万物通也，上下交而其志同也。内阳而外阴，内健而外顺，内君子而外小人。君子道长，小人道消也。

【白话】

《象传》说："上下和谐相安，弱小者往而处上，强大者来而居下，上下如愿相融，交往和谐亨通"，意思就是说，天与地阴阳之气相交而万物通畅，人类社会就是上级与下级心意相通而志向相同。阳刚居内而阴柔处外，内在强健而外在柔顺，君子在内而小人在外。君子的风气在逐渐成长，小人的风气在逐渐消退。

【解读】

◎《周易集注》：“‘则是’二字直管至‘消也’。天地以气交，气交而物通者，天地之泰也。上下以心交，心交而志同者，上下之泰也。阴阳以气言，健顺以德言，此二句造化之‘小往大来’也。君子小人以类言，此三句人事之‘小往大来’也。‘内外’释‘往来’之义，‘阴阳、健顺’、‘君子、小人’释‘大小’之义。”

来知德先生解释得很清楚，《象传》分别从天地、上下、阴阳、健顺、君子与小人等方面列举出“泰”所表现的方面和引申出来的意义。文王利用本卦重点要阐明的道理应该是治理国家时君王要做到上下亲近，同心同德。“臣事君以忠，君使臣以礼”，则国家才能成功克服各种困难，长治久安。

11.4 《象》曰：天地交，泰。后以财成天地之道，辅相天地之宜，以左右民。

【白话】

《象》说：天地阳气与阴气相交，这就是泰的卦象。君王由此领悟：根据天地运行的规则来确定方法，体会天时地利的功效来制定法令，用于帮助和护佑百姓。

【解读】

◎ 后以财成天地之道，辅相天地之宜，以左右民

后：本义为君王。财成：“财”通“裁”，裁度以成之。天地之道：天地阴阳两气交流而使万物通畅的规则。天地之宜：天时地利为万物生长创造的条件，如春耕、夏长、秋收等。左右：佐佑，辅佐和护佑。

春夏两季，天通过气温升高、风雨滋润、日光普照等自然现象与地相交，此为“天地之道”，然后才有万物茂盛、生机盎然。君王从天地之交中得到启发：要学习天地之道，为民众创造生产、生活和发展的条件，以保护民众、发展国家。这充分体现了古代圣贤君王的仁义爱民之德。

天地不交则万物不兴，君民不和则国难强盛。万物茂盛生长，关键在天；百姓和谐爱国，关键在君。只有君王真诚地爱护百姓，才有百姓恭敬地崇尚君王，上与下才能心意相通、和谐相交，则无艰不克、无险不除。

11.5 初九：拔茅茹，以其汇。征吉。

《象》曰：“拔茅”“征吉”，志在外也。

【白话】

初九：采集茅草根茎作为食物，用以补充（粮食短缺）。主动进取，努力克服困难一定会获得成功。

《象》说：“拔取茅根”“主动进取，努力克服困难一定会获得成功”，意思是说他的志向是上进。

【解读】

◎ 拔茅茹，以其汇，征吉

"拔茅茹，以其汇"，这句话易学者通常的解释是：拔取茅草，其根牵连交汇而带起来。这种解释看上去似乎很有道理，但其中忽略了一个关键字"茹"的解释。下面通过文字训诂进行分析：

拔：抽出，连根拽出之意。茅（亦称"白茅"）：一种叶子尖如长矛的野草，根茎可食，亦可入药，叶可编蓑衣。茹：本义指可食用的植物，后引申为食用，如"茹毛饮血"。

拔茅：应指拔出茅草根部。因茅草根可食用，故"拔茅茹"应指拔出茅草根用于食用。远古时期，农业还不发达，人们获取食物主要靠狩猎和采集野生植物。如：《诗经》中写到植物采集活动的就有 26 篇，其中以"采"命名的就有《召南·采蘋》《王风·采葛》《唐风·采苓》及小雅中《采薇》《采菽》等 8 篇。所以，远古祖先采集野生植物为食是很正常、很普遍的事。《易经》出现于夏商时期，那时已进入奴隶社会，虽然农业已得到了快速的发展，人民生活主要以农业种植和养殖为主，但遇到自然灾难时仍然需要采集野生植物为食。到了近代，遇见大灾之年，百姓仍然会采集草根、树皮为食。所以"拔茅茹"描绘的应是人们采集草根为食的情况，说明当时人民遇到了严重的自然灾难，以致粮食不足。这从下面九二爻的"包荒"也可以证明。

"其"指茅草，"汇"为汇集，本句应指"补充"之意。"以其汇"在此应指用以补充因自然灾难带来的粮食短缺。所以，"拔茅茹，以其汇"描绘的是劳动人民在野外采集草根，用以补充粮食的短缺，反映人们努力克服自然灾难的情况。

征：本义为征伐，后引申为远行，在《易》例中多有主动进取、前进之意。

征吉：意为鼓励初九代表的民众积极进取，努力克服一切困难，这样会得到国家统治者的大力支持而获得成功。《泰》之时，上下沟通顺畅，初九又正应六四，故"征"既有鼓励初九为了生存积极进取之意，又有主动寻求六四帮助，追随六四前进之意，其结果必定能得到六四的大力应援和支持，成功克服困难，故为"吉"。

初爻以茅取象另见于《否》《大过》两卦，但《泰》之初九为阳爻，《否》和《大过》之初六为阴爻，下卦也各不相同。由此可以判断：初爻仅是在某些特定的卦中根据卦时爻位取茅象，与卦象爻性没有明显的联系。先儒们多以爻变来取象说明下卦为巽、为震等与草木有关之卦，以此勉强取"白茅"象。这是我所反对的，因为爻变并不是随读者想象而变的，而是根据爻的辞义、比应关系、发展规律决定的，而且通常爻辞中多含有暗示之词，如本爻的"征吉"一词，其中"征"为前进，多为阳爻之性的，如何能取变为阴爻之象？

初九以刚居阳而正位，正应六四，则能主动、积极克服困难，追随六四而获得帮助，故称"征"。六四为下互兑之主，兑为善为吉，故称"征吉"。

11.6 九二：包荒，用冯河，不遐遗，朋亡，得尚于中行。

《象》曰："包荒"，"得尚于中行"，以光大也。

【白话】

九二：被大水所包围，（带领大家）勇敢地徒步渡河，做到远近的人都不遗弃，大公无私，努力坚守中道、担起责任而大获嘉尚。

《象》说："被大水所包围""努力坚守中道、担起责任而大获嘉尚"，意思是他的品行光明而博大。

【解读】

◎ 包荒，用冯（píng）河，不遐（xiá）遗，朋亡

很多易学者会把这句话理解成是九二的四种德行，如王弼、程颐等，即："包容荒秽、勇敢无畏（徒步过河）、深思远虑（不遗弃远方的人）、不结党而公正无私"，其中把"包荒"理解为包容一切，形容心胸宽广。

根据自然规律分析："乾"（☰）在重卦的上卦应先取"天"象，因为"天"本在上，但处于下卦，一般就不可再取"天"象，除非是符合自然规律的现象，如《需》（䷄），云在天上是正常的。"乾"（☰）在下卦而不能取"天"象时应有其他特殊象征，如在本卦中我认为应取"大水泛滥"之象。理由是：水在八卦中是由阳爻表示的，如"坎"（☵）卦的中间阳爻代表的是水，上下阴爻代表河流的两边河岸，如果两边阴爻都变成阳爻则"☵"成"☰"，可看成两岸都变成了水，这正是水流淹没两岸而成大水泛滥之象。"兑"卦（☱）同理，下两阳爻代表泽水，上阴爻代表泽堤，如果泽堤被水淹没则成"☰"，同样也是大水泛滥之象。故"乾"有大水泛滥之象。

再看"荒"字：古"荒"同"巟"，"巟"音"荒"，上"亡"下"川"，合起来就是"川流消亡"，其本义为：没有明显堤岸的湖泽。《说文》："巟，水广也。"所以，"巟"的本义就是水多而宽广之意，这正好与下乾"☰"的大水泛滥取象相符。九二居中，下乾之主，正是处在大水的中间，被水所包围之象，所以，"包荒"应为"荒包"的倒置，即为无边的大水所包围之意。这应是指洪水泛滥的自然灾害。

冯：音"凭"，"冯河"指不用船而徒步过河。既然已被水包围，所以就需要勇敢地渡过大水。对九二来说，初九为迩（近），九三为遐（远），三阳同心，所以九二不遗弃远近任何一个人，能做到公正无私。

朋：为朋党，指自己亲近的人。"朋亡"指不结党营私，是为大公无私。

综上："包荒"是形容九二遇到的困难非常大；"用冯河"则是形容九二克服困难的决心和能力。九二为刚健而居于中位者，在《泰》之时，他能以其勇敢、公正、博大之德团结大家，并得到君王的支持，这样无论是遇到多大的困难都能克服。

◎ 得尚于中行

得：本义指经过努力而有所收获。尚：嘉尚、赞赏。中行：九二居中位，在遇到困难之时能够勇敢地承担责任，带领大家努力克服困难。"行"指承担责任，努力前行。这句话的意思是：面对困难之时，能够勇于承担责任，带领大家努力克服困难而获得（君王）赞赏和肯定。

从初九和本爻可以知道：《泰》并不是天下太平无灾，而是正面临着巨大的自然灾难，只是《泰》之时，国家上下能够同心同德，齐心协力，克服一切困难。也只有在大灾大难面前才最能体现上下同心、团结互助的社会风气和高尚品德。

11.7 九三：无平不陂，无往不复，坚贞无咎，勿恤其孚，于食有福。

《象》曰："无往不复"，天地际也。

【白话】

九三：没有只平稳而不倾侧的，没有只前进而不返回的，能够保持勇敢、果决的作风就不会有危害。对此不要有所担心和怀疑，福禄自然就有。

《象》说："没有只前进而不返回的"，这是说处在天地相交之际。

【解读】

◎ 无平不陂（bēi），无往不复，坚贞无咎

陂：倾斜，不平坦。

九三以刚居阳，处三阳之上、诸侯之位，代表诸侯之最高统治者，承担着保卫国家稳固和人民安全的重大责任。从初九、九二两爻可知，民众正经历着巨大的困难，管理者带领大家努力克服眼前困难之后，还要谨防后续困难的随时出现，所以圣人垂诫，"无平不陂，无往不复"。

坚：坚定、坚决之意。世道任何时候都不可能永远太平、顺利，作为有保家卫国之责的诸侯王公更要时刻保持警惕且要意志坚定，这样就不会有过失危害。

◎ 勿恤其孚，于食有福

这是进一步强调"坚贞无咎"一语的。圣人诫示对此要坚定信心，充分信任国家和君王，努力付出，这样才能有所成就，并可得到君王赐予的福禄。

阳爻为"有孚"，二三四爻为兑为口为食，上坤为禄为福，故称"于食有福"。

11.8 六四：翩翩，不富以其邻，不戒以孚。

《象》曰："翩翩，不富"，皆失实也。"不戒以孚"，中心愿也。

【白话】

六四：轻松而迅疾地下应民众，不是靠财富和利益帮助各地方诸侯，而是要以真诚之心，零距离与他们相处。不是防备大家而是以诚相待。

《象》说："轻松而迅疾地下应民众"，"不是靠财富和利益相助各地方诸侯"，是

指上面都不是阳爻。"不是防备大家而是以诚相待"，是说出内心真诚的心愿。

【解读】

◎ 翩翩，不富以其邻，不戒以孚

翩翩：轻松而快速地飞舞的样子。六四阴爻而与初九正应，阴爻为轻虚，互卦震为动，轻松地震动，故称"翩翩"，引申为真诚、轻松地与初九代表的民众互动。

阳爻为富，阴爻为不富。"其邻"指需要帮助的九三。九三与六四相邻，代表正在受灾的诸侯国，他们需要国家的支持。不富以其邻：其字面意思是"对待居于其下的、需要支持的地方政府，不只是靠施与财富，而更是以真诚的帮助与支持"。这句话的引申意为：以诚相待、以心相助，深入民众，与他们真诚无间。《泰》之时，诸侯民众正遭受自然灾害，国家也不是非常富有，代表中央统治阶层救助民众的六四以谦虚、仁爱之德积极行动，并不只是靠财物赈灾，而是深入到民众去，以心相交，亲身感受民众疾苦，真诚帮助民众解决困难并使大家真心拥护。

不戒以孚：不是对初九、九三等正在受灾的民众采取防备、戒备心态，而是充分信任和支持，以真诚相待。大灾之时，社会最易发生动乱，统治阶级通常的做法是加强戒备，严阵以待，然而六四却是不加任何防备，以真诚取得民众的信任，以信任消除隐患。

《小象》辞解释与我不同，不作解读。

11.9 六五：帝乙归妹，以祉元吉。

《象》曰："以祉元吉"，中以行愿也。

【白话】

六五：帝乙下嫁他的女儿，获得福报，这是吉利的根本。

《象》说："帝乙下嫁他的女儿"，是因为谦顺且行为合乎中道，能实现其志愿。

【解读】

◎ 帝乙归妹

帝乙：商朝的一位君王。纣王的父亲也称"帝乙"，程颐认为不能确定具体指的是谁，但认为是制定了帝王下嫁王姬礼法的人。妹：指未婚少女，在此既可能是女儿，也可能是妹妹。

六五下应九二，以尊应下，谦逊待下，所以以"帝乙归妹"为喻，说明虽贵为君王，但在《泰》时，能够抛弃贵贱之别，真诚地对待臣属和人民，就像帝乙把自己最亲的妹妹或女儿嫁给臣下并遵守礼仪，深得人心。这与卦辞"小往大来"之"大来"相呼应。

二三四为互卦兑，三四五为互卦震，两个互卦组成了一个雷泽《归妹》卦，故以"归妹"取象。

◎ 以祉元吉

祉：福，意为获得福泽。元吉：成功的根本。"泰"之时谦顺之君能够真诚、平等地以尊应下，这是《泰》卦之所以为"泰"的根本，所以"中以行愿"而得"元吉"。

11.10 上六：城复于隍，勿用师，自邑告命。贞吝。

《象》曰："城复于隍"，其命乱也。

【白话】

上六，城墙倒塌回填进护城河中，不要动用军队，从自己最亲近的人开始劝告和命令。导致这样的结果让人感到羞愧。

《象》说："城墙倒塌回填进护城壕沟中"，是指其政令开始混乱。

【解读】

◎ 城复于隍

城：指护城的墙。隍：指掘土筑墙而形成的壕沟。"隍"中注入水便形成了保护城楼的"池"（护城河）。

程颐曰："掘隍土积累以成城，如治道积累以成泰。及泰之终，将反于否，如城土颓圮，复反于隍也。"（《伊川易传》）

上六位于卦之终、《泰》之极，泰极而否来，这是自然规律。

从前面五爻的解读来看，本卦描绘了一种统治者与百姓真诚无间的相处，几乎没有阶级之分、上下之别的超越现实的理想状态，这对奴隶社会时期的国家治理来说显然不可能，或者说不可能长期存在，所以必定会"泰极否来"。

上六如变上九，则上坤变艮，艮为门，于城则有城墙之象；如不变则为坤为土。下乾为水，上土下沉则会倒进水里，故以"诚复于隍"取象。其引申义为：《泰》之时上下交泰虽然和谐，但泰极则否来，如尊者过于谦卑待下，则维护礼制的城墙就会倒塌，国家秩序可能混乱。

◎ 勿用师，自邑告命，贞吝

师：军队。勿用师：不要动用军队。

邑：私属封地。自邑告命：从自己的领地开始进行劝说和下令。

泰极否来之时，人心出现混乱，但还没到动用军队进行镇压的程度，这时候如果动用军队去强行征讨，那么结果必然适得其反，局面可能会更加混乱。所以圣人劝诫说"勿用师"，而是要从自己最亲近的人开始进行劝说和命令，这样才是平息混乱、稳定局面的最佳办法。

圣人认为：造成这样局面的原因在于君王未能很好地把握上下相处之道，是自己的原因造成的，所以应该感到羞愧而好好自省，是为"贞吝"。

【总结与启示】

《泰》卦乾下坤上，小往大来，各爻都能正应，这是上下相交而和泰之象。从下卦来看，民众正在经历大水泛滥的自然灾难，人民面临大灾，能够积极行动，并能得到国家的真诚帮助，充分体现了上下同心、团结救灾的良好局面。本卦下乾取了大水泛滥之象，从分析来看是有道理的，这种理解在《夬》卦中还会体现。

初九是说社会正遭受巨大的自然灾难，人民积极行动，采集草根补充食物，并得到统治者的帮助而成功渡过困难时期；九二为民众正处洪水泛滥之时，他能以刚健居中之德，带领大家勇敢克服困难；九三处下健之极，刚而过中，虽然暂时克服了困难，但困难随时还会来到，故诫之要保持艰苦的作风就不会有过失；六四为近君贤臣，在泰之时，不只是以财物帮助民众济灾，而更是以身作则，真诚地亲近民众，用心帮助大家克服灾难，以诚待人而非戒备；六五阴处尊位，像帝乙嫁女儿一样平等待下，这是天下和泰的根本；上六泰极否来，泰之时上下交泰虽然和谐，但尊者过于谦卑向下，则维护礼制的城墙就会倒塌。遇到这种情况时，圣人诫之不可轻易动用军队，而是要从自己最亲近的人开始进行劝告，对于自己的原因造成的问题，应深刻反省。

"泰"即是"和"，是指人与人之间沟通顺畅、和谐相交，是人际交往的理想状态。"家和万事兴""国泰民安"，"泰"是家庭、组织、社会和国家管理的最高境界。

这个世界上没有两片相同的叶子，更没有两个同样的人。人与人之间在性格、见识、能力、立场、思想等方面存在着巨大差异，所以在交往的过程中必定会产生分歧、争论甚至摩擦，如果不能妥善解决分歧，则会背离和泰。理解和包容是解决分歧的基础。和谐通泰不是不要礼法规则，所有上下和谐仍应建立在必要规则礼法之上，否则必定泰极否来而出现混乱。

否卦第十二：自力更生，俭德辟难

否卦 下坤上乾，天地否

上九：倾否，先否后喜。
《象》曰：否终则倾，何可长也？

九五：休否，大人吉。其亡其亡，系于苞桑。
《象》曰："大人"之吉，位正当也。

九四：有命无咎，畴离祉。
《象》曰："有命无咎"，志行也。

六三：包羞。
《象》曰："包羞"，位不当也。

六二：包承，小人吉，大人否。亨。
《象》曰："大人否，亨"，不乱群也。

初六：拔茅茹，以其汇，贞吉，亨。
《象》曰："拔茅""贞吉"，志在君也。

卦辞

否之匪人，不利君子贞。大往小来。

12.1 卦名卦序

《序卦》曰：泰者通也，物不可以终通，故受之以否。

【解读】

◎ "否"，音"匹"。《广雅》：否，隔也。《匡谬正俗》：否者，蔽固不通之称。《否》卦，下卦为坤为地，上卦为乾为天，坤纯阴性下，乾纯阳性上，乾坤背向而行，就像秋冬之季，天地阴阳两气不通，天气干燥、寒冷，万物停止生长并枯萎。引申到国家：统治者与民众之间、中央与地方之间背向而行，不能交流，互不信任，无法同心同德、共同克难，故称"否"。

◎ 上一卦为《泰》卦，"泰"是通泰的意思。《泰》卦本意是说上下互相信任、平等相待，能够同心同德、齐心协力克服困难。物极必反是事物的发展规律，在阶级社会，上下没有永远的完全的平等和信任，否则封建社会的秩序就会混乱。这种混乱状态不断发展下去将会影响和动摇君王的统治，所以统治者不得不重新整治礼法，明确不同阶层的地位，改变上下交流方式；慢慢发展以后，上下距离会越来越大，阶级矛盾越来越严重，以致完全阻隔闭塞，即为"否"。所谓泰极否来，所以《泰》之后是《否》。

《否》也是国家发展中必然会遇到的过程。

12.2 卦辞：否之匪人，不利君子贞。大往小来。

【白话】

卦辞：闭塞的时代百姓不同于往常，不适宜邦君或统治者坚持刚健、果决的管理方式。地位尊贵者只知高高在上，地位低下者只能远离统治者。

【解读】

◎ 否之匪人，不利君子贞

本卦与《履》卦一样也是卦名与卦辞连在一起，类似的还有《同人》卦之"同人于野"、《艮》卦之"艮其背"等二卦。

人：甲骨文和金文指弯腰劳作者，即指普通的平民百姓，是封建社会的被统治阶层。君子：《易》例卦爻辞中一般都指行为正直、作风刚健的君王、邦君或贵族统治者。

匪人：不同于往常情况下的"人"，"匪"通"非"。《否》之时，在统治者看来，此时的老百姓与非"否"之时的百姓是有区别的，他们更加自卑、缺乏自信、不相信他人，等等。

否之匪人：指在上下蔽固、人心不通的时代，百姓对统治者失去信任而变得脆弱、善变、对立等，不会像正常管理秩序下的百姓一样相信政府，积极上进。

对"匪人"一词的理解先儒们有诸多的不同，如：虞翻认为是"以臣弑其君，子弑其父"没有人性的意思；程颐认为是"没有人道"，即天地不交则万物不生，作为万物之首的人也就不能存在；来知德认为不是人的原因（造成的否）等等。

虞翻是从消息卦上来说的，他认为，《否》卦是从《乾》卦变化而来的，《乾》卦的下乾阳消阴长，三阴逐渐代替了三阳，因而变成了"坤"。这是"坤"消灭了"乾"，"坤"为臣，"乾"为君，所以说是"臣弑其君"。这是典型的象数派的理解，牵强附会。

程颐夫子说"天地不交，则不生万物，是无人道"，认为天地不交万物失去灵性，人道也就不存在了，等到了"泰"之时又恢复了。这种理解较为抽象和夸张，在国家管理中应是不存在的。

来知德先生说造成否道的原因不是"人"而是"天"。这是从自然界来说的，天与地不通当然不是人造成的，但《易》以天道喻人道，国家上下的阻隔当然是人造成的，是君王和统治者造成的，所以来先生的理解也不准确。

"否"之时，否道已经形成，国家上下已形成了互相对立的情形，民众已经对统治者失去信任，变得怀疑、自卑、怨恨等。圣人立此卦是要告诉君王和统治者，要找到造成否塞的原因，不能只懂得用刚健、强硬的方法去管理，要根据时势调整管理办法，否则，君民的矛盾会更加激化。"不利君子贞"，"君子"引申为正直、刚健的贵族统治者，他们常用刚健、严厉的手段进行管理，否之时显然不适合，容易激化矛盾。古今易学者通常会把《周易》卦爻辞中出现的"君子"理解为儒家所说的行于正道、积极上进的所有人，这是不准确的。

◎ 大往小来

阳为大，阴为小，故"大"指上乾，代表高等级的贵族统治者；"小"指下坤，代表地位低下的普通民众。往而居上称"往"，来而处下称"来"。"大"本来就是在上的，如天之在上；"小"也本来就是在下的，如地之在下，本来在上的却只知道高高在上，不与下相交；本来在下的只能卑微居下，远离上者，大与小无法相通，不能交流，这就是"否"之卦象。从卦象来看，下坤三阴虽然与上乾三阳都是一一正应的，但因坤德是纯阴而静，没有向上求应的动力；而乾德是动而向上，不会下来相应；另外，卦中下互卦为艮，艮为山为止，好像坤与乾之间隔了一座大山，阻断了上下相交。

看明白了这个卦象就能理解，为什么下坤各爻与上乾各爻明明都是正应的，而却不是像《易》之通例那样有相应的表现。

12.3 《彖》曰："否之匪人，不利君子贞。大往小来"，则是天地不交而万物不通也，上下不交而天下无邦也。内阴而外阳，内柔而外刚，内小人而外君子。小人道长，君子道消也。

【白话】

《彖传》说："否之匪人，不利君子贞。大往小来"，意思就是说天与地阴阳之气不能相交而万物不会通畅。中央的君王如果与诸侯之间形成了隔绝而不能相通，那么诸侯国也就失去了意义。阴柔居内而阳刚处外，内在柔顺而外在刚强，内在是小人而外在是君子。小人的气势在逐渐成长，君子的气势在逐渐消退。

【解读】

◎ "大往小来"与泰卦的"小往大来"的意思相反，理解方法是一样。

周公建邦封侯的目的就是为了保护周朝的长治久安，君王与各诸侯之间形成很好的交流机制才确保西周的强大。到了东周战国时期，正是由于各诸侯强大以后不再认可中央的周王而产生了隔绝，群雄争霸，以致最终被秦始皇所统一。这不正是"上下不交而天下无邦"吗？

12.4 《象》曰：天地不交，否。君子以俭德辟难，不可荣与禄。

【白话】

《象》说：天与地阴阳两气不能交流，这就是否的卦象。君子因而领悟：在否之时要做到俭约、朴素（以拉近与民众的距离），缓解和克服国家否时的困难，不能穷奢极欲，一味地贪图荣华与福禄。

【解读】

◎ 君子以俭德辟难，不可荣与禄

此处"君子"指以君王为代表的王公贵族，指卦辞中"大往小来"的"大"。

俭，《说文解字》："俭，约也。"约束之意。"德"为表现。俭德：以俭为德，这是要求君王和王公贵族要做到俭约、朴素，放下高贵身段，与"小"拉近距离。

辟：本义指行刑，引申为解决、克服。辟难：缓解、克服因"否"导致的困难。"难"指上下阻塞不通可能会引起猜忌、敌对而带来的灾难。

不可荣与禄：不可忽视民众艰难困苦而只顾自己独享荣华富贵，这样只会与民众越来越远，激发阶级仇恨，与"俭德"意义是类似的。

否之时，中央政府高高在上，与各地方政府之间互不信任，交流阻塞，形成隔阂。圣人告诫以君王为代表的中央统治者应该引起警惕，并多从自己身上找原因。圣人警示：要做到俭约朴素，不能只顾自己享受荣华富贵而不管百姓死活，要尽可能拉近与百姓的距离，"大"者不往，"小"才会近。

12.5 初六：拔茅茹，以其汇，贞吉。亨。

《象》曰："拔茅""贞吉"，志在君也。

【白话】

初六：采集茅草根茎作为食物，用以补充（粮食）。安守本分就能成功克服困难，过程顺利通达。

《象》说："拔茅""贞吉"，意思是说他的志向还是在于仕进事君。

【解读】

◎ 拔茅茹，以其汇，贞吉。亨

本爻爻辞前半段"拔茅茹，以其汇"与《泰》卦的初九前半段是一样的，其辞义也是一样的（详见《泰》卦初九爻解读）。不同的是爻辞的后半段，"泰"之初九为"征吉"，"否"之初六为"贞吉"，反映的是底层民众在不同的形势下的应对艰难的态度和方法。"征"为主动进取、上进追随之意，是典型的阳爻之性。《泰》之时上下互相信任和谐，所以在下者遇到困难时能够积极进取，主动向在上者求助，结果很快就能克服困难。"贞"为安守，守正而不妄动，多用在阴爻。《否》之时，上下互不信任、互不交流，初六代表的普通百姓在遇到灾难之时无法得到中央政府的照顾和保护，他们也不会向统治者求助，只是自己坚持自力更生，努力战胜困难，渡过难关。本爻的"贞"强调的是依靠自己，坚持按正确的方法努力，虽然过程可能更艰苦，但最终也能克服困难。

本爻说明发生自然灾难之时，上下否塞不交，普通百姓只能是依靠自己克服困难。虽然在《泰》之时，国家统治者"不富以其邻"的支持对民众树立克服困难的信心帮助很大，克服困难的过程可能会更轻松更简单，但只要采取正确的方法，就算《否》之时没有统治者的支持，普通民众最终也能成功渡过难关。

◎《象》辞"志在君也"，意为其心愿在于得到君王的帮助。

12.6 六二：包承，小人吉，大人否。亨。

《象》曰："大人否，亨"，不乱群也。

【白话】

六二：宽容待下与真诚求上，在下的民众则能真诚响应，中央君王则无法沟通。过程顺利通达。

《象》说："大人否，亨"，是说上下不同类者不能相交。

【解读】

◎ 包承，小人吉，大人否。亨

包：甲骨文为𠅗，造字本义指胎儿在人体胎盘中孕育，引申为向下包容、团结；

承：甲骨文为𠬝，字形像双手捧着婴儿，指接生，后引申为向上承载、托承等。

"包承"应是指在"否"之时六二与上下的交流状态。"包"指包容以初六为代表的百姓而得到认可，故称"小人吉"；"承"则指向上承接、求应于九五而不能沟通，故称"大人否"。

小人吉：指六二宽容地对待以初六为代表的普通民众而能被接受和认可，因为六二与初六同为阴爻，且同处一体，说明两者在《否》之时立场相同、心意相通，故容易接受。大人否：向上求应于大人则否。是指六二上求于九五相应而不通，因为《否》之时上下完全隔绝，不能交流。"大人"指以九五为代表国家统治者，否之时他对六二的求应视而不见。由此可见，《否》之时不可以阴阳比应之通例论之。

"亨"是说《否》之时，虽中央统治者完全与地方邦国阻隔不通，但困难终将会过去，社会发展仍是顺畅通达的。

12.7 六三：包羞。

《象》曰："包羞"，位不当也。

【白话】

六三：为了保护民众而献祭并恭敬待上。

《象》说："为了保护民众而献祭并恭敬待上。"这样做是因为他所处的位置不当位。

【解读】

◎ 包羞

包：在此指包容保护之意，与六二爻之"包"意同。

羞：甲骨文、金文分别为 🐑、🐑。羞，甲骨文 = （羊）+（又，抓），像一个人手持羊头的样子。造字本义：谦恭进献烤羊。羊的性情温顺平和，象征吉祥，常用于祭祀和招待贵宾。金文承续甲骨文字形。"羞"的"谦恭进献"本义消失后，篆文再加"食"另造"馐"代替。古人称进羊为"羞"，称进虎为"献"，称进贝为"贡"，称进玉为"奉"。故"羞"应理解为"献食""进献"之意，引申为谦卑、恭敬地奉献在上者。"在上者"应指九四。六三亲比九四，九四为下互艮之主，艮有祭祀之象，故称"羞"。

六三居刚用柔，为下坤之上，诸侯邦君之位，有保护邦民、沟通上下之责。《否》之时，世道艰难，人民生活不易，邦君谦逊爱民，但能力不足，为了保护民众顺利渡过困难，而谦卑、恭敬地以敬献的方法求助于上。《否》已近中，"否"时将过，故六三能以谦卑、恭敬的态度与上位者求助、相交。六三亲比九四、正应上九，从九四和上九的爻辞来看，六三献祭者应为九四。九四为下互艮之主，艮为祭祀，故称"羞"。

"包羞"只言六三包下敬上的过程，但未言结果。从六二爻的"包承，小人吉"来看，六三的"包"一定会得到在下者的认同和亲近，而"羞"从九四、上九爻义分析来看，也应能够得到积极回应，最终否极泰来。

六二之"包承"与六三之"包羞"反映二者对下的态度都是一样的，即包容、保护，而对上的态度则不同，六二是"承"，而六三为"羞"。这是由两者的地位和责任决定的。

12.8 九四：有命无咎，畴离祉。

《象》曰："有命无咎"，志行也。

【白话】

九四：根据命令行事，没有危害，保护、造福依附者。

《象》说："根据命令行事，没有危害"，其志愿得以实现。

【解读】

◎ 有命无咎

有：本义抓住、拥有，在此指遵守、遵从。命：本义指上级对下级发出指令。有命：指遵从上级之命而行。九四为近君重臣，他的上级当然是指九五君王，故"有命"是指九四遵从九五君王的指令行事。结合卦象来看，九四遵命所行之事应是沟通上下、解决隔阂的措施。九四在上互巽中，巽为风为令为命，故有九四执行政令之象。

无咎：没有危害，有肯定、鼓励之意。这是对九四遵从君王沟通上下、济否行事行为的肯定和勉励。

四已过中，说明"否"之上下不通之势已开始改变。

◎ 畴离祉

畴（chóu）：本义指已经耕过并整治好的田地，用指"田界"，在此应是以"田界"比喻国家上下之间的隔阂。田界虽然分隔了田块，但却是为了田地的用水不会流失，保障农作物的正常生长。下坤为地为田，九四在坤之上故有畴之象。

离：罗网，意指田埂像罗网一样划分田块，便于耕作。祉（zhǐ）：福，指像罗网一样的田埂实为造福，而非有害。

"畴离祉"，其意为：像罗网一样的田埂看似分隔了田块，但也圈住田地之水，保障田地作物能更好地成长，发挥了有益的作用。引申为九四能够正确地推行政令，对人民实行分类管理，逐渐消除否塞，就像田埂对于田块一样，最终成功化解否塞。

这是以田埂为例，说明六四在当时的状态下解决问题的方法和效果。

坤为田为邑为众，九四在下坤之上有畴象；九四又为下互艮之主，艮为门户为庇护，故有"畴离祉"之象。

12.9 九五：休否，大人吉。其亡其亡，系于苞桑。

《象》曰："大人"之吉，位正当也。

【白话】

六五：休止天下之否，表现出大人之德而吉利。担心灭亡啊担心灭亡啊，国家好像依附在桑树之下那样危险。

《象》说："表现出大人之德则会成功"，是因为德称其位。

【解读】

◎ 休否，大人吉

休否：指息止否道，使闭塞不通开始得到治理。《否》卦将终，表示否之时即将结束。九五刚正居中，正是济否的有为君王，是为"大人"。以大人之德济否，则必会成功，所以以为"大人吉"。

《周易·文言传·乾文言》曰："夫大人者，与天地合其德，与日月合其明，与四时合其序，与鬼神合其吉凶。"

九四遵从九五指令化解上下否塞，像田埂规划田地一样规划百姓，并造福于他们。九五为刚健中正的君王，是为大人，在他果决、正确的领导下，否势终于成功息止。

◎ 其亡其亡，系于苞桑

其亡其亡：指时刻担心其灭亡。九五虽然是休否，但仍然还在否中，有为的君王因此感到担忧。

系于苞桑：就像寄生在桑树之上（危险）。程颐认为桑树生长根深而稳固，因此丛生在桑树上是稳固而安全的比喻，意为常怀灭亡之忧，则国家就会像丛生在桑树一样安全稳固。来知德先生的解释正好相反，他认为桑树是柔小的，不像樟、楠、松、柏等一样高大，以寄生在桑树之上来比喻国家治理则危如累卵，以此来形象说明君王对否道带来危害的担忧。

两位大儒的解释看似相反，实则表达的意义是一致的，所以无论哪一种解释对本爻的理解影响其实不大，认同哪种理解其实都可以。而我为什么最终会采用来知德先生之解，理由是此时否势仍未完成解除，有为的君王为此深感忧虑，故认为国家仍处在危险之中更有道理。

12.10 上九：倾否。先否而后喜。

《象》曰：否极终倾，何可长也。

【白话】

上九：否道倾倒。开始否塞不通，后来通畅而喜悦。

《象》说：否塞到了极点终究会倾倒，否塞哪里会长久呢？

【解读】

◎ 倾否。先否而后喜

上九为否之极而卦之终，因为"否极泰来"而喜悦。九五只是休否，而上九因到了否之极点，所以最终是"倾否"，即否塞得到彻底解决。

"否"是国家治理的极端状态，对国家的长治久安极为不利。否塞之极必定使统治阶级极为担忧，以致会采取各种措施解决，故否极终会泰来。

否则泰来，则上九变上六，有倒塌之象，且上九变则上卦为兑为毁折，兑又为悦，故称"倾否""后喜"。

【总结与启示】

本卦首先要注意卦辞"否之匪人"的理解。"人"从其本义，指劳动者，即广大的普通百姓。此句意为：对于管理者而言，"世道否塞之时，普通百姓的人性不同于往常"，所以不能以刚健、强硬的君子之道进行管理，而应"包"，即包容、保护；其次要注意，虽然世道艰难、上下否塞，但同处一邦的统治者仍能努力包容和保护民众，顺利渡过困难时期。六二之"包承"和六三之"包羞"无不体现这点。下坤虽都是阴爻，但六二、六三与下面同性爻仍能相容相护，这是卦时爻义决定的，不可以《易》之异性爻才能比应的通例一概论之。我对"畴离祉"一词的理解几乎与所有易学者解释不同。

初六指处于底层而卑微的民众，在否之时，虽面临灾难，但只要安守本分、自力更生就能顺利渡过非常时期。六二既中且正，代表中正的地方管理者包容百姓则得到认可，求助于上则无法成功。发展过程顺利通达。六三虽以柔居刚而不正，但为了保护本邦民众而恭敬地求助于上。九四否已过中，能够遵从君命，化解否塞，把上下阻隔变成有益的保护并造福百姓。九五为既中且正的刚中君王，治否之主，常怀忧国之心。上九：否道终治，否极泰来。

"否"是"泰"的反面，在企业管理中可理解为上下信息传递不通，交流阻断，员工不信任管理者，远离管理者。这在实际工作中无论是对个人，还是对组织危害都是巨大的，会严重影响个人与组织的发展。上下之间要想良好交流、友好相处应做到以礼相待，互相尊重，主动交流，避免误解。如果出现交流不畅，首先上级应主动与下级交流，表现出宽容和大度，及时消除障碍。

同人卦第十三：同仇敌忾，人心重聚

同人卦 下离上乾，天火同人

上九：同人于郊，无悔。
《象》曰："同人于郊"，志未得也。

九五：同人，先号咷而后笑，大师克相遇。
《象》曰："同人"之先，以中直也；"大师相遇"，言相克也。

九四：乘其墉，弗克攻，吉。
《象》曰："乘其墉"，义弗克也；其"吉"，则困而反则也。

九三：伏戎于莽，升其高陵，三岁不兴。
《象》曰："伏戎于莽"，敌刚也；"三岁不兴"，安行也。

六二：同人于宗，吝。
《象》曰："同人于宗"，吝道也。

初九：同人于门，无咎。
《象》曰：出门"同人"，又谁咎也。

卦辞

同人于野，亨。利涉大川，利君子贞。

13.1 卦名卦序

《序卦》：物不可以终否，故受之以同人。

【解读】

◎ "同"，本义为聚集。《说文》："同，合会也。"同人：与人协同，在本卦应理解为聚集民心、团结民众。从卦象上看：下离上乾，离为火，乾为天，火性炎上，与天和同；另下互卦为巽为风为政令为进退为行动，火借助风力、风引导火势。如果以上乾代表中央政府，下离则代表地方诸侯与民众，风则是国家用政令引导民众追随，故从国家治理而言，卦有国家用政策和行动团结民众、聚集民心之象，是为"同人"。

◎ 上卦为《否》卦，卦象为上下不交，中央统治阶级与各地方百姓之间交流阻隔，互不相通。对君王来说，这种否塞不通的局面必须改变，否则，久而久之，国家将陷入混乱，君王统治无以为继，而解决问题的办法就是如何让民众重新同心同德地团结起来，重聚民心。从下面对卦辞"同人于野"的解读可知：《同人》卦是讲君王利用一场抵抗外来侵略的战争，号召大家共同御敌，结果不仅转移了国内上下否塞的矛盾，更使全国人民空前团结起来。所以《否》卦之后是《同人》卦。

13.2 卦辞：同人于野，亨。利涉大川，利君子贞。

【白话】

卦辞：使人民和同、团结在野郊之外的战争之中，通达。适宜克险前进，应该坚持发挥君王坚决、勇敢、拼搏的作风。

【解读】

◎ 同人于野，亨

本卦卦名与卦辞连读，与《否》卦类似。

"同人于野"是理解全卦的关键，先看先贤们的解读：

程颐曰："野，谓旷野，取远与外之义。夫同人者，以天下大同之道，则圣贤大公之心也；常人之同者，以其私意所合，乃昵比之情耳。故必于野，谓不以昵近情之所私，而于郊野旷远之地，既不系所私，乃至公大同之道也。"（《伊川易传》）

程颐说的这段话大意为："野"指旷野，取远和外的意思，引申为不偏私。"同人于野"意思就是以至公无私的大同之道去和同人。先儒们基本都持此义。此解值得推敲之处在于："野"为旷野无疑，但以旷远引申为公而无私实在有些牵强。结合卦象及下面九三九四九五爻辞来看，本卦显然与战争有关。卦爻辞其实是在描述一场在郊野抵抗外族入侵的战争，正是在抵抗这场战争的过程中，民众同仇敌忾、团结抗敌，反而解决了国内民众上下否塞、人心离散的矛盾。古时离开都城从近到远分别用"郊""牧""野"表示，"野"是距离都城最远的。同人于野：应是指经过御敌于野的战争使人民团结起来。卦象中下离卦有兵戈、甲胄之象，上天下火，有天下燃起了战火之象。从后面的解读可知：本卦其实体现了现代人经常使用的用外部战争来转移国内矛盾，以使人民空前团结起来的伟大政治智慧（具体参见下面各爻辞的解读）。

有了上面的理解以后，"利涉大川"就好解释了：战争本身充满危险，只有敢于克服险难才能赢得战争。如果按先儒们的理解，"利涉大川"是让人费解的，因为无险可涉。

亨：说明战争的过程是顺利的，结果也达到了使民众团结的目的。

利君子贞：指对外敌应该保持像镇守边疆的诸侯邦君一样勇敢、坚决、拼搏的作风。战争是残酷的，必须鼓励大家勇敢、果决、拼搏才能取胜。上一卦《否》卦卦辞中的"不利君子贞"与本卦正好相反。《否》卦时中央统治者与地方民众思想无法统一，这是人民内部矛盾，如果对内部百姓管理过于严厉，则遇到的反抗就会更大，双方对立就会更严重，应以包容为主，故"不利君子贞"。

13.3《彖》曰：同人，柔得位得中而应乎乾，曰"同人"。"同人"曰："同人于野，亨，利涉大川"，乾行也。文明以健，中正而应，君子正也。惟君子为能通天下之志。

【白话】

《彖》说：同人卦，柔爻正位并居中而与上"乾"卦相应，这就是"同人"之意。《同人》卦辞说："同人于野，亨，利涉大川"，这是因为"乾"卦有刚健行动之力。文明而刚健，居中守正而相应，这是君子所走的正道，只有君子才能使天下的志向变得通达。

【解读】

◎ 柔得位得中而应乎乾，曰"同人"

《彖》作者认为《同人》的卦名来源于下卦的中爻（六二）柔顺得位居中又正应上乾卦。事实上满足这个条件的卦还有天雷《无妄》卦、天山《遯》卦等。

◎ "同人"曰："同人于野，亨，利涉大川"，乾行也。文明以健，中正而应，君子正也。惟君子为能通天下之志

这一段是从卦德卦象来解释整个卦辞的。作者用"君子能通天下之志"来解释"同人于野"。"君子"在此指九五君王。乾为天，九五为乾之主，正应六二，六二为下离之主，离为明，天下光明是为大志，故称"君子能通天下之志"。

13.4《象》曰：天与火，同人。君子以类族辨物。

【白话】

《象》说：天与火同德亲和，这是《同人》卦的卦象。君王由此领悟：聚合族群，分辨敌友善恶。

【解读】

◎ 君子以类族辨物

类：类聚，聚合同类之意。物：指人。《系辞传》："方以类聚，物以群分。""类族辨物"指以是否属于同一类属、同一族群来指导分辨敌友善恶。同类同族则为友为善，就要团结，就应同心；异类异族则为敌为恶，就要防范，就应斗争。

"君子"在此显然是特指"君王"，只有君王才有"类族辨物"的责任和能力。

《大象》辞表明：《同人》卦的本义确实与不同族群之间矛盾或斗争有关。

13.5 初九：同人于门，无咎。

《象》曰：出门"同人"，又谁咎也。

【白话】

初九：走出家门团结求同（支持政府），没有过失危害。

《象》说：走出家门团结求同，又有谁去责难呢？

【解读】

◎ 同人于门，无咎

门：房屋的外门称"门"，内室之门为"户"。门是进出家的必经之处。

根据"观象系辞"原则，辞来源于象，从象可找辞，同样从辞也可反推出象。"门"常取象于"艮"，从下卦来看，初九变初六，则下离变艮，艮为门。故从爻辞"门"可大胆推测：初九会变初六。初六正应九四，正应为求同，九四在下艮之外，有出门之象，故称"于门"，如《象》辞所言为出门之意。

同人于门：外敌入侵，普通民众一开始就能够迅速行动，改变自己，顺应政府号召，走出家门，参与抵抗侵略的斗争。从上一卦否卦可知，民众本与在上的管理者否塞不通，现因外敌入侵，代表民众的初九能够主动改变自己我行我素的状态，变为初六而正应九四。九四在下互巽中，巽为正令、号令，故有初六顺应号召之象。

无咎：《小象》理解为"又谁咎也"，即无人可咎，其意为没有人可以责怪，结果是自己造成的。这种理解应是错误的，在此仍应理解为"没有过失、危害"，含肯定与鼓励之意。外族入侵之时，普通民众能及时改变自己，化否塞为和同地团结在上位的九四身边，当然没有什么过失和危害。这是圣人对百姓"同人于门"行为的肯定。

13.6 六二：同人于宗，吝。

《象》曰："同人于宗"，吝道也。

【白话】

六二：（只能）在宗族中号召和团结大家，应感到羞愧。

《象》说："（只能）在宗族中号召和团结大家"，这是应该觉得羞愧的做法。

【解读】

◎ 同人于宗，吝

六二处正居中，向上亲比九三，又正应九五，本是君王所器重之人，可他在战争来临的关键时刻，却因刚勇不足，只能在宗族之内和同他人，不能亲身参与斗争、为国效劳、为君分忧，所以应该感到羞愧。六二谦顺、中正之位，在他卦之中是善处事者，可在战争尚勇的非常时期，却为吝道。

在"同人"之初，上下仍处于否塞，六二虽正应九五、亲比九三，但初九取初六变象，则下离变艮，艮为山为止。六二与九三同处艮体，故六二只能亲比九三，而因处艮止而不能正应九五。

初九取"变象"初六，下离变艮，艮为门为家为宗；另，二是大夫之位，大夫有家。六二与九三同在艮体，六二亲比九三，九三为艮之主为宗，故称"同人于宗"。

◎ 先儒们认为六二爻作为卦中唯一的阴爻，是《同人》卦的成卦之主，依据的是

《易》之阴阳爻以少为贵的通例。重卦中也确实有很多这样的体例，但从本爻和其他爻的解读来看，这一通例似乎并不适用于本卦。可见，解《易》的唯一原则应是观象系辞、随时取义。

13.7 九三：伏戎于莽，升其高陵。三岁不兴。

《象》曰："伏戎于莽"，敌刚也；"三岁不兴"，安行也。

【白话】

九三：埋伏军队在莽林之中，列阵在高山之上，（敌军）三年不敢进犯。

《象》说："埋伏军队在莽林之中"，因为与强悍的敌人对阵；"三年不敢进犯"，是说人民得到保护而安全。

【解读】

◎ 伏戎于莽，升其高陵

伏：埋伏。戎：军队。莽：树林。高陵：高山。

九三以刚居阳，位下卦之上，是刚勇而有守土之责的诸侯将军守卫在前线。为保护人民，他勇敢地率领军队埋伏在密林之中，驻守在高山之上，严阵以待，使敌军不敢前进半步，保护了人民的安全。

下离为兵戈，引申为战争。初九取"变象"时，下离变艮，艮为山；二三四为互巽卦，巽为进退为伏为高为升为木为树林，故称"伏戎于莽，升于高陵"。

程颐、来知德等先儒都把六二当作大家争夺和同的对象，又认为六二与九五正应，心已属至尊的九五，然后又只能把九三描绘成为争夺六二而兴兵与九五争夺的奸诈小人。此解只是从表面的爻象进行的分析，既不符合卦的本义，也不合常理，理由如下：

一、九三本来就是阳爻居正，刚勇正直之人，行动应该是正义的，这在他卦中因不居中而行动有过刚是有的，但不至于变成奸诈小人。所以这完全不符合《周易》爻位的基本规律。

二、这可能是为了迎合《象》辞错误解读。这样的解释严重削弱了《周易》所表现出来的易理格局，以致无论是从象，还是从理来说，就变得毫无意义，而如果理解成率领军队对抗外敌入侵，从卦和爻的象、理、义等来说都是通顺的。

三、九三居刚用刚，能够舍己为公，英勇抗敌，是邦君之责，也是君子之举，此与卦辞"利君子贞"相呼应。《易》之通例九三爻为诸侯或将军之位，其责为保卫国家安全，常以"君子"称之，如：《乾》之九三"君子终日乾乾"、《大壮》之九三"小人用罔，君子用壮"、《夬》之九三"君子夬夬"，等等。

◎ 三岁不兴

"离"通坤德，取"三"象；初九取初六变象，下离变艮，离为兵戈为战争，艮为止，有止战之象。故称"三岁不兴"。

13.8 九四：乘其墉，弗克攻，吉。

《象》曰："乘其墉"，义弗克也；其"吉"，则困而反则也。

【白话】

九四：登上城墙抗敌，（使敌）不能进攻，吉祥（成功击败敌人）。

《象》说："登上城墙抗敌"，（敌人）理当不能进攻；结果吉，因为受困解除而回到原来管理秩序。

【解读】

◎乘其墉，弗克攻，吉

墉（yōng）：城墙。四为近君的辅佐大臣，九四阳爻居柔虽不正，但战争尚勇，阳爻则能勇登城墙抗敌，使敌军不敢进攻。

下互巽为高，又初九取初六变象，下离变艮，艮为门为城，九四高居城门之上，故称"乘其墉"；九四与初九不应（初九取明象），与九三不亲，初九至九三爻组成离，离为兵戈为攻，故有"弗克功"之象。

吉：指成功克敌。

13.9 九五：同人，先号咷而后笑，大师克相遇。

《象》曰："同人"之先，以中直也；"大师相遇"，言相克也。

【白话】

九五：民众成功地和同在一起，（君王）先是号啕大哭，后是高兴大笑，大军胜利会合。

《象》说：把人民和同放在前面，因为九五居中位而行为正直；"大军胜利会合"，是说人民团结战胜了敌人。

【解读】

◎先号咷而后笑，大师克相遇

号咷：又作号啕，大哭状，引申为担心、害怕。师：军队。克：能够。相遇：军队会师，引申为战争的最终胜利。

九五刚中居正，外族入侵之时，坐中指挥，最终各路大军能够胜利会师，成功战胜敌人，民众因此而重新团结。君王始因外族入侵、军队艰难抗战而担心忧愁，后因胜利而高兴，故称"先号咷而后笑"。

◎持"六二为主爻、各阳爻争夺六二以和同"观点的先儒们都会认为九五先是因受到其他阳爻阻挠他不能与六二相应而大哭，后又能够与六二相应而大笑。贵为九五之尊，为什么会有这种行为？这又怎么能说明公而无私的大同之道呢？所以这种解释难以说得通。

13.10 上九：同人于郊，无悔。

《象》曰："同人于郊"，志未得也。

【白话】

上九：最终通过抗敌于野郊而使大家团结，没有什么隐忧懊悔。

《象》说："最终通过抗敌于野郊而使大家团结"，是没有想到的收获。

【解读】

◎ 同人于郊，无悔

上九处《同人》卦之终，是对全卦的总结：本来君王对《否》卦之时的社会上下阻塞不通畅而忧愁，却因外族入侵而因祸得福。这是没有想到的收获。

上九为卦终，取郊象。又上九变上六，上六正应九三，九三在离体，离为兵戈为军队，又在高山莽林之中，故取"同人于郊"之象。

上九变，上乾变为《兑》卦，兑为悦为无悔。

◎ 志未得也

志未而得，即本没有想却得到了，指意料之外的收获。

【总结与启示】

本卦理解的关键是"同人于野"。把本卦解读为因一场外族入侵的战争而化解了国内上下阻塞不通的矛盾，这是古今未有的大胆的推测，至于这是以哪场战争为例无从考证，从目前的史册和考古来看都未能找到文字记录，所以只能是推测，但通观全卦，这种推测又合情合理。希望通过这种与众不同的大胆解读，为《易》学爱好者提供参考与启发，共同挖掘《周易》中深藏的文化智慧。

初九为同人之始，能够改变自己，走出家门去呼应、支持政府，其行为值得肯定；六二虽既中且正，但柔顺之性，又遇到阻力，故在外敌入侵之时不能与君王和同，只能在宗族内号召、团结民众，应感到羞愧；九三为抗击敌军的主将，在高林之中成功阻击敌人；九四近君重臣，危险之时能够英勇登城抗敌，结果吉利；九五刚中之君，统率全军胜利会师，先是担忧后是高兴，民众空前团结；上九为全卦之终，总结全卦，君王通过一场抗击入侵的战争而重新团结百姓，消除隐忧。

《同人》卦本义是说古代君王通过组织大家抗击外敌入侵而重新团结百姓、聚集民心，从而解决国内上下否塞不通的矛盾。其本质是使主要矛盾发生转移，利用外部矛盾转移并解决内部矛盾。作为一种政治智慧，我们的祖先在3000年前就已经发现并应用，近代和当代的西方资本主义国家的政治家则是常通过主动发起对外的侵略战争，以转移国内因治理不善而引发的人民矛盾，削弱或消灭国内反对的力量，把这种政治智慧当作一种欺骗国内民众和侵夺外部资源的政治手段。

大有卦第十四：恩威并施，德化天下

大有卦 下乾上离，火天大有

上九：自天佑之，吉，无不利。
《象》曰：大有上吉，自天佑也。

六五：厥孚交如威如，吉。
《象》曰："厥孚交如"，信以发志也；"威如"之吉，易而无备也。

九四：匪其彭，无咎。
《象》曰："匪其彭，无咎"，明辨晳也。

九三：公用亨于天子，小人弗克。
《象》曰："公用亨于天子"，小人害也。

九二：大车以载，有攸往，无咎。
《象》曰："大车以载"，积中不败也。

初九：无交害，匪咎，艰则无咎。
《象》曰：大有初九，无交害也。

卦辞

大有，元亨。

14.1 卦名卦序

《序卦》曰：与人同者，物必归焉，故受之以大有。

【解读】

◎ 大：甲骨文字形指顶天立地的大人，《易》例中多指上层统治者，泛指广大的统治阶级之"大人"。有：金文为 𠂇，其字形为以手抓肉。"肉"在古代是非常珍贵的食物。"有"字本义作动词，为"持有""拥有""掌控"之意。故"大有"应为"有大"，执有、掌控天下的大人，说的是君王对广大统治阶级的掌控和驾驭之意。

从卦象来看：为卦下乾上离，火在天上，把万物都照亮，并使万物都笼罩在光明之下。六五为上离之主，代表光明、谦逊而伟大的君王。九二至九四代表国家从士大夫至宰相的管理层，为国家的"大人"。六五正应九二、亲比九四，是以其光明、谦逊之德感召、德服和驾驭国家各级管理层，故称"大有"。

◎ 上一卦为《同人》卦，讲的是君王通过率领大家成功抵抗外敌入侵而使人民重新团结在一起。经过这场战争，君王有效地解决了国家上下阻塞不通的现状，但同时也激活了人们的战争意志和潜力。大胜之后的军队和诸侯可能处于一种自信、亢奋的好战状态，国家上下处于不安定当中。此时，君王应利用大胜之后的威信，以德服众，加强对各级管理者和军队的管控，以防止出现混乱。所以《同人》之后圣人立《大有》卦。

14.2 卦辞：大有，元亨。

【白话】

卦辞：（君王）牢牢地掌控着国家统治阶层，这是国家发展通达的关键。

【解读】

◎ 大有，元亨

本卦又出现了"元亨"一词，说明本卦对君王和国家的发展来说非常关键，如不引起重视将会带来严重后果。为什么会是这样呢？结合上一卦来分析：上一卦为《同人》卦，是说君王通过领导全国人民成功取得一场抵御外敌入侵战争的胜利而使民心重聚，国家上下空前团结。这时，国家暂时解除了外侵的危险，也解决了统治阶级与地方民众否塞不通的问题，但同时也激活了民众与军队的战争意志和潜能，国家上下正处于一种亢奋的自信和好战状态之中。此时如果被别有用心的人所引导和利用，则有很大的动乱风险，可能危及国家统治，所以君王必须要很好地控制局面，不可以强压人，而应以德服人，使国家各级管理者和军队统帅都紧密地团结在自己周围，消除一切影响国家安全的隐患。由此可见本卦的重要性，故称"元亨"。

从卦象来看，全卦六五以下各爻分别代表国家各个阶层的人，初九九三虽与六五无比无应，但都以刚居阳而正位，故都能忠君爱国；九二九四虽以刚居阴而失位，但与六五非应即比，故也能忠诚地拥护君王。所以六五英明的君王能够以其谦逊之德掌控和驾驭国家上下，是为"大有"。

14.3 《彖》曰：大有，柔得尊位大中而上下应之，曰"大有"；其德刚健而文明，应乎天而时行，是以"元亨"。

【白话】

《彖传》说：大有卦，柔顺者居于尊贵的位置，大行中道而上下都来应合，所以称为"大有"。他的品德阳刚强健而又有文采光辉，配合天道法则而依时序行动，所以为"元亨"。

【解读】

◎ 柔得尊位大中而上下应之

六五为阴爻居于上卦尊贵的中位，故为"柔得尊位大中"；下有九二正应，九四亲比，上有上九亲比，所以是"上下应之"。

◎ 其德刚健而文明，应乎天而时行

"五"为刚位，上离为光明，下乾为天为健行，故有"刚健而文明，应乎天而时行"。六五柔居阳位，是内心刚健而外在柔顺，顺应上天法则，响应民众需求，这是世道通达的根本。

14.4 《象》曰：火在天上，大有。君子以遏恶扬善，顺天休命。

【白话】

《象》说：离火在乾天的上面，这是《大有》的卦象。君王因此领悟要遏制恶行而发扬善举，顺应天道法则，安定芸芸众生。

【解读】

◎ 遏恶扬善，顺天休命

休：休养、安定。命：生命，指万物众生。从《象》辞所表达的胸怀和格局来看，此"君子"必指君王无疑。

太阳在天上照耀万物，圣人希望英明的君王能够像太阳一样，以其谦逊之德照耀和掌控着国家上下。从上面卦辞的解读可知：《大有》之时，国家正处于大战胜利之后的亢奋状态，君王要特别注意这种局面不可被别有用心、内心邪恶者所利用。所以要在国家上下大力推行遏制恶行、弘扬善举的政策，进一步稳定社会的良好局面，将各种隐患消灭在萌芽状态，以使社会长治久安，人民安居乐业。

◎ 从卦象卦德看：下乾有健行之意，上离为光明，合起来就是健行奔向光明。三到五爻为互卦兑，兑有限制、美好、善良之象，合起来则是"遏恶扬善"；下乾为天为健行，互兑为命为美，故有"顺天休命"之象。

14.5 初九：无交害，匪咎，艰则无咎。

《象》曰：大有初九，无交害也。

【白话】

初九：没有交往伤害，没有过失，保持虔诚而艰苦的作风就不会有过失危害。

《象》说：位于《大有》卦的初位，所以没有交往危害。

【解读】

◎ 无交害，匪咎

交：本义为交叉、连接。"匪"通"非"。

人的各种欲望和邪念总是在与他人攀比和交往摩擦中产生的，人与人之间联系越紧密，各种摩擦和伤害越容易产生，特别是大家都很刚健躁动之时，所以说"无交害，匪咎"，没有交往就没有伤害。初九阳居刚而正位，代表刚健、亢奋的普通民众。在《大有》之时，民众能够做到安稳自处，不过多交往就不会有各种欲望和邪恶的想法，也不会被有心而邪恶之人所利用。

无交害：初九与九二、九四无比无应，无交无害。反言之，有交则有害，初九如变初六，与九二亲比，与九四正应，此为有交，则初六至六五组成大坎，坎为险为害。圣人以此警示，百姓刚健激进之时，要坚守正道，如能做到少与人交往，则能远离是非，就不会有什么过失危害。

老子曰："甘其食，美其服，安其居，乐其俗。邻国相望，鸡犬之声相闻，民至老死，不相往来。"

老子认为：百姓之间互相不交往、不联系，就可以让他们悠闲自处，远离是非，没有过多想法。

本爻爻义与老子的无为思想有异曲同工之妙，这是除《无妄》卦之外又一例老子的无为思想与《周易》思想密切相关的证据。

◎ 艰则无咎

《大有》之时，刚健而地位卑下者如能一直保持谨慎、诚敬和艰苦的作风自然就不会有过失危害，这是值得肯定和鼓励的。

14.6 九二：大车以载，有攸往，无咎。

《象》曰："大车以载"，积中不败也。

【白话】

九二：（能够）像大车一样负重而行。努力而有所作为，没有过失危害。

《象》说："（能够）像大车一样负重而行"，意思是说能够积聚、团结同心同志者又能坚守中道，所以不会失败。

【解读】

◎ 大车以载，有攸往，无咎

九二刚健居中且正应六五。刚健居中，说明有能力并且能够行为得当无偏差；上应六五，说明受到了六五君王的感化、赏识和重用。以大车为喻，说明九二能够有能力承担六五委以的重任，稳重可靠。

全卦卦象可以看作是牛拉着一辆大车：上离为牛，又像大车头部，离的两条阳爻像两个前进的车轮，下乾像运动的车厢，上离下乾像"离"拉着大车前行。九二为下乾之中爻，代表车体，六五为上离之中爻，代表车轴，九二正应六五，故取"大车以载"之象。

往：指向前行进。有攸往：意指按照目前的状态勇于前进，努力作为。

九二刚健上进又居于中道，是地方统治层的中坚力量，在《大有》之时，他们能够紧跟国家和君王的正确指引，维持各阶级的团结，负重前行在正确的大道之上，消除各种危害隐患，以维护国家安定。这样当然不会有过失和危害，值得肯定。

"往"为动为进，九二阳爻之性。"大有"之时，下五阳皆以性进从五为善，概不以是否当位论。

◎ 积中不败

"积"指积聚、团结之意。团结三阳而坚守中道为"积中"。既得到下乾同道的支持，又能得到君王的认可，还能坚守中道而行，这样当然不会失败了。

14.7 九三：公用亨于天子，小人弗克。

《象》曰："公用亨于天子"，小人害也。

【白话】

九三：公侯将自己的所有奉献给天子，小人就做不到这样。

《象》说："公侯将自己的所有奉献给天子"，小人则会贪婪而招致危害。

【解读】

◎ 公用亨于天子，小人弗克

九三以刚居阳而正位，为诸侯王公之位，所以称为"公"。天子为天下之尊，所谓"率土之滨，莫非王臣；普天之下，莫非王土"，公侯向上承奉天子，作为天子之臣，他哪里敢将财富据为己有呢？凡是土地、财富、人民都是君王所有，这是当时社会的君臣之道，所以九三在"大有"的敏感之时，拥有的财富和忠诚一定要奉献给天子，以消除君王的疑虑。如果是小人处在这个位置，就会把财富据为私有，做不到忠诚事君、公以奉上的道理，所以说"小人弗克"。

"小人"在此指心胸狭隘、贪婪自私的贵族统治者，非指品德低下的普通人。

◎ 小人害也

小人处于诸侯之位，则会贪图财富而违反君臣之道，结果必然会招致伤害，也会危及国家安全。如《讼》卦之上六："大君有命，开国承家，小人勿用。"所以君王对小人是不会封赏诸侯之位的。

九三变阴，则阴居刚而不正，故为"小人"；下乾变兑，兑为毁折，有伤害之意。另三至五变为互坎，坎为血卦，也有危害之意。故称"小人弗克""小人害也"。

占者在敏感之时更应尊敬上级，无私奉献，不可阴柔贪婪，否则必定招致灾害。

14.8 九四：匪其彭，无咎。

《象》曰："匪其彭，无咎"，明辨晢也。

【白话】

九四：（虽强健之盛）却能低调而不骄，没有过失、危害。

《象》说："低调、不自恃而骄，没有过失"，意思是非常明白自己所处的地位和形势而明智低调。

【解读】

◎ 匪其彭，无咎

"匪"通"非"。彭：古指连续不断的鼓声，后指气势很盛、骄傲自大的样子。"匪其彭"，不高调、不骄傲之意。

九四阳爻居阴位为不正，又近六五柔君之位，本是一个非常危险的位置，但《大有》之时，九四处上离卦，附丽于六五，所以内心明智，知道自己的一切都是依附于君王才能够保有，故能保持低调、谦虚不张扬，因此没有过失危害。

"无咎"是对九四顺应时势的行为的肯定。

◎ 明辨晳也

晳，明智的意思。

程颐曰："贤智之人，明辨物理，当其方盛，则知咎之将至，故能损抑，不敢至于满极也。"

14.9 六五：厥孚交如威如，吉。

《象》曰："厥孚交如"，信以发志也；"威如"之吉，易而无备也。

【白话】

六五：真诚地对待臣属，并获得臣属的至诚相待，同时又能施以威严，吉祥。

《象》说："真诚地对待臣属，并获得臣属的至诚相待"，是说君王的诚信待下足以启发在下拥戴的心志；"树立威信"带来成功，意为（这样治理国家）简单而不需要有什么防备。

【解读】

◎ 厥孚交如威如

厥：其。六五文明中顺而居尊位，正当《大有》的敏感时代，能够谦逊、英明地对待国家上下管理者，而大家同样以至诚之信事君。这就是"厥孚交如"之意，君臣诚信相交，无一毫之伪。

六五处上离之中虚，是能虚心谦逊而光明正大；正应九二，九二阳居乾中，是以诚实相应。

威如：指有威严的样子。六五谦虚而居于尊位，虽可以德服众，但在《大有》的特殊时期，同时不可失去威严，恩威并施，方为王道。

六五柔弱之君，正处《大有》敏感之时，如果只能柔顺地处在高位，刚健才盛而躁动的群臣就容易滋生轻慢之心，从而有欺君之患，所以必须要恩威并施，才能掌控全局。

◎ 易而无备

来知德曰：惟平易而不防备，则任贤勿贰，去邪勿疑，方可享无为之治矣。"威如"即"恭己"，"易而无备"即"无为"。（《周易集注》）

来先生认为，只要做到"厥孚交如威如"，那么国家治理起来就容易，而且也不需要担心下臣有异心，所以不需要防备，就可以像舜帝一样"恭己而正南面"，达到

"无为"的境界。

14.10 上九：自天佑之，吉无不利。

《象》曰：大有上吉，自天佑也。

【白话】

上九：来自上天护佑，称心如意而没有任何不利。

《象》说：《大有》卦的上爻吉，这是来自上天的护佑。

【解读】

◎ 自天佑之，吉无不利

上九以刚居阳，是对全卦作出的总结，亦即六五君王以谦逊之德，成功治理国家发展到最后的状态的描述。上九处上离之终、明智之极，上又为天位，富有而又英明之极，其所受福泽如上天赐佑，吉无不利。

上九说"自天佑之"，意思是说不是人主动求来的，而是因为他有明智之德自然而然地获得的福报。这一爻可以理解为六五君王以其谦逊、诚信待下，恩威并施以后而得到的结果。

上为天位，上九应六五，所以说"自天佑之"。

【总结与启示】

大有：有大，掌控国家大者。"大"在此指国家除君王之外的贵族统治者和军队统帅。

本卦是说国家经过《同人》之后，虽然解决了上下否塞、民心离散的困境，但同时经历"同人"之时战争的洗礼，国家各诸侯力量与气势强盛。在此敏感时期，英明的君王应该做到以其光明、谦逊之德，恩威并施，牢牢掌控国家力量、驾驭天下诸侯，消除安全隐患，这是国家正常发展的关键。初九至九四各爻代表不同位置、不同阶层的人，但无论哪个位置，在《大有》之时都应该做到低调、忠诚、奉献方能无咎。六五君王则应做到德化天下、恩威并施、遏恶扬善、顺天休命，方能"自天佑之，吉无不利"。

初九代表刚健而激进的百姓。《大有》之时不鼓励他们过多地与人交往，这样就不会有过失，圣人更强调保持艰苦的作风；九二刚健居中，正应六五，深受君王信任而委以重任。《大有》之时如大车载重前行，以帮助君王维护国家稳定；九三为忠诚正义的诸侯王公，应该并能够诚心将全部奉献给君王，阴柔小人则做不到；九四以刚健忠诚亲比六五君王，虽居高位而不自傲，故无咎；六五为谦逊君王，内刚外柔，恩威并施，吉祥如意；上九以阳居终，处离之极，总结全卦，是君王以其谦逊贤明之德，自始至终能享受上天赐予的厚福，没有任何不利。

《大有》卦可看作是圣人最早对帝王的驭人之术的思考与智慧，特别是国家还处于管理体系没有完全建立的不稳定阶段。古代君王管理国家是通过一干大臣和诸侯来执行的，再英明的君王如果没有忠诚的大臣辅助，国家也不可能治理得好。如何管理好这些大臣和天下诸侯，既能让他们人尽其才，又能忠君爱国，为国所用，这就需要君王有高超的驭人之术和强大的掌控天下的能力。

现代企业管理同样需要管理者有高明的驭人之术，使大家能够方向一致、齐心协力地完成企业管理目标，这其实就是现代的人力资源管理范畴。

谦卦第十五：谦让互助，和平稳固

谦卦　下艮上坤，地山谦

上六：鸣谦，利用行师，征邑国。
《象》曰："鸣谦"，志未得也；可用"行师""征邑国"也。

六五：不富以其邻，利用侵伐，无不利。
《象》曰："利用侵伐"，征不服也。

六四：无不利，撝谦。
《象》曰："无不利，撝谦"，不违则也。

九三：劳谦，君子有终，吉。
《象》曰："劳谦君子"，万民服也。

六二：鸣谦，贞吉。
《象》曰："鸣谦，贞吉"，中心得也。

初六：谦谦君子，用涉大川，吉。
《象》曰："谦谦君子"，卑以自牧也。

卦辞

谦，亨，君子有终。

15.1 卦名卦序

《序卦》曰：大有者不可以盈，故受之以谦。

【解读】

◎《说文解字》："谦，敬也，从言，兼声。"《玉篇·言部》："谦，轻也，让也。"故"谦"字可理解为敬让、谦让。

《谦》卦为卦下艮上坤，坤为大地，艮为山。山本是大地上高大之物，而卦象却是藏在地的下面，是高大者自甘卑下之象。

九三是全卦唯一的阳爻，是为全卦之主，代表诸侯之位。从卦象可知，代表诸侯的九三强大，代表中央王朝的上坤柔顺、包容。所以《谦》卦的本义是警示强大的诸侯要做到谦让卑下并忠于朝廷才有好的结果。

◎《序卦》显然是把上一卦"大有"理解为拥有广大之意，与我的理解不同，故其对卦序的理解也与本人不同。

上一卦为《大有》卦，说的是君王以其光明诚信及恩威并重的高尚品德掌控国家力量，消除安全隐患。《大有》之时，除六五君王以外都是阳爻，代表各阶级力量和气势都很强盛，而中央王朝的强大来源于各诸侯的贡献和拥护，如九三爻：公用亨于天子，小人弗克。"强盛的诸侯如没有谦让、卑下之德，则必定会欺压小邦、轻视王朝，威胁君王统治，所以《大有》之后，圣人立《谦》卦。圣人以此警示后世君王，在《大有》之后要加强对诸侯的管控，引导强大的诸侯谦让卑下而忠于朝廷，以使诸侯之间强弱平衡，社会公平和谐。

15.2 卦辞：谦，亨。君子有终。

【白话】

卦辞：谦虚敬让，（国家管理）才会通达顺利。（谦让而自甘卑下的）邦君会有好的结果。

【解读】

◎ 谦，亨

从上面卦象的解读可知：《谦》卦本义是要求强大的诸侯能做到自甘卑下、谦虚敬让、忠于朝廷并帮助弱小者，这样国家管理才会通达稳固。

引申到社会：一个人如果能做到自己富而不骄、强而不傲，自己有能力时能够真诚服务他人，为人谦逊，他又怎么能不亨通顺利呢？故《谦》有亨通之德。

◎ 君子有终

"有终"指有成就、有好的结果。对于本卦的九三而言，他能做到以高大而自甘卑下、谦虚敬让而忠于朝廷，则何患无终？"有终"来源于君王的信任、认可而得善终。

九三为全卦唯一的阳爻，为全卦之主，且爻辞与卦辞的"君子有终"相对应，所以"君子"指九三。九三为下艮之主，艮为止为终，故称"君子有终"。

15.3 《彖》曰："谦，亨"，天道下济而光明，地道卑而上行。天道亏盈而益谦，地道变盈而流谦，鬼神害盈而福谦，人道恶盈而好谦。谦尊而光，卑而不可逾，君子之终也。

【白话】

《彖传》说："谦虚，亨通顺利。"天的运行规律就是利用风雨雷电日夜四季等向下作用于大地而彰显光明，大地以它的低下包容而使万物得以向上发展。天道法则是减损满盈而增益谦虚；地道法则就是改变满盈而流注谦虚；鬼神法则就是损害满盈而福佑谦虚；人道法则就是厌恶满盈而喜好谦虚。谦虚受到尊重而彰显光明，虽自处卑下却不可逾越。这就是君子一定有善终之意。

【解读】

◎ 天道下济而光明，地道卑而上行

天虽然高居于上，但它却是依靠向下对大地影响和帮助才创造万物，因此才显现它的光明。天道的运行法则就是依靠太阳、月亮、寒暑、四季轮换以及风雨雷电等对大地进行影响、作用，才能使大地焕发生机、孕育生命，这才显现了上天的光明和伟大。而大地处于最卑下之处，并以它的博大宽厚、包容承载万物向上生长，所以大地才被喻为母亲，才显现它的博大。这是用天与地来说明，只有先甘居下，才被尊上的道理。

◎ 天道亏盈而益谦，地道变盈而流谦，鬼神害盈而福谦，人道恶盈而好谦

此四句"谦"字在自然界是指空虚、低下的属性，在人则是指自谦的品德。作者从天道、地道、鬼神、人道四个方面来说明"谦尊而光，卑而不可逾"的道理，以此解释"君子有终"。

15.4 《象》曰：地中有山，谦。君子以裒（póu）多益寡，称物平施。

【白话】

《象》说：坤地中有艮山，这就是谦的卦象。君王得以领悟：要减损多的增益少的，衡量事物的多与少而公平地施予。

【解读】

◎ 裒（póu）多益寡，称物平施

裒（póu）：减少，减损。称（chèn）：衡量、平衡。

山本高大却处于地的下面。山以其高大填补了地的虚空，因而成就了地的厚实与平整，这是以高补低之象。君子由此得到领悟：要减损富余而增益贫穷，以使社会公平，国家才会更加和平。这与卦象之"谦"义是一致的。

程颐曰："君子观谦之象，山而在地下，是高者下之，卑者上之，见抑高举下，损过益不及之义。以施于事，则裒取多者，增益寡者，称物之多寡，以均其施与，使得其平也。"（《伊川易传》）

从各爻来看，本处"君子"仍应特指君王，只有君王才有能力和责任使国家变得更加公平、和谐。

15.5 初六：谦谦君子，用涉大川，吉。

《象》曰："谦谦君子"，卑以自牧也。

【白话】

初六：因谦让而自甘柔顺卑下的君子，以其谦逊之德克难前行，一定会成功。

《象》说："因谦让而自甘卑下的君子"，是说以谦让而自甘卑下来约束自己。

【解读】

◎ 谦谦君子，用涉大川，吉

谦谦：谦而又谦，形容非常的谦卑敬让。

"谦谦君子"可理解为君子谦谦。"君子"在卦爻辞中通常指正直、刚健、高贵

的邦君或贵族统治者，《易》之通例一般多处在三位以上且多用阳爻代表。初六阴柔、卑下却称"君子"，其意为本处高位、刚健、高贵的君子能做到像初六一样柔顺、卑下。

用：利用、凭借之意。"用涉大川，吉"，承上一句，意为高贵而刚健者能够做到像初六一样谦顺、卑下，凭借这样的品德度险则何险不克？这与"利涉大川"不同。"利涉大川"常指在当时的形势之下应该或者必须要克服险难。

"涉大川"是主动克难前行之意，本是阳爻奋进之德，所以这里暗示初六会变初九。初六变初九，则上应六四，六四又处于互坎之外，坎为险，所以"用涉大川，吉"。圣人以此勉励占者，有谦谦之德是很好的，但更应该借此上进，克难前行，这样一定会成功。因为在《谦》卦的时代，谦让他人而自甘卑下者，只要想前进（思则能变，故取变象），就一定会得到帮助，也就能克服一切困难获得成功。

◎ 卑以自牧

"牧"，本意为放牛，引申为统治、管理。卑以自牧：谦虚而又能以自甘卑下来管理自己。

15.6 六二：鸣谦，贞吉。

《象》曰："鸣谦，贞吉"，中心得也。

【白话】

六二：响应刚健者的谦让，居中守正而得吉利。

《象》说："响应刚健者的谦让，居中守正而得吉利"，这是内心真诚地做到谦恭守中而所得到的。

【解读】

◎ 鸣谦，贞吉

"鸣"本意为鸟叫声，在此引申为宣扬、响应。其取象来源于九三为互震之主。震为雷为"善鸣马"，所以震有鸣象；六二上亲比于九三，是为响应九三之动。从九三的"劳谦"可知，九三之动是为国为民，以行动表现谦德。

六二以谦恭守中之德响应和谨守九三所倡导的谦让之风，其结果必定会得到九三的认可，社会的尊敬，所以"贞吉"。

◎ 中心得也

六二居中，又处坎体。"坎"为心病、为呕心、为坚多心，所以坎有"心"象；六二与九三亲比为"得"，所以"中心得也"。九三为坎之中爻，为有孚，所以六二亲比九三是内心真诚相比，不是勉强附和。

15.7 九三：劳谦，君子有终，吉。

《象》曰："劳谦君子"，万民服也。

【白话】

九三：为倡导谦德而操心、操劳，刚健敢为的君子因此有好的结果，吉祥如意。

《象》说："为谦而操劳的君子"，万众被他折服。

【解读】

◎ 劳谦，君子有终，吉

劳：会意字，始见于甲骨文，其金文字形之义为过度操心，心忧如焚。劳谦：为谦而劳，为了倡导和践行谦让之风而操心、操劳，是谦德之践行者。

三为诸侯之位，代表强大的地方统治者。九三以刚居阳，为下艮之主、下互坎之主、上互震之主，又是全卦之主，是强大而正义的诸侯，他能忠于帝王，忠诚地拥护和践行谦让之风，所以有好的结果和成就。

商周时期，中央王朝的强盛来源于诸侯的贡献和保护，强大的诸侯如没有谦让、卑下之德，则必定会欺压小邦、轻视王朝，成为国家安全的最大隐患，如春秋战国时期的诸侯争霸。所以《谦》卦本义说的是倡导强大的诸侯邦君应有谦卑之德，忠心为国家操劳，这样才有好的结果。九三为《谦》之主，是全卦卦义的体现，他能想君之所想、忧君之所忧，践行谦让之风，最终必定有好的结果，故称"劳谦，君子有终，吉"。其意与卦辞同。

九三为上互震之主，又为下互坎之主，震为动为"劳"，坎为加忧，是有劳心、操劳之象；九三亲比六二、六四，正应上六，是能平衡上下、体现谦让，故称"劳谦"。

九三为邦君，又为下艮之主，艮为终，故称"君子有终"。

15.8 六四：无不利，撝谦。

《象》曰："无不利，撝谦"，不违则也。

【白话】

六四：（其行为）没有任何不利的，他能做到以谦恭之德上事贤君、下安诸侯。

《象》说："（其行为）没有任何不利的，他能做到以谦恭之德上事贤君下安诸侯"，是说他的行为不违反任何礼仪法则。

【解读】

◎ 无不利，撝谦

"撝（huī）"，《说文解字》：裂也。《九字经》：同"挥"。程颐认为是"施为"之意。综合多家解释，又结合卦象看：六四以柔居阴而正位，为近君贤臣，又正处于九三与六五之间。亲比九三，是能代表君王感受和支持九三之"劳谦"，所以"撝"可以理解为在两者之间沟通、传达之意，也就是说，六四在九三与六五之间起到了桥梁和沟通的作用，其行为于君、于己、于九三都是有利的，故称"无不利"。

根据以上理解，"无不利，撝谦"可调整词序为"撝谦，无不利"。

15.9 六五：不富以其邻。利用侵伐，无不利。

《象》曰："利用侵伐"，征不服也。

【白话】

六五：不是依靠财富来亲近、团结大家。可使用武力打击强而不谦者，无往而不利。

《象》说："可使用武力打击强而不谦者"，这是征讨不肯臣服的人。

【解读】

◎ 不富以其邻

邻：本义指小村落中住在一起的住户相互关注、相互保护，此处应指亲近、关爱身边人。

不富以其邻：不依靠财富来吸引和团结邻居，言外之意是依靠内心的真诚、谦和、善良来亲近和友爱民众，民众更是从内心感动，真诚拥护。阳为富，阴为不富。

《谦》卦主要是鼓励和倡导强大而富有的诸侯能够主动谦让和帮助弱小，以使社会公平。六五为君王，其德谦逊，与其比应之爻都是阴爻，一方面六五君王能以其谦虚、柔逊、善良之德亲近、团结大家，使大家心悦诚服；另一方面，《谦》卦只有九三一爻为阳，其余爻为阴，说明国家只有诸侯强大、刚健，而中央统治阶层和君王相对柔弱，所以君王也只能以德服人，没有足够的力量威服四邦。"邻"指与六五相比和相应者。六五与六四、上六及六二都是同性且不比不应，阴爻为"不富"，故称"不富以其邻"。

"不富以其邻"另见于《泰》卦之六四爻，其意相同。

◎ 利用侵伐，无不利

侵：古人称武力掠财为"侵"，称武力占地为"略"。所以"侵"指用武力抢掠为富而不谦者之财。伐：指用"戈"砍人的脖子。"侵伐"在本卦是指用武力抢掠财富，镇压强硬势力，以平衡贫穷和弱小，使国家和社会更加平衡、和平。这是指君王使用武力的手段实现"哀多益寡、称物平施"的目的，使国家更加和平、稳定。

六五以柔居刚，本无侵伐之力，但居尊中之位，是知势而变，则六五变九五。六五变九五，九三与九五组成离，离为戈，故有侵伐之象，说明君王强硬之后得到九三的支持能够打击富强却不忠诚的诸侯。

六五君王先是"不富于其邻"，以其高尚、谦虚的品德亲近、团结忠诚谦虚者；后又"利用侵伐"，用武力征讨不遵守国家制度、不服从国家管理的诸侯之邦。这样一柔一刚的治理之道，使社会变得更加公平，国家统治才能更加稳固，以至"无不利"。

15.10 上六：鸣谦，利用行师，征邑国。

《象》曰："鸣谦"，志未得也。可用"行师"，"征邑国"也。

【白话】

上六：宣扬谦让之德，利用这种理由指挥军队，征伐强大而不忠不谦的诸侯之国。

《象》说："宣扬谦让之德"，（使社会完全公平）的理想不能完全实现。可以利用兴起军队，是说征讨诸侯之国。

【解读】

◎ 鸣谦，利用行师，征邑国

上爻位于卦之终、谦之极。《易》之通例：初爻代表民众，二爻为大夫之位，三爻为诸侯之位，四爻代表近君类似宰相之位，五爻为君王之位，而上爻无位。上爻通常在不同卦中至少有以下两种象征：

一是对全卦所作的总结，如《履》卦的上九：视履考详，其旋元吉。

二是代表君王在卦象所描述事情的发展趋势或最终结果，如《泰》《否》以及本卦等等。一个卦象发展的结果往往代表君王的五爻是关键，所以这种情况也总是与五爻有关，或者说就是五爻在卦时阶段发展到最后的结局或状态，如《乾》之上九、《坤》之上六及本爻等。

本爻应是指六五君王卦时之终的动态，他与九三正应是肯定、宣扬九三的"劳谦"之德，并借助宣扬谦让之德的理由和在九三的帮助下兴师讨伐强大而不服从的诸侯之国。

六二之"鸣谦"是指六二响应九三，因其地位低下、力量弱小，故是指其以谦恭、得中的高尚品德响应谦让之德；上六代表君王在卦时之终的发展状态，故上六之"鸣谦"是对九三"劳谦"行为的肯定、宣扬并在他的支持下以武力征讨不服之邦。

上六变上九，上九与九三组成大离卦，离为兵戈为战争，意为上九在九三的配合下发动战争；同时，上坤变艮，坤为邑国、艮为成，兴师征伐邑国而取得成功。

【总结与启示】

本卦本义是国家和人民开始富强之后，圣人教育后世君王要注意社会的财富和力量的平衡，最好的办法是使富强者谦让，以帮助贫穷弱小者，从而使社会更加平衡、和谐，就像用高大的山峰去填补大地中的空缺，以成就大地的厚实与平整。如有不服从者则需果断行师征伐，强力进行平衡。

初六代表高贵的君子能像平民百姓一样自甘卑下，以此度险则必获成功；六二既中且正，意志坚定地响应谦让者，守正如意；九三为强大和富有的诸侯邦君能够以身作则、谦虚敬让，并忠于君王而为国操心、操劳，在诸侯之中推行谦让之风，能得善终，结果吉利；六四支持九三，辅佐君王树立和发挥谦让之风，利人利己、利国利民；

六五先以真诚团结谦让之人，又九三的支持下用武力征讨不服从管理者，以使社会公平、国家稳固，结果无不利；上六指君王在最后宣扬九三的谦让之德并在他的大力支持下征讨强大却破坏和平安定的诸侯之国，加强国家内部管理。

谦虚是中华民族的传统美德，是强者应该具备的态度和品德。谦虚之所以受到尊崇，就因为它是做人的美德及事业成功的法宝，但是，在现实生活中，谦虚也并非想做就能做到。那么如何做一个谦虚的人，才能给人留下一个良好的印象呢？

谦虚的"谦"字讲究谦让，当然，谦让也是有条件的，还是互相的，只有身旁都是谦谦君子，大家也不为衣食而忧，谦才能够让人脱颖而出。

谦虚是真正地基于对别人的欣赏，而不是因为怜悯。要明白谦虚是对自己负责，不是对别人负责。

谦虚应该是收敛的、不外露的一种品格。不是做给别人看，而是增强自己能力的方式。

谦虚是自己学习的方式，而不是行为处事的准则。比如需要竞争的时候，这项工作需要一个有能力的人完成，这个时候如果自己可以，就不要谦虚地退出，而是要去争取；在自己实力可以做到的时候，不要谦虚地推脱，而是据理力争。在自己工作之余，虚心学习更多的知识丰富自己，在工作的时候，尽力展示自己所学所想。

豫卦第十六：雷出地奋，豫应知忧

豫卦　下坤上震，雷地豫

上六：冥豫成，有渝无咎。
《象》曰："冥豫"在上，何可长也。

六五：贞疾，恒不死。
《象》曰：六五"贞疾"，乘刚也。"恒不死"，中未亡也。

九四：由豫，大有得。勿疑，朋盍簪。
《象》曰："由豫，大有得"，志大行也。

六三：盱豫，悔迟有悔。
《象》曰："盱豫""有悔"，位不当也。

六二：介于石，不终日，贞吉。
《象》曰："不终日，贞吉"，以中正也。

初六：鸣豫，凶。
《象》曰：初六"鸣豫"，志穷凶也。

卦辞

豫，利建侯行师。

16.1 卦名卦序

《序卦》曰：有大而能谦，必豫，故受之以豫。

【解读】

◎《豫》卦，帛书《易》作"餘（余）"。餘，《说文》："饶也"，丰足、宽裕之意。"豫"字的最早的本义是什么？甲骨文、金文都找不到记录。

《说文解字》："豫，象之大者。贾侍中说：不害于物。"段玉裁注："象之大者。此豫之本义，故其字从象也。引伸之，凡大皆称豫。……大必宽裕，故先事而备谓之豫，宽裕之意也。宽大则乐，故《释诂》曰：'豫，乐也。'……故宽大舒缓之义取此字。"

从段玉裁对《说文解字》的注解可知，"豫"原指大象，后引申为宽大、舒缓、愉悦之意。

因《周易》成书很早，特别是六十四卦，一般认为是中国成书最早的古代经典，所以从《周易》的卦象卦德上往往能反映卦名文字的最原始的本义。因此，下面试着从卦象上来分析卦义：

《豫》卦为卦下坤上震，惊雷响彻在大地之上之象。"雷"是一种自然现象，《说文解字》：雷，阴阳薄动雷雨，生物者也。《礼记·月令》："仲春，雷乃发声。仲秋，雷始收声。"所以雷一般发生在春，夏两季，一年最早的雷一般发生在惊蛰前后，表示冬天过去，万物复苏。春雷响起，万物惊醒而开始焕发生机，这就是"雷出地奋"的意思。故从卦象来看，"豫"可理解为：雷声轰鸣，万物振奋而愉悦。

从自然现象来看，雷出地奋，万物复苏，应是充满生机、利于发展的好现象，但看爻象，只有六二爻居中正位而为"贞吉"，九四为唯一的阳爻却不正位，初、三、五爻也都不正位，且其辞义多出现了"凶""悔""疾"等词，说明存在危险或隐忧。为什么会这样呢？

《易》以天道喻人道，从爻象引申分析国家管理状态：九四爻为雷之主，代表近君的重臣且权势正盛，而六五君王柔弱，其他爻位也都阴柔，这说明权臣强势而不正，诸侯和君王柔弱失位。

从自然而言：万物创生、生长本是天地之功，天地顺其自然，虽功而不居，但却不去，"雷"只是作为天道的使者起到振奋万物、传达信息的作用。再引申到国家管理：九四强势，百姓顺从，但他也只能是帮助君王管理国家的辅臣，如果臣民因此只知顺从九四而不知有君，则君王会威严丧失，权力旁落，国家治理因此有失控的危险，或者君王很容易陷入贪图享乐、不理国事、荒废朝政的境地。这对一个有为的君王来说是危险的，是应该引起警惕的。

综上，从卦象推断，豫卦之"豫"本义可能是：管理偏离正道人们却放松警惕、内心宽裕而愉悦。

◎ 上上一卦为《大有》卦，说的是正值国家上下强盛而亢奋，君王应以其柔顺诚信及恩威并重之德掌控国家上下的力量，以消除安全隐患；上一卦《谦》卦说的是各诸侯强大富有之后还应该谦虚敬让和忠于君王，以使社会更加平衡安稳。国家富有，人民谦让，诸侯管理的隐患也消除，则国家、社会进入一种和平、安详的繁荣时期，君王于是放松警惕，开始享乐，国家的管理重任落在权臣身上。权臣顺势当道，民众顺从，社会于是兴起愉悦与享乐的不正之风。所以《谦》卦之后圣人立《豫》卦。

《谦》卦是五阴爻九三一阳爻，《豫》卦则是五阴爻九四一阳爻，九三代表强盛的诸侯，九四则代表强势的重臣。如果《谦》卦是圣人警示后世君王要注意防范诸侯邦国过于强盛，要设法使之低调、谦让和力量的平衡，那么《豫》卦则警示后世君王还要注意朝廷中重臣的过于强势和专权，避免君王因此放松警惕、失去威信，或是沉湎于享乐而荒废国政。

16.2 卦辞：豫，利建侯行师。

【白话】

卦辞：惊雷使大地振奋，适宜以律法规范诸侯，加强军队管理。

【解读】

◎ 豫，利建侯行师

"利建侯"一词在《屯》卦卦辞和初九爻辞曾有出现，其意为：应该封邦建侯，以保卫国家安全。"建侯"在周朝时的主要目的既为封赏有功之臣，更重要的是保卫国家安全，预防和抗击外来的侵犯和危害。根据卦象分析，本处的"建侯"应与"行师"联起来作为一个词来理解，即"建侯行师"，故与《屯》卦之"利建侯"之义有所区别。《豫》卦之时，国家治理已进入较为成熟的阶段，封邦建侯工作早已完成，如再强调封邦建侯以保障国家不被外敌入侵已没有意义，故此处应另有他意。

《说文解字》：建，立朝律也。从聿，从廴。"立朝律"指建立朝廷法律，即加强朝政管理之意。故"建侯"应是指制定律法加强对诸侯的约束与管理之意，"行师"则应理解为加强军队的指挥和管理。"建侯行师"，意为加强对诸侯和军队的约束与管理。

从上面对卦象分析可知：《豫》之时，臣强君弱，权臣专政，君权有旁落的危险，国家安全出现巨大隐患。圣人警示：《豫》之时，要强化政权控制，外要加强对诸侯的管理，内要加强对军队的掌控，这是国家稳定的根基，这样即使辅臣再强悍能干也可确保君权稳固、国家安全。故称"利建侯行师"。

16.3 《彖》曰："豫"，刚应而志行，顺以动，豫；"豫"，顺以动，故天地如之，而况"建侯行师"乎？天地以顺动，故日月不过，而四时不忒。圣人以顺动，则刑罚清而民服。豫之时义大矣哉！

【白话】

《彖传》说：《豫》卦，九四刚爻得到群阴相应，志向得以实现，群阴顺应他的行动而动，这就是豫的卦象。《豫》之时，顺应行动，本来天与地的运行都是顺应这个客观规律，更何况是建国封侯行军征战呢？天与地都是顺应一定的客观规律而运动，所以日月运动从不失去规律，四季的更替不会出现差错。圣人依据规律行动，则其施用刑罚清明而百姓服从。《豫》卦所蕴含的时势意义真是伟大啊！

【解读】

◎ 九四为上震之主，故为震动之源，又为全卦唯一的阳爻，所以又是全卦的卦主。为卦下坤为顺，上震为动，所以说"顺以动"。

◎《彖传》是从春雷响起，万物顺应而动这样一个自然规律引申出自然界天地之间依据规律行动；古代圣明的君王效法天地规律而制定刑罚，民众无不顺服的道理。这样引申开来，以显示《豫》卦的意义包含广大，所以说"豫之时义大矣哉"。

需要说明的是：根据象辞上下文，"建侯行师"在此解释为建国封侯和行军征战，与我对卦辞中的理解不同。

16.4 《象》曰：雷出地奋，豫。先王以作乐崇德，殷荐之上帝，以配祖考。

【白话】

《象》说：春雷响起，大地万物振奋，这就是《豫》卦的卦象。古代君王因此受到启发：制作音乐来推崇道德，隆重地向上帝献祭，并让祖先的神灵配合共享。

【解读】

◎ 先王以作乐崇德，殷荐之上帝，以配祖考

奋：兴奋响应的意思。作乐：制作乐章。殷：丰盛、盛大，古代礼仪方面有"殷奠"之说，即盛大的祭奠。

雷声是上天发出的音乐，并且彰显天地之功，其对万物来说意义非凡，它既有振奋万物、催发生长之品德，又有威慑众生、以使顺从之诚敬。先王从中受到启发，于是就效法自然的声音而制作音乐，以崇尚品行、威慑众生、祭祀上帝和祖先。这样有利于使百姓和各级官员培养敬畏之心，防止出现不利于统治的反对力量。

商末周初，周公制礼作乐，为周朝的统治者制定了一套完整礼乐制度用于管理国家，并经以后的统治者不断完善，逐渐形成了我国封建社会完整而系统的国家管理体系。《周易》卦象中深藏着国家治理体系思想的起源与发展，《履》卦、《豫》卦反映的正是制礼作乐的来源和目的，《师》卦反映的是军队的建设，《噬嗑》卦反映的是国家法制建设，《蒙》卦反映的是对君王的启蒙教育，《贲》和《剥》则反映的国家法制应用与百姓管理，《颐》卦说的则是与国家税赋管理有关，等等。由此不难发现，从治理国家的角度看，《周易》不愧是周文王为后世君王留下的一部治国理政的旷世经典。

本卦《大象》辞则是圣人从春雷以其气势磅礴的响声惊醒万物的自然特点来引申和发挥的，而非像他卦一样从卦象卦义来提炼出对君王的治国启发和警示。本卦本义是从雷出地奋引申、警示后世君王要警惕权臣过于强势而带来的隐患，而周公正是当时摄政的权臣，《大象》辞可能正是周公所作，故有此避讳。

16.5 初六：鸣豫，凶。

《象》曰：初六"鸣豫"，志穷凶也。

【白话】

初六：响应愉悦，结局凶险。

《象》曰：初六"响应愉悦"，是说他的志愿穷尽而没有好的结果。

【解读】

◎ 鸣豫，凶

鸣：感应或响应，《易》之通例多发生在阴阳相比或相应两爻之间。如《谦卦》的六二"鸣谦"，是指六二响应九三；而上六的"鸣谦"则是发生在九三与上六正应之间；《中孚》之九二"鸣鹤在阴，其子和之"，感应似乎是发生在九二与九五之间，实则是九二变为六二才与九五发生感应。

初六与九四正应，九四为豫之主，所以"鸣豫"显然是指初六响应九四所带来的《豫》。那为何结果为"凶"呢？这是因为：初六以柔居刚本不正，且九四之《豫》是以不正之道而使大家宽松愉悦，初六以不正之性去响应，享受非正道带来的愉悦，其响应的是不正之风，助长了不正之气，故结果必然不好。这种非正常之《豫》是国家稳固的潜在隐患，必定很快会得到纠正，就如《象》辞所言"志穷凶也"，他的这种不正之志很快就会走到尽头。

初六正应九四，九四为上互坎之主，坎为险，故初六有"凶"。可见初六之"凶"是追随、响应九四而带来的。

16.6 六二：介于石。不终日。贞吉。

《象》曰："不终日。贞吉"，以中正也。

【白话】

六二：其意志、操守像巨石一样坚定而不被影响。（这种不正之《豫》）不日将会很快终结，坚守中正而得偿所愿。

《象》说："不日将会很快终结，坚持守正而得偿所愿"，这是因为他行为端庄而守中。

【解读】

◎ 介于石

介：从其甲骨文字形看，好像是人身上穿着铠甲，所以其本义为"铠甲"，即防身的战衣，从而引申出"分界""隔离"之意。

六二是下卦中唯一正位的爻，又居中位，他身边的初与三都不正，所以六二因得正居中而不被身边不正之风所影响，且上无应，也不会受上卦影响故不言《豫》。圣人以"介于石"来形容他的意志坚定，像坚硬的石头般不随波逐流，不受不正之风所侵。

六二处下互艮中，艮为石，故取"石"象。

◎ 不终日，贞吉

"不终日"应为"不日终"，即不需一日的时间将会很快终结。这既反映了事情的发展规律，也体现中正的六二所坚持的信念和对君王拨乱反正的信心，如此坚持下去当然终将成功，是为"贞吉"。

"不终日"传统理解为"不能坚持一整天"，意为没有恒心，容易改变。这样的理解与"介于石""贞吉"等相对立，与本义就正好相反了，显然是不准确的。

16.7 六三：盱豫，悔迟有悔。

《象》曰："盱豫""有悔"，位不当也。

【白话】

六三：仰视、向往愉悦，内心有悔而迟疑，又生悔恨。

《象》说："仰视、向往愉悦""又生悔恨"，是因为德不称位。

【解读】

◎ 盱豫

"盱（xū）"，《说文解字》：张目也。程颐说：盱，上视也。《释文》：盱，香于反，睢（suī）盱也。向秀说：睢盱，小人喜悦之貌。

综上，"盱豫"可理解为：喜悦佞媚地仰视（九四）。六三不中不正，上比豫主九四，所以有小人向往、佞媚在上者之象。九四为下互艮之主，艮为祭祀为崇拜为敬仰，六三不正而亲比九四，故有佞媚地仰视九四之象，是为"盱豫"。

◎ 悔迟有悔

王弼曰：履非其位，承"动豫"之主，若其睢盱而豫，悔亦至焉。迟而不从，豫之所疾，进退离悔，位不当也。

来知德曰：四为豫之主，六三阴柔，不中不正而近于四，上视于四而下溺于豫，宜有悔者也，故有此象。而其占为事当速悔，若悔之迟，则过而不改，是谓过矣。此圣人为占者开迁善之门，而勉之以速改也。

两位先贤都把"迟"字解为拖延、延迟之意。下面再来分析"迟"字的古义。

迟，甲骨文 =（彳，行进）+（尼），金文 =（辵，行进）+（尸，人）+（辛，施刑），一般认为字形表示是被押往行刑地的犯人步履缓慢。《说文》：迟，徐行也。可见"迟"之本义为缓慢而不情愿地行动。

六三柔居刚而不正，亲比九四，知道自己亲近于当道权臣有失正义而心中有迟疑，但因居位不正、生性柔弱而佞媚，沉沦其中，最终有悔是必然的。卦辞警示君王要"利建侯行师"，六三正是诸侯之位，在九四强臣统治之下，六三本想忠于君王改变目前的状态，但又阴柔不正，且迫于九四强势而只能亲附于上，最终悔恨不已。

六三亲比九四在上互坎之中，坎为加忧为悔，故六三不变有悔；如六三变为九三，则与九四同性不比反斥，九三低于九四，与之相斥不敌而有悔；另，二到五组成大坎，九三与九四都为坎之主，坎为加忧为悔，六三变也有悔。又：六三变九三，二三四为互巽，巽为进退，所以也有迟疑、犹豫之象。

综上，六三不变有悔，变亦有悔，无所适从、矛盾不安，是故"悔迟有悔"。六三的这种进退有悔的状态是由他所处的位置及当时的形势所决定的。

16.8 九四：由豫，大有得。勿疑，朋盍簪。

《象》曰："由豫，大有得"，志大行也。

【白话】

九四：愉悦结果的制造者，得以掌控一切管理者。不要有任何疑虑，朋党会像簪子束发一样前来齐聚。

《象》说："愉悦结果的制造者，得以掌控一切管理者"，他的志向得以完全实现。

【解读】

◎ 由豫，大有得

由豫：指全社会沉湎在不正之《豫》的结果是由九四所兴起的。从卦象来看，下顺上动，动为主而顺为从，九四为上震之主，又为全卦唯一阳爻，是《豫》所发之枢机、不正之《豫》的源头。

大有得，"大有"与《大有》卦之"大有"之意同，即"有大"，掌控一切管理者。得：收获。"大有得"应为"得有大"，得到掌控一切贵族管理者的收获。

九四以刚居柔而不正，为近君的辅国之臣，不仅民众悦顺、诸侯献媚，就连六五柔巽之君都依赖于他，所以说"由豫，大有得"。

◎ 勿疑，朋盍簪

朋：志趣相投者，于正道的君子而言是志同道合者，于不正之徒而言则指臭味相投者。"盍"同"合"。簪：古时用来别住头发的一种饰物。盍簪：指用簪子将头发束在一起，引申为用手段使人群聚拢在一起，应是贬非褒。

九四从正道来看是以违反正道礼制的方式掌控国家上下，使大家沉湎于享乐，于国为权臣当政，于九四自身而言则是大得志也。

16.9 六五：贞疾，恒不死。

《象》曰：六五"贞疾"，乘刚也；"恒不死"，中未亡也。

【白话】

六五：长此以往则有疾患，以致无法主持朝政。

《象》说：六五的"贞疾"，是因为驾乘在刚健之上；"恒不死"，是说居于中道还没有失去王位。

【解读】

◎ 贞疾，恒不死

"贞"在此指坚持、维持之意，即长久维持这种臣强君弱的状态。疾，《说文》"病也"，甲骨文为身体一侧中箭，后引申为疾病。由此可见，这种疾患是外来的，来自九四权臣的过于强势与能干而使柔弱的君王不能自主，是一种病态的治理。九四虽不正，但强健能干，权高盖主，以致柔弱的君王不能主政。

死，先儒们都训为"死亡"。"恒不死"就理解成"对于君王来说，权虽失，但位不亡"之意。"死"在西周时期通常作为"尸"的通假，而"尸"与"尸位素餐"的"尸"同，即主持之意，所以"恒不死"同"恒不尸"，意为"长期不能主持朝政"。这是圣人在警示君王，如果这种局面长期下去将会使自己无法主持朝政，非常危险。

九四为坎中，而坎有"矢"之象，如《噬嗑》卦的九四"噬干胏，得金矢"。九四亲比六五，是九四之矢影响六五，故"贞疾"。

16.10 上六：冥豫成，有渝无咎。

《象》曰："冥豫"在上，何可长也。

【白话】

上六：在不知不觉中这种不正之豫的状态已经形成，及时改变，没有危害。

《象》说："冥豫"在最上位，这样怎么可以长久下去呢？

【解读】

◎ 冥豫成，有渝无咎

冥：昏暗、昏庸，在此指潜移默化、不知不觉之意。成：甲骨文 ⚔ = 戉（大刀，战具）+ 口（城邑），戉在城上，表示武力征服。上六以阴柔居豫之极、卦之终，所以有被昏庸愉悦所征服之象。

渝：改变。凡事极则变，上六变则上卦为离，离为光明之象。这个离也是由震的九四组成的，九四虽不正，但强健能干，如果君王最后能及时改变，则会利用九四的能干而成就光明，所以最终没有什么危害。

上六《豫》卦之终，总结全卦并警示后世君王：重臣当权、掌控朝政的这种现象总是在不知不觉中形成的，所以要求君王勤于朝政、不可懈怠，并要提高警惕，如果发现就要及时纠正，这样就不会有什么大的危害。

【总结与启示】

本卦的"豫"取象于下坤上震，卦德为顺而动。这是大家都很容易看到的，但豫的"逸乐"之意是如何体现的，初读此卦时确实令人费解。

九四为上雷之主且为全卦之主，雷出地奋，春雷震惊百里又使万物顺从。从自然而言，万物生长本是天道之功，但天道自然无为，功而不居，而雷声轰鸣，引发万物振奋而愉悦，雷居其功。引申到国家治理，九四为近君重臣，虽不正但以其强健摄政，君王疏于朝政而沉于享乐，社会兴起贪图享乐的不正之风。按此思路理解，则全卦可通。

初六卑下而不正者，响应九四不正之豫，助长不正之风，结果凶险；六二坚守中正之意志硬如坚石，坚信不正之风很快终将，最终吉利；六三处高位而不正者，献媚、向往于九四之豫，心中虽有迟疑但仍沉湎其中，矛盾不安，终有悔恨，是为危惧之地；九四为全卦之主，不正且强，使社会兴起沉湎于享乐的不正之风，掌控国家上下而志得意满；六五柔弱之君，受制于不正而强健之臣，长期无法主政；上六总结全卦并垂诫：重臣掌权总是在不知不觉中形成，君王如果能及时、明智地改变则可借以成就光明而没有过失。

《豫》卦本义是圣人警示君王对于国家管理要防止大权旁落，但从企业管理来看，适度放权其实非常重要，特别是企业规模做大以后。当然，放权不等于放任，要合理放权、科学放权，要在企业科学的管理体系下适当放权，这样才不至于"一管就死，一放就乱"。

随卦第十七：紧跟上级，德善相随

随卦　下震上兑，泽雷随

上六：拘系之，从而维之。王用亨于西山。
《象》曰："拘系之"，上穷也。

九五：孚于嘉，吉。
《象》曰："孚于嘉，吉"，位正中也。

九四：随有获，贞凶。有孚在道，以明何咎。
《象》曰："随有获"，其义凶也；"有孚在道"，明功也。

六三：系丈夫，失小子，随有求得，利居贞。
《象》曰："系丈夫"，志舍下也。

六二：系小子，失丈夫。
《象》曰："系小子"，弗兼与也。

初九：官有渝，贞吉。出门交有功。
《象》曰："官有渝"，从正吉也；"出门交有功"，不失也。

卦辞

随，元亨利贞，无咎。

17.1 卦名卦序

《序卦》曰：豫必有随，故受之以随。

【解读】

◎随：跟随。"随"字古义与现在常用义基本没有变化，《说文》："随，从也。"

《随》卦为卦下震上兑，上兑为泽，下震为雷为蕃鲜。在本卦中，上兑为泽，则下震不可取"雷"象，因为根据自然规律，"雷"不可能出现在泽水之下，故应取"蕃鲜"象。泽水下的蕃鲜即为水草，泽水中的水草会随着泽水的波浪摆动，故称"随"。

又，下为震为动，上为兑为悦为羊为美、善。下与上连起来就是动而向善、向善而动、以美善引领行动等之意，所以，"随"可理解为"紧随美善"。

◎《序卦传》说：安逸享乐则必有跟随，所以《豫》卦后面是《随》卦。《序卦传》解说较为牵强，下面从卦义来分析卦序逻辑：

上一卦为《豫》，本义说的是权臣专政，国家上下宽松而悦，沉湎于享乐。对于君王而言，《豫》之时民心离散的风险很大，圣人在六五、上六两爻也已警示，要改变这种状态才不至于造成危害。那么，怎样改变这种局面呢？《随》卦回答了这个问题，那就是君王要用美善的德风去影响大家，就像泽水中的波浪控制水草一样使大家紧紧追随而彰显君威君德，所以《豫》卦之后圣人设《随》卦。

17.2 卦辞：随，元亨利贞，无咎。

【白话】

卦辞：用美善引领民众追随，这是国家顺利发展的根本，适宜坚持守正，没有过失危害。

【解读】

◎ 元亨利贞，无咎

本卦又出现了"元亨利贞"四字，说明本卦对于国家的顺利发展非常关键。为什么会这样呢？结合上一卦来分析：从《大有》《谦》两卦来看，国家正处于安定、繁荣之时，君王以伟大而光明的品德掌控国家上下，并在强大而忠诚的诸侯支持下，引导和鼓励所有诸侯和广大人民树立谦虚敬让之风，使国家更加公平和谐，以稳固统治。然而，发展到《豫》卦时君王安于享乐，国家大权旁落，国家上下兴起了一种沉湎享乐、不思进取的不正之风。这种状况如不及时改变和扭转将会非常危险！《随》卦正是圣人针对这种局面所给出的解决办法，即重新在社会上下树立起美善的德风，重建道德观和价值观，以使人民紧紧追随，这样就可重获民心，避免危害。所以《随》卦非常关键，如果没有《随》卦，国家将可能在权臣的治理下使君王慢慢失去人民的拥戴，君王的统治会有严重危险，国家终将出现混乱。

在《豫》之后，让人民追随正道是国家发展通达的根本。君王坚守其美善之德，使臣下遵奉君令，人民遵从道义，后生尊重长者，这样又怎么会不顺利、不亨通呢？美德的培养贵在坚持和守正，如果能一直坚持下去又怎么会有过失和危险？这种行为当然是值得推崇和肯定的，所以说"随，元亨利贞、无咎"。

17.3 《彖》曰：随，刚来而下柔，动而说，随。大亨贞无咎，而天下随时。随时之义大矣哉！

【白话】

《彖传》说：《随》卦，刚爻来到下卦而居于阴爻之下，动而愉悦，这就是《随》卦的卦象。大为亨通而坚持守正，没有过失危害，天下万物都会随着时势而运行。《随》卦所蕴含的时势意义真是伟大啊！

【解读】

◎ 彖辞作者认为《随》卦是由否卦的上九来到初位，而初六向上到上六变来的，所以为"刚来而下柔"。卦变理论自古以来多有争议，很难说得清楚，本人也不认可这种说法。这句话从义理上分析：《易》之通例是阳贵阴卑，所以阳爻本是在上，阴爻本是在下的，而现在阳爻来到初位，是贵者甘居下位，所以民众愿意追随。

程颐曰："君子之道，随时而动，从宜适变，不可为典要，非造道之深、知几能权者，不能与于此也。故赞之曰：'随时之义大矣哉！'凡赞之者，欲人知其义之大，玩而识之也。"（《伊川易传》）

以上为程颐对象辞的解读，供读者参考。

17.4 《象》曰：泽中有雷，随。君子以向晦入宴息。

【白话】

《象》说：泽水中有雷，这就是《随》卦卦象。君王得以领悟：（以美德使人民追随）就像到了傍晚人就要回家吃饭休息（那样自然）。

【解读】

◎ 向晦入宴息

入：进入，归家之意。

日出而作，日落而息，这是人们自古以来的生活习惯，也是自然的规律，没有谁能改变得了。圣人以此为喻，希望后世君王从中得到启发，能够像太阳一样光辉普照，并用美善之德去感化人民，使人民形成追随君王的习惯，就像追随太阳日出而作、日落而息一样自然。

《随》之为卦，下震上兑，下互艮为山，上互巽为入，初九至九四组成大离，离为日，离错入兑和艮中，全卦有太阳落入西边大山之中之象。

17.5 初九：官有渝，贞吉。出门交有功。

《象》曰："官有渝"，从正吉也；"出门交有功"，不失也。

【白话】

初九：官长发生什么改变，（只要）坚守正道（而不妄动）就有好的结果。走出家门交往会有收获。

《象》说："官长发生什么改变"，是说跟从正者就能吉利；"走出家门交往会有收获"，是说这样行为就不会有过失。

【解读】

◎ 官有渝，贞吉

官：甲骨文为 𠇷，其结构＝（宀，房屋）＋（兵符、权印），表示放兵符的房屋。造字本义：藏有朝廷所授权印的军政要地、政府。（"甲骨文研究网"）

官有：楚书易作"官又"，帛本作"官或"。渝：本义指水变污，后引申改变、违背。官有渝：指官长变得有违正义。贞吉：坚守正义本分则吉利，"贞"坚持自己的原则。这句辞意思是：如果感受到官长行为发生改变而偏离正义，（只要）自己坚守正义本分就有好的结果。

初九亲比六二、不应九四，九四为近君重臣，代表政府，即为"官"。四位当位爻为阴爻，阴爻本与正位的初九正应，现为阳爻，则是改变了自己的正义行为，即为"渝"。初九以刚居阳而正位，不与九四正应而坚守自己的刚正本分，会有好的结果，故称"官有渝，贞吉"。这是指初九与九四的关系。

初九虽为初爻，但为下震之主，是下卦行动的主导者，故此卦初九不可简单地视为普通民众，应视为对百姓有影响力、号召力的正义者。他在《随》时之初能够做到坚持自己的正确原则而不盲从失位的九四，哪怕他是居于高位的"官"。这与《豫》之初六爻的行为形成了鲜明对比。

◎ 出门交有功

交：相交、相随。有功：有成就。

出门：走出家门。走出家门能够相遇相交者多为离己较近的人，故"出门交"的对象应为六二。

初九亲比六二，六二既正且中，与既正且中的六二相交才会有成就。初九为始交，在二三四爻组成的互艮之外，艮为门，故有此取象。

这是鼓励占者走出家门与身边的正义之士相交相随，而不是迷信和盲从于不正的政府官员，这样才能有所成就。这句说的则是初九与六二的关系。

17.6 六二：系小子，失丈夫。

《象》曰："系小子"，弗兼与也。

【白话】

六二：（选择）追随小子，放弃追随大人。

《象》说："（选择）追随小子"，意思是说追随不能上下兼顾。

【解读】

◎ 系小子，失丈夫

系：紧紧追随，犹如牵系。

六二以柔居阴，又处中位，既正且中，其行为是最为适宜中正的，故爻辞"系小子，失丈夫"应是正当的选择、适宜的行为。按照这样的思路分析爻象：六二亲比初九，不能亲比六三，因初九在位于六二之下，故称"小子"。初九为下震之主，虽地位低下，但却是在民众中有影响力、号召力的正义之士，所以既中且正的六二能够被吸引而系。"丈夫"指的是六三，一则六三以柔居刚而不正；二则六三虽处诸侯邦君之位，但却德不配位，没有能力承担重任，是不可追随的大人。故六二才会"系小子，失丈夫"。

大多数的解《易》作品基本都认为"丈夫"指的是九五。我以为九五为国君之位，且与六二正应，既中且正的六二不可能放弃正应刚正的九五，或者说不可能有违背君王的行为，所以"丈夫"不是指九五。至于为什么爻辞没有说明六二是否正应九五，那是因为从爻象来看，《随》时人民所追随的只能是自己身边最直接的影响者，这样层层追随，就好像卦象所描绘的泽中水草总是随着身边的波浪摆动，层层传送一样，所以既中且正的六二在行动上跟随正义之士。

需要注意的是：在解读初九爻时，他相交相随的是六二，这时六二代表的是值得初九相随的中正之士，而在本爻，六二反过来又追随初九，这时初九又代表对六二有影响的正义之士，因初九为下震之主。他们互相追随、影响，就像波浪与水草，既是水草随着波浪摆动，又像是水草在引导波浪而动。

17.7 六三：系丈夫，失小子，随有求得。利居贞。

《象》曰："系丈夫"，志舍下也。

【白话】

六三：追随大人，舍弃小子，盲从权威的追随而追求利益。应该坚守正道。

《象》说："追随丈夫"，是说心愿就是舍弃下位而追随上位。

【解读】

◎ 系丈夫，失小子，随有求得

从上爻解读可知，《随》是指追随身边的影响者，所以本爻"丈夫"指九四，"小子"指六二。六三亲比九四，与六二同性不亲，故称"系丈夫，失小子"。

六三虽是诸侯之位，但以柔居刚而不正，其亲比不正的九四，不是追随正道，而是盲从权威，故圣人诫之"利居贞"。

随有求得：有私欲目的的盲从权威的追随得到了满足。六三本阴柔不正，故带着私欲追随不正的九四，并达到了目的，有了收获。六三为上互巽之主，巽为"近利市三倍"为财富，六三亲比九四，故有追求财富、权利之象。

◎ 利居贞

利居贞：应该坚守正道。这是对六三行为的警示和告诫，说明六三的追随行为不正。在《随》之时，六三追随九四本没有错，因为他没有其他的选择，错的是自己柔弱不正，且九四又不正，这种追随是盲从权威、是带有不正之私利目的的，所以圣人提出警示。

17.8 九四：随有获，贞凶。有孚在道，以明何咎。

《象》曰："随有获"其义凶也；"有孚在道"，明功也。

【白话】

九四：倡导追随之时追求个人收获，如此固持有凶险。内心真诚有信地坚守为臣之道，（如果）这样明哲守道哪里还会有什么过失危害呢？

《象》说："倡导追随之时追求个人收获"，理当有凶险；"内心真诚有信坚守臣道"，是说明哲处之的功效。

【解读】

◎ 随有获，贞凶

获：本义为猎人获得猎物，引申为个人为满足私欲追求收获。九四以刚居柔而不正，近刚中之君，本是危惧之地，在《随》之时，得六三之追随本是受君王所托，职责所在，当功归君王、利在国家，现却心存私念，居上谋私，则是为臣之大忌，如不及时悔改，必定有凶险。"贞"坚守不变的意思，九四以刚居柔而不正，故有此虑。

程颐曰："有获，谓得天下之心随于己。为臣之道，当使恩威一出于上，众心皆随于君。若人心从己，危疑之道也，故凶。"

三至上组成大坎，九四不正位且处于坎险之中位，故"贞凶"。

◎ 有孚在道，以明何咎

如果能做到内心诚信而忠诚地坚守为臣之道，那就是明智之举、避凶之道。九四变，则上卦为坎，坎为有孚。四在下震之上，震为大途，故称"在道"。九四变六四则正位，且正应初九，亲比九五，初九至九五组成大离，离为光明，是为"以明"。这样哪还会有什么危害。

17.9 九五：孚于嘉，吉。

《象》曰："孚于嘉，吉"，位正中也。

【白话】

九五：内心真诚地善待民众而获尊崇，得偿所愿。

《象》说："内心真诚地善待民众而获尊崇，得偿所愿"，是因为处于居中守正的位置。

【解读】

◎ 孚于嘉，吉

嘉：赞美、赞赏，指受到赞美、赞赏。九五居于尊位，故解为获得尊崇。

九五是全卦的主爻，是以美善吸引民众追随的发起者。从九四爻的解读可知，九四本居柔用刚而不正，但在九五真诚的感化下而变为正，以至结果嘉善、吉利。

从前面各爻解读可知，九四是引领下级追随的管理层中的不正者，现在九五君王的美善感化下变正，则上下都能以正引领追随，故称"吉"。

九四变六四，则上兑变坎，坎为孚，兑为嘉，九五为坎之主，故称"孚于嘉"。

17.10 上六：拘系之，又从维之。王用亨于西山。

《象》曰："拘系之"，上穷也。

【白话】

上六：（民众）像被束缚一样追随着（君王），（君王）又继续用美善待民而使民众的追随更加稳固。先王就是这样得享王业于西歧。

《象》说："（民众）像被束缚一样追随着（君王）"，是说上位得到民众的追随到了极致。

【解读】

◎ 拘系之，又从维之

拘系之：像被捆绑一样追随。六以柔顺居于卦之终、随之极，又为上兑之主，兑为美为善，以此比喻民众柔顺相随到了极致。这是对全卦的总结，也是称赞君王以美善使民众追随最终得到的美好结果。第一个"之"指的是九五君王，第二个"之"指的是追随的民众。

◎ 王用亨于西山

王：应指周邦某一位先王，或指古亶公。

程颐曰："昔者太王用此道，亨王业于西山。太王避狄之难，去豳来歧，豳人老稚扶携以随之如归市，盖其人心之随，固结如此。用此故能亨盛其王业于西山。"（《伊川易传》）

圣人是用此爻告诉后世君王：自修美德，以善待民，则民心可得，王业可成。上兑为西，故取西山之象。

上兑在后天八卦中代表西方，又兑为美为亨，上六代表已故的先王，故称"王用亨于西山"。

【总结与启示】

上一卦为《豫》卦，说的是不正的权臣当道，把持朝政，取悦人民，使国家上下沉湎于享乐。这种现象必须及时改变，否则危害无穷，故圣人立《随》卦告诉后世君王：此时应该以美善之德引导人们追随，重树君德，重立君威，防止民众盲从于权臣。从卦象看，下雷上泽，雷为蕃鲜为水草，水草会随着泽水的波浪摆动，故称"随"，紧紧跟随、向善而动之意。

从全卦来看：初九为下震之主，虽为初爻，实为下卦之主，可视为民众中有影响力、号召力的智者。另，《随》之时，各层级者都是追随身边直接领导者或正义的智者，故各爻之间的关系都是重比轻应。

初九居初，为震之主，能够坚守正道，不盲从不正的九四，而是追随既中且正的六二，这样才会有所成就；六二性柔而中正者，以其中正之德追随初九，放弃追随六三；六三不亲既正且中的六二（与六二同性不亲），以不正之念追随不正的九四，得到收获，圣人诫之守正；九四刚健不正而近君，《随》之时如以权结党（得天下之心而随己）则有凶，诫之应诚信地坚守为臣之则行事，做到光明正大、明哲处事则没有危害；九五刚中之君，随之主爻，诚信地感化和引领大家行动，结果吉利如愿；上六随善之极，百姓有如牵系在善君身上，君王反过来更以善来维系。周先王就是这样聚集民心而成就王业的。

从企业管理而言，如果《豫》卦可引申为放权管理的话，那么《随》卦则可引申为集权管理。集权与放权是企业管理非常重要的两种模式，也是必须处理好的基本问题。

集权化管理的特点主要体现在经营决策权高度集中化，有利于决策执行力度的保障、管理效率的提高和各部门的有效协调。集权与放权是协调统一的，一个优秀的企业应能很好地平衡两者的关系。

蛊卦第十八：下改上过，整治蛊弊

蛊卦　下巽上艮，山风蛊

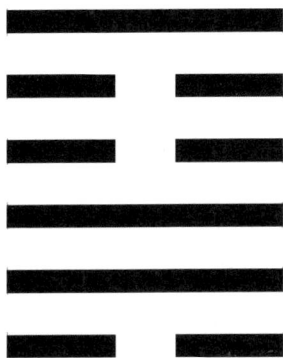

上九：不事王侯，高尚其事。
《象》曰："不事王侯"，志可则也。

六五：干父之蛊，用誉。
《象》曰："干父之蛊"，承以德也。

六四：裕父之蛊，往见吝。
《象》曰："裕父之蛊"，往未得也。

九三：干父之蛊，小有悔，无大咎。
《象》曰："干父之蛊"，终无咎也。

九二：干母之蛊，不可贞。
《象》曰："干母之蛊"，得中道也。

初六：干父之蛊，有子考无咎。厉终吉。
《象》曰："干父之蛊"，意承考也。

卦辞

蛊，元亨，利涉大川，先甲三日，后甲三日。

18.1 卦名卦序

《序卦》曰：以喜随人者必有事，故受之以蛊。蛊者，事也。

【解读】

◎ 蛊：本义是把许多毒虫放在器皿里使之互相吞噬，最后剩下一个不死的毒虫叫做蛊，用来放在食物里害人，后指吃进肚子里的毒虫。《说文》：腹中虫也，后引申为坏乱、过错。从"蛊"的本义可知，"蛊"于国家治理而言可引申为许多小问题经过长时间积累后形成的一种大的弊端和危害。

《蛊》卦为卦上为艮为山，下为巽为风，山中有风之象。山高林深，阴暗潮湿，随着时间的不断积累则必然会滋生各种毒虫瘴气。风从林中过，则会驱散瘴气邪毒。山中有邪毒则为蛊，驱散邪毒则是济蛊，故"蛊"为治蛊之意。山高大，风低下，山高风柔，风散山蛊，故可以理解为以下济上之蛊。所以《蛊》之本义可以理解为在下者帮助改正上者长时间以来形成的弊乱。从国家治理而言，国家就像一个大的器皿，国家治理过程中的各种小问题就像是各种毒虫子，这些毒虫子经过长时间积聚、发展之后就可能养成危害极大的"蛊"，所以必须引起君王的重视，并及时拔除蛊害。

由此可见，本卦是告诉君王如何治理国家长时间形成的弊端和危害，以避免造成不可承受的伤害。

◎《序卦传》说："因为喜欢而追随别人的一定是有事，所以后面是《蛊》卦。'蛊'为'有事'。"《序卦传》是根据上面两卦即《豫》卦和《随》卦来解读的，"豫"为喜悦，"随"为追随，因为喜欢而追随别人的人一定有事，并把"蛊"字解释为"有事"。《序卦传》之说较为牵强。

《大有》之时，国家经历一场大规模的抵抗外敌入侵战争的胜利之后，此时国家上下群情激奋、好强争胜，因此君王需要以其光明智慧控制全局，国家开始快速发展；《谦》卦则是诸侯强大，君王鼓励富强者要有谦让之德以使社会公平和谐；《豫》则是不正的权臣当道，使社会形成了一种贪图享乐的不正之风；圣人接着用《随》卦来纠正这种不正之风，重立君威，解决国家治理的隐患。《随》是要让统治者以正义、美德引导民众紧紧追随，从而让人民都能团结在以君王为代表的统治者周围。冰冻三尺，非一日之寒，从消除《豫》时权臣当政对人民和国家的影响，到《随》卦人民紧紧团结在君王和统治者的周围绝非一朝一夕能做到的，需要经过长时间的励精图治。圣人认为在这个漫长的过程中，必定会逐渐积累、沉淀很多弊端，这就需要后来者勇于整改前人之《蛊》，才能避免形成更大的隐患，以使国家长治久安。所以圣人在《随》之后设立《蛊》卦，其意深矣！

或问：《豫》卦之后不正是蛊弊最盛之时吗？为何《蛊》不是在《豫》之后，而要先设《随》，再立《蛊》？这是因为：《豫》之时虽是国家蛊弊最盛之时，但同时也是君王对国家掌控之力最弱之时，对于君王的统治而言，有着巨大的安全隐患，此时如果发动治蛊行动，则不仅无法有效推行，而且可能统治失控而引发动乱。所以圣人先立《随》卦，先使君王重聚民心，然后再整治蛊乱，才可成功，可见思虑之深！

18.2 卦辞：蛊，元亨，利涉大川。先甲三日，后甲三日。

【白话】

卦辞：在下者整治在上位的过错，这是国家顺利发展的关键，应需克服艰难。在破旧立新之时应先认真推究弊端产生的原因，还要认真思考纠正之后可能带来的影响。

【解读】

◎ 蛊，元亨，利涉大川

上节的《蛊》卦卦序解读已充分说明了《蛊》时过程的重要性和必要性，所以在本卦又出现了"元亨"一词。这说明了圣人认为《蛊》对国家顺利发展非常关键。《随》

卦只是治标，还需《蛊》卦治本，否则，君王统治非常危险！

治蛊之时，因为是鼓励地位低下者勇于改正地位崇高者的过错，这在等级森严的封建社会遇到的阻力和困难是可想而知的，所以说需要克服艰难。卦体中下卦为巽为木为舟，而初至四为大坎，坎为水，巽在大坎之中，为河中有舟，故有"涉大川"之象。大坎又为险难，所以引申为隐含着危险和困难。

任何组织发展一段时间以后都可能会慢慢积累很多问题，管理者在一段时间之后一定要回头审视，及时整改，这样才能让组织重新焕发生机和活力，否则将会积重难返，最终衰败。国家当然也是这样。圣人对此认识得非常深刻，所以用"元亨"一词警示后世君王。治理长时间积累的弊病总是痛苦和困难的，这需要管理者有巨大的勇气和魄力，需要克服重重困难，故言"利涉大川"。

◎ 先甲三日，后甲三日

"甲"为天干之首，古时通常用来表达数量的首位或者说事情的开始，其本义指种子萌芽出土时所戴的种壳，有"新生""破旧立新"之寓意，因此，"甲"在此理解为改正错误、破旧立新之始。"先甲三日"指考虑改正错误之前所产生的原因和根源；"后甲三日"则指改正后会产生什么样的后果和影响。在下位者指出并改正在上位者的错误既要克服困难，还必须谨慎，指出错误之前不仅要认真分析原因，确定无误，还要考虑纠正后可能带来的后续影响，只有这样才能确保安全而有效果。

按照来知德先生的说法，认为取象可能源自后天八卦与天干的对应说法：震为木，在东方，与甲乙对应，而巽在震上，艮在震下，蛊卦下巽上艮，从巽到艮中间要过震甲，而每卦为三爻，所以说"先甲三日，后甲三日"。此说较为牵强，因为所谓后天八卦方位取象，只是后人的总结，其出现晚于《周易》成书之时，故仅供参考。

18.3 《彖》曰：蛊，刚上而柔下，巽而止，蛊。"蛊，元亨"，而天下治也；"利涉大川"，往有事也；"先甲三日，后甲三日"，终则有始，天行也。

【白话】

《彖传》说：《蛊》卦，刚往而居上，柔来而居下，巽顺而停止，这就是《蛊》卦卦象。"在下纠正在上的过错，这是国家发展通达的关键"，这样天下就得到了治理；"需要克服艰险"，这是说行动会遇到困难的事情；"甲日前三天，甲日后三天"，意思是说过错之后又会正而归始，这是天道的运行法则。

【解读】

◎ 刚上而柔下

《彖传》作者认为蛊卦是由地天泰卦的初九上而变为上九，上六下而变为初六，所以说"刚上而柔下"。我不认同这种卦变说法，故不多作解读。

18.4 《象》曰：山下有风，蛊。君子以振民育德。

【白话】

《象》说：艮山之下有巽风，这是蛊的卦象。君王得以领悟：要使民众振奋并行动起来，以帮助统治层培育良好德行。

【解读】

◎ 君子振民育德

君子：这里显然也是特指君王。振民：指君王鼓励民众行动起来，勇于指出统治者过错和弊乱，以帮助改正。育德：过错改正然后才能修养德行。

统治者施行政令和制度时，民众对其好坏、对错是最容易感知的，但往往害怕统治者的威严而不敢指出，这样在上者就会一错再错，得不到改正的机会，所以就要鼓励民众勇于纠正在上者的过错，以帮助改善治理，提高治国水平，也就是帮助统治者修养德行。这对一个企业或组织来说，何尝不是如此。现在很多企事业单位也经常通过在群众中设置意见箱、电话热线、企业微信群等等措施收集下面的意见而提升管理水平，关键是管理者是否能够真正重视和真诚整改。

上互卦为震，上九变，则上艮为坤为民，故称"振民"；下互卦为兑为德，上卦为艮为止为育，故称"振民育德"。

18.5 初六：干父之蛊，有子考无咎，厉，终吉。

《象》曰："干父之蛊"，意承考也。

【白话】

初六：改正父亲的过错，依靠这个儿子父亲才避免了过失。果断、坚决，最终成功。

《象》说："改正父亲的过错"，意思是说能够承受、担当父亲留下的过失。

【解读】

◎ 干父之蛊，有子考无咎

干：金文字形✕，像一个树叉形，原为一种与戈相对抗的叉形武器。造字本义：一种抵御戈的武器。《说文解字》："干，犯也。"故"干"有抵御、纠正之意。

初六阴柔居刚而不正，本身柔弱不正是无法帮助父亲改正过错的。从后面的"厉"可知："厉"为严厉、果决之意，多为阳爻之性，故初六会变初九。初六变初九则刚健正位，这样才有能力和勇气改正父亲的过错。初六变初九后正应六四、比邻九二。六四柔顺正位，显然没有过错，且阴阳正应为互相应援、支持之意，而非反对、改错。故"父"不可能指六四，则只能是指九二。初六变初九后与九二比而不亲，九二以刚居柔而不正故有错，初九改正九二之错。

有子：依靠这个儿子。考：原意指年老的人，在先秦时期常用作对"父亲"称呼，既可以指在生的，也可以指去世的。从本爻看，既然说"无咎"（避免过失），那应该指在生的父亲，如果去世了就无所谓避免过失了。

我认为，本卦"父"还可以引申为上级、长辈、长官等独断专行者。

初六变初九，则下巽变乾，乾为父，九二为乾之中爻，故九二取"父"象。

◎ 厉，终吉

厉，本义指山崖上突出的大石头，引申为严厉、果决之义，《易》例中多指阳爻之性。初六本阴柔不正，无改正父亲过错的能力，变为初九以后刚健正直，这样才能果决地改正父亲的过错，最终成功，故称"终吉"。

初六变初九刚健正位，故称"厉"；初六变初九后，初九正应六四，是改正父亲的过错时得到六四的支持，且六四为下互兑之主，兑为吉，故称"终吉"。

18.6 九二：干母之蛊，不可贞。

《象》曰："干母之蛊"，得中道也。

【白话】

九二：改正母亲的过错，不能始终刚直以待。

《象》说："改正母亲的过错"，是说九二居于中道。

【解读】

◎ 干母之蛊，不可贞

"母"指六五。九二正应六五，六五阴柔，所以取"母"象。虽然母亲以柔居刚有过，但九二刚健不正而又正应六五（正应是应援、支持之义）是不可能改正得了母亲之过的，故称"不可贞"。九二只有先改变自己才可改母之过，故九二变为六二，则正且中，与六五对而不应，方能改母之过，且方法柔顺中正。

"贞"在此指坚持、坚守之意。九二刚健不正，坚守的是错误的刚健、不正的态度和方法，这样是不能正确地帮助母亲改正过错的，故"不可贞"。

18.7 九三：干父之蛊，小有悔，无大咎。

《象》曰："干父之蛊"，终无咎也。

【白话】

九三：（强硬、直接地）改正父亲的过错，内心会有小小的悔忧，但没有大的过错。

《象》说："改正父亲的过错"，最终不会有过失。

【解读】

◎ 干父之蛊。小有悔，无大咎

干父之蛊：从以上各爻解读可知，改过只能是在同性爻之间发生，不可能是在阴阳正应或亲比爻之间发生的，故本爻"父"指上九。上九以刚居柔不正故有过。九三为刚正的诸侯邦君，上九可视为国君后来或是晚年的状态。

"小有悔，无大咎"，可有两种理解，一是：有小悔，无大咎，即"小有悔"调整为"有小悔"。九三改父之过有小小的悔忧，但没有大的过错。九三刚而正，在纠正父亲的过错时会表现得直接而强硬，但过于强硬直接地改正父亲的过错必定有违尊卑之礼，有伤父子之情，但过错不改必有大患，故有小的悔忧，但从结果来看没有大的过错。下巽为顺为小。二是：小有悔，大无咎，即"无大咎"调整为"大无咎"。过于温柔改过则会后悔（效果不明显），强硬改过则没有过错（"大"为强硬、刚健之意）。这种理解也能说得通，改正父亲过错时如果一味地柔顺对待则会很难有效果，故有所悔忧。上九居柔用刚而过于武断，九三以刚对刚，以刚直、强硬的方法才可以帮助君王改正，如果只是温柔地劝说是没有效果的。阴爻为"小"，如九三变六三，则六三正应上九，只能顺应而不能改正，且下巽变坎，坎为忧为悔，故称"小有悔"。"大无咎"，与"小有悔"相对。"大无咎"意为"大"则无咎，即保持刚健则没有过失危害。"大"为阳，九三为"大"，六三为"小"。

上述两种理解都可说得通，第一种强调的是治蛊的影响，第二种强调的是治蛊的方法，两者的结果是一致的。

18.8 六四：裕父之蛊，往见吝。

《象》曰："裕父之蛊"，往未得也。

【白话】

六四：宽裕地对待父亲的过错，这样下去应该感到羞愧。

《象》说："宽裕地对待父亲的过错"，这样下去是没有任何成就的。

【解读】

◎ 裕父之蛊，往见吝

六四以阴居柔，是顺从而宽松对待父亲过错的人。六四正位而近君，两者为同性爻，本应帮助君王纠正过错的，但因以柔居阴，过于柔顺、谦让而不能助君改过，是为"裕父之蛊"。"父"指六五。六四虽柔顺正位，但在鼓励纠错的时代，身为近君重臣只能顺从而不能果决地纠正君王过失，事实是一种失职行为，应该感到羞愧。这样下去怎么可能有成就呢？所以《象》说"往未得也"。

往：长此以往、发展下去之意。吝：羞愧，指对自己的行为感到羞愧。

六四柔顺正位，自知宽松地对待君王之过是失职行为，故"往见吝"。

18.9 六五：干父之蛊，用誉。

《象》曰："干父之蛊"，承以德也。

【白话】

六五：改正父亲的过错，因此而得到民众的赞誉。

《象》说："改正父亲的过错"，是说因为这样而获取了美德。

【解读】

◎ 干父之蛊，用誉

"用誉""承以德"，先贤们多理解说的是九二，认为是六五因为任用刚中贤良的九二而获得了赞誉，得到了九二美德的辅佐。如虞翻、程颐、朱熹、来知德等等都执此解。这样就完全把"父"抛开了，显然不对。

从前面解读可知：《蛊》是指下改正上之过，故以子干父或母之蛊来比喻，且是发生在同性爻之间。本爻同样如此，所以六五取上比上九，而不应取下应九二。六五变九五而刚正居中。"承以德"的"承"也正是以下承上之意，上九在此可理解为六五君王之父（九三爻解读时把上九视为国君的晚年，是按《易》的随时取义原则，没有矛盾）。六五纠正了父亲留下的过错而获得了民众的赞誉，而因此获取了美德。如马振彪先生举大禹与他父亲鲧的例子就很有说服力："鲧治水九载弗成，禹能干济成功，其名誉足于补前人之缺憾。后世故赞之曰，美哉！禹功，明德矣。"

六五在面对九二、六四等下位之爻时是不正而有过者，是被整改的对象，但在面对上九时，则是改过者，故会变为九五而既中且正。此为随时取义。

18.10 上九：不事王侯，高尚其事。

《象》曰："不事王侯"，志可则也。

【白话】

上九：高高在上又能够接受王侯劝说而改过，成就伟大事业。

《象》说："高高在上又能够接受王侯的改过"，是说这种志向和作为可作为后世法则。

【解读】

◎ 不事王侯，高尚其事

不，《说文解字》："飞，鸟上翔，不下来也。"故据其本义可理解为高居在上。事：甲骨文为🖐，其字形 =（口：劝说）+（丫：抵抗、纠过，同"干"）+（又：抓持）。故"事"本义是接受别人用言语的劝说纠错。

不事王侯：高居在上而能接受王侯纠错的劝说。从九三的解读可知，九三为刚正邦君，故称"王侯"，且九三能以刚正之德坚决地纠正上九的过错。

尚：上。事：帛书本作"德"，此处应理解为事业、成就更合适。

高尚其事：成就伟大事业。上九为全卦之终、上艮之主、治蛊之成，最终成就伟大事业。

【总结与启示】

《蛊》卦是《大有》之后圣人所设、用于整改弊乱的非常重要的过程。不经历《蛊》

时，君王统治将难以为继，所以本卦卦辞中出现了"元亨"一词，体现了圣人对此过程的重视程度。"蛊"应理解为济蛊之意。

下卦巽为风，有政令、命令之象。从国家治理而言：统治阶级在制定管理民众的政令时，只有执行政令的民众才知道政令是否合宜，是否存在过失，特别是经过一段时间的发展后，政令是否跟得上时代的发展，而制定政令的人往往是不知道的，所以本卦是鼓励在下者要勇于指出在上者在治理过程中出现的过错，以使改正。因此，每一爻只向上取比或应的关系。另外，"干"为抵抗、干扰、纠正之意，故只有同性相邻或相对的爻之间才能纠正过错，阴阳亲比或正应的爻是应援、支持的关系，是不能纠过的。以下正上时，下爻首先要正位才有改正上爻的能力，故下爻不正时要先改变自己。

初六不正位，变初九后改正九二之过；九二为父，九二不正，故变六二后纠正六五之蛊，六五为母；九三为刚正的邦君，以刚正之德纠正上九晚年君王的过错，虽内心有小小的悔忧，但结果没有大的过失；六四虽柔顺正位，但只能宽松地放纵国君的过错，自感羞愧；六五变九五，以刚中之德果断地纠正先王的过错而获得民众的赞誉；上九君王能够接受王侯的纠错的劝说，终能成就伟大事业。

"蛊"的本义是指将很多毒虫放在一个器皿中，时间久了之后就会形成一只最毒的蛊了。引而伸之，一个组织，如国家、企业、部门等就好比是一个器皿，组织在发展过程中总会出现很多的问题，这些问题就好比是很多的虫子，管理者如果不及时解决这些小问题，久而久之就会养成一只或多只"蛊"——发展成足以影响组织生存的大问题。所以组织在发展一段时间之后，就应该想办法找出并除去那些"虫"，这样就可以防止出现"蛊"，或者及时发现那只"蛊"，并想办法除掉，否则，组织发展就会中断或消亡。

初创企业往往充满活力，管理者与员工之间能够团结一致，企业能够得到快速发展，但当企业发展经过一段时间之后（通常是20年左右，基本是一代人时间），企业管理方方面面就会出现很多的弊端。如：流程繁琐、制度过时、员工缺乏动力、效益低下等，老员工虽然经验丰富，但也顽固守旧、缺乏创新、工艺落后、产品质量不稳定、设备陈旧、存在安全隐患等等，这就是企业管理之"虫"。这些"虫"最终将会形成"蛊"，如：产品没有竞争力、过程效率低下、企业亏损等等。对此，基层的员工看得最清楚的，也能提出很多有效的解决办法，因为他们工作在第一线，对问题的感知是最直接的。遗憾的是，在上的管理者对此总是熟视无睹、视而不见，或是不以为然，或是自以为是，既不能建立有效的信息传递通道，也听不进下面的意见，以致一次一次错过最佳的整改机会，使企业慢慢地失去竞争力而走向衰亡。

希望每一位企业家都能从本卦中得到启发，懂得企业经过一段时间发展以后一定会产生弊端的道理，并能认真听取下层员工的宝贵意见，及进整改，勇于创新，避免出现"蛊"，以使企业能够持续发展。

再引申到人：一个人就好像是一个"皿"，如果这个人平时不注意保养身体，养成了很多不好的习惯，如抽烟、酗酒、熬夜、暴饮暴食等等，长期下去就会肥胖，血压、血糖、血脂、尿酸等都升高，这些都是身体中的"虫"，如果此时还不注意治理、调养，以消灭这些"虫"，慢慢就会有更严重的不可逆转的"四高"，甚至更严重的恶性疾病，这便是"蛊"。

万物同理，蛊对我们的启发意义真是很大！

临卦第十九：厚待民众，大爱无疆

临卦 下兑上坤，地泽临

上六：敦临，吉，无咎。
《象》曰："敦临"之吉，志在内也。

六五：知临，大君之宜，吉。
《象》曰："大君之宜"，行中之谓也。

六四：至临，无咎。
《象》曰："至临，无咎"，位当也。

六三：甘临，无攸利。既忧之，无咎。
《象》曰："甘临"，位不当也；"既忧之"，咎不长也。

九二：咸临，吉无不利。
《象》曰："咸临，吉无不利"，未顺命也。

初九：咸临，贞吉。
《象》曰："咸临，贞吉"，志行正也。

卦辞

临，元亨利贞。至于八月有凶。

19.1 卦名卦序

《序卦》曰：有事而后可大，故受之以临。临者，大也。

【解读】

◎《序卦传》说：有事之后才能够壮大，所以接下来是《临》卦。"临"的意思是大。《序卦传》对本卦卦序的解释看起来很牵强，也很难理解，首先把"蛊"训为"有事"，把"临"训为"大"都是比较令人费解的，所以我们还是从卦象上来找答案。

临：金文为 𦥑 ，字形为高大者眼睛向下俯视、关注众人，后引申为王侯高居上位对在下百姓的统治和保护。

《临》卦为卦下兑为泽、上坤为地，地中有泽之象。泽水在地之下受到大地的保护才能成泽，否则只能四处流散而干涸。如果以大地比喻国家统治阶级，以泽水比喻广大民众，那么"临"所反映的正是统治者管理百姓的一种方法，即：照临、保护广大民众。

从对卦名、卦象来看，"临"有鼓励统治者拉近与民众的距离，并真诚呵护和照顾百姓之意。应该说《临》卦放在64卦的任何位置都能体现它的意义，但为什么偏偏要放在《蛊》卦之后呢？我以为：《蛊》卦是圣人鼓励在下者积极、主动、勇敢地指出在上者存在的问题，并帮助改正，以使君王的统治能够永续。可以想象，在下者指出在上者的错误做法，虽然在现代社会是正常、能够令人接受的，但对于还处于奴隶社会向封建社会过渡的商末周初来说几乎是大逆不道的行为，指出问题的在下者必定会害怕并且凶险，这也会在一定程度上影响君民之间的关系。在这个时候，圣人要求以君王为代表的统治者要主动拉近与民众的距离，更加真诚地去照顾他们是非常必要的，否则这种不利的影响无法消除，民心就会离散。这既肯定了《蛊》卦的意义，也体现了统治者的真诚，所以《蛊》卦之后是《临》卦。

19.2 卦辞：临，元亨利贞。至于八月有凶。

【白话】

卦辞：贴近民众，照顾民众，这是国家顺利发展的关键，适宜守正坚持。（否则）到了一定的时候就会有民心离散、国家衰弱的凶险。

【解读】

◎ 临，元亨利贞。

大地的容纳和四周岸堤的保护是"泽"之所以为"泽"的根本。君王封建诸侯，制定法纪典章，是国之所以为国的根本。民众因此才能安居乐业，所以"临，元亨利贞"。

本卦出现"元亨"两字应特别值得注意，从上节对卦名、卦序的解读可知：《临》卦排在《蛊》卦之后是为了消除民众在《蛊》之后的疑虑和担心，充分体现统治者真诚的爱民之情，以使民心不至于离散，国家能够顺利发展，因此意义非常重大。照顾民众当然要坚持正义的原则，要用正确的方式，故称"元亨利贞"。

◎ 至于八月有凶

先贤们多是从十二消息卦及卦气之说来解释这句话的。十二消息卦对应八月的是《观》卦，《观》卦正好是临卦的覆卦。先贤们认为：从卦气来说，《临》卦是两阳在下，表示阳气渐长，而《观》卦是两阳在上，表示阳气渐退，所以有凶。这种解说基本都是根据《彖》辞进行发挥的，如王弼说："八月阳衰而阴长，小人道长，君子道消也，故曰'有凶'。"

我以为，辞来源于象，从象一定能找到真实的答案。从上面对卦名"临"的解读可知：下兑为泽水，代表百姓，上坤为大地，代表统治阶级。在古时候，统治阶级要保护民众，就是要使民众得到生存和壮大，正如大地要保护泽水一样，目的就是要使泽水不致干涸。农历八月为仲秋季节，《礼记·月令》仲秋之月云："是月也，日夜分，雷始收声，蛰虫坏户；杀气浸盛，阳气日衰，水始涸。"仲秋正是开始进入干旱的季节，特别是北方非常明显，所以这句话的引申意为：统治阶级如果不好好地照顾民众，等到社会形势发生变化，国家治理经历困难之时百姓就有减少或逃离的危险，就像是大地中的泽水没有得到好的保护而流失，这样等到了8月秋季进入干旱季节，泽水就会有完全干涸的危险。

从上面的分析可知：如果《蛊》卦之后统治者不能去拉近民众的距离、主动关心和照顾好民众，以消除百姓的疑虑和不安的心理，那么，久而久之，民众因为没有归属感，在国家遇到困难之时便会远离君王，民心就会离散，就像是到了秋季枯水季节之后泽水逐渐干涸。这就是"至于八月有凶"的道理，这与前面"元亨"所表达的意义正是一致的。

八月的取象来源于下兑卦，兑卦在后天八卦中代表西方和八月秋季。

19.3 《彖》曰："临"，刚浸而长，说而顺，刚中而应，大亨以正，天之道也。至"于八月有凶"，消不久也。

【白话】

《彖》说："临卦"，阳刚之气逐渐增长，喜悦而柔顺，刚爻居中而上下相应，大为亨通而坚持正道，这是自然的运行法则。"等到了八月就有凶险"，是说阳气不久便要消退。

【解读】

◎ 《彖传》作者正是从阳长阴消来解读卦辞的。下二阳爻向上，从发展趋势来说是"刚浸而长"。下为兑为悦，上为坤为顺，所以说是"悦而顺"。彖辞对"至于八月有凶"的解释与王弼、程颐等先儒们相同，可见先儒们完全是根据彖辞来解释卦辞的。

19.4 《象》曰：泽上有地，临。君子以教思无穷，容保民无疆。

【白话】

《象》说：泽水之上有大地（保护），这就是《临》卦卦象。君王因此领悟：教化民众的思想应无止境，包容、保护民众广阔无边。

【解读】

◎ 君子以教思无穷，容保民无疆。

这里的"君子"显然是特指君王。《临》卦下兑为泽，上坤为地，是为泽上有地。圣人不说地下有泽，而说泽上有地，这是突出"地"的重要性及对"泽"的保护。下泽代表的就是民众，统治者保护民众就好比是大地为泽水筑好岸堤，以使泽水不会流失，同时还会有大地上四处的雨水流入泽中而使泽水越聚越多。

大地宽广而无边无际，任你泽水不管扩至多大都可以被大地容纳和保护，这就是"容保民无疆"之意。

国家对民众的照临不仅仅是体现在简单的保护上，还应不断地进行教育和感化，使他们不断进步，这样国家才能不断发展。所以说"教思无穷"与"保民无疆"是相辅相成、协调统一的。

兑又为说为教，坤为众，故有教化民众之象。以泽水喻民，岸堤为"兑"，故"兑"有"容保民"之象。上坤为地，地域无疆，故称"容保民无疆"。

19.5 初九：咸临，贞吉。

《象》曰："咸临，贞吉"，志行正也。

【白话】

初九：（以刚健）感受着照临和保护，坚持正道就会有吉庆。

《象》说"感受着照临和保护，坚持正道就会吉庆"，意思是说志愿就是坚守正道。

【解读】

◎ 咸临，贞吉

咸，感也，感受之意，阴阳正应为感。这是从民众的角度来说的，民众感受到保护，正是统治阶级对民众施予了保护，所以民众只要在这种保护之下坚持正道而行，就会得到成长和壮大。初九虽正但不中，就有行错的可能，所以圣人诫之"贞吉"。

初九刚居阳位，代表着刚健、正义的基层民众，与六四正应，这是以其刚健、奋进之德感应、接受上层统治阶级的保护。

初九与六四都居正位而正应，所以《象》说"志行正也"。

19.6 九二：咸临，吉，无不利。

《象》曰："咸临，吉，无不利"，未顺命也。

【白话】

九二：（以刚中之德）感受着照临和保护，结果吉利且利人利己。

《象》说"（以刚中之德）感受着照临和保护，结果吉利且利人利己"，并非只是顺从于君王的命令。

【解读】

◎ 咸临，吉，无不利

九二刚健居中，在《咸》之时是行为刚健、适宜。九二正应六五，是能感受到六五照临和保护。

九二与初九同样是"咸临"，但九二的"吉，无不利"结果显然要更好于初九的"贞吉"。这是因为九二虽刚居柔位但能坚守中道，又为下互震之主，与六五柔顺的君王正应，其行动适中，在感受到君王的照临时能够以适宜的行动主动响应。可见，九二在此不可理解为不正，而是应该理解为既居于中位，又能积极呼应，主动行动，在《咸》之时最适宜的行为。这样既让自己有好的结果，也能帮助君王推行善政，故称"无不利",即利人利己,给各个方面都能带来好的结果。

九二正应六五,是得到六五君王的照监;亲比六三,是能帮助六三治理邦国。九二为下互震之主,震为动,故九二有行动之力。六三为下兑之主,兑为吉,九二亲比六三,是以行动支持柔顺的六三而得吉。上互卦和上卦都为坤,坤为顺,故称"吉,无不利"。

19.7 六三:甘临,无攸利。既忧之,无咎。

《象》曰:"甘临",位不当也;"既忧之",咎不长也。

【白话】

六三:享受于被照临,无所作为。如果对自己的行为感到忧虑,那么就不会有过失危害。

《象》说"享受于被照临",是因为位置不正;"如果对自己的行为感到忧虑",过失就不会维持太久。

【解读】

◎ 甘临,无攸利。

甘:本义指用口品尝美味,引申为享受于……。临:被照临和保护。

无攸利:在此应理解为"无所作为"。三为诸侯之位,本有卫国保民之责,六三以柔居刚而不正,在《临》之时,不能尽保家卫国之责,反享受着中央王国的保护,这样的状态是没有什么作为的。这是圣人的警示之辞。

上坤为土,土味甘,六三为下兑之主,兑为口,甘入口,所以取"甘临"之象。

◎ 既忧之,无咎

如果能够明智地反省自己,对自己不作为却处上位而感到忧惧,那么有过失也能及时弥补,所以"咎不长也"。既忧之,则思变,六三变为九三而正位,下乾上坤为天地泰,上下相交而和泰,所以"无咎"。

"无咎"有肯定和鼓励之意,这是鼓励六三能够有忧患意识,勇于改变自己,承担责任。

19.8 六四:至临,无咎。

《象》曰:"至临,无咎",位当也。

【白话】

六四:照临、保护最底层民众,没有危害。

《象》说:"照临、保护最底层民众,没有过失",是因为位置正当。

【解读】

◎ 至临,无咎

至,《说文》:"鸟飞从高下至地也,从一,一犹地也。象形。"所以"至"的本义是鸟从高地飞到平地。六四阴居柔位，又近君，是高居君王身边守正的重臣，故能辅佐君王忠诚地执行照临民众的职责。下正应初九，初九为最下爻，是向下能照顾到最底层民众，故取"至"象。

六四以柔居阴，身居高位而照临亲近最底层民众，是正其身而临于民，就像飞鸟从高处落于地，是德称其位而值得肯定，故称"无咎"。

19.9 六五：知临，大君之宜，吉。

《象》曰："大君之宜"，行中之谓也。

【白话】

六五：制定保护民众的方法，这是伟大君王所应该做的，结果得偿所愿。

《象》说"这是伟大君王所应该做的"，是说六五得行于中道。

【解读】

◎ 知＝矢＋口，"矢"指箭矢，比喻战争；"口"指谈论。"知"的本义为谈论、讨论以确定战术。故"知临"可理解为制定保护民众的政策和方法。古今学者大都把"知"理解为"智"。古文中"知"通"智"确实非常常见，但此处如按"智"解似有不通，因为君王保护百姓本是基本政事，不需要很高的智慧，只需要内心仁厚加上正确的方法。故我有不同的理解。

国家保护人民的决策与方法是由君王确定的，这是因为君王内心充满仁爱，这也是一个伟大君王所应该做的，故称"大君之宜"。

大君：伟大君王。六五居君位，上坤为广为大，如《坤》之六二："直方大"，故称"大君"。这是对君王的"知临"表示赞赏，其"吉"则不言而喻。

19.10 上六：敦临，吉，无咎。

《象》曰："敦临"之吉，志在内也。

【白话】

上六：宽厚地照临、保护民众，得偿所愿，没有过失危害。

《象》说"宽厚地照临、保护民众"结果吉庆，是说志向在于照顾在下。

【解读】

◎ 上六为卦之终、临之极。卦之终，则有对一卦进行总结之意；临之极，照临、保护民众到了极致就是最宽厚的照临。

敦，厚也。上六离下兑最远，就像保护泽水的遥远宽广的大地，宽广为厚，故称"敦临"。敦临：可理解为君王长时间关爱、照临百姓而形成良好习惯，并影响统治阶级都能关爱百姓，对百姓形成深厚的照临关爱。

上六总结全卦：君王只要做到宽厚地去照顾民众，那么民众一定会得到壮大，国家也就会强大，这就是君王和国家的"吉"。这样当然不会有任何坏处和危害而且值得大力推崇，故"无咎"。

【总结与启示】

《临》卦是指以君王为代表的统治者贴近民众而保护民众，就像是大地与泽水的关系；下二阳代表受到照顾、保护的民众，三、四、五三阴代表照临、保护民众的统治者；上爻代表《临》卦最终达到的结果，是圣人借用此爻对君王实施照临政策的肯定。

初九为正道上进的百姓，能感应到统治者的照临之心，坚守正道会有好的结果；九二是刚健居中的社会中层，在感受到君王的保护和关怀之后能够积极主动地以适宜的行动去支持和帮助六三，结果利人利己；三为诸侯王公之位，其居位不正，不能履行保国卫民之职而只享受国家的照顾，无所作为，如果能够反省自己并及时改正则应肯定；六四为近君贤臣，能够辅佐君王忠诚地照临百姓而没有过失危害；六五为谦逊英明的君王，制定照临民众的政策和法令，德称其位，结果如意；上六总结全卦，说明君王能够宽厚地照临关爱民众一定会得到好的结果，是值得肯定和推崇的行为。

《临》卦在企业管理中给我们的启发是如何关爱员工，构建和谐、健康的企业文化。

企业对员工要爱之、利之、安之，全心全意依靠员工，研究其心理，满足其需求，改善其环境，激发其潜能。从心理学的角度来看，具有良好心理状态的人，能够更好地把有限的心理能量投入到外界建设性的事务中去，能够更自然地开展工作，更大地释放自己的潜能，提高工作效率，这对于取得成功是相当重要的因素。企业管理者只有营造良好的企业文化，创造一种高度和谐、友善、亲切、融洽的氛围，才能凝聚人才的创造力量，才能促进企业可持续发展。

观卦第二十：关注民生，使民敬仰

观卦　下坤上巽，风地观

上九：观其生君子，无咎。
《象》曰："观其生"，志未平也。

九五：观我生君子，无咎。
《象》曰："观我生"，观民也。

六四：观国之光，利用宾于王。
《象》曰："观国之光"，尚宾也。

六三：观我生进退。
《象》曰："观我生进退"，未失道也。

六二：窥观，利女贞。
《象》曰："窥观""女贞"，亦可丑也。

初六：童观。小人无咎，君子吝。
《象》曰：初六"童观"，小人道也。

卦辞

观，盥而不荐，有孚颙若。

20.1 卦名卦序

《序卦》曰：临者大也。物大然后可观，故受之以观。

【解读】

◎《序卦传》说：临，大的意思。物体大了以后才能够引起人们的观赏，所以后面是《观》卦。《序卦传》对本卦的解释与上一卦一样令人费解，所以也只供参考。

"观"的甲骨文字形为：🐦，像一只有双大眼睛的鸟，故有观看之意，后引申为有目的地仔细察看，又指有目的地向别人显示。今义为对事物的认识和看法。有目的地看可以理解为"关注"。

《观》卦为卦下坤上巽，坤为众，代表广大民众，巽为风，风行大地，遍触万类，周观之象；又：二阳尊处于上，为下四阴所观仰。根据"观"字的本义及卦象可知，《观》卦代表的基本意义是：巽代表统治者，坤代表广大民众，风行地上则表示统治者真诚地关注民众的生存疾苦，那么民众就会尊崇、敬仰君王。也就是说，先有君王真诚地关注民生而后得到民众的敬仰。

道士修炼的地方称"观（guàn）"。"道观"中一般供奉着道家始祖，供信徒敬仰。道家始祖之所以能让大家敬仰，是因为信众认为他造福了民众，就如《观》卦卦象所示，两阳高居在上，因为在上者开始因照临、爱护民众，然后能得到民众景仰。从卦象和卦义来看，道家的"观"名可能来源于本卦。

上一卦为《临》，指统治者照临、保护民众。民众得到统治者贴心的保护，必能顺从统治，敬仰君王。或者说，君王先照临、保护了民众，然后获得民众的敬仰。所以《临》卦之后是《观》卦。

20.2 卦辞：观，盥而不荐，有孚颙若。

【白话】

卦辞：庄严地关注民生，（民众会像）祭祀宗庙仪式开始时先洗手而还没到敬献祭品（时那样虔诚和专注），真诚地敬仰。

【解读】

◎ 观，盥而不荐

盥（guàn）：是指祭祀开始时浇水洗手；荐：指献上生、熟祭品。

古代的祭祀仪式十分复杂，祭祀之前必须斋戒沐浴。祭祀之始，首先洗净双手，称为"盥"，此时态度应恭敬肃穆；接着是灌礼，浇酒在茅草上面，因为茅草上面放着供品，象征请神享用；然后才进入复杂的荐礼，进献生的和熟的牺牲。祭祀刚开始，从洗手到荐礼之前这段时间祭祀者是最恭敬最专注的时候，等到了荐礼之后因仪式复杂，过程冗长，祭祀者的注意力出现涣散，专注度开始下降。孔子曰："禘自既灌，吾不欲观之矣。"孔子说当时的祭祀之礼自"灌"以后不想再看了，是说当时的统治者已经不能坚持严格遵守祭祀的礼制规范了，乱了规矩。这也从侧面反映了"灌"礼以后过程复杂、冗繁，因此被后来者所简化。

"观，盥而不荐"指君王高居庙堂之上，庄严地关注着民众，久而久之，民众就会对君王产生虔诚、敬仰之心，就像是祭祀时灌礼之前时那样地崇敬和专注。君王首先能够主动、真诚地爱护民众，并时刻庄严、真诚地关注民众，则民众自然会对君王产生敬仰、崇拜之情。

上互卦为艮，艮有宗庙、祭祀之象。

◎ 有孚颙若

有孚：指民众对君王的敬仰是出于真挚、诚信。颙（yóng）：仰望，仰视。君王庄严地关注民生，民众自然敬仰君王。二阳代表君王和宗庙在上，四阴代表民众在下，为民众仰视君王之象。

下卦为坤、下互卦也为坤，坤为众，上互艮为宗庙，卦有万众敬仰之象。

20.3 《象》曰：大观在上，顺而巽，中正以观天下。"观，盥而不荐，有孚颙若"，下观而化也。观天之神道，而上时不忒。圣人以神道设教，而天下服矣。

【白话】

《象》说：伟大君王在上关注民生，（民众）顺从而谦巽，（君王）居中守正以关注天下百姓。"观，盥而不荐，有孚颙若"，是说民众在下敬仰君王而得到教化。观仰上天神圣的法则，四季更替不会出现任何差错。圣人效法上天神奇的法则而设立教化，天下百姓都顺服。

【解读】

◎ "大观在上，顺而巽" 至 "而天下服矣"

这是从卦象、卦德来解说卦辞，同时又延伸到天道自然的法则。作者从自然领悟到的法则运用到治理国家和百姓。

程颐曰：五居尊位，以刚阳中正之德，为下所观，其德甚大，故曰："大观在上"。下坤而上巽，是能顺而巽也。五居中正，以巽顺中正之德，为观于天下也。（《伊川易传》）

20.4 《象》曰：风行地上，观。先王以省方观民设教。

【白话】

《象》说：风行地上，这就是观卦卦象。先王由此领悟：巡视四方，关注民生而设立教化。

【解读】

◎ 下坤为地，上巽为风，风行地上、周及庶物，为周览之象。古代帝王由此领悟：设置省方之礼，以巡视关注民生民情。

《尚书·尧典》曰："五载一巡守"。

程颐曰："天子巡省四方，观视民俗，设为政教，如奢则约之以俭，俭则示之以礼是也。省方，观民也；设教，为民观也。"（《伊川易传》）

以前圣明的君王从风行地上、周及万物的自然现象中领悟到：巡视各地才能真实地了解百姓疾苦，才能知道各地官员是否勤政爱民，才能知道如何去改善政治，教化百姓。君王只要先做到勤政爱民，百姓自然就会更加敬仰和爱戴君王。

20.5 初六：童观，小人无咎，君子吝。

《象》曰：初六"童观"，小人道也。

【白话】

初六：像孩童一样纯真地观视，对于普通百姓而言没有危害，但对施行教化的管理者而言就应感到羞愧。

《象》曰：初六说"像孩童一样纯真地仰观"，这是普通百姓顺从之道。

【解读】

◎ 童观。小人无咎，君子吝

童：指儿童、孩童；观：指向上仰观。初以阴居阳位，初位既代表普通民众，又指"观"之初始；阴爻代表幼稚、纯真、顺从。

从后面"小人无咎"可知，作者对"童观"行为是肯定的，故"童"应理解为像孩童一样纯真、信任。小孩子年幼无知，未经历世事，他们对父母只知道依赖和信任，成长之后才会懂得感恩和敬仰。观之初始，民众因没有受到统治者的教化，所以只能够像孩童一样依赖、畏惧、顺从统治者，还不能从内心产生敬仰之情，是为"童观"。

小人：此指还没有得到教化、不懂统治者真诚的普通老百姓；君子：这里指对百姓施行教化的统治者。普通的百姓像孩童一样对统治者依赖和顺从，对未受教化的民众来说是正常的行为，故称"小人无咎"。但对统治者而言，不仅仅只是需要民众的依赖和信任，还要教化他们从内心懂得感恩、敬畏和尊崇。如果管理者对民众的管理仅仅止步于"童观"，则是教化不力，应该感到羞愧。故称"君子吝"。

初六与六四为对应爻，故君子指六四。六四与初六同为阴爻，不能正应就是教化不力，因此他应该反省，应该为此感到羞愧。六四在下互坤，坤为吝啬为吝，故称"君子吝"。

初六以柔居刚而不正位，代表百姓只是像孩童一样顺从，而不懂诚敬、景仰，故《象》辞说"小人道也"。

20.6 六二：窥观，利女贞。

《象》曰："窥观""女贞"，亦可丑也。

【白话】

六二：从门缝中偷偷地观仰，适宜像女子一样崇拜、顺从。

《象》说："从门缝中偷偷地观仰""像女子一样崇拜、顺从"，这样也应感到丑陋。

【解读】

◎ 窥观，利女贞

窥，《说文》："窥，小视也。从穴，规声。"本义是通过洞孔或缝隙偷看。

六二既正且中，其性阴柔，故以女子为喻。古代女子地位较为低下，不能接受教育，不懂更多的道理，但如果产生了感情，则会非常执着、纯洁，常会暗暗爱慕和崇拜地位崇高的男子。因女性的羞涩，只能从远处或暗处仰慕，所以称"窥观"，这是形容对君王单纯和衷心的崇拜与敬仰。三、四、五为互艮为门，二与五正应，但中间隔了门，二在门内，所以以称"窥观"。

利女贞：适宜像女子一样谦顺和仰慕。这是圣人鼓励占者要坚持本性不改变。

六二以柔居阴，既中且正，其对九五君王的景仰，犹如女子般单纯和顺从，此为《观》之善者。《象》辞认为这种行为是丑陋的，我不以为是。

下坤为母为女，二为坤之主，六二既中且正，故称"利女贞"。

20.7 六三：观我生进退。

《象》曰："观我生进退"，未失道也。

【白话】

六三：仰观君道，受感化而产生变化。

《象》说："仰观君道，受感化而产生变化"，没有偏离正道。

【解读】

◎ 观我生进退

"我"指上九。君王威严地高居庙堂之上，就是要让中正者顺从，让阴柔不正者敬畏。六三柔居刚不正，又在下卦之上，是居尊位而不正者。上九代表圣君王道，六三正应上九，柔弱不正但受君王正道光辉照耀产生敬畏而改变。

《系辞传·上》："变化者，进退之象也"。故"进退"指变化。六三变为九三，九三与上九不应，但亲比六四，六四为上巽之主，巽为进退，故有跟随六四进退之象；又，六三变九三，则下坤变为艮，九三为艮之主，艮为止，六三进则变，变则止，所以有"进退"之象。

六三本柔顺不正，观上九之威严而感化，变为九三而止于刚正。

20.8 六四：观国之光，利用宾于王。

《象》曰："观国之光"，尚宾也。

【白话】

六四：关注民生以使国君盛德光辉，适宜以这样的行为来宾事君王。

《象》说："关注民生以使国君盛德光辉"，是说善于做一个忠诚事君良臣。

【解读】

◎ 观国之光，利用宾于王

"宾"，古指贵客，《说文》："所敬也。"君为主，臣为宾，臣以敬事君，君以礼待臣。

从卦象可知：上卦代表统治阶级，下卦代表民众，先有统治者对民众的关注关怀，后有民众对君王的敬仰。所以下卦的"观"是指百姓对上的仰观，景仰；上卦的"观"是指统治者对下的关注，重视。六四柔居阴正位，是王庭近君的忠良重臣，上承九五之托，下观民众之情，辅佐君王关注民生民情，把英明君王的盛德光辉向民众彰显，故称"观国之光"。六四就是这样宾事于九五的，所以说"利用宾于王"。

六四为上卦之主爻，巽为风为政令，六四则是九五下达政策的主要执行者。

　　九五刚中在上，光被四表，故为"光"；下坤为土，国之象；六四上承九五，宾主之象。六四承五而观天下邦国，是为"观国之光"。

20.9 九五：观我生君子，无咎。

　　《象》曰："观我生"，观民也。

【白话】

　　九五：关注民生民情，因敬仰"我"而使国家上下大兴积极上进、勤政爱民之政风，没有过失危害。

　　《象》说："因敬仰我而兴"，这是关注民情的变化。

【解读】

　　◎ 此处的"观"是指执行治国之责的统治阶层景仰、崇敬君王；我生：指受"我"影响而带来的变化。"我"指九五。

　　君子：指积极上进、勤政爱民、刚健果决的贵族统治者，卦中应以六三生进退而变九三为代表。

　　观我生君子，无咎：各层统治者在"我"的威严关注之下心生景仰和敬畏，处理政事积极刚健，不敢有丝毫懈怠，（那么）行为就不会有什么过失危害而值得肯定。

　　君王的刚正威严往往是通过各层统治者来体现，普通百姓是无法直接感受君王之德的。如果在《观》之时，统治者都能积极上进、勤政爱民，并逐渐在统治层中形成这样的君子之风，说明君王的这种治国的行为和方式是得当和有效的。

　　从统治阶层形成的政治风气就可以看出君王的治理之道是否得当和有效，如果能够形成勤政爱民的君子之风则是有效，为无咎，反之则无效，为有咎。

20.10 上九：观其生君子，无咎。

　　《象》曰："观其生"，志未平也。

【白话】

　　上九：观察社会的政风、民风，如果勤政爱民之风盛行，（那么）就没有过失危害。

　　《象》说："关注政风变化"，是说心有不安。

【解读】

　　◎ 上九为观之终，是对九五施政的总结。

　　其：指统治阶级治理国家的表现。

　　九五的"观我生"是从君王的角度、以第一人称的视角要求君王去观察自己对各级管理者的影响；"观其生"则是站在旁观者的角度、以第三人称的视角总结《观》之时以君王为代表的统治阶层对国家各级管理的影响。两者判定"无咎"的标准是一样的，即要看各级管理者是否兴起勤政爱民的君子之风。

【总结与启示】

《观》卦下为坤为大地代表民众，上为巽为风，代表统治阶级的政策政令。统治者关注民生民情，大行爱民惠民之政，则必定能得到百姓的敬仰，所以《大象》辞说"先王以省方观民设教"。卦象两阳在上代表君王高高在上，四阴在下代表臣民对君王的景仰，所以下卦各爻的"观"是向上观仰之意，上卦三爻的"观"是向下关注之意。九五爻"观我生君子"道出《观》之本质，即：君王恭敬、庄严地居于上位，贵族统治阶级因此大兴勤政爱民的君子之风。

圣人立《观》卦的目的是要君王通过真诚地关心、爱护民众而得到民众和统治者的景仰和敬畏。

初六：观之初始，如果民众只是像孩童一样顺从而不懂敬畏，此非民众之过，而是统治者之失，故应感到羞愧；六二：中正谦逊者对君王仰慕、敬畏，此为"观"之善者；六三：在君王感化下能够改变自己，止于刚正；六四：辅佐君王，关注民生，体现了君王的盛德光辉；九五：在君王的关注、感化下，统治者能够积极上进、勤政爱民，其行为值得肯定；上九：总结全卦，如果在君王的统治下管理者都能积极上进、勤政爱民，这就是有为的君王、有效的治理。

国家治理中，君王需要得到民众的崇敬和拥戴才能治理好国家。同理，在企业管理中，管理者在下属面前同样要建立威信，否则政策就无法执行，管理目标也就无法达成。那么管理者如何建立自己的威信呢？

首先，工作中要以身作则，不管是对自身的要求还是对制度的执行，管理者永远都要起到带头模范作用，如果自己都不能做到，就无法要求员工做到。

另外，要有自己的过人之处，在合适的时机要展现出来。虽然管理者不必样样比员工强，但是一定有过人之处，能去做大家做不了的事，能去解决大家解决不了的问题，让大家信服。

不要以权压人，淡化权力意识。做管理者的要始终记住，不是你能管着谁，而是谁愿意听你的。

要敢于担当，遇到问题要敢于去承担责任，不推卸责任，做出业绩了要多想着员工。

最后，对员工要严管厚爱。在制度的执行中，一定要严格，对大家的要求一定要高，同时在工作和生活中多真心地去关心员工，为员工谋福利。

卷六

噬嗑卦第二十一：明察定刑，有法可依

噬嗑卦 下震上离，电雷噬嗑

上九：何校灭耳，凶。
《象》曰："何校灭耳"，聪不明也。

六五：噬干肉，得黄金，贞厉，无咎。
《象》曰："贞厉，无咎"，得当也。

九四：噬干胏，得金矢；利艰贞，吉。
《象》曰："利艰贞，吉"，未光也。

六三：噬腊肉，遇毒。小吝，无咎。
《象》曰："遇毒"，位不当也。

六二：噬肤灭鼻，无咎。
《象》曰："噬肤灭鼻"，乘刚也。

初九：屦校灭趾，无咎。
《象》曰："屦校灭趾"，不行也。

卦辞

噬嗑，亨，利用狱。

21.1 卦名卦序

《序卦》曰：可观而后有所合，故受之以噬嗑，嗑者，合也。

【解读】

◎《序卦传》说：事物有可观之处而后才能有所结合，所以接下来是《噬嗑》卦。"嗑"就是"合"的意思。《序卦传》把"噬嗑"简单理解为"合"，并用"可观而后有所合"解释卦序。很难理解其逻辑，所以不作过多解读，仅供参考。

噬（shì）嗑（hé）：咬合之意，指口中有物体间隔，咬碎去除然后相合。卦象下震上离，初、上两阳爻，中间又有一阳爻，就像是颐卦（下震上艮）中间有一阳爻间隔，只有咬碎之后才能相合，故为"噬嗑"。

圣人以卦象之理推及天下之事，就口而言，是有物间隔而不能咬合；就国家而言，是有强横或谗邪之徒扰乱社会，上下不能和谐相合。社会不能安宁，应当动用刑罚，小则惩戒，大则处死，以除去这些为害社会之人然后才能够成就天下大治。所以《噬

《嗑》引申为以“刑罚”治理国家。

◎ 上一卦为《观》卦，讲的是君王因关注、关怀并教化百姓，而使百姓敬仰、敬畏君王。就常理而言，无论君王如何对百姓施与仁爱关怀，总有少数作奸犯科、不可教化之徒；对于国家治理而言，这些人就好像吃饭时咬到的杂物，必须要除去，这就需要使用刑罚。所以《观》卦之后是《噬嗑》卦。如果《观》卦说的是君王的思想统治的话，《噬嗑》卦说的就是国家的法制统治。

21.2 卦辞：噬嗑，亨，利用狱。

【白话】

卦辞：（对坏人）使用刑罚，亨通。应该认真察狱，确认无误后定刑。

【解读】

◎ 噬嗑：从上一节的解读可知，可理解为刑罚。亨：亨通、顺利。

狱：会意字，最早字形见于西周的金文，从㹜，从言。㹜为两犬相咬之形，表示以言论相互争斗，即诉讼、打官司，后引申为监狱。故“狱”字在本句中可理解为：仔细审查以确定罪责。卦辞不用“利用刑”，而说“利用狱”反映的是古代法制注重的刑罚之前罪责认定的严肃和谨慎。故卦辞中的“亨，利用狱”也可以理解为：（刑罚）之所以亨通，是因为对罪犯是先谨慎地审察而后定刑，这样就尽可能地避免冤假错案，所以亨通、顺利。

◎ 从卦辞很明确地看出，《噬嗑》卦的本义说的是刑罚，引申为法制。为卦下震为雷为动，上离为电为眼为明察为光明为刑罚，故卦有惩戒、刑罚以使明智之象。

21.3 《彖》曰：颐中有物，曰：“噬嗑”。“噬嗑”而“亨”，刚柔分，动而明，雷电合而章；柔得中而上行，虽不当位，“利用狱”也。

【白话】

《彖》说：口腔中有异物，这种卦象称为“噬嗑”；“咬断而合”就“通达”了。刚强与柔顺分离，行动而光明，雷电相合而章美；柔顺者居中位而行到上位，虽然所处位置不当，但“适宜谨慎察狱而定刑”。

【解读】

◎ 卦象是颐卦中有一阳，就像是口中有间隔，这是从卦形上解释卦名。接下来又从卦体和卦才解释“亨”：刚爻与柔爻相间隔而不相杂，这是是非分明的明辨之象，是审察案件的基础。

动而明：下震为动，上离为明，是为“动而明”。电闪雷鸣，相辅相成，合在一起能够照耀大地，威慑宵小，这就是用狱之道。

◎ 六五爻以柔居中，又在上处在尊贵之君位，这就是“柔得中而上行”之意。“上行”意为在上居于尊贵的君位。

程颐曰：治狱之道，过刚则伤于严暴，过柔则失于宽纵，五为用狱之主，以柔处刚而得中，得用狱之宜也。以柔居刚为"利用狱"，以刚居柔为利否。曰：刚柔，质也，作也，用柔非治狱之宜也。（《伊川易传》）

21.4 《象》曰：雷电，噬嗑。先王以明罚敕法。

【白话】

《象》说：雷电交加，这就是噬嗑卦的卦象。古代君王从中得到启发：要明断而后刑罚，颁布律法。

【解读】

◎ "雷电"应为"电雷"，怀疑这里是传抄的时候抄反了。《易》之《大象》辞通例是先说上卦，后说下卦，如"云雷，屯""雷风，恒""风雷，益"等等。按此规律，"雷电"则为《丰》卦卦象。《丰》卦大象辞为："雷电皆至，君子以折狱致刑。"

雷电出现时总是先闪电，后打雷，闪电可以照亮一切，秋毫毕现，无所隐遁，这比喻为查案之前的明察秋毫。

自古就有雷劈坏人的传说，如某人作恶时总是会说会遭"天打雷劈"，所以用雷比喻用刑惩罚。上下合起来就是明察然后刑罚之意。

敕（chì）：帝王的诏书、诏令。敕法：指帝王颁布律法。

从《象》辞也可以看出，《噬嗑》说的就是法制，是治理国家的重要手段，与《师》卦说的军队建设同理。

21.5 初九：屦校灭趾，无咎。

《象》曰："屦校灭趾"，不行也。

【白话】

初九：将木枷戴在脚上而遮没了脚趾（无法行走），没有危害。

《象》说："将木枷戴在脚上而遮没了脚趾"，不能行走（犯错）了。

【解读】

◎ 屦校灭趾，无咎

屦（jù）：古代用麻葛制成的一种鞋；校：指用木制成的囚具。屦校：指用木刑具固定在脚上；灭趾：表面意思是把脚趾都遮盖了不能走路，引申为用法制规范行为。

《易》通常以初爻为趾，如《贲》之初九"贲其趾"；《大壮》初九"壮于趾"；《夬》初九"壮于前趾"；《鼎》之初六"鼎颠趾"等等。

震为足，初至四为大离，"离"中一阴爻两边阳爻，有木枷之象。震隐在大离之中，故有"屦校灭趾"之象。

初九代表受刑的下民，罪小刑轻，所以只需"屦校"，引申为小惩大戒，用轻微的惩罚校正行为。

程颐曰："人有小过，校而灭其趾，则当惩惧不使进于恶矣。"（《伊川易传》）

"无咎"是说初九行小恶能够得到及时的处罚，小惩大戒，所以没有造成大的危害，是及时而有效的管理。

《系辞传》："小人不耻不仁，不畏不义，不见利不劝，不威不惩。小惩而大诫，此小人之福也。《易》曰：'屦校灭趾，无咎。'此之谓也。"

21.6 六二：噬肤灭鼻，无咎。

《象》曰："噬肤灭鼻"，乘刚也。

【白话】

六二：咬食肥肉，鼻子没入，没有过失危害。

《象》说："咬食肥肉，鼻子没入"，是因为凌驾在刚强者之上。

【解读】

◎ 噬肤灭鼻，无咎

从上可知，《噬嗑》卦讲的刑罚、法制之事。从爻辞来看：初、上两爻爻辞中分别有"屦校"与"荷校"等词，其中"校"是指木制的刑具，所以很明显可以看出这两个位置是受刑者。而二至五爻爻辞中结构类似，分别说的是咬食不同食物，这是以咬食为喻，说明处在这四爻位置的人是用刑者。为什么会是这样呢？《礼记·曲礼》云："礼不下庶人，刑不上大夫。"古代大夫以上阶层是享有特权的，也就是说，对大夫以上阶层是不适用于普通刑法科条的。

唐孔颖达正义云："刑不上大夫者，制五刑三千之科条，不设大夫犯罚之目也。所以然者，大夫必用有德，若逆设其刑，则是君不知贤也。"

孔颖达在《周易正义》中说：在一般的五刑三千的法律条款之中，是不设大夫及以上阶层人员犯罪所适用的条款的，之所以这样是因为君王任用大夫以上人员是看重他们良好品德，而如果在刑法中设了处罚条款，那就是意味着君王不重视贤能之士。

那难道大夫犯了罪就不处罚吗？当然不是。张逸云："谓所犯之罪，不在夏三千、周二千五百之科，不使贤者犯法也，非谓都不刑其身也。其有罪，则以'八议'，议其轻重耳。"可见，给大夫以上人治罪，是适用于另一种叫"八议"的处罚制度的。

回到本爻，按照《易》之通例，初爻代表普通民众，二爻代表大夫，三爻代表诸侯，四爻为公卿、宰相之位；五爻代表君王；上爻无位。所以卦中初、上为受刑者，二至五为用刑者。六二阴居柔而守中，是既正且中又性柔的执刑者。六二中正性柔，说明能够秉公、适度地执法，受罚者能够信服以从，就好像口中咬合肥肉，很轻松地就能咬合，以致淹没鼻子，故称"噬肤灭鼻"。这对既正且中的六二而言是恰当的查案执刑的方法，故"无咎"。

六二柔爻虽中正，但驾乘在初九刚爻之上，六二亲比初九，为对初九用狱者。阴柔对刚健用狱，以其中正之质，因乘刚故用力深咬，以致灭鼻。虽灭鼻，实无失，所以"乘刚也""无咎"。

"肤"为带皮的肥肉。二至四为艮，艮为一阳在上，两阴在下，一阳像坚硬的皮，两阴像柔软的肉，故"艮"有"肤"象；下震为动为咬，故有"噬肤"之象。

21.7 六三：噬腊肉遇毒，小吝，无咎。

《象》曰："遇毒"，位不当也。

【白话】

六三：咬食腌制干肉，被重味所熏。因过于柔顺地处理案件而应羞愧，最终没有过失危害。

《象》说："被重味所熏"，是因为处的位置不正当。

【解读】

◎ 噬腊肉遇毒，小吝，无咎

"腊（xī）肉"是一种腌制的干肉。"毒"，《说文》云："毒，厚也，害人之草，往往而生"。由此可见，毒是指东西聚集太多以后对人有害。"腊肉"作为一种腌制烘干的肉，放置时间越长久，味道就会越重，吃起来就会被重味所熏。用吃腊肉来比喻查案用刑却因时间长久而无从下手，难于判断，是为"遇毒"。

六三身居下之上，不正位说明查狱能力不足、方式不恰当，因而查案受阻，但终能查明案由，就像食腊肉虽味重受熏，终能咬合而食。

来知德曰："六三阴柔，不中不正，治狱而遇多年陈久烦琐之事，一进难于断理，故有噬嗑遇毒之象，亦小有吝矣。然时当噬嗑，于义亦无咎"。

下震为"噬"；初至四为大离，离为火为干，下互艮为肤为肉，上互坎为毒，故称"噬腊肉遇毒"。

小吝：来知德先生认为是"小有吝"，我认为不准确。《易》例中"小"通常代表地位低下，或是处事阴柔，此处应是处事过于柔软不果决之意。六三以柔居刚，居刚用柔，这个位置处理案件本该果断、坚决却过于柔顺，所以应感到羞愧。

无咎：六三作为施刑者，代表的是正义执法的一方，虽柔居刚位而不正，只是说明处理案件的手段过柔而不顺，对用刑过程有所影响，但结果不会变，而且有时柔顺的同时也会充满耐心，故称"无咎"。

"小吝"是指自我感觉，"无咎"则是指客观结果。

21.8 九四：噬乾胏，得金矢。利艰贞，吉。

《象》曰："利艰贞，吉"，未光也。

【白话】

九四：咬食带骨的干肉，得到一支铜箭。应保持艰苦的作风，成功。

《象》说"应保持艰苦的作风，成功"，是说他的品德、作风没有表现得光明正大。

【解读】

◎ 噬乾肺，得金矢。利艰贞，吉

"乾（gān）肺（zī）"，指带骨的干肉，这是很难咬得动的，以此比喻案件极其复杂，很难处理。"金"指刚强；"矢"原指箭，其特点为"直"，故《易》例中常以"矢"比喻正直，取象于上互坎卦，坎为箭。"金矢"指强硬正直之意；得：收获、表现之意。

随着爻位的升高，案件处理难度越来越大。"乾肺"取象于上离为火为干，下互艮为肉。另：九四为上互坎之主，坎为中间一阳，上下两阴，阳为骨，阴为肉，故"坎"有"肺"象。

九四刚居柔位，为近君的重臣，在查办非常复杂的案件时，圣人诫示要表现得强硬正直。案件时间长久、过程复杂，四本柔位，查处过程必定艰难，所以说"利艰贞"。案件最终查明，坏人得到罚处，所以为"吉"。

利艰贞：说明事情很困难，并诫之不要被困难所打败，要在困难中坚守正道。九四为上互坎之主，说明正处于困难之中。

六三爻是本应刚却过于柔顺地处理案件，故结果只是无咎；九四爻则是虽为柔位却能刚健地处理案件，故结果为吉。可见，随着案件复杂程度越来越高，圣人认为处理案件要坚持强硬、果断并坚持到底。

21.9 六五：噬乾肉，得黄金。贞厉，无咎。

《象》曰："贞厉，无咎"，得当也。

【白话】

六五：咬食干肉，应守中强硬。坚持强硬处理，没有过失危害。

《象》说："坚持公正、强硬处理，没有过失危害"，是说行为得当。

【解读】

◎ 噬乾肉，得黄金，贞厉，无咎

干肉咬食比"肤"难，比"乾肺"容易，这是随着等级升高，所查案情越来越复杂，又因六五居君王之尊位，以其居尊之势而查狱易于九四。

黄金：守中强硬之意。"黄"，五行属土，而土在五行中居于中间位置，所以"黄"在《易》中一般都指"中"，如坤之六五"黄裳，元吉"。"金"，为强硬之意，六五变九五为"金"。

厉：在此指严厉、刚健，而非危险。六五柔居刚位，性柔之人处理刚健之事，所以圣人诫之"贞厉"，坚持强硬、果决。从"得黄金""贞厉"等词可知，六五会变为九五。六五变九五后既正且中又居尊位，所以最终不会有过失危害。这仍是鼓励占者处理案件要强硬、果断，居尊位更应如此。

上卦为离为干，下互卦为艮为肉，故有"乾肉"之象；六五变九五则刚正居中，且上离变乾，乾为刚健为金，九五为乾之主，故称"得黄金，贞厉"。

21.10 上九：何校灭耳，凶。

《象》曰："何校灭耳"，聪不明也。

【白话】

上九：颈上戴着木枷把耳朵都磨没了，结果凶险。

《象》说："颈上戴着木枷把耳朵都磨没了"，这是说听不进别人的劝说。

【解读】

◎ 何校灭耳，凶

上九为《噬嗑》之终，居上而无位，可以理解为犯错受刑者最后的结局。"何"通"荷"。负荷：指戴在颈上。上离有木枷之象。

灭，《说文》："灭，尽也。"意为全部毁灭。何校灭耳：意指长时间戴着枷锁，以致把耳朵都磨掉了，引申为罪恶深重者最终受到长时间的严重刑罚，以致没有尽头。这个结果对罪犯来说当然是凶。

《象》辞理解为挡住了耳朵而听不见别人的话，认为上九犯恶的原因是听不进别人的劝说，最终得到应有的惩罚，所以说"聪不明也"。戴上木枷说明已经犯罪受刑，此时是否能听见别人劝说之言已没有意义，故我认为上爻是总结全卦，说明受罚者最终的结局比说明民众犯错的原因更能警示百姓，以使引以为戒之意。从卦象来看：上离为木枷为锁，三、四、五爻为互坎，坎为耳，互坎交错在上离中，故有磨灭耳朵之象，以此比喻坏人最终伏法受刑的结果。

【总结与启示】

《噬嗑》卦是说古代法制的卦，上离为电，下震为雷，电与雷总是相伴出现的，并且一定是先闪电后打雷。圣人以此引申出查狱案件一定要先明察后处罚。

根据"刑不上大夫"的古代法制，初、上无位，故为受刑者，二至五为查狱用刑者。随着爻位的上升，表示案情越来越复杂，而全卦查狱者只有六二既正且中，所以处理案情顺利，就像是咬食肥肉一样轻松，而其他不正位的爻分别用了"噬腊肉""噬乾胏""噬乾肉"等词，表现出各个位置查狱案件的困难程度。圣人同时进行了不同的诫示，如九四"得金矢"、六五"得黄金"。上九爻代表的罪大恶极的受刑者最终得到了沉重的惩罚，以致长时间不能解脱，这是对犯罪者的警示，以使之及时改正。

噬嗑卦引申到企业管理较易理解，就是要建立起完善的企业奖罚制度，奖优罚过。企业与国家类似，总有一些不服从指挥、不遵守纪律的人，他们轻则消极怠工、违反制度，重则损害企业利益、危害企业安全，对此，企业管理者必须建立起完善的处罚制度，对不同程度的违纪者进行适当的处罚。在公平公正、遵守国家法律的基础之上制定企业制度并严格执行，这是企业管理秩序的维持与发展的基础。

贲卦第二十二：立法之本，除恶扬善

贲卦　下离上艮，山火贲

上九：白贲，无咎。
《象》曰："白贲，无咎"，上得志也。

六五：贲于丘园，束帛戋戋。吝，终吉。
《象》曰：六五之吉，有喜也。

六四：贲如皤如，白马翰如，匪寇婚媾。
《象》曰：当位，疑也，"匪寇婚媾"，终无尤也。

九三：贲如濡如，永贞吉。
《象》曰："永贞"之吉，终莫之陵也。

六二：贲其须。
《象》曰："贲其须"，与上兴也。

初九：贲其趾，舍车而徒。
《象》曰："舍车而徒"，义弗乘也。

卦辞

贲，亨，小利有攸往。

22.1 卦名卦序

《序卦》曰：嗑者，合也，物不可以苟合也，故受之以贲。贲者，饰也。

【解读】

◎《序卦传》说："'嗑'，是合的意思，事物不可以勉强相合，所以接下来是《贲》卦。'贲'的意思是饰。"《序卦》辞义难明所以，不作解读，仅供参考。

"贲"，卦名，帛书本为"繠"，阜本、今本均作"贲"。傅氏云："贲，古班字，文章貌。"王肃："有文饰，黄白色。"

从字形分析："贲"，上卉下贝，"卉"指各种草，"贝"原指牡蛎、蛤蜊等，后泛指宝贝，"贝"在"草"下，故有杂草遮盖宝贝之意。草遮盖贝与白玉有斑两者表意类同，故傅氏解释可能是对的。按照前面卦名理解通例，如："蒙"为"启蒙"，"蛊"为"治蛊"，"困"为"济困"，则"贲"可理解为"除贲"，即除去杂草以显现宝贝之意。

分析了"贲"字之义，再来分析卦义。从后面的《大象》辞"无敢折狱"来看，显然本卦跟察案、刑罚有关。再看卦象：下卦为离为刑罚为光明，上卦为艮为山为止，从下往上看则有"刑罚适可而止"之象。从国家治理方面或可引申为"光明理政以使知其所止"。这正是《大象》辞所言的"以明庶政，无敢折狱"之意。

从卦序来看：前一卦为《噬嗑》卦，说的是国家法律制度建设，而本卦卦象为"止罚""无敢折狱"，据此可以推测本卦说的应该是法制的执行的有度与慎重。"贲"为杂草掩盖宝贝，"除贲"则是除去杂草饰物以凸显宝贝的光华。结合法制故可大胆推断"贲"之本义为：人民心中罪念为"草"，善念为"贝"，法制的目的是用刑法的威慑除去人民心中的恶念，呈现和凸显心中的善念，即除恶扬善。

法制的执行当适合而止，除恶扬善。由此可见，一个"贲"字准确地反映了古人对待法制建设的深刻理解。

◎ 上一卦为《噬嗑》，其本义是讲国家法制建设。察狱明罚，惩治坏人，法制建设的最终目的并不是为了处罚，而是为了"止罚"，不是仅仅为了罚而罚，而是为了通过法制的使用使坏人忌惮而不敢犯，最终没有了坏人，法制不再被使用。这即是"贲"，故《噬嗑》之后圣人立《贲》卦，用于警示后世君王要懂得法制的真谛，以罚止罚，执法为民。

22.2 卦辞：贲，亨小，利有攸往。

【白话】

卦辞：除恶扬善，（使）普通民众能够生活顺畅，（善良者）可以大胆作为，不必畏惧法律。

【解读】

◎ 贲，亨小，利有攸往

这句话的传统断句为："贲，亨，小利有攸往"。根据上面对卦名卦序的分析可知，卦之本义是说法制的根本是除恶扬善，使人民生活在平安、顺达的良好环境之下，故我调整断句为"亨小，利有攸往"，即"亨"与"小"组成一个词。"亨小"，使小者亨通之意，说明"贲"就是使小者亨通，保护小者。"小"泛指广大的守法民众。传统理解中用"小"修饰"利有攸往"难以说得通，且除此之外在他卦中未见一例。

利有攸往：这是鼓励善良的民众不要担心、畏惧国家法律，应该在守法的基础上大胆作为。法律是为人民服务的，只要不违反法律，就不需要感到恐惧，而应该勇于作为。

为了更准确地体现卦义，我把下面爻辞中的"贲"直译为"以贲为法"，即坚持以除恶扬善的原则立法执法。

22.3《彖》曰：贲，亨。柔来而文刚，故亨。分刚上而文柔，故"小利有攸往"，天文也。文明以止，人文也。观乎天文，以察时变。观乎人文，以化成天下。

【白话】

《彖》说：贲卦，通达。柔爻来到下卦文饰乾刚，所以通达。分出刚爻到上卦文饰坤柔，所以"小利有攸往"，这是天之文采。文明而有止，这是人的文采。观察天文，能够知道时节气势的变化；观察人文，可以教化成就天下万民。

【解读】

◎ 这是从卦变来理解卦辞。《彖》作者认为《贲》卦是从《泰》卦变来的，《泰》卦下乾上坤，坤上六与下乾九二互换而得《贲》卦，所以说"柔来""刚上"。"坤"的上六爻下到下"乾"变成六二，六二即正且中且下"乾"变成文明的"离"卦，所以为"亨"。阳爻往上，则"坤"变"艮"，艮为山为成。所以"小利有攸往"。

下离为明为文明，上艮为止，所以文明以止，是文明而知道适可而止，这是对人的文饰。天文，天上的太阳、月亮和星星对天的装饰。古人观察太阳、月亮、星星等的变化，就能够知道时令、季节的变化并顺应变化。而观察明智、庄重对人的修饰，以此教化百姓，能够获得成功。

我认为从《彖》辞难见卦之本义。

22.4《象》曰：山下有火，贲。君子以明庶政，无敢折狱。

【白话】

《象》说：山下有火，这是贲的卦象。君王因此领悟要光明正大地处理百姓政务，使奸徒不敢肆意妄为，以免折进监狱而受刑。

【解读】

◎ 山下有火，贲，君子以明庶政，无敢折狱

庶：《说文解字》："屋下众也。"衍义为：平民、百姓。

山下有火：指举着火把在山下行走，则不仅可照见前进的山路，使不至误入陷阱，更可以驱散毒虫猛兽，以避免危害和威胁。执法为民就像民众举着火把在山下行走，光明正大地行走在大路上，使各种宵小歹徒像毒蛇猛兽一样主动躲避，免受处罚。此是以"火"比喻国家法律，它是保护好人，威慑坏人的。这也说明国家管理者执法要光明正大，使坏人受到威慑而不敢主动犯错，尽量避免使用刑罚。

"君子"应专指君王，意为君王应鼓励和提倡统治者光明正大地处理与百姓有关的政务，颁布相关政策法令。国家制定刑罚制度，惩罚坏人，其本质应该首先是为了威慑坏人，使他们不敢犯，要让他们知道犯错的结果而产生敬畏，隐其恶念，扬其善念。这句话显然是教育后世君王理解法制本质，懂得如何正确地使用刑罚。

为卦下离为刑罚，九三至上九为大离，离为明，上艮为止，全卦卦象自下往上可

读为：判罚用刑时应明智量刑，主动止罚，故言"无敢折狱"。大象辞显然是从谨慎用刑，宽松治民，避免引起民众恐惧而言的。

22.5 初九：贲其趾，舍车而徒。

《象》曰："舍车而徒"，义弗乘也。

【白话】

初九：以贲为法从脚趾开始，舍弃车辆而徒步行走。

《象》说："舍弃车辆而徒步行走"，理当不能乘车。

【解读】

◎ 贲其趾，舍车而徒

"趾"为脚趾。脚趾看似微不足道，但对人的行走有重要作用。足欲动，趾先动，故"趾"引申为行走、行动之始。贲其趾：除恶扬善从脚趾开始，引申为法制的威慑要从最低层的民众的最初行为开始。

《易》常见以初爻为趾，如《噬嗑》初九"屦校灭趾"、《大壮》初九"壮于趾"、《夬》初九"壮于前趾"、《鼎》之初六"鼎颠趾"等等。"趾"为足之前端，引申为行动之始。"噬嗑"的初九"屦校灭趾"是使不能行走，引申为使小犯者不能再有恶行，而本爻"贲其趾"是从百姓的细小行为开始规范。

"车"可以使人走得更快更舒服，但对处于成长初期的人而言则会养成他的懒惰、享受和爱慕虚荣的坏习惯。"舍车而徒"，意为不使乘车而徒步行走，以避免养成懒惰和享乐的坏习惯。

初九阳居初，代表下层遵纪守法的民众，又表示初始，故爻辞引申义可理解为：法制要从规范百姓的日常行为开始，要教育民众脚踏实地地行走在正道之上，不贪图享乐，不爱慕虚荣。

初九比二应四，二、三、四为坎，坎为多眚车，说明这辆"车"是不利于健康成长的。初九在坎之下，是不在这辆有毛病的车上，故称"舍车而徒"。

◎ 义弗乘也

"乘"在《易》中都是指在上乘在下，而初九为最下，本无爻可乘，没有可以乘的道理的，所以《象》说"义弗乘也"。

22.6 六二：贲其须。

《象》曰："贲其须"，与上兴也。

【白话】

六二：以贲为法像胡须修饰嘴巴一样（使人俊朗）。

《象》说："以贲为法像修饰嘴巴的胡须"，是说随着上爻一起行动。

【解读】

◎ 贲其须

法律不仅要惩治恶行，更要表彰善行，弘扬正气。古代男子以须为美，须在口下，对人而言虽没有什么实质作用，也不能改变口的说话和进食的功能，但可以使人的整个容貌、气质得到修饰和美化。需要说明的是：帛书本为"贲其"无"须"。如以"贲其"分析，则可理解为："其"代指既中且正、善良之德的六二，为"贝"，他是法制表彰和保护的民众代表，故"贲其"意为除恶扬善，保护典型。六二为下离之主，离为贝。可见，"贲其"无"须"也能体现卦象卦义。

今本之"须"是否为误抄的衍文已无可考证。按今本理解：六二既正且中，是下离之中爻，为文明之主、法制之本，故"贲其须"的引申义为：法律的本质和根本是倡导社会文明，稳定社会治安，美化人民生活，就像美须修饰人的容颜一样。六二上无正应而亲比九三，九三至上九为颐卦之象，六二亲附在颐之下，故取"须"象。

22.7 九三：贲如濡如，永贞吉。

《象》曰："永贞"之吉，终莫之陵也。

【白话】

九三：以贲为法就像被浸润一样得到尊重，长久正固而能够吉祥如意。

《象》说："长久正固而能够吉祥如意"，是说最终不会有人欺凌他。

【解读】

◎ 贲如濡如，永贞吉

九三刚居阳而正位，代表刚正的诸侯邦君，是执法者，因坚持除恶扬善，慎罚爱民，故下能得到民众的爱戴，上能得到中央统治者的器重，就像浸润一般。"贲如"是指九三懂得并践行法治之"贲"；"濡如"则是指上下的爱戴和尊重，就像浸润一般。

濡：浸润之意。二、三、四为互坎，坎为水，有浸润之象，故称"贲如濡如"。

九三刚正过中，又处下卦之终，多变之位，所以圣人诫之"永贞"则得"吉"。

永贞吉：择善固执、坚守刚正地以"贲"执法，无有偏差，这样才能吉祥、成功。

22.8 六四：贲如皤如，白马翰如。匪寇婚媾。

《象》曰：六四当位，疑也。"匪寇婚媾"，终无尤也。

【白话】

六四：以贲为法就像用白色去修饰啊，就像白马奔跑起来显得更加高贵耀眼。引来爱慕者抢婚。

《象》说：六四处于正道位置，担心不正当的亲比。"引来强盗抢婚"，最终没有忧虑。

【解读】

◎ 贲如皤如，白马翰如

皤（pó）：白色；白马：白马在古代极其罕见，代表稀缺、高贵，此处应是形容其品德优雅出众、引人注目。翰（hàn）：白色的马，《礼·檀弓》："戎事乘翰。注：'翰，白色马也。'"此处应形容白马的洁白无瑕、高贵优雅。如：语气助词。

六四柔居阴而正位，是一位坚持除恶扬善、贤德突出的长者。其亲比九三、正应初九，是能支持九三的正确执法，吸引民众拥护，其执法为民的品德像一匹奔跑的白马，漂亮、高贵，吸引万众瞩目，受到万民敬仰。

◎ 匪寇婚媾

"匪寇婚媾"一词在《屯》卦中已进行了详细解读，其义与《屯》卦中相同，意为美丽的女子吸引了很多有为的男子的爱慕和追求。正应为"婚媾"，亲比为"匪寇婚媾"。

"匪"本义为"在隐匿处抢劫"，在他卦中常通"非"使用，但本处取其本义；"寇"本义指侵入民宅中抢劫。六四正应初九，下比九三，这是以强行抢婚形容他居于高位却坚持以贲为法的高尚品德得到了民众和邦君一致的亲近和尊崇。

二、三、四爻组成下互坎，坎为"寇"。（"匪寇婚媾"解读详见《屯》卦六二爻。）

本爻应是以白色和奔腾的白马极赞既正且尊的六四推行除恶扬善之政而得到百姓和邦君一致的爱戴和崇拜，分别使用了"白马翰如""匪寇婚媾"两个词来形容。

22.9 六五：贲于丘园，束帛戋戋。吝，终吉。

《象》曰：六五之吉，有喜也。

【白话】

六五：以贲为法就像修建和享有山丘果园，付出的只有微薄的礼物（却有丰厚的收获）。自我感到羞愧，最终大有吉庆。

《象》说：六五大有吉庆，是说享受成功的喜悦。

【解读】

◎ 贲于丘园，束帛戋戋。吝，终吉

园：本义是用篱栅围起来的种植花草蔬果的田地。丘园：指在山丘上的果园。

贲于丘园：果树如果不是种在果园，果子必然会被人摘走，如果用篱栅围起来，则是告诉路人这是园主所拥有的财产，不可私自偷摘，否则将会受到处罚。果园的篱笆栅栏就好像国家制定的法律，园中果树则是国家应该保护的好人，统治者只需要把律法规定及处罚结果公之于众，就可威慑心怀不轨者，使坏人不敢乱为。

束帛：帛书《易》作"束白"，捆为一束的五匹帛，赠人的礼物。六五变九五，上艮变为巽卦，巽为白为绳直，故称"束白"，即"束帛"。

戋戋（jiǎn）：微薄之意。"戋"，从水为浅，从贝为贱。阴爻为"戋"。"束帛戋戋"意为付出很少。真正地坚持除恶扬善的法制精神，其实不需要对百姓付出任何财物，也不需要君王自己亲自去做（却能得到意想不到的收获）。

六五柔居君位，是贲的主导者，又是以贲为法的最大受益者，就好像修建好了山林果园，享有其中林木和果实的收获，故称"贲于丘园"。

上艮为果为山为丘，三至上为大离，离为栅栏，艮在大离之中，故有"丘园"之象。六五亲比上九，上九为上艮之主，故称"贲于丘园"。

六五亲比上九是拥有丰收的果园，但与六四与六二无比无应，则是不能给他们支持和帮助。六五君王智达贤明，能做到君臣同德地坚持支持以贲为法，自我感觉没有为百姓付出很多却能得到意想不到的收获，因此内心感到羞愧，故称"束帛戋戋，吝"。这是强调以贲为法的重大作用和意义，鼓励君王坚持执行而会"终吉"

22.10 上九：白贲，无咎。

《象》曰："白贲，无咎"，上得志也。

【白话】

上九：坚持以贲为法到最后就像是白饰，没有过失危害。

《象》说："白贲，无咎"，是说最终达成了心愿。

【解读】

◎ 白贲，无咎。

上九为卦之终、贲之极，有坚持以贲为法到最后之象。《考工记》曰："画绘之事后素功"。孔子曰："绘事后素"。古代画画先用彩色之后，再用白色填充空白，以更好地显示色彩。这是以画出的彩色图画代表遵纪守法的善良民众，他们是君王和国家重点彰显和保护的对象；以空白处的杂色代表罪恶行为或不法之徒，用白色填充则是比喻用法制威慑、惩治、隔绝罪恶行为和不法之徒，以保护守法民众和社会正气。这就是"白贲"之意。

以守法的人民为中心，为充分尊重他们，而用法制的手段隔绝和除去不法之徒，就是除恶扬善的以贲为法，是立法执法的本质。这样当然是没有什么过错的，就像用素色来修饰彩色总是没有什么害处的，故称"白贲，无咎"。

上九为全卦之终，也是对贲卦的总结，作者用"白贲"来总结法制的本质，实在是精妙绝伦！

【总结与启示】

结合前一卦《噬嗑》卦和本卦"大象"辞，我大胆推断：作者是以"贲"来说明法制的本质，即法制精神不是只为了惩罚违法之人，而是为了除恶扬善，保护和尊重善良的守法之人。从卦象来看：下离为刑罚，上艮为止，刑罚应适可而止，故"大象"

辞说"君子无敢折狱";另外，下离为火，上艮为山，山下有火，这是告诉国家立法和执法者：立法行法应像在举着火把在山下行走，既照亮前行之路，又使毒虫猛兽不敢现身，是为隐恶扬善。

初九代表普通民众，又代表执法之始，民众是执法的对象，说明法制一开始的目的就是要从规范百姓行为开始，教育民众去除懒惰贪念的不良思想；六二中正谦和，善良守法的代表，是国家法制保护和彰显的典型；三至五爻代表统治阶层，他们是坚持以贲为法的执法者，因而能得到人民的尊重；上九用"白贲"精妙地总结了法制的本质。

从企业管理的角度来看，本卦带给我们的启示是：为了维护企业管理秩序，制定各种处罚制度是非常必要的，但处罚永远不是目的，处罚的目的是使员工不会犯错、不敢犯错。制度的本质是保护和尊重遵守制度、认真工作的好员工。处罚与奖励应该同时使用，有奖有罚、公正公平、诚信有度才是企业制度建设与执行的核心。

剥卦第二十三：人民流失，人才凋零

剥卦　下坤上艮，山地剥

上九：硕果不食。君子得舆，小人剥庐。
《象》曰："君子得舆"，民的载也；"小人剥庐"，终不可用也

六五：贯鱼以宫人宠，无不利。
《象》曰："以宫人宠"，终无尤也。

六四：剥床以肤，凶。
《象》曰："剥床以肤"，切近灾也。

六三：剥之无咎。
《象》曰："剥之无咎"，失上下也。

六二：剥床以辨，蔑，贞凶。
《象》曰："剥床以辨"，未有与也。

初六：剥床以足，蔑，贞凶。
《象》曰："剥床以足"，以灭下也。

卦辞

剥，不利有攸往。

23.1 卦名卦序

《序卦》曰：贲者，饰也。致饰然后亨则尽矣，故受之以剥。

【解读】

◎《序卦传》说：贲就是饰，达成文饰之后亨通也就走到了尽头了，所以《贲》卦达到终极之后就是《剥》卦。

从上一卦的解读可知，"贲"理解为饰是不准确的。另外，《贲》卦之极为什么会是《剥》？《序卦传》没有说明白，使人难以理解其逻辑。

"剥"，《说文》：裂也；《广雅》：离也。可见"剥"的本义是裂开、分离、脱落之意。

《剥》卦为卦下坤上艮，艮为山，坤为土，山下是土，其象是说树木、植株都已剥落只剩下土壤，山体成为光秃秃的土丘。《贲》卦卦象为山下有火，可理解为举着火把在山下行走，则行走之人既可以照亮前进之路，又可使山中毒虫猛兽不敢出来为害伤人。以此比喻：法制的目的就是威慑危害，保护行进在光明大道之上的百姓。如果法制的目的是为了消灭一切可能有危害的对象，不管有没有发生，则好比我们想全

部消灭山中毒虫猛兽，不管它有没有出来害人，那唯一的方法只有放火烧毁整个山林，结果就是山中所有野兽都被烧死，山林尽毁，山也就变成了秃秃的土山，这正是《剥》卦卦象。因此，剥卦反映的是刑罚泛滥所带来的后果，从反面说明以贲为法的重要意义。君王应谨防此种情况的出现，否则将失去人民，国将不国。另外，从《剥》卦卦体来看：一阳在上，五阴在下，整个卦形就像一张床，又像一座房子，下面五阴支撑上面一阳。五阴没有足够的力量支撑房子或床的重量，房子或床有倒塌的危险。

《贲》卦说的是国家法制的目的是除恶扬善，保护人民。如果统治者违背法制精神，滥用刑罚，那么必定会使人民畏惧而逃离，国家空虚，就像用火烧光山中所有生命，大山变成大土堆。圣人在《贲》卦之后立《剥》卦，是想告诉后世君王滥用刑罚的严重危害！

应注意的是：传统解《易》作品是把阴爻理解为小人，把阳爻理解为君子，那么本卦从初爻到五爻代表国家各个阶层的人都是小人，很难想象这是一个什么样的社会。事实上，《易》例中不可把阴爻简单理解为儒家所认为的"小人"，即奸邪之人，而常理解为柔弱或能力平庸者，只有在少数卦中不当位的阴爻才可能代表这种奸邪小人。本卦应是说明各级管理者众叛亲离，得不到人民的支持而无所作为、无能为力。

23.2 卦辞：剥，不利有攸往。

【白话】

卦辞：人才凋零，人民离散，不适宜有大的作为。

【解读】

◎ 不利有攸往

无论是维护国家安全，还是进行经济建设，都需要人民的支持和人才的贡献。人民是国家的基石，失去人民国家将不复存在，就像没有植被的大山就会变成大土堆，经过风吹雨打、日晒雨淋，土堆慢慢会流失一样。在国家人才凋零、人心不齐之时，君王无论是想进行经济建设，还是对外征战侵伐，都无法顺利进行，故言"不利有攸往"。

23.3 《彖》曰：剥，剥也，柔变刚也。"不利有攸往"，小人长也；顺而止之，观象也；君子尚消息盈虚，天行也。

【白话】

《彖》说：剥卦，分裂、离散的意思，柔爻改变刚爻。"不利有攸往"，是说小人之势正盛。顺应形势而停止，这是观察卦象得到的启发。君子看重消息盈亏的规律，这是天道运行法则。

【解读】

◎ "柔变刚也"，意为阴柔势长而影响、改变刚健。"小人长也"，长，势正盛之意，所以君子不利有攸往。这是从卦象、卦气来解说的。

"顺而止之"，下坤为顺，上艮为止，顺而止之，这是指君子顺应时势而退隐。子曰："邦有道则见，邦无道则隐"。

◎ 君子尚消息盈虚，天行也

君子能够看清道长道消，并顺应形势而变，这是效法天道的运行法则，所以正气不至于完全消亡。上九为君子，五阴长而一阳退，上九为天，故称"天行也"。

《象》辞显然是把阴爻理解为小人，认为卦象是小人势长，君子势消。我理解与此不同。

23.4 《象》曰：山附于地，剥。上以厚下安宅。

【白话】

《象》说：光秃秃的土山附着在大地的上面，这就是剥卦的卦象。君上得以领悟：要厚待民众，巩固基础才能使国家安稳。

【解读】

◎ 山附于地，剥。上以厚下安宅

《说文解字》："'附'，附娄，小土山。字形采用'左耳'旁（阜），'付'是声旁。"《春秋传》说："小土山上没有松柏之类的参天大树。"宅，《说文解字》："寄托人身的居所。"普通人寄托人身的居所为"房屋"，而君王寄托其身的居所则为"国家"。

从《说文解字》的解释可知，"山附于地"是指没有树木的土山附着在地的上面，这与我上面对卦象的分析是一致的。山上如果没有灌木和树林，那么山不能成山，只能叫土堆，慢慢地经过日晒雨淋，土堆也会随着水土的流失而消亡。统治阶级如果滥用刑罚，滥杀无辜，人民就会逃离，国家就会变成像是没有林木的土山，社会发展的基础就会产生动摇。因此，圣人告诫后世君王，要以百姓为重，巩固基础，国家才会长治久安。

"上"指君王，一阳在上，故取"上"象。一阳五阴，可视为大艮卦，故有宅舍之象。

23.5 初六：剥床以足，蔑，贞凶。

《象》曰："剥床以足"，以灭下也。

【白话】

初九：人才凋零有如床足不稳，意志消沉，长此以往将有凶险。

《象》说："人才凋零犹如床足不稳"，是说无道之治伤害了在下的民众。

【解读】

◎ 剥床以足

床：原字为"牀"，帛书《易》作"臧"。从全卦看，上面一阳，下面五阴，整个卦象似一张床；另，下为坤为大地，也有床象。《易》常以初为足。卦以床比喻国家，初爻代指底层平凡的百姓。

剥床以足：床足腐蚀剥落，床体不稳，引申为国家人民逃离，人口减少，国家统治摇摇欲坠。

先贤们几乎都把"剥"理解为剥蚀，"剥床于足"认为是阴从下渐长，开始剥蚀床足，然后慢慢向上到身体。如程颐："阴之剥阳，自下而上，以床为象者，取身之所处也，自下而剥，渐至于身也"。对此解我有两疑，一是：从卦象卦气看，已经是上面一阳，下面五阴，阴极盛之势已成，故"阴渐长"之说不合卦象。如按卦气理解，《遁》☶卦才是阴渐长之象；二是：如从阴长阳消之象上说，阴得势害阳，而初为阴，阴得势怎么自己反而有凶呢？本爻却为"贞凶"。以此两点可证明先儒之说不通，而如果按"剥"的本义"分裂"来解却好理解了：全卦就像一张床，阳为床面维持床的稳定，下面五阴为床的支撑部分，五阴表示支撑部分柔弱无力、结构不稳不能支撑床的稳固。引申为作为国家基础的人民逃离，国家统治不稳。

◎ 蔑，贞凶

"蔑（miè）"，《说文》："蔑。劳目无精也，从苜。人劳则蔑然。从戍。"

旁目无精意为无精打采，其甲骨文字形像是人坐着，上面眼睛下垂，似人在休息，下面为"戍"，指兵器，字形像是人在打仗的间隙，兵器放在脚下在休息。故可推测"蔑"字本义是一个人失去了战斗的意志，引申为人的意志消沉、能力不足、失去信心。前人及今之学者多理解为"灭"，可疑。

在本爻中，结合上半句对本句的推测，应指初六代表的平民人员减少，力量不足，意志消沉，没有足够的力量承担责任，对国家统治者失去信心，长此以往对社会稳定和国家统治都很危险，故称"贞凶"。

初六以柔居刚而不正，且与上无应无比，是柔弱无能，且对统治者不信任，也得不到统治者的认可支持，故没有力量和信心。

23.6 六二：剥床以辨，蔑，贞凶。

《象》曰："剥床以辨"，未有与也。

【白话】

六二：人民凋零有如床干不牢固。意志消沉，长此以往将有凶险。

《象》说："人民凋零有如床干不牢固"，这是说没有与他相应与。

【解读】

◎ 剥床以辨，蔑，贞凶

辨：指固定床脚、承放床板的床主干，即指床的主架。程颐曰："辨，分隔上下者，床之干也。"

六二居中，既中且正，象征着士大夫阶层，是地方组织的中坚力量，故以床干为喻。

本爻喻指因人民逃离，人才来源不足，导致社会基层管理者人才凋零，能力和信心不足，不能承担相应责任。这样下去当然会很危险。

下为坤，坤为大地。大地包容、承载万物，引而申之，凡类似于大地有承载功能之物皆可以坤取象，如船、床、高台等，故坤为床。六二为坤之主，故六二有"辨"象。

◎ 未有与也

与：指阴阳相比或相应之意。六二与初、三不比，与五不应，故称"未有与也"。没有阳爻相比应，也即是说没有国家正道力量相助。

23.7 六三：剥之无咎。

《象》曰："剥之无咎"，失上下也。

【白话】

六三：人民流失之时行为没有过失危害。

《象》说："人民流失之时行为没有过失危害"，是说与上下不一样。

【解读】

◎ 剥之无咎

本句帛本、汉石经"剥"字下无"之"字，《周易集解》也无"之"字。据此推断，原文应无"之"字，可能是传抄者根据《象》辞而衍。就本句理解来看，"之"不管是否多出，对本义影响不大。

六三正应上九。上九是代表唯一维持全局的力量，正应上九，表示忠诚支持和拥护国家改变现状的希望和力量，所以没有过失咎害。六三本不正位，可见在"剥"之时，不以是否正位为据，而应以是否顺应时势为重。

三为诸侯王公之位，代表各诸侯邦国，他们是保护国家安全的屏障，是国家稳固的基础。阴爻代表诸侯邦君（邦国）力量柔弱空虚，但正应全卦唯一的阳爻上九，说明他信任、支持君王，渴望改变，故无咎。上九代表君王在卦时之终的最后发展状态，六三与上九正应，说明代表国家稳固之基础的诸侯邦君能够忠诚拥护君王改变现状并得到君王的信任，彼此互相支持，这样当然没有过失。这是对六三行为的肯定和鼓励。

23.8 六四：剥床以肤，凶。

《象》曰："剥床以肤"，切近灾也。

【白话】

六四：人民流失有如侵害到了床上人的肌肤，凶险。

《象》说："人民流失有如侵害到了床上人的肌肤"，是说迫近灾害了。

【解读】

◎ 剥床以肤，凶

下坤为床，四近坤而在坤之上，故以床体上休息之人为喻。人躺在床上休息与床贴近的是皮肤，床体不稳，已经伤及人了，故称"剥床以肤"。六四在上艮中，从《噬嗑》卦的解读可知，艮有"肤"象。

六四柔居阴位，正位近君，是君王身边的重臣，是国家统治阶级核心的代表，但他下面无应无比，是得不到人民的支持，独木难支，故不能很好地辅佐君王。国家需要时却无人可用就是对统治者的伤害。

伤到皮肤虽然没有性命之忧，但说明危害已经触及到人。危险已加身，故直言"凶"。

23.9 六五：贯鱼以宫人宠，无不利。

《象》曰："以宫人宠"，终无尤也。

【白话】

六五：君王尊宠朝廷每一个人，大家像鱼儿被线牵系一样围绕、团结在君王身边，没有什么不利的。

《象》说："朝廷众人受到君王尊宠"，最终没有隐忧。

【解读】

◎ 贯鱼以宫人宠，无不利。

贯：本义指穿钱的绳子，在此应有牵系、团结之意。以：在此应理解为"因为"。

"宫"原指帝王居住的房屋，在此引申为朝廷。"宫人"指朝廷中的所有人，代指国家管理者。"宠"，甲骨文为：窝 =（宀，房屋）+（张着大口的大蛇），造字本义：把蛇养在家中。古人称蛇为小龙，视为与龙同类的崇拜对象，认为家中养一条大蛇，可以带来吉祥平安和福气。《说文》："宠，尊居也。"后引申为珍惜、宠爱等。

贯鱼以宫人宠：意为君王尊宠朝廷中的每一个人，众臣像鱼儿被线牵系一样围绕、团结在君王身边。从《姤》卦九二爻解读可知，"鱼"为褒称，说明君王已认识到导致国家无人可用原因，开始改变现状，重新尊重、爱惜每一位为朝廷出力、为国操劳的管理者，因而得到大家的拥护。这是剥时状态改变的良好的开始，当然没有什么不利的，故"无不利"。

"贯"与绳索有关，而绳索在八卦以"巽"取象；"鱼"在八卦中也以"巽"取象。本卦本无"巽"，但如果本爻变，则上艮变上巽而有巽。故从"贯鱼"可反推本爻会发生变化，且六五中而不正，也有向正而变的趋势。

六五变九五，则下亲比六四、正应六二，是为尊宠大家。六二为下坤之主，代表下坤，六四为上巽之主，巽为绳直为鱼，下面众阴都向九五亲附围绕，有如被绳子牵系的鱼群，故称"贯鱼以宫人宠"。

剥之将终，君王能够及时醒悟，及时改变，果决行动，尊重和爱惜身边每一位臣属，大家纷纷响应，全力拥护，其势将及全国，剥势开始改变。

23.10 上九：硕果不食。君子得舆，小人剥庐。

《象》曰："君子得舆"，民所载也；"小人剥庐"，终不可用也。

【白话】

上九：硕大的果实没有被食用。统治者开始重视人民，重新获得人民的信任，不能改变错误者将被剥夺职权。

《象》说："统治者开始重视人民，重新获得人民的信任"，是说君子是由广大民众所承载的；"不能改变错误者将被剥夺职权"，是说他们最终不会得到任用。

【解读】

◎ 硕果不食

硕者，大也。上九一阳在上，艮为果，阳为大，故有"硕果"之象。从卦象看阳不可消亡，上消则必从下长，上面一颗大果子代表国家改正错误的决心和希望，它们不会消亡，会传递到人民中间，在人民心中慢慢地成长，就像种子落到地上重新发芽生长。

上九是唯一的阳爻，代表君王到了最后终于醒悟，下定决心要扭转目前不利的局面后的结果。"硕果"指"种子"，可以代表"反省""希望""力量""决心""信心"等。如果没有这颗最后的"种子"，那最终的结果必定是国家消亡，就像没有植物的土山最终销蚀。

成语"硕果仅存"最早即来源于此。

◎ 君子得舆，小人剥庐

君子：指君王或有地位、有能力并决心改变现状的统治者；小人：指柔弱、平庸、顽固不变的当政者。舆：本指造车的人，后指车，又引申为众。得舆："得"为收获，重视众人，尊重人民并得到了民心的支持。剥庐：指失去房屋，不能安居，引申为剥夺权利，不被任用。

"君子得舆"意为统治者接受教训，也知道了问题所在并开始纠正，并得到民心的支持。"小人剥庐"则指真正顽固不化的管理者将会被剥夺职权，不会得到任用。

【总结与启示】

"剥"字的本义为"裂开""分离"。剥卦卦象是山下是土，山中林木完全剥离，大山变成土丘。结合上一卦《贲》卦来理解：《剥》卦本义是从"贲"之反面说明以贲为法、尊重人民的重要性。如果国家法制不能以民为重，而是滥用刑罚，则人民将不堪忍受而逃离家园，以致国家像砍光了树木的光秃秃的土山。

下坤卦以床为象，百姓就好像是床，统治者就是睡在床上的人，百姓逃离就像床架不稳，床上的人岂能安睡？

初六代表基层百姓，以床足为喻，百姓逃离则会使国家统治不稳固；六二代表士大夫阶层，是社会的中坚骨干，没有人民的支持他们就是不能承重的床架；六三与上九正应，是支持国家纠正错误者，其行为值得肯定；六四为近君的重臣，同样因受到错误政策的影响，得不到人民的支持，独木难支而直接使国家统治者受到伤害；六五剥势之极，君王及时改变，重新开始尊宠大家，众臣群起拥护和支持，没有什么不利的；上九代表君王最终对错误政策的反省与纠正。

从企业管理的角度来看，本卦带给我们的启示是：企业如果滥用处罚制度，为罚而罚，长此以往就会使员工大量流失，以致无人可用。对于这种情况企业管理者必须深刻反省，了解问题的根源，以人为本，尊重员工，重塑企业文化，才能使企业重获生机。

复卦第二十四：坚定信念，全力促复

复卦　下震上坤，地雷复

上六：迷复，凶，有灾眚。用行师，终有大败，以其国君凶，至于十年不克征。
《象》曰："迷复"之凶，反君道也。

六五：敦复，无悔。
《象》曰："敦复，无悔"，中以自考也。

六四：中行独复。
《象》曰："中行独复"，以从道也。

六三：频复，厉，无咎。
《象》曰："频复"之厉，义无咎也。

六二：休复，吉。
《象》曰："休复"之吉，与下仁也。

初九：不远复，无祗悔。元吉。
《象》曰：不远之复，以修身也。

卦辞

复，亨，出入无疾，朋来无咎，反复其道。七日来复，利有攸往。

24.1 卦名卦序

《序卦》曰：物不可终尽，剥穷上反下，故受之以复。

【解读】

◎《序卦》说：事物的发展不可能一直到终结，《剥》卦发展到了尽头则会回到下面重新生长，所以接下来是复卦。从卦象上来说，《序卦传》对本卦卦序的解释是准确的，但未能说明卦理的逻辑性。

复：从金文的字形来看，"日"代表太阳，"夂"为止、终，表示太阳回到终点之后又再次出来。《复》卦是《剥》卦的覆卦。《剥》卦是一阳到了终点，《复》卦是一阳又从起点开始上升。其卦象为下震上坤，震为动为蕃鲜，代表生命，坤为地，卦象为生命在地下积蓄、生长。生命代表希望，虽深藏地下，但终究会长出地面而蓬勃发展。

《剥》卦是说如果错误地执行法制政策，滥用刑罚，则会伤害民众而使百姓流失，国家人口减少以致人才凋零，无人可用，国家统治的基础不稳固，就像大山林木剥离以致山体荒芜。国家如果发展到这种状态统治者必须反省，纠正错误，调整政策，解除对人民的禁锢和刑罚，使人口开始增长，社会重新繁荣，所以《剥》卦之后是《复》卦。《复》卦说的是国家经历了《剥》卦时代的错误后全力促进恢复。从卦象来说，《剥》卦是山上树木都已剥离，山体几乎荒芜；《复》卦则是要重新封山育林，使森林慢慢恢复。另外，需要注意的是，从卦象雷在地下可知，《复》不是已经恢复，而是将要恢复，君王领导大家全力促进恢复，必将经历一个漫长而困难的过程。

24.2 卦辞：复，亨，出入无疾，朋来无咎，反复其道。七日来复，利有攸往。

【白话】

卦辞：全力促进恢复，通达。（人们）自由出入不会受到伤害，兴趣相投者前来相聚没有危害，（这样）才是让国家恢复的正确方法。经过一个周期就能恢复，适宜有所作为。

【解读】

◎ 出入无疾，朋来无咎，反复其道

从卦名的解读可知："复"是促进恢复之意。上一卦《剥》卦是指国家因错误的刑罚政策，人民受到各种打压和刑罚，以使国家人口减少。要想让社会恢复则必须给百姓一个宽松的生存环境，使人民不会担惊受怕而回归家庭，以利于人口快速增长。从卦象看就是要让下面一阳快速成长。

疾：从疒从矢，指因外来的箭而受到伤害。

出入无疾：意为让百姓自由行动，没有危害，不受限制。

朋来无咎：鼓励兴趣相投者自由交往，互相帮助而不会担惊受怕。显然这是圣人提出的促进恢复的措施。如果说《剥》卦卦象是一座快要被砍光树木的大山的话，那么《复》卦就是要封山育林，让大山重新充满生机，让各种植物、动物自由生长而不加干扰，恢复生态平衡。这样才是快速恢复的正确办法。

反复其道：使人民复归到正常的生活秩序。"其道"指人民不再对统治者和政府感到恐惧，能够正常生产生活的社会秩序。

◎ 七日来复，利有攸往

七日来复：从一阴五阳的姤卦开始，历经遁、否、观、剥、坤、复总共七卦，所以称为"七日来复"。"七日"引申为一个变化周期，如太阳升、落的周期是一天，月亮圆缺的变化周期是一月，春夏秋冬季节的变化周期是一年。《易》常用"七日"泛指所有变化的周期。从一阳在下的卦象来看，此"七日"周期应是一个较为漫长的、艰苦的过程。以传统的"节气"为例，复卦代表"冬至"。"冬至"到春天要经历整个冬季的严寒和春天初期的春寒，会有一个很长的寒冷过程。

利有攸往：指君王懂得促进恢复的道理以后就要按正确的方法行动和作为。

24.3 《彖》曰："复，亨"，刚反，动而以顺行，是以"出入无疾，朋来无咎"。"反复其道，七日来复"，天行也。"利有攸往"，刚长也。复，其见天地之心乎?

【白话】

《彖》说："复卦，亨通"，刚爻返回到下面，积极行动并顺应正确的规律，因此"出入无疾，朋来无咎"。"反复其道，七日来复"，这是指上天运行的规律；"利有攸往"，这是刚健在增长；正气复生，这不正是显示了天地运行法则的本心吗?

【解读】

◎ "动而以顺行"，下为震为动，上为坤为顺，故称"动而以顺行"，意为刚阳、正气顺应自然法则而向上行动。

天行也：指天道运行法则，即周而复始，生生不息。

"天地之心"，来知德曰："天地无心，生之不息乃其心"，指天地运动的本质。

24.4 《象》曰：雷在地中，复。先王以至日闭关，商旅不行，后不省方。

【白话】

《象》说：雷在大地的里面，这是复的卦象。古代帝王得以领悟：在冬至之日开始关闭关口，商贾旅客禁止通行，君王不巡查四方。

【解读】

◎ 下震为雷，上坤为地，故称"雷在地中"；先王：应是指先朝的某一位贤德君王，可能是他首先制定冬至之日开始关闭关口、休养生息制度，也可能是泛指而非实指某一位先王。

至日：指二十四节气的"冬至"之时。《象》辞作者认为《复》卦的一阳初生代表"冬至"之时。后人据此创立卦气之说，并以十二消息卦对应 12 个月。冬至之后，北方天气进入最寒冷的隆冬季节，这时候，人和万物都进入到休养生息的状态，为来年的繁荣积蓄能量。

程颐曰："先王顺天道，当至日阳之始生，安静以养之，故闭关使商旅不得行，人君不省视四方，观复之象而顺天道也。在一人之身亦然，当安静以养其阳也。"（《伊川易传》）

《剥》《复》两卦应是圣人假设的国家治理不善的极端状态，用于警示后世君王，实际中是不太可能出现，所以《大象》辞作者只是从自然之道引申出"至日闭关，商旅不行，后不省方"，而非像他卦一样从国家治理之道进行引申。

24.5 初九：不远复，无祗悔。元吉。

《象》曰："不远之复"，以修身也。

【白话】

初九：离开不远就能回复，不会感到畏惧和担忧。这是成功的关键。

《象》说："离开不远就能回复"，这是君子的修身之道。

【解读】

◎ 不远复，无祗悔。元吉

祗："祗（qí 或 zhī）"与"祇（zhī）"古代两字是没有区别的，但现在区别很大。"祇"指地神，"祗"则为敬畏之意。我从象推测该字应为"祗"，即敬畏之意。无祗悔：不会有畏惧和隐忧。

不远复：指离开正常轨道不远就能回复，引申为国家错误的法制政策不久就能及时得到纠正，人民对国家的信任慢慢恢复。

不远复，无祗悔：初九代表广大人民，他们开始回归正常的生产、生活，对统治阶级不再畏惧和害怕（国家已经及时调整政策）。

元吉：与"元亨"类似，应理解为"吉之元"，即成功的关键和首要。这是强调统治者知错能改，及时纠正错误的重要性。民众对政府的信任快速恢复是国家发展得以恢复的关键。强调复卦的核心和关键是统治者改过的及时性及人民信心的恢复。本爻是体现全卦恢复的本源、关键，故可视为全卦之主。初九以刚居阳，是全卦的唯一的阳爻，是"复"的主体，是代表恢复的生机和希望。生机很快能够恢复，并且在国家创造的良好条件下民众没有任何畏惧和担忧，这才是能够尽快恢复的关键。如果君王不能对《剥》之错误的做法及时改正，没有如卦辞所言创造一个良好的恢复环境，那么初九代表的人民不可能会对政府恢复信心和信任，复卦之道就不可能实现，所以非常关键，故称"元吉"。

传统解释是简单地把"元吉"理解为"非常吉"，比"大吉"程度还要更好的"吉"，这是不准确的，不能体现其深刻意义。

24.6 六二：休复，吉。

《象》曰："休复之吉"，以下仁也。

【白话】

六二：（以中正之德）帮助恢复，结果吉利。

《象》说："帮助恢复而吉利"，是说能够追随天下的仁道。

【解读】

◎ 休复，吉

休，从"人"从"木"，原意为人靠着树休息或等待，有依靠和信任之意，在此应理解为支持、帮助。初九是全卦之主，代表广大民众，是国家的基石，是各级管理者得以存在和发挥能力的基础，是恢复的主体。六二以柔居阴，既中且正，且下比初九，以其柔顺、中正之德支持初九的恢复而发挥作用，结果成功而喜庆。

下震为木，初九为木之主，六二下比初九，正是非常形象的人靠树之象，所以称为"休复"。传统解读把"休"解为休美、完美，我认为不准确。

六二以其中正之德和坚定的信念既依托初九一起恢复，又帮助和支持初九恢复，一定会有一个好的结果，故称"吉"。

◎ 以下仁也

以：与也，支持、帮助、追随之意。下：初为下。仁：爱、善等，是典型的儒家思想，子曰："克己复礼为仁"。初阳代表的就是天地的正气、国家管理的秩序、人才振兴的希望，是大仁。

24.7 六三：频复。厉，无咎。

《象》曰："频复"之厉，义无咎也。

【白话】

六三：在困难中谨慎地寻找促进恢复办法，行动坚决，没有过失伤害。

《象》说："在困难中谨慎地寻找促进恢复办法"的坚决，从道义上来说最终没有过失。

【解读】

◎ 频复，厉，无咎

"频"字金文：𦥑𦥑。从其金文字形来看："川"代表河流，表示危险，像是一个人面对大河犹豫不前，并且顺着河流往前走寻找可以安全过河的地方；"止"为行走之意。因此，"频"的造字本意可推测为：面对危险谨慎地寻找解决的办法。故"频复"可理解为在困难中谨慎地寻找和促进恢复的办法。

厉：本义指山崖上突出的大石头，引申为阻力、危险，又有坚决、果断之意，在此应理解为坚决、果断。

六三居下之上，是诸侯之位，在《复》之时是带领大家面对困难，修正错误，寻找尽快恢复办法的领导者，需要行动坚决才可能会成功，故称"厉，无咎"。

"厉"为阳爻之性，从"厉，无咎"可知，六三变九三。六三变九三则下互卦为坎，坎为险为厉。九三为下互坎之主，又为上互震之主，坎为"川"，震为"行"为"止"，为"频"象，故称"频复"。六三变九三则以刚居阳而正位，意为回归正常的管理之道。《复》之时，回归正道当然无咎，故《象》说，"义无咎也"。

24.8 六四：中行独复。

《象》曰："中行独复"，以从道也。

【白话】

六四：在困难中独自坚持促进恢复。

《象》说："在困难中独自坚持促进恢复"，是说坚持正确的恢复之道。

【解读】

◎ 中行独复

六四谦逊正位，居于六三邦君和六五国君之中且与两者不亲，正位行于其中，故称"中行"。六四正应初九是能支持、帮助民众复归正常，与六三和六五不亲是得不到邦君和国君的认同和支持，故称"独复"，独自坚持帮助民众恢复。

六四代表近君辅臣，在没有君王支持的情况，独自坚持推动百姓快速恢复正常的生产生活秩序和对统治者的信心，是为"中行独复"。

六四以正应正，是走在促进恢复的正确道路上，故《象》曰："以从道也"。

24.9 六五：敦复，无悔。

《象》曰："敦复无悔"，中以自考也。

【白话】

六五：坚定、敦厚地全力促进恢复，没有悔憾。

《象》说："坚定、敦厚地全力促进恢复，没有悔憾"，是说守中而成就自我。

【解读】

◎ 敦复，无悔

敦：坚定、笃实之意。六五柔居刚中，为人君之位，《复》之时是率领大家全力促进国家恢复的领头人和决策者。在面临克服困难、促进恢复的关键时期，君王的决心和信心是最为重要的。上卦为坤，坤为厚为敦，六五居于坤中，故称"敦复"。

在《复》之时，君王能够反省而坚定地促进恢复，是国家回归正道的最大保障，所以没有悔憾。

◎ 中以自考也

考：成全、成就之意。

来知德曰："'考'者，成也。言有中德，自我而成其'敦复'也。"（《周易集注》）

24.10 上六：迷复，凶，有灾眚。用行师，终有大败，以其国君凶，至于十年不克征。

《象》曰："迷复"之凶，反君道也。

【白话】

上六：（如果）迷失而没有信心促进恢复，很凶险，会有天灾人祸。（如果）为缓解这种形势去行师打仗，最终一定会遭遇大败，使其国君有危险，以至于十年不能够再次出征。

《象》说："（如果）迷失而没有信心促进恢复"的失败，是说这是违反作为一个英明君王的治国之道的。

【解读】

◎ 迷复，凶，有灾眚

"迷"字本义为看不清前进的方向。迷复：意为迷失方向而对恢复没有信心，不积极采取行动促进恢复。灾：指自然灾害；眚：指因人为导致的伤害。面对天灾如果不能积极面对、努力作为，那么结果不仅天灾难治，更会带来人祸，故称"有灾眚"。

促进恢复的道路是艰难的，决策者必须要认准方向、坚定信念才能成功，否则将会迷失方向，甚至因此制定错误的政策和措施，结果不仅不能促进恢复，更可能导致更大的灾难，是为"迷复，凶，有灾眚"。自然带来的伤害是"灾"，因统治者不作为而给国家、人民造成了更大的伤害是"眚"。

◎ 用行师，终有大败，以其国君凶，至于十年不克征

十年：指很长时间。

君王因受困于国内的困难形势，又对解决困难、恢复国内秩序没有信心、没有方法，承受了来自各方的巨大压力。为了转移国内压力和矛盾而冒险动用军队，发动战争，终果必定会遭受大败，以至于使其国君结果非常凶险。

至于十年不克征：意思是说这样做将会给国家带来灾难性的后果，会极大地消耗国家的力量，以致很多年以内再也没有能力发动战争。

关于利用战争转移国内矛盾的政治智慧在《同人》卦中就已有明确的体现。

本爻总结全卦，告诉后世君王：面对促进恢复的困难时期，唯有认准方向，脚踏实地，坚定前行方能取得成功；如果意志不坚定迷失在恢复的过程当中，则结果必定会付出沉痛的代价。面对国内压力，如果想利用发动战争这种危险的方式来转移国内矛盾，那必定会陷入更加危险的境地。

【总结与启示】

《复》卦是指君王及时纠正《剥》之时的错误政策，带领大家全力促进国家恢复正常秩序，好像一座大山的树木被烧光之后，管理者积极进行封山育林，以使快速恢复。卦象为下震上坤，雷在地下，一阳爻在下，五阴爻在上，阳爻代表的生机、希望、秩序等开始出现，引申为国家开始向正常轨道恢复。

初九为全卦之主，代表广大人民，在国家及时纠正错误的法制政策之后他们很快恢复了对统治者的信心，不再畏惧而恢复，这是成功的关键；六二以中正之德支持和伴随着百姓恢复而恢复，结果成功；六三"频复"是指虽暂时无力克服困难，但能积极寻找克服困难的办法，果断、坚决地促进恢复，不会有过失危害；六四正应初九，柔居正位，是能独自在困难中坚持全力支持恢复者；六五柔中之君是全力促复的决策者，能够坚定信念、笃实地促进恢复，没有悔憾；上六爻最有深意，总结全卦，圣人警示：如果迷失方向，没有信心促进恢复，终将招致凶险，而如果想发动战争缓解矛盾，则会给国家带来灾难性后果。

本卦从卦象、卦序看，其本义是说在《剥》卦的百姓流失之后，君王痛定思痛，

及时调整错误的执法政策，使人民很快树立起对统治阶级的信心而开始恢复。从各爻来看，其恢复的意义又不仅仅指人民的复归，更可看作是包含各种错误、困难、灾难之后的促进恢复的过程。2020年初全世界暴发的新冠疫情之后各国的抗疫和复工复产的情形与卦象卦义颇为相似。在这场灾难中，伟大而智慧的中国人民能够齐心协力，快速战胜疫情，很快从疫情中恢复，而西方某些国家却深陷泥潭，遭受了很大打击。由此可知，周易智慧早已融进了中华民族的基因中，是以"日用而不知"。

无妄卦第二十五：尊重规则，顺其自然

无妄卦 下震上乾，天雷无妄

上九：无妄行有眚，无攸利。
《象》曰："无妄"之行，穷之灾也。

九五：无妄之疾，勿药有喜。
《象》曰："无妄"之药，不可试也。

九四：可贞，无咎。
《象》曰："可贞，无咎"，固有之也。

六三：无妄之灾。或系之牛，行人之得，邑人之灾。
《象》曰："行人"得牛，"邑人"灾也。

六二：不耕获，不菑畬，则，利有攸往。
《象》曰："不耕获"，未富也。

初九：无妄，往吉。
《象》曰："无妄"之往，得志也。

卦辞

无妄，元亨，利贞。其匪正有眚，不利有攸往。

25.1 卦名卦序

《序卦》曰：复则不妄矣，故受之以无妄。

【解读】

◎《周易》六十四卦取名来自卦象，与中国汉字起源于记事的象形图画类似。我们知道，古汉字有象形、会意之分，而卦名也是如此，如《颐》《咸》《鼎》等卦就有较典型的象形特征，而大部分卦名还是会意为主，如本卦。

无妄：不妄动。为卦下震为雷为动，上为乾为天，乾代表天道，即自然法则，上互卦为巽为顺，卦象从下往上连起来就是：动而顺应天道法则，是为不妄动。又：雷应天时，如春雷在惊蛰时响起，不会乱响；春雷响时万物便开始复苏。这些都是按照天时而定不妄动的，故为"无妄"。震为蕃鲜，引申为万物的生长；乾为天，代表天道法则。万物生长顺应天时，遵循天道法则：春天发芽，夏天生长，秋天结果，冬天枯萎，不会违背而妄动，是为"无妄"。

"无为"是老子《道德经》的核心思想。老子的"无为"描述的是"道"创生万物而管理万物的状态，他认为。万物由"道"创生，并受"道"管控。

《道德经》第四十二章：道生一，一生二，二生三，三生万物。

《道德经》第三十九章：昔之得一者：天得一以清；地得一以宁；……万物得一以生……天无以清将恐裂；地无以宁将恐废；……万物无以生将恐灭……

万物虽纷繁复杂，却秩序井然，在没有人为的干预下，各物种之间互不干预，生态平衡。老子认为这都是"道"之所为，但"道"又无形无象，无音无声，又像什么都没有做。老子用"无为"来表示"道"对万物的作用，看似无为，实则无不为。顺应自然不妄为就是对老子"无为"的基本理解。老子希望君王学习"道"的这种"无为"来管理人民，顺应自然，使人民"为腹不为目"，去除贪欲，回归质朴。

《易经》被认为是中华文明与智慧的源头，为群经之首、大道之源，所以，我以为：老子的"无为"思想可能来源于《无妄》卦，或者说是受到《无妄》卦的启发，两者不仅是词意类似，其在卦爻辞中体现出来的实际内涵也是相通的，具体将在下面卦、爻辞解读中说明。

◎ 上一卦为《复》卦，是指国君在纠正《剥》时的错误，努力促进国家的恢复。其上六爻辞说明：如果在促进恢复的过程中违反规律、迷失方向将会给君王和国家造成严重的后果。所以圣人随后立《无妄》卦，是希望以此告诉后世君王：治理国家及处理其他任何事情都要顺应自然规律，不可妄为，否则必将受到惩罚。所以《复》卦之后是《无妄》卦。

25.2 卦辞：无妄，元亨，利贞。其匪正有眚，不利有攸往。

【白话】

卦辞：顺应规则而不妄动，这是国家顺利发展的关键，适宜坚守正道。不顺应自然规律就会受到天道的惩罚，不利有所作为。

【解读】

◎ 元亨，利贞

本卦又出现了"元亨利贞"四字，说明顺应规律管理国家对国家和社会的顺利发展非常关键。任何事物都有其发展规律，国家治理也不例外，如果君王不能做到了解规律并遵守规律，随意而为治理国家，则必定会再次出现类似《剥》时的危机。违道而行，社会发展就会被扰乱，国家统治必有衰败的危险。

◎ 其匪正有眚，不利有攸往

"匪"通"非"；"眚"指由自己的不正行为而招致的伤害；"灾"指外来不可预测的伤害，如"天灾"。如果不遵守规律并顺应规律行动，必会招致灾祸。这样怎么可能有所作为呢？

此处的"正"就是指顺应规律而行，不做妄动之事。

25.3 《彖》曰：无妄，刚自外来而为主于内；动而健，刚中而应，大亨以正，天之命也。"其匪正有眚，不利有攸往"，无妄之往，何之矣？天命不佑，行矣哉？

【白话】

《彖》说：无妄卦，刚爻从外来到内成为下卦的主爻（指初九）；动而强健，刚爻（九五）居中而与下爻（六二）相应，大为亨通而守持正固，这是天道。"不顺应正道就会有灾祸，此时不可妄为"。不可妄为而强为，要怎么为呢？天道都不护佑，这能行吗？

【解读】

◎ 刚自外来而为主于内

这是解释卦名"无妄"的。阳爻代表法则，用从上天而来的法则指导下面的行动，所以能"无妄"。《彖》作者认为初九阳爻是从上而来的，如果阳爻回归上位，则全卦变为天山"遁"卦，所以作者认为"无妄"卦是由消息卦"遁卦"变化而来。变卦理论历来多有争议，我认为除《损》《益》两卦外，其他卦从象与义上不见有明显的规律性，故不可作为解《易》的通例。

◎ 动而健，刚中而应，大亨以正，天之命也

下震为动，上乾为健，故称"动而健"。刚中正位的九五正应柔中正位的六二，这是与上天使命相通，所以会非常亨通。需要说明的是：作者在此把"元亨"训为"大亨"，古今学者们都沿用此说，我对此持有怀疑，并在前卦解说中进行了多次说明。

25.4 《象》曰：天下雷行，物与无妄。先王以茂对时育万物。

【白话】

《象》说：天下雷声滚滚，万物应时响应而不违。先王由此领悟：要努力顺应天时，养育万物。

【解读】

◎ 天下雷行，物与无妄

物与无妄：万物遵照天道规律响应而不妄动。惊蛰之时，雷行于天下，于是惊醒万物，万物萌芽，并开始按照各自规律成长。万物不论大小、高下，无谓远近、亲疏，都遵循着自己的性与命。

万物随着春雷而苏醒、萌动，而春雷按照自然规律在惊蛰之时响起，它不会违背规律，否则自然万物就会无序而陷入混乱。

上乾为天，下震为雷，是为"天下雷行"。

◎ 先王以茂对时育万物

茂：本义为草木旺盛，引申为努力、积极。对时：顺应、配合天时。

先王从上天对万物的影响及公平施与得到启发：要了解自然规律，掌握天候节气

对农作物生长的影响，教育百姓顺应天时育作万物之道，以养育人民，发展国家。

25.5 初九：无妄，往吉。

《象》曰："无妄"之往，得志也。

【白话】

初九：遵循无妄之道，往行吉祥。

《象》说："遵循无妄之道"而往，是说其志向得以实行。

【解读】

◎ 初九刚居阳而正位，是刚健而行于正者；上无正应，是无所偏私者；亲比六二中爻，是行向中正者。

初九处无妄之初，为下震之主，是一开始就能够主动遵照正道而不妄行者，故往而得吉。

25.6 六二：不耕获，不菑畬，则，利有攸往。

《象》曰："不耕获"，未富也。

【白话】

六二：不为获而耕（自然有获），不为畬而菑（自然得畬）。按照这样的原则适宜有所作为。

《象》说：不为了收获而耕作，是说不是为了谋取财富。

【解读】

◎ 不耕获，不菑畬

菑（zī）：初耕的田地；畬（yú）耕作了三年的熟田。《尔雅·释地》："田一岁曰菑，二岁曰新田，三岁曰畬。"

六二正而居中，上应九五，无妄之善者。无妄之道即是老子的无为之道，按照老子无为思想理解：顺应田地之本性和环境去耕作，收获自然就有，如以更丰厚的收获为目的去耕作，就会违反自然规律（如可能把作物种得更密、本不适宜种植季节种植、不适合的作物品种却强行种植等等）收获反而更少；同理，"畬"必须要先经过第一年的"菑"、第二年的"新田"后，第三年才能成为"畬"，如果想从"菑"直接到"畬"，必定会违反当时田地耕作规律，可能适得其反。

"不耕获，不菑畬"告诉我们：在做事之时不能带有强烈的功利目的，不能违反规律而急于求成，否则必定适得其反。这与老子"无为"思想是一致的。

初至四爻组成大离，离通坤德，坤为地为田，故离有田象。六二亲比初九，初九为下震之主，震为动为耕作，又为无妄之主，故六二有在田地里顺应自然而耕作之象。

◎ 则，利有攸往

传统解释"则"为转折副词，并在"则"字之后不断句。我认为不准确，结合上下句，应如上断句并理解为：

则：原则、法则，在此用作动词，意为遵循法则。承上一句，遵循"不耕获，不菑畬"的原则就会有所作为。六二正应九五，六二谦顺中正并得到刚健中正、至高尊贵的九五应援与指引，所以适宜有所作为。

25.7 六三：无妄之灾。或系之牛，行人之得，邑人之灾。

《象》曰：行人得牛，邑人灾也。

【白话】

六三：没有妄行却招致灾害。比如把牛拴在路边，过路的人顺手牵走了牛，却使村里的人受到了失去耕牛的灾祸。

《象》说：过路的人牵走了牛，村子里的人受到了灾祸。

【解读】

◎ 无妄之灾。或系之牛，行人之得，邑人之灾

这个牵走了牛的"行人"是指谁呢？我们从卦象上来分析：初九至九四为大离，离为大腹为牛；上互巽为绳直为进退，六三为巽之主，六三又在大离之中与九四亲比，故有绳索牵牛之象；又：六三正应上九，上九阳爻躁动有牵牛而动之象，故牵牛者为上九。六三以阴柔居刚位，居刚用柔，保守不妄动却因别人的妄行而受到牵连。

由此可见，六三遭受了无妄之灾，虽说不是六三自己的直接行为造成的，但也跟六三不当位有关。如果六三变九三而当位，则无牵牛之象，也与上九不应，就不会被人牵走了牛。可以说六三之所以被人牵走了牛，或许是因为他将牛系在不当的位置所致。牛在当时是很贵重的财产。

此爻还告诉我们一个道理：任何事情都存在关联，看似是别人的过错连累了自己，实际上与自己的不当行为密切相关。"无妄之灾"的成语即来源于此。

行人之得，邑人之灾："行人"指上九，从上九爻辞"行有眚"可知其行为有错。"邑人"应指六三，六三为诸侯之位，故以六三代指邑人。这是进一步阐明"无妄之灾"的道理。

25.8 九四：可贞，无咎。

《象》曰："可贞，无咎"，固有之也。

【白话】

九四：可以固守，没有危害。

《象》说："可以固守没有危害"，这是他固有的秉性。

【解读】

◎ 可贞，无咎

"贞"为守正、坚持之意；"可贞"，意为可以固守，说明其行为是正当而不违道的。

九四以刚健居于阴位，本不正位，在他卦本爻刚健近九五之位是不正而有咎的，本爻为什么说可以固守而没有过失呢？

九四已进入上卦，与下卦相接，从卦象看：上乾为天，代表天道规则，下震代表生长的万物，九四与下震相接，代表天道规律施加给万物的影响。天道规则如日出日落、寒来暑往、风雨雷电总是永恒不变且遵道而行，才有万物荣枯繁衍、多彩多姿。

从爻象来看九四刚居柔位虽失位，但首先，九四位于上乾卦，乾为天为纯阳为动，代表正道法则，故可理解为以刚健为正，不论爻位；其次，九四以刚居柔，与初九不应，与九五同德，可取刚柔相济、刚健不虚妄、不偏私之象；第三，九四为下互艮之主，艮又与下震交错，震为动、艮为止，是使下震能动止有度、谨守无妄之道者。故言"可贞，无咎"。

25.9 九五：无妄之疾，勿药有喜。

《象》曰：无妄之药，不可试也。

【白话】

九五：以无妄之道面对各种疾患，不需用药自然有好的结果。

《象》说："无妄"之药，不可以用也。

【解读】

◎ 无妄之疾，勿药有喜

无妄之疾：以遵循规律不妄行的原则面对各种外来的疾患。九五以中正居尊位，是无妄之道的引领者，他在面对各种外来的疾患时能够做到顺应规律正确处理而不妄为，结果疾患都能很快消除。

勿药有喜：胡乱用药即是不了解病理而施加外力的妄为，"勿药"则是利用机体的免疫功能成功抵抗外疾。"有喜"指的是有喜庆的结果。

九五为刚中之君、国家之主，九五之"疾"是指国家遇到的各种自然灾害或外来的危险，只要君王顺应自然而为，不违背客观规律，不需要太过担忧和施行妄为之措施，危害自然会很快消除。

九五以刚健、中正之德治理国家，虽无为而治，自会大治。

子曰："无为而治者其舜也与！夫何为哉？恭己而正南面而已矣。"

舜帝真的是什么都不做，只是庄重端正地坐在王位上就能治理好国家吗？当然不是！舜即位之后，虚怀纳谏、惩罚奸佞、流放四凶、任贤使能（任用皋陶管理五刑、大禹治理水利、后稷主管农业、契主管五教），百业兴旺。舜开创了政通人和的大好局面以后，又能以德为先导，以和谐为依归，一生恭谨谦逊，为天下楷模。舜正是以其高尚之德，成就无为之治。

《道德经》第三十七章："道常无为而无不为。侯王若能守之，万物将自化。"

大意为：道永远是顺任自然无所作为的，却没有什么事情不是在他的有为之下而成的。君王如果按照道的无为原则为政治民，万事万物将自我化育，自然发展。

◎ 无妄之药，不可试也

无妄之药，就是不懂疾病原因而胡乱用药，自然是有害的，当然不能试。

25.10 上九：无妄行有眚，无攸利。

《象》曰："无妄"之行，穷之灾也。

【白话】

上九：不应该的妄行给别人带来灾害，于人于己都不利。

《象》说："无妄"之行，是说穷极有妄而致灾。

【解读】

◎ 无妄行有眚，无攸利

无妄行：此处应理解为不应该的妄行，"无"指不应该的、不该发生的。有眚：给别人带来灾害。眚：人为的过失而招致的灾害。

无攸利：于人于己都不利。

上九正应六三。从六三的解读可知：上九牵走了牛，是自己的贪心之举使六三遭受了"无妄之灾"，故称"无妄行有眚"。

"无攸利"字面意思为不适合做任何事，可理解为于人于己都不利。于人不利好理解，为什么上九会于己也不利呢？农耕时期牛是非常贵重的财产，牵走别人的牛即是偷牛，偷牛是重罪，结果于己当然不会有好处。

上九居卦之终，总结全卦并警示后人：一定要严守无妄之道，如一时妄行，不仅给别人带来了灾害，最终也必定害了自己。

◎ 穷之灾也

穷：穷极之意。《象》作者认为是上九无妄到了穷极之时，无妄之极则有妄，所以有灾。这与我的理解不同。

【总结与启示】

"无妄"即是不妄为，为卦下震为蕃鲜为各种植物，上乾为天代表天道法则，天下各种生物都严格遵守天道法则生长荣枯从不违背，是为无妄。《无妄》卦象、卦义与老子的"无为"思想极为相合，是故我大胆推测老子的"无为"思想应来源于本卦。但同时需要注意的是：老子的"无为"思想虽来源于《无妄》卦，但老子的极端的"无为"思想，如"不尚贤""不贵难得之货""不见可欲""小国寡民"等思想与《周易》如《乾》卦的"自强不息"、《豫》卦的"利建侯行师"倡导的积极治理国家的思想又是截然不同的，如完全以《道德经》的思想来解易，必定难见真义。

初九正位而动，无妄之始、全卦之主，依正道而动不妄为，前行有吉；六二谦顺中正，顺应自然、不为功利而为，是无为思想的最佳体现；六三柔顺不正，虽是别人的妄行使自己遭受无妄之灾，却与自己的失位分不开；九四刚健不虚妄，与九五同德同行，是使行而知止者，可固守无失；九五刚健中正之君，可成无为之治；上九总结全卦：要谨守无妄之道，自己的妄行不仅使别人遭受无妄之灾，最终也必定会害了自己。

任何事物的发展都有其规律，只有了解规律，并顺应规律而为才是有益的，如企业管理对外要遵循市场规律、经济规律，对内要熟悉员工行为规律、生产流程规律等等，否则企业管理必定混乱无序，其结果可想而知。

养生同样要遵循人体健康规律，暴饮暴食、抽烟喝酒、长期静坐不动等等就是违反健康规律，久而久之必定疾病缠身。

大畜卦第二十六：培养人才，为国所用

大畜卦　下乾上艮，山天大畜

上九：何天之衢，亨。
《象》曰："何天之衢"，道大行也

六五：豮豕之牙，吉。
《象》曰：六五之"吉"，有庆也。

六四：童牛之牿，元吉。
《象》曰：六四"元吉"，有喜也。

九三：良马逐，利艰贞。日闲舆卫，利有攸往。
《象》曰："利有攸往"，上合志也。

九二：舆说輹。
《象》曰："舆说輹"，中无尤也。

初九：有厉，利已。
《象》曰："有厉，利已"，不犯灾也。

卦辞

大畜，利贞，不家食吉，利涉大川。

26.1 卦名卦序

《序卦》曰：有无妄然后可畜，故受之以大畜。

【解读】

◎《序卦传》说：有了顺应天道不妄动以后就可以畜养，所以接下来的是《大畜》卦。《序卦》之辞，难明所以。

大：大人，指居于统治地位的贵族统治者，与儒家经典《大学》之"大"义同；畜者，养也、教也。《大畜》为卦下乾上艮，乾为天，乾在下，则表示强健、勇猛、有能力的"大"；艮为山为成为止。一座大山便是一个太极、一个生态，山中有各种动植物依靠大山生活，故山有畜象。"大畜"意为管束、培养、引导有能力的贵族，以使成为国家治理人才。

《小畜》卦下卦同样为乾，代表前来投靠、比附的勇猛刚健、桀骜不驯的外族群体，与《大畜》之"乾"有区别；上卦为巽为风为柔顺，意为中央统治者以柔顺、谦逊感化刚健者。《小畜》是以柔顺平和刚健，还只是对强悍的外族民众的初步改造，故称"小畜"。于理而言：让勇敢、有能力的贵族成长为对国家和社会有用的人才是"大"，让强悍的民众减少野蛮，变得柔顺是"小"，即：把广大民众从野蛮变得谦顺是"小畜"，让部分有能力的人成为服务于国家的管理人才是"大畜"。从象上言：山体有高大刚健之象，故称"大"，风有柔顺弱小之象，故称"小"。

上一卦《无妄》卦是圣人教育后世君王要尊重规律、顺应法则不妄动。不妄为不是不为，而是要顺应天道法则和人性规律而为。国家大治光靠君王的不妄为显然远远不够，还需要天下有能力者都能够有为。《大畜》就是引导和培养有能力者都能成为有用之才，就是顺应人性规律，让刚健、勇敢者为国出力，让管理者都能变成遵守法则、积极作为、爱国爱民的优秀人才。故《无妄》之后是《大畜》。

26.2 卦辞：大畜，利贞，不家食吉。利涉大川。

【白话】

卦辞：引导、培养有能力者成才，应该固守正道。能使有能力者都能成为食用国家俸禄的人才就是成功。（被培养者）应克服困难努力作为。

【解读】

◎ 利贞，不家食吉

要想引导天下有能力的人成为对国家有用之才，必须要根据每个人的特点、用正确的方法，并引导其走上积极为国服务的正道，故称"利贞"。

不家食：意为不在家吃饭，引申为食用国家俸禄，忠诚地为国服务。这样才是成功的培养，是为"吉"。可见卦义畜止的目的是让有能力者能成长为对国家有用的人才，是按照国家的要求培养和选拔管理人才。

互卦兑为口为食为吉，上艮为门为家为止，食而止于家，故称"不家食"。

◎ 利涉大川

本句既可理解为培养人才领导者克服困难，努力作为，也可理解为接受培养者顺势而为，努力作为。根据九二的"舆说辐"和九三爻辞中的"利艰贞""利有攸往"等词可判断为第二种，即指被培养者要顺势而努力作为之意。

26.3 《象》曰：大畜，刚健笃实辉光，日新其德；刚上而尚贤，能止健，大正也。"不家食，吉"，养贤也；"利涉大川"，应乎天也。

【白话】

《象》说：大畜卦，刚劲强健而又厚重实在，辉映光彩而日日更新。它的表现是刚健者居于上位而崇尚贤能。能够畜止刚健，是因为充满正义的力量。"不家食，吉"，是说国家在培养贤能。"利涉大川"，这是为了顺应天道法则。

【解读】

◎ 刚健笃实辉光，日新其德

下乾为刚健，上艮为山为笃实；三至上为大离为光辉为日，故称"刚健笃实辉光，日新其德"。

◎ 刚上而尚贤，能止健，大正也

刚上：指阳爻居上位。阳居上位，六五为阴，则有尚贤之义。

程颐曰："止居健上，为能止健之义。止乎健者，非大正则安能？以刚阳在上，与尊尚贤德、能止至健，皆大正之道也"

26.4 《象》曰：天在山中，大畜。君子以多识前言往行，以畜其德。

【白话】

《象》说：天在山的里面，这就是大畜卦的卦象。君子得以领悟：要多听听一个人说过的话，多观察他过去的行为，以（正确地）培养他的才能和品德。

【解读】

◎ 下乾为天，上艮为山，故称"天在山中"。

乾在下代表刚健有能力的国家未来管理者，艮为山为蓄止、培养、选拔之义，这是引导和培养未来管理者之象。"君子"是指以君王为代表的中央统治阶层。

多识前言往行：为了判断一个人是否有才德，最好的方法就是多听他说过的话，多观察他做过事，这样才能判断他是否值得培养，子曰："视其所以，观其所由，察其所安，人焉廋哉？人焉廋哉？"这句话显然是说如何判断人才的，只有确定某人德才兼备，国家才应该培养。

以畜其德：先贤们多认为这是指修养自己的德行，"其"指自己，从卦象及《大畜》卦本义分析，我认为"其"理解为君王所蓄的对象更准确，即天下值得培养的人才。与能力的培养相比，德行的培养才是"大"，故"以畜其德"意为注重培养人才的德行，而不是仅仅看重能力。

下互兑为言，上互震为行，艮在上为止为识，故称"多识前言往行"；又，兑为善为德，艮为止为蓄，故称"以畜其德"。

26.5 初九：有厉，利已。

《象》曰："有厉，利已"，不犯灾也。

【白话】

初九：受到严厉的约束，应该及时停止不好的行为。

《象》说："受到严厉的约束，应该及时停止"，是说不要去触犯灾祸。

【解读】

◎ 有厉，利已

厉：严厉、刚健，激进。有：本义指执有、控制。有厉：厉有，指受到严厉的约束，而非有危险之意。已：停止。

《大畜》下乾代表天下刚健的人才被引导向正确的方向发展，以最终成为对国家有用之人，是被蓄止的对象。初九以刚居阳处初位，既可代表无位的底层民众，又可表示处于事物发展的初始。本处应代表被培养者处于成长之初的年少阶段，其与六四相应是被六四所引导和受到正确的行为约束。从六四爻辞可知，初九就像是一头小牛犊，为了使它健康地成长为一头为民服务而不伤害庄稼的牛，六四给它戴上了"牿"（详见六四爻解读）。当它受到约束的时候应当知道是自己的行为有错而马上停止，修正自己的行为，故称"利已"，是为养德。

三至上为大离，离有枷锁、刑罚之象。初九刚正不中，亲比六四是受到六四管束，如果太过冒进，则会受到六四的严格约束，故称"有厉，利已"。

传统解读把本句理解为：有危险，适宜停止。这样似乎也说得通，但根据六四爻辞，初九牛犊被"牿"畜止和引导，不可形容为"有危险"，且"有"与"厉"两字的造字本义与今义不同。

26.6 九二：舆说輹。

《象》曰："舆说輹"，中无尤也。

【白话】

九二：大车伏兔脱开

《象》说："大车伏兔脱开"，是说居于中位行为得当而没有忧虑。

【解读】

◎ 舆说輹

舆：车；"说"同"脱"。

"輹"，《说文》："輹，车轴缚也。"帛书本为"緮"，一说是指绑在车轴上两端垫平车厢的木块，其作用是平衡和稳定车厢，又称"伏兔"；一说是同"辐"，指车轮与轮毂之间的横木条，其作用是支撑和加固车轮的。"伏兔"是一个很形象的词，字面意思为降伏兔子，意为稳固车厢，防止车厢像兔子一样跳跃颠簸。究竟是何字我们结合卦义爻象来分析：

一、从九二爻象和小象辞来看：九二虽刚居阴而失位，但处于中位，按照通例，居中失位虽偶有失当行为，但能及时调整而得当。"小象"辞"中无尤也"也是说居中位而无须担忧。

二、如"輹"按"伏兔"解，则"舆说輹"是指"伏兔"缚索脱开，垫木必定很快掉落，车厢颠簸不稳，对乘坐在车上的人来说能够立即感知，并停下车进行修理或换车，没有翻车的危险；如按"辐"即车轮上的辐条解，依据常理可知，车辆行驶时，车轮辐条掉落有个过程，开始时可能对车辆不会有明显影响，乘坐在车上的人也无法及时感知，但当乘者感觉异常时可能会瞬间翻车，没有时间补救，非常危险。

从上面的分析来看，理解为"伏兔"更符合爻象卦义，其引申义可以理解为：九二对社会的稳定就像车輹平稳车体一样发挥着重要作用，《大畜》之时，他虽一时偏离正道，但能很快得到纠正。

本卦全卦卦形与《大有》卦类似，像一辆大车，九二为车体中间部位，正是车轴之处，九二以刚居柔不正，是居柔用刚，故以车轴上伏兔脱开而颠簸为喻。九二正应六五，是受到六五的正确引导与约束，就好像是车轴伏兔脱缚能够很快得到纠正修复，故以"舆脱輹"为喻。

《大有》卦九二爻爻象与本爻类似：上离下乾为大车之象，九二爻为下乾之中爻，代表车体，正应六五，故以大车为喻（九二："大车以载，有攸往，无咎"）。本卦九三至上九为大离在前，下乾在后，全卦也有大车之形与象；九二同样为下乾之中爻并正应六五，故同样以"舆"为喻，只不过两卦本义与说明的道理不同，是象同而理异。

◎ 中无尤也

九二居中，被六五畜止，所以能够知时势而行为得当，故称"中无尤也"。

26.7 九三：良马逐，利艰贞。日闲舆卫，利有攸往。

《象》曰："利有攸往"，上合志也。

【白话】

九三：良马互相追逐，适宜艰难中守正。每天演习车马防卫，应该努力作为。

《象》说："应该努力作为"，是说与君上志向一致。

【解读】

◎ 良马逐，利艰贞。日闲舆卫，利有攸往

九三刚健居正，为诸侯之位。诸侯是保卫国家的屏障。九三处下之上，为众阳之长，又处乾之终，乾阳为良马为健行；下乾为良马，九三为上互震之主，震为动为逐，三至上为大离，离为兵戈，故有九三率领良马追逐操练之象。

众阳刚健，又处被畜止之终，又行保家卫国之责，唯意志坚定、不屈不挠者方可胜任，故圣人诫之"利艰贞"。

日闲舆卫：九三每日操练车马，防备外患。"日"，楚简本、今本为"曰"，《周易集解》作"日"，各有取象的道理。我从"日"，因大离为日。闲：防备、保护之意，同"闲邪存其诚"之"闲"。"舆"为车，从九二解读可知，下乾为车，上互震为动，故有驱动大车之象。上艮为止，有阻止、保卫之象。

九三刚健居正，本有卫国之责，在《大畜》之时，对于刚健居正的卫国诸侯，君王需要他履行的职责就是战时能保家卫国，平时能够勤奋操练，常怀戒备之心。于九三而言"利有攸往"，于君王则是"上合志也"。"上"指上九，代表《大畜》之终时的君王。九三与上九对应，且同为阳德，是为同志相合。

26.8 六四：童牛之牿，元吉。

《象》曰：六四"元吉"，有喜也。

【白话】

六四：给小牛带上牛嘴笼，这是引导成功的根本。

《象》说：六四"元吉"，是因为有非常喜庆的结果。

【解读】

◎ 童牛之牿，元吉

童牛指小牛犊，俗话说"初生牛犊不怕虎"。六四与初九正应，初九为阳爻为幼，故以童牛比喻初阳的刚健。六四柔居阴位，为近君的重臣，是依正道畜止刚健者。

牿（gù），《说文》："牿，牛马牢也"，从口，故与嘴有关，所以译为"牛嘴笼"，是为了防止小牛偷食庄稼而带在小牛嘴上的防护罩。

程颐等很多先贤把"童牛之牿"译作"横在牛角上的木头"，认为是为了防止小牛用角伤人之用。我认为这种理解不准确，理由有二：一是小牛角还未完全长出来，此时用横木挡住牛额头防止伤人没有任何意义，且以作者曾生活在农村的经验，实际中也没有这种做法；二是牛被驯化以后，实际上成年牛非常驯顺，几乎不会用角伤人，偷食庄稼倒是常见，所以农村常有用"牛嘴笼"把小牛的嘴罩起来的做法。故"牿"理解为"牛嘴笼"应是比较准确的。

六四的本义应是以驯牛为喻，从小就开始按照人们的要求畜止和引导，以使养成为我所用。圣人认为这种从小就开始引导与培养的方法才是"大畜"最根本的成功之道，是为"元吉"。

大离为牛为枷锁，下互兑为口，上艮为止，牛口之上加止，故有"牛嘴笼"之象。兑为悦为德为喜，故《象》说"有喜也"。

26.9 六五：豮豕之牙，吉。

《象》曰：六五之"吉"，有庆也。

【白话】

六五：去除凶猛的公猪的獠牙，结果畜养成功。

《象》说：六五的"成功"，是说有喜庆的结果。

【解读】

◎ 豮豕之牙

《释文》："豕"去势曰"豮（fén）"。豮豕之牙：指除去了刚躁、凶猛公猪的獠牙，以去除其危险和野性。这显然是以驯化野猪为喻说明畜养人才的道理。

牙：来知德认为不是指牙齿，而是指系养家畜的木桩上杈牙，引申为系养在木桩上。我认为这是不准确的，因为猪不适合系养，只有圈养。

六五以柔中居尊位，与九二正应，是蓄止九二的人。九二为乾健之主，变而正位，则下互为坎，坎为豕。

《大畜》的本义为注重培养人才的德行，使刚健者去其浮躁而德才兼备。豕为刚躁之物，驯化以为家畜。商周时期，百姓从以游牧为主发展到以农业为主，家猪的畜养是很困难的，所以猪显得很珍贵。以六五之尊，畜止刚中九二，故以"豕"为喻。

26.10 上九：何天之衢，亨。

《象》曰："何天之衢"，道大行也。

【白话】

上九：（为各类人才）筑成发展的广阔大道，通达。

《象》说："（为各类人才）筑成通天的广阔大道"，是说为大家修筑的发展大道畅行无阻。

【解读】

◎ 何天之衢

"何"通"荷"，承担之意，在此可理解为"修筑"。

天：引申为高大、广阔之意。

衢：大道。何天之衢：意为君王为被培养者修筑了一条通向成功的广阔大道。"亨"，意为每一个人的发展大道都是通畅的。

上九为全卦之终、上艮之主，为大畜之成。上九成功蓄止刚健，以为国用，就好比是为国家人才的成长和成才都修筑了一条通往成功的广阔大道。

上九为天位，上互震为大道，上艮为成，意为通向成功之道；艮为畜止为"何"，故称"何天之衢"。

【总结与启示】

《大畜》卦下乾上艮，卦象为引导、培养天下刚健者，以使德才兼备、为国所用。正如上九爻所言：国家为天下每一位能者都修筑了一条成才的通道。

本卦与《小畜》卦的区别在于：《大畜》指对国家内部贵族子弟进行培养和选拔，以成为国家管理人才，其意义与《四书》中《大学》异曲同工；《小畜》指的是用柔顺之德同化外来投靠者，以使融入到本族中来。

下卦是被畜者，注重的是德行的培养；上卦是畜养者，注重的是培养的方法。

初九正应六四，代表人才的成长之初，被六四所引导而健康成长，诫示其应服从六四管束，及时停止不当的行为；九二刚居中位，正应六五，是被六五畜止者，居中虽行为偶有失当，但能很快被畜止纠正，就像马车的车轴上"輹"脱落，乘车者很快感知而修复；九三居正而处下之上，是被畜止有成而行保家卫国之责；六四是"大畜"成功之本，那就是从被蓄止者成长之初开始就进行引导，如《蒙》卦所言的"蒙以养正"；六五柔中居尊，引导和培养刚中不正者，去除其不正之性以为我所用；上九，蓄道以成，君王为天下人才都修筑了一条广阔的成功大道。

从本卦来看，三千多年前圣人就已认识到人才培养的重要意义，并明确说明人才培养的方法和关键——从小开始培养，因人而异、因材施教。这对于我们今天的人才教育和企业人才培养来说同样具有很好的指导意义。

颐卦第二十七：严守规则，保障供养

颐卦 下震上艮，山雷颐

上九：由颐，厉吉，利涉大川。
《象》曰："由颐，厉吉"，大有庆也

六五：拂经，居贞吉，不可涉大川。
《象》曰："居贞"之吉，顺以从上也。

六四：颠颐，吉。虎视眈眈，其欲逐逐，无咎。
《象》曰："颠颐"之吉，上施光也。

六三：拂颐，贞凶，十年勿用，无攸利。
《象》曰："十年勿用"，道大悖也。

六二：颠颐，拂经于丘颐，征凶。
《象》曰：六二"征凶"，行失类也。

初九：舍尔灵龟，观我朵颐，凶。
《象》曰："观我朵颐"，亦不足贵也。

卦辞

颐，贞吉。观颐，自求口实。

27.1 卦名卦序

《序卦》曰：物畜然后可养，故受之以颐。

【解读】

◎ 《序卦传》说：事物畜聚然后可以滋养，所以接下来是颐卦。《序卦》之辞不足明理。

"颐"本义为颔、下巴、面颊，引申为颐养、供养。《颐》卦既是会意卦也是象形卦：为卦下震上艮，下动上止，人用嘴咬嚼食物时一般是下颌动，上颌不动，为嚼食之象，此为会意；上下两阳，中间四阴，像一张张开的大口，此为象形。

程颐曰："圣人设卦，推养之义，大至于天地养育万物，圣人养贤以及万民，与人之养生、养形、养德、养人，皆颐养之道也。动息节宣以养生也，饮食衣服以养形也，威仪行义以养德也，推己及物以养人也。"

程颐认为：圣人设颐卦是推衍'养'的含义，大的方面如天地养育万物，圣明的君王养护贤士及天下百姓，小的方面如人的调养生命、保养体形、修养品德、供养他人等等，都是颐养之道。程夫子可谓说尽了颐养之义，但卦义似乎没有如此丰富。从卦象、爻义来看，《颐》说的应该是百姓自养和人民的养国之道。

《颐》卦为卦下震上艮，震为蕃鲜为生长茂盛的各类植物，艮为山，山下的各种植物依靠大山生存、成长，各类植物又养护着大山，维持山中的生态平衡，此为《颐》象。从卦象可知，圣人用植物与山体的关系比喻人民与国家的关系，其以象明理的方法与《剥》卦类似。所以《颐》卦说的是国家与人民的互相养护关系，应与国家赋税制度有关。

上一卦为《大畜》卦，说的是君王引导、培养和选拔每个有能力的人都能成长为对国家和社会有用的人才。国家培养和选拔人才，人才帮助建设国家，保护百姓，百姓则种植粮食，供养人才和国家，这样国家才能健康、稳固地发展。这就是国家的供养之道，就好像一座大山生长着各种植物，植物依靠大山的滋养、生长，大山又依靠各类植物维护着山体的巍峨和山中生态的平衡，如此才能生生不息。所以《大畜》之后是《颐》卦。

27.2 卦辞：颐，贞吉。观颐，自求口实。

【白话】

卦辞：颐养之道，坚守正道则能成功。敬畏和重视供养制度，（每个人）都应该自力更生，为食物而努力。

【解读】

◎ 观颐，自求口实

观：景仰、敬畏、重视之意（参考《观》卦解读）。颐：在此引申为国家的供养制度，即税赋制度。观颐：我理解为"敬畏和重视供养制度"，与古今易学者们一般理解的"观察颐养之道"不同，理由是从卦象及后面的爻象、爻义来看，我认为颐卦本义是说国家的税赋体系。（详见各爻解读）

自求口实：这是指上到君王，下至百姓，都要为粮食而努力，要非常重视粮食的来之不易，共同努力，才能确保国家供养的保障。

在商末周初，农业还不发达，粮食就一直是影响国家和社会发展的关键因素。那时，人类还处于非常落后的游牧和农耕社会，生产力低下，食物的获取非常不易。随着国家发展，人口增长，粮食显得尤其重要。

《颐》与《需》的区别：《颐》卦说的是国家发展到一定阶段之后应建立内部供养体系和赋税制度，以满足国家发展需要；而《需》卦说的国家初建，国家管理还处于较原始状态，君王（或族长）还只能带领大家通过打猎、捕鱼，或像舜帝一样亲自种植粮食等方法谋取食物，此时还未发展到国家建立赋税制度的时期。

圣人立《颐》卦以告诉后世君王要始终重视粮食的供应，每个人都必须为粮食而努力，这样才能保障国家的粮食供应体系的稳定和安全。

27.3 《彖》曰："颐，贞吉"，养正则吉也。"观颐"，观其所养也。"自求口实"，观其自养也。天地养万物，圣人养贤以及万民。颐之时大矣哉!

【白话】

《彖》说："颐，贞吉"，滋养出于正道就会吉利；"观颐"，是说观察他所滋养的对象和方式；"自求口实"，是说观察自己供养自己的方式和途径。天地滋养万物，圣人供养贤德之人以及万千百姓。颐卦的时势意义真是伟大啊!

【解读】

◎ 作者认为：卦象为上养下、国养民。国养民，而民能够坚守正道，守法爱国，这样的养护才是成功的颐养之道。以现在的家族教育为例，父母养育孩子，当然是希孩子走上正道，长大后能够有成就、守孝道、懂感恩。这才是成功的家庭养育之道，所以说"养正则吉"。这是解释"颐，贞吉"的，与我理解民养国相反。

"观颐"，作者认为就是观察养育的对象和方式，以及供养的结果；"自求口实"，就是观察被养者是如何对待供养者，以及如何求取供养的。《彖》辞显然是把"观"理解为"观察"，与我的理解不同。

天地供养万物，则万物能够遵守自然法则各行其道，各取所需。圣明的君王保护、养育贤人和百姓，要求贤能之士能够为国服务，反哺社会；百姓能够遵纪守法、敬业爱国。天地与国家都存在养与被养的关系，这就是《颐》卦所包含的伟大的时势意义。

我对"观颐，自求口实"的解读不同于《彖》传，这是我结合前卦和分析卦象得出的结果。

27.4 《象》曰：山下有雷，颐。君子以慎言语，节饮食。

【白话】

《象》说：山的下面有雷，这就是颐卦的卦象。君王得以领悟：要教育人民说话要谨慎，饮食要节俭。

【解读】

◎ 上卦为艮为山，下卦为震为雷，所以说"山下有雷"。颐卦卦体正是一张口象。于人而言，口代表的意义莫过于言语和饮食，故圣人教育人民，谨慎说话是修养，节俭饮食是美德。国家的每一粒粮食都来之不易，圣人希望后世君王和统治者都要懂得节约粮食的重要性，要把节约饮食和谨慎说话一样作为一种美德进行鼓励和宣扬。

颐卦下震为动，就好像人的口在说话和吃饭时活动的下颌，而上艮为止，为节制之象，故有"慎言语、节饮食"之象。

27.5 初九：舍尔灵龟，观我朵颐。凶。

《象》曰："观我朵颐"，亦不足贵也。

【白话】

初九：舍弃自己虔诚的、遵守制度的本性，贪恋我丰收的粮食。结果必定失败。

《象》说："贪恋我丰收的粮食"，也不值得珍惜。

【解读】

◎ 舍尔灵龟，观我朵颐。凶

"尔"指初九；"我"指六四。

灵龟："龟"在古代是神圣之物，原因之一是其能够龟息自养而长寿，这里引申为虔诚地遵守国家制定的赋税制度，努力劳作、自力更生的品德。

观：敬仰、崇尚，在此应是引申为羡慕、贪恋之意。朵：动之意；朵颐：本义为咬合嘴巴，引申为贪欲。

本爻甚是难解，历代先贤们各有说法，但都不能结合卦象爻象说透其义。我大胆推测本爻与商周时期的"井田制"有关。

据文献记载：关于赋税制度，商朝依然沿用的是夏朝的贡制，但是，商朝有"助法"，也就是商朝发明的一种在井田制基础上的田赋制度，从而更好地明确了商朝的田地赋税制度。

朱熹曾经详尽解析过"井田制"的一些规定：以630亩土地划分为9块，每块70亩，中间是公田，需要八家共同耕耘；外面的私田，八家每户有一区域。纳税制度的形式，就是八家共同浇灌收拾的公田，所产出的所有货品尽数归国家所有，而私田所有均归个人所有，无须再纳税。

这种田赋政策实际上是一种借由民力助耕的劳役地租形式。国家征收的其实是劳动人民的劳力付出。而每家负担的税率，说法也不一样，《孟子》说是"十一税率"，朱熹说的是"九一税率"。每家负担1/8，也就是12.5%，实际上，这比十一税还高。

到了周朝时期，继续延续了夏商的赋税制度。西周依旧实施"井田制"，并且，在此基础上推出了"彻法"。也就是说"一井之内，所有人家需通力合作完成耕种，所获产物平均分配，其中，百亩所获产物尽数归国家所有"，这个税率约为十一税。（摘自于互联网）

从"井田制"分析本爻：初九为下震之主，可以看作耕作"井田"的平民百姓，下互坤为田为下田，可视为百姓私田；上互坤也为田为上田，则可视为国家的公田。

舍尔灵龟：舍弃你一直遵守国家规定的先耕作公田，然后再耕作私田的要求和品行。初九舍弃亲比六二，选择正应六四。

观我朵颐：初九正应六四，故"我"指六四。六四为上互坤之中爻，坤为田，田在上为上田，根据商朝"井田制"应指"公田"。所以"舍尔灵龟，观我朵颐"指初九舍弃亲比六二，贪欲、追求正应六四，即：舍弃应该遵守的赋税制度而贪恋公田的丰收成果，这样发展下去必然会受到惩罚，结果当然不好，故称"凶"。

这是圣人教育百姓要遵守国家赋税制度，否则有凶，也是警示后世君王要防止平民在"井田制"的赋税制度下产生的贪婪，确保公田的收获以保障国家供给。

以商周时期的"井田制"和赋税制度来解读本卦是我的一种大胆创新联想，从卦象分析和各爻辞解读来看的确说得通。

全卦为大离，离为龟；初九为震动之主，又像是颐之下颌，故有"朵颐"之象。

27.6 六二：颠颐。拂经于丘颐，征凶。

《象》曰：六二"征凶"，行失类也。

【白话】

六二：向下管理百姓生产，确保赋税供养。（如果）违背国家的赋税政策而向上索求供养，行动有凶险。

《象》说：六二"行动有凶险"，是说向上行就会失去同类。

【解读】

◎ 颠颐

颠：本义指头顶，作为动词有向下、倒下之意，如：《诗·齐风·东方未明》："颠之倒之。"故此处取向下之意。"颐"在此用作动词，意为"治颐"，管理赋税供应。"颠颐"即向下帮助、管理百姓进行粮食生产，并根据国家规定收取赋税以供养国家。

六二柔处阴位，居中而下比初九。又：二为大夫之位，代表最基层的地方官员，《颐》之时，其主要职责就是帮助和管理百姓进行耕作井田，保证公田的收获，以保障国家的供给，这对百姓和国家都非常重要。

◎ 拂经于丘颐，征凶

拂：从"扌"从"弗"，有"手"旁，故"拂"与手有关，而"弗"字金文为用绳索捆绑箭支或兵戈，推测为整理武器，打扫战场，有停战休兵之意。所以"拂"字本义应与停止、拒绝、违背等有关。《说文》："过击也"；《广韵》："去也，拭也，除也"等应为其引申义。

经：本义为使织布机上的纵向（上下方向）丝线穿过纬线（左右方向的丝线），引申为向下传达和执行的国家的管理政策。在本卦中只有六二与六五两爻出现了"拂经"两字，而六二与六五是对应爻，故可推测"经"指君王制定的国家的农牧业生产的保障和赋税征收的政策。"丘"指不高的山，六五位于艮卦的中位，艮为山，正是山中间，故取"丘"象。

拂经：违背国家赋税政策；于丘颐：向上索求供养。六二既中且正，本与六五不应，现要向上索求养护，则变九二不正而上应六五，是以不正而向上索求之象。

征：往也，顺势发展之意，应为阳爻之性，说明六二可能会变；征凶：这样发展下去则凶。

六二本既正且中,亲比初九不应六五,如六二变九二,则失位而正应六五不比初九。由此推断:六二其本职应是亲比初九,帮助和管理初九所代表的百姓进行粮食生产并征收赋税,如变而求应六五则为不正,是违背国家规定而只向上索求。这是扰乱国家赋税来源的行为,会给国家和社会带来危险,故称"征凶"。此为警示占者在目前的状况下仍应守正为公,不可违背制度,妄生贪念,否则有凶。

27.7 六三:拂颐,贞凶,十年勿用。无攸利。

《象》曰:"十年勿用",道大悖也。

【白话】

六三:不能保障赋税政策的履行,如此固守则有凶险,以至于十年不会有所作为。于国于民于己都不利。

《象》说:"以至于十年不会有所作为",是说他的行为是背离正道的。

【解读】

◎ 拂颐,贞凶

六三不正不中,处下之上,为震之末。三本是诸侯之位,是国家的安全守卫和粮食供应的主要保障者,他的责任就是保卫国家安全,按规定向中央政府交纳贡税。六三的贡税来源于百姓的耕作和供应,现以柔居刚,是不正且能力不足者,没有能力且不愿意履行卫国养国之责,这就是"拂颐"之义。

从爻象看:六三与初九和六二不应不比,故不能管理在下,与上九正应是索求于上,但上九为上艮之主,艮为止,故六三既不能管理在下,又上应受阻,这样有违颐养之道,故称"拂颐"。如此顽固不变,必有凶险,故称"贞凶"。

◎ 十年勿用,无攸利

六三与初九、六二无比无应,与上九虽正应,但又被阻止,上下都行不通,在这样的情况下,六三将很长时间不能发挥诸侯的供给和保障作用。"十年"泛指很长时间。

无攸利:六三为下之长、诸侯之位,他下不能对人民负责,上不能对君王尽忠,这种行为则于民于国于己都不利。"无攸利"指对多方不利,在《易》例中一般都指有较高地位、较大责任的人的不当行为产生的后果。

三至五为互坤,坤为十,下无比、上受阻,故称"十年勿用"。

27.8 六四:颠颐,吉。虎视眈眈,其欲逐逐,无咎。

《象》曰:"颠颐"之吉,上施光也。

【白话】

六四:向下管理百姓耕作,确保赋税充足,结果如愿。像老虎一样体现管理者的威严，收获才能源源不断，没有过失危害。

《象》说："向下管理百姓耕作，确保赋税充足"的成功，是因为在上者行为伟大光明。

【解读】

◎ 颠颐，吉

六四正位而近君，是辅佐君王制定和推行赋税政策、确保赋税供给的重臣。六四下正应初九，是能够奉行监督和管理百姓耕作和收获，忠诚地执行监管之责，能够获得成功。

◎ 虎视眈眈，其欲逐逐。无咎

这一句可看作是对"吉"的结果进行说明。

虎视眈眈：像老虎一样监视和管理着百姓的耕作和公田的收获，表示监管非常威严。

其欲逐逐："欲"指欲望，引申为收获、收成；逐逐：不停地追逐，引申为源源不断，供应充足。只有严格地对百姓进行管理，才能确保赋税供应充足。从初九爻可知，在当时实行的井田制的赋税制度下，百姓是有可能产生贪欲的，所以必须要像老虎一样实行威严的管理，才能保障赋税供应。如此看来，从赋税产生之初就存在偷税现象。

六四本以柔居阴，柔顺谦让，"虎视眈眈"是六四要改变柔顺之性。六四变九四，下互坤变艮，九四为艮之主，艮为虎；又九四虽与初九不应，但九四与初九组成大离，离为眼为视，故有"虎视眈眈"之象。六四变九四，上互坤为坎，坎为川流不息的水，九四为坎之主，故称"其欲逐逐"。

王弼曰："履得其位而应于初，以上养下，得颐之养，故曰'颠颐，吉'。下交近渎则咎矣，故'虎视眈眈'，威而不猛。故'其欲逐逐'而尚敦实。修此二者，乃得全其吉而无咎矣。观其自养则养正，察其所养则养贤。颐爻之贵，斯为盛矣。"

王弼认为本爻是说以上养下，古今学者一般都从此解。我经过反复推敲，认为不能简单地理解为以上养下，而是统治者通过为百姓制定"井田制"赋税制度并严格监管而保障百姓对国家的供养，应是以下养上。

27.9 六五：拂经，居贞吉。不可涉大川。

《象》曰："居贞"之吉，顺以从上也。

【白话】

六五：（面对）违背国家赋税政策的行为，坚持固守正道则结果会好。不可以冒险作为。

《象》说："坚持固守正道"可获成功，是说能够顺从于上。

【解读】

◎ 拂经，居贞吉。不可涉大川

从六二爻的"拂经于丘颐"可知，这里是指"六二"的行为，非言六五。六五面对可能会发生的违背赋税政策行为，坚守原则和制度，结果会成功避免或消除。为什么六五坚守原则会成功呢，因为六二本来既正且中，行为不会有太大的偏差，一时有所违反也能及时纠正。

不可涉大川：帛书本仅见"川"字，"不可涉大"为今本补。易例中常见"利涉大川"或"不利涉大川"等用法，"不可涉大川"用法唯本爻仅见，应是后人补上的。我认为其应为"利涉大川"或"不利涉大川"，根据爻象分析：六五柔中之君，为柔弱谦虚，面临国家贡赋体系刚刚建立，百姓不能遵守的困难，不可冒险作为，而应加强引导和监管，故为"不利涉大川"更为合理。

◎ 顺以从上也

六五亲比上九，所以《象》作者理解为六五是顺从在上位的上九。这种理解值得推敲。上九为抽象的虚位，一般来说是有对全卦进行总结之意，或是君王在卦终所处的状态，本爻即是第一种情况。上九刚爻居终，总结说明国家管理赋税最终要严厉才会成功，所以"顺以从上"的理解应是不准确的。

27.10 上九：由颐，厉吉，利涉大川。

《象》曰："由颐，厉吉"，大有庆也。

【白话】

上九：掌管国家供养政策，严厉才会成功，需要克服重重困难。

《象》说："管理国家赋税政策，严厉才会成功"，是说能够大获成功，结果喜庆。

【解读】

◎ 由颐，厉吉，利涉大川。

"由颐"，意为"由其所颐"，意指负责制定和施行国家供养政策者，类似用法另见于《豫》卦之九四："由豫，大有得"。厉：本义为刚硬的石头，引申为严厉、坚决。

上九阳爻居颐卦卦终，既是统管全卦，又是对全卦进行总结。阳爻代表严厉、刚决；上艮为成，意为供养有成。

上九总结全卦：要想保证国家的供养成功，君王最终必须坚决制定赋税制度并要求大家严格执行，过程中必定会遇到各种困难，应该、必须克服所有困难，这样才能取得成功。

全卦初、上两阳，中间四阴，初九是井田的耕作者，上九代表井田制度的制定和监督者，只有在下勤劳耕作，在上严厉监管，中间的国家主体的供养才有保障。

【总结与启示】

《颐》卦是非常难理解的一卦，先贤们说法不一，但似乎都很牵强，无法令人信服。我经过反复思索、推敲，认为本卦说的应该是国家的赋税管理制度。从卦象看：上艮为山，下震为各类植物，山代表国家，植木代表民众，植木依靠山体的养分而生长，形成森林之后又能维护山体的水土，高山的巍峨和山林中的生态的平衡，与《剥》卦的以大山为喻的方法类似。没有山中森林，则山不成山；没有山体的保护，林木则无法依存，这就是国家与人民的供养之道。全卦初、上两阳，中间四阴，初九是井田的耕作者，上九代表井田制的制定和者，在下勤劳耕作，中间各爻进行帮助、支持和监管，在上严格制定并监督执行政策，这样国与民才能相互依存，发展强大。

初九代表耕作井田的平民百姓，警示他们要遵守国家井田制度，先公后私，如果贪欲无度，必定有凶；六二居中守正，其应帮助和支持百姓耕作，如舍公求私，则会有凶；六三不中不正，不能尽诸侯的卫国养国之责，结果于国于民于己都不利；六四忠诚、威严地执行国家赋税政策，能够确保供养源源不断，没有过失危害；六五为柔弱之君，如遇大家一时违背政策，坚持原则不改变，终会成功，不可勉力强行；上九，总结全卦：制定和监督执行国家赋税政策到最后必须严厉才会成功，要克服重重困难。

从企业管理来说，本卦给我们带来的启示是：企业首先应该制定合理的薪酬制度和奖励制度，以激励员工不断提高效率，为企业创造价值的同时能够得到相应公平的报酬和奖励，同时必须严控员工的以公谋私、损害企业的行为。制定薪酬制度和激励制度必须公正、公平，执行相应制度则必须严厉，这样才能保证两者的利益。

大过卦第二十八：舍己为国，死而后已

大过卦 下巽上兑，泽风大过

上六：过涉灭顶，凶，无咎。
《象》曰："过涉之凶"，不可咎也

九五：枯杨生华，老妇得其士夫，无咎无誉。
《象》曰："枯杨生华"，何可久也？"老妇士夫"，亦可丑也

九四：栋隆，吉，有它吝。
《象》曰："栋隆"之吉，不桡乎下也。

九三：栋桡，凶。
《象》曰："栋桡"之"凶"，不可以有辅也。

九二：枯杨生稊，老夫得其女妻，无咎无誉。
《象》曰："老夫女妻"，过以相与也。

初六：藉用白茅，无咎。
《象》曰："藉用白茅"，柔在下也。

卦辞

大过，栋桡。利有攸往，亨。

28.1 卦名卦序

《序卦》曰：颐者，养也，不养则不可动，故受之以大过。

【解读】

◎《序卦》说：《颐》卦的意思是养，不养就不可以动，所以接下来是《大过》卦。《序卦传》说不养就不可以动，那么养就能动，动就有过，所以接下来是《大过》。这样勉强说得通，但没有什么实际意义。

大过，大者过也。"大"，指大人，泛指国家管理层，与"大畜""大有"等之"大"同；过：超过、过错、过失。为卦下巽为木，从卦辞"栋桡"可知，卦象以巽木喻指承受保护国家安全和维护国家统治之责的大人，他们因过于承受保护、供养国家重任而不堪重负，就像树木承重而弯曲。

全卦为一个异形大坎卦，坎为水为险为灾，中间四阳又为两个互乾卦，坎为水，互乾又为泛滥的大水，故全卦中间为洪水泛滥成灾之象，两阴爻可视为仅存的土堤。从上下来看：上卦为兑为泽，可理解为洪水泛滥成为一片大泽；下卦为巽为木，泽上

木下，则可理解为以木筑堤，防洪护民。从《大象》辞"泽灭木"和九三"栋桡，凶"大胆推测，卦象描绘的是洪水泛滥成一片泽国，各诸侯国人民以木桩筑堤抗洪抢险（详见下面《大象》辞解读分析）。引申到国家治理则可理解为：自九二至九五代表的国家管理层（大者），他们就像筑堤的木桩一样过于承受抵抗灾难危险、保护国民安全的责任，以致不堪重负。我认为这应该就是《大过》卦的本义。

从卦体结构来看，《大过》卦体中间四阳，上下两阴，坎为险为过，阳多阴少，阳为大，是为"大过"。这也反映国家上下处于一种洪水泛滥的灾难和危险之中。《小过》卦为卦下艮上震，也是一个异形的大"坎"卦，但是"小过"卦是中间两阳，上下四阴，阴多阳少，阴为小，故称"小过"（详见《小过》解读）。"小过"阴爻多，因坎中阴爻代表岸堤和土壤，所以"小过"没有洪水泛滥之象。

上一卦为《颐》卦，其本义讲述的是国家的供养之道。国家保护人民，人民遵守国家赋税制度以供养国家，如此生生不息。中央帝国主要靠各诸侯之邦的贡赋，如果遇见洪水泛滥的大灾之年，粮食歉收，各诸侯之邦就会像修筑防洪大堤的树木一样承受重压，甚至不堪重负，国家安全将出现巨大隐患，以致出现《大过》的情况。这也是圣人对后世君王提出的警示。所以《颐》卦之后是《大过》。

28.2 卦辞：大过，栋桡。利有攸往，亨。

【白话】

卦辞：诸侯邦国过于承重，（筑堤的）木桩因承受水压而弯曲。应该坚持努力作为，通达、顺利。

【解读】

◎ 大过，栋桡

栋：今本和帛书本为"棟"，即"栋"的繁体字，其义指房屋的正梁，即屋顶最高处的水平木梁，主要承载屋顶重量，后引申为担负重任的人。传统都按此解，但我对此始终存疑，因为这与卦象"木桩固堤防洪"不符，卦象之巽木是固堤的竖立之木，而"栋"则是指房屋建筑的横梁，而且卦中也找不到与房屋有关的卦象。我重新寻找关于本卦的资料，发现阜本《周易》"栋"作"橦"。

根据《百度百科》解释："橦"为多音字，一读"tóng"，指木棉树；一读"chuáng"，古代指旗杆、桅杆。"橦"指"树的主干内心，寓意内强而挺直，多做正直意，为上等之木。"，《类篇》："木一截也。唐式，柴方三尺五寸曰一橦"。如按"橦"字解，则可理解为类似旗杆一样竖立的、强直承力的上等之木，完全符合卦象之义。故我大胆推断："栋"字应为"橦"，阜本可能才是正确的。

桡（ráo），《说文》："桡，曲木。"指木头弯曲。如"栋"作"橦"，则"橦桡"显然是指固堤的木桩因承受水压而向外弯曲，负重之象，卦中具体指的是九三爻。

九三与上六亲比，上六为上泽之主，代表泽水，九三在下，向上亲比上六，则是承受水压之象。

从上面卦名卦序解读可知：从国家治理而言，"大过"主要指诸侯邦君承受国家抗灾和保卫压力过大而不堪重负，故以"橦桡"为喻。

◎ 利有攸往，亨

出现"橦桡"的情况，说明木桩支撑的防洪堤坝承压很大，非常危险。诸侯过于负重国家统治同样有巨大隐患。《大过》卦体就是一个大"坎"，说明国家正处于危险之中。

利有攸往：统治者知道了"橦桡"的道理后，应该勇于作为，帮助和加强各地方诸侯的力量，减轻他们的负担，巩固国家统治，这样才会顺利通达。"亨"说明国家虽有隐患，但还不至于太危险，只要懂得"大过"的道理，国家上下齐心协力克服困难，努力作为，发展还是顺利和通畅的。

28.3《彖》曰：大过，大者过也。"栋桡"本末弱也。刚过而中，巽而说行，"利有攸往"，乃亨。大过之时大矣哉！

【白话】

《彖》说：大过卦，是说为大者有过失。"栋桡"，意思是首端和末端柔弱。刚爻过强而居于中间，谦顺而喜悦前行，所以说"利有攸往"而顺利通达。大过所表现的时势意义真是伟大啊！

【解读】

◎ 在上者为大，在上者有过失，所以说"大者过也"。《彖》作者认为："栋桡"，指的是栋梁的中间强壮，两端柔弱，就如卦象中间四阳强，两边阴爻弱，所以说"本末弱也"。

下为巽，上为兑为说（音、义同悦），所以说"巽而说行"。"本末弱也"，这是解释《大过》卦象，认为是中间代表统治阶层的四阳过于操劳，而初爻代表百姓柔弱贫穷，上爻则是说这样的结果会使国家变弱。

民为邦本，民弱则国弱，所以《象传》赞叹大过卦所表现的时势意义很伟大，希望后世统治者从中得到启发。

我对卦象的理解不同于《彖》。

28.4 《象》曰：泽灭木，大过。君子以独立不惧，遁世无闷。

【白话】

《象》说：泽水淹没了树木，这就是大过卦卦象。君王受到启发：要教育各层管理者做到虽独自承担责任而不可畏惧；虽远离世人、不被理解也不觉苦闷。

【解读】

◎ 下为巽为木，上为兑为泽，木在泽下，故称"泽灭木"。

从上面的解读可知，《大过》卦指诸侯邦君抗灾和保护国家和人民的压力过大，以致不堪重负。

"泽"可理解为洪水泛滥之时的一片泽国。根据卦象我大胆推测：古代人们在修筑堤坝抵挡洪水时，会先用木桩、石头稳固，然后再堆土筑堤（20世纪80-90年代我生活在农村，仍见过当时修筑小型水库、防洪抢险时会先利用树桩和横木固基），如果泽水淹没了树木，木桩和树木则会因水压太大而有决堤的危险。如果以树木比喻为诸侯邦君的话，那么大泽就代表维护国家安全的压力和隐患，引申为诸侯和广大统治者承受了巨大的国家安全和保障的压力，有力不从心而陷入危险之象，体现的是"压力"和"危险"。

《周易》之理引申为治国之道，此处"君子"应理解为诸侯邦君或国家君王。这也是圣人告诫后世君王要让所有统治阶层、特别是各诸侯邦君为了国家安全而做到"独立不惧，遁世无闷"。

西周时期国家管理采用诸侯分封制，国家设立若干个诸侯邦国以保护中央政府的安全，定期朝贡并提供军赋和力役，也就是说，国家的安全和各种需求主要依靠诸侯国保障。各地方诸侯的统治者的使命就是保障国家安全，维持社会稳定，就像木桩竖立在泥土中默默地稳固岸堤一样需要忍受孤独和艰难。圣人立《大过》告诫后世君王，为了国家的安全和人民的幸福，应让各诸侯邦君明白并做到：虽孤独地镇守一方，为保卫国家历经艰难而不可放在心上；远离庙堂，虽退隐避世、苦修其德而不应觉得孤独苦闷。

28.5 初六：藉用白茅，无咎。

《象》曰："藉用白茅"，柔在下也。

【白话】

初六：像白茅一样起到辅助作用，没有过失危害。

《象》说："像白茅一样起到辅助作用"，是说柔爻在下。

【解读】

◎ 藉用白茅，无咎

藉：本义指古代祭拜时供人站、跪的草垫。柔爻在刚爻的下面，就好像是衬垫，故称"藉"。

白茅：白色的茅草。下巽为柔顺为白，初爻常取茅象，如《泰》《否》等，故取"白茅"象。初六柔居初位，是柔弱、低贱之位。茅草与树木相比低贱、柔软，故初六以茅草取象。

我小时候生活在农村，曾见过农村防洪固堤情景：先快速地将木桩打入土堤的决口处地下，再用竹木扎成简易栅栏，然后用沙袋、稻草编制的草垫填入以固土，然后快速地填土加固，这样，一条能挡住水流的土堤就很快筑成了。放进草垫的作用是填充木桩栅栏之间的空隙，以使倒入的泥土不被水流冲走。初六虽像茅草一样低贱而遭人轻视，但他在防洪筑堤时也能像草垫一样发挥应有的作用，这样当然没有危害，是值得鼓励和肯定的。

从全卦而言，初爻代表卑下、柔弱的百姓，具体到初六爻位，又以白茅为喻，是说底层百姓面对困难时虽然力量弱小，但在关键时候仍能配合统治者发挥自己重要的作用，这种行为是值得肯定和鼓励的。

初六亲比九二、正应九四，九二是巽木的木桩，九四是上兑的水流，初六柔弱就像草垫一样依靠着九二木桩，挡住九四水流。

先儒们都把本爻理解为：物体本可以直接放置在地上，现在却还要垫上一层茅草，这是因为谨慎之至。这种理解源自《系辞传》：

"苟错诸地可矣，藉用白茅，何咎之有？慎之至也。夫茅之为物薄，而用可重也，慎斯术以往，其无所失矣。"

我认为这里不是强调谨慎，而是引申为初六虽卑微但也能发挥力所能及的作用。我始终认为，《易传》只代表两千多年前孔子或其弟子们从儒家的角度对《易》的理解，是历史时代的产物，二千多年后的今天，我们不应因循守旧，更不可拘泥与迷信。

28.6 九二：枯杨生稀，老夫得其女妻，无不利。

《象》曰："老夫女妻"，过以相与也。

【白话】

六二：枯老的杨树重新长出嫩芽，就好像老年男子娶了个年少妻子，没有什么不好的事。

《象》说："老年男子娶年轻妻子"，是说已经过了常理而相结合。

【解读】

◎ 枯杨生稀，老夫得其女妻

杨：金文应指杨梅树，后也可指杨树、杨柳。古人称喜阳耐旱的树为"杨"，常喻男子；称喜阴耐湿的树为"柳"，常喻女子。下巽为木，九二为阳，从"老夫得其女妻"可知九二为男，故以"杨"喻指九二。

稀：郑玄本与帛书《易》均作"荑"，阜阳汉简《周易》作"苐"，古同"荑"，其本义为茅草的嫩芽。《释文》："荑，木更生。"程颐、来知德等都释为根，理由是九二亲比初六，初六柔弱而在九二下面，有"根"之象。

"稀"到底应训为"根"还是"嫩芽"呢？下面从爻象爻辞来分析：

从整个爻辞来看：后一句"老夫得其女妻"与"枯杨生稊"是采用不同的比喻来对爻义进行相同的表达，所以两者可以对比理解。如果以"老夫"比作"枯杨"，则"女妻"可比作"稊"。古代女主内，男主外，"女妻"是在家中"老夫"背后的女人，勤俭持家，照顾着他，以帮助他操持家务，而根也是在枯杨的下面暗暗地帮助杨树吸收营养、支持生长的，这仍是形容内部充满活力，所以"稊"理解为"根"更合适。

另从卦象来看：全卦像是用木桩修筑防洪堤坝，下巽为木，则九二正是木桩打入地下部分。我们知道，有些树木，如杨树，砍下来插入湿地以后会重新长出根须，故"稊"应指木桩的根须更准确。"枯杨"则是指打入堤坝底部地下的杨树木桩。

老夫：年老的男子；女妻：年少的妻子。

九二下比初六，与九三同在巽体，巽取木象，则初六为木之下根。九二为木之下端，九三为木之上端，故九二得到初爻的支持，又与九三同德同体而共同承受稳固堤坝之重任。

从社会结构来看：九二为大夫之位，是国家的基层统治者，在《大过》之时与九三一起承国之重，过劳而衰，但居中比初而能得到百姓的大力支持，滋生出新的希望和力量，就像枯树木桩又重新焕发出新的活力一样。

◎ 无不利

九二得到百姓的支持，重现活力，与九三一起承担保护国家的重任，利国利民，利人利己。就像是杨树木桩打入堤坝地下又重新长出新根，这样会更加稳固更能承重，对树和堤坝来说都是很好的结果，故称"无不利"。

28.7 九三：栋桡，凶。

《象》曰："栋桡"之凶，不可以有辅也。

【白话】

九三：栋梁不堪重负而弯曲，凶险。

《象》说："栋梁不堪重负而弯曲"有凶险，是说不能够也没有人能辅助。

【解读】

◎ 栋（橦）桡，凶

九三刚居阳位，代表下巽木的最上端，又正应上六，上六为上兑之主，兑为泽，表示木桩直接承受了泽水的冲击和重压，所以木桩会向外弯曲。"桡"为弯曲之意。如果把"栋"理解为房屋横放的大梁，则"桡"理解为横梁向下弯曲；如果把"栋"理解为"橦"，即竖立的木桩，则"桡"应是向外弯。我认为应是第二种，不同于传统理解。

从国家治理而言：九三为国家诸侯之位，承担着国家安全保障责任过重而不堪重负，《大过》之时就像是固堤的木桩承受着水流冲击和巨大水压而向外弯曲，这样会有倒塌的危险，故称"栋桡，凶"。随着筑坝时填充的土壤不断地增加、夯实，木桩承受的压力就会缓解。

《象》说"不可以有辅也"，是说九三的压力只能自己承担，别人无法给予帮助。这应该是按照房屋栋梁来理解的。根据古时房屋结构，横梁通常是向上微微隆起形成一个拱形，这样才能更好承受屋顶的重量，如果承担房顶重量的栋梁向下弯曲，说明屋顶过重而横梁承力不够发生变形，这样对房子来说是很危险的，但又没办法用什么东西辅助加固。

28.8 九四：栋隆，吉，有它吝。

《象》曰："栋隆"之吉，不桡乎下也。

【白话】

九四：木桩向内侧弯曲，吉利。总是担心来自内部的危险（这种行为）应感到羞吝。

《象》说："木桩向内侧弯曲"而吉利，是说不向下弯曲。

【解读】

◎栋（橦）隆，吉，有它吝

隆：本义指地面向上升起。栋隆：指木向上隆起，与"栋桡"弯曲的方向相反，在文中应指木桩向内侧弯曲。

上兑为泽，代表是泛滥的泽水。九四已进入上卦，但本爻仍称"栋（橦）"，显然还是被看作加固土堤的木桩。这种取象应从全卦来看：初六至九五可看作一个异形的大巽卦（☴），上卦为兑，全卦可看成异形大巽卦与上兑交错，故全卦仍是大木桩挡住泽水之象，这样九二至九五都可看作大巽卦的木，故二至五爻的四阳爻都称"栋"或"杨"。九四与九三位置不同，九三与上六相应，上六为上兑之主，代表水，所以九三可看作筑堤之初打下挡住洪水的木桩，是承重最大者；九四向下亲比初六，初六又代表全卦大坎的土壤，说明发展到九四之时土堤已基本修筑完成，九四可视为土堤内侧的木桩，其作用应该是防止土堤向内侧的泽水中坍塌。土堤筑成后堤内的泽水已基本没有压力，这时内侧木桩反而受到土堤向内的挤压。木桩受到土堤挤压后会向内侧弯曲，因弯曲方向与"桡"相反，故称"隆"。

"吉"是指九四成功地起到了防止土堤向内坍塌的作用。

有：指执有；它：古义指蛇。古人住在草棚里，且居处多草，常有蛇患，人们相见总是会问"无它乎"（没有遇到蛇吧），故"它"在此指蛇钻进草棚内部给人带来的危险。"有它吝"指只是担心内部的危险应该感到羞愧。九三固堤本是防止洪水向外泛滥成灾的，但九四却是防止土堤向内倒向泽水。引申到国家，九三代表诸侯一心在保护国家安全，而九四却好像是在防止地方难民给国家带来威胁。当国家正面临大灾之时，与九三的奋力救灾相比九四确应感到羞愧，故称"有它吝"。

28.9 九五：枯杨生华。老妇得其士夫，无咎无誉。

《象》曰："枯杨生华"，何可久也；"老妇士夫"，亦可丑也。

【白话】

九五：枯老的杨树长出嫩枝。（好像）年老的妇女得到了保卫自己的卫兵，没有危害，也不值得赞誉和庆贺。

《象》说："枯老的杨柳开始长出嫩枝"，怎么能持久呢？"年老的妇女得到了保卫自己的卫兵"，也是很丢人的事。

【解读】

◎ 枯杨生华，老妇得其士夫。无咎无誉

本句爻辞与九二爻辞"枯杨生稊，老夫得其女妻，无不利"无论是内容还是结构都非常类似，又为对位爻，虽按通例理解同为阳爻本不相应，但从内容和结构来看明显有关联性，故可参照理解。

枯杨：与九二一样，应是指帮助加固防洪堤坝的杨树木桩。

华：古今易学者基本都训为"花"，"枯杨生华"则都理解为"枯槁的杨树上开出花朵"。问题是枯槁的杨树怎么可能开出花朵，这显然不合常理，更是违背自然规律的，就算是打入潮湿的地下的杨树木桩也不可能直接开出花朵，长出嫩芽倒是常见。

根据以上分析，我推测"华"应理解为"嫩枝"或"嫩芽"更为合理。先看"华"字的原始字形，"华"金文为：𡴏、𡴏，一般都分析认为金文字形是树上开满花，但我认为第一个金文字形像是树枝上开出花朵，第二个金文字形则像是干上长出嫩枝。因此，我认为"华"字本义或有"花"和"嫩枝"两种含义，可能是后来才慢慢演变为独指"花"。

"枯杨生华"指枯槁的杨树木桩上长出了嫩芽就好理解了：我们知道，杨树本来就可以用扦插的方式繁殖，所以杨树木桩打进潮湿的泥土中重新长出嫩枝就很正常了。那么本爻的"枯杨生华"与九二爻的"枯杨生稊"有什么不一样呢？从九二爻的解读可知："枯杨生稊"是指杨树木桩长出新根，说明是从内部滋生生机。本爻可看作初六至九五的大巽卦的最上爻，也就是大木桩的最上端。最上端长出了嫩芽，说明木桩的外在有了生机。如果把初六至九五看作一个大巽卦，也即是一个大木桩，那么初六代表土壤，九二代表接触土壤的木桩下端，因此可以长出根须，九三和九四代表木桩的中部，九五表示木桩的上部，所以会长出嫩芽。那么这根杨木桩内有根、外有芽，从内到外都表现出了生机。引申为国家上下管理者在保护人民、维护国家的过程中虽面临各种困难和压力，始终坚持到底，扛住了压力，取得阶段性的成功，因为如果木桩不能顶住压力而倒塌，那么就会完全淹没在泥沙和水中，永远不可能会长出嫩芽。

"老妇得其士夫"，传统理解为：年老的妇人得到了一壮男丈夫。这种理解显然是来源于象辞"老妇得其士夫，亦可丑了"。我对此理解有所怀疑，现从文字训诂来分析。

士：本义指将帅身边的警卫。夫：本义指猎人、士兵。士夫：本义应指保卫将帅的士兵。九五为君王之位，正是全国抗洪救灾的将帅，以"老妇"为喻应是形容其处在年迈力衰、柔弱无力、非常艰难之时。故"老妇得其士夫"应指年老的妇人得到了保卫自己的卫士，形容她得到了有力的支持和帮助。"老妇得其士夫"与九二"老夫得其女妻"用法类似，也是用另一种比喻说明与"枯杨生华"同样的道理，这应是以枯槁的树干比喻为老妇，以枯杨长出嫩芽引申为焕发新生来比喻士夫。

无咎无誉：说明前面的行为既没有什么危害，也没有什么值得赞誉的。对筑堤、固堤的木桩来说，其生根长芽当然没有什么坏处，有了生机，加固之力更持久，但长远来说没有什么实质的作用。堤坝筑牢以后，木桩已经完成了它的使命，哪怕它长成了新的杨树，对堤坝也没有太大的意义。

28.10 上六：过涉灭顶，凶。无咎。

《象》曰："过涉"之凶，不可咎也。

【白话】

上六：水位过深没过了顶部，凶险。最终没有过失危害。

《象》说："水位过深没过了顶部"有凶险，没有什么好责怪的。

【解读】

◎ 过涉灭顶，凶。无咎

涉：本义指徒步过水。过涉：意为超过了可以徒步过水的深度而过河。

先分析本爻爻象：上兑为泽为湖泊、水库，上六为上兑之主，故上六可看湖泊的水面；初六至九五是一个异形大巽☴卦，巽为木，则九五代表木的顶部，上六在九五之上为上兑之主，故有"灭顶"之象。"过涉灭顶"指泽水漫过加固堤坝的木桩。从前面可知，木桩的主要作用是稳固堤坝的根基，随着水位不断升高，木桩完全有可能淹没在水中，但堤坝则可以不断地加固加高。对木桩来说，它已经完成了使命，被水淹没之后就不可能再长出新芽，没有了再生的希望，牺牲了自己，故称"凶"。但对堤坝而言没有什么影响，困难最终被克服，故称"无咎"。

上六变上九，则上兑变乾，泽水消失，这样全卦变为《遁》卦，表示大水遁退，危险解除，故"无咎"。说明最终木桩和堤坝承受住了压力，国家度过了危险，这与卦辞的"亨"是相呼应的。

【总结与启示】

大过，大者过也，本义为中央统治者和诸侯邦国经受过大的压力。全卦是一个大"坎"之象，坎为险为过且阳多于阴，故称"大过"。为卦下巽上兑，木在泽下，故有木桩固堤护泽防洪之象。从全卦来看：初六至九五也可看作为一个异形的大巽卦，上兑为泽，巽泽相错，还是木桩固堤防洪之象。九二至九五都可看作固堤的木桩，九二为木之下端，九三、九四为木之中端，九五为木之上端。圣人立《大过》卦目的是告知后世君王，国家治理过程中总会遭遇很多困难，其中有些巨大困难可能会使上下管理者感到不堪重负。此时君王唯有鼓励大家坚持到底，坚定信念不可动摇，如《大象》所言："君子以独立不惧，遁世无闷"，哪怕最终牺牲了自己，也必定会战胜困难。

初六代表的百姓虽柔弱、平庸，但也能发挥出力所能及的作用，所以没有什么过失危害；九二在抗险济难中得到百姓的支持而充满力量，就像固堤木桩长出了根须，没有任何不利；九三为保护国家的最大承重者，就像是直接承受固堤重任的木桩，有凶险；九四是辅佐君王防范内乱者，就像土堤内侧的木桩防止土堤向内坍塌，与九三相比应感到羞愧；九五君王面对大灾，在最困难之时得到了帮助，充满了希望，就像枯杨长出嫩枝、老妇得到了警卫；上六：《大过》之终，泽水最终没过了木桩，木桩完成了它的使命，牺牲了自己而凶，但堤坝却抗住了水压而保护了人民，故无咎。

本卦既反映从百姓到君王为了国家安全而承受巨大压力，以至不堪重负的困难情形，也是歌颂他们为了国家和人民的安危而鞠躬尽瘁、死而后已的精神和品德。

从企业管理而言，企业总有非常困难时候，以致管理者感觉危机重重、不堪重负。这时，企业所有者唯一正确的做法应是首先要以身作则，充满信心，然后要鼓励大家齐心协力、坚定信念，积极地面对和解决问题，并坚持到底，这样才能顺利度过困难，一旦松懈、放弃，必定有灭顶之灾。

坎卦第二十九：困难重重、诚敬以度

习坎卦 下坎上坎，坎为水

上六：系用徽缠，寘于丛棘，三岁不得。凶。
《象》曰：上六失道，"凶三岁"也。

九五：坎不盈，衹既平。无咎
《象》曰："坎不盈"，中未大也

六四：樽酒簋贰用缶，纳约自牖。终无咎
《象》曰："樽酒簋"，刚柔际也。

六三：来之坎坎，险且枕。入于坎窞，勿用。
《象》曰："来之坎坎"，终无功也。

九二：坎有险，求小得。
《象》曰："求小得"，未出中也。

初六：习坎，入于坎窞，凶
《象》曰："习坎入坎"，失道凶也。

卦辞

习坎，有孚维心，亨。行有尚。

29.1 卦名卦序

《序卦》曰：**物不可以终过，故受之以坎。**

【解读】

◎《序卦》说：事物不可能始终处于过于常理的状态，所以接下来是坎卦。《序卦传》卦序说明较为牵强。

习，《说文》："数飞也。从羽从白，凡习之属皆从习。""习"的本义为小鸟反复地试飞。坎为流动的水、为难，所以"习坎"有水流不息之象，又有反复克服困难之意。从卦体看，下卦和上卦都为坎，所以称"习坎"。除本卦外，其他纯卦中都没有加"习"字，这是既为了强调险中又有险，凶险重重，又有尽力克服困难、战胜凶险之意。

上一卦为《大过》卦，是说国家遇到重大灾难，全国人民和各级管理者坚持不懈、团结一致抗灾救险、保卫国家而过于负重，最终甚至牺牲了自己而度过了困难。在国家治理的过程中，这种举全国之力去克服的困难虽然不会经常出现，但各种各样的小困难总是连绵不绝的，所以《大过》之后圣人设《习坎》卦，用于告诫后世君王要时时保持警惕，作好准备面对各种困难。《习坎》作为上经的最后第二卦，也有总结上篇之意，即：国家治理过程中遇到的困难总是会接踵而至，君王和各级管理者要有反复战胜困难的准备和信心。

29.2 卦辞：习坎，有孚维心，亨。行有尚。

【白话】

卦辞：克服重重险难，（如果）内心始终充满信心，（则）顺利通达。努力行动会得到赞赏。

【解读】

◎ 有孚：有诚信、有信心，"坎"为孚。维，《广雅》：系也。九二、九五居中，为心中有诚信，上下都是内心充满诚信且分别与身边的阴爻亲比相系，故称"有孚维心"。尚：嘉尚、赞赏、成就。至诚可以通金石、蹈水火，何险难之不可亨也？

行有尚：纵观历史，国家治理和社会的进步总是处于经历遇到困难解决困难的发展过程中，困难总是不断和反复的。在困难之时，只要内心充满信心就一定可以顺利度过，这样才会通达顺利，执此信念而果决行动就会有所成就。

困难不可怕，可怕的是面对困难时失去信心。"坎"既代表困难和危险，但同时又代表诚实和信心，意为困难之时必须要有克服困难的信心，才可成功济难而亨通，社会才能进步，王业才可能成功。圣人立卦之深意可见一斑。

29.3 《彖》曰：习坎，重险也。水流而不盈，行险而不失其信。"维心亨"，乃以刚中也。"行有尚"，往有功也。天险，不可升也。地险，山川丘陵也。王公设险以守其国。坎之时用大矣哉！

【白话】

《彖》说："习坎"，是说重重险难。河水流动而不会满盈，行走在险地而不丧失信心。"维心亨"，是说以刚健居于中位；"行有尚"，是说前往会成功。上天的险要在于不能够超越；大地的险要在于山川丘陵，君王大公因此利用险阻来守护国家。坎卦代表的时势作用真是伟大啊！

【解读】

◎ "坎"为流动的水，中间阳爻代表流水，两边阴爻代表岸堤，所以是水在流动而没有满盈。"不盈"，说明河水只有流动而不堵塞就不会泛滥成灾，就像困难不断地被克服才不会造成危害。坎为险，又为孚，下坎上坎为"行险而不失其信"。

上下都有刚爻居中并且处在对应的位置，这就是"维心亨"之象。

◎《象传》从坎险引申出以险为用，从上天高不可攀得到启发来建造高大的城墙；从山川丘陵难于跨越受到启发而挖出宽深的护城河以保护城楼。从这一点来说，坎险可利用的意义确实很伟大。

29.4 《象》曰：水洊至，习坎。君子以常德行，习教事。

【白话】

《象》说：水接连不断地流来，这就是《习坎》卦的卦象。君王得以领悟：要恒常的修养德行，反复地教化百姓。

【解读】

◎ 君子以常德行，习教事。

坎为水，下水上水，取水流不息之意。国家治理遇到的困难总会像流水一样反复不断，永不休止，而面对重重困难最好的办法就是君王自己做到，并要求所有管理者也都做到像流水一样不断地修养自己的品德，教化百姓不断强化信心、提升能力，则无艰不克、无险不除。这显然是从《坎》的自然属象引申的。

天下有恒者莫若水，所以君王从此得到启发，修养德行、教化百姓要像水流不息，这样不管遇到什么困难都能被战胜。养德教民是君王所行，只有像流水一样有恒才能彰显成效。

此处"君子"应特指君王。

29.5 初六：习坎，入于坎窞，凶。

《象》曰："习坎入坎"，失道凶也。

【白话】

初六：经历重重险难，陷入水中陷阱，凶险。

《象》说："经历重重险难，陷入险难"，是说偏离正道而凶险。

【解读】

◎ 习坎，入于坎窞，凶

窞（dàn）：穴、深坑；坎窞：水中的深坑，引申为险中之险。初六位于下坎之底，水性向下，所以为"入于坎窞"。

初六阴柔不正，位于下坎之下，是为陷入坎窞。坎为险为凶，初六虽亲比九二，但九二为下坎险之主，所以是深陷重重险难之中，又上无应助以脱险，故"凶"。

本爻说的是"习坎"之时，柔弱的百姓处于水深火热之中，灾难深重。国家困难时期，百姓总是首当其冲受害最大的，自古以来莫不如此。

◎ 初六柔居阳位而不正，又上无正应，《习坎》之时遇到重重困难而无力克服又得不到帮助，故《象》说"失道凶也"。

29.6 九二：坎有险，求小得。

《象》曰："求小得"，未出中也。

【白话】

九二：身处困难与危险之中能够控制危险，百姓向他求助时能够有所收获。

《象》说："小有得"，是说还没有走出困难的中心。

【解读】

◎ 坎有险

坎：指身处坎险之中；"有"，持有、掌控之意；"有险"，指能够掌控危险，克服危险。九二为下坎之中，正是身处危险，但九二刚健居中，又为下互震之主，有刚健合宜，行动力强之象，故能克服危险，掌控危险，是为"坎有险"。

◎ 求小得

求：追求，求助之意；小：代表民众、百姓，与"大"相对，此处指初六。求小得：应为"小求得"，百姓向他求助而有得。九二亲比初六，是能帮助初六克服困难险阻。在困难之时，九二刚健力强是有能力克险助人，居中是有责任心，亲比初六是能帮助初六，故能"求小得"。

29.7 六三：来之坎坎，险且枕。入于坎窞，勿用。

《象》曰："来之坎坎"，终无功也。

【白话】

六三：来去都是险难，身遇险，上又有险。陷入险难深处，无法作为。

《象》说："来去都是险难"，是说最终无法济险。

【解读】

◎ 来之坎坎，险且枕

之者，往也。来之坎坎：来和去都是困难，往下来是困难，往上求援也遇困难。枕：头靠之物；险且枕：意为"险且枕险"，身陷险中，头又靠在险上。

六三柔顺居刚，为诸侯之位，其责是上保国之安，下济民之困。《习坎》之时上下都陷于困难之中，下有百姓求济，上遇中央有险，六三又柔弱无济困之力，所以说"来之坎坎，险且枕"。

◎ 入于坎窞，勿用

三与初类似，都是下坎之阴而不正位，所以都称"入于坎窞"。在这样的环境之下又柔弱无能，还会有什么作为呢？

六三为下之上，本应肩负助下民济险脱困之责，怎奈力有不足，又深陷坎窞，故称"勿用"，无法济民之险、脱君之困。

29.8 六四：樽酒，簋贰，用缶，纳约自牖，终无咎。

《象》曰："樽酒，簋贰"，刚柔际也。

【白话】

六四：一樽酒，二簋食，使用质朴的瓦器，用光明、至诚相交，最终没有过失咎害。

《象》说："一樽酒，二簋食"，是说柔顺与刚健的交往之道。

【解读】

◎ 樽酒、簋贰，用缶

樽酒：一樽酒，"樽"为古代盛酒容器。簋：盛饭的竹制容器。贰：表示数量"二"，如孔子评价颜回说："不迁怒，不贰过。"

簋贰：指二簋食物。樽酒、簋贰：指用酒食祭祀天地，引申为虔诚。缶：瓦器。古代缶是穷人用的器皿，引申为简约、质朴。所以"樽酒、簋贰，用缶"引申为至诚质朴。

◎ 纳约自牖，终无咎

纳约：指向上结交；牖：窗户。窗户是用于房室通明的，所以"纳约自牖"意为以直达内心、光明正大的方式结交。

六四正位而近君，是君王身边辅佐的重臣。六四辅佐刚中君王，在习坎之时，本身无济险之才，如果能够坚持正道，用真诚、质朴、光明的方式去结交、辅佐君王以渡过险难，这样会有什么危害呢？所以说"终无咎"。"终"有克服一段困难、经过一段历程以后终于达到之意。

29.9 九五：坎不盈，祗既平。无咎。

《象》曰："坎不盈"，中未大也。

【白话】

九五：水流不断就不会满盈，内心充满敬畏和信心就能克服。没有过失危害。

《象》说："水流不断就不会满盈"，是说刚中的品德还未能发扬光大。

【解读】

◎ 坎不盈，祗既平

坎不盈："坎"为流动的水为险，河水只有不断地流动就不会泛滥成灾，困难只有不断地被克服才不会有大的影响。河水正常流动时是不会造成灾难的，只有河道堵塞河水流动不畅才会漫过岸堤而为灾。困难也是如此，困难总是不断地出现的，但只要及时克服和处理，就会像平静流动的河水一样顺利过去。

祗（dí）：敬畏之意。既：已经；平：平息、解决。祗既平：（只要）内心充满敬畏就能平息、克服。

面对困难只要满怀敬畏而不失信心，谨慎对待，积极解决，困难就会像流动的河水一样顺利过去，这就是"坎未盈，祗既平"的含义。《象》辞说"中未大也"之意显然与此不同。

九五刚中之君，既中且正，虽处于坎险之中，但内心刚强而充满信心，这样就没有什么困难不能克服的。国家上下陷于重重困难之中，国家安全系于君王一身，九五刚中之君，刚健又内心充满信心，是确保国家脱离险难的最大保障。

九五为上坎之主，又为上互艮之主，坎为流动的水，故称"坎不盈"；又艮为成为祭祀为敬畏，有敬畏而成功克险之象，故称"祗既平"。

29.10 上六：系用徽纆，寘于丛棘，三岁不得。凶。

《象》曰：上六失道，凶"三岁"也。

【白话】

上六：被绳索紧紧捆住，囚禁在丛棘围墙之内，三年不得解脱。凶险。

《象》说：上六没有脱险的能力，所以有三年的凶险。

【解读】

◎ 系用徽纆，寘于丛棘，三岁不得。凶

系，缚也。徽（huī）：三股的绳子；纆（mò）：二股的绳子。"寘（zhì）"同"置"，此处指囚禁；"丛棘"，指围满棘刺的高大围墙。不得：无法解脱。

上六为上坎之阴、《习坎》之终，代表重重困难之时最终仍陷于困难之中无法脱险。阴爻代表无力脱险。

上六变上九，则上坎变巽，巽为绳索，故称"系用徽纆"。此爻说明《习坎》之终，占者已处于非常之险难，无论变与不变皆不能脱险，是大凶之象。

【总结与启示】

"习坎"指上下都是坎，重重坎险，又有努力克服困难之意。在古代国家的发展过程中，困难是常态，并且总是像水流一样不能间断，在这样的情况下，圣人以本卦告诉我们，不同阶层的人总是会遭遇什么困难，并应该用什么方法面对和处理才能顺利度过。坎既为险又为孚，其意为：面对困难必须要充满信心，并坚持不懈，那么困难也就会像正常流动的水一样顺利过去。人生之理、治国之道莫不如此。

下卦代表诸侯之邦，上卦代表中央政府，从上一卦《大过》卦来说，《习坎》是《大过》之后总会遇到的情况。国家上下处在重重困难之时，各爻位有不同的境况。

初六：代表柔弱无助的平民百姓，处在险难的最深处，努力挣扎而不得解脱；九二：大夫之位，处于坎中，刚健居中，不仅自身有掌控危险、克服困难的能力，而且还能帮助百姓；六三：阴柔不正不中居于诸侯之位，又位于上下坎之间，故为"来之坎坎"，深陷危险且无所依靠，不会有什么作为；六四：为阴柔居正而近君重臣，为臣之道当质朴事君，通明结交，最终安然无咎；九五：刚中之君，只要对困难保持敬畏而不失信心就能平定危害。身为君王，唯有济天下之险方可无咎；上六：阴柔而处险之极、习坎之终，发展到最后被绳索捆绑，囚禁于牢中，且长久不可免灾。为大凶之象。

本卦告诉我们应该如何正确面对困难：不管是工作还是生活，困难总是会连绵不断的，因此我们必须要有正确的心态和战胜困难的信心；困难实际就像流动的河水一样，虽总是连绵不断，但只要及时克服、疏导，就会像河水一样平静地过去，不会有什么危害。

离卦第三十：日出日落，顺天安命

离卦　下离上离，离为火

上九：王用出征，有嘉。折首，获匪其丑，无咎。
《象》曰："王用出征"，以正邦也。

六五：出涕沱若，戚嗟若，吉。
《象》曰：六五之吉，离王公也。

九四：突如其来如，焚如，死如，弃如。
《象》曰："突如其来如"，无所容也。

九三：日昃之离，不鼓缶而歌，则大耋之嗟，凶。
《象》曰："日昃之离"，何可久也。

六二：黄离，元吉。
《象》曰："黄离，元吉"，得中道也。

初九：履错然，敬之无咎。
《象》曰："履错"之敬，以辟咎也。

卦辞

离，利贞，亨。畜牝牛吉。

30.1 卦名卦序

《序卦》曰：坎者陷也，陷必有所附丽，故受之以离。

【解读】

◎《序卦》说：坎是下陷的意思，下陷必须要有所依附，所以接下来是离卦。

《序卦传》作者认为"离"取附丽之意，即依附于光明而大放光彩。我认为不准确。

离为日，其最大的特点是日出日落，永恒更替。本卦正是按此理引申到人生和国家生死存亡、盛衰更替的。《离》卦为上经最后一卦，其本义应为圣人针对君王对国家治理、生命循环所作的总结。上一卦为《习坎》卦，说的是国家上下都陷入重重困境之中。总而言之，人生社会与国家发展总是不断地在遇到困难克服困难中前进，克服了困难则开启下一段光明的旅程，不能克服困难则进入生命与国家的更替，这是永恒的规律，就像太阳总是在日出日落一样。所以《习坎》卦之后是《离》卦。

《离》为卦下离上离，离为日，日落日出，光明相继，引申为生命循环，世道更替。

30.2 卦辞：离，利贞，亨。畜牝牛，吉。

【白话】

卦辞：光明交替，利于守正，通达。修养谦顺传承之德，吉利。

【解读】

◎ 离，利贞，亨。畜牝牛，吉

离：光明交替。盛极必衰，衰极必盛，万物都在循环中更替前进。于人而言，人立于中正而有刚健附丽，于是成就光明的一生，坚持正道，人生就会通达顺利，但终将会走向衰老；于国家而言，为君者贤德圣明，为臣者忠君爱民，则国家兴旺发达，反之则衰落消亡而朝代更替，犹如日出日落，所以"离，利贞，亨"。

畜：蓄养，于人则为修养；牝牛：母牛。牛是勤恳而顺异的动物，母牛则更是顺之又顺，且生育小牛，传承生命。畜牝牛：修养谦顺和传承之美德。

日出日落是永恒的自然规律，国家治理与世道循环都是如此，知道了这个道理，以谦顺之德治国传世，坦然地面对衰老、更替，一切将会如愿。

"离"为大腹，故取牛象。离通坤德，坤为母，故取"牝牛"之象。

30.3 《彖》曰："离"，丽也。日月丽乎天，百谷草木丽乎土，重明以丽乎正，乃化成天下。柔丽乎中正，故"亨"，是以"畜牝牛，吉"也。

【白话】

《彖》说：《离》卦，有依附而绚丽。天因日月的依附而炫丽，土地因百谷草木的依附而炫丽，君臣上下光明而附丽于正道，这样使天下百姓得到教化而成就文明的风俗。柔顺居于中正并得到附丽，因此"通达"。所以"畜牝牛，吉"。

【解读】

◎ 离：附丽，因有依附而亮丽，就好像日月依附于天而使天亮丽；山川草木依附于大地而使大地壮丽；光明依附于正道而使正道炫丽。这是说明附丽对于万物的意义。圣人利用附丽的意义而教化天下百姓，以成就文明之风。作者以"附丽"解释"离"并进行阐发。

◎ 柔顺居于中正而得到刚健的附丽，因而成就光明，所以通达，所以修养谦顺之德而吉利。

六二柔居阴位，既中且正，初和三以刚居阳，依附于六二，成就了离卦的光明之象，所以"亨"，所以"畜牝牛，吉"。作者这是以爻象解释卦辞。

30.4 《象》曰：明两作，离。大人以继明照于四方。

【白话】

《象》说：太阳日复一日地照耀大地，这就是离卦的卦象。品德高尚的君王因此领悟：永续继承光明之德，照耀天下、光被四表。

【解读】

◎ 明两作：指太阳日复一日地升起照耀。离为日，下日上日，日升日落之象。大人：以德言则贤君，以位言则王者。国家君王的传承要像太阳一样，将光明的德行永续传承下去，使百姓世代受到恩泽。

离卦为卦下离上离，离为光明，所以有继承光明之象，于国而言应指君王更替。

《离》为上经三十卦的最后一卦，圣人以此卦勉励后世君王一代一代地将光明传承下去，永不没落，以使百姓世代享受君王的恩泽。

30.5 初九：履错然，敬之无咎。

《象》曰："履错"之敬，以辟咎也。

【白话】

初九：履行错杂纷乱的事务，敬慎处之，没有过失。

《象》说："履行错杂纷乱事务"态度敬慎，因而避免过失咎害。

【解读】

◎ 履错然，敬之无咎

履：行使，践行，帛本作"禮"。错：交错、错杂。

然：语气助词，……的样子。通观《周易》64卦，用"若""如"作语气助词较为常见，而用"然"却仅此一例。用"若""如"作语气助词的爻例：

君子终日乾乾，夕惕若。（《乾》之九三）

出涕沱若，戚嗟若，吉。（《离》之六五）

不节若，则嗟若，无咎。（《巽》之六三）

乘马班如，泣血涟如。（《屯》之上六）

有孚挛如，富以其邻。（《小畜》之九五）

晋如，愁如。贞吉。（《晋》之六二）

突如其来如，焚如，死如，弃如。（《离》之九四）

通观各爻，下卦明显表现的是人的一生，而上卦则与国家的发展规律相对应，这与"离"所表示的太阳升降、时间流逝的卦象是相符的。所以初爻表示人生的初始阶段；二爻表示人生正处于中正辉煌的阶段；三爻表示夕阳即将下山，人生即将结束的阶段。

初九指人生处在即将开始光明旅程之初。人生开始，面对错综复杂的世间万事万物，用敬慎的态度对待一切总是没有错的。初九以刚居阳，阳爻刚健上进，离火光明炎上，是人生之初能够刚健、明达的追求上进者。

初九刚健于进，亲比于六二中正，共同成就离之光明，故称"敬之"。"敬之"是对待一切事情和问题的态度、方法，"无咎"则是结果。

30.6 六二：黄离，元吉。

《象》曰："黄离，元吉"，得中道也。

【白话】

六二：中正而光明，这是吉祥、成功的根本。

《象》说："中正而光明，这是吉祥、成功的根本"，是说坚守中道之德。

【解读】

◎ 黄离，元吉

黄：坤土为黄，而"土"在五行居中，故易之通例以"黄"喻"中"，行为中正之意，如《坤》之六五爻"黄裳，元吉"。黄离：行为适中而光明正大。离通坤德，中爻黄之象，故称"黄离"。"元"为开始、本源；元吉：为吉之元，即成功、吉利的本源。

六二即正且中，居于光明的中心，得到初和三两刚爻的附丽而成就光明，是一天的正午，太阳最盛的时候，又代表人生处于最光明、最成功、最辉煌的时期。

人生最辉煌之时，以谦逊、中正之道处之，这就是人生吉祥如意的根本。

30.7 九三：日昃之离。不鼓缶而歌，则大耋之嗟，凶。

《象》曰："日昃之离"，何可久也。

【白话】

九三：太阳西移，即将落山。（人生此时）如果不能乐观豁达，那么就会有晚年的哀叹凄凉，结果凶险

《象》说："太阳西移，即将落山"，光明怎么能够长久呢。

【解读】

◎ 日昃之离

"昃"指太阳偏西，《说文》："日在西方时侧也。"九三在下离之终，离为日，所以称为"日昃"。下离退去，上离又升，人生就像太阳升起落下，这是自然规则，谁也无法改变。时间对所有的人都是公平的，无论是贫穷还是富有，也不论是王公还是百姓。"日昃"代表人生进入晚年。

◎ 不鼓缶而歌，则大耋之嗟，凶

缶：百姓最常用的质朴的瓦器。鼓缶而歌：敲打缶器高声唱歌，引申为质朴、乐观、豁达。

耋（dié）：指八九十岁的老年人；大耋：指高龄老人。人既然知道自然规则不可违，时间对谁都公平，那就应该快乐而安于常，乐天知命，乐观豁达。否则，就只能在晚年哀叹、悲伤，百害而无一利，故为凶。

"离"为大腹，有缶象。九三以刚居阳虽为正位，但在本卦中阳爻有贪欲、不安

分之象，如九三变阴爻，则有知足、顺从之意。九三变六三，则下离为震，震为动为击为哭为笑为歌，初九至九四为大离为"缶"，震与大离交错，故有"鼓缶而歌"之象。九三不变为离终，引申为年老为大耋；阳爻代表不安分，六二至六五组成大坎，坎为"嗟"，故称"大耋之嗟"。

30.8 九四：突如其来如、焚如，死如，弃如。

《象》曰："突如其来如"，无所容也。

【白话】

九四：不按正道突然前来，像烈火一样热切、猛烈。被处死，被抛弃。

《象》说："不按正道突然前来"，是说没有容身之处。

【解读】

◎ 突如其来如，焚如，死如，弃如

突：从穴从犬，本意指犬从洞穴中突然窜出。如：语气助词，……的样子。下离既没，上离初起，所以本爻有继明、继承之意。

九四刚健不正而近柔弱之君，所以是想以不正之道强行继承帝位的人。四本阴位，九四却刚健不正，离火又有炎上之性，所以九四不按正道急进之势像烈火一样猛烈，结果引火烧身，被处死，被抛弃。

焚如：是指九四以不正之道来势汹汹，像荒草野林燃起的烈火一样猛烈。

死如、弃如：或被处死，或被抛弃。这是指九四不以正道继位而可能带来的结果。"焚如，死如，弃如"并不是指既焚又死又弃。

程颐曰："今四突如其来，失善继之道，又承六五阴柔之君，其刚盛陵烁之势，所焰如焚然，故云焚如。四之所行不善如此，必被祸害，故曰死如。失继绍之义、承上之道，皆逆德也，众所弃绝，故云弃如。至于死弃，祸之极矣，故不假言凶也。"

从六五的角度看，九四为"来"。离为火，下火上火，九四在下火既没，上火又起之势，故称"焚如"；二至五为大坎，坎为灾，离又有刑罚之象，故称"死如，弃如"。

30.9 六五：出涕沱若，戚嗟若。吉。

《象》曰：六五之吉，离王公也。

【白话】

六五：眼泪就像弯流的河水一样，如此忧愁难过。吉利。

《象》说：六五能得到吉利，因为在光明传承的时代这是王公的位置。

【解读】

◎ 出涕沱若，戚嗟若。吉

涕：眼泪；沱：从水从它，"它"本义为蛇，指河流像蛇一样弯曲流动。戚：忧愁、悲哀。

六五阴柔居于刚中之尊位，居刚用柔，虽文明但柔弱，又下无助应，九四又刚健上逼，这是一种危险和令人担忧的形势。离为明，六五君王非常明白目前的形势，性柔因而能够深感畏惧以至于流泪，深切地忧虑而至于悲叹。这样忧患而戒惧，必定会万分谨慎，思虑周全以应对，这样才能成功度过困难时期，所以为"吉"。

上离为眼，二至五为大坎，坎为河为水，眼泪像河水一样，故称"出涕沱若"。上互兑为口为戚为吉，故称"戚嗟若，吉"。

30.10 上九：王用出征，有嘉。折首，获匪其丑，无咎。

《象》曰："王用出征"，以正邦也。

【白话】

上九：君王利用光明盛辉的大好形势率兵征伐，有美好的结果。处死罪魁祸首，抓获（不杀）非罪大恶极者，这样就没有过失危害。

《象》说："君王利用光明盛辉的大好形势率兵征伐"，是为了端正和稳固国家统治。

【解读】

◎ 王用出征，有嘉。折首，获匪其丑，无咎

阳居离明之极，君王利用刚明至盛之势征伐叛逆，则可建立嘉美之功。只斩杀罪大恶极的魁首，对待其他非穷凶极恶者则只擒不杀，那么就不会有什么过失。

上九居光明之极，是国家发展到了光明盛辉的时代，又刚健而强盛，所以圣人希望后世君王要利用此时的大好形势扩张国土，征伐不服，以鼓励建立功业，但同时又要注意不可过于残暴杀戮。这是圣人概括性地总结国家发展过程中的征伐、发展之道：只有在国家发展强盛、君王圣明的发展时期才适合用兵，但在战争取得胜利之时应心存仁慈，减少杀戮，这样才不会有大的过失和危害。

"离"有刑罚、兵戈之象。什么时候取什么象，圣人则是完全根据爻位、爻象来定的，居内则取刑罚，如九四；对外则取兵戈，如上九。上九变为震，震为动，故为"出征"。

【总结与启示】

《离》为上经最后一卦，可以理解为圣人对人生和国家发展过程的概括性的总结：下离表示人的一生像太阳一样日出日落，当乐天知命，以勤劳、中正附丽人生；上离象征国家君王一代一代继承与延续，当以正治国，勇敢卫国，使强盛的国家像太阳一样虽有起落，但光辉永续。

初九代表人生之初，当敬慎对待各种错综复杂的事情，这样就不会有过失；六二为人生最光明、最辉煌之时，不骄不躁，坚守谦逊中正才是吉祥如意的根本；九三为

人生晚年，要乐天知命、乐观豁达，否则就会徒生凄凉；九四为国家更替时不按正道想继承君位的逆臣，必得凶果；六五为柔弱的君王，且有强臣相逼，则应该时刻保持警惕，才有好的结果；上九指国家处于强盛光明之极，此时君王就应该积极征伐，成就王业，但在征伐时不可过于残暴。

从本卦我们可以得到启发：人生总会起起落落，不管你居于什么位置，总有被人取代的一天，这是自然规律，此时应懂得乐天安命、顺其自然的道理；在你能力鼎盛之时，当努力进取，争取更大的成功，还应懂得如何与你的对手甚至敌人正确相处，不可过于咄咄逼人、不留后路，要始终心存仁慈，方可无咎。